Hansjoachim Tiedge

DER ÜBERLÄUFER

Eine Lebensbeichte

Das Neue Berlin

Für Brigitta

Erstes Kapitel
KINDHEIT UND JUGEND

Im bürgerlichen Berliner Stadtteil Wilmersdorf verläuft etwa parallel zum Kurfürstendamm die Düsseldorfer Straße. Gegenüber der kurzen Bregenzer Straße befindet sich hier ein typisches Berliner Wohnhaus mit vier Etagen und einem »stummen Portier« im Eingang, der zugleich den Durchgang zum Gartenhaus bildet. In Wilmersdorf – früher Berlin W 48 – heißen und hießen die Hinterhäuser, anders als im Wedding oder am Prenzlauer Berg eben Gartenhäuser. In dieser Gegend gibt es kein soziales Gefälle zwischen Vorderhaus und Gartenhaus, keine Klassengesellschaft kraft Mietvertrages. Hier wohnten in den dreißiger Jahren mittlere Beamte, kleine Angestellte und Geschäftsleute, einige Handwerker, Pensionäre und vor allem Witwen. Witwen, die aussehen, als ob sie von Beruf Witwe seien und nie etwas anderes gewesen wären als Witwen. Dieser Frauentyp lebt heute fort in den Pensionsinhaberinnen in den Querstraßen links und rechts des Kurfürstendamms.

Um dieses Gartenhaus in der Düsseldorfer Straße 48 ranken sich meine frühesten Erinnerungen, denn in seiner vierten Etage habe ich bis 1943 eine in meiner Erinnerung sorglose und schöne Kindheit verbracht, trotz der lebensbedrohenden Bombardements Berlins, trotz brennender Nachbarhäuser, trotz Juden, die auf LKWs abtransportiert wurden, und trotz eines vermißten Vaters, der seit Februar 1943 in Stalingrad verschollen war. All diese schrecklichen Dinge sind in klaren Bildern in meinem Gedächtnis vorhanden, allerdings ungeordnet und ohne Beziehung zueinander. Das Kindergehirn registrierte sie so deutlich, daß sie sich unauslöschlich eingruben, wenn auch ohne Verständnis und ohne bleibende Anteilnahme. Dennoch haben sie über diesen Lebensabschnitt keine bedrohlichen Eindrücke verankert.

Dabei hatte mein Leben, wie damals fast alle glaubten, im tiefsten Frieden begonnen. Am 24. Juni 1937, einem Donnerstag, morgens um halb fünf, wurde ich als einziges Kind meiner Eltern geboren. Der Reichsbankangestellte Otto Ewald Walter Tiedge und die Postassistentin Erika Gertrud Paula Marschewski hatten 1935 geheiratet und die Wohnung in Wilmersdorf bezogen.

Mein Vater, 1898 in Berlin-Schöneberg geboren, stammt väterlicherseits aus Gardelegen in der Altmark und mütterlicherseits aus dem Unstruttal in Thüringen. Die Spuren der Ahnen meiner Mutter verlieren sich in den Weiten jenseits der Weichsel. Sie selbst wurde 1905 in Allenstein/Ostpreußen als Jüngste von drei Schwestern geboren. Ihre um zwei Jahre ältere Schwester Gertrud, später verheiratete und verwitwete Wegner, sollte als meine »Tante Tutti« in meinem Leben und dem meiner Familie eine entscheidende Rolle spielen.

Doch alles war noch im Schoß der Zukunft verborgen, als der Neugeborene den Rufnamen Hansjoachim und zu Ehren seiner Großväter daneben die schönen kaiserlich-preußischen Vornamen Friedrich nach dem Großvater väterlicherseits und Wilhelm nach dem mütterlicherseits erhielt. Den Namen Hansjoachim hatte mein Vater ausgesucht, meine Mutter setzte dann die Schreibweise des Namens in einem Wort, also ohne Bindestrich, durch, um – vorausschauend, wie es ihre Art war – Verballhornungen wie Hajo oder ähnliches zu vermeiden. Sie hatte Erfolg, nur anders als beabsichtigt. Ich bin in meinem ganzen bisherigen Leben, abgesehen von der Verwandtschaft, nur von ganz wenigen Freunden mit meinem Taufnamen angesprochen worden. Alle andern wählten andere Namen. Selbst in der sonst formale Akkuratesse gelegentlich überbetonenden DDR hieß ich »Jochen«, meine sowjetischen Freunde nennen mich Hans.

1940 wurde mein Vater eingezogen und kam, wie man damals sagte, an die Westfront, obwohl Frankreich besiegt war und von einer Front nicht mehr gesprochen werden konnte. Mein Vater war Angehöriger einer vom Krieg nachhaltig geschädigten Generation. 1917 war er mit Notabitur an die Front versetzt worden, hatte das Soldatenleben in den Materialschlachten des

Ersten Weltkrieges kennengelernt und geschworen, sich einer solchen Situation in seinem Leben nicht noch einmal auszusetzen. Daher hatte er, als die Kriegswolken den Himmel über Deutschland verfinsterten, einen freiwilligen Zahlmeisterlehrgang absolviert, von dem er sich irrtümlicherweise Vorteile im Fall einer erneuten Mobilmachung versprach.

Mit dem Weggang meines Vaters geriet ich völlig unter weiblichen Einfluß. Natürlich wäre es überaus ungerecht meiner Mutter, meiner Großmutter und meiner Tante irgendeine negative Regung in den Bemühungen um mich zu unterstellen oder gar nachzusagen. Aber sie waren halt alle, wie gesagt, Ostpreußen. Es gibt eine Fülle von Eigenschaften, die dieses liebenswerte, in seiner breiten Aussprache sich artikulierende, Zuneigung verdienende Völkchen auszeichnet – aber Nachgiebigkeit, Kompromißbereitschaft und ein gewisses Maß an Gleichgültigkeit gehören nicht dazu.

So wurde aus mir in den ersten Jahren meines Lebens doch ein rechtes Muttersöhnchen, das kaum mit anderen Kindern spielte und beim Auftauchen der bedeutungslosesten Gefahr zu weinen anfing und nach der Mutter rief. Man muß allerdings berücksichtigen, daß eine Frau von Mitte Dreißig, deren Mann im Krieg und darüber hinaus vermißt ist, alles tut, um das einzige Kind vor Schaden zu bewahren. Und da meine Mutter über einen außerordentlich starken Willen verfügte und es auch verstand, diesen ihren Willen durchzusetzen, fügte ich mich unbewußt ihren Wünschen – nur zu gern, denn ich liebte meine Mutter, die ihrerseits alles tat, um mir jede erdenkliche Unbill aus dem Wege zu räumen.

Jeden Tag ging sie mit mir spazieren, häufig über den nahe gelegenen Kurfürstendamm ins KaDeWe, das Kaufhaus des Westens, vorbei an der Kaiser-Wilhelm-Gedächtniskirche, in der meine Eltern getraut worden waren. Auf dem Kurfürstendamm fuhren noch die »Elektrischen« und die blau-grünen Lichter »unserer« Linie 376 ließen mich schon aus der Ferne ihr Herannahen erkennen.

Das ganze Karree um den Olivaer Platz, von unserem Haus nur durch die kurze Bregenzer Straße getrennt, wurde für mich ein Gebiet, daß Poeten als Ort ihrer Wurzeln bezeichnen, und Liedermacher als den Platz besingen, an dem ihre Wiege stand. Für mich, den das Leben, aber auch der eigene Intellekt zum Realisten erzogen, ist es nur eine stadtgeographische Bezeichnung. Beim Betreten dieses Wohngebietes suchten allerdings noch den Mittvierziger eigenartige, rationell nicht nachvollziehbare und von der Nachkriegsgeschichte sicherlich nicht zu trennende Empfindungen heim.

Ich habe mir bei Dienstreisen nach Berlin – Berlin (West), wie es ja bis 1990 hieß – häufig die Zeit zu einem Bummel durch die Straßen um den Olivaer Platz genommen und mich persönlich sehr gefreut, als um 1970 herum das Landesamt für Verfassungsschutz Berlin oder – in der amtsüblichen, aber auch umgangssprachlichen Abkürzung – das LfV Berlin seine Unterabteilung IV (4), zu der auch die Spionageabwehrreferate gehörten, in das Eckhaus Lietzenburger Straße/Olivaer Platz über das Polizeirevier verlegte.

Ein markantes Datum in diesen Kindertagen in Berlin war der 24. Juni 1942. Es war mein fünfter Geburtstag. Ich sehe noch heute den Zug aus dem Bahnhof Zoo in Berlin fahren und aus einem der Fenster meinen Vater winken, abkommandiert an die Ostfront als Zahlmeister zu einer Einheit der sechsten Armee.

»Nach Rußland«, hatte meine Mutter mit leisem Schaudern gesagt, »nach Rußland. Mein Gott.«

Ich konnte das alles nicht begreifen, aber trotzdem war mir die Bedeutung dieses Abschiedes bewußt. Tränen liefen mir über das Gesicht, auch meine Mutter weinte, obwohl sie sich bemühte, tapfer zu sein. Ich winkte noch, als der Zug schon gar nicht mehr zu sehen war und ging dann mit meiner Mutter still und leise über den Kurfürstendamm nach Hause.

Aber auch uns sollte nur noch ein gutes Jahr in der damaligen Reichshauptstadt bleiben. Die Bombenangriffe der Amerikaner und Engländer nahmen ständig zu und so kam 1943 der Befehl zur Evakuierung Berlins, nach Möglichkeit alle Frauen und Kinder mußten, sofern sie nicht gebraucht wurden, die Hauptstadt verlassen. Seit Februar war mein Vater in Stalingrad vermißt. Meine Mutter, die als Opfer der täglichen Propaganda noch 1945 an den Endsieg glaubte, wenn der »Führer« erst einmal seine Wunderwaffe einsetzen konnte, deren Fertigstellung ja unmittelbar bevorstand, entschloß sich für Hoyerswerda in der Oberlausitz als Ausweichquartier, wo eine Schwester meines Vaters in einem größeren Haus wohnte.

So zog meine Mutter, damals achtunddreißig Jahre alt, mit ihrem sechsjährigen Sohn und ihrer sechsundsechzig Jahre alten, durch Krankheit fast gelähmten Mutter nach Hoyerswerda. Der Krieg hatte für uns vorübergehend seine unmittelbare, lebensbedrohende Gefährlichkeit verloren. Aber ihre Sorgen um den vermißten Ehemann blieben. Allerdings hat sie nicht eine Sekunde daran gezweifelt, daß er aus diesem Kriege zurückkommen werde.

Für mich begann in Hoyerswerda die Schule und damit der Ernst des Lebens, sofern dies in Kriegszeiten eine vertretbare Formulierung ist. Aber trotz allem war diese Phase meiner Kindheit eigentlich sorglos und schön; zu essen gab es genug und ich konnte nachts wieder schlafen, weil es keine Luftangriffe und keinen Fliegeralarm gab. In dem damals etwa achttausend Einwohner zählenden Städtchen an der schwarzen Elster gab es eben nichts zu bombardieren. Hoyerswerdas Geburtsstunde als Industriestandort schlug erst nach dem Krieg, in der DDR. So lief das Leben für mich ruhig und sorgenfrei dahin, vom Krieg nicht berührt, jedenfalls für den sechs- und siebenjährigen Jungen nicht. Erst Ende 1944 tauchte in den Gesprächen meiner Mutter und meiner Großmutter immer häufiger das Wort »die Russen« auf, und es wurde heftig debattiert, wann sie denn nun kamen. Für mich als Kind eine unverständliche Problematik. Die Russen, das wußte ich, das hatte ich in der Schule gelernt, waren der Feind, gegen den Deutschland sich wehren mußte. Aber was wollten die Russen in Hoyerswerda? Hatte nicht der Führer dank der Vorsehung die notwendigen Schritte eingeleitet, den Feind vernichtend zu schlagen? Offensichtlich nicht, denn die Mienen der beiden Frauen wurden immer besorgter und allmählich tauchte auch das Wort »Flucht« immer häufiger in den Gesprächen auf.

Flucht – aber wohin? Verwandtschaftliche Beziehungen bestanden nur in den Osten Deutschlands, und dort waren überall die Russen im Vormarsch. Also nach Westen, von wo Amerikaner und Engländer anrückten? Das erschien als das kleinere Übel, hatte sich doch die ideologische Propaganda des Dritten Reiches in erster Linie gegen den »Untermenschen aus dem Osten« gerichtet und hierbei in der bürgerlichen deutschen Bevölkerung ein für solche Thesen seit der wirtschaftlichen und sozialen Umwälzung im Jahre 1917 aufgeschlossenes Publikum gefunden.

Allerdings gab es nur einen Bezugspunkt im Westen, damals natürlich eine rein geographische Bezeichnung und noch keine ideologische, wirtschaftliche oder politische Standortbestimmung wie wenige Jahre später. Die Dienststelle des RPZ, des Reichspostzentralamtes, der Gertrud Marschewski, die Schwester meiner Mutter, angehörte, war ebenfalls in Berlin angesiedelt gewesen und wie wir von dort evakuiert worden, in einen Ort mit dem Namen Wüstensachsen, in der Rhön, im Kreis Fulda gelegen.

So beschlossen Mutter und Großmutter Anfang 1945 vor der immer näher rückenden Roten Armee in dieses Wüstensachsen zu flüchten. Die Reise dorthin hat im Bewußtsein des Siebenjährigen eine unauslöschliche Spur hinterlassen mit einem für diese Lebensphase bemerkenswerten Detailwissen. Eine Woche brauchten wir in ständig wechselnden Zügen, um die rund dreihundert Kilometer hinter uns zu bringen. Immer wieder wurde die Fahrt durch Luftangriffe auf Bahnhöfe, aber auch auf freier Strecke unterbrochen. In Weimar hörten wir, aus einem Bunker heraus, das stundenlange Brummen von Flugzeugmotoren. Erst später erfuhren wir, daß in dieser Nacht Dresden, das sächsische Elbflorenz, untergegangen war. Daß meine Mutter tags zuvor vierzig Jahre alt geworden war, hatte keine Erwähnung gefunden. Die Zeit hatte alles relativiert – den Tag überlebt zu haben, war wichtiger als das Ende eines Lebensjahrzehnts. Vier Tage später erreichten wir unser Ziel. Wir erhielten bescheidenen Wohnraum in einem Bauernhaus, und die eigentlich schönste Zeit meiner bewußt erlebten Kindheit begann.

Ich habe in meinem Leben immer Leute beneidet, die sich aus der Schule kannten und als Männer immer noch um die Ecke voneinander wohnten, die auf der Straße von alten Leuten mit »Du« angesprochen wurden und die erzählten, daß sie als Kinder dort drüben, wo jetzt Hochhäuser stehen, Räuber und Gendarm gespielt haben. Bei solchen Gesprächen stand ich immer abseits. In jeder Stadt meines Lebens hatte ich einen für die aktuelle Umwelt fremden Vorlauf. Und dennoch, das Gefühl, zu Hause zu sein, ungeachtet aller Zufriedenheit an späteren Wohnsitzen und trotz aller Einsicht in die Unterschiedlichkeit einzelner Lebensläufe, hatte ich immer dann, wenn ich in Wüstensachsen war, wenn ich die Berge der Rhön sah und die rauhe Luft dieses hessisch-bayerisch-thüringischen Mittelgebirges atmen konnte

Kurz vor Kriegsende tauchte in unserem Wohnzimmer, dem größeren der beiden von uns bewohnten Räume, wiederholt ein geheimnisvoller Mann auf. Er hieß Max Wegner, war neunundfünfzig Jahre alt, beinamputiert und hatte eine bemerkenswerte Physiognomie. Ein markantes, hart und entschlossen, zugleich aber auch humorvoll wirkendes Gesicht mit kantigen Zügen, eingerahmt von einer schlohweißen Mähne, deren hoher Ansatz die ohnehin kräftige Stirn noch unterstrich. Dieser Mann, vom Typ her ein Nachfahre Richard Wagners, war trotz einer Körpergröße von nur etwa einem Meter und sechzig eine eindrucksvolle Erscheinung. Das ihn umgebende Geheimnis war seine finanzielle Situation. Im Dorf hieß es, er sei Milliardär, andere Stimmen nannten ihn einen Aufschneider und Betrüger. Jedenfalls hielt er im Juni 1945 bei meiner Großmutter formell um die Hand der damals immerhin schon zweiundvierzig Jahre alten Gertrud Marschewski an, heiratete sie einen Monat später und verschwand mit ihr ins Ruhrgebiet. Die Gerüchte und Zweifel in Wüstensachsen blieben.

Max Wegner war tatsächlich wohlhabender Unternehmer in Dortmund, als siebentes von elf Kindern eines pommerschen Streckenwärters geboren, hatte er sich zum Ingenieur qualifiziert, in den zwanziger Jahren die marode Schornsteinbaufirma E. Jeenicke & Co. gekauft und diese bis Ende des Zweiten Weltkrieges zu beträchtlichem Ansehen geführt. Daneben hatte er erfolgreich unter dem Namen »Friko« eine Einmachhilfe produziert und nach dieser vor dem Krieg recht bekannten Marke, einer Abkürzung von »Frischkost«, auch sein Frikohaus in Dortmund, Prinz-Friedrich-Karl-Straße 3, benannt, dessen pseudoklassische Fassade auf eigene Entwürfe zurückging.

Nach dem Zweiten Weltkrieg, während der Jahre des Wirtschaftswunders, gelang es ihm, die Baufirma zu altem Ruf zurückzuführen, wobei er nach harten Kämpfen den Aufstieg früher schaffte als andere. Denn bevor die Wirtschaft wieder anlaufen konnte, bevor, wie der Volksmund sagt, der Schornstein rauchen konnte, mußte er erst einmal gebaut oder wieder gebaut werden, und das machte unter anderem die Firma E. Jeenicke & Co. So konnten er und seine Frau schon 1952 einen Urlaub auf Capri verbringen, als man in Deutschland noch Rudi Schuricke und René Carol beim Singen der Italienlieder von Gerhard Winkler lauschte und das Herz vor Fernweh seufzte.

Als Onkel Max 1961 hochgeehrt im Alter von sechsundsiebzig Jahren starb, hinterließ er eine Firma mit mehreren hundert Mitarbeitern, für seine Tochter aus erster Ehe das Haus Kaiserstraße 50 in Frankfurt am Main, das einst das Kabarett »Rheinland« beherbergt hat, und für seine Witwe, meine Tante, neben der Firma und einem erheblichen Vermögen das nach dem Kriege wieder aufgebaute Frikohaus in Dortmund.

Wenn ich diesem Mann, der nun schon über dreißig Jahre tot ist, so viel Platz einräume, dann deswegen, weil ich seit Beginn der fünfziger Jahre, verstärkt nach seinem Tode, in der Erwartung heranwuchs und lebte, einst selber Herr über die Firma E. Jeenicke & Co zu sein. Auch als sich für mich ein anderer Berufsweg abzeichnete und die Firma darüber hinaus Anfang der siebziger Jahre im Zuge der Rezession schließen mußte und in Konkurs ging, blieb meine Hoffnung auf künftigen Reichtum nicht unbegründet. Meine Tante blieb trotz des betrieblichen Fiaskos und trotz waghalsiger Spekulationen eine wohlhabende, ja reiche Frau, und jahrzehntelang hat sie mich als ihren einzigen und universellen Erben bezeichnet. Diese, später nicht erfüllten, Zusagen und Versprechungen haben mein Leben und meine Verfehlungen nachhaltig beeinflußt. Doch dazu später, an anderer Stelle mehr.

Mit der Heirat meiner Tante und ihrem Weggang nach Dortmund war für uns der eigentliche Anlaß, nach Wüstensachsen zu gehen, verschwunden. Nun saßen wir fest, ohne große Hoffnung auf die Zukunft, am Ende eines verlorenen Krieges, angespült in eine wunderschöne Gegend, die sich uns anfangs aber doch recht garstig und feindselig zeigte. Die Hohe Rhön mit ihrem rauhen Klima und ihren kargen Böden war die Heimat eines weitgehend weltabgewandten Völkchens, das allem Fremden zunächst ablehnend gegenüberstand. Viele der älteren und die meisten der alten Leute waren in ihrem Leben niemals über die Kreisstadt Fulda hinaus, wenn überhaupt dorthin gekommen.

Die höchste Instanz am Ort war der katholische Pfarrer. dessen Vorgesetzter, der Bischof von Fulda. nahezu als Repräsentant einer göttlichen Allmacht verehrt wurde. Man erzählte sich, daß einige Bauern dankbar in der Kirche den Rosenkranz gebetet haben, wenn Hochwürden sich gottgewollt, aber mit irdischen Gelüsten der Bäuerin genähert hatten. Einige der Dorfbewohner wurden ganz ungeniert als Folgen solch göttlicher Heimsuchung bezeichnet.

In dieser rückständigen, klerikal geprägten Welt, suchten nun Flüchtlinge aus dem Osten eine Bleibe, fast alle, bis auf die aus dem Sudetenland und Schlesien, protestantischen Glaubens. Ich habe als Kind in Wüstensachsen in den beiden ersten Jahren häufig von Jungen aus dem Dorf Hiebe bezogen, wegen meiner früher leuchtend roten Haare, wegen meiner Rolle als Muttersöhnchen, vor allem aber wegen meines vermeintlichen protestantischen Irrglaubens.

Aber allmählich änderte sich das Klima. Männer und Söhne kehrten aus dem Krieg zurück, die im Heer eines geisteskranken Welteroberers weiter in andere Länder gekommen waren, als sie sich das jemals hätten vorstellen können. Aus dem anfänglichen Gegeneinander war zunächst ein Nebeneinander und schließlich fast ein Miteinander geworden, jedenfalls unter den Jüngeren und erst recht unter den Kindern.

Im August 1946 kehrte auch mein Vater zurück. Er war einer der wenigen tausend, die Stalingrad und die anschließende sowjetische Gefangenschaft überlebt hatten, und war wegen seines schlechten Gesundheitszustandes vorzeitig entlassen worden. Bald nach seiner Rückkehr nahm er die Erziehung des Sohnes wieder in die Hand, was mir sichtlich gut tat. Meine Freiräume wurden größer, ich prügelte mich mit anderen Dorfkindern, wie dies neun- und zehnjährige Jungen halt tun, spielte mit ihnen Fußball, hütete Kühe und kletterte in Scheunen umher. Es war – wie gesagt – eine schöne Zeit, die auch nicht zu Ende war, als ich 1947 auf die Ulstertalschule umgeschult wurde. Das Domgymnasium in Fulda, eine ehrwürdige, altsprachliche »Bildungsanstalt«, hatte sie als Zweigstelle in dem von Wüstensachsen nur neun Kilometer entfernten Hilders errichtet.

Einige Monate nach der Währungsreform 1948 war mein Vater bei der Bank deutscher Länder in Frankfurt am Main, der Vorgängerin der Deutschen Bundesbank, angestellt worden. Die Nachricht von dieser Anstellung löste bei meinen Eltern und bei meiner Großmutter unbeschreiblichen Jubel aus, während mir bang ums Herz wurde bei dem Gedanken, Wüstensachsen wohl verlassen zu müssen. Aber der Tag kam, Ende 1949, an dem es hieß, Abschied zu nehmen von der Rhön.

Zurück blieb ein Stück Kindheit, wie sie nicht wiederkehrt, weil man die Welt mit Kinderaugen sieht, und Kinderaugen sehen viel, sehr viel sogar, aber sie sehen nicht alles. Meine Mutter ist sehr selten und nur ungern nach Wüstensachsen zurückgekehrt, sicherlich hatte sie auch andere Erinnerungen an diese Zeit als ich, ernstere, sorgenvollere. Gehungert habe ich in Wüstensachsen nicht. Aber nur, weil meine Mutter nahezu alles, was sie aus Hoyerswerda hatte mitnehmen können, Bettwäsche, Leibwäsche, Kleidung, Gebrauchs- und Luxusartikel in der Zeit des wertlos gewordenen Geldes eingetauscht hatte gegen Lebensmittel, zu einem für uns Flüchtlinge erbärmlichen Kurs, ein Nachthemd gegen ein Laib Brot. Aber noch 1984, bei meinem letzten Besuch in Wüstensachsen, sprach man mit Respekt und Hochachtung von meiner Mutter, über zehn Jahre nach ihrem Tod.

Für mich begann in Frankfurt ein neues Leben. Die Großstadt übte auf den Zwölfjährigen einen faszinierenden Reiz aus, obwohl das Frankfurt der Jahre 1949/50 wie andere Großstädte auch noch ein bemitleidenswertes Gemeinwesen war. Die Wohnbezirke hatten im Krieg stark gelitten, die geschichtsträchtige Innenstadt war dem Bombenhagel fast völlig zum Opfer gefallen. Aber aus den Trümmern hatte sich neues Leben erhoben, die Saat der Erwartung, Hauptstadt der neuen Republik zu werden, war aufgegangen, trotz der anders lautenden Entscheidung eines alten Herrn aus Rheindorf bei Bonn. Den Rundbau an der Bertramstraße, errichtet als Plenarsaal des Deutschen Bundestages, des neuen Parlaments, nutzte nach seiner Fertigstellung eben der Hessische Rundfunk.

Aber es gab auch Reibungen mit der Vergangenheit. Die Kaiserstraße etwa verband seit 1888 den damals neu erbauten Hauptbahnhof mit dem Stadtzentrum seit dem Mittelalter, der Hauptwache. Sozialdemokratische Bilderstürmer hatten sie nach 1945 in Friedrich-Ebert-Straße umbenannt und mußten nun erleben, daß der Volksmund sie Kaiser-Friedrich-Ebert-Straße nannte und damit in ihren Augen den ersten republikanischen Staatspräsidenten schmähte. Also erhielt die Straße ihren ursprünglichen Namen zurück.

Frankfurt ist und war auch eine Stadt der Gegensätze. Weltstadt im Zentrum, tiefste Provinz in den Äbbelwoi-Kneipen der Vororte, höchste Kriminalität im Bahnhofsviertel, Biedersinn und Ehrsamkeit in den bürgerlichen Stadtteilen, internationale Prostitution im Rotlichtbezirk, eheliche Gemeinsamkeiten in den Wohngebieten.

Der spätere Zeuge dieser Entwicklung setzte 1949 zunächst einmal seine schulische Laufbahn am Heinrich-von-Gagern-Gymnasium fort, dessen ursprünglicher Namenspatron, der 99-Tage-Kaiser Friedrich 1945 dem Präsidenten der Frankfurter Nationalversammlung von 1848 hatte weichen müssen. Hier erlebte ich den Traum eines jeden Schülers, so eine Art Feuerzangenbowle in kurzen Hosen. Was immer wir durchnahmen – ich konnte es schon. Der Wissensstand oder besser das erarbeitete Pensum in der Rhön war in allen Fächern größer. so daß ich die

Schule ein knappes halbes Jahr mit Hochmut und Gelassenheit an mir vorübergleiten sah, auch den Zeitpunkt an dem die Klasse mich einholte und dann hinter sich ließ. Von dieser Phase der Hybris habe ich mich nie wieder richtig erholt und in meiner Schulzeit hin und wieder kräftig in die Pedalen treten müssen, um den Anschluß nicht völlig zu verlieren. Aber ich habe die Schulzeit hinter mich gebracht und 1957 mein Abitur abgelegt.

»Also, wissen Sie, Tiedge«, hatte mein damaliger Klassenlehrer Dr. Martin Krebs bei der Gratulation durch das Lehrerkollegium offen zu mir gesagt, »das war heute mit Sicherheit die letzte bestandene Prüfung von Ihnen, aber ich wünsche Ihnen dennoch alles Gute im Leben.« An diese Worte mußte ich oft denken, insbesondere. als ich im Herbst 1961 als erster aus der Klasse mein Zeugnis über ein abgeschlossenes Studium an der Schule vorweisen konnte.

Ich hatte mich für die Juristerei entschieden, einerseits wegen der sich bietenden beruflichen Vielfalt, aber auch wegen des Vorbildes meiner Eltern und Großeltern, deren Tätigkeit im Öffentlichen Dienst ich fortzusetzen gedachte. Der Weg zur Universität bereitete keine Schwierigkeiten, wenngleich ich mit meinem damaligen Abiturzeugnis heute, wie ich gelegentlich zu sagen pflege, allenfalls in Regensburg Byzantinistik studieren könnte. Aber 1957 war das Abitur nur eine Art Berechtigungsschein für die Universität zum Beginn eines Studiums, Numerus clausus war ein verständlicher, gleichwohl unbekannter Begriff. Zugangsverzögerungen um ein Semester gab es allenfalls in der Zahnmedizin.

Wenn ich mein Leben bis zu dieser Phase Revue passieren lasse, dann fange ich an, Verständnis für den alten Konrad Adenauer aufzubringen, der gesagt hat, an die Schulzeit habe er noch eine Fülle von Erinnerungen, mit der Studentenzeit sei es da karger bestellt. Ich habe mein Studium nach insgesamt acht Semestern an zwei Universitäten, vier in Frankfurt und vier in München, im Herbst 1961 mit der Ersten Juristischen Staatsprüfung und der Note »befriedigend« abgeschlossen. Das Studium selbst hatte seinen damals ganz normalen Gang genommen und war ausgerichtet auf das Examen.

Meine Tante hatte sich in den letzten Jahren ihres Lebens immer wieder gerühmt, mein Studium bezahlt zu haben. Gewiß, hin und wieder habe ich von ihr einen Schein zugeschoben bekommen, aber bereits im Jahre 1959 hörten diese Zuwendungen wieder auf. Es war das Jahr, in dem ich nach München ging und in dem es zwischen meinen Eltern und dem Ehepaar Wegner zu einem heftigen Zerwürfnis kam, daß bis zum Jahre 1963 andauerte – zu diesem Zeitpunkt war ich schon Referendar und lebte wieder zu Hause in Frankfurt am Main. Nein, meine Mutter hatte sich als einfache Postfacharbeiterin beim Postamt 1 auf der Frankfurter Zeil verdungen, um dem einzigen Sohn ein Auswärtsstudium zu ermöglichen.

Wir haben unsere Studentenzeit zwar mit leeren Taschen, aber in vollen Zügen genossen und waren weit davon entfernt, uns irgendeines politischen Mandates zu berühmen. Ich bin in späteren Jahren immer wieder einmal durch die Flure der Frankfurter Johann-Wolfgang-von-Goethe-Universität gegangen und habe mich dabei angesichts der Schmierereien an allen Wänden, innen und außen, für die nachgewachsene Studentengeneration geschämt. Gewiß, auch zu meiner Zeit hielten Studenten für und gegen alles Plakate hoch. Aber das waren stille Demonstranten, im übrigen immer dieselben, die in unseren Augen arme Spinner waren. Wenn wir murrten, dann dagegen, daß sich die Universität als Fortsetzung der Schule mit anderen Mitteln verstand. Zugleich verhielten wir uns selber wie Schüler, belegten und hörten nur Vorlesungen, die die Prüfungsordnung vorschrieb, und nahmen die Möglichkeit, in ein *studium generale* zumindest hineinzuriechen, nicht einmal in Andeutungen wahr.

Mich anders zu verhalten hätte meinem Naturell widersprochen. Ich habe mich in meinem Leben politisch zu keinem Zeitpunkt engagiert, hatte aber immer eine aus meiner Sicht solide politische Überzeugung, aus der heraus ich Gut und Böse im politischen Alltag auseinanderhielt.

Aus mir war ein überzeugter Sozialdemokrat geworden, dessen Weltbild nicht unerheblich vom Vater geprägt worden war. Ich habe viel von ihm übernommen, was er selbst durch schmerzhafte Erfahrungen hatte lernen müssen: Die Abneigung gegen alles Militärische um seiner selbst willen, die Fähigkeit und die Bereitschaft, über Helden und über Vorbilder zu lächeln und eine tiefe Skepsis gegenüber jedweder Ideologie, die als die allein seligmachende verkauft wird. Vieles habe ich von meinem Vater übernommen, nur nicht sein Verhalten bei Wahlen. Da pflegte er zu sagen: »Weißt du, Junge, die CDU will ich nicht wählen, die ist mir zu katholisch, und die SPD, die Roten, die kann ich nicht wählen. Also wähle ich die FDP.«

Da war ich für klare Verhältnisse. »Hessen vorn« hieß damals die Parole der SPD unter dem Ministerpräsidenten Georg August Zinn, einem Landesvater alter Schule wie aus dem Bilderbuch. Und »Hessen vorn« war auch für mich ein mitreißendes politisches Programm. Weniger wirtschaftliche Erfolge begeisterten damals den Schüler der oberen Gymnasialklassen und jungen Studenten als handfeste bildungspolitische Leistungen. Hessen hatte als erstes Land das Schulgeld abgeschafft, der zweite Bildungsweg wurde denen eröffnet, die in ihrer Jugend weiterführende Schulen nicht besuchen konnten und Hessen hatte die höchste Zahl von Abiturienten, die aus sozial schwächeren Schichten kamen. Das alles faszinierte den sozial interessierten jungen Mann außerordentlich. Väterlicher Einfluß und politische Erkenntnis wurden abgerundet durch Einflüsse der Schule, die aus mir einen sozialdemokratisch denkenden und wählenden Bürger werden ließen, der dem rechten Spektrum der Partei eher als dem linken zuneigte. Mir stand Helmut Schmidt immer näher als Willy Brandt.

Von Anfang 1962 bis Ende 1966 leistete ich im Bezirk des Oberlandesgerichts Frankfurt am Main meine, damals dreieinhalbjährige Referendarzeit ab, die Ausbildung des heranwachsenden Juristen in der Praxis. Sie wurde unterbrochen durch eine sechsmonatige Pause, die mir meine Tante, wieder mit meiner Mutter versöhnt, finanzierte. In dieser Zeit versuchte ich, zum Dr. jur. zu promovieren. Der Schweizer Professor Hans Peter, vorübergehend an der Frankfurter Universität tätig, hatte mir als Dissertationsthema eine rechtsvergleichende Arbeit über das Thema »Die Subsidiarität der Kondiktionsansprüche im deutschen, österreichischen und Schweizer Recht« zugewiesen, die ich ohne persönliche Anteilnahme, mehr als Pflichtübung meiner Familie gegenüber erledigte. Den ersten Entwurf erhielt ich mit einer solchen Vielzahl von Änderungswünschen zurück, daß ich vollends die Lust verlor und die Arbeit liegen ließ. Den Torso besitze ich noch heute.

Als Referendar erhielt man damals vom Land Hessen einen Unterhaltszuschuß als Unverheirateter in Höhe von dreihundertdreiunddreißig Mark im Monat. Von dieser Summe hatte ich zu Hause lediglich einhundert Mark an Kostgeld abzugeben, während die Kosten für Kleidung und ähnliches weiterhin von meinen Eltern bestritten wurden. Den Rest von fast zweihundertfünfzig Mark konnte ich für mich verwenden. Damals begann ich, das zu tun, was mir als Student immer für die Zeit vor Augen gestanden hatte, in der ich »Geld haben werde«. Ich fing an, Bier zu trinken, wann ich wollte, und nicht nur an Sonn- und Feiertagen, wie dies in München bei dem bescheidenen Monatswechsel meiner Eltern möglich war.

Dieser angenehme, gleichwohl oberflächliche Lebenswandel hatte vorübergehend ein Ende, als ich im Oktober 1964 meine spätere Frau kennenlernte. Die Lehrerin Ute Sachwitz hatte sich einer Kollegin angeschlossen, die wie ich einem Stammtisch im Frankfurter Restaurant »Hopfengarten« angehörte. Für Ute und mich war es wohl Liebe auf den ersten Blick. Das tägliche Zusammentreffen mit ihr verbot von selbst das Festhalten an mittlerweile lieb gewordenen Gewohnheiten.

Diese alles in allem glückliche Zeit wurde überschattet durch den plötzlichen Herztod meines Vaters im Februar 1965. Für meine Mutter folgten zwei freudlose Jahre, in denen sie schwor, für den Rest ihrer Tage nur noch dunkle Kleidung zu tragen. Sie nahm kaum Notiz von ihrer Umwelt und zeigte auch kein Verständnis, als Ute und ich beschlossen, uns im September 1965, also sieben Monate nach Vaters Tod, zu verloben. Selbst meine Tante in Dortmund hielt sich nicht zurück, von meinen späteren Schwiegereltern in einem langen Brief die Einhaltung eines Trauerjahres zwischen dem Tod und der Verlobung einzufordern. Wir setzten uns aber durch und zum Schluß feierten beide Familien den Beginn eines jungen Glücks, das zwar nicht so lange wie gedacht, aber doch immerhin eineinhalb Jahrzehnte dauern sollte.

Nachdem ich im März 1966 vor dem hessischen Justizprüfungsamt die Assessorenprüfung, das Große Juristische Staatsexamen, wenn auch nur mit der Note »ausreichend« abgelegt hatte, konnte ich am 27. Mai desselben Jahres Ute Sachwitz vor dem Standesamt im Frankfurter Römer heiraten. Diese Reihenfolge der Ereignisse hatte ich selbst festgelegt, obwohl ich mittlerweile fast neunundzwanzig Jahre alt geworden war.

Die kirchliche Trauung fand am gleichen Tage in der Frankfurter Dornbuschkirche statt. Getraut hat uns Pfarrer Fries, der Mann, der meine Frau bereits konfirmiert hatte und mit dessen mittlerem Sohn Gerhard ich einige Jahre in eine Klasse des Heinrich-von-Gagern-Gymnasiums gegangen bin.

Pfarrer Fries, damals bereits im Ruhestand, aber von uns überredet, der Eheschließung seinen und der Kirche Segen zu geben, fragte uns im Vorbereitungsgespräch nach unserer Einstellung zur Kirche.

In meiner Art, oft im falschen Zeitpunkt ehrlich zu sein, antwortete ich, für die Stimmung der Hochzeitsgesellschaft sei eine solche kirchliche Feier erhebend, wenn nicht unverzichtbar, für mich persönlich – er möge mir verzeihen – bringe sie gar nichts.

Ich möchte hier weder gläubige Christen noch überzeugte Atheisten verletzen und verzichte auf eine ausführliche Darlegung der Gründe, die mich zu dieser Ansicht haben kommen lassen. Meine Mutter hatte sich einen fast naiven Gottesglauben erhalten und auf mich zu übertragen versucht, während mein Vater die Ansicht vertrat, wenn ein Gott die Menschen liebe, könne es nicht soviel Leid geben, wie alleine er gesehen habe. Die Sprachlosigkeit der Kirche angesichts des Todes und ihr Versuch, den Tod als Prüfung ihres Gottes zu erklären, auf das Vorbild Hiobs zu verweisen und den Tod für den Betroffenen noch geradezu als Glücksfall zu verfremden, als einen Schritt in eine andere, angeblich bessere Welt, dies alles hat mich früh zweifeln lassen an der Existenz eines Weltenlenkers.

Als Wurzel der Religion sah ich Geschichte und Tradition an sowie den ewigen Versuch des Menschen, Unerklärliches mit übernatürlichen Kräften zu begründen. Meine Zweifel wurden bestärkt durch eine stürmische Entwicklung der Naturwissenschaften, die manches früher Rätselhafte mit mathematischen Formeln erklärten. Und mit einem auf dem Rückzug befindlichen Allmächtigen, dessen Wirken sich auf die immer weniger werdenden, der wissenschaftlichen Ausleuchtung harrenden Felder beschränkt, mochte ich mich nicht abfinden. Gleichwohl habe ich mich intensiv mit der Bibel beschäftigt und möchte behaupten, daß ich zumindest damals in einer religiösen Diskussion unter Laien ganz meinen Mann hätte stehen können.

Der Tag unserer Trauung fand seine Krönung in einer fröhlichen und an lukullischen Genüssen reichen Hochzeitsfeier, deren Kosten zu übernehmen für meine Schwiegereltern als Eltern der Braut eine Selbstverständlichkeit gewesen war. Gleichwohl mußten sie sich auch hier dem Drängen meiner Tante widersetzen, die ihr Vermögen in die Diskussion einbrachte. Sie wollte lieber die Hochzeit ihres Neffen in der teuersten Nobelherberge bezahlen als Gast meiner Schwiegereltern im damals hervorragenden Frankfurter Börsenkeller zu sein. Aber trotz allem war es eine harmonische, gelungene Feier, die sich – wir waren gegen dreiundzwanzig Uhr verschwunden – bis in die frühen Morgenstunden hingezogen haben soll.

Zweites Kapitel
ALLER ANFANG IST SCHWER

Am 15. September 1966 trat ich meinen Dienst im Bundesamt für Verfassungsschutz (BfV) in Köln, Barthelstraße 74 an. Vorausgegangen war ein längeres, zunächst ziemlich planloses Suchen nach einer sinnvollen Beschäftigung, das sich zuletzt auf die Frage reduzierte, Beamter im BfV oder Rechtsanwalt im Raum Frankfurt am Main zu werden. 1965 rückte mein zweites Staatsexamen immer näher und näher, die Frage nach einer beruflichen Tätigkeit nahm damit immer konkretere Formen an.

»Junge«, hatten meine Eltern oft zu mir gesagt und damit ohnehin schon bestehende Neigungen noch untermauert, »wenn du gut essen willst, mußt du in die Industrie gehen oder mußt Anwalt werden. Willst du aber gut schlafen, gibt es nur den Beamtenberuf.«

So schrieb ich an verschiedene Bundesministerien, suchte aber auch die unterschiedlichsten Behörden im Rhein-Main-Gebiet auf, etwa die Oberfinanzdirektion in Frankfurt oder das Finanzministerium in Wiesbaden, ohne daß hieraus eine besondere Neigung zur Finanzverwaltung herzuleiten wäre. Allerdings war damals die Frage nach einem Arbeitsplatz noch völlig anders geartet als dies heute der Fall ist. Man fand eine Stellung, auch in dem erlernten Beruf; nur ob man in seinem Wunschbereich eine Anstellung fand, das war fraglich. Einen solchen Wunschbereich hatte ich aber gar nicht, sieht man von einem allgemeinen Interesse am öffentlichen Dienst einmal ab. Alle Behörden antworteten in etwa sinngemäß: »Junger Mann, machen Sie erst einmal Ihr Examen, dann werden wir weitersehen.«

In die nettesten Worte kleidete diesen Satz der Bundesminister des Innern, so daß sein Brief, den ich wie alle anderen sorgfältig aufbewahrte, nicht zufällig ganz oben lag.

Nach unserer Hochzeit waren meine Frau und ich nach Dörnigheim am Main, in unmittelbarer Nähe Frankfurts, in eine reizende kleine Zweizimmerwohnung gezogen. Meine Frau war hier Lehrerin und ich selbst arbeitete ebenfalls für den Übergang in der Kanzel des dortigen Rechtsanwaltes und Notars Jochen Kruse. Vor uns lag die lebenswichtige Entscheidung über den Ort meiner beruflichen Tätigkeit. Erst hier wollten wir uns eine größere Wohnung mieten, nicht zuletzt wegen der sich kurz nach der Hochzeit ankündigenden Tochter Andrea.

Gleich nach dem Examen hatte ich mich wieder bei den Behörden gemeldet, zu denen ich schon als Referendar Verbindung aufgenommen hatte, so auch natürlich beim freundlichen Bundesinnenministerium. Nach einem kurzen Briefwechsel, in dem man mir anheimgestellt hatte, mich für den »Geschäftsbereich« des Ministeriums zu bewerben, hatte ich mich zu einer persönlichen Vorsprache entschlossen und das alte Kasernengebäude an der Rheindorfer Straße, die jetzt Graurheindorfer Straße heißt, im Bonner Norden aufgesucht. Vom Haus VI, dem quadratischen Hochhaus auf dem Hof des Geländes, in dem der Minister, die Staatssekretäre und unter anderem die Abteilung IS, Innere Sicherheit, untergebracht sind, die das Bundesamt für Verfassungsschutz beaufsichtigt, war damals noch nichts zu ahnen. Auch das Kantinengebäude mit dem geschwungenen, pflanzenbewachsenen Dach gab es damals noch nicht einmal auf dem Reißbrett des Architekten.

Ich wurde in den Altbau entlang der Straße und dort in ein mansardenartiges Zimmer im dritten Stock verwiesen, in dem mich ein Oberregierungsrat Kroppenstedt empfing. In einem der Nachbarzimmer saß sein Referatsleiter, Ministerialrat Hans Bardenhewer, der später Vizepräsident des BfV werden sollte. 1966 war er zuständig für das Personal der nachgeordneten Bereiche. Auch meinem Gesprächspartner Franz Kroppenstedt war eine bemerkenswerte Karriere beschieden. Er brachte es im Ministerium zum Ministerialdirigenten, wurde anschließend Präsident des Statistischen Bundesamtes – Buddhistisches Standesamt sagen einige Spaßvögel – und schließlich beamteter Staatssekretär, wiederum im Innenministerium.

»Also, Herr Tiedge«, sagte Kroppenstedt freundlich und über meinen überraschenden Besuch überhaupt nicht indigniert, »es ist völlig unüblich, daß Berufsanfänger unmittelbar im Ministerium anfangen. Auch für Sie könnte allenfalls eine Tätigkeit im nachgeordneten Bereich in Betracht kommen, wobei Ihr Examen, ich meine natürlich Ihre Note, gar keine so entscheidende Note spielt.«

»Was kommt denn da für mich in Betracht?« fragte ich kleinlaut, sah ich mich doch schon als Erbsenzähler bei irgendeinem Bundesamt für die Erfassung gehörloser Rentner.

»Zur Zeit benötigen zwei Behörden in meinem Geschäftsbereich akademischen Nachwuchs«, erklärte Kroppenstedt.

Jetzt ganz ministeriell. Er sagte tatsächlich »In meinem Geschäftsbereich« und ließ mich das erste Mal die Identität von Ministerium und Bürokratie ahnen. »Das Bundesverwaltungsgericht in Berlin und das Bundesamt für Verfassungsschutz in Köln.«

Das Bundesverwaltungsgericht gehörte damals noch in den Geschäftsbereich des Innenministeriums und wurde erst später dem Justizministerium unterstellt.

»Und was hätte ich da zu tun?«

»Na, in Berlin müßten Sie die Richter durch Literaturstudium und das Erarbeiten und Aufarbeiten von Fundstellen unterstützen und ...«

»Also, Referendar bin ich lange genug gewesen«, unterbrach ich ihn. »Das ist eigentlich nichts für mich. Und in Köln?«

»Das Bundesamt für Verfassungsschutz in Köln, das BfV, ist eine Behörde mit verschiedenen Aufgaben«, wich Kroppenstedt aus, »aber fahren Sie doch, wenn Sie Zeit haben, gleich einmal vorbei. Ich melde Sie bei Dr. Minne an.«

So kam ich an diesem Frühjahrstag des Jahres 1966 zum erstenmal nach Köln, fand die Innere Kanalstraße, fand die Barthelstraße und dort den Bau aus dem Jahre 1954, meldete mich beim Pförtner und fragte nach Dr. Minne.

»Sie werden schon erwartet«, sagte der Pförtner freundlich. Weyerstraß hieß er und ist seit langem im Ruhestand.

Dr. Heinz Götz Minne erwies sich als freundlicher Mann in

den späten Fünfzigern, der mir kurz etwas über die Aufgaben des Bundesamtes für Verfassungsschutz erzählte, mich nach Aufenthalten und Verwandten im Osten fragte und mir anschließend umfangreiche Bewerbungsunterlagen mit der Bitte übergab, ihm diese ausgefüllt wieder zuzusenden.

So einfach kam man damals zum BfV. Anders als beim BND, beim ungeliebten Großen Bruder Bundesnachrichtendienst, der seinen Personalbestand nur auf Grund von Hinweisen eigener Mitarbeiter oder ausgesuchter Offiziere erweitert, konnte man sich, zumindest bis 1985, beim BfV unmittelbar bewerben. Dies tat etwa mein langjähriger und zumindest in den letzten Jahren außerordentlich geschätzter Kollege Werner Müller, der als frisch gebackener Assessor beim BfV unmittelbar vorsprach und erklärte, im benachbarten Stadtteil Lindenthal zu wohnen und eine günstig gelegene Arbeitsstelle zu suchen.

Ich fuhr also zunächst nach Dörnigheim zurück, füllte sorgfältig die von Dr. Minne erhaltenen Unterlagen aus, schickte sie per Einschreiben an ihn zurück und harrte der Dinge, die da kommen sollten. Nun lebt man auch als junger Mensch nicht allein von Luft und Liebe; ich mußte die Zeit bis zu meiner möglichen Einstellung im BfV finanziell überbrücken. So hatte ich mir zunächst eine Tätigkeit in der Anwaltskanzlei Bidinger und Braun in der Frankfurter Ravensteinstraße gesucht, die auch mit monatlich DM 1.200,– netto für damalige Verhältnisse recht ordentlich dotiert war. Einige Wochen später wechselte ich nach Dornigheim und wurde, weil Rechtsanwalt und Notar Kruse in Urlaub fuhr, sogleich vom Hanauer Landgerichtspräsidenten Dr. Gerhard Otto als sein Vertreter in beiden Funktionen berufen. Auf diese Weise lernte ich zunächst die angenehmen Seiten des Anwaltsberufes kennen. Als mir Kruse nach seiner Rückkehr auch noch eine Sozietät in Aussicht stellte, kam ich in echte Zweifel über meine Berufswahl. Um diese Entscheidung, die Einfluß auf mein ganzes zukünftiges Leben hatte, in Ruhe treffen zu können, bat ich das BfV, das mir inzwischen eine Aufforderung zum Dienstantritt hatte zukommen lassen, um einen geringen Zeitaufschub, der mir »unter Zurückstellung von Bedenken« auch bis zum 15. September 1966 eingeräumt wurde.

Von anderen Assessoren erfuhr ich, daß Kruse alle jungen Mitarbeiter mit dem Angebot einer Sozietät zu ködern versuchte um ihre Gehaltswünsche niedrig zu halten. Ich schrieb also erneut dem BfV, der Dienstantrittsaufforderung nunmehr nachkommen zu wollen, bat aber um eine erneute Verschiebung des Termins bis zum ersten Oktober. Grund dieser Bitte war meine Absicht, allein mit meiner Frau vor der Geburt unseres ersten Kindes einen Urlaub in Südfrankreich zu verbringen. Postwendend antwortete Dr. Minne, er fühle sich an sein Angebot nur bis zum Donnerstag, den 15. September 1966 gebunden.

Damit waren die Würfel gefallen. Meine Zukunft lag in Köln, von dem ich nicht mehr wußte als daß es am Rhein liegt, daß es dort einen Dom gibt und daß man dort Karneval feiert. Und natürlich, daß sich dort das Bundesamt für Verfassungsschutz befindet. Der Wechsel von Frankfurt nach Köln fiel mir nicht leicht. Wieder einmal wurden Wurzeln herausgerissen. In Frankfurt mußte ich die Nähe zu meiner Mutter und der Familie meiner Frau zurücklassen. Frankfurt galt als protestantisch und weltoffen. Goethe war hier geboren, und die erste Nationalversammlung hatte hier in der Paulskirche 1848 nach der bürgerlichen Revolution getagt. Dagegen meine Vorstellungen von Köln! Katholisch war die Stadt, in meinen Gedanken rückständig und altmodisch, die Heimat Adenauers und das Bistum des Kardinals Frings. Rheinland, Weinland, dachte ich, wo bleibe ich da als dezidierter Biertrinker? Seit kurzem stellte aber, für mich ein fast unverständlicher Lichtblick, die SPD die Mehrheit im Rathaus.

Und der Verfassungsschutz, was mochte der bringen? Von der Telefonaffäre 1963 hatte ich gehört und natürlich kannte ich die in meinen Augen skandalöse Äußerung des Innenministers Hermann Höcherl, die Beamten des BfV könnten nicht den ganzen Tag mit dem Grundgesetz unter dem Arm umherlaufen. Aber es war doch gerade die Aufgabe des Amtes, das Grundgesetz, die Verfassung der Bundesrepublik Deutschland, zu schützen. Vor wem aber und wogegen, das war mir nicht ganz klar. Das Herz der Verfassung, das hatte ich gelernt, waren die Grundrechte, aus denen der Bürger seine Freiheiten ableitet und aus denen heraus er den Staat in seine Grenzen verweisen kann.

Dr. Minne aber hatte bei meinem Besuch von Spionageabwehr gesprochen, von Links- und Rechtsradikalismus und -extremismus, von Sicherheitsüberprüfungen und von Geheim, von Streng Geheim und von Verschlußsachen. Was mich da eigentlich erwartete, wußte ich selbst nicht. In mir hatte sich das Bild einer Behörde festgesetzt, in der in erster Linie Zeitungen ausgewertet werden. Die Ausschnitte werden dann, nach bestimmten Kriterien gesammelt, vermutlich nach der Art der Grundrechtsverletzung. Wie sich dies mit Spionageabwehr vertrug und mit dem Abhören von Telefonen, darauf konnte ich mir keinen Reim machen.

Dies alles ging mir durch den Kopf, als ich am Vortag meines Dienstantrittes mit dem Wagen über die damals durchgehend zweispurige Autobahn nach Köln fuhr. Für heutige Verhältnisse war meine Ignoranz und meine Naivität über die Aufgaben das Verfassungsschutzes erschreckend. Aber damals wurde, wie ich mich mit Sicherheit zu erinnern glaube, auch längst nicht so viel in den Medien über die Dienste ausgebreitet, wie dies seit der Zeit der sozialliberalen Koalition und Hans-Dietrich Genschers Zeiten als Innenminister der Fall ist.

Ich jedenfalls freute mich trotz allem, daß man mich beim Verfassungsschutz genommen hatte, wenn auch, wie üblich, zunächst auf Probe. Ich hatte meinen mehrseitigen Fragebogen, »Erklärung« genannt, ausgefüllt. Meine Familie, meinen Werdegang und meine Reisen geschildert, die Frage nach meiner Mitgliedschaft in »verfassungsfeindlichen Parteien, Verbänden und Organisationen« wahrheitsgemäß mit »entfällt« beantwortet und zum Schluß fünf Referenzpersonen benannt, drei, wie vorgeschrieben, aus dem privaten und zwei aus dem beruflichen Bereich. Von den drei privaten Leumundszeugen hörte ich kurz nach der Bewerbung, daß bei ihnen ein freundlicher kleiner Herr aufgetaucht sei, der sich nach meinen Sympathien für radikale Gruppen und nach sonstigen exzessiven Lebensgewohnheiten erkundigt hätte. Dabei sei von ihm – alle drei waren hohe Beamte – auf die Gemeinsamkeit der Ermächtigung zum Zugang zu Verschlußsachen (»wir Geheimnisträger«) hingewiesen worden. Der kleine Herr war Dr. Hans Otto; er sollte in den Jahren 1976 bis 1979 einmal mein Chef werden.

Am 15. September 1966, pünktlich um neun Uhr, meldete ich mich, wie mir gesagt worden war, bei Pförtner Weyerstraß. Der schwarze Anzug, den ich auf Empfehlung meines Schwiegervaters ebenso trug wie eine silbergraue Krawatte, war etwas eng, saß aber noch ganz gut, schließlich hatte ich ihn erst wenige Monate zuvor für meine Eheschließung gekauft. Weyerstraß forderte mich auf, in der Halle des Gebäudes Platz zu nehmen.

Nichts ließ den Besucher vermuten, daß er sich im Vestibül eines Sicherheitsdienstes befand, sieht man von dem schmucklosen Schild ab, das Auskunft gab, wen der langgestreckte Bau beherbergte. Der schöne Spätsommertag unterstrich die friedliche Idylle, die auch durch den Verkehr auf der Inneren Kanalstraße kaum gestört wurde. Erst Jahre später sollten Behörden wie diese ihr äußeres Erscheinungsbild ändern und militärischen Brückenköpfen mehr ähneln als einer Verwaltungsbehörde.

Meine Betrachtungen wurden unterbrochen durch einen sauertöpfisch dreinblickenden, offensichtlich subalternen Beamten, der mir zwei Aktenordner aushändigte und mich bat, diese durchzulesen. Dr. Minne sei im Moment verhindert. Ich begann den Ordner mit der römischen I auf dem Rücken zu lesen, in Erwartung, irgendwelcher Geheimnisse dieses Amtes schon in so früher Phase teilhaftig zu werden. Er enthielt jedoch nur Hausverfügungen und -bekanntmachungen, Erlasse des Bundesinnenministerium, formlose Schreiben und sonstiges allgemeingültiges Schrifttum, das ausnahmslos aus den fünfziger Jahren stammte. Ich war gerade bei einer älteren Hausverfügung angelangt, die eine noch ältere wieder aufhob, als der sauertöpfische Beamte wieder erschien und mich aufforderte ihm zu Dr. Minne zu folgen.

Dieser begrüßte mich leutselig, machte einige Bemerkungen über meine Versuche, den Dienstantritt hinauszuzögern, fragte mich wiederholt, wie es mir gehe und forderte mich schließlich auf, ihm zu seinem Vorgesetzten, dem Leiter der Verwaltungsabteilung, zu folgen. Herbert Polenz erwies sich als ein kleiner, kurz angebundener Mann, sechzig Jahre alt, mit grauen, nach hinten gekämmten Haaren. Er blubberte Dr. Minne an, warum er erst jetzt käme, er wisse doch, der Präsident warte.

Mein neugieriges Interesse galt während der kurzen, hierarchischen Auseinandersetzung mehr dem Arbeitszimmer des Abteilungsleiters, der in meinen Augen ein hohes Tier war. Es war groß, lag im ersten Stock, zur Straße hin, hatte vier oder fünf nebeneinander liegende Fenster und war recht bescheiden möbliert. Polenz riß mich aus meinen Beobachtungen.

»Guten Tag, Herr Tiedge«, sagte er und gab mir flüchtig die Hand, »willkommen im BfV. Kommen Sie bitte mit zum Präsidenten. Sie wissen vermutlich, Schrübbers heißt er.«

Nichts wußte ich, folgte aber den beiden Herren auf den Gang, auf dem sie gleich zwei Zimmer weiter an eine Tür klopften und eintraten. Eine gemütliche Behaglichkeit umfing mich. Zwei Damen saßen sich an Schreibtischen gegenüber. Die ältere von ihnen, Frau Burmeister, wie ich später erfuhr, erhob sich.

»Guten Tag, meine Herren, der Präsident wartet schon«, sagte sie spitz und trat ins Allerheiligste. Mir klopfte das Herz. Wie mag der Präsident sein? Ich hatte in meinem bisherigen Leben erst vor einem Behördenchef in seinem Arbeitszimmer gestanden, der diese Funktionsbezeichnung verdiente, vor dem Hanauer Landgerichtspräsidenten Dr. Gerhard Otto. Und jetzt der Leiter dieses geheimnisvollen Bundesamtes. Ich spürte Schweißperlen auf der Stirn und mußte mich zusammennehmen. Ich war aufgeregt wie vor einer mündlichen Prüfung. Im Laufe meines Berufslebens bin ich unzählige Male bei den unterschiedlichsten Präsidenten des BfV gewesen, zum Schluß auch, um mir aus dem Munde Hellenbroichs herbe Vorwürfe anzuhören, aber nicht ein einziges Mal war ich so erregt wie bei diesem Antrittsbesuch.

Frau Burmeister kam wieder heraus.

»Bitte«, sagte sie, wie mir schien, wesentlich freundlicher. Wir betraten das Zimmer, Polenz als erster, Dr. Minne als zweiter und dann ich. Gediegenheit und Seriosität waren die ersten Eindrücke, die ich von der Ausstattung gewann. Das Zimmer war L-förmig und wir betraten es auf der Stirnseite der Längsachse aus dem Vorzimmer. Zwischen der Tür und der nach links gestreckten kurzen Achse des »L« stand eine schwere Sitzgruppe mit einem Couchtisch, das beherrschende Möbelstück des Zimmers aber war ein wunderschöner Schreibtisch, dessen reizvolle Schnitzereien zunächst von der Größe ablenkten.

Die der Sitzgruppe und dem Schreibtisch gegenüberliegende lange Wand war mit einem gewaltigen Einbauschrank verkleidet, in dem Fächer mit Büchern und Schranktüren einander abwechselten. Der Fußboden war mit Parkett getäfelt, auf dem dezent gemusterte Teppiche lagen. Durch die großen Fenster mit den schweren Vorhängen schien die Sonne und tauchte den Raum in Licht, dessen Wirkung allerdings durch die nicht allzu hell gehaltene Möblierung in Grenzen blieb.

»Kommen Sie, meine Herren, kommen Sie«, klang eine Stimme vom Schreibtisch her, dem Klang nach verhältnismäßig hell, herzlich und jovial. Der Mann hinter dem Schreibtisch war nicht allzu groß, etwa einen Meter und siebzig, Ende Fünfzig, trug einen mittelblauen Anzug und eine dezente, konservativ gemusterte Krawatte. Seine mittelgrauen Haare waren nach altdeutschem Façonschnitt nach hinten gekämmt. Hubert Schrübbers wirkte nicht, wie viele das von einem Chef eines Nachrichtendienstes erwarten würden, weltmännisch elegant und modisch chic, eher wie sein Zimmer, gediegen und seriös.

»Nehmen Sie Platz, meine Herren«, sagte er verbindlich, nachdem ich ihm vorgestellt worden war und, mehr zu mir gewandt, »So, und Sie wollen also bei uns anfangen. Was erwarten Sie denn?«

Ich beantwortete die Frage nach bestem Wissen und Gewissen, ohne allerdings meine Vorstellungen über die Zeitungsausschnitte allzu deutlich in den Mittelpunkt zu rücken. Daß ich bei einem Nachrichtendienst gelandet war und nicht bei einem Pressedienst, das hatte ich schon begriffen, aber was das eigentlich war, ein Nachrichtendienst, das hätte ich nicht beantworten können, zumindest nicht erschöpfend.

»Na, wir haben alle einmal angefangen«, tröstete Schrübbers mich, nachdem wir uns eingehend über meinen juristischen

Werdegang unterhalten hatten. »Wo soll Herr Tiedge denn anfangen?« fragte er Polenz.

»In Abteilung IV, Herr Präsident, da ist doch die Stelle von diesem ...« – den Namen, den er nannte, verstand ich nicht – »... neu zu besetzen.«

»Dann also viel Erfolg«, beendete Schrübbers das Gespräch und erhob sich.

»Wie Sie gehört haben«, erläuterte Dr. Minne, nachdem wir wieder alleine waren, das Gespräch beim Präsidenten, »kommen Sie zu Abteilung IV, also zur Spionageabwehr. Dort werden Sie zunächst einmal bei Herrn Kappenschneider lernen ...«

Ich hörte nicht, was er sagte. Was, um alles in der Welt, kam da auf mich zu? Spionageabwehr! Der Name Canaris fiel mir ein und Gehlen, der BND. Spionage, machten das nicht die Russen? Atomspionage kam mir in den Sinn, das Ehepaar Ethel und Julius Rosenberg. Klaus Fuchs und, ja, natürlich, Richard Sorge, die Kassandra von Tokio, dem Stalin das Datum des Überfalls Hitlers auf die Sowjetunion nicht geglaubt hatte. Was sollte ich da? Welcher Jurist kennt schon die Vorschriften des Staatsschutzrechts? Und überhaupt – Fragen über Fragen. Ich hätte sicherlich auch an James Bond gedacht aber dessen Stern ging damals erst auf.

Benommen folgte ich Dr. Minne. Mit dem Aufzug fuhr er mit mir in den dritten Stock und wandte sich in den Südflügel. Durch das Fenster am Ende des Ganges fiel mein Blick auf die Innere Kanalstraße, die sich in einer langen Linkskrümmung im Grün der Bäume verlor. Von der Großstadt war hier nicht viel zu merken, obwohl das BfV im alten Arbeiterwohnviertel Ehrenfeld lag. Dr. Minne klopfte an die Tür von Zimmer 332 und trat ein.

In einem kleinen, mit alten Möbeln ausgestatteten Büroraum saß eine Frau in den Vierzigern, der Sprache nach eine Norddeutsche.

»Guten Tag, Herr Dr. Minne«, begrüßte Sie meinen Begleiter und gab auch mir die Hand. »Sie bringen also den neuen Kollegen. Herr Kappenschneider ist drin.«

Irmgard Schumacher stammte aus Bremen und arbeitete, ebenso wie ihr Mann Heinz seit vielen Jahren im BfV, dem sie, sogar der Abteilung IV, bis zu ihrer Verrentung im Jahre 1984 treu geblieben ist. Sie war damals Schreibkraft in Kappenschneiders Referat, spielte aber zugleich die Rolle seiner Vorzimmerdame.

Durch eine Verbindungstür betraten wir nun das Zimmer, in dem zwei Herren saßen, beide Mitte Vierzig, einer am Schreibtisch, der andere am kleinen runden Besuchertisch.

»Grüß Gott«, begrüßte mich der Mann am Schreibtisch, breit und herzlich lachend, »kommen Sie rein!«

Nicht nur seine Wortwahl, auch sein unüberhörbarer Akzent ließen ihn als gebürtigen Münchener erkennen. Heinz Kappenschneider ist, wie er mir später erzählte, in Giesing geboren und auf der Schwanthaler Höh' großgeworden, Stadtteile, in denen sich das alte München fast bis in die Gegenwart erhalten hat. Er war etwa so groß wie ich, bei dem 177 cm im Personalausweis stehen, hatte gewellte, volle, dunkelblonde Haare, ein für bayerische Verhältnisse offenes Gesicht, eine schlanke Figur, kurz, Kappenschneider war so eine Art intellektuelle Ausgabe von Beppo Brem.

Daß Heinz ein durch und durch anständiger Mensch, gebildet und empfindsam, ausgestattet mit einem überdurchschnittlichen Familiensinn und gekennzeichnet war durch die Unfähigkeit, anderen Böses zu tun, das ist mir erst im Laufe der späteren Freundschaft zwischen seiner und meiner Familie deutlich geworden. Damals stellte er mir zunächst den Mann am Besuchertisch vor: »Das ist Herr Schönert, der hier auch anfängt, allerdings schon zwei Wochen bei uns ist.«

Ich sah Manfred Schönert an; er war kleiner als ich, schlank, aber breit gebaut, hatte lange, nach hinten gekämmte Haare von dunkler, fast schwarzer Farbe und war offensichtlich mit einem starken Bartwuchs geschlagen. Am meisten aber beeindruckte mich seine Armprothese auf der linken Seite. Am Abend erzählte er mir bei einem Glas Bier, er habe seinen Arm als junger Mann im Krieg verloren. Kennzeichnend war sein sächsischer Dialekt, den sich der gebürtige Dortmunder in seiner Kindheit und Jugend in Riesa und während des Jurastudiums in Leipzig angeeignet hatte.

»So«, sagte Kappenschneider, nachdem Dr. Minne wieder gegangen war und ich neben Schönert am Besuchertisch Platz genommen hatte, »jetzt sind wir zu dritt, jetzt ist es aber genug.«

Kappenschneider fing an zu erzählen und zu erklären, sprach von Angriffen gegen die Verfassung von innen und von außen und versuchte, den Wesensgehalt der freiheitlich demokratischen Grundordnung aus der Sicht des Verfassungsschutzes herauszuarbeiten. Schönert, der das offensichtlich alles schon wußte, vertiefte sich wieder in seine beiden Aktenordner, die vor ihm auf dem Besuchertisch lagen, während ich mich bemühte. das meiste von dem, was Kappenschneider darlegte, in mich aufzunehmen. Am deutlichsten waren für mich seine Ausführungen zu den Gesamtaufgaben des Amtes und zur Organisation der Abteilung IV, der ich nun angehörte.

Das Haus, erklärte Kappenschneider, gliedere sich in fünf Abteilungen, die mit römischen Ziffern numeriert, der Reihenfolge nach für die Verwaltung. den Rechts-, den Linksextremismus, die Spionageabwehr und die Sicherheit zuständig seien. Daneben gebe es noch eine Referatsgruppe, die sich mit zentralen Fachfragen beschäftige, im Gegensatz zu administratorischen Dingen, die von der Verwaltungsabteilung erledigt würden und die entsprechend ihrer Aufgabenstellung »ZF« abgekürzt würde. Unsere Abteilung gliedere sich, wie die meisten der anderen Abteilungen auch, in zwei Referatsgruppen, von denen die eine für die Beschaffung von Informationen und die andere, nämlich unsere, für deren Auswertung zuständig sei. Die Gliederung in den Referatsgruppen erfolge in fach- und gegnerbezogene Referate. Sein Referat, das die amtsinterne Funktionsbezeichnung IV A 4 trage, sei für die Auswertung von Informationen über sowjetische Nachrichtendienste zuständig.

Der Leiter dieser Gruppe und damit sein unmittelbarer Vorgesetzter heiße Hugo Zängler. Er vertrete zugleich den Abteilungsleiter, Herrn Dr. Richard Meier, der den Dienstgrad eines Leitenden Regierungsdirektors bekleide. Mir fiel auf, daß Kappenschneider den Namen mit deutlichem Respekt erwähnte. Schmunzelnd, aber nicht ohne einen Anflug von Stolz, erzählte er, mit Dr. Meier zusammen in München beim Repetitor gewesen zu sein, dem gleichen Dr. Gustav Rottmann in der Adalbertstraße übrigens, den auch ich, wenn auch zehn Jahre später, besucht habe. Man muß wohl ein halbes Leben in Beamtenstuben verbracht haben, um für diesen Stolz Verständnis anstelle von Verachtung aufzubringen. Jede Gemeinsamkeit mit einem im Rang deutlich Höheren erhebt auch den Rangniedrigeren. Dabei spielen Gemeinsamkeiten, die in der Vergangenheit, nach Möglichkeit noch in der Zeit vor der Gemeinsamkeit des Dienstes bei der gleichen Behörde liegen, eine besondere Rolle. Ich habe niemals in der freien Wirtschaft gearbeitet, bin aber fest davon überzeugt, daß auch der Handlungsbevollmächtigte dem Prokuristen deutlich zu machen weiß, daß er mit dem Direktor als Junge zusammen Fußball gespielt hat.

Dr. Meier jedenfalls habe sich seiner erinnert, als er ihm bei seinem eigenen Dienstantritt vorgestellt worden war. Damals sei Richard Gerken noch Leiter der Abteilung und Dr. Meier als Vorgänger von Zängler Chef der Auswertungsgruppe gewesen. Ja, und dann sei die Telefonaffäre gewesen, 1963, vor drei Jahren, und da habe Gerken gehen müssen und mit Dr. Meier sei ein frischer, unverbrauchter Mann auf den Stuhl des Abteilungsleiters gekommen.

Mir fing an, bei den vielen Namen der Kopf zu brummen und es dauerte einige Wochen, bis sich für mich ein verständliches Bild der Abteilung abzeichnete. Nun gab es aber neben dem BfV noch die Landesämter für Verfassungsschutz, die, wie ich zu meinem Erstaunen hörte, keineswegs dem BfV nachgeordnet, sondern Landesbehörden mit eigener, originärer Zuständigkeit waren. Wie sich die mit dem BfV vertrugen, welche Behörde wann zuständig ist, das alles war geregelt, aber für mich noch völlig unverständlich. Auch was Gegenoperationen, Funkfälle, vor allem was Verdachtsfälle in eigener Zuständigkeit waren, das alles vermochte mein ordnungsliebendes Juristengehirn in kein Organisationsschema zu subsumieren. Auch blieb die Frage, was das eigentlich ist, Spionageabwehr.

Eins glaubte ich aber bald erkannt zu haben. Die Schreibtischarbeit, das Auseinanderpflücken und Wiederzusammensetzen von Informationen, die Analyse von Quellenangaben, das ewige Vergleichen und die oft mühselige Bewertung im Rahmen der Beweisführung, das alles ist spannend und interessant und hebt sich deutlich von der Tätigkeit eines Amtsrichters an einem Großstadtgericht ab, der Mietstreitigkeiten mit Beklagten der Anfangsbuchstaben L und M bearbeitet.

Aber die wirklich faszinierende Arbeit geschah offensichtlich in der anderen Referatsgruppe, in der Beschaffung.

Aber dort kam man sicherlich nur hin, wenn man sich in der Auswertung bewährt hatte. Dort geschah das Geheimnisvolle, dort spürte man offensichtlich den heißen Atem des Gegners, während bei der Auswertung seine erkalteten Spuren miteinander verglichen wurden. Dort tat man das, was später einmal auf einer Dienstreise nach München, Dr. Wolfgang Scheuer, ein alter Studienkollege, mit einer karikierenden Bemerkung auf den Punkt brachte: »Na«, spottete er, »was machst du denn hier in München? Mit Batschkappe und Trenchcoat Katholiken überwachen?«

Er sagte »Batschkappe«, der Mann aus dem Raum Minden in Westfalen, und spielte damit auf meine Jahre in Frankfurt an. Dort sagt man »Batschkapp«, wenn man die Schlägermütze meint.

Ich habe später einsehen müssen, daß meine Wertung unrichtig war, habe mit dem Verstand der Auswertungsarbeit ihre Führungsrolle zugewiesen – und mit dem Herzen die Beschaffungsarbeit geliebt. Im Bericht des Untersuchungsausschusses des X. Deutschen Bundestages, der sich unter anderem mit meinem Fall beschäftigt hat, heißt es in der Drucksache 10/6584. aus meiner Sicht im wesentlichen zutreffend, auf Seite 23: »Tiedge berechtigte wegen seines Persönlichkeitsbildes und seines beruflichen Engagements zu positiven Erwartungen. Übereinstimmend ist er von den dazu gehörten Zeugen als ein Mitarbeiter geschildert worden, der sich insbesondere in der praktischen Spionageabwehr engagierte, und dort sein eigentliches Arbeitsfeld sah ... Im Bereich der Spionageabwehr ist er als angesehener Fachmann mit vielen Ideen in der operativen Arbeit dargestellt worden. Dagegen habe er ›Schwächen in der Schreibtischarbeit‹ gezeigt. Sein früherer Abteilungsleiter, der heutige Direktor beim Amt für Sicherheit der Bundeswehr, Dr. Rudolf von Hoegen, formulierte dazu in einer dienstlichen Erklärung, die dem Untersuchungsausschuß vorgelegen hat: ›Er war zu sehr Beschaffer und hatte zu wenig Sitzfleisch.‹

Präsident a. D. Hellenbroich allerdings hat ... ausgesagt, er habe Tiedge gegenüber Kollegen mit dem Argument verteidigt, daß auch ›Juristen mit praktischen Fähigkeiten‹ benötigt würden.«

Doch an diesem 15. September 1966 stand dieses alles noch in den Sternen. Ich bemühte mich, wenigstens die wichtigsten Gedankengänge Kappenschneiders in mich aufzunehmen. Gegen Mittag klopfte es an die Tür und eine Anzahl Männer um die Dreißig traten ein. Einer von ihnen, Rolf Giesenhagen, überbot mich an Leibesfülle bei weitem und tat dies, bis ihm bald zwanzig Jahre später ein Herzschrittmacher implantiert werden mußte. Ein anderer war Georg Brox, ein Mann, dem im Laufe unserer kollegialen Verbindung eine politische Metamorphose beschieden war. Er kam vom Volkswartbund zum BfV, jener zum Glück fast vergessenen kirchlichen Institution, die sich ein Postulat nach abgestandener Sitte und Moral, gegen Frivolität und Lebensfreude in die Fahnen geschrieben und sich zum Moralapostel der Nation aufgespielt hatte. Bezogen auf seine Äußerungen damals habe ich ihn dem linken Flügel der CDU zugerechnet. Später tendierte Brox zum rechten, dann zum linken Flügel der SPD, um schließlich seine Sympathien für die Grünen zu entdecken. Als ich ihn 1985 das letzte Mal sah, war er Anhänger des fundamentalistischen Flügels der Öko-Partei.

Ein weiterer Mann der Gruppe, Dr. Ernst Liesner aus Borken in Westfalen, war Berufsanfänger wie ich. Er war aus Würzburg gekommen, wo er an der Universität gearbeitet hatte. Liesner verließ das BfV nach einigen Jahren und ging zum Bundesverwaltungsamt, wo er 1985 den Rang eines Abteilungsleiters bekleidete. Und last, but not least, Werner Müller war dabei, mein späteres heimliches Vorbild, den ich Jahre lang als »Bluna-Müller« verspottet habe, weil er aus gesundheitlichen Gründen kaum Alkohol trank und deshalb alkoholfreie Getränke bevorzugte.

Wir drei, Kappenschneider, Schönert und ich, schlossen uns den Kollegen an, die uns zum Essen in die Kantine des BfV abholen wollten, die im fünften Stock des Nordflügels gelegen war. Bei Tisch lauschte ich den Frotzeleien und Anspielungen meiner neuen Kollegen, ohne mich an dem Gespräch zu beteiligen.

Den Nachmittag bestritt wieder Heinz Kappenschneider nahezu als Alleinunterhalter. Sein Mitteilungsbedürfnis erlosch gegen siebzehn Uhr, als im BfV damals Feierabend war. Ich trank mit Schönert noch ein Bier und fuhr nach Hause, genauer in mein Zimmer, das ich als Untermieter in der Nähe der Agneskirche bewohnte, und dachte über den Tag nach, der hinter mir lag. Viele Eindrücke schwirrten mir durch den Kopf und ließen keine klaren Vorstellungen über meine Zukunft aufkommen. Also begab ich mich auf Wanderschaft durch die Kölner Innenstadt, rief meine Frau an und sank am Abend müde, aber voller Hoffnungen und Erwartungen ins Bett.

Der folgende Tag unterschied sich nur unwesentlich von dem vorhergehenden. Mir wurde mein Dienstausweis ausgehändigt, der mein am Vortag aufgenommenes Bild enthielt sowie Angaben zu meiner Person. Als Berufsbezeichnung war »Angestellter« angegeben. Diesen Rechtsstatus hatte ich lediglich einige Wochen inne, bis ich dann vom Bundesinnenminister unter Berufung in das Beamtenverhältnis auf Probe zum Regierungsassessor ernannt wurde.

Am Vormittag wurde ich telefonisch zum Sicherheitsreferenten in die »Vogelsanger« bestellt. Dahinter verbarg sich eine nahe gelegene Dependance des BfV in der Vogelsanger / Ecke Innere Kanalstraße. Der Sicherheitsreferent erwies sich als ein freundlicher und umgänglicher Mann mit Namen Dr. Bradtmöller, der aber einen überraschend desinteressierten und gelangweilten Eindruck machte, was die Erledigung seiner dienstlichen Obliegenheiten anging. Mit der Dynamik des später von Hans-Jürgen Kaspereit geleiteten Sicherheitsreferates »S« hatte das alte, gemütliche Referat mit der Funktionsbezeichnung V/M 4 nichts gemein. Bradtmöller entledigte sich seiner Aufgabe mit einschläfernder Routine und forderte mich auf, stets Augen und Ohren offen zu halten, denn – so raunte er vertraulich – »der Feind schläft nicht«. Allgegenwärtig sei die Gefahr für den Verfassungsschützer, von Feinden der demokratischen und freiheitlichen Grundordnung angegriffen zu werden. Nach zehn Minuten war meine sogenannte Belehrung abgeschlossen und ich kehrte in Kappenschneiders Zimmer zurück.

Dieser war offensichtlich des Redens müde und überreichte mir zwei Aktenordner, die ich »bitte einmal ganz unvoreingenommen« durchlesen sollte. Hinterher werde er mit mir über den Fall sprechen. Die Lektüre erwies sich als schwierig, weil beide Akten parallel liefen und den gleichen Sachverhalt betrafen. Ich brauchte Tage, um mich durchzukämpfen, und war doch noch auf Kappenschneider angewiesen, um den Akteninhalt völlig zu verstehen.

Nach seinen Worten handelte es sich um eine sogenannte G-Operation, eine Gegenoperation. Der Verfassungsschutz, im Fall der Akte die Verfassungsschutzbehörde Nordrhein-Westfalen, hatte einen Mann zur Mitarbeit überredet, der während eines Aufenthaltes in der DDR offensichtlich vom Ministerium für Staatssicherheit angeworben worden war, Spionage gegen die Bundesrepublik zu betreiben. Einen Treff dieses Doppelagenten in Köln mit einem Kurier aus Ostberlin hatte man genutzt, den Treffpartner festzunehmen. Dieser erklärte nun zur erkennbaren Überraschung aller Beteiligten, gar nicht für das MfS, sondern für die sowjetische GRU, den militärischen Nachrichtendienst, zu arbeiten.

Dieser, wie mir schien, dürre und höhepunktarme Sachverhalt füllte beide dicken Ordner und Kappenschneider setzte mir nun etwas umständlich auseinander, wieso man solche G-Operationen führe und wieso sich der Akteninhalt auf zwei parallel laufende Vorgänge erstrecke. Nur über G-Operationen, erläuterte er, könne man die aktuelle Vorgehensweise des Gegners studieren und die doppelte Aktenführung sei aus Gründen der Sicherheit des Doppelagenten, des CM, geboten. Die eine Akte, die Sachakte, enthalte alle Informationen, die sich auf das nachrichtendienstliche Geschehen bezögen, während die andere Akte, die CM-Akte, eine Art Personenakte des Doppelagenten darstelle und daher alle Angaben enthalte, die zu seiner Identifizierung führen könnten. Mir erschien dies alles geheimnisvoll und schwer verständlich, auch was Kappenschneider über die Schwerpunkte und die Risiken bei der Führung von G-Operationen erzählte. Er schloß seinen Vortrag mit dem Hinweis, im BfV sei für die Führung von G-Operationen das Referat zuständig, das Herr Eltzberg leite.

Damals war nicht daran zu denken, daß ich selbst einmal in Kreisen des Verfassungsschutzes ein gesuchter Gesprächspartner sein würde, wenn es um taktische, aber auch rein praktische Schritte in einer G-Operation ging.

»Eltzberg ist ein jüngerer Kollege«, fuhr Kappenschneider fort, »der viel unterwegs ist. Er kommt von der Staatsanwaltschaft in Düsseldorf und ist etwa zwei Jahre im Amt. Den werden Sie schon noch kennenlernen.«

Später erzählte Kappenschneider noch, daß es auch besondere Bindungen dienstlicher Art zwischen ihm und Wolfgang Eltzberg gab. Für den Fall einer kriegerischen Auseinandersetzung hatte man die Evakuierung des BfV aus Köln geplant. Dabei hatten die Experten der »Mob-Planung« Eltzberg und Kappenschneider zu einem »Fluchtteam« zusammengeschweißt und geregelt, daß sie beide die Flucht gemeinsam anzutreten hätten. Eltzberg als Beschaffer sollte das Auto stellen und Kappenschneider wußte, wo es hingeht, hätte das aber Eltzberg erst am Tage X sagen dürfen. Bei ihren Sandkastenspielen hatten die Planer nur vergessen, daß sich sowohl Kappenschneider als auch Eltzberg in einem solchen Fall zuerst einmal um ihre Familien gekümmert hätten.

Einige Jahre später wurde die »Mob-Planung« dann auch eingestellt.

Einige Tage nach meinem Dienstantritt – ich glaubte schon zu ahnen, was Spionageabwehr ist – erreichte mich ein Anruf einer Frau Linnenkohl, die mir mitteilte, ich solle zum Abteilungsleiter kommen. Das Zimmer des L IV, wie der Leiter der Abteilung amtsintern genannt wird, befand sich im zweiten Stock über dem des Präsidenten. Die Tür führte unmittelbar ins zentrale Treppenhaus, war von außen aber mit einem festen Griff, nicht mit einer Klinke versehen und daher nur mit dem Schlüssel zu öffnen. Das Zimmer lag zur Straße hin und wurde durch das Vorzimmer betreten, dessen Tür sich bereits im Nordflügel des Hausen befand. Thea Linnenkohl erwies sich als gepflegte Dame undefinierbaren Alters mit verhältnismäßig herben Zügen, die mich bat, Platz zu nehmen, bis das Schild »Telefongespräch – bitte warten« neben der Verbindungstür erlosch.

»Bitte, Herr Tiedge«, sagte Frau Linnenkohl wenig später und öffnete die Tür.

Mein Blick fiel in ein auf den ersten Blick enttäuschendes Arbeitszimmer. Es war halb so groß wie das des Präsidenten und enthielt nichts, was auf eine herausgehobene Person des Benutzers schließen ließ. Zu den holzgetäfelten Sälen mit offenem, dezent flackerndem Kamin und schweren Teppichen, die im Fernsehen immer als die Büros derartiger Beamter dargestellt werden, war kein größerer Gegensatz als dieser Raum denkbar. Die gut zwanzig Quadratmeter waren mit hellen, billig wirkenden Möbeln ausgestattet, auf dem PVC-Boden lag ein abgetretener brauner Läufer, die Wände waren mit blasser Farbe getüncht und enthielten kaum Schmuck.

Lediglich der Panzerschrank in der Ecke, an der Wand zum Vorzimmer, ließ Besonderheiten erkennen. Während alle anderen, mir bisher bekannten Panzerschränke im Hause ein Zahlendrehschloß enthielten, war hier das gleiche Zahlendrehschloß herausnehmbar. Später wußte ich, dies war ein SG III-Schrank gegenüber den sonst üblichen SG II-Schränken. Da das Zimmer nicht mit einer besonderen Sicherheitsschleife gesichert war, mußte eben der Panzerschrank des Abteilungsleiters wegen der dort liegenden, besonders empfindlichen Akten höheren Sicherheitsansprüchen genügen.

Vom Schreibtisch erklang eine ebenfalls bayerische Stimme, allerdings in ungewöhnlich gepflegter Modulation: »Kommen Sie herein und nehmen Sie Platz.« Er sagte »Kommen Sie herein« und nicht »Kommen Sie rein«, und er fing an, mir Fragen zu stellen, so daß ich kaum dazu kam, mein Gegenüber zu mustern. Das also war Dr. Meier, der Abteilungsleiter IV, der Chef der Spionageabwehr der Bundesrepublik, dachte ich, wohl wissend, daß diese Bezeichnung mit dem föderativen Aufbau des Verfassungsschutzes unvereinbar war. Gut sah er aus, sehr gut. Knapp vierzig Jahre alt, strahlte er eine außergewöhnliche Dynamik aus. Markante, um nicht zu sagen, harte Züge, ein gewinnendes, leicht spöttisches Lachen und eine Stimme, die einen gefangennahm. Die graugrünen Augen, die später meine Frau so fasziniert haben, nahm ich gar nicht wahr. Die kontrollierte Motorik seines Körpers, verbunden mit einer sparsamen Bewegung der Hände, rundeten das Bild ab, das man sich von einem erfolgreichen Menschen auf dem Weg nach oben macht.

»Was haben Sie denn für Erwartungen an den Verfassungsschutz im allgemeinen und an die Spionageabwehr im besonderen?« wollte er wissen. Ich fing an, mein in den letzten Tagen erworbenes Wissen, leicht verallgemeinert, auszubreiten. Er unterbrach mich.

»Ich will wissen, was Sie erwarten, nicht, was Sie hier gelesen oder was man Ihnen erzählt hat«, drängte er mit einem ungeduldigen Unterton in der Stimme, an den ich mich nie habe völlig gewöhnen können.

Als ich dann mit vielen Worten die antike Weisheit »Ich weiß, daß ich nichts weiß« interpretiert hatte, öffnete Dr. Meier – wie mir schien – das Füllhorn seiner Erfahrung und seines Wissens. Er sprach von historischen Entwicklungen und von historischen Fehlern, die bei der Besetzung des »Präsidentenstuhles dieses Amtes« mit Dr. Otto John gemacht worden seien. Daß dieser Mann für den Posten ungeeignet war, habe sich seiner Meinung nach nicht erst bei seinem Übertritt in die »SBZ«, die sowjetisch besetzte Zone, gezeigt, sondern habe schon bei seiner Berufung 1949 festgestanden. 1966 hieß die DDR noch SBZ, zumindest bei Bundesbehörden, und behielt diesen Namen bis zur Übernahme der Regierung durch die sozialliberale Koalition. Wenn ich mich an Dr. Meiers Ausführungen erinnere, dann glaube ich zu ahnen, daß er damals schon den Mann kannte, der allen Anforderungen des Präsidentenamtes gerecht werden würde – sich selbst.

Er sprach dann von der Unmittelbarkeit der Auseinandersetzungen, die nicht nur Staaten, sondern Weltanschauungen miteinander austragen, ließ aber schon damals keinen Zweifel daran aufkommen, daß die westlichen Demokratien diese Auseinandersetzungen gewinnen werden.

Aus ihm sprach das Überlegenheitsgefühl vieler Bundesbürger gegenüber der DDR und ihren sozialistischen Verbündeten. Es fußte allein auf der wirtschaftlichen Vormachtstellung des Westens, verstärkt durch die sorgfältig registrierten Hinweise auf die Unzufriedenheit mit den politischen Verhältnissen im Osten. Aber auch Dr. Meier konnte nicht ahnen, daß dieser Sieg im Jahre 1989 nicht das Ergebnis des wirtschaftlichen Überflutens oder der politischen Schlagkraft war, sondern eintrat, weil den Gegner eine Art staatlicher Herzinfarkt ereilt hatte.

»Eine Weltanschauung«, dozierte Dr. Meier weiter, »die in ihren wesentlichen Gedanken und Idealen von der Bevölkerung getragen wird, die sich freiwillig und aus Überzeugung zu diesem System bekennt, wird einer aufgezwungenen, von außen kommenden Staatsphilosophie immer überlegen sein. Und das, obwohl der Gegner bei der Spionage gegen die Bundesrepublik immer mehr von der Quantität zur Qualität wechselt.« Anschließend umriß er die Pläne, wie er, seit nunmehr drei Jahren auf diesem Stuhl, die Spionageabwehr verändert habe und noch verändern werde.

»Und«, spann er seinen Faden fort, »mit neuem Personal fängt es an. Wir haben uns im Zusammenhang mit der Telefonaffäre von etlichen unerfreulichen Figuren trennen können. Wir müssen umdenken. Ich habe jetzt zum Beispiel einen Schuhverkäufer als Referenten eingestellt. Solche Leute haben Erfahrung, die wissen, wie man Leute anpackt.«

Mit ein paar unverbindlichen Worten klang das Gespräch aus, ich war entlassen. Verwirrt zog ich davon. Der Schuhverkäufer war offensichtlich Manfred Schönert, Jurist wie ich, der mir erzählt hatte, wie er zum BfV gekommen war.

Er hatte nach seinem Examen Anfang der fünfziger Jahre zunächst für längere Zeit in der Maxhütte in Sulzbach-Rosenberg gearbeitet und war dann bei einer Spezialfirma für Arbeitsschutzschuhe stellvertretender Geschäftsführer gewesen. In dieser Position habe ihm auch der gesamte Vertrieb unterstanden. Dennoch habe er schließlich eine Tätigkeit im öffentlichen Dienst vorgezogen. Aber so war Dr. Meier immer. Er pickte aus einem Sachverhalt ein Detail heraus und machte dies zum Mittelpunkt der Welt. So wie die Schuhe bei Manfred Schönert.

An einem der nächsten Donnerstage folgte ich einigen Kollegen zum Kegeln in die Kneipe »Pumpernickel« auf der Dürener Straße. Kappenschneider war dabei, Brox, Müller, Schönert und neben einigen anderen auch ein dunkelgelockter, gut aussehender Mann in meinem Alter, der nach meiner Beobachtung etwas gedrückt wirkte.

»Das ist Herr Hellenbroich«, wurden wir miteinander bekanntgemacht, »er hat früher in unserer Abteilung gearbeitet.«

Hellenbroich wurde bei diesem Satz rot.

»Jetzt ist er in der Abteilung Rechtsradikalismus tätig.«

Es ist mir unerfindlich, wieso später einige Presseerzeugnisse ihre Berichterstattung über den »Fall Tiedge« damit gewürzt haben, unsere Bekanntschaft gehe auf gemeinsame Studienzeiten zurück. Ich habe Hellenbroich an diesem Herbstnachmittag 1966 und keinen Tag früher das erste Mal gesehen. Ebenso fehlerhaft ist die Kumpanei, die sie den Beziehungen zwischen uns unterstellten, die in Wahrheit zu keinem Zeitpunkt bestanden hat. Natürlich, selbst wenn der eine Präsident wird und der andere »nur« Gruppenleiter in einer von zum Schluß acht Abteilungen, ist der Umgangston persönlicher, weil man sich so lange kennt. Aber Kumpanei?

Dieses Wort ist völlig fehl am Platze, ja, selbst lose freundschaftliche Beziehungen zwischen ihm und mir haben nicht bestanden. Lediglich ein normales, wenn auch von persönlichen Sympathien gekennzeichnetes, kollegiales Verhältnis.

Doch zurück zu dem jungen Heribert Hellenbroich, der da mit mir am Tisch der Kegelbahn im »Pumpernickel« saß. Vieles erfuhr ich erst mit der Zeit, auch von ihm selbst, aber folgendes hatte sich abgespielt, hatte seine Karriere mit einer Fehlzündung beginnen lassen.

Hellenbroich hatte ein halbes Jahr vor mir im BfV angefangen. Er war in Köln geboren, hatte hier die Schule besucht, studiert und sich den Beruf gesucht. Er war dann nach drei Wochen

Eingewöhnungszeit »mit der Wahrnehmung der Geschäfte eines Referenten« beauftragt worden, wobei die Unterschriftsbefugnis bei einem erfahrenen Kollegen lag, bei Dr. Josef Karkowski. Dieser, in der Ausbildung des Nachwuchsbeamten Hellenbroich der Mittler zwischen ihm und dem Abteilungsleiter, trug ihm eines Tages auf, über einen bestimmten Sachverhalt einen fünfseitigen Bericht zu fertigen, Hellenbroich kam der Aufforderung nach und mußte sich von Dr. Meier wüste Beschimpfungen gefallen lassen, weil es ihm nicht möglich gewesen sei, den geforderten Bericht auf die gewünschten zwei Seiten zu komprimieren. Hellenbroich stellte Dr. Karkowski zur Rede, der sich auf Mißverständnisse berief. Einige Tage später kam für Hellenbroich das Aus.

Dr. Meier eröffnete ihm eine von Dr. Karkowski entworfene Beurteilung, nach der Hellenbroich nicht den Erwartungen entspreche, die an einen Beamten des höheren Dienstes zu richten seien. Hellenbroich mußte das Amt als gescheiterter Beamter verlassen und machte so Platz für den nächsten Probebeamten – für mich. Sein Name war es, den ich am ersten Tag im Gespräch zwischen Schrübbers und Polenz nicht verstanden hatte.

Nur der Intervention von Heinz Froebel, dem damaligen Gruppenleiter Auswertung in der Abteilung Rechtsradikalismus, ist es zu verdanken, daß Hellenbroich der Weg zum öffentlichen Dienst nicht völlig verbaut wurde. Dieser setzte sich bei Schrübbers für ihn ein und wies darauf hin, Hellenbroich seit Jahren aus der Arbeit in der CDU zu kennen.

»Ich habe dem Schrübbers gesagt«, erzählte er mir fast zehn Jahre später, als Hellenbroich gerade Abteilungsleiter geworden war, »Herr Präsident, ein Überflieger ist der Hellenbroich wohl nicht, aber für den höheren Dienst ungeeignet ist er auch nicht. Machen Sie einen erneuten Versuch mit ihm, geben Sie ihn notfalls in meine Gruppe.« So geschah es. Hellenbroich erhielt eine neue Chance. Sein weiterer Werdegang ist bekannt.

Auch mit meiner Entwicklung ging es weiter, wenn auch nicht so stürmisch und so dramatisch wie bei Hellenbroich, so doch mit einer deutlichen Parallele zu seinem Start im BfV. Ich wurde etwa im November 1966 mit der Wahrnehmung der

Geschäfte des Referenten IV A 2 beauftragt. Die Bedeutungslosigkeit dieses kurze Zeit später ersatzlos gestrichenen Referates verbietet heute ein auch nur flüchtiges Eingehen auf die Zuständigkeit. Die Zeichnungsbefugnis lag auch für mich bei Dr. Karkowski, bei »Kako«, wie er abgekürzt hinter seinem Rücken genannt wurde. Dessen Verstrickung in den Fall Hellenbroich war mir zu diesem Zeitpunkt noch nicht bekannt, wohl aber seine dubiose Rolle, die er im Fall Hugo Zängler, also seines unmittelbaren Vorgesetzten, gespielt hatte.

Dieser hatte eine von Karkowski entworfene Fallschilderung für die Presse in Vertretung des Abteilungsleiters unterschrieben, die für eine Veröffentlichung nicht geeignet war. Der in der DDR nachrichtendienstlich angesprochene junge Mann erkannte sich in der Publikation wieder und wandte sich beschwerdeführend an das BfV. Ihm sei es jetzt, so trug er vor, nicht mehr möglich, seine Freundin im Bezirk Erfurt zu besuchen. In der Tat enthielt der Vorgang eine besondere Bitte des Betroffenen, seine Angaben vertraulich zu behandeln. Diese Bitte hatte Karkowski entweder mißachtet oder, was wahrscheinlicher war, überlesen. Zängler gab Karkowski die Schuld, weil dieser für die Öffentlichkeitsarbeit des BfV einen ungeeigneten Fall ausgesucht hatte. Karkowski verwies rüde darauf, Zängler habe seine eigene Prüfungspflicht vernachlässigt und sich leichtfertig auf einen Mitarbeiter verlassen. Präsident Schrübbers entschied, ohne zu zögern, gegen Zängler – aus persönlichen Ressentiments, wie dieser vermutete – und setzte ihn an die Schule um.

Nach einem kurzen Gastspiel von Hans Watschounek wurde mein erster Ausbilder Heinz Kappenschneider Gruppenleiter IV A und damit wieder mein Chef.

Für mich als jungen Referenten war aber nicht der Gruppenleiter oder gar der Abteilungsleiter wichtig, sondern der Mann, der jeden Entwurf auf den Tisch bekam, den ich selber gefertigt oder als Entwurf der Sachbearbeiter abgezeichnet hatte. Dr. Karkowski erwies sich als menschlich und persönlich netter Mann, ein Eindruck, der sich später bei mir auch bestätigte, als wir in der Nachbarschaft wohnten, er im Claudelweg, ich im Kollwitzweg. Karkowski war auch bemüht, mir weitere Geheimnisse der Spionageabwehr verständlich zu machen. Nur erlag er bei diesen Bemühungen einem alten, bei ihm außerordentlich ausgeprägten menschlichen Fehler, indem er zur Norm allen dienstlichen Handelns die eigene Leistung setzte, deren Wert er erheblich überschätzte. Er verfügte allerdings über ein phantasiereiches, ideensprühendes Gehirn. Die meisten seiner Ideen, unabhängig von ihrer Realisierbarkeit, vergaß er wieder, auf einige wenige kam er, auch nach längerer Zeit, mahnend zurück, ohne daß für seine Mitarbeiter deutlich wurde, was Karkowski vergaß und was nicht. Dies machte ihn als Vorgesetzten unangenehm und gefährlich.

Für mich erwies er sich allerdings auch aus einem anderen Grunde als unangenehm und gefährlich. Denn als Anfänger konnte man ihm nichts recht machen. Er änderte jeden Entwurf ab und sei es, daß er das Wort »stets« durch die Vokabel »immer« oder umgekehrt ersetzte oder einen Punkt in ein Semikolon verwandelte. Eines Tages warnte mich Werner Müller vor einer Intrige Karkowskis. Dieser hatte sich, ohne mit mir ein grundsätzliches Gespräch geführt zu haben, beim Abteilungsleiter über »den jungen Kollegen Tiedge« beklagt und empfohlen, sich nach der Probezeit von ihm zu trennen. 1985 hätte man es sicherlich begrüßt, wenn man damals der Empfehlung Karkowskis gefolgt wäre.

Damals aber bedankte ich mich verwirrt bei Müller für dessen, wie ich mißinterpretierte, überraschenden Anfall von Kollegialität, wußte aber nicht, wie ich mich in meiner Rolle gegen die Vorwürfe wehren sollte. Und dann kam der befürchtete Anruf von Frau Linnenkohl, die mich zu Dr. Meier rief. Dieser hielt mir offen die Anschuldigungen Karkowskis vor, winkte aber ab, als ich meine Sicht der Dinge vortragen wollte.

»Ich will mir selbst ein Bild von Ihnen machen«, entschied er, der wohl von Hellenbroichs gutem Einschlagen im Bereich Rechtsradikalismus gehört hatte und keine zweite übereilte Entscheidung treffen wollte. »Sie kommen ab morgen jeden Tag um neun Uhr zu mir, tragen mir die in Ihrem Referat bearbeiteten Vorgänge vor und unterbreiten geeignete Vorschläge zu ihrer Bearbeitung.«

Also begab ich mich täglich mit einem Aktenstapel unter dem Arm zu Dr. Meier, hielt ihm die erbetenen Vorträge und legte ihm Schreiben zur Unterschrift vor. Der Abteilungsleiter war in der Regel freundlich zu mir, so daß ich wieder neuen Mut schöpfte.

Als die Unterschrift des Abteilungsleiters auch auf Routineschreiben des BfV an die Empfänger, überwiegend die Landesämter für Verfassungsschutz. auf zunehmendes Befremden stieß, erklärte Dr. Meier eines Tages spontan: »Also, Herr Tiedge, ab morgen unterschreiben Sie wie alle Referenten. Ich denke schon, daß Sie dieser Aufgabe gewachsen sind.«

Von nun an war ich wirklich Referent, der hinterhältigen Macht Dr. Karkowskis entzogen und wollte mich nun eigenverantwortlich um mein Referat kümmern. Aber Organisation und Personalpolitik wurden im BfV immer nach der Maxime gehandhabt, daß beständig allein der Wechsel sei. So war ich Anfang 1967 gerade etwas warm auf meinem Stuhl geworden, als mich die erste Umsetzungsverfügung traf.

»In Abstimmung mit dem Präsidenten wird Ihnen unter Freistellung von Ihren bisherigen Aufgaben mit sofortiger Wirkung die Leitung des Referates IV A 1 übertragen«, konnte ich lesen und stand wieder einmal da wie der berühmte Ochse vorm Scheunentor.

Dr. Karkowski war ins Innenministerium versetzt worden, im »rollierenden Verfahren« für ein Jahr, aber sein Stuhl war frei geworden. Ich war nun als Anfänger zuständig für das Berichtswesen der Abteilung IV, das sich in dieser Zeit noch in Jahres-, Monats- und Wochenberichten an das Innenministerium ausdrückte und auch die Beteiligung des BfV an zentralen Berichten wie dem sogenannten SHAPE-Bericht an das NATO-Hauptquartier umfaßte. Ferner oblag mir die statistische Erfassung des gesamten Schriftverkehrs der Abteilung.

In diesem Referat erlebte ich auch die erste Frustration im BfV. Beim Durchgang durch die Räume des Referates, das etwa zehn Mitarbeiter umfaßte, erkundigte ich mich auch nach den genauen Aufgaben der einzelnen Personen. In einem der Räume antwortete ein Amtsrat auf meine entsprechende Frage mit dem entwaffnenden Satz: »Das sage ich Ihnen nicht.« Er berief sich auf Dr. Meier und blieb auch bei meinem Vorhalt, ich sei nunmehr sein Vorgesetzter und hätte Anspruch auf eine konkrete Antwort, hartnäckig und lehnte es ab, mich in seine Akten blicken zu lassen. Als ich mich bei Dr. Meier beschwerte und um Aufschluß über den seltsamen Untergebenen bat, lachte dieser und erklärte: »Der arbeitet für mich, der gehört nur formal in Ihr Referat. Das hat seine Richtigkeit.«

Verärgert zog ich davon. Ich wußte nicht, daß mein »Mitarbeiter« an den Vorbereitungen der Aufklärung des Falles Porst arbeitete. Die Festnahme des Nürnberger Fotohändlers Hanns Heinz Porst wegen seiner DDR-Kontakte, unter anderem zu dem damals noch legendären Markus Wolf, sollte einige Zeit später für Schlagzeilen sorgen. Der Mitarbeiter, Helmut Bergmann, ob seiner geringen Körpergröße »der laufende Meter« genannt, hat sich auch später nicht in seinem geheimnisvollen Gehabe geändert, wurde aber trotzdem, weil er fachlich ein sehr guter Mann war, Leitender Regierungsdirektor und Gruppenleiter Beschaffung in der Abteilung Ausländerextremismus.

Ich schrieb meine Berichte, meist so »bedeutende« wie über den Fall eines BGS-Beamten, der versehentlich die Grenze zur »SBZ« überschritten hatte und nach eingehender Befragung durch die Organe der DDR wieder abgeschoben worden war. Die Arbeit war nicht uninteressant, fand aber doch etwas abseits vom Geschehen statt. Es gefiel mir zwar, daß ich Zugang zu fast allen Akten der Abteilung hatte, sofern sie nicht operativ bearbeitet wurden, aber insgeheim vermißte ich doch die aktive Betätigung und Beteiligung an den Fällen, über deren Ergebnis ich allenfalls berichten durfte.

Heimlich sah ich immer etwas neidisch zur Referatsgruppe IV B wie Beschaffung. Hatte nicht Watschounek den leeren Stuhl von Hugo Zängler eingenommen und nach sechs Wochen auf die Weihen eines Gruppenleiters verzichtet, um sein Funkreferat behalten zu können? Auch Eltzberg hatte ich kennengelernt, von dem mir Kappenschneider erzählt hatte. Er kam eines Mittags in die Kantine, ein braungebrannter, kräftiger Balte aus Riga, Jahrgang 1931, und erzählte, just aus Den Haag zu kommen und dort den Fall »Pierement« besprochen zu haben. Bei diesen Worten wechselte er mit Müller einen verständnisvollen Blick, der in meinen Augen die ganze geheime Welt operativer Tätigkeit beinhaltete. Hinter dem Fall »Pierement« verbarg sich eine mir heute nicht mehr erinnerliche G-Operation gegen den polnischen Dienst, die in Müllers Referat ausgewertet wurde. Seinen etwas ungewöhnlichen Namen leitete der Fall von der Tatsache ab, daß der spätere CM, der Doppelagent, durch eine Observation des befreundeten niederländischen Dienstes auf dem Pier in Scheveningen, einem Stadtteil von Den Haag, bei einem Treff mit einem Vertreter des polnischen Dienstes beobachtet worden war. Ja, dachte ich mir, das ist Spionageabwehr, nach Den Haag fahren und Fälle besprechen.

Einige Wochen später hatte sich der gesamte höhere Dienst der Abteilung in Dr. Meiers Zimmer versammelt. Etliche, darunter auch ich, hatten sich Stühle mitgebracht, um überhaupt einen Sitzplatz zu haben. Wir saßen, etwa fünfzehn Mann, um den Schreibtisch Dr. Meiers herum, der uns eröffnete, wie sich die Organisation der Abteilung ab 1. Juli 1967 darstellen sollte. Bei der Besetzung der Referentenposten in der Gruppe Beschaffung sah er plötzlich mich an: »Sie, Herr Tiedge«, erklärte er zu meiner Verblüffung, »übernehmen das Referat IV B 2, das sich operativ mit den Satellitendiensten befaßt, und zwar mit den G-Operationen und mit den legalen Residenturen. Sie haben in der Auswertung bisher recht ordentlich gearbeitet. Sie werden auch in der Beschaffung bestehen.«

Ich war platt, ich war Beschaffer.

Drittes Kapitel
ALLTAG UND FASZINATION DER SPIONAGE

In den fast zwanzig Jahren meiner Tätigkeit im BfV habe ich mit dem Amt gelitten und war mit ihm stolz, habe Höhen und Tiefen erlebt, habe es verflucht und habe es verteidigt. Die meisten Jahre habe ich mich mit dem Bereich Spionageabwehr identifiziert, ja, identifizieren können, obwohl das Amt ununterbrochen sein Gesicht verändert hat. Präsidenten, Vizepräsidenten und Abteilungsleiter kamen und gingen. Ich habe in neunzehn Jahren je fünf Präsidenten und Vizepräsidenten und in zwei Abteilungen neun Wechsel in der Person des Leiters erlebt. Als ich 1982 selbst Gruppenleiter wurde, hatte bis dahin ebenso oft mein unmittelbarer Vorgesetzter gewechselt, ebenfalls ein Gruppenleiter. Ich selbst fand seit 1966, wie es im Amtsdeutsch heißt, in zehn Funktionen Verwendung. Seit meinem Übertritt 1985 in die DDR sind in der Person des Präsidenten vier sowie in der des Vizepräsidenten zwei weitere Wechsel eingetreten. Und mit den Personen hat sich das Amt gewandelt.

Dieser permanente Wechsel, das einzige Beständige, was das BfV nach den Worten von Spöttern auszeichnet, ist nicht zwangsläufig die Folge dreier Regierungswechsel in den Jahren 1966, 1969 und 1982. Häufig ist der unstillbare Karrieredurst partei-orientierter Funktionsinhaber Ursache für Veränderungen, fast immer aber die ebenso unstillbare Leidenschaft der jeweils neuen Mächtigen, den ihnen anvertrauten Bereich umzuorganisieren. Nur Veränderung verrät Dynamik, das Belassen auch bewährter Zustände gilt nach den modernen Gesetzen des heiligen Bürokratius, des Gottes mit den Eselsohren, als Beweis statischen Denkens; statisches Denken aber führt nach eben diesen Gesetzen zur Stagnation, und Stagnation ist Rückschritt.

Nur eine Entwicklung haben alle Neu- und Umorganisationen nicht verhindern können, ja, wahrscheinlich haben sie sie sogar gefördert: das ständige und unaufhaltsame Anwachsen des Amtes.

Als ich 1966 ins BfV eintrat, waren hier etwa achthundert Mitarbeiter beschäftigt; als ich es 1985 wieder verließ, waren es zweieinhalbtausend. Gewiß, neue Aufgaben waren auf das Amt zugekommen, aber eine Zunahme um mehr als zweihundert Prozent?

Da war zum Beispiel Hans-Joachim Postel, der langjährige Leiter des EDV-Bereichs im BfV und geistige Vater von NADIS, dem berühmt-berüchtigten nachrichtendienstlichen Informationssystem, von dem noch an anderer Stelle die Rede sein wird. 1966 war Postel, ein früherer Verkehrspolizist, Autodidakt und Verfasser der Broschüre »Die Kölner Phonetik«, Leiter eines Referates von etwa zwanzig Mitarbeitern, die ihre Daten nach dem damals schon veralteten Lochkarten- oder Hollerithverfahren speicherten. Als das BfV dann 1970 die EDV einführte, wurde Postels Arbeitsbereich wegen der notwendigen Neuerfassung bereits gespeicherter Daten »vorübergehend« aufgestockt. Er selbst erklärte seinerzeit auf jeder Besprechung: »Nach Einführung der dritten NADIS-Stufe in etwa zwei Jahren werde ich meinen Mitarbeiterstab fast völlig auflösen. Die Maschinen arbeiten fehlerfrei und benötigen kaum menschliche Hilfe.«

1985 war die dritte NADIS-Stufe, ein textverarbeitendes Erfassungssystem, noch immer nicht realisiert, vielmehr war sie im Hinblick auf den fortschreitenden Datenschutz vollends obsolet geworden. Aus dem Referatsleiter aber war der Gruppenleiter Postel geworden, zwar vom Herzinfarkt gezeichnet, aber Herr über fast einhundert Mitarbeiter in vier Referaten.

In der Abteilung Spionageabwehr war es nicht anders. Sie war vor der Ausgliederung der Observation am 1. August 1985 mit knapp vierhundert Mitarbeitern in achtzehn Referaten die größte Fachabteilung des Hauses. Was sich hier allein im dienstlichen Bereich abspielte, das übersah kaum der Abteilungsleiter, geschweige denn, der für das ganze Amt zuständige Präsident oder Vizepräsident. Gleichwohl ist die Effektivität mit der Zahl der Mitarbeiter nicht gewachsen.

1985 bestand zum Beispiel die Observationseinheit der Abteilung IV aus knapp einhundert Mitarbeitern, was von ihrer Leitung, dem sogenannten »Wasserkopf«, noch als zu wenig angesehen wurde. Im Gründungsjahr der Observationsgruppe, 1959, waren es ganze sieben Mann, und mit diesen sieben Mann gelang es 1960, den SPD-Bundestagsabgeordneten und Vorsitzenden des Verteidigungsausschusses im Deutschen Bundestag, Alfred Frenzel, der nachrichtendienstlichen Tätigkeit für den tschechoslowakischen Nachrichtendienst StB zu überführen. Die entscheidende Feststellung, den Austausch zweier identischer Koffer in einer Nebenstraße der Bonner Altstadt zwischen Frenzel und seinem Residenten Frank Altmann *recte* Jindrich Augustin, traf die OG, wie die Observationsgruppe amtsintern genannt wurde und trotz organisatorischer Veränderungen immer noch genannt wird.

Aber wer von den sieben das Meisterstück vollbrachte, darüber wurde noch bei der 25-Jahr-Feier im Frühjahr 1984 diskutiert. War es Karl-Heinz Schwesig, der frühere Verfassungsschützer und inzwischen pensionierte Observationschef des Bundeskriminalamtes in Meckenheim, war es Rudi Weickert, den die späte Liebe zu einer Ungarin aus dem BfV trieb, oder war es Hannes Baumgart, der DSA, wie man ihn unter Abkürzung von »Der schönste Amtsrat« nannte? Oder war es gar Robert Schächer selbst, der erste OG-Leiter der Abteilung IV? Sie alle waren zu unterschiedlichen Zeiten meine Mitarbeiter, ausnahmslos aufgestiegen zu Amtsräten und Oberamtsräten, Schächer gar zum Regierungsdirektor, und sie alle haben mir gegenüber – »Herr Tiedge, jetzt will ich Ihnen mal erzählen, wie es wirklich war« – diesen Erfolg an die eigene Kappe geheftet.

Über Erfolge mag man streiten, Hauptsache, man hat sie.

Heutzutage ist die Abschottung, die allein einen solchen Erfolg gewährleistet, gar nicht mehr möglich, nicht einmal mehr vorstellbar, zu stark hat die politische Ebene vom Verfassungsschutz Besitz ergriffen. Dabei bestimmen sich die Handlungsmaximen der politischen Ebene überwiegend danach, wo der Feind steht oder wo er vermutet wird.

Mit dem Verfassungsschutz einig sind sich die Fraktionen des Bundestages zumindest bis 1985 gewesen – und auf Landesebene sah es ebenso aus –, daß es gelte, den politischen Gegner zu treffen, der von außerhalb der Grenzen der Bundesrepublik angreift. In der Spionageabwehr waren dies lange Zeit zu allererst die Nachrichtendienste der sozialistischen Staaten.

Aber auch jede Gelegenheit, den politischen Gegner im Inland zu treffen, wird gierig gesucht und gefunden. Ist dieser Gegner kein Verfassungsfeind, sondern sitzt er auf der Oppositionsbank im Parlament, wird auch versucht, den Verfassungsschutz schamlos zu mißbrauchen. Beispiele hierfür sind Legion. Man denke nur an Ministerpräsident Uwe Barschel und die SPD, Bundesminister Karl-Dieter Spranger und die Grünen. Allein die Erwähnung der Tatsache, und das auch noch vor einem parlamentarischen Untersuchungsausschuß, daß Spranger, seinerzeit parlamentarischer Staatssekretär im Bundesinnenministerium, vom BfV Informationen über die Öko-Abgeordneten gefordert hatte, kostete den damaligen Vizepräsidenten des BfV, Dr. Stefan Pelny, den Posten.

Noch eifriger sind Politiker nur, wenn es gilt, Schaden von der eigenen Partei abzuwenden. Das zeigte sich überdeutlich, als 1978 der stellvertretende Chef des rumänischen militärischen Nachrichtendienstes, General Ion Pacepa, in den Westen übertrat. Er bezichtigte, getäuscht durch die vollmundigen Berichte seiner Residentur in der rumänischen Botschaft in Bonn, den SPD-Abgeordneten Uwe Holtz sowie den Egon Bahr-Mitarbeiter Joachim Boudré-Gröger der nachrichtendienstlichen Tätigkeit. Als das BKA an sie herantrat, waren beide bereits über die gegen sie erhobenen Vorwürfe unterrichtet. Daß sich die Vorwürfe als haltlos erwiesen, ist weder ihr Verdienst noch das Verdienst irgendwelcher Spitzenpolitiker der damals regierenden SPD, die das BfV im Rahmen eng geknüpfter Unterrichtungspflichten über den Fall Pacepa hatte in Kenntnis setzen müssen.

Aber wer ist ein Joachim Boudré-Gröger, ja, selbst ein Uwe Holtz, die beide vom Verdacht gegen sich erfuhren, verglichen mit dem Vorsitzenden des Verteidigungsausschusses?

Nun ist die Hauptaufgabe des BfV – trotz Alfred Frenzel und Günter Guillaume – weder das spektakuläre Fangen von Spionen noch das Taktieren im politischen Bereich. Wo aber liegt sie in der Spionageabwehr? Bei der Beantwortung dieser Frage bitte ich den Leser um Verständnis für einen Ausflug in juristische Gefilde. Denn anders ist eine Lösung nicht zu finden. Andererseits ist die grobe Kenntnis der Zuständigkeitsverteilung der Verfassungsschutzbehörden untereinander unverzichtbar, um Verständnis für gewisse Spannungen aufzubringen und verschiedene Darlegungen in meinen Erinnerungen richtig bewerten und nachvollziehen zu können.

Wie immer, wenn es um Umfang und Grenzen staatlicher Zuständigkeit geht, hilft auch hier zunächst ein Blick in die Verfassung weiter. Die vielbeschworenen Väter des Grundgesetzes haben, als sie 1948/49 im Parlamentarischen Rat die rechtlichen Voraussetzungen für die Errichtung von Verfassungsschutzbehörden schufen, ein nachrichtendienstliches Unikum aus der Taufe gehoben. Im Abschnitt über die Gesetzgebung des Bundes wies das Grundgesetz in Artikel 73 Ziffer 10 in seiner ursprünglichen Fassung dem Bundesgesetzgeber die ausschließliche Gesetzgebungskompetenz für die »Zusammenarbeit des Bundes und der Länder« in Angelegenheiten des Verfassungsschutzes zu. Erst durch Gesetz vom 24. Juni 1968 erhielt der Artikel seine heutige, etwas detailliertere, inhaltlich gegenüber dem Urtext aber unveränderte Fassung.

Demgegenüber wurde dem Bund in Artikel 87 des Grundgesetzes im Abschnitt über die Bundesverwaltung nur das Recht eingeräumt, »durch Bundesgesetz ... Zentralstelle ... zur Sammlung von Unterlagen zum Zwecke des Verfassungsschutzes« einzurichten. Im übrigen blieb es bei der Regelung des Artikels 83 des Grundgesetzes, wonach die Länder die Bundesgesetze als eigene Angelegenheit ausführen, »soweit dieses Grundgesetz nichts anderes bestimmt oder zuläßt«. Mein Staatsrechtslehrer Theodor Maunz, einstmals Kultusminister von Bayern und Professor für öffentliches Recht an der Münchener Universität, charakterisierte diesen Verfassungsgrundsatz als, wie er latinisierte, »in dubio pro Bavaria«, im Zweifel für Bayern; im Zweifel ist das Bundesland und nicht der Bund zuständig.

Somit bleibt nach der Lektüre des Verfassungstextes eigentlich nur die Regelung, daß die Länder den Verfassungsschutz bestreiten und der Bund entsprechende Unterlagen sammelt. Derartiges war vom Verfassungsgeber vermutlich sogar beabsichtigt, dem noch die Erfahrungen mit einer faschistischen, überstarken Zentralregierung vor Augen stand. Deshalb verlagerte er den aktiven und operativen Verfassungsschutz in die Länder und beließ dem Bund allein die Regelung der allgemein gültigen Grundsätze.

Aber bald zeigte sich, daß es auch Bereiche gibt, in denen der Bund tätig werden muß, und solche, in denen er, Einverständnis mit dem betroffenen Land vorausgesetzt, tätig werden sollte. Gesetzliche Regelungen in dieser Frage fehlen. Das Gesetz über die Zusammenarbeit des Bundes und der Länder in Angelegenheiten des Verfassungsschutzes vom 27. September 1950 schwieg sich hierzu ebenso aus wie das Grundgesetz und andere Rechtsquellen.

Die Spionageabwehr war als Angelegenheit des Verfassungsschutzes nicht einmal erwähnt, entsprechend fehlten Vorschriften über die Zusammenarbeit auf diesem später so zentralen und wichtigen Gebiet. Aber wie konnte bei der sprichwörtlichen deutschen Gründlichkeit, die gerade den Gesetzgeber im Bemühen, jeden nur denkbaren Fall zu regeln, nicht selten die Grenzen zur Karikatur überschreiten läßt, eine solche eklatante Gesetzeslücke entstehen?

Der ehemalige Chef der CIA-Niederlassung in Bonn, Gardner A. Hathaway, der selbst als junger Mann nach dem Krieg im Büro des Hohen Kommissars John McCloy mitgearbeitet hatte, gab anläßlich eines Empfangs, der wegen seiner Rückkehr nach Amerika und seiner Verabschiedung aus dem aktiven Dienst gegeben wurde, hierfür eine überzeugende Erklärung. 1949/50, als die Verfassungsschutzbehörden entstanden, glaubte nie jemand, daß die darniederliegende Bundesrepublik dereinst ein bevorzugtes Ziel gegnerischer Spionage und Ausspähung sein werde. Deshalb wurde die Spionageabwehr auch gar nicht in den Aufgabenkatalog des Verfassungsschutzes aufgenommen.

Erst mit dem Verfassungsschutzänderungsgesetz vom 7. August 1972 wurde – sehr spät – der längst geänderten Situation Rechnung getragen. Die Spionageabwehr wurde offiziell zur

Aufgabe des Verfassungsschutzes erklärt, der sie zu diesem Zeitpunkt schon zwanzig Jahre wahrnahm.

Damals, 1949/50, habe man sich, also Hathaway, für eine föderative Lösung für den nachrichtendienstlichen Sicherheitsapparat entschieden, weil man insbesondere extremistische, kommunistische wie nationalistische Sammlungsbewegungen und Parteien, die sich üblicherweise in Landesverbänden organisieren, auf diese Weise glaubte unmittelbarer bekämpfen zu können.

Die Erinnerungen an die Perversion sämtlicher Zentralgewalt im Dritten Reich, an Gestapo und Sicherheitsdienst SD, waren noch zu frisch. Als die Spionageabwehr dann als Aufgabe in den Gesetzestext aufgenommen wurde, war es im Kräftespiel zwischen Bund und Ländern für eine Änderung zugunsten einer Zentralisierung zu spät.

Aber selbst gegen eine irgendwie geartete eigene Zuständigkeit des BfV, die über das Sammeln hinausgeht, erhoben sich in den frühen Jahren Stimmen. Puristen unter den Verfassungsrechtlern und dezidierte Föderalisten haben lange auf die Formulierung »Zentralstelle« im Verfassungstext hingewiesen und dem BfV das Recht auf jedwede eigene, unmittelbar nach außen gerichtete Wirksamkeit abgesprochen.

Die Praktiker und die moderaten Wissenschaftler hingegen haben sich demgegenüber mit ganz naheliegenden Argumenten durchgesetzt. Welche Verfassungsschutzbehörde ist zuständig für einen nachrichtendienstlichen Angriff gegen einen Beamten des Bundeskanzleramtes, das nordrhein-westfälische, weil das Amt in seinem Zuständigkeitsbereich liegt? Oder das saarländische, weil der Beamte in Dudweiler geboren ist? Und wer bearbeitet den nachrichtendienstlich verstrickten Angehörigen der Deutschen Botschaft in Neuseeland, sieht man einmal von dem Bundesnachrichtendienst und seinen Befugnissen ab? Wird die Welt unter den Landesbehörden für Verfassungsschutz aufgeteilt wie unter den Sendern der ARD? So entwickelte sich neben den Landesbehörden eine Bundesbehörde mit eigener, de jure derivativer, abgeleiteter, de facto originärer, ursprünglicher Zuständigkeit.

Im Ergebnis ist die Bundesrepublik der einzige Staat der Welt, der über siebzehn zivile Sicherheitsdienste verfügt. Zumindest ist sie der einzige politisch relevante Staat, der seine Sicherheit dezentralisiert und Zuständigkeiten auf Bund und Länder mit- und nebeneinander verteilt hat. Dieses Sicherheitssystem in seiner verfassungsrechtlichen Gegebenheit darzulegen, fällt dem Juristen ebenso schwer wie dem Theologen die Erklärung der göttlichen Dreifaltigkeit. Beide wissen oder glauben zumindest zu wissen, daß und warum es so ist, sind sich aber zugleich bewußt, hiermit in der Praxis der Berufsausübung wenig anfangen zu können. Für beide gilt es, ihre jeweiligen Gegebenheiten in verständliche, auch von Außenstehenden nachvollziehbare Verhaltensmaßregeln zu übersetzen, die sich im Alltag bewähren können.

Über die rechtliche Abgrenzung und Überschneidung der Zuständigkeit von Bund und Ländern ist viel geschrieben worden, zum Teil wurden auch aberwitzige Theorien vertreten. Unabhängig von diesem Gelehrtenstreit setzten sich die Leiter der damals zwölf Verfassungsschutzbehörden, die es in der Bundesrepublik gab, elf der Länder und eine des Bundes, im Sommer 1954 in Unkel am Rhein, zwischen Bonn-Beuel und Königswinter gelegen, zusammen, um sich selbst entsprechende Verhaltensmaßregeln zu geben. Das Ergebnis waren die nach dem Tagungsort benannten Unkeler Richtlinien, die erst 1972 durch die noch 1985 gültigen Koordinierungsrichtlinien ersetzt wurden.

Nach beiden Richtlinien, die sich inhaltlich nur unwesentlich unterscheiden, ist Spionageabwehr grundsätzlich Ländersache. Die Bearbeitung von Einzelfällen ist damit ebenso wie die Entwicklung von Strategien zur Identifizierung von Agenten und deren Umsetzen Sache der Landesbehörden für Verfassungsschutz.

Diese Landesbehörden sind unterschiedlich organisiert. Teilweise sind sie, wie in Schleswig-Holstein oder Nordrhein-Westfalen, unmittelbarer Teil des Innenministeriums oder der Innenbehörde. Teilweise sind sie, wie in Hessen oder Bayern, selbständige, echte Landesämter, dem Innenministerium nachgeordnet.

Die Rechtsform der Verfassungsschutzbehörde eines Bundeslandes ist lediglich Ausfluß eigener Organisationsgewalt und gründet sich auf unterschiedlich regionale Traditionen, staatliche Aufgaben zu organisieren. Materielle Unterschiede bestehen nicht.

Dennoch wird auf die Beachtung der Unterschiede Wert gelegt. Der frühere Leiter der Verfassungsschutzabteilung in Düsseldorf, der inzwischen verstorbene Ministerialdirigent Helmut Schütz, kommentierte einmal einen von mir unterschriebenen Brief, in dem vom »LfV Nordrhein-Westfalen« die Rede war, unwillig mit der Marginalie: »Der Verfasser, obwohl schon seit Jahren im BfV, weiß offenbar immer noch nicht, welche Organisationsform die Verfassungsschutzbehörde in Nordrhein-Westfalen hat!«

Der unter anderem für die Spionageabwehr zuständige Leitende Ministerialrat Karl-Fritz Holthaus rief mich seinerzeit an, um mir weisungsgemäß die Verärgerung, seines Amtsleiters mitzuteilen. In zunehmendem Maße jedenfalls stand das Kürzel »LfV« im Schriftverkehr unter den Ämtern nicht mehr für Landesamt sondern für Landesbehörde. So etwas ist für Ministerialbeamte wichtig.

Doch zurück zur Zuständigkeit. In beiden, in den Unkeler und den Koordinierungsrichtlinien, räumt der jeweilige § 8 dem Bundesamt das Recht ein, unter bestimmten Voraussetzungen »die Bearbeitung eines Falles an sich zu ziehen«, nämlich dann, wenn

1. sich der nachrichtendienstliche Angriff gegen eine Einrichtung des Bundes oder eine dort beschäftigte Person richtet,
2. der Fall außenpolitische Interessen des Bundes berührt,
3. der Fall mehrere Bundesländer betrifft oder
4. ein LfV das BfV um Übernahme eines Falles ersucht.

Evokationsrecht nennen die Juristen eine solche Regelung, vom lateinischen evocare, herausrufen, auswählen. Im Laufe der Jahrzehnte hat sich hieraus eine Zuständigkeitsverteilung entwickelt, die für das BfV schon fast originären Charakters hat. Aber welche Fälle sind es, die das BfV an sich ziehen kann, wie es in den Richtlinien heißt, oder für die das BfV nach eigenem Selbstverständnis zuständig ist? Was bedeutet der Text der Rechtsnorm für die Alltagsarbeit, wie lautet die Parallelwertung in der Laiensphäre, wie sie der Strafrechtler Edmund Mezger für das Verständnis wenigstens der Strafrechtsnorm durch den Täter forderte?

Zum einen soll der Bund in seiner ursprünglichen Interessenkompetenz zuständig sein, nämlich dann, wenn sich der nachrichtendienstliche Angriff gegen seine Einrichtungen richtet, die er selbst verwaltet, die von ihm selbst und nicht von einem Gliedstaat, einem Bundesland getragen werden. Daher fällt jeder Postbedienstete in Garmisch-Partenkirchen und jeder Bundesbahner aus Flensburg ebenso in die Zuständigkeit des BfV wie seit der Wiedervereinigung jeder Zöllner in Zittau und jeder Grenzschutzbeamte an der Grenze nach Polen.

Hier ist der Beschaffungsapparat des BfV mit seiner einzigen 1985 operativ tätigen Außenstelle in Hamburg meist überfordert, deshalb werden Anbahnungsversuche dieser Art meist den Landesämtern im Rahmen der Amtshilfe überlassen, wobei das BfV Fälle mit besonderer Bedeutung, aber auch mit besonderem Reiz, selbst bearbeitet oder vom LfV wieder an sich zieht.

Zum zweiten ist die Außenpolitik trotz aller Kontakte der Ministerpräsidenten der Länder nach Amerika, nach China und in die Länder der GUS eine unbestreitbare und unbestrittene Domäne der Bundespolitik. Wenn diese außenpolitischen Interessen überhaupt gesondert erwähnt werden, dann nur deshalb, um dem Bund die Kompetenz zur Bearbeitung der legalen Residenturen einzuräumen. Die Angehörigen der in Botschaften, Konsulaten und Handelsvertretungen abgetarnten Stützpunkte gegnerischer Nachrichtendienste erwecken immer den Eindruck legaler, diplomatischer Tätigkeit. Es gilt als die hohe Schule der Abwehrarbeit, hier durch eigenes Tätigwerden, die gegnerischen Nachrichtenoffiziere als die schwarzen Schafe zu identifizieren.

Die beiden anderen Fallgruppen spielen demgegenüber keine Rolle. Fälle, die die Grenzen eines Bundeslandes überschreiten, sind an der Tagesordnung. Die geringe Größe vieler Bundesländer, die Sogwirkung vieler eigenstaatlicher Metropolen wie Berlin, Hamburg und Bremen auf das gesamte Umland sowie die wirtschaftliche, politische und militärische Potenz der Bundesrepublik, verbunden mit privater und beruflicher Mobilität, sind der Grund hierfür. Das BfV kann, auf dem Wege des Konsenses, für solche Fälle zuständig werden; sich streitig auf die Kompetenz zu berufen, führt hingegen zu keinem Ergebnis. Zu sehr hängen die Landesbehörden an ihren Fällen, vor allem an ihren aussichtsreichen.

Solange einer der Konzertmeister im Zusammenspiel der Abwehrchefs von Bund und Ländern, der ehemalige Leiter des Referates 44, Spionageabwehr, im niedersächsischen Innenministerium, der Ministerialrat Manfred Dreyer, unter dem Beifall seiner Kollegen erklären konnte, Spionageabwehr sei kompliziert und »daher« Ländersache, wird sich daran auch nichts ändern. Die beteiligten LfV schließen sich kurz und bearbeiten den Fall gemeinsam.

Die vierte Fallgruppe führt ein noch stärkeres Schattendasein. Man muß schon fast zwanzig Jahre im BfV gearbeitet haben, um überhaupt einschlägige Fälle benennen zu können. Vor allem der Jurastudent Joachim Stuckmann aus Gelsenkirchen fällt mir ein, der unter dem Namen »Bambi« im Fall »Filmpreis« etwa ab 1970 jahrelang für die Verfassungsschutzbehörde Nordrhein-Westfalen gegen die Bezirksverwaltung Halle des MfS gearbeitet hat. Als dieser Mann nach bestandenem Examen Gerichtsreferendar wurde, was mit der Ernennung zum Beamten auf Widerruf verbunden war, konnte er in Düsseldorf für eine operative Tätigkeit nicht mehr eingesetzt werden. Eine interne, nur für Nordrhein-Westfalen geltende Regelung erklärte den Beamtenstatus und die operative Mitarbeit für unvereinbar.

Nun war der Referendar aber gleichzeitig auch Vorstandsmitglied des Sportvereins Schalke 04. Der damalige Leiter des Spionageabwehrreferates in Düsseldorf, Ministerialrat Dr. Hans Spick, wiederum war zugleich Beiratsmitglied des DFB, des Deutschen Fußballbundes. Dr. Spick vermittelte seinen Sportsfreund unter Berufung auf § 8 Ziffer 4 der Koordinierungsrichtlinien an das BfV, das mit ihm noch bis zur Jahreswende

1979/80 operierte. Dann wurde der Fall durch den Vizechef des MAD, den Obersten Joachim Krase, dem MfS bekannt.

Aber, was heißt das eigentlich, einen Fall bearbeiten, für einen Fall zuständig sein? Was darf denn nun das LfV und was darf das BfV? Wer observiert denn nun, wer hört ab, wer baut Wanzen ein und wer führt die Personen, die im Sprachgebrauch des Verfassungsschutzes V-Leute, also Verbindungsleute, oder Quellen heißen?

Es wäre völlig blauäugig zu glauben, die Verfassungsschutzbehörden halten sich in allen Fällen streng an die Richtlinien. Aber während niemand eine baurechtliche Abrißverfügung des Bundeskartellamtes oder das Verbot eines Medikaments durch ein Kultusministerium für rechtens erachten würde, kommt dem Verfassungsschutz bei seinen Aktionen mit Außenwirkung die Aura des Geheimnisvollen zugute. Kaum ein Bundesbürger, auch nicht der interessierte Zeitungsleser, ist in der Lage, Bundes- und Landesamtskompetenz auseinanderzuhalten. Viele Bundesbürger haben in den Jahren meiner Tätigkeit für das BfV Kontakte zu dieser Behörde in Angelegenheiten gesucht, für die zweifelsfrei das Landesamt ihres Wohnsitzes zuständig gewesen wäre. In aller Regel gibt das BfV den Kontakt an diese Behörde auch weiter, nur die Rosinen behält es, wie meist im Leben, für sich.

Aber auch wenn das BfV auf einen Bürger zugeht, wird dieser kaum dessen Unzuständigkeit rügen. Und selbst dann, wenn der Angesprochene fragt, ob nicht für seine Angelegenheit das Landesamt zuständig ist, wird der Mitarbeiter des BfV um keine Antwort verlegen sein, daß alles seine Richtigkeit habe. Er wird von größeren Zusammenhängen sprechen, von Dingen mit grundsätzlicher Bedeutung, über die man aber – der Gesprächspartner möge verzeihen – im einzelnen nicht reden könne. Nur eines wird er in aller Regel nicht tun – sich auf eine nicht bestehende Absprache mit dem Landesamt berufen. Denn eine solche wahrheitswidrige Erklärung bedeutet gegebenenfalls Zündstoff für die Beziehungen des Bundesamtes zu dem betroffenen Landesamt, und das gilt es zu vermeiden.

Aber anders als im allgemeinen Verwaltungsrecht ist das

Handeln einer unzuständigen Verwaltungs-, in diesem Fall der unzuständigen Verfassungsschutzbehörde unschädlich.

Welche Verwirrung hätte etwa ein vom LfV Hessen überführter Agent eines gegnerischen Nachrichtendienstes mit der Erklärung ausgelöst: »Meine Herren, ich habe gegen den Bundesgrenzschutz gearbeitet, für mich ist nach § 8 Ziffer 1 der Koordinierungsrichtlinien nicht das LfV Hessen, sondern das BfV zuständig. Ich bitte, mich dementsprechend aus der Sicht des LfV als Nichtagenten zu betrachten.«

»Mein Herr«, würde ihm ein anwesender Jurist antworten, »Richtlinien sind Verwaltungsvorschriften und keine Gesetze. Sie haben daher keine rechtliche Wirkung für und gegen Dritte. Sie können für sich nichts daraus herleiten, und ich bitte um Verständnis, daß wir Sie weiterhin als Agenten betrachten.«

Recht hätte er, der Jurist, und recht haben die Verfassungsschutzbehörden, wenn sie auch in fremden Revieren jagen, wenn auch nur, solange die rechtmäßigen Jagdherren das zulassen oder nicht merken. Gerade das BfV hat sich als Wilderer auf diesem Terrain hervorgetan. Es hat unter den Deckbezeichnungen »Weinlese« und »Festival« Operationen geführt mit Peter Felten und Hans-Jürgen Köhler, Lokalredakteur der »Kölnischen Rundschau« mit Wohn- und Dienstsitz in Gmund in der Eifel der eine, ehemaliger Stabsfeldwebel der Bundeswehr und Fachhochschulstudent aus Wuppertal der andere. Es hat erfolgreich gegen Manfred Rotsch ermittelt, der in Bayern bei Messerschmidt-Bölckow-Blohm (MBB) arbeitete, und erfolglos gegen Horst Krüger, der seine Pension als Generalmajor a. D. in Badenweiler verzehrte. Allein für diesen Fall gab das BfV über 700 000 DM aus.

In allen diesen Fällen war aber gar nicht das BfV, sondern waren die jeweiligen LfV zuständig. Von den Kontakten zu Felten und Krüger erfuhr die Verfassungsschutzbehörde Nordrhein-Westfalen erst 1981 nach der Festnahme von beiden in der damaligen DDR. Ich selbst mußte nach Düsseldorf fahren und dort dem gestrengen und selbstbewußten Karl-Fritz Holthaus reinen, wenn auch sauren Wein einschenken. Da nun einmal das Kind in den Brunnen gefallen war, beichtete ich auch gleich weitere, mir heute nicht mehr erinnerliche Verstöße gegen die Koordinationsrichtlinien.

Über die Ermittlungen gegen Rotsch und Krüger waren die Länder Bayern und Baden-Württemberg zwar unterrichtet, die Handlungsfreiheit ließ sich das BfV aber nicht aus der Hand nehmen. Es berief sich auf den französischen Aufklärungsdienst DGSE, der in beiden Fällen die Hinweise gegeben hatte, bei Rotsch unter Hinweis auf eine Quelle in Moskau und bei Krüger auf eine in Prag. Das traf zwar zu, DGSE hatte die Hinweise gegeben und auch um unmittelbare Bearbeitung durch das BfV gebeten. Aber das BfV hatte auch nichts unternommen, um den aus der französischen Administration an zentrale Organisationen gewohnten Dienst unter Hinweis auf deutsche rechtliche Gegebenheiten umzustimmen. Dafür waren beide Hinweise zu aussichtsreich.

Bei seinem rechtlich begrenzten Zuständigkeitsbereich wird es verständlich, daß es nicht Hauptaufgabe des BfV sein kann, Agenten zu fangen. Im Mittelpunkt der Spionageabwehr des BfV steht die Auswertung, die von mir anfangs unterbewertete und später pflichtbewußt, aber ohne Leidenschaft erledigte Schreibtischarbeit.

In anderen, insbesondere in den politischen Zuständigkeitsbereichen des Verfassungsschutzes, in denen die Aktivitäten extremistischer Parteien und nonkonformistischer Gruppen an Universitäten, in Betrieben und an sozialen Brennpunkten beobachtet werden, arbeitet der »Verfassungsfeind« stationär. Deswegen können die erlangten Erkenntnisse auch regional, auf Landesebene durch die LfV ausgewertet werden. Dort ist das BfV in erster Linie für die Auswertung von länderüberschreitenden Aktivitäten sowie für Organisationen auf Bundesebene gefordert.

Völlig anders ist die Situation in der Spionageabwehr. Hier ist der Gegner völlig in das Staatsgefüge eines anderen Landes eingebunden.

Dabei tarnen sich Nachrichten- und Geheimdienste darüber hinaus durchaus professionell. Ihre Mitarbeiter treten meist nur unter ihren richtigen Vornamen als »Heinz«, »Wolfgang« oder

»Peter« auf oder heißen, wie beim sowjetischen KGB, überwiegend »Viktor«. Mal sprachen sie einen Bundesbürger aus Schleswig-Holstein an, dann wieder einen aus Bayern, Hessen oder Bremen. Wenn die Ansprache mißlingt und der Angesprochene den »Werbungsversuch offenbart«, wie das verfassungsschutzintern heißt, dann gilt es herauszubekommen, welche Arbeitseinheit in welchem Nachrichtendienst tätig geworden ist. Hierfür ist alles wichtig, auftretende Personen, benutzte Pkws einschließlich der benutzten Kennzeichen, Telefonnummern, konspirative Wohnungen und Objekte. Aber wegen der bundesweiten Registrierung von Aufklärungsaktivitäten müßte jede Information bei jedem LfV liegen. Das ist jedoch aus personellen, organisatorischen und vor allem aus Sicherheitsgründen nicht realisierbar, wie das immer und immer wieder strapazierte, gelegentlich auch überstrapazierte Argument des Verfassungsschutzes gegen jede Veränderung lautet. Nur hier paßt das Argument.

Weil aber in der Zeit, aus der ich berichte, Feststellungen im Land des Gegners nicht möglich waren, eine Ablage aller Erkenntnisse vor Ort sich auch aus anderen Gründen verbot, blieb als einzige Möglichkeit, alle bei den verschiedenen Verfassungsschutzbehörden anfallenden Informationen zentral zu erfassen. Diese Aufgabe fiel dem BfV zu, das damit seinen ursprünglichen Verfassungsauftrag in vollem Umfang gerecht wurde, Unterlagen zum Zwecke des Verfassungsschutzes zu sammeln.

Die Abteilung IV des BfV wurde somit in erster Linie die Auswertungszentrale der bundesdeutschen Spionageabwehr. Von jedem bei einem LfV oder einer Strafverfolgungsbehörde entstandenen, tatsächlichen oder vermutlichen nachrichtendienstlichen Vorgang wurden Kopien an das BfV geschickt und hier von dem Referat ausgewertet, das sich mit der nachrichtendienstlichen Aktivität des betreffenden Landes befaßte.

Dabei wurde zunächst großzügig zugeordnet, Nachrichtendienstliche Ansprachen in der DDR galten als solche der hier beheimateten Dienste – es sei denn, der Ansprechende hieß »Viktor«, sprach mit hartem Akzent und gab sich als Journalist einer sowjetischen Zeitung aus. Nun ist die Zahl gängiger Vornamen beschränkt, und im BfV standen ganze Reihen von Akten, die überwiegend »Peter« und »Werner« betrafen oder »Bernd« und »Wolfgang«, aber möglicherweise alles verschiedene, da unterschiedlich alte, unterschiedlich große Männer mit grauen, blonden, braunen, schwarzen oder gar keinen Haaren. Und wenn der aktuell auftretende »Peter« beim Spaziergang am Müggelsee nicht von Fischen sprach, dann war es jedenfalls nicht »Peter, der Angler«, und wenn er abends mit der Quelle Wodka trank, dann war er nicht »Peter, der Magenkranke«, und wenn er keine schlüpfrigen Witze erzählte, dann war er nicht »Peter, das Ferkel«. Aber welcher Peter war er nun?

So ging das mit Namen und Straßen – wer konnte sich schon ungarische Straßennamen in Budapest merken? –, Telefonnummern und Pkws. Aber auch die Puzzlearbeit der Auswertung konnte befriedigen; selten habe ich strahlendere Augen gesehen als bei meinem Mitarbeiter Karl-Heinz Reuter, meinem besten Sachbearbeiter in all den Jahren, wenn er mir von einer erfolgreichen Identifizierung oder Zuordnung berichtete. Und NADIS spielte immer mit. Alle wurden gespeichert oder zumindest überprüft, die Ansprechenden und die Angesprochenen, Verstrickte und Verdächtige, erkannte und vermutete Agenten einschließlich ihrer Familien und ihres privaten und beruflichen Umfeldes.

Daneben wurde der Akteninhalt noch, losgelöst von der Bearbeitung des Einzelfalles, für die Statistik und das jährliche Lagebild erfaßt: Wer wurde angesprochen, Personen/Ost oder Personen/West, mit welcher Zielrichtung, aus welchem Grund und aus welchem Anlaß, in welchem Maße wurden Aufträge erledigt und wieviel Personen waren Selbstgesteller? Heraus kam jedes Jahr im Grunde das gleiche – etwa 650 »Werbungen und Werbungsversuche« sowie zirka zweitausend nachrichtendienstliche Aufträge. Über die Hälfte der Fälle wurde durch die Betreffenden selbst bekannt.

Das alles wurde aufgedröselt bis zum letzten Detail im statistischen Teil des Jahrbuches, das eigentlich der Rechenschaftsbericht der Abteilung IV des BfV gegenüber dem Innenministerium ist. Dieser statistische Teil wird als Verschlußsache eingestuft und nicht veröffentlicht. Man muß ein Jahrbuch aber auch lesen können. Etwa 1974 stieg die Quote der ungarischen Gegenspionage – bis dahin kaum erfaßbar – von einem Jahr zum anderen um über zweitausend Prozent. Grund war die statistische Auswertung des Falles »Parkhaus«, eines Angriffs des ungarischen Nachrichtendienstes AVH auf die Aufklärungsstelle des BND gegen Ungarn in Bad Reichenhall. Es war nur ein Fall und der lief über Jahre, aber darüber sagte die Statistik nichts.

Dies alles, das Wechselspiel zwischen Auswertung und Beschaffung, die Klaviatur des Erfassungssystems und die Abrufbarkeit von Daten und Informationen, vor allem aber der tägliche Umgang mit Spionagefällen rundeten sich bei mir zu dem, was in der Abwehrarbeit so unersetzlich und so unverzichtbar ist – zur Berufserfahrung. Sie bildet sich in jedem Beruf heraus und ist überall ein wichtiger Baustein zum Erfolg. Aber ein Baustein besonderer Art ist sie in der Spionage, die Richard Meier, mein früherer Abteilungsleiter und Präsident, im Geleitwort zu J. Pielkakiewicz' »Weltgeschichte der Spionage« einen Maskenball nennt, hinter dem sich die Tragik menschlicher Existenz verbirgt.

Aber die Musik zu diesem Maskenball machen die Nachrichtendienste, mit Tarnung und Täuschung, aber auch mit Witz und Einfallsreichtum, mit Logik und Phantasie. Und losgelöst von allem Ernst des Ringens um politische Vormachtstellungen und um Weltfrieden, um technisches Know-how und strategische Pluspunkte oder einfach um die Sicherheit des eigenen Staates ist es das intellektuelle Gefecht mit dem Gegner um die Begehbarkeit eingeschlagener, auch ungewöhnlicher Wege, was diesen Beruf auszeichnet und weshalb ich ihn so geliebt habe.

Gleichwohl wurde auch dieser Beruf von Routine heimgesucht, von Alltagsarbeit, die einen immer der Gefahr aussetzt, signifikante Spuren zu übersehen. So unterschieden sich viele Arbeitstage sicherlich nicht wesentlich von denen des Richters in Mietstreitigkeiten, den ich bereits erwähnt habe. Um halb acht war Dienstbeginn, aber ich muß gestehen, diesen erst seit dem Umzug der Abteilung IV in die Neußer Straße in Köln-

Nippes im Jahre 1981 auf Drängen des damaligen Abteilungsleiters Werner Müller eingehalten zu haben. Bis dahin kam ich später, auch als Werner Smoydzin, dank seiner Mitgliedschaft in der FDP zum Vizepräsidenten und später zum Abteilungsleiter im BMI aufgestiegen, 1969 morgens am Eingang die Einhaltung der Dienstzeit kontrollierte. Als ich kam, kurz nach acht, war Smoydzin schon wieder in seinem Büro. Aber dafür blieb ich länger. Ich hatte, wie viele andere vor und nach mir auch, die Erfahrung gemacht, daß man nach Dienstschluß in einer Stunde mehr arbeiten kann als in drei Stunden tagsüber. Und diese Gewohnheit behielt ich auch bei, seit ich morgens pünktlich ins Büro kam.

Beide Büros, die ich in der Neußer Straße von 1981 bis zum Ende hatte, mein Referentenzimmer und ab Januar 1982 mein Gruppenleiterzimmer, lagen im vierten Stock, nach hinten hinaus und waren wie alle Zimmer karg möbliert. Ein Schreibtisch stand darin, seit 1982 allerdings mit bequemem, gut gefedertem Gruppenleiterstuhl, mit sechs Rollen statt der üblichen vier und mit höherer Lehne, ein Besuchertisch, achtzig mal achtzig Zentimeter groß, mit vier Stühlen, ein zweitüriger Schrank, kombiniert für Garderobe und Bücher, ein Aktenblock und der unvermeidliche Panzerschrank, SG II, eintürig, groß. Die Möbel waren in dem etwa siebzehn Quadratmeter großen Raum verteilt, in dem auf dem PVC-Boden kein Teppich lag und in dem ich für Tischdecken und Wandschmuck selbst sorgen mußte. Zwei Telefone, ein Hausapparat und ein Hauptanschluß mit der Kölner Telefonnummer 72 02 37 rundeten die Einrichtung ab.

Der Arbeitstag begann mit dem Öffnen des Panzerschrankes, dessen Zahlenschloß halbjährlich neu eingestellt werden mußte.

Ihm entnahm ich die unterschiedlichen Aktenstapel, die ich am Vorabend hineingelegt hatte, die nach Dienstschluß erledigte Post vom Vortag, getrennt nach Ein- und Ausgängen, die mit Rücksprachen, die ich beim Abteilungsleiter oder bei der Amtsleitung, also beim Präsidenten oder beim Vizepräsidenten, wahrzunehmen hatte, und die Akten, die am Vortag nicht erledigt werden konnten. Ein Stapel blieb im Schrank, wie ihn wohl jeder Büromensch vor sich herschiebt, der Stapel mit den Akten, die zu bearbeiten kein Vergnügen bereitete, sei es, weil sie so kompliziert waren, sei es, weil sich irgend etwas in mir gegen die Bearbeitung sträubte. Aber oft genug habe ich erlebt, daß sich Vorgänge auf diese Weise erledigten.

Ich verteilte die Akten auf dem Aktenbock, richtete meinen Schreibtisch ein und begann, mich zunächst in die mitgebrachte Zeitung zu vertiefen. Viele Tage waren es nicht, an denen es mir gelang, ungestört den Sportteil oder den Leitartikel zu lesen. Das Telefon klingelte, man fragte mich dies, teilte mir jenes mit, Mitarbeiter kamen ins Zimmer, um Rücksprachen wahrzunehmen, mir von Befragungen zu berichten, die sie am Vortag durchgeführt hatten, oder einfach, um sich aus dem Urlaub oder nach einer Krankheit wieder zurückzumelden.

Als Gruppenleiter hatte ich in vier Referaten etwa einhundert Mitarbeiter, von denen etwa achtzig im gleichen Haus saßen. Der Mann, der das Zimmer ausgesucht hatte, wobei er auf ein Vorzimmer verzichtet hatte – offizielle Vorzimmer standen ohnehin erst dem Abteilungsleiter zu – war Georg Brox, mein Vorvorvorgänger. Der aber saß längst in der Abteilung Ausländerextremismus, in einer anderen Außenstelle des BfV, im Methweg, »zwischen Bordell und Schlachthof«, wie er zu sagen pflegte. Brox legte Wert darauf, seinen Mitarbeitern jederzeit zur Verfügung zu stehen.

»Da stört ein Vorzimmer«, sagte er immer. Ich hätte gern eins gehabt.

Aber zwei Etagen unter mir, da saß der abgehalfterte Abteilungsleiter Werner Müller als Gruppenleiter in einem Zimmer, das sein Vorgänger, der standes- und statusbewußte Wolfgang Eltzberg ausgesucht hatte: Nur durchs Vorzimmer zu betreten, dafür aber stockdunkel. Der überkorrekte Müller pflegte zu sagen: »Mir steht kein Vorzimmer zu und dann will ich auch keins haben.«

Aber er hatte eins und mußte damit leben. Der Grund für diese allseits unbefriedigende Vorzimmerlösung war banal bis zum äußersten. Auch den Gruppenleitern stand nur ein Zimmer mit einer Tür zu. Ob diese in ein Vorzimmer ging, das es eigentlich gar nicht geben durfte, oder direkt auf den Flur, war der Verwaltung bei der Planung des Baus gleichgültig. Aber als das Haus stand, saßen ganz andere Leute in den Zimmern als die, die über ihre Gestaltung entschieden hatten. Das galt auch für das Abteilungsleiterzimmer.

Hellenbroich hatte es ausgesucht wegen der für einen Kölner erhebenden Aussicht auf den Dom, aber als das Haus fertig war, war Hellenbroich Vizepräsident und an das Haupthaus gebunden.

Ich nahm nolens volens hin, kein Vorzimmer zu haben, und ließ die Besucher gewähren. Eine angenehme Abwechslung erfuhr der Vormittag gelegentlich dadurch, daß Eva Schüler das Zimmer betrat, eine Schreibkraft aus einem meiner Referate. Sie war eine attraktive Frau, nahm, so gut es bei zwei getrennten Zimmern ging, die Funktionen meiner Vorzimmerdame wahr und kam dieser Funktion mit Charme und Können nach. Ich kannte sie seit 1966. Sie hatte als blutjunge Eva Buscholl angefangen, hatte dann in zweiter Ehe einen Holländer geheiratet und hieß daher zum Schluß Schüler-Terpstra. Sie brachte Post, holte Akten ab, kochte Kaffee für mich und meine Gäste und hat mir, als ich verwitwet war, manchen Knopf am Hemd und an der Jacke angenäht.

Wenn sich der erste Sturm gegen zehn Uhr gelegt hatte, begann ich, mich um meine eigene Arbeit zu kümmern, in deren Mittelpunkt immer die Bewältigung der Post stand. Ich habe meine letzte Position häufig bespöttelt und gesagt: »Für die Arbeit habe ich die Referenten und für die Verantwortung den Abteilungsleiter.« Aber die Wirklichkeit sah doch anders aus. Jedes Schreiben, das das BfV erreichte und auch nur entfernt mit nachrichtendienstlicher Tätigkeit für die DDR zu tun hatte, ging über meinen Schreibtisch, außerdem jeder Ausgang, außer der Alltagskorrespondenz mit den LfV. Hunderte von Seiten Papier wären da täglich zu lesen gewesen, mehr, als man auch nur entfernt zu lesen in der Lage ist.

So versuchte ich, die Spreu vom Weizen zu trennen. Lesen mußte ich natürlich Eingänge des Bundesinnenministeriums, soweit ich konnte die der befreundeten Dienste, die teilweise fremdsprachlich abgefaßt waren, Eingänge in wichtigen Fällen, sogenannte Zustücke, in laufenden Operationen und in wichtigen Verdachtsfällen, Observationsberichte und Meldungen aus der Post- und Telefonkontrolle. Natürlich auch die wichtigsten Schreiben der Landesämter, wobei diese Auswahl nahezu Gefühlssache war. Ich überflog die erste Seite, sah nach, wer unterschrieben hatte, und las die letzte Seite. Denn die Erfahrung lehrt, daß Briefe, in denen vorne und hinten nichts wesentliches steht, auch in der Mitte nicht umwerfend sind. Besondere Aufmerksamkeit widmete ich Briefen aus der Bevölkerung, meist anonym an das BfV gerichtet. Sie enthielten häufig Beschuldigungen gegenüber Nachbarn, Vermietern, Vorgesetzten oder früheren Arbeitgebern, aber gelegentlich auch qualifizierte Hinweise.

Auf der anderen Seite gab es aber auch lange Berichte meiner Außenstellen in Gießen und der des damaligen Berlin (West), die ich, wie ich zugeben muß, nur selten gelesen habe. Für dieses Sachgebiet, » Zuwanderer aus der DDR«, war ein eigenes Referat in meiner Gruppe eingerichtet worden, das zuletzt eine Frau leitete, Mathilde Koller war eine engagierte, emanzipierte, aber dennoch sehr weibliche und charmante Juristin, mit Mitte Dreißig damals noch vom Drang beseelt, die Welt zu verbessern, zumindest aber zu verändern. Sie hatte zusammen mit dem Leiter des Tschechenreferats, Hans-Joachim Theiß, in einer anderen Abteilung angefangen, wo sich beide, schlank und zierlich gebaut, den Spitznamen »Hänsel und Gretel« eingehandelt hatten. Frau Koller las jeden Eingang in ihrem Referat sehr sorgfältig und kam mit jeder Besonderheit zu mir. Ich konnte mich bei ihr darauf verlassen, daß nichts unterging. Frau Koller machte nach meinem Fortgang Karriere. Nach dem Besuch des NATO Special Committee in Rom wurde sie 1994 zur Leiterin der Verfassungsschutzbehörde in Sachsen ernannt. Ob sie diese Posi-tion noch bekleidet, weiß ich nicht.

Bei Jürgen Schaper war das anders. Er stand einem anderen meiner Referate vor und las kaum seine Eingänge. Auch die Ausgänge zeichnete er gelegentlich ab, ohne den vom Sachbearbeiter verfaßten Text zu lesen, geschweige denn durchzuarbeiten oder stichprobenweise zu überprüfen. So hatte ich die Arbeit, denn wenn ich Rücksprache verfügte, also um Erörterung des Akteninhalts bat, erwies sich, daß Schaper immer noch ohne Detailkenntnisse war.

»Um halb eins gingen die Herren des höheren Dienstes zu Tisch«, hätte in einem Roman der Jahrhundertwende gestanden. Die Kantine der Außenstelle lag im Erdgeschoß, war hell und freundlich, auch zweckmäßig eingerichtet, die Fenster zeigten, wie mein Büro in den Hof, in dem auf einer hebbaren Rampe etwa zwanzig Autos geparkt waren. Das Essen, zuletzt vier Mark pro Person, in verschließbaren Eimern, sogenannten Kübeln, aus der Zentrale angeliefert, schmeckte nicht gut, aber eigentlich auch nicht schlecht, im Grunde genommen nach gar nichts.

Bei Tisch wurde selten gefachsimpelt, meist über Ereignisse geklatscht, die aus dem Hauptgebäude berichtet oder kolportiert wurden, wobei auch dem ewigen Thema »wer mit wem?« gebührend Aufmerksamkeit gezollt wurde. Die Atmosphäre in der Kantine war erstaunlicherweise recht persönlich. An unserem großen Tisch, aber auch an den anderen Tischen, herrschte eine kollegiale, fast private Stimmung, von der man sich gelegentlich nur ungern losriß. Hierarchische Bindungen waren in den Büros geblieben, wir Referats- und Gruppenleiter begrüßten es gleichwohl, daß die jeweiligen Hausherren, die Abteilungsleiter, die Kantine nicht aufsuchten, weder Dr. Rudolf von Hoegen noch Dr. Engelbert Rombach. Insbesondere er, der allerdings außerhalb dienstlicher Räumlichkeiten beachtlichen Charme und ausgesprochene Jungenhaftigkeit entwickeln konnte, hätte atmosphärisch gestört. Für beide, für von Hoegen und Rombach holte die Vorzimmerdame allenfalls Brötchen aus der Kantine.

Gisela Becker, auch »Tante Gisela« genannt, gehörte zum Inventar der Abteilung IV. Anfang der siebziger Jahre hatte sie, noch als Fräulein Klose, einen Selbstmordversuch unternommen, weil sie glaubte, ihren späteren Ehemann, der damals noch anderweitig verheiratet war, nicht bekommen zu können. Sie war damals nur durch die Initiative von Rolf Giesenhagen gerettet worden, der sich das unentschuldigte Fehlen des pflichtbewußten Fräulein Klose nicht erklären konnte. Viele Leute haben seinerzeit nicht davon erfahren. Ich bin mir nicht sicher, ob Rudolf von Hoegen oder Engelbert Rombach davon wußten.

An die Mittagspause schloß sich eine recht arbeitsintensive Zeit an, die überwiegend wieder meinen Poststapeln gewidmet war. Zwischendurch führte ich Telefonate, fast ausschließlich dienstlichen Inhalts. Natürlich rief ich auch täglich zuhause an, um mich über die Ereignisse in meiner groß gewordenen Familie zu unterrichten. Ansonsten aber waren es zum Teil Gespräche mit Kollegen und Mitarbeitern in der Abteilung oder sonst im Amt. Dabei waren die Kontakte zwischen den einzelnen Abteilungen dieses großen Amtes unterschiedlich. Abteilungsübergreifende Beziehungen gab es ständig zu den für Sicherheitsüberprüfungen und Linksextremismus zuständigen Organisationseinheiten. Eine besonders enge dienstliche Beziehung gab es zu dem für die Sicherheit des BfV zuständigen Referat »S«, das über jeden Ausspähungsversuch unterrichtet werden mußte, der sich gegen das Amt richtete.

Hingegen beschränkten sich die Beziehungen zu der Abteilung Rechtsextremismus auf außerordentlich spärliche Kontakte, überwiegend persönlichen, privaten Charakters. Dort arbeitete zum Beispiel ein Mann namens Helmut Bahner, zuletzt als Referatsleiter, den ich in fast zwanzig Jahren weder ein einziges Mal gesprochen noch je bewußt gesehen habe. In der Abteilung Terrorismusbekämpfung kannte ich außer der Abteilungsspitze und einigen wenigen älteren Mitarbeitern niemanden.

Die meisten meiner Gesprächspartner saßen in Landesämtern, Bundesministerien, beim Generalbundesanwalt oder im Bundeskriminalamt in Meckenheim. Aber auch Ferngespräche mit ausländischen Kollegen waren darunter, mit Herrn Hofer, dem Schweizer Abwehrchef und seinen Vertretern Eichenberger und Leuenberger in Bern, mit dem damaligen Leiter der österreichischen Spionageabwehr, Dr. Anton Schulz, der später stellvertretender Chef der gesamten Bundespolizei wurde, oder mit Herrn Feddersen, dem Referatsleiter DDR und späteren Observationschef in Kopenhagen. Überall, in der gesamten westlichen Welt, saßen Kollegen, die ich kannte, bei denen ich gewesen war oder die mich aufgesucht hatten. Mit den meisten von ihnen hatte ich Fälle geführt und bearbeitet.

Der norwegische Kollege Seljesaeter etwa hatte mich nach Oslo gebeten, weil angeblich Bärbel Krause, die Frau des DDR-Botschafters Werner Krause in Norwegen, abspringen wollte. Ich hatte alles vorbereitet und Karl-Heinz Schulz zusammen mit Reiner Appel, einem Mitarbeiter aus Müllers Referatsgruppe, nach Oslo geschickt – aber es war zu spät. Klaus Kuron, einer meiner engsten Mitarbeiter, hatte sich 1981 dem MfS angedient und war ein Jahr später verpflichtet worden. Er hatte mit dem Fall zwar nichts zu tun, jedoch von ihm erfahren und das MfS über die Pläne des BfV informiert. Das jedenfalls ist die plausibelste Erklärung für das überraschende Scheitern der eigentlich perfekten Planung. Der Botschafter wurde im Vorfeld eines Besuchs des DDR-Außenministers in Norwegen zu einer Besprechung nach Ostberlin bestellt, nahm seine Frau mit und kehrte ohne sie zurück.

Mit dem holländischen Kollegen Mazereeuw versuchte ich, in Amsterdam den Treffpartner eines nachrichtendienstlich angesprochenen Beamten des LfV Bremen zu identifizieren und zusammen mit dem CIA-Offizier James Thibeault erwartete ich am Wiener Ostbahnhof den »Glatteisspion« Reiner Paul Fülle, der aus Ostberlin via Budapest in den Westen zurückkehrte. Aber um diese und derartige Dinge ging es selten.

In den Telefonaten ging es meist um unerledigte Korrespondenz, um fremdsprachenbedingte Mißverständnisse bei Antworten oder um irgendwelche eiligen Sofortanfragen.

Bei diesen europaweiten Telefonaten schwangen zudem häufig Erinnerungen mit. Wenn ich etwa mit den Kollegen aus Den Haag sprach, mußte ich an gemeinsame dienstliche Mittagessen im Restaurant »Bali« denken, einem hinreißenden indonesischen Restaurant in Scheveningen. Ich war dort mit Barend Booy und Ton Kievits, die ich beide seit Ende der sechziger Jahre kannte, als ich für Satellitendienste zuständig war. Kievits war damals junger Mann bei Barend Booy, meinem damaligen holländischen Gesprächspartner und späteren Leiter der dortigen Spionageabwehr. Als ich Kievits das letzte Mal sah, 1984 bei einem Barbecue-Empfang des FBI in der Eifel, war er zum Vizepräsidenten des BVD aufgestiegen, dem holländischen Pendant des BfV. Wir sprachen auch über Booy, der, längst pensioniert, seinem Hobby nachging, dem Hochseesegeln auf dem Ärmelkanal.

Bei Gesprächen mit Dr. Schulz in Wien fiel mir der Tafelspitz ein, zu dem er mich bei einem meiner Besuche eingeladen hatte, ein Tafelspitz, wie ihn nur der Wiener in der reichhaltigen Gastronomie der Donaumetropole aufzuspüren vermag. Er hatte mich in den »Weißen Rauchfangkehrer« geführt, ein von der Aufmachung eher bescheidenes Lokal, aber mit großartiger Küche, in der Kärntner Straße in der Nähe des Stephansdomes. Auch an die »Bierklinik« mußte ich denken, wo noch eine Kugel, angeblich aus dem Türkenkrieg in der Wand steckt, die den westlichen Endpunkt der Offensive der damaligen osmanischen Großmacht kennzeichnen soll.

Dann packte mich Fernweh und ich sehnte mich nach den Sonnenseiten im Leben eines Verfassungsschützers, zumindest eines höheren Beamten in der Spionageabwehr. Ja, es gab sie und es gibt sie sicherlich noch heute, diese Sonnenseiten – denn wären alle Tage so gewesen wie der beschriebene, der irgendwann zwischen siebzehn und achtzehn Uhr zu Ende ging, dann wäre meine Liebe zu meiner Arbeit, die Freude und die Befriedigung, mit der ich sie eigentlich bis zum Ende betrieben habe, nicht verständlich. Dann wäre vielleicht mein ganzes Leben anders verlaufen. Aber dann hätte ich auch Richter für Mietstreitigkeiten beim Amtsgericht werden können.

Aber es gab sie, diese unvergeßlichen und unvergleichlichen Tage, die einen für Wochen, ja für Monate eintönigen Aktenbearbeitens entschädigten. Nun liegt mir nichts ferner als das seinerzeit verbreitete Vorurteil über mich zu nähren, mein Denken habe sich überwiegend, wenn nicht ausschließlich, um gutes Essen und vor allem um gutes Trinken gedreht. Mir ging es bei diesen durch meine Gesprächspartner ausgelösten Assoziationen ähnlich wie vielen Italienurlaubern, die ein Leben lang zu schwärmen anfangen, wenn sie an die milden Sommerabende denken und keinen Anlaß sehen, die in einer Osteria oder Trattoria genossenen Scampi oder Langusten oder den dabei genossenen vino rosso zu verheimlichen. Der Reiz dieser Tage lag bei mir vielmehr in den Besonderheiten des Falles, den wir bearbeiteten, oder einfach in den Begleitumständen.

So werde ich nie einen Tag im Sommer 1972 vergessen; Anfang 1971 war ich für die sowjetischen Dienste zuständig geworden. Mein Gruppenleiter, Wolfgang Eltzberg, hatte mir unter dem Siegel höchster Verschwiegenheit den Auftrag erteilt, am nächsten Morgen für die Verbringung eines übergetretenen sowjetischen Staatsangehörigen namens Professor Michail Woslensky von Wiesbaden nach Köln zu sorgen. Er berief sich auf den Vizepräsidenten Werner Smoydzin, der von der Ehefrau des hessischen Justizministers Henfler (FDP) angerufen worden sei. Bei der Familie Henfler sei der Sowjetbürger auch abzuholen. Einerseits war mir Woslensky durch Schilderungen ehemaliger Angehöriger der Deutschen Botschaft in Moskau als »KGB-Professor« und Angehöriger der dortigen Szene bekannt, andererseits hielt ich auch wegen der Beteiligung eines leibhaftigen Ministers besondere Maßnahmen für angebracht. Ich schaltete also den mir bekannten stellvertretenden Chef der Hubschrauberflugschule des Bundesgrenzschutzes in Hangelar bei Bonn, den damaligen Hauptmann Hans-Joachim Mummenbrauer, ein und arrangierte mit ihm eine Abholung »per Luft«

Es hieß, früh aufstehen am nächsten Morgen. Um halb fünf waren wir in Hangelar verabredet, wir, das waren außer einem Fluglehrer der Hubschrauberschule, der als Pilot fungierte, mein Mitarbeiter Erhard Urban, dessen Fähnleinführer im fernen Ostpreußen einmal Werner Smoydzin war, der damalige Vizepräsident im BfV, und ich. Und diesen Flug über das Siebengebirge, den Westerwald und die Ausläufer des Taunus am frühen Morgen eines klaren Sommertages, etwa zweihundert Meter »über Grund«, den werde ich nie vergessen. Erwachende Dörfer im ersten Sonnenlicht, in der Ferne der helle Nebel des Rheintals – vor allem aber das davonstiebende Rehwild, von den donnernden Motoren unserer »alouette« beim morgendlichen

Äsen gestört, diese Bilder einer jungfräulichen, so nie wieder zu sehenden Landschaft haben sich tief in mein Gedächtnis eingegraben. Die Eindrücke sind viel tiefer als die des Rückfluges, obwohl es, dem Lauf des Rheins folgend, in halber Höhe von Wiesbaden, zwischen den weinbewachsenen Hängen, entlang jeder Biegung des Flusses bis Koblenz und dann direkt nach Köln ging. Unvergeßlich aber neben mir der zitternde Woslensky, zitternd nicht aus Angst vor den Folgen seines Übertritts, sondern vor dem Flug in dem ihm nicht vertrauten Helikopter.

Und der Fall selbst? Nachrichtendienstlich war er unerheblich, aber das Drumherum! Henflers wohnten im ersten Stock des Hauses, das einst mein hessischer Landesvater Georg August Zinn bewohnt hatte, Frau Henfler empfing uns in einem geschlitzten Morgenrock, geschlitzt bis zu einer Höhe, die es bei Ministergattinnen protokollarisch gar nicht gibt. Hat, schoß mir durch den Kopf, hat Smoydzin, der Vizepräsident, oder hat er nicht, als er sie auf einer Israelreise von FDP-Würdenträgern kennenlernte? Ich habe es nie erfahren. Aber Woslensky hat. Das erfuhr ich Jahre später durch einen puren Zufall im Bierkeller bei Rolf Koch in Bensheim-Auerbach an der Bergstraße. Koch, ein lebenslanger Freund meines Schwiegervaters, hatte eine Wand des Bierkellers weiß tünchen lassen und benutzte sie als ungewöhnliches, aber attraktives Gästebuch. Hier entdeckte ich zu meiner Verblüffung Woslenskys Unterschrift. Und Rolf Koch, zu seiner aktiven Zeit Oberstleutnant der Bundeswehr, erzählte: Ihn hatte Woslensky, einige Monate nach meinem Zusammentreffen mit ihm, im Gefolge seines Wohnungsgebers in Mainz aufgesucht, eines früheren Stabsfeldwebels bei Rolf Koch. Dieser hatte sich bei seinem alten Chef beklagt: »Stellen Sie sich vor, Herr Koch, der Kerl kriegt einmal in der Woche Besuch von der Frau eines Ministers aus Wiesbaden. Ich bitte Sie, die Frau eines Ministers! Und das hört man bis zu uns runter!«

Soweit Woslensky und der Hubschrauberflug. Der hatte mich aber so fasziniert, daß ich mich bis zu meiner Umsetzung im Jahre 1976 in eine andere Abteilung, gelegentlich aus meinem Büro verabschiedete, um in Hangelar Hubschrauber zu fliegen, mitzufliegen natürlich.

Aber es war, darüber mußte man sich völlig im klaren sein, nur die Einzelsituation, die mitzuerleben das Außergewöhnliche und Aufregende war. Man sah nur einen »Kundschafter an der unsichtbaren Front«, wie man in der DDR sagte, nur einen Agenten bei seinen Angriffen auf die freiheitlich-demokratische Grundordnung, wie man – nicht weniger pathetisch – in der Bundesrepublik formulierte.

Die vielen anderen arbeiteten weiter, unerkannt, an dem großen Mosaikbild, das die östlichen Aufklärungsorgane vom politischen Gegner in der Bundesrepublik benötigten oder zu benötigen glaubten.

Anders war es, als Anfang der siebziger Jahre ein Diplomat an der sowjetischen Botschaft durch Aktivitäten des BfV als Mitarbeiter des KGB erkannt wurde. Er hatte einen jüngeren Medizinstudenten aus Euskirchen, der in der Jungen Union engagiert war, nachrichtendienstlich angesprochen und hofierte ihn im Raum Bonn mit außergewöhnlichen Trefforten.

Bei allen Zusammenkünften zwischen beiden war auch der Verfassungsschutz beteiligt, dem sich der Student von Anfang an offenbart hatte. Die Observanten leisteten, wie meistens, hervorragende Arbeit und notierten jedes noch so nebensächliche Ereignis des Treffs. Aber vor der Waldsauna in Növerhof bei Much im Bergischen Land streikten die sonst so aufopferungswilligen Kollegen.

Sie weigerten sich, dem Vaterland im Adamskostüm zu dienen, war ihnen doch der Zugang, anders als ihrer »Zielperson«, die persönlich bekannt war, nur in weiblicher Begleitung gestattet. Frauen hatten sie dabei, Observantinnen, denen man zwar die unregelmäßigen Jahre »auf der Straße« ansah, mit denen man sich aber ohne weiteres – und vermutlich auch ohne Hüllen – hätte sehen lassen können. Der Observationschef, Karl-Heinz Schwesig, ein engagierter Funktionär der Gewerkschaft der Polizei, und seine Vorgesetzten haben jedenfalls die Observation für diesen Fall und in den folgenden Fällen nicht angeordnet.

Ob eine solche Anordnung rechtlich überhaupt zulässig gewesen wäre, mag hier einmal dahinstehen.

So sind dann halt der Referatsleiter Hansjoachim Tiedge und sein zuständiger Fallführer, der Verwaltungsangestellte Klaus Gerhardt mit ihren Frauen in die Sauna gefahren, als sich der Russe wieder einmal dorthin begab, diesmal in Begleitung eines iranischen Kurden. Der Mann hieß Ali Homan Ghazi und der Verfassungsschutz hatte die Beziehung zwischen beiden seit einiger Zeit beobachtet. Er schien nicht ohne Bedeutung zu sein. Homan Ghazi bekleidete nach unseren Feststellungen für die Millionen Kurden im Iran einen hohen gesellschaftlichen Rang, verbunden mit einer politischen Führungsrolle für die dortige ethnologische Minderheit. Schließlich hatten die Sowjets in den Jahren 1945/46 den Kurden im Iran zu einem, wenn auch nur vorübergehenden eigenen Staatswesen, der »Volksrepublik der Mahabad« verholfen. Ob zwischen dem damaligen Staatschef Muhammad Ghazi und unserem Ali Homan Ghazi verwandtschaftliche oder gar dynastische Beziehungen bestanden, hatten wir nicht feststellen können. Aber wir hielten es für möglich, einen frühen Anfang machtpolitischer Bestrebungen der Sowjetunion und ihre Bemühungen mitzuerleben, das amerikafreundliche System des iranischen Schahs Reza Pahlevi zu destabilisieren.

Beim Schwitzen saß ich hinter dem Russen, meine Frau hinter Homan Ghazi und das Ehepaar Gerhardt hielt außerhalb der Saunakabine Wacht. Auf das »Need-to-know-Prinzip« (»Kenntnis nur, wenn nötig«), eigentlich das Grundgesetz aller Sicherheits- und Nachrichtendienste, haben wir in diesem Fall gepfiffen. Wenn dienstlich nicht observiert werden konnte, dann eben privat, dann aber auch richtig privat. Ich habe damals nicht einmal Wolfgang Eltzberg, meinen damaligen unmittelbaren Vorgesetzten unterrichtet, um ihn nicht in Verlegenheit zu bringen. Er hatte selbst einmal als junger Referent seine Ehefrau zu einer überraschenden Observation in Köln mitgenommen. Ich wußte, daß er nichts dagegen hatte, ich wußte aber nicht, ob er es mir expressis verbis gestattet hätte.

So schwitzten wir in der Sauna zusammen mit etwa fünfzehn weiteren Gästen, aus privater, persönlicher Sicht erholsam und entspannend, aus dienstlicher Perspektive leider vergeblich und ohne Ergebnis. Der Russe unterhielt sich zu meinem Bedauern gar nicht mit seinem Begleiter, aber trotz allem war es für einen Beamten des Verfassungsschutzes schon faszinierend, mit seiner Frau nackt hinter einem nackten KGB-Offizier zu sitzen und ihn bei der Ausübung seines eigentlichen Berufes zu beobachten. Denn hier saß kein Diplomat, hier saß ein Major, vielleicht sogar ein Oberstleutnant des sowjetischen Geheimdienstes, der versuchte eine Quelle »aufzureißen«. Und hinter ihm saß Hansjoachim Tiedge, nackt wie Gott ihn schuf, und schaute zu. Der Russe mußte später wegen seines Kontaktes zu dem Medizinstudenten die Bundesrepublik verlassen und auch die Verbindung zu Ali Homan Ghazi verloren wir aus den Augen.

Aber meine Frau und ich, wir sind, ebenso wie die Gerhardts, noch jahrelang privat einmal in der Woche in die Waldsauna nach Növerhof hinausgefahren.

Aber nicht alle Erlebnisse, denen etwas Außergewöhnliches anhaftete, sind mit positiven Erinnerungen an das eigene Verhalten verbunden. In einigen Fällen kann man nicht einmal von einem bescheidenen Erfolg sprechen. So war ich im Sommer 1979 bei der Festnahme eines Illegalen dabei, der in Holland unter dem Namen Hädrich lebte, sich später aber als ein gewisser Eistel entpuppte, der als DDR-Bürger in nachrichtendienstlichem Auftrag in den Westen gekommen war. Eistel war von Vlissingen bei Rotterdam, wo er mit seiner ebenfalls eingeschleusten Ehefrau lebte, mit einem Freund in dessen Wagen in die Bundesrepublik eingereist. Hierüber hatten uns die Holländer, die Hädrich/Eistels Telefon abhörten, unterrichtet, genauer, daß Eistel eine solche Reise plane.

Die Übernahme der Observation an der deutsch-niederländischen Grenze aber klappte nicht. Eistel und sein Bekannter hatten aus Gründen, die in dessen geschäftlichen Aktivitäten lagen, einen anderen als den zu erwartenden Grenzübergang benutzt. Daher konnte das BfV die Observation erst in Mainz oder Wiesbaden übernehmen. Bis dahin hatten ihn die Holländer »begleitet«.

»Fiel überhaupt nicht auf«, beruhigte der holländische Truppführer seinen deutschen Kollegen, »auf der Autobahn durch den Hunsrück waren mehr Autos mit holländischen als mit deutschen Kennzeichen unterwegs.«

Ich sagte schon, es war Sommer. Von Wiesbaden fuhr Eistel mit der Bahn bis Ulm, ging dort seinen nachrichtendienstlichen Geschäften nach, indem er ein Versorgungsdepot der Bundeswehr und ein Umspannwerk der Bundesbahn auskundschaftete, und fuhr zwei Tage später mit dem Zug in Richtung Holland zurück. In Mannheim wurde er planmäßig von zwei meiner Mitarbeiter angesprochen.

Wir, das heißt, mein damaliger Chef Georg Brox und ich, warteten mit Beamten des BKA am Bonner Hauptbahnhof. Sollten meine Kollegen aussteigen, war die Festnahme Eistels durch einen mitreisenden BKA-Beamten im Zug erfolgt. Blieben sie im Zug, bedeutete dies, die Ansprache war erfolgreich verlaufen und Eistel hatte sich zu einer Zusammenarbeit mit dem Verfassungsschutz bereit erklärt. Bekanntlich halten Intercity und andere, ähnliche Züge in Bonn nur eine Minute. Ich entdeckte jedenfalls kein mir bekanntes Gesicht und stieg erwartungsvoll in den letzten Wagen des Zuges, um meine Kollegen zu suchen, ihnen zu gratulieren und mir von dem frisch geworbenen Agenten Eistel ein eigenes Bild zu machen. Als der Zug in der Anfahrtsbeschleunigung durch den Bahnhof rollte, sah ich meine Mitarbeiter, Karl-Heinz Schulz und Klaus Kuron, im Gespräch mit Brox und BKA-Leuten auf dem Bahnsteig stehen. Mir blieb nichts anderes übrig, als nach Köln mitzufahren, wo mich ein sofort in Bonn in Marsch gesetzter Observationswagen wieder abholte.

Der Fall hatte noch ein Nachspiel. Als der Prozeß gegen Eistel vor dem Bayerischen Obersten Landesgericht verhandelt wurde, trat ich als »Zeuge vom Hörensagen« auf, um die an der Observation beteiligten Kollegen, die wirklichen Zeugen vor einer unerwünschten Identifizierung zu schützen. Inzwischen hat der Bundesgerichtshof mit diesem forensischen Versteckspiel Schluß gemacht und fordert das Zeugnis der unmittelbar am Geschehen beteiligten. Einer der Gründe für diesen Wandel in der Rechtsprechung war das ewige Versteckspiel des BND mit dem »Zeugen« Werner Stiller.

Ich jedenfalls tat damals als Zeuge von Hörensagen kund, wie sich Eistel in Ulm, um Ulm, vor allem aber um Ulm herum verhalten hatte. Denn das Zentrum der Eistelschen Ausspähungen im Raum Ulm waren Versorgungseinrichtungen der Bundeswehr und ein großes Umspannwerk der Bundesbahn, die aber in Neu-Ulm gelegen waren, auf dem südlichen und damit bayerischen Ufer der Donau. Deswegen hatte der Generalbundesanwalt auch die Anklage in München erhoben, wo das »Bayerische Oberste« für seine harten Urteile bekannt ist. Eistel war von meiner Aussage erschüttert.

»Das stimmt alles, was der sagt«, raunte er seinem Verteidiger aus Düsseldorf zu, der mir das später erzählte, »jedes Wort. Aber«, fügte er in aufkommendem Zorn hinzu, »wenn der Dicke mitgelaufen wäre, damals in Ulm, das hätte ich gemerkt. So etwas wie den übersieht man nicht.«

Der Dicke war natürlich ich, aber das hat mich nicht berührt. Mit meinem Erscheinungsbild hatte ich mich abgefunden, auch mit den abfälligen Bemerkungen meiner Umwelt.

Dabei wäre ich im Februar 1979 trotz meines Leibesumfanges und trotz meines auffälligen Erscheinungsbildes beinahe Observationschef geworden. Drei Jahre und drei Monate lautete das Urteil gegen Eistel.

So habe ich beides erlebt beim BfV, den nüchternen, von der Routine diktierten Alltag, beherrscht von Aktenstapeln und Telefongebimmel, und die Sternstunden im Leben eines Abwehrmannes, draußen, im Einsatz, mit dem Blick auf das »Weiße im Auge des Gegners«, wie Rudolf von Hoegen einmal leicht ironisch sagte. Wenn im Bericht des Untersuchungsausschusses davon die Rede ist, ich hätte in der praktischen Spionagearbeit mein Tätigkeitsfeld gesehen, so ist das durchaus richtig, wenn auch nicht mit dieser Ausschließlichkeit. Wenn es galt, einen Mitarbeiter des Gegners »bei Ausübung seiner Dienstgeschäfte« zu stellen oder die entscheidenden Vorgespräche zu führen, wollte ich dabei sein und mein Lagebild nicht allein auf die Darstellungen der Mitarbeiter stützen.

Wer etwas Phantasie hat, wird sich vorstellen können, wie die geschilderten Erlebnisse, die hier nur stellvertretend für eine Unzahl gleichartiger Eindrücke stehen, mein leidenschaftlich für das Spionagegeschäft, auch für den kleineren Bruder Spionageabwehr, schlagendes Herz belebten. Ich habe nie Verständnis für Verhaltensweisen wie die meines Kollegen Dirk Dörrenberg gehabt, der eine aussichtsreiche Observation im Raum Heidelberg abbrechen ließ, weil er, Dörrenberg, der Chef, seine Notdurft verrichten mußte. Die Observation galt einem Verpackungsingenieur aus dem Raum Mannheim, der von der gleichen Quelle benannt worden war wie Manfred Rotsch.

Ich hätte mich an Dörrenbergs Stelle absetzen lassen, hätte mein Geschäft verrichtet und notfalls stundenlang auf die Abholung gewartet. Vielleicht, aber auch nur vielleicht, wäre ich, wenn ich schon bei einer Observation mitfahre, aber auch im Auto geblieben, aus Angst, mir könnten die entscheidenden Observationsfeststellungen entgehen. Aber zum Glück bin ich selbst nie in eine vergleichbare Situation geraten.

Doch es wäre unaufrichtig von mir, wollte ich meine zugegebenermaßen überdurchschnittliche Reisetätigkeit mit der notwendigen Teilnahme an Ereignissen von herausragender Bedeutung begründen. Fälle wie die geschilderten waren auch für den Leiter der Arbeitseinheit DDR-Dienste Rosinen und ausgesprochen seltene Höhepunkte im Alltag des Dienstes. Nein, ich habe auch viele Reisen gemacht, die genausogut ein Mitarbeiter hätte machen können, ja, die sogar völlig verzichtbar waren.

Aber zum einen bot die Vielzahl der in meiner Referatsgruppe und zuvor in meinem Referat geführten Fälle immer Anlaß, für eine Besprechung, mit den Kollegen in den Ländern, zum zweiten wurde ich von diesen zu derartigen Besuchen gedrängt, und zum dritten hatte ich auf diese Weise Gelegenheit, auf Staatskosten Freunde im ganzen Bundesgebiet zu besuchen und locker gewordene Bande wieder zu festigen.

Hinzu kamen noch Reisen, auch ins Ausland, die einem gar nicht so sehr paßten. So bin ich am 22. Dezember 1983 oder 1984 nach Zürich geflogen, weil die Schweizer Kollegen dringend um einen solchen Besuch, auch gerade von mir gebeten hatten. Zwei Tage vor Weihnachten wegzufahren, ist für einen Witwer mit drei Kindern, egal wie er sich auch sonst verhält, keine Kleinigkeit, aber der Dienst ging mir über alles. Die Schweizer Kollegen haben mir mein Entgegenkommen auch persönlich gedankt und mir für jede meiner Töchter eine 500 g-Tafel Berner Bären-Schokolade mitgegeben.

Ich hatte aber auch gar nicht versucht, diesen Reisetermin auf die Zeit nach den Feiertagen zu verschieben. Nach dem Tod meiner Frau im Sommer 1982 habe ich häufig Reisen unternommen, um der zunehmenden häuslichen Tristesse zu entgehen, ihr zu entfliehen. Dann kam es mir gar nicht auf besondere Erlebnisse auf dieser Reise an, es war allein die Sehnsucht nach Ruhe und dem Fehlen all der Widerwärtigkeiten, die in Köln, vor allem zu Hause auf mich einstürmten. Ich selbst trug ganz allein die Schuld an dieser Situation, aber wird sie dadurch erträglicher?

Doch meine persönlichen und privaten, letztendlich aber auch dienstlichen Probleme und meinen Niedergang, der dann in den Augen meiner früheren Dienststelle und meiner früheren Kollegen zu einer Katastrophe, in meinen zu einem ersehnten ruhigen Leben ohne Sorgen führte, werde ich an anderer Stelle versuchen, deutlich zu machen.

Viertes Kapitel
JAHRE IM VERFASSUNGSSCHUTZ

Selbstverständlich war dieses Leben zwischen Schreibtisch und Observation, zwischen Aktenstapeln und Dienstreisen, zwischen Fallstudium und Fallführung, dieses abwechslungsreiche, interessante, kurz, dieses schöne Leben nicht Selbstzweck und nicht eingebettet in einen Freiraum, in dem ein Überangebot bestand an beruflicher Befriedigung, an Gestaltungsmöglichkeiten und an Abenteuern. Es war vielmehr eingebunden in die Paragraphenwelt des modernen Staates Bundesrepublik Deutschland, dem als Beamter zu dienen ich 1966 hoch und heilig versprochen hatte. Jetzt, mit der Abgeklärtheit eines Mannes, der die Muße hat, sich mit den hinter ihm liegenden Teilen seines Lebens zu befassen, frage ich mich gelegentlich: Was bist du eigentlich gewesen in diesen neunzehn Jahren von 1966 bis 1985, in erster Linie Jurist, Beamter oder Verfassungsschützer – oder von allem etwas?

Jurist wurde ich aus Überlegung und aus Neigung. Hätte ich damals in Dörnigheim den Sprung ins kalte Wasser gewagt, wäre ich wahrscheinlich ein ganz passabler Strafverteidiger geworden. Einmal habe ich mich sogar noch als Verfassungsschützer in diesem Metier versucht, als ich Mitte der siebziger Jahre einen gestrauchelten Kollegen, einen Amtsrat, vertrat, der sich Beihilfeleistungen von etwa viertausend Mark erschlichen hatte.

An das Mandat war ich über den Deutschen Beamtenbund gekommen, eine im Grunde recht konservative, auf Standesprivilegien ausgerichtete Berufsorganisation, dem Wesen, aber auch dem eigenen Selbstverständnis nach eher eine Interessenlobby als eine Gewerkschaft. Ich war dort eingetreten, weil man mich mit dem Argument geworben hatte, es gäbe genügend CDU-Leute im Beamtenbund, man brauche jetzt Männer wie mich. Allerdings hat sich meine Mitgliedschaft, sieht man einmal von dieser Verteidigung ab, auf die jahrelange Entrichtung des bescheidenen monatlichen Mitgliedsbeitrags beschränkt.

Als Verteidiger mit dem Dienstgrad eines Regierungsdirektors trat ich zunächst in der ersten Instanz vor dem Bundesdisziplinargericht in Düsseldorf und dann vor dem Bundesverwaltungsgericht in Berlin als Berufungsinstanz auf. Ich war etwas aufgeregt angesichts der Richter in den roten Roben, die, jeder für sich, auf eine erfolgreiche, ja, glänzende Juristenlaufbahn zurückblicken konnten, besoldet alle wie ein Ministerialdirigent oder wie ein Brigadegeneral, der Vorsitzende gar noch besser. Gleichwohl machte ich meine Ausführungen mit Verve und Leidenschaft und rettete den Beamten so vor der zur Debatte stehenden Entlassung aus dem öffentlichen Dienst, aber auch vor einer Degradierung zum Amtmann. Er kam mit einer Geldbuße davon, weil das Gericht, wie es formulierte, nicht »die für eine härtere Disziplinarstrafe notwendige Überzeugung hatte erlangen können, daß der Beamte die Tat vorsätzlich begangen habe«. Mein Ziel war erreicht.

Beamter wurde ich aus Tradition und Überzeugung. Die Gewißheit eines sicheren Arbeitsplatzes spielte zwar eine entscheidende Rolle, war aber damals noch kein so dramatisches Thema wie später in den achtziger Jahren.

Verfassungsschützer aber wurde ich aus Leidenschaft. Dieses geheimnisvolle Metier, das seinen Reiz auch behielt, als ich seine Geheimnisse kannte, hat mich von Beginn an fasziniert. Auch die Enttarnung des größten Geheimnisses, nämlich die Erkenntnis, daß auch beim Verfassungsschutz nur mit Wasser gekocht wird, hat mich nicht im entferntesten frustriert. Zu groß war meine Leidenschaft, und wenn ich mich zu entscheiden hätte, was ich denn nun gewesen bin, Jurist, Beamter oder Verfassungsschützer, würde ich sagen, mit dem Verstand Jurist und Beamter, mit dem Herzen aber Verfassungsschützer. Und wenn nur eine Antwort möglich wäre, gäbe es auch nur eine Antwort: Verfassungsschützer, Abwehrmann.

Die gesamte, langwierige Ausbildung zum Juristen, die mich nach Volksschule, Gymnasium, Studium und Referendarzeit erst im Alter von achtundzwanzig Jahren in das eigentliche Berufsleben entlassen hatte, reduzierte sich zu einem reinen laufbahnrechtlichen Werdegang. Ich konnte als Beamter des höheren Dienstes im Verfassungsschutz anfangen, was mir von Anfang an, wenn auch zunächst bescheidene, im Laufe der Jahre aber zunehmende Gestaltungsmöglichkeiten eröffnete.

Dabei war ich mir immer der Gefahr bewußt, daß eine solche, auch freiwillige Reduzierung der beruflichen Identität zur Betriebsblindheit führen kann. Sie ist die häufige, bisweilen zwangsläufige Folge, wenn sich der Radius des Gesichtsfeldes der Null nähert. Die 68er Generation, der ich mich allerdings nie zugerechnet habe – zum einen war ich 1968 mit über dreißig schon »zu alt«, zum anderen stand ich als Verfassungsschützer auf der anderen Seite –, sie hat hierfür den prägnanten Begriff des Fachidiotentums gefunden. Die Neigung, den Maßstab des eigenen beruflichen Handelns auch an das Leben außerhalb der Dienststelle zu legen, die hier üblichen Denk- und Handlungsschemata auf die gesamte Umwelt zu übertragen, hat im Bundesamt für Verfassungsschutz zu teilweise kuriosen, teilweise auch besorgniserregenden Erscheinungen geführt.

In meiner aktiven Zeit bei dieser Behörde fiel mir wiederholt eine Glosse ein, die ich gegen Ende meines Studiums in der »Juristenzeitung« gelesen habe. Ein offenbar älterer, mir nicht mehr erinnerlicher Hochschullehrer mokierte sich darüber, daß deutsche Jurastudenten über all und jedes diskutieren, ohne sich Gedanken über den Sinn und die gesellschaftliche Relevanz ihrer Streitereien zu machen. So habe er in Zivilrechtsseminaren höhere Semester allen Ernstes über die Frage diskutieren lassen, ob das Testament des Lazarus, so er eines gemacht hat, durch seine Auferstehung hinfällig geworden sei. Auch zu dem fiktiven Rechtsproblem, ob jemand aus dem Gesichtspunkt der Tierhalterhaftung in Anspruch genommen werden könne, der den Geschädigten mit Tuberkulosebazillen infiziert habe, seien unterschiedliche, jeweils ausgeklügelte Standpunkte vertreten worden.

Meine Erfahrungen beim Verfassungsschutz stimmten mich vor diesem Hintergrund nachdenklich. Wer das Engagement sieht, mit dem in einigen Büros der Spionageabwehr, aber auch in den politischen Abteilungen gearbeitet wird, kann diese Skepsis des Professors nur teilen. Ja, man muß den Kreis der Betroffenen weit, weit über die Jurastudenten ausdehnen. Trotz der hochgradig politischen Arbeit des Verfassungsschutzes wird von vielen, auch leitenden Beamten keine Rücksicht genommen auf politische Strömungen und die sich verändernde »Großwetterlage«. Der vorgegebene Gegner wird mit der Mentalität von Kreuzrittern verfolgt, denen alles vernichtenswert erscheint, was fremdartig, vor allem, was auf fremdem Boden gewachsen ist. Nur dort erscheint der Gegner menschlich und in seinem Verhalten verständlich, wo sich sein Verhalten in die eigene, vertraute Werteskala einordnen läßt.

Jede systemkritische Äußerung eines gegnerischen Führungsoffiziers, in aller Regel gemacht, um bei seinen westlichen Gesprächspartnern Vertrauen und eine gewisse Gemeinsamkeit zu wecken, wurde von allen »Buntstiftberechtigten« regelmäßig kräftig unterstrichen – der Präsident in Grün, der Vize in Rot, der Abteilungsleiter in Violett. Da ließ man sich nicht lumpen und unterstrich auch – mit blauem oder schwarzem Kugelschreiber. Bei diesen Eindrücken verwundert mich die Rigorosität nicht, mit der die alte Bundesrepublik alles verfolgt und auszumerzen sucht, was sich in der ehemaligen DDR auch nur annähernd auf dem Boden des Sozialismus herausgebildet hat.

In den Augen vieler Kollegen in der Spionageabwehr reduzierte sich damals das Land im Osten, dessen nachrichtendienstliche Aktivitäten gegen die Bundesrepublik sie zu bekämpfen, zumindest aber zu erschweren hatten, auf den konkret bearbeiteten Gegner, auf den Nachrichtendienst. Für meinen alten Freund Manfred Schönert, mit dem ich einst angefangen hatte und der später jahrelang für die Nachrichtendienste der CSSR zuständig war, bestand dieses Land aus anderen Bevölkerungsgruppen als aus Tschechen und Slowaken. Aber es war in seinen Augen auch zweigeteilt: Der eine Teil der Bevölkerung arbeitete hauptamtlich beim Geheimdienst StB, der andere war von diesem zur Mitarbeit verpflichtet worden. Schönert hätte auch Bedrich Smetana für einen Agenten gehalten. Bei Karel

Gott – man verzeihe mir den Vergleich – hat er es getan. Später wurde er allerdings etwas nachdenklicher. Als er in der Abteilung Rechtsradikalismus arbeitete, erklärte er mir einmal etwas resignierend, er verfolge jetzt Leute, weil sie Lieder singen, »die ich als junger Mensch selbst gesungen habe«. Schönert war, wie gesagt, Jahrgang 1922.

Man muß das »Neue Deutschland« oder eine andere Zeitung aus der damaligen DDR gesehen haben, in aller Regel ja weiß Gott kein Produkt journalistischer Spritzigkeit, nachdem sie von der für Linksradikalismus zuständigen Abteilung III verschlungen und dann »ausgewertet wurde«: Jedes zweite Wort unterstrichen, Verfügungen an über zwanzig Empfänger im Hause, weil irgendwer irgendwo irgendwas gesagt hat. Helmut Hüppeler, bis 1980 Leiter des Grundsatzreferates dieser Abteilung, erzählte mir, der frühere Abteilungsleiter Heinrich Degenhardt habe von allen seinen Mitarbeitern verlangt, Kennzeichen von Kraftfahrzeugen zu notieren, an denen sich Aufkleber mit der Aufschrift »Atomkraft – nein, danke« oder mit Symbolen der Friedensbewegung befänden. Die Halter wurden über das Kraftfahrtbundesamt in Flensburg ermittelt und in Hüppelers Referat gespeichert. Heinrich Degenhardt – frei nach Hermann Göring: »Wer Kommunist ist, bestimme ich!«

Diese Beispiele ließen sich beliebig fortsetzen. Am Anfang stände Heinrich Weyde, der 1966 in seinem Referat einen kleinen Stab gebildet hatte, der chinesische Lokale im Köln-Bonner Raum aufsuchen sollte. Weyde vermutete hier so etwas wie die fünfte Kolonne des chinesischen Nachrichtendienstes, dessen Existenz und dessen Aktivitäten sich auf dem Boden der Bundesrepublik gar nicht nachweisen ließen. Wenigstens für die betroffenen Mitarbeiter war es eine ganz reizvolle Aufgabe, vorausgesetzt, sie mochten die chinesische Küche. Und am Ende stünde Dr. Josef Karkowski, über den ich 1966/67 beinahe gestolpert wäre wie vor mir Hellenbroich, ab 1980 Leiter der Abteilung Sicherheit im BfV. Mit Argumenten der Abteilung Spionageabwehr forderte er eine noch intensivere Überprüfung aller Mitarbeiter in sicherheitsempfindlichen Bereichen, deren Wiege östlich der Elbe gestanden hat. Das Trauma der Eingeschleusten, der Illegalen, ließ ihn und seine vielen Mitarbeiter jedes sinnvolle und vernünftige Maß aus dem Auge verlieren.

Aber wie stand es mit mir? Habe ich eigentlich das Recht, über berufliche Exzesse, sofern es überhaupt welche waren, meiner früheren Kollegen und Vorgesetzten den Stab zu brechen? Ich habe mich immer bemüht, mir auch durch die gravierendsten nachrichtendienstlichen Erkenntnisse nicht den Blick dafür verbauen zu lassen, daß es jenseits des Eisernen Vorhanges auch die andere, die friedliche Welt gibt, das Privatleben der Bevölkerung, ihre Hoffnungen und Sorgen, ihre Freuden und Ängste, vor allem aber ihre eigene weitgehende Unkenntnis der Vorgänge, die ihr Land im Westen, zumindest beim Verfassungsschutz, in derartigen Mißkredit brachten. Ich sah in den Spionageabwehreinheiten bei MfS und KGB, bei StB und AVH »Kollegen«, die auf Grund ihrer Erfahrungen mit den Aktivitäten von BND und CIA, von MI 6 und DGSE ein ebenso falsches Bild von den westlichen Ländern hatten, wie wir von den östlichen.

Wohin Betriebsblindheit führen kann, wurde mir deutlich, als ich mit einem Ministerialdirektor aus dem Gesamtdeutschen Ministerium – Ministerium für Innerdeutsche Beziehungen, wie es amtlich zum Schluß hieß – ein Gespräch über Einreiseverbote in die DDR führte. Ich kannte den Beamten aus seiner Zeit als Geheimschutzbeauftragter dieses Ministeriums, eine Funktion, auf der er im Range eines Ministerialrates während der sozialliberalen Koalition ohne jede Beförderungschance über zehn Jahre hatte verharren müssen. Mich hatte gewundert, daß die DDR-Behörden Übersiedlern in die Bundesrepublik die Wiedereinreise für fünf Jahre untersagte, viele von ihnen aber gleichwohl nach sechs oder neun Monaten wieder einreisen ließ und bei ihnen einen nachrichtendienstlichen Anwerbungsversuch unternahm. Mein Gesprächspartner widersprach heftig und unterstrich, die DDR ziehe das Verbot der Wiedereinreise im Gegenteil über Gebühr hinaus. Sperrzeiten von sieben und mehr Jahren seien an der Tagesordnung. Das Rätsel löste sich – Werbungsversuche landeten, sofern sie nicht erfolgreich waren, auf dem Tisch des Verfassungsschutzes; langjährige Einreiseverbote wurden dem Innerdeutschen Ministerium bekannt.

Und so hatte jeder von uns ein anderes Bild davon, wie die DDR derartige Verbote regulierte. Daß die meisten der Übersiedler nach Ablauf der Sperrfrist, die gelegentlich auch nur zwei Jahre betrug, wieder in die DDR einreisen konnten, wußten wir wohl beide nicht.

Zunächst wird jeder Mensch den Vorwurf der Betriebsblindheit, so berechtigt er sein mag, mit Entrüstung zurückweisen und seine objektive und liberale Sicht der Dinge betonen. Aber auch ich war gefangen und geformt durch die Gegebenheiten im BfV und die Art, dort zu denken. So habe auch ich Dinge getan, deren ich mich heute schäme, die ich aber damals als die einzige mögliche Reaktion ansah. So habe ich Mitte der siebziger Jahre einmal eine Grundschullehrerin einer meiner Töchter in ihrer Wohnung aufgesucht, um etwas mit ihr zu besprechen. Als erstes stellte ich fest, daß sie in einer Wohngemeinschaft lebte, für viele damals ein Meilenstein auf dem Weg in den Terrorismus. Im Flur des halbverfallenen Hauses hing ein Kalender der »UZ«, der DKP-Zeitung »Unsere Zeit«, ein Exemplar des Blattes lag auf dem Tisch des Zimmers, in dem wir uns unterhielten. Ich tat so, als habe ich nichts gesehen, unterrichtete jedoch am nächsten Tag meine Kollegen in der Abteilung Linksradikalismus, indem ich ihnen einen Aktenvermerk zuleitete.

Aber sind diese Beispiele wirklich Ausdruck eines übersteigerten Sicherheitsbestrebens? Nicht ein einziger Verfassungsschützer hat mit der Allgegenwart und der Allmacht eines Ministeriums für Staatssicherheit geliebäugelt, deren Ausmaß selbst uns als Fachleuten damals noch unbekannt, allenfalls Gegenstand von Spekulationen war. Es ist vielmehr immer der Drang nach völliger bürokratischer Perfektion, der die Arbeit kennzeichnet, der aber zugleich das Spiegelbild des eigentlich positiven Strebens nach Vollkommenheit ist. Dieser unselige Drang geht einher mit dem Wunsch nach immer mehr Mitarbeitern, die helfen sollen, das Ziel der vollständigen Erfassung des Gegners zu erreichen. Bei dem Weg zu diesem Ziel wird gelegentlich auch eine erschreckende Ignoranz deutlich, zumindest ein Umgang mit Namen, der jede geistige Beteiligung an der Arbeit vermissen läßt.

Bereits 1960, als man die alte »Grabbelkartei«, das manuelle Fundstellen- und Namensverzeichnis und die Keimzelle von NADIS, auf das damals moderne Lochkartensystem (»Hollerith-Verfahren«) überführte, soll man eine Karte mit der Angabe »Adenauer, Vnu., angeblich Bundeskanzler« gefunden haben. »Vnu.« ist die verfassungsschutzinterne Abkürzung von »Vorname unbekannt«. Auf einer anderen Karte war Karl Marx als Vortragender einer KPD-Veranstaltung in Trier erfaßt. In der Veranstaltung ging es um die Bedeutung des Gesellschaftswissenschaftlers und Philosophen, der am 5. Mai 1818 in der Stadt an der Mosel geboren worden war. Der Bearbeiter hatte den Namen vom Briefkopf der Liste der Vortragenden übernommen und ihn, ohne sich irgend etwas dabei zu denken, als weiteren Redner »verkartet«, d. h. in einer Karte erfaßt und diese abgestellt. Noch heute, im Zeitalter von NADIS und der elektronischen Datenverarbeitung, heißt die Speicherung von Daten im BfV »Verkartung«.

Auch die Spionageabwehr ist in diesem rücksichtslosen Streben nach Vollkommenheit nicht auszunehmen. Sie fühlte sich in ihrer Existenz und in ihrer Aufgabenstellung gerechtfertigt, ja, bestätigt durch jeden bekannt werdenden Spionagefall. Insofern ist alles in Ordnung und nichts zu beanstanden. Denn wo Spionage betrieben wird, ist die Spionageabwehr auf den Plan gerufen. Aber war es denn wirklich nötig, die Rechte unschuldiger, nicht beteiligter Bürger, die sich aus dem Grundgesetz, dem Datenschutzgesetz, aus der gesetzlichen Trennung von Strafverfolgung und Nachrichtendienst sowie aus vielen anderen Rechtsquellen ergeben, immer und ständig zu unterlaufen, zu tangieren und letztlich zu verletzen?

Mußte man sich wirklich – wie geschehen – eine Beschreibung von ca. siebzigtausend Bewohnern der Stadt Bonn geben lassen, um sie zu überprüfen? Eine einzige Agentin wurde auf diese Weise identifiziert – »Ursula Richter« vom Bund der Vertriebenen in Bonn. Das war zwar ein Erfolg. Aber »Ursula Richter« war zu diesem Zeitpunkt bereits ein Spielball des innerdeutschen nachrichtendienstlichen Geschehens geworden. Sie war vom MfS ohne ihr Wissen schon lange Zeit vorher in das

Blickfeld des BfV gerückt worden, wenn auch in einem anderen – meinem – Arbeitsbereich. Und wir alle sahen in ihr die große Agentin, getäuscht durch meinen Mitarbeiter Klaus Kuron, der seit 1982 mit dem MfS in Verbindung stand.

War es wirklich nötig, arglose Flugreisende in Berlin-Tegel nur deswegen zu observieren, weil sie samstags ankamen, Männer zwischen fünfundzwanzig und vierzig Jahren waren und nur leichtes Gepäck mit sich führten? Dadurch entsprachen sie angeblich dem Prototyp des Agenten. Aber daß es diesen Prototyp überhaupt nicht gibt, das weiß niemand besser als der Verfassungsschutz selbst. Dr. Heinrich Wiedemann war einundachtzig Jahre alt, als er 1969 im Fall Irene Schulz festgenommen wurde, die im Vorzimmer des damaligen Bundesforschungsministers Gerhard Stoltenberg saß. Aber Dr. Wiedemann ist ein schlechtes Beispiel, allenfalls ein Beispiel dafür, daß es für Spione keine Altersgrenze gibt.

Trotzdem habe ich mich all die Jahre mit dieser Arbeit identifiziert. Im Frühjahr 1968, kurz vor Ende des »Prager Frühlings«, da meldete sich bei mir noch leise das Juristenherz. In der Außenstelle Merlostraße im Schatten der Agneskirche, in der Albrecht Rausch mit seiner Referatsgruppe IV B damals untergebracht war, ließ Hans Watschounek Tausende von illegal beschafften Telegrammen in die DDR und andere sozialistische Länder ablichten. Er hoffte, in diesen Telegrammen Hinweise auf Agenten zu finden, die angesichts der gespannten politischen Lage in Mitteleuropa bei ihren Führungsstellen unter Verwendung von Decknamen und fiktiven Texten, also verschlüsselt, um Weisungen nachsuchten.

Eine Rechtsgrundlage für einen solchen Rundumschlag in die Grundrechte der Bundesbürger gab es nicht. Im Bundestag wurde damals gerade heftig und hitzig über die Ausgestaltung eines Gesetzes debattiert, das die Vorbehaltsrechte der Drei Mächte ablösen und die Anordnung des Bundesinnenministers persönlich zum Eingriff in das Post- und Fernmeldegeheimnis im Einzelfall regeln sollte. Und hier sahnte, gedeckt von seinen Vorgesetzten, der Oberregierungsrat Hans Watschounek das gesamte Telegrammaufkommen ab.

Das Gesetz, das seinerzeit in den parlamentarischen Gremien beraten wurde, war das Gesetz zur Beschränkung des Brief-, Post- und Fernmeldegeheimnisses, das Gesetz zu Artikel 10 des Grundgesetzes oder das G 10, wie es in Kreisen, die es anwenden, kurz genannt wird. Es trat erst im Herbst 1968 in Kraft, als der Prager Frühling längst vorüber war, zermahlen unter den Panzerketten der Verbündeten. Aber auch das G 10 hätte dem BfV einen solchen Eingriff nicht gestattet, allenfalls dem BND, allerdings mit einer völlig anderen Zielsetzung und völlig abweichender Begründung. Das alles aber störte Watschounek überhaupt nicht.

»Wir brauchen das, wissen Sie, und zwar schnell«, erklärte er mir in seiner charmanten, österreichischen Art, »das ist eine phantastische Fundgrube.«

Ob es eine phantastische, ja, ob es überhaupt eine Fundgrube war, ist mir heute nicht mehr in Erinnerung, zumal ich seinerzeit für die Bearbeitung noch nicht zuständig war. Wohl aber ist mir bewußt, daß sich mein Juristenherz, das hier noch zart protestierte, in den folgenden Jahren bei Gesetzesverstößen des Verfassungsschutzes, vor allem der Spionageabwehr, nicht mehr meldete.

Der Grundsatz »Masse statt Klasse«, bezogen auf das beschaffte »Basismaterial«, scheint in westlichen Diensten verbreitet zu sein. 1983 wurde mir am Euston Square in London beim Security Service, der früher MI 5 hieß, ein Schrank voller Ablichtungen gezeigt. Es handelte sich um Umschläge aller Briefe aus Großbritannien, die an Empfänger in der DDR gerichtet waren. Wohlgemerkt, es handelte sich um Ablichtungen der Umschläge; die britischen Kollegen hatten darauf verzichtet, die Briefe zu öffnen. Aber auch die systematische Erfassung von Personen, wie hier geschehen, die untereinander postalischen Kontakt haben, unterliegt in Großbritannien ebenso wie in Deutschland dem Postgeheimnis und ist daher verboten.

Ziel unserer Besprechung war es, zumindest seitens der Briten, diese Adressen im NADIS mit dem dort gespeicherten Bestand von Deckadressen und konspirativen Wohnungen zu vergleichen. Galt doch NADIS neben dem MfS-Computer selbst, bei aller Dürftigkeit der Erkenntnisse, als das kompetenteste Erfassungssystem, was Interna der DDR-Dienste, zumindest der HVA des MfS anging. Zu einer Verwirklichung kam es allerdings nicht. Ich hatte zu bedenken gegeben, daß aller Wahrscheinlichkeit nach die gegen Großbritannien arbeitende Abteilung III der Hauptverwaltung Aufklärung des MfS über andere Deckadressen verfügen werde, als die gegen die Bundesrepublik arbeitenden Arbeitseinheiten. Dadurch drohe ein Mißverhältnis von erforderlichem Arbeitsaufwand in beiden Diensten zu dem zu erwartenden Erfolg.

Heute denke ich gelegentlich darüber nach, wie lange man wohl bereit ist, einer Fahne zu folgen, die das Motto trägt »Der Zweck heiligt die Mittel«. Ob sich deutsche Beamte nach 1933 ähnlich verhalten haben? Oder ist Unrecht um so gefährlicher, in je kleineren Schritten es daherkommt? Ist es wie bei Arsen, das, in kleineren Steigerungen eingenommen, dem Menschen nicht schadet, gleichwohl es von seinem Gift nichts einbüßt? Aus diesen Gedanken heraus habe ich Heinrich Degenhardt vorhin in Verbindung mit dem verbrecherischen Reichsmarschall gebracht. Degenhardt möge mir verzeihen. Er war zwar ein stockkonservativer, kohlrabenschwarzer CDU-Mann, aber auch solche Leute muß es in der praktizierten politischen Bandbreite der Bundesrepublik Deutschland ohne Einschränkungen geben.

Wäre es aber nicht Aufgabe der Männer, die an der Spitze des Bundesamtes für Verfassungsschutz standen und stehen, derartigen Entwicklungen Einhalt zu gebieten? Bis auf Otto John und Hansjörg Geiger kannte oder kenne ich alle.

Alle hatten auf dem Weg nach oben berufliche Verdienste, um derentwillen man ihnen die Spitzenfunktion im BfV anvertraute. Natürlich wird man in aller Regel nicht Präsident des BfV oder des BND, ohne Mitglied einer politischen Partei zu sein oder ihr zumindest außerordentlich »nahe zu stehen«. Im ständigen Ämter- und Personenschacher nach den unüberschaubaren Gesetzen der Parteistrategie kann sich sogar das vermeintlich falsche als das richtige Parteibuch erweisen, wie das Beispiel des früheren SPD-Bundestagsabgeordneten und späteren BND-Präsidenten Konrad Porzner deutlich belegt. Auch der jetzige BfV-

Präsident, Dr. Peter Frisch, ist seit Jahren Mitglied der SPD. So sehr man auch das Parteibuch als Voraussetzung beklagen mag, diese Position bekleiden zu dürfen, so unbegründet wäre der Vorwurf gegen die bisherigen Amtsinhaber, ihre Stellung allein diesem Dokument zu verdanken. Man hat mir gelegentlich Arroganz vorgeworfen, meine angebliche, durch nichts begründete Überzeugung, »der Größte« zu sein. Aber selbst wenn diese Vorwürfe zuträfen, sähe ich keine Veranlassung, einem der Präsidenten die Qualifikation abzusprechen oder ihm vorzuwerfen, den Anforderungen des Amtes nicht gewachsen gewesen zu sein.

Jeder Präsident entscheidet sich bei der Wahl zwischen zwei Wegen, die mit gleich guten oder vermeintlich gleich guten Argumenten aufgezeigt werden, immer für den Weg, der größere Erfolge zu zeitigen verspricht. Nur so ist es zu verstehen, daß die beiden großen Suchoperationen des Verfassungsschutzes, die Überwachung des Ost/West- und des West/Ost-Reiseverkehrs (»Wacholder«/»Krokus«) und die Suche nach Eingeschleusten (»Anmeldung«) in Kenntnis ihrer rechtlichen Problematik die Billigung nicht nur der Amtsleitung des BfV, sondern auch die der LfV-Chefs fanden. Es klingt wie bitterer Zynismus, daß ausgerechnet der einzige Nichtjurist unter den Amtsleitern, der Chef des Verfassungsschutzes von Rheinland-Pfalz, Wilhelm Nisius, rechtliche Bedenken gegen »Wacholder« anmeldete. Aber der gelernte Verfassungsschützer beugte sich schließlich der Meinung seiner juristisch gebildeten Kollegen.

Wer die Theorie vom frischen Wind vertritt und das Verlassen eingetretener Pfade fordert, wer also der Ansicht ist, die Präsidentenstühle bei BfV und BND müßten mit qualifizierten Außenseitern, auf keinen Fall mit jemandem aus dem Hause besetzt werden, muß wissen, daß er seine Wunschpräsidenten wiederum besonderen Gefahren aussetzt. Dies belegen meines Erachtens die Beispiele der BND-Präsidenten Klaus Kinkel und Konrad Porzner eindrucksvoll und deutlich.

Wie man der Wohnungsnot Herr werden kann, wie die Pflegeversicherung organisiert werden kann, ja, wie die gesamte Konjunktur zu fördern oder zu bremsen ist, das alles ist, wenn auch unabhängig von der Frage der politischen Realisierbarkeit, in den Parteizentralen, in Fachgremien und in den Medien von allen Seiten beleuchtet und dargestellt worden. Hierzu hat sich bei politisch tätigen Menschen, vor allem in politisch verantwortlichen Positionen, eine zumindest grundsätzliche Meinung herausgebildet. Die Argumente, die für und gegen eine bestimmte Methode sprechen, sind dargelegt, ihre Praktikabilität untermauert oder bezweifelt worden.

Aber wo wird öffentlich diskutiert, wie man Agenten erkennt, wie man nachrichtendienstlich in staatsfeindliche Organisationen eindringt oder wie man in den Besitz von Staatsgeheimnissen der Sowjetunion oder ihrer damaligen Verbündeten kommt? Diese Probleme sind für jeden neu, der im Verfassungsschutz oder im BND anfängt, gleichgültig, ob als Beamtenanwärter wie ich oder als Präsident.

In jeder Behörde gibt es Vorschläge zur Änderung der Arbeitsmethodik oder zur Schwerpunktverlagerung, die entweder eine veränderte Rechtslage voraussetzen oder aber gegen den Willen des Behördenchefs nicht durchsetzbar sind. Ein neuer, nicht durch Denkschablonen des Amtes vorgeprägter Leiter steht diesen Vorschlägen häufig unvoreingenommen und aufgeschlossener gegenüber als ein Mann aus dem Apparat. Er wird auch eher bereit sein, gewohnte und vertraute Pfade zu verlassen, eben weil sie für ihn nicht gewohnt und vertraut sind. So nahm unter Kinkel, bis dahin Genschers Vertrauter und Planungschef des von diesem geleiteten Auswärtigen Amtes, die Ausspähung des BND auf technischem Wege einen vorher ungeahnten Aufschwung.

Gemeinsam mit dem Supergeheimdienst National Security Agency (NSA) wurde an der deutschen Grenze nach Osten ein wahrer Wald von Horch-, Peil- und Überwachungsanlagen aufgebaut, die alles auffingen, was im Osten bis tief in die Sowjetunion zu hören war. Diese Entwicklung verschlang Millionen und ging zu Lasten der »human intelligence«, der altgewohnten Ausspähung durch Quellen und Verräter, durch Informanten und Spione, also schlicht durch Menschen. Noch zu meiner Zeit hatte man im BND, zumindest in der Arbeitsebene, dies als

Irrweg erkannt. Denn das Dokument aus dem Politbüro und den Aufmarschplan aus dem Generalstab brachte nur der geheime Mitarbeiter, aber keine noch so perfekte Überwachung, Sie deckt den Dienst vielmehr mit einem wahren Schwall von Informationen zu, von denen nur ein verschwindend kleiner Teil verwertbar und von Interesse ist. Daß der Zusammenbruch des Warschauer Paktes und der ihn beherrschenden Ideologie die technischen Investitionen zusätzlich obsolet werden ließ, ist Kinkel freilich nicht anzulasten.

Die andere Gefahr, der sich ein Präsident ohne Stallgeruch aussetzt, richtete sich gegen den früheren BND-Präsidenten Konrad Porzner. Wenn der Apparat bis zu einer bestimmten Ebene bezweifelt, für sein beabsichtigtes, vermeintlich unverzichtbares Handeln nicht mehr die Zustimmung der Vorgesetzten zu bekommen, gibt es nur zwei Möglichkeiten: entweder man unterläßt die Handlung oder begeht sie ohne die Zustimmung der Altvordern. Nach allem, was ich über die Entscheidungsbefugnisse in deutschen Behörden weiß, steht außer Zweifel, daß die Versendung von Kriegswaffen durch den BND nach Israel, die zudem als landwirtschaftliche Geräte deklariert sind, von der Zustimmung des Präsidenten abhängig ist. Wenn sie nicht eingeholt wurde, kann dies nur den Versuch bedeuten, befürchtete Schwierigkeiten durch ihn zu vermeiden und daher seine Beteiligung zu umgehen. Der Fall hatte vor wenigen Jahren in der Presse großen Staub aufgewirbelt.

Dieses Ausschalten der Leitungsebene erinnert mich an Hellenbroich, der mir gegenüber einmal, noch im Jahre 1985, sein Leid klagte: »Meine schönste Zeit war die als Abteilungsleiter IV. Als Vize und erst recht als Präsident erfahre ich nicht vieles aus den Abteilungen. Zwar alle Erfolge und einige Mißerfolge, aber was in den Abteilungen wirklich los ist, das weiß ich überhaupt nicht, da ist der Weg viel zu weit.«

Überhaupt wird der Einfluß des Präsidenten auf die Arbeit und die Funktionsweise des BfV häufig überschätzt. Für die Alltagsarbeit wird ein Präsidentenwechsel überhaupt nicht wahrgenommen. Die neuen Herren können natürlich Ziele vorgeben und Schwerpunkte setzen und machen von diesem Recht auch kräftig Gebrauch. Aber mancher von ihnen hat für das Beharrungsvermögen der Behörde, auf liebgewonnenen Pfaden zu wandeln, nur Kopfschütteln übrig gehabt.

So bemühte sich das BfV, mit seinem »Verkartungsplan« der Regelung, welche Personen aus einer Akte gespeichert, welche in NADIS angefragt und welche ungeprüft zu bleiben haben, den immer detaillierteren Datenschutzregeln zu entsprechen. Aber allein in meinem Zuständigkeitsbereich gab es etliche Sachbearbeiter, die den Verkartungsplan im Schrank zu liegen hatten und, ohne Rücksicht auf dessen Verbindlichkeit, die Personen überprüften und verkarteten, speicherten, bei denen es ihnen angebracht erschien. Ich möchte dabei gar nicht versäumen zu erwähnen, daß es sich bei ihnen nicht um die schlechtesten, eher um die besseren Mitarbeiter handelte. Und sie hatten natürlich auch Belege dafür, daß ihnen, hätten sie den Verkartungsplan befolgt, gewisse sachdienliche Informationen verborgen geblieben wären.

Was aber waren das nun für Männer an der Spitze des Bundesamtes für Verfassungsschutz, die in dieser Meinungsvielfalt und auch in diesem Interessenkonflikt sich anschickten, für die Sicherheit der Bundesrepublik verantwortlich zu zeichnen? Ich kann und will sie nicht in ihrer vollen Persönlichkeit schildern, einfach weil mir für eine solche Darstellung die Zugänge fehlten. Ich will versuchen, sie so zu zeigen, wie ich sie gesehen habe, immer aus der Sicht des Untergebenen, dennoch mag der Blickwinkel in den einzelnen Fällen variieren. Es ist schon ein Unterschied, ob man einen Mann nur als Präsidenten kannte wie Hubert Schrübbers, ob man mit ihm, der damals »nur« der eigene Abteilungsleiter war, jahrelang einmal in der Woche Skat gespielt hat, wie mit Dr. Richard Meier, oder ob man mit einem Mann gleichzeitig in den Beruf gekommen ist, wie dies bei Heribert Hellenbroich der Fall ist.

Als ich anfing, war Schrübbers schon zwölf Jahre Präsident. Deswegen habe ich an ihn verständlicherweise nur wenige Erinnerungen, die ihn als Menschen verdeutlichen. Er war und wirkte trotz seines staatsanwaltschaftlichen Vorlaufes wie die Inkarnation des Guten im Menschen. Leutselig, freundlich, aber immer mit einem Schritt verständnisloser Distanz gegenüber den Problemen seiner Mitarbeiter. Unangenehme Entscheidungen trafen und realisierten seine Stellvertreter, in meiner Zeit die Vizepräsidenten Günter Nollau und Werner Smoydzin. Deren Vorgänger, der Wehrmachtsoberst Wilhelm Radtke und der frühere BKA-Beamte Ernst Brückner waren, als ich ins BfV eintrat, bereits ausgeschieden und befanden sich im Ruhestand. Nollau und Smoydzin waren beide harte Knochen, aus ganz anderem Holz geschnitzt als Schrübbers.

Oft bin ich nicht bei ihm gewesen, wohl aber an jenem Samstag im Oktober 1971. Am Vortage hatte ich am berühmten Spießbratenessen der Sicherungsgruppe (SG), der Vorläuferin der Hauptabteilung II des BKA in Meckenheim, teilgenommen. Damals war diese jährlich stattfindende Veranstaltung noch der dienstlich-gesellschaftliche Höhepunkt im Reigen dienstlicher Festivitäten. Auf einem Privatgrundstück hoch über dem Rhein bei Bad Honnef zierten Bundesanwälte, Präsidenten und Staatssekretäre den Empfang, umgeben vom Personal der Gruppe E (Ermittlungen) der alten SG und Gästen vor allem in- und ausländischer Sicherheitsbehörden und Nachrichtendienste. Bier floß in Strömen, von mehreren Grills roch es verführerisch – da kam der Anruf. Großbritannien hatte einhundertundfünf sowjetische Diplomaten unter dem Vorwurf der Spionage aufgefordert, das Land innerhalb weniger Tage zu verlassen. Nun war ich Anfang des Jahres für die sowjetischen Dienste zuständig geworden und daher den ganzen Abend bemüht, Einzelheiten dieses nachrichtendienstlichen Politikums in Erfahrung zu bringen. Ich versuchte vom Wagen Smoydzins aus, über das Autotelefon informierte Gesprächspartner zu erreichen. Viel Erfolg hatte ich nicht, aber viel vom Spießbratenfest auch nicht.

Am selben Abend wurde für den folgenden Tag, elf Uhr, Termin bei Schrübbers anberaumt. Smoydzin mußte kommen, mein damaliger Abteilungsleiter Albrecht Rausch und ich. Wir saßen und warteten auf Dennis K. Wommersley, den damaligen Chef des Secret Intelligence Service in der Bundesrepublik, der teilweise auch im BfV noch MI 6 heißt. Wommersley kam und mit ihm das britische Empire, wie es vermutlich einmal gewesen ist. Er verlas stehend und betont würdig die Note, die die Regierung Ihrer Britischen Majestät den Sowjets hatte zustellen lassen. Deutlich klang die Verärgerung einer vermeintlichen Weltmacht durch, die sich Unbotmäßigkeiten eines anderen Landes indigniert verbittet.

Anschließend klappte Wommersley den mit Insignien der Krone verzierten Aktendeckel zu, steckte ihn in seine Aktentasche, erklärte, keine Einzelheiten über den Text der Note hinaus zu kennen, verabschiedete sich von uns, die wir stehend die Erklärung angehört hatten, und trat ab. Während mir in meinem subalternen Kopf umherging, ob es wirklich gelohnt hatte, für diese fast groteske Szene samstags ins Büro zu kommen, versuchte Schrübbers beredt, uns von der Bedeutsamkeit, nicht von der des sicherlich bedeutsamen Ereignisses, wohl aber von der des soeben Erlebten zu überzeugen. Er war gerührt, daß die britische Regierung Mr. Wommersley eigens an einem Sonnabend in Marsch gesetzt hatte, um die Freunde am Rhein zu unterrichten.

Schrübbers dachte nicht nur an diesem Tag protokollarisch. Damit verlagerte er allerdings häufig Probleme des Apparates unberechtigterweise in die Chefebene. Als ihm zum Beispiel der Bericht eines Überläufers aus der DDR vorgelegt wurde, in dem von einer Panne des MfS die Rede war, die schon damals lange zurücklag, schrieb Schrübbers mit grüner Tinte, die nur ihm als Präsident zustand, und mit kollegialem Mitgefühl an den Rand: »Konnte Mielke das nicht verhindern?«

Er meinte Erich Mielke, den ehemaligen Minister für Staatssicherheit der DDR!

Er war auch der einzige Präsident, der seiner Aufgabe noch nach Gutsherrenart nachkommen konnte. So kam er gegen halb neun ins Büro, ließ sich von seinem Fahrer Sinther gegen halb eins wieder zum Mittagessen nach Hause in die Mörikestraße fahren und kam dann nach dem Mittagsschlaf noch einmal von drei bis fünf Uhr ins Büro. Davon ließ er sich auch nicht abbringen, als 1969 Hans-Dietrich Genscher Bundesinnenminister und damit auch für das BfV die Gangart härter wurde.

In die Ära Schrübbers fällt auch ein Schriftwechsel mit dem

BMI, der mir, verglichen mit den Gegebenheiten meiner letzten Jahre im BfV, wie ein Ereignis aus einer anderen Welt, zumindest aber aus einer anderen Zeit vorkommt. Mein damaliges, in erster Linie für Polen zuständiges Referat führte unter der Deckbezeichnung »Krabbenfischer« einen Fall gegen den seinerzeitigen offiziellen Vertreter der polnischen Binnenschiffahrt mit Sitz in Duisburg, Wladyslaw Pieterwas. Auf Veranlassung des BfV war Pieterwas, nach Rückkehr von einem Treff mit unserer Kontaktperson, unserem CM »Krabbe«, im holländischen Arnheim am Grenzübergang Elten/Autobahn festgenommen worden, natürlich in meinem Beisein. Als die Festnahme von Pieterwas durch das BKA an die Presse gegeben worden war, fragte das BMI – meiner Erinnerung nach der damalige Aufsichtsreferent und spätere Präsident des Umweltbundesamtes in Berlin, Heinrich Freiherr von Lersner – beim BfV nach, ob Gerüchte zuträfen, denen zufolge das BfV in den Fall verwickelt sei. Hätte später bei dieser Sachlage ein derartiges Fernschreiben schon helle Aufregung ausgelöst, so wären bei der Antwort, die wir dem BMI zukommen ließen und die Dr. Meier als Abteilungsleiter unterschrieb, später zweifellos Köpfe gerollt. Der Text unseres Fernschreibens, den ich aufsetzen mußte, lautete sinngemäß: »Die Informationen treffen zu. Die Ermittlungen sind noch nicht abgeschlossen, das BfV wird zu gegebener Zeit ausführlich berichten.«

Schluß, aus. 1985 hätte eine Festnahme nach operativer Vorarbeit, zumindest eines Ausländers in offizieller Funktion in der Bundesrepublik, eine vorherige Zustimmung des BMI, zumindest aber seine Unterrichtung vorausgesetzt. Aber damals, es war wohl 1969, jedenfalls vor der sozialliberalen Koalition, gingen die Uhren eben noch anders. Es war die Zeit, in der Schrübbers das BfV, wie ich schon sagte, nach Gutsherrenart führen konnte.

1972 wurde Hubert Schrübbers von seiner Vergangenheit eingeholt. Wegen unmenschlicher Strafanträge, die er als junger Staatsanwalt im Dritten Reich gestellt hatte, mußte er seinen Posten räumen. Aber den Abschied, den ihm sein Amt machte, den hat er nicht verdient. Aus Termingründen mußte die Verabschiedung durch die Amerikaner zeitlich nach dem abrupten Ende erfolgen. Als Schrübbers seinen Nachfolger Nollau bat, ihm für die Fahrt in den amerikanischen Botschaftsclub in der Martin-Luther-King-Straße im Bonner Stadtteil Plittersdorf einen Dienstwagen zur Verfügung zu stellen, lehnte Nollau dies mit der rauhbauzigen Begründung ab, er leite kein Transportunternehmen für Rentner. Schrübbers wurde daraufhin von den Amerikanern in Köln abgeholt und auch wieder zurückgebracht. Als er Anfang der achtziger Jahre starb, hing am schwarzen Brett in der Kantine des BfV ein Aushang mit dem lapidaren Wortlaut: »Der frühere Präsident des BfV, Hubert Schrübbers, ist am ... gestorben.«

Kein Wort der Würdigung, nichts.

Die Presse widmete hingegen dem Verstorbenen die übliche Aufmerksamkeit. Noch heute ist mir der redaktionelle Nachruf der »Frankfurter Allgemeinen Zeitung« in Erinnerung, die es als Schrübbers größten Verdienst pries, in den siebzehn Jahren seiner Präsidentschaft nach den turbulenten Anfangsjahren unter Otto John aus einem Nachrichtendienst eine Verwaltungsbehörde gemacht zu haben. Ich verstehe bis heute nicht, was an einer solchen Leistung, vorausgesetzt, sie träfe zu, lobenswert sein könnte. Aber die klugen Köpfe hinter der FAZ werden es schon wissen.

Im Gegensatz zu dem Rheinländer Schrübbers war Nollau Sachse, sogar Dresdner, wie er immer hervorhob und worauf er immer stolz war. Aber wie alle Sachsen konnte auch Nollau das heimatliche Idiom nicht ablegen. Spötter sagten, Nollau, der Englisch sehr gut bis fließend, aber mit einem unüberhörbaren sächsischen Akzent sprach, beherrsche ein hervorragendes Angelsächsisch.

An dem Menschen Nollau schieden sich die Geister. Es ist nicht erstaunlich, daß ausgerechnet er, der das Wohlwollen und das Vertrauen des so mißtrauischen Herbert Wehner genoß, sich zeit seines Lebens gegen den Verdacht wehren mußte, ein Agent zu sein. Nun, geschadet hat dieser Verdacht dem Beamten Dr. Günter Nollau in seiner Karriere nicht, nur das letzte Jahr im Dienst war schlimm für ihn, die Zeit nach der Verhaftung Günter Guillaumes und dem Rücktritt von Willy Brandt. Da war er im Pulverdampf des Gefechtes kaum noch zu erkennen, wie es sein Nachfolger Richard Meier anläßlich der Amtsübergabe formulierte.

Aber Nollau hat auch die ganzen Jahre nichts getan, die Zahl seiner Freunde zu mehren. Seine kurze, ruppige, gelegentlich auch bellende Sprechweise stieß viele ab, vor allem jene, die ihn nur oberflächlich kannten und die nicht wußten, daß dieser Mann sehr gebildet und außerordentlich belesen war, dabei sehr charmant und ein ausgezeichneter Unterhalter sein konnte. Das faszinierendste aber war Nollaus Gesicht, von einer Unzahl von Falten und Runzeln durchzogen, die seine Stimmungen, zum Guten wie zum Bösen, ganz außerordentlich verstärkten. Seine Augenverletzung – Nollau verlor im Krieg durch den Tritt eines Maulesels das linke Auge – gab diesem durchfurchten Gesicht gelegentlich etwas Diabolisches. Und wen Nollau einmal richtig in die Stiefel gestellt hatte, der mied für Wochen jeden Kontakt zu ihm.

Aber im Grunde war Nollau nur zu klein. Meiner Erinnerung nach maß er knapp einen Meter siebzig. Wie alle zu kurz geratenen, intelligenten Männer litt er darunter, zu den meisten seiner Untergebenen aufblicken zu müssen. Und was ihm an Körpergröße fehlte, kompensierte er mit schneidigem Auftreten und etwas ruppigen Umgangsformen. Diesem Männertyp hat der verstorbene amerikanische Schauspieler Edward G. Robinson (»little Cesar«) in zahlreichen Filmen eindrucksvolle Konturen verliehen.

Ein besonderes Vergnügen machte sich Nollau daraus, andere, vor allem ausgesprochene Ästheten, mit einer rüden Wortwahl zu erschrecken. Dr. Meier, damals Abteilungsleiter, erzählte mir, Nollau habe ihn einmal zu sich gerufen und ihn angebellt: »Hören Sie mal, Herr Meier, Sie legen mir hier einen Entwurf vor, in dem steht ›in der Anlage wird übersandt‹. In der Anlage wird gevögelt, Herr Meier, gevögelt, ›als Anlage wird übersandt‹, merken Sie sich das!«

Dr. Meier hat unter diesen Worten regelrecht gelitten.

Ein andermal trug ihm Heinrich Reginald Weyde, damals zuständig für legale Residenturen der Sowjets, die Ergebnisse der Observation eines sowjetischen Diplomaten vor. Weyde, ein Freund gezierter und gedrechselter Formulierungen, berichtete umständlich und erwähnte, der Sowjetbürger habe irgend etwas »in Augenschein genommen«.

»Was heißt ›in Augenschein genommen‹?« unterbrach ihn Nollau, »jekiekt hat er, Mann, jekiekt!«

Aber so war Nollau, einerseits ein Ekel, andererseits, auch Mitarbeitern der mittleren Ebene gegenüber, ein netter Kerl. Ich selbst kann mich über ihn eigentlich nicht beschweren. Meine rein dienstlichen Kontakte zu ihm waren bescheiden, weil die Abteilungsleiter in meinen ersten zehn Dienstjahren, Richard Meier und Albrecht Rausch, die Teilnahme der Referenten an Erörterungen mit der Amtsleitung für verzichtbar hielten.

Nollau wirkte aber auch aus der Ferne. So hatte ich mich in der kurzen Zeit als Berichtsreferent mit seiner amtsinternen Stilfibel »Das Deutsch unserer Berichte« herumzuschlagen, in der er versucht hatte, bestimmte Formulierungen auszumerzen und andere Gewohnheit werden zu lassen. Aber eine zu strenge Befolgung seiner Stilvorstellungen war auch ein zweischneidiges Schwert. So hatte er Rausch gegenüber einmal einen Vortrag gehalten, in dem er zum Ausdruck brachte, der stilistische Meister zeige sich in erster Linie am häufigen Gebrauch des Plusquamperfekts, der Vorvergangenheit. Als ihm Rausch dann den nächsten Wochenbericht unter Beachtung dieser damals vizepräsidentischen Präferenz vorlegte, bellte er Rausch an: »Wer soll denn das lesen? Das liest sich ja, als habe ein Chinese den Text verfaßt.«

Nur an Nollaus Weisung, die er als Präsident wiederholte, jeder Beamte des höheren Dienstes müsse täglich fünf Zeitungen lesen, darunter als Stimme des Gegners das »Neue Deutschland«, habe ich mich nicht gehalten.

Aber mein Bild von Nollau ist doch viel plastischer als das von Schrübbers. Einen ersten nachhaltigen Eindruck vermittelte er mir 1968. Mein damaliger Gruppenleiter Rausch – er löste Dr. Meier 1970 als Abteilungsleiter bei dessen Wechsel zum BND ab – wies mich an, bei Beginn einer geplanten Dienstreise zum

BND an einem Sonntagmorgen bei Dr. Nollau vorbeizufahren, er habe mir etwas mitzugeben. Ich war beeindruckt. Ich fühlte mich schon als Kurier des Zaren, sah mich schon mit einer wichtigen, persönlich zu übergebenden, streng geheimen Mitteilung an den Präsidenten des BND, mich, den jungen Regierungsassessor Hansjoachim Tiedge. Meine Enttäuschung war grenzenlos, als ich in dem Vizepräsidentenhaus im Kölner Stadtteil Lindenthal zwar einen aufgekratzten, freundlichen, leger gekleideten Dr. Nollau, ansonsten aber nur zwei Kartons mit Eingemachtem für seine in München lebende Tochter vorfand, die er mich bat mitzunehmen.

Damals kannte ich noch nicht Nollaus abgrundtiefe Abneigung gegen den BND im allgemeinen und dessen ersten Präsidenten Reinhard Gehlen im besonderen. Gehlen hatte als einer der ersten einen nachrichtendienstlichen Verdacht gegen Nollau geäußert, und der trug ihm das ein Leben lang nach, ihm persönlich und der von ihm geleiteten Behörde.

»Dieser Kerl«, sagte er einmal, als er sich über Gehlens BND-internen Decknamen Dr. Schneider mokierte, »hat es nur zum General gebracht und schmückt sich jetzt mit akademischen Titeln.«

Meine letzte nachhaltige Erinnerung an Dr. Nollau geht auf das Frühjahr 1975 zurück, als ich ihn auf der Treppe, auf dem Weg in die Kantine traf. Nollau schleppte sich mühsam, am Geländer festhaltend, hoch, ausgerechnet Nollau, der auch als Sechzigjähriger immer leichtfüßig und ohne sich festzuhalten, die vier Etagen von seinem Büro zur Kantine im Sturmschritt nahm! Es war erschütternd, ansehen zu müssen, wie dieser Mann unter den Folgen des größten Abwehrerfolges seines Hauses litt, unter den Folgen des Falles Guillaume.

Es ist viel geredet worden und noch mehr geschrieben über den Fall und seine Behandlung. Über den Fall selbst wußte ich damals kaum mehr als ein interessierter Zeitungsleser. Den Namen Guillaume hatte ich das erste Mal im Radio im Zusammenhang mit seiner Verhaftung im April 1974 gehört, in der gleichen Nachrichtensendung, in der das Ende der Diktatur in Portugal mitgeteilt wurde. Ich weiß sogar noch, wo dies war – vor dem Schuhgeschäft meines alten Skatfreundes Karl Mayer in der Abshofstraße in Köln-Merheim, um die Ecke vom »Merheimer Hof«. Als ich 1979 auch für die Nachwehen dieses Falles zuständig wurde, bestand die Akte im BfV bereits aus vierundvierzig Aktenordnern. Ich habe sie nie gelesen.

Nollau bekam damals Schwierigkeiten, weil Günter Guillaume erst zu einem Zeitpunkt zu einem der persönlichen Referenten des Bundeskanzlers Willy Brandt ernannt worden war, als die Unterrichtung des Innenministers Hans-Dietrich Genscher über den Verdacht durch Nollau und Rausch bereits erfolgt war. Brandt verteidigte sich später damit, Genscher habe ihn nur vage auf den Verdacht gegen einen Mitarbeiter des Kanzleramts mit französisch klingendem Namen aufmerksam gemacht. Genscher konterte, alles weitergegeben zu haben, er sei von Nollau nur in groben Zügen unterrichtet worden, ohne daß ihm die Bedeutung des entstandenen Verdachtes hätte deutlich werden können.

Und Nollau – schwieg. Ja, er ließ sich als Schuldigen, als Deppen hinstellen, der nicht in der Lage ist, seinem Minister einen eindeutig belegten Verdacht gegen einen Verwaltungsangestellten im Bundeskanzleramt, der immerhin mit einem Oberregierungsrat vergleichbar war, richtig vorzutragen. Dabei hat Nollau durch sein Verhalten die sozialliberale Koalition gerettet. Denn das Bündnis hätte einen Streit darüber, wie es zu einer derart folgenschweren Personalentscheidung hatte kommen können, nicht überlebt, nachdem ein voll unterrichteter Innenminister von der FDP sich seinem BfV-Chef gegenüber vorbehalten hatte, den Bundeskanzler von der SPD selbst zu unterrichten. Minister aber machen keine Fehler, kraft Amtes nicht, also mußte ein Beamter herhalten.

So wurde Nollau zum Buhmann gemacht. Und Nollau hielt still, ob auf Wehners Bitten hin, ob aus eigenem Entschluß oder aus anderen Erwägungen, das hätte nur der ehemalige Präsident sagen können. Aber der zum Schluß Achtzigjährige hat eisern geschwiegen und das Geheimnis mit in das Grab genommen. Im Herbst 1991 ist er an seinem Alterssitz in Lenggries in Oberbayern gestorben.

Aber ich kannte Nollau und seine Neigung zur Spionageabwehr.

»Herr Rausch«, soll er einmal gesagt haben, »viel verstehe ich von ihrer Arbeit nicht, aber sie fasziniert mich.«

Vor allem aber weiß ich, daß Nollau bei allem, gleich was er darstellte, immer sofort zum Kern kam. Daher möchte ich ausschließen, daß sein Vortrag für den wißbegierigen, in taktischen Dingen schon damals brillanten Genscher unverständlich und wenig aufschlußreich war. Rausch erzählte von dem Gespräch beim Minister. Genscher sei »wie elektrisiert« gewesen und habe die umgehende Unterrichtung des Bundeskanzlers zugesichert.

Doch wie dem auch sei, die dunklen Wolken über Nollau wurden immer dichter. Als dann auch der alte Spionageverdacht gegen ihn wieder hochgespielt wurde, jetzt erweitert um Vorwürfe aus seiner Zeit als Rechtsanwalt in Krakau Anfang der vierziger Jahre, entschloß sich Nollau zu einer Verzweiflungstat. Er berief eine Personalversammlung in die Kantine des BfV ein und gab eine Ehrenerklärung in eigener Sache ab. Nach zehn Minuten verließ er wortlos den Saal und ließ eine ratlose Belegschaft zurück. Für einen Agenten hielt ihn ohnehin keiner, was er in Krakau gemacht hatte, interessierte die wenigsten, und die anderen trauten ihm wirklich Ehrenrühriges nicht zu.

Aber sein Schicksal war besiegelt. Im Juni 1975, wenige Tage nach seinem vierundsechzigsten Geburtstag wurde er verabschiedet und Dr. Meier, seit 1970 Abteilungsleiter Aufklärung beim BND, wurde als Nachfolger eingeführt. Eine Amtsübergabe ist für die Maßstäbe des BfV schon ein regelrechter Festakt. Der große Sitzungssaal im fünften Stock des Neu- und Erweiterungsbaus bot Platz für etwa fünfhundert Personen. Die vordersten Reihen waren für die Ehrengäste reserviert: Die Spitze des Innenministeriums, Repräsentanten des Innenausschusses und aller drei Fraktionen des Deutschen Bundestages, der Präsident des Bundesnachrichtendienstes, der Chef des Militärischen Abschirmdienstes und die Leiter verschiedener Verfassungsschutzbehörden der Länder.

Die Einführung selbst nahm der damals neue Innenminister

Prof. Dr. Werner Maihofer vor, Genschers Nachfolger, der nach Walter Scheels Wahl zum Bundespräsidenten ins Außenressort gewechselt war. Maihofer selbst mußte einige Jahre später, unter anderem wegen des von diesem Amt und von diesem Präsidenten produzierten Falles Klaus Traube den Hut nehmen. Der Minister dankte Nollau mit den in dieser Situation üblichen Worten, das heißt, er schilderte den Geschaßten als einen an Gradlinigkeit und Durchsetzungsvermögen, an Fachwissen und in der Kunst der Menschenführung, vor allem aber an politischem Verständnis und Gestaltungsvermögen überreichen Menschen, wie es nur wenige gebe, als einen Mann, der der nachwachsenden Generation zum Vorbild gereiche. Anschließend äußerte er die Überzeugung, der neu ernannte Präsident Dr. Meier werde seinen Vorgänger in allen guten Eigenschaften noch überbieten.

Nach einer kurzen Abschiedsansprache Nollaus ergriff der Nachfolger das Wort. Dr. Meier sprach nicht lange, aber man merkte seiner Rede an, daß er lange an ihr gearbeitet und gefeilt hatte. Er wälzte sich im Vokabular des Bildungsbürgers, riß auf, was er sich für seine Präsidentschaft an Maximen gesetzt habe, und versprach, das Amt aus den Schlagzeilen zu führen, in die es durch die Angriffe gegen Dr. Nollau gekommen war. Dieses Versprechen hat er gehalten, bis er 1982 selbst in die Schlagzeilen geriet. Und er sagte den Satz, den jeder Deutschlehrer beanstandet hätte, der aber aus seinem Mund wie eine Drohung klang: »Ich werde mich mit der Perpetuierung nicht qualifizierter Repräsentanzen nicht abfinden.«

Die Kollegen, die hinter dem Leiter der Abteilung Rechtsextremismus saßen, erzählten später, er sei bei diesen Worten rot geworden. Jürgen Göhring war Mitte der sechziger Jahre im Innenministerium, wohin er für ein Jahr delegiert worden war, nicht gerade gut beurteilt worden. Später war er auf Drängen Smoydzins in die FDP eingetreten und aus Dank zum Abteilungsleiter ernannt worden.

Aber nicht Göhring mußte gehen, sondern Christian Hoffmann, Beschaffungsleiter in Göhrings Abteilung. »Krischan«, wie er im ganzen Amt genannt wurde, hatte zwanzig Jahre zuvor dem jungen Dr. Richard Meier einige Bemerkungen über anmaßendes Verhalten und Arroganz in die an sich hervorragende Beurteilung geschrieben. Jetzt rächte sich Dr. Meier.

»Ich bin«, versicherte mir Hoffmann, als ich ihn kurz darauf im Hause meines Kollegen Hugo Schrepfer traf, »dem Mann niemals auf die Füße getreten. Ich habe ihn über lange Jahre überhaupt nicht gesehen. Eine andere Erklärung dafür habe ich nicht.«

Aber was sollte Hoffmann machen? Er war Leitender Regierungsdirektor und ab diesem Dienstgrad können Beamte des BfV jederzeit ohne Angabe von Gründen in den einstweiligen Ruhestand geschickt werden, der für den etwa sechzigjährigen Hoffmann der endgültige war.

Eine der frühen Amtshandlungen Dr. Meiers als Präsident wirkte sich für mich zwiespältig aus. Noch Dr. Nollau hatte meine Beförderung zum Regierungsdirektor gegen einen Kollegen und Mitbewerber aus dem im Entstehen begriffenen Bereich Terroristenbekämpfung durchgesetzt. Aber die Prozedur der Stellenzuweisung im BMI und der damit in Zusammenhang stehende bürokratische Akt nahmen so viel Zeit in Anspruch, daß es August 1975 wurde, bis Dr. Meier meine Ernennungsurkunde in Händen hielt und sie mir aushändigen konnte.

Es war meine erste persönliche Begegnung mit ihm seit seinem Dienstantritt. Meier war jetzt siebenundvierzig Jahre alt. Ich hatte ihn seit seinem Wechsel zum BND im Mai 1970 nur einmal, noch im gleichen Jahr, gesehen. Seine Züge waren härter geworden, das markante viereckige Kinn erschien noch knochiger. Die Mundwinkel deuteten noch mehr Entschlossenheit an, die Schläfen waren weißer. Und seine Augen! Diese graugrünen Augen, die meine Frau immer so fasziniert hatten und die seinem Gesicht etwas Eiskaltes geben konnten. Elegant angezogen war er – kurz, ein Präsident vom Scheitel bis zur Sohle.

Was er bei meinem Anblick gedacht hatte, erfuhr ich am folgenden Tag. Zu dem Umtrunk im Büro anläßlich meiner Beförderung erschien auch Rausch, der an seiner Pfeife zog, den Rauch ausstieß und in seinem bedächtig klingenden, fränkischen Dialekt – Rausch stammt aus Lohr am Main – zu mir sagte: »Also, Herr Tiedge, wenn Sie wieder Erwarten noch einmal befördert werden sollten, ziehen Sie um Gottes willen keine Sandalen an. Der Präsident ist entsetzt.«

Ich konnte es nicht glauben. Nicht Rauschs negative Äußerung über meine weitere Laufbahn ärgerte mich, das war seine Art, sein defätistischer schwarzer Humor, tief im Innern wurzelnd in der einzigen Überzeugung, die Rausch hatte, »da kommt sowieso nichts bei heraus«. Nein, ich war wie vor den Kopf gestoßen durch die Schilderung von Dr Meiers Reaktion auf meine Kleidung.

Es war Hochsommer und ich hatte meine Urkunde entgegengenommen in einem hellgrauen Anzug mit weißem Hemd und hellblauer, ausgesprochen hübsch gemusterter Krawatte. Dazu trug ich Sandalen, vielleicht nicht Meiers Geschmack, sogenannte »Jesuslatschen«, aber fast neu. Auch die Strümpfe hatten keine Löcher. Aber vermutlich ist es ein Unterschied, ob es ein durchtrainierter, bärtiger Sportler ist, der in Sandalen daherkommt, oder ein bekanntermaßen unsportlicher Beamter mit einem Körpergewicht von mehr als zweieinhalb Zentnern. Mein Anblick muß ihn nahezu abgestoßen haben. Aber trotzdem war ich mir keiner Schuld bewußt, schließlich war ich nicht vor laufenden Fernsehkameras zum Präsidenten ernannt worden.

Und trotzdem stimmte es, Rausch wird, sollte er diese Zeilen lesen, seinen Weitblick preisen – für mich war es der Anfang vom Ende. Mein Fauxpas hatte mich Meiers Wohlwollen gekostet. Aber so war er. Teilweise klammerte er sich verbissen an seine Wertvorstellungen, teilweise war er sprunghaft wie ein Neurotiker. Sein Urteil über mich hatte sich um einhundertachtzig Grad geändert und an diesem neuen Bild hielt er sich nun fest. Als ich ihn etwa drei Jahre später auf dem Gang traf, hielt er mich an und sagte, die grünen Augen voller Zweifel und Unverständnis: »Guten Tag, Herr Tiedge, wie geht es Ihnen? Sagen Sie. Sie werden ja in Ihrer neuen Abteilung sogar gelobt?!«

Ich war damals schon über zwei Jahre in der Abteilung Sicherheitsüberprüfungen und der Abteilungsleiter, der dieses für

Meier überraschende Urteil über mich abgegeben hatte, war Dr. Rudolf von Hoegen. Aber das Pendel schlug auch wieder in die andere Richtung zurück. 1979 holte mich Dr. Meier in die Abteilung IV zurück und machte mich 1982 zum Gruppenleiter.

Nun hatte ich wieder häufiger Gelegenheit, mich an seiner unnachahmlichen Formulierkunst zu erfreuen. Es ist schwierig, manche Äußerung eines Menschen wiederzugeben, weil man sagen und schreiben kann, was er gesagt hat, aber nicht, wie er es gesagt hat. Es ist die gleiche unbefriedigende und quälende Unzulänglichkeit, die einen vermutlich befällt, sollte man versuchen, einem Blinden das Farbenspektrum eines Sonnenuntergangs im Hochgebirge darzustellen. Und Meiers Tonfall in bestimmten Situationen war eine einzigartige Mischung aus Drängen und Spott, aus betonter Selbstgerechtigkeit und jungenhafter Verschmitztheit. Das Ganze war getragen von einer felsenfesten Überzeugung der eigenen Überlegenheit, von einer an Arroganz grenzenden Selbsteinschätzung, die für seine Umwelt nur erträglich war durch die erkennbar überdurchschnittliche Intelligenz dieses Mannes.

Ende 1979 stand in der gegen das MfS geführten Operation »Filmpreis« ein Treff unseres CM »Bambi« mit einem Kurier des gegnerischen Dienstes in Köln an. Die Ableitung IV war noch getroffen von der Festnahme des Journalisten Peter Felten in der DDR, der als CM »Lese« gegen den militärischen Dienst der DDR eingesetzt war. Daher entwickelten wir den Plan, den Kurier selbst, ohne Beteiligung des Generalbundesanwalts und der Polizei, festzuhalten, bei der Bezirksverwaltung des MfS in Halle, die den Fall führte, anzurufen und einen sofortigen Austausch vorzuschlagen.

Ich trug den Fall Dr. Meier im Beisein aller Zwischenvorgesetzten vor. Hans Bardenhewer, der Vizepräsident, Heribert Hellenbroich, der Abteilungsleiter, und Georg Brox, der Gruppenleiter, sie alle hatten sich mit dem Vorschlag identifiziert und blickten Meier erwartungsvoll an. Dieser ließ mich in Ruhe ausreden, dann sah er mich an, sein Blick wanderte von einem zum anderen und sein Gesicht nahm den Ausdruck fassungslosen Staunens an, als er mit leiser Stimme zu uns sagte: »Ja, was glauben Sie denn, wo wir leben, meine Herren? Dies ist kein Offizierskrieg zu Zeiten Napoleons. Hier kämpft die freie Welt gegen einen totalitären, sozialistischen Staat. Was Sie vorschlagen, meine Herren, das ist Wallensteins Lager, das ist die Auflösung jeder ordentlichen Staatsverwaltung. Jeder macht jedes!«

Er fragte Hellenbroich mit leisem Zynismus, was er zu tun gedächte, wenn »Ostberlin« ihn anrufe und mitteile, man habe eben zwei Spione des imperialistischen Geheimdiensts der BRD, in Wahrheit harmlose Touristen, festgenommen und sei bereit, diese gegen Günter Guillaume und Lothar Lutze auszutauschen.

»Und Sie«, fuhr er fort, »können sich dann nicht einmal über die Methode beschweren, denn Sie haben damit angefangen.«

Bevor wir beschämt abzogen, machte Meier, wie er es nannte, einen Vorschlag zur Güte.

»Ich bin gern bereit, meine Herren, Ihren Vorschlag morgen früh dem Innenminister persönlich« – damals war das Gerhart Rudolf Baum von der FDP – »vorzutragen, aber bitte haben Sie Verständnis dafür, daß ich ihm auch meine Bedenken dagegen vortrage!«

Wir winkten ab, die Würfel waren gefallen. Meiers Entscheidung klang überzeugend und auch uns war im Nachhinein die Euphorie nicht mehr verständlich, mit der wir unseren Plan verfolgt hatten. Natürlich war es das unverrückbare Feindbild, das unsere Argumente in sich zusammenfallen ließ und jede weitere Diskussion erübrigte.

Auch für Dr. Meier war dieses Feindbild vom nicht vertrauenswürdigen, nicht aufrichtigen, vom hinterlistigen und bösartigen Sozialisten so fest verankert, daß er sich schon als Abteilungsleiter im BND entschlossen hatte, eine Einladung des MfS »zur Erörterung gemeinsam interessierender Fragen« auf neutralem Boden nicht anzunehmen. Hintergrund war der Fall des früheren »Quick«-Redaktionsdirektors Heinz Losecaat van Nouhuys. Dieser hatte für den BND, für das MfS und gegen beide auf eigene Kappe gearbeitet, so daß schließlich keine Seite Klarheit über den Fall gewinnen konnte. Aber hier kniff Dr. Meier, sonst wahrlich kein Feigling, wohl wegen dieses Feindbildes. Dabei war der Vorschlag ernstgemeint, wie mir später einer meiner MfS-Betreuer, der Oberstleutnant Dr. Herbert Brehmer von der Abteilung X (Desinformation) der HVA, versicherte.

Trotz meiner Niederlage im Fall »Filmpreis« – das war Meier, den ich schätzte, ja, in gewisser Hinsicht verehrte, mit dem ich montags als junger Referent in der Kneipe Ecke Dürener Straße und Classen-Cappelmann-Straße Skat gespielt habe, mit ihm und Albrecht Rausch, Hugo Zängler, Hans Watschounek und Hugo Bördgen, dem damaligen Leiter des Referates für Ermittlungen, Technik und Observation der Abteilung IV. Ich habe als jüngster Mann am Tisch manches erfahren, was mir sonst verborgen geblieben wäre, habe vor allem aber die leitenden Männer der Spionageabwehr privat erlebt. So Dr. Meier, der nach eigenem Bekenntnis seine späte aber heiße Liebe zum Fußball entdeckt und sich eine Saisonkarte beim 1. FC Köln gekauft hatte. So schwärmte er montags vom Spielwitz des damaligen FC-Stars Wolfgang Overath im Samstag-Spiel – wir erfahreneren Fußballfreunde schmunzelten, wußten wir doch, daß Overath wegen einer Verletzung gar nicht mitgespielt hatte. Meiers Weggang nach München ließ seine kurze Liebe wieder erkalten, jedenfalls sind mir Fußballsentenzen des Präsidenten Dr. Meier nicht in Erinnerung.

Zugleich stellte ich am Skattisch fest, daß Dr. Meier zu besonderer Form auflief, wenn er drei oder vier Glas Kölsch getrunken hatte. Wenn wir abends mal, wenn auch sehr selten, einen »draufmachten«, dann kam in der Regel meine Frau, wenn auch nicht begeistert, in die Stadt und fuhr die ganze Truppe nach Hause. Daher ihre Kenntnis von Dr. Meiers grünen Augen.

In eine solche Atmosphäre nach drei bis vier Kölsch fiel ein Gespräch Meiers mit Rausch über den Fall Kück. Wilhelm Kück war damals Observationsleiter der Abteilung IV. Bei einem nächtlichen Schäferstündchen mit seiner leicht buckligen Schreibkraft in den elektronisch gesicherten Räumen der Observationsgruppe, damals noch auf der Luxemburger Straße, war Kück derart heftig zu Werke gegangen, daß die Alarmanlage ausgelöst wurde. Ein Observant, der sich nach dem Grund des Alarms erkundigen wollte, erwischte seinen Chef in flagranti und erstattete Meldung. Kück wurde unverzüglich umgesetzt und die Abteilung hatte ihren Gesprächsstoff. »Ich verstehe das nicht«, erklärte Meier, »der Kück hat doch nun wirklich eine attraktive Frau. Aber man weiß nicht, manche Männer lieben blonde Frauen und manche dunkelhaarige. Vielleicht« – seine Stimme nahm einen beschwörenden Klang an – »vielleicht liebt der Kück Bucklige?«

Er sah uns an; als wir schwiegen, beantwortete er seine eigene Frage selbst, aber mehr zu sich selbst murmelnd.

»Es gibt Abgründiges im Menschen, Abgründiges.«

Alkohol war nicht im Spiel, aber verursacht und verschuldet hatte er 1982 den Unfall bei Reutte in Tirol ganz allein, bei dem seine Begleiterin getötet und er selbst lebensgefährlich verletzt wurde. Ich war einer der letzten Mitarbeiter, die ihn gesehen haben – vor dem Unfall. Ich vertrat die Abteilung IV beim »jour fixe«, einer regelmäßig stattfindenden, langfristig festgelegten Besprechung beim Präsidenten. Vom Innenministerium waren der Leiter der aufsichtführenden Abteilung Innere Sicherheit (IS), Dr. Walter von Loewenich und einer seiner Mitarbeiter, der damalige Referatsleiter Dr. Eckart Werthebach gekommen, später als einer der Nachfolger Meiers Präsident des Amtes und seit Mitte 1996 Staatssekretär im BMI. Dr. Meier sprühte vor Lebensfreude, ja, teilweise verhöhnte er den von ihm verachteten von Loewenich. Nach dem Gespräch fuhr Meier in den Urlaub, mit drei Autos, seinem Dienstwagen, einem Begleitfahrzeug des BKA und dem BMW 525 von der Observationsgruppe IV, in dem er verunglückte, dem »Gepäckwagen«, wie sein Fahrer Johannes Dung gewitzelt haben soll.

Monate später traf ich Dr. Meier wieder, als er gerade den Fahrstuhl in der vierten Etage verließ. Ein gebrochener Mann, wie mir schien, mit leiser Stimme sprechend, blaß und stark gebeugt. Meine eigene Frau war einige Monate zuvor verstorben, und so sprachen wir sehr persönlich über Schläge, die das Leben bereithält. Als er auf sein Zimmer zuging, glaubte ich nicht, daß er wieder der alte wird. Und er ist es auch nicht mehr geworden. Jedenfalls war er, als er das Amt verließ, nur noch ein Schatten seiner selbst.

Eine Besprechung bei Hellenbroich, seinerzeit Vizepräsident, machte mir das überdeutlich. Es sollte die Meinung des BfV zu einem Vorschlag des damaligen MAD-Kommandeurs, Flotillenadmiral Elmar Schmähling, gebildet werden. Schmähling hatte angeregt, alle Operationen, die der MAD gegen die »Nachrichtendienste kommunistisch regierter Staaten« führte, vom BfV auswerten zu lassen. Unser Abteilungsleiter Dr. Rudolf von Hoegen, mein Kollege Werner Müller und ich warteten im Vorzimmer, weil Hellenbroich noch mit Dr. Karkowski ein Gespräch führte. Es war der gleiche Dr. Josef Karkowski, der ihm einst Unfähigkeit für den höheren Dienst attestiert hatte, inzwischen aber, wenn auch vor Hellenbroichs Vizepräsidentschaft, Abteilungsleiter für Sicherheitsüberprüfungen geworden war.

Dr. Meier kam mit leicht schlurfendem Gang aus seinem Zimmer durch sein Vorzimmer und den Verbindungsraum in das Vorzimmer Hellenbroichs, grüßte freundlich, klopfte an, schaute kurz hinein und schloß wieder die Tür.

»Herr Hellenbroich hat noch Besuch, wir müssen uns noch etwas gedulden«, sagte er leise, so als wolle er nicht stören. Ich war wie vor den Kopf geschlagen. Der Dr. Meier, den ich von früher kannte, hätte die Tür aufgemacht, Karkowski hinauskomplimentiert und hätte mit der Besprechung begonnen. Aber mit Sicherheit hätte er sie ohnehin in seinem Zimmer anberaumt. Am Ende unserer Besprechung wandte er sich auch noch hilfesuchend an seinen Stellvertreter und fragte ihn, nahezu hilflos: »Ja, was machen wir denn nun, Herr Hellenbroich?«

Aber auch Hellenbroich wußte keine eindeutige Antwort. Wie bei vielen Besprechungen war zwar das Problem, nicht aber seine Lösung deutlich geworden. Als Ergebnis ist mir nur noch unsere Empfehlung an Meier und Hellenbroich in Erinnerung, Schmähling auf gewisse Risiken bei der Durchführung seines Planes für unseren, aber auch für seinen eigenen Dienst aufmerksam zu machen.

Aber zu einem solchen Chefgespräch kam es nicht mehr. Schmähling stolperte über eine amouröse Affäre und wurde, wenn auch als Chef, auf den Heldenfriedhof des Militärs, in das Amt für Studien und Übungen der Bundeswehr in Bensberg bei

Köln umgesetzt. Mit Schmähling verschwand sein im Grunde revolutionärer Vorschlag und geriet alsbald in Vergessenheit. Schmähling selbst machte noch Schlagzeilen durch militärpolitische Vorschläge, die konträr zur offiziellen Linie der CDU-Regierung lagen – Schmähling war bekennendes SPD-Mitglied –, was ihm nichts anderes als die Versetzung in den einstweiligen Ruhestand einbrachte. Das letzte, was ich von dem früheren MAD-Chef hörte, ist sein vergeblicher Versuch, 1998 in Berlin-Mitte für ein Bundestagsmandat der PDS (!) zu kandidieren.

Für mich aber stand nach dieser Besprechung im Vizepräsidentenzimmer des BfV fest, den Dr. Meier, den ich aus der Zeit vor dem Unfall kannte, den gab es nicht mehr. Dieser Dr. Meier hatte alle Faszination verloren. Er war ein Mittfünfziger der gehobenen Mittelklasse, mit der Leitung des BfV überfordert. Als er sich 1983, vom Innenminister Friedrich Zimmermann auf schäbige Art und Weise gefeuert, von der Belegschaft verabschiedete, wurde dies noch einmal für alle deutlich. In dem gleichen Raum, in dem er acht Jahre zuvor seine eindrucksvolle Antrittsrede gehalten hatte, sprach er jetzt fast wirr und löste Betroffenheit aus. Niemand konnte hinterher sagen, was er eigentlich zum Ausdruck bringen wollte.

Dr. Meier hatte der Unfall in doppelter Hinsicht getroffen. Zum einen litt er natürlich unter den rein physischen Folgen, die zumindest bei seiner Verabschiedung noch deutlich zu spüren waren. Noch deutlicher aber mußte ihn das Eingeständnis eigener Schuld belastet haben. Er, der immer Fehler anderer nahezu genüßlich aufgedeckt und als der große Zampano den Finger auf die blutende Wunde gelegt hatte, er, der ohne zu zögern über andere richtete, dieser scheinbar unfehlbare Dr. Richard Meier, konnte niemand anderen für den Unfall und seine schlimmen Folgen verantwortlich machen als sich selbst. Das muß ihm Qualen bereitet haben.

Noch einmal traf ich ihn, 1985, im belgischen Club am Adenauerweiher in Köln, wo ich mit Freunden zu Abend aß. Ich ging an seinen Tisch, an dem er mit zwei Damen saß, und begrüßte ihn höflich.

»Ich kann doch nicht«, erklärte ich, »im gleichen Restaurant sitzen wie mein alter Präsident, ohne ihn persönlich zu begrüßen.«

Meier stand auf, erwiderte meinen Gruß und wir sprachen kurz über belanglose Dinge. Seine Frage, wie es mit dem neuen Abteilungsleiter Engelbert Rombach gehe, beantwortete ich wahrheitswidrig mit »gut«, um eine Art Fachdiskussion mit dem Pensionär zu vermeiden, und verabschiedete mich. Dr. Meiers Zustand hatte sich offensichtlich weiterhin gebessert, aber Welten trennten ihn von dem Mann, der mir einst etwas von Wallensteins Lager und der Auflösung der Staatsverwaltung erzählt hatte.

Meiers Nachfolger als Präsident des BfV war Heribert Hellenbroich, der dem Amt vom 22. September 1983 bis zum 31. Juli 1985 vorstand. Mit Wirkung vom 1. August 1985 wurde er zum Präsidenten des BND ernannt, eine Position, die er knapp einen Monat später, am 29. August, zehn Tage nach meinem Übertritt in die DDR, wieder verlor. Ihm wurde zum Vorwurf gemacht, er habe auch und gerade als Präsident des BfV meinen exzessiven Lebenswandel gedeckt und es verabsäumt, den Innenminister auf den Problemfall Tiedge aufmerksam zu machen. In der Tat steht Hellenbroichs Präsidentenzeit mit meinem immer steiler werdenden persönlichen und gesellschaftlichen Niedergang in einem engen zeitlichen Zusammenhang. Daher werde ich auf Hellenbroich und seinen Vize Dr. Stefan Pelny dann näher eingehen, wenn ich dieses dunkelste Kapitel meines Lebens schildere.

Am 1. August 1985 trat der damals zweiundvierzigjährige Dr. Ludwig-Holger Pfahls seinen Dienst an, dem das ganze Amt zunächst mit Vorbehalten begegnete. Zum einen bemängelte man, der neue Präsident sei in seinem bisherigen, wenn auch respektablen Berufsleben mit nachrichtendienstlichen Dingen nie in Berührung gekommen, zum anderen wurde bei ihm, dem früheren persönlichen Referenten von Franz Josef Strauß, die politische Qualität der Personalentscheidung in besonderem Maße deutlich.

Ich selbst habe Pfahls nur ein einziges Mal in meinem Leben persönlich gesehen. Es war am 12. oder 13. August 1985, wenige

Tage nach seinem Dienstantritt und wenige Tage vor meinem Abgang. Er war in die Abteilung IV gekommen, um sich vom Abteilungsleiter und den vier Gruppenleitern die Akzente und die Probleme der Spionageabwehr vortragen zu lassen. Auf Drängen auch des Abteilungsleiters Rombach berichtete jeder Gruppenleiter über die Schwerpunkte und die Schwierigkeiten der Arbeit seiner Gruppe im Beisein seiner anderen drei Kollegen. Im Grunde war dies ein himmelschreiender Verstoß gegen alle Regeln der Konspiration und des »Need-to-know«-Prinzips. Ich habe an diesem, meinem letzten Arbeitstage mit besonderer Bedeutung viele Dinge das erste Mal gehört, und sie waren noch neu und uneingeschränkt präsent, als ich sie eine Woche später meinen neuen Kollegen in Prenden am Bauersee, nördlich von Berlin, berichtete.

Meine persönliche Erinnerung an Dr. Pfahls ist die an einen außergewöhnlich gut aussehenden, interessierten Zuhörer, der sich auf wenige Rückfragen beschränkte und der kein Hehl aus seiner mangelnden Kenntnis der hier zur Debatte stehenden Probleme machte. Er sicherte uns zu, der Abteilung nach einer kurzen Phase der Einarbeitung tatkräftig unter die Arme greifen zu wollen, und bedankte sich zunächst artig für die nach seiner Vorstellung erschöpfende Darstellung unserer Probleme – auch bei mir. Dabei wußte ich, daß ich, sogar für meine Verhältnisse, schlecht gewesen war. Ich war mangelhaft vorbereitet, vom Vorabend noch spürbar verkatert und mußte mit meinen fast drei Zentnern, die mühsam in eine zerknitterte Kombination gezwängt waren, und mit meinem notgedrungen offenen Kragenknopf auf den sportlich-eleganten Pfahls regelrecht abstoßend gewirkt haben. Aber der Eindruck war mir gleichgültig; mir war schon an diesem Tage erschreckend klar, daß meine Zeit im BfV dem Ende zuging, daß das kommende Wochenende, vom 17./18. August, die Entscheidung bringen würde und daß ich diesen Präsidenten in meinem Leben vermutlich nie wiedersehen würde.

Auf den Übergangspräsidenten Pfahls folgten mit Gerhard Boeden, Dr. Eckart Werthebach und Dr. Peter Frisch drei Männer, die ich über Jahre meiner beruflichen Tätigkeit kannte und deren Wirken an der Spitze des BfV ich aus der Ferne bis auf den heutigen Tag verfolgte und verfolge. Dabei setzte sich mein Bild mosaikartig zusammen aus den kärglichen Informationen aus der Presse sowie aus der Kenntnis des Amtes und der handelnden Personen, in der DDR gelegentlich angereichert um kleinere authentische Informationen aus berufenem Munde meiner Gesprächspartner von der Abteilung IX der HVA. Der zwischen Werthebach und Frisch amtierende Präsident Hansjörg Geiger ist mir nur namentlich aus Presse und Fernsehen bekannt.

Boeden lernte ich schon in den sechziger Jahren kennen. Damals war er Kriminaloberrat und diente in der Gruppe E der Sicherungsgruppe unter dem legendären Karl Schütz. Er hatte seine Laufbahn als Straßenpolizist im Ruhrgebiet begonnen, war aber früh in das BKA gewechselt, wo für ihn und viele seiner Kollegen, bedingt durch die sich verändernde Struktur des Amtes, ein für heutige Verhältnisse atemberaubender Aufstieg begann.

Heinz Liesinger, einer meiner Mitarbeiter im Sowjetreferat und seit den fünfziger Jahren im BfV, erzählte mir, er habe noch mit dem Kriminalhauptwachtmeister Boeden eine gemeinsame Befragung durchgeführt. Derartige gemeinsame Befragungen von BKA und BfV waren früher, wenn auch nicht an der Tagesordnung, so doch nichts Außergewöhnliches. Erst die zunehmende Institutionalisierung der Apparate ließ gemeinsame Aktionen von Strafverfolgungsbehörden und Nachrichtendienst wegen der unterschiedlichen Interessenlage – hie Legalitäts-, hie Opportunitätsprinzip – nur noch bei der Befragung von Überläufern zu.

Mir selbst bleibt bei Boedens Aufstieg vor allem der Tag seiner Ernennung zum Vizepräsidenten des BKA im Herbst des Jahres 1983 in Erinnerung. Es war wieder einmal Spießbratenfest in Bad Honnef, ein letztes Mal auf dem Grundstück über dem Rhein, auf persönlichen Wunsch des scheidenden Leiters der Abteilung St (Staatsschutz), Heinz Römelt. Gegen acht Uhr abends traf Boeden ein, vor wenigen Stunden in Wiesbaden zum stellvertretenden Chef seiner Behörde ernannt. Er betrat das Grundstück, begleitet von der Feuerwehrkapelle des Ortes, wie ein König im Märchen, dem sein Volk zujubelt. Die Marschmusik wurde nahezu überstimmt durch den tosenden Beifall seiner Mitarbeiter, in den sich laute »Gerhard! Gerhard!«-Rufe mischten. Der Mann, der da im Triumphmarsch daherkam, war kein Großkopfeter, kein Herr-rühr-mich-nicht-an, nein, das war der Polizist Gerhard Boeden, der auf dem Weg nach oben seine Kameraden nicht vergessen hatte, die in den unteren Rängen hängengeblieben waren. Für sie war und blieb er der »Gerhard« und er konnte sich mächtig ärgern, wenn einer seiner alten Kumpels sich verpflichtet glaubte, ihn plötzlich mit »Herr Boeden« oder gar mit »Herr Vizepräsident« ansprechen zu müssen.

Einige meiner Kollegen hatten für diese Art der Verbundenheit mit der eigenen Vergangenheit nur ein verständnisloses Achselzucken übrig. Ihnen war wohl unverständlich, welche Symbolkraft in der Realisierung der Legende steckt, die »einer kam durch« heißt. Auch im BfV duzte sich Boeden seit Jahren mit einigen Mitarbeitern, vor allem solchen, die früher im BKA tätig waren, meist Angehörige der mittleren und gehobenen Laufbahn. Wie er hiermit als Präsident des BfV klarkam, wo, anders als im BKA, die Beamten des höheren Dienstes nicht aus der Belegschaft, sondern von den Universitäten kommen und sich häufig für etwas Besseres halten, das weiß ich nicht. Aber kein Zweifel besteht für mich, daß ich gern unter einem Präsidenten Boeden gearbeitet hätte, vorausgesetzt, der »gelernte« Polizist hätte sein Herz für operatives Handeln entdeckt.

Als Boeden Ende Januar 1991 im Alter von nun sechsundsechzig Jahren – seine Dienstzeit war um ein Jahr verlängert worden – in den wohlverdienten Ruhestand ging, trat Dr. Eckart Werthebach an seine Stelle. Werthebach ist für eine derart exponierte Stellung eigentlich ein Spätberufener. Erst 1985 war der Regierungsdirektor zum Ministerialrat befördert worden, für einen Mittvierziger – Werthebach ist meiner Erinnerung nach Jahrgang 1939 – eine ordentliche, aber keine himmelstürmende Karriere. In der politisch hektischen Zeit vor der Wiedervereinigung war Werthebach plötzlich Mitglied im Beraterstab des letzten DDR-Innenministers Dr. Peter-Michael Diestel, kehrte anschließend ins Bundesinnenministerium zurück, jetzt aber im Range eines Ministerialdirigenten als Stellvertreter des Abteilungsleiters IS, und schaffte von dort den Sprung auf den Präsidentensessel des BfV. Werthebach kannte ich, seit er Mitte der siebziger Jahre aufsichtsführender Referent im BMI über die Abteilung IV wurde. Das dortige Referat IS 2 (»Verfassungsschutz«) wurde zu dieser Zeit von zwei Teilreferatsleitern geführt. Dem Ministerialrat Hans-Werner Bracht unterstanden die Abteilungen Links- und Rechtsextremismus, Werthebach war für allgemeine Angelegenheiten des Verfassungsschutzes und die Spionageabwehr zuständig. Die übrigen Bereiche des BfV, etwa die Terrorismusbekämpfung (Abt. VII), die Sicherheitsüberprüfungen (Abt. V) oder Maßnahmen nach dem G 10 (Abt. I) unterstanden anderen Referaten der Abteilung IS, die Verwaltungsabteilung Z war an die BMI-Abteilung Z angebunden. Werthebachs Vorgänger war ein Ministerialrat Dr. Köhler, ein außerordentlich jugendlich wirkender Mann, der aufgrund seines Äußeren nach allem aussah, nur nicht nach einem promovierten Juristen und höheren Ministerialbeamten. Köhler war als Referatsteilleiter IS 2 ein Opfer des BfV-Präsidenten Dr. Meier geworden.

Ich lernte den schneidigen Dr. Köhler etwas näher kennen, als ich mich 1975/76, noch als Sowjetreferent um eine irgendwie geartete »Bewachung« der damals neuen sowjetischen Botschaft auf der Viktorshöhe in Bonn bemühte. Ich hatte mich seiner Unterstützung für meine Idee versichert, Observanten des BfV in Grenzschutzuniformen zu stecken und das Gelände von außen »sichern« zu lassen. Auf der Fahrt zu einer Besprechung mit dem BKA in dieser Sache erklärte mir Dr. Köhler, seine Tage als aufsichtsführender Referatsleiter seien gezählt.

»Wissen Sie, Herr Tiedge«, erklärte er mir, und in seiner Stimme klang etwas Wehmut mit, »ich passe Dr. Meier nicht. Er hat sich beim Minister beschwert, in der Hierarchie BMI/BfV genüge ein arroganter Beamter, und es sei besser, dies sei der BfV-Präsident als irgendein Referatsleiter im BMI.«

Dr. Köhler wurde mit anderen Aufgaben betraut und sein Nachfolger Werthebach war für meine Idee nicht sonderlich zu erwärmen. Trotzdem besuchte ich den sympathischen und hilfsbereiten neuen Referatsleiter, wann immer ich im BMI zu tun hatte. In der Zeit meiner Verantwortlichkeit für die DDR-Nachrichtendienste habe ich in ihm immer einen aufgeschlossenen, verständnisvollen Gesprächspartner gefunden. Auf seine Hilfe war ich in erster Linie angewiesen bei dem andauernden Gezänk um unsere Außenstelle in Gießen, im dortigen Notaufnahmelager. Das Lager selbst unterstand einem anderen Referat im BMI, und wir waren nur Gast im eigenen Hause. Meine Aufgabe bestand in erster Linie darin, die Interessen unserer Leute unter Leitung von Wilhelm Kempf, einem stiernackigen Juristen, der vor seinem Studium Metzgergeselle gewesen war, gegenüber der Lagerleitung durchzusetzen.

Doch zurück zu Dr. Werthebach. Als dieser im September 1995 zum Staatssekretär im Bundesministerium des Innern ernannt wurde, folgte ihm der mir unbekannte Hansjörg Geiger, der im Sommer 1996 bereits als Präsident zum BND wechselte. Sein Nachfolger wurde der bisherige Vizepräsident, Dr. Peter Frisch, der das Amt bis heute bekleidet. Frisch kenne ich seit den späten sechziger Jahren als Hilfsreferenten im Aufsichtsreferat IS 2 oder, wie es früher hieß, ÖS 2. Er arbeitete dem Referatsleiter damals auf dem Sektor Linksextremismus zu, also bei der Dienst- und Fachaufsicht über die Abteilung III des BfV, so daß kein naher Kontakt entstand. Irgendwann soll Dr. Frisch auserwählt worden sein, Leiter dieser BfV-Abteilung zu werden, was sich aber im Zuge der Kandidatenkür wieder zerschlug. Jedenfalls ging er – meiner Erinnerung nach Ende der siebziger Jahre – nach Hannover, wo ihm zunächst die Leitung des Grundsatzreferates der Verfassungsschutzabteilung und später die der gesamten Abteilung übertragen wurde. Als Dr. Stefan Pelny 1987 in den einstweiligen Ruhestand versetzt wurde, wechselte Dr. Frisch ins BfV als sein Nachfolger. Persönliche Erinnerungen, die über normale, ja, flüchtige dienstliche Kontakte hinausgehen, habe ich an ihn nicht, ich habe ihn lediglich als ruhigen, umsichtigen und sorgfältig abwägenden Juristen in Erinnerung.

Dr. Frisch ist der zehnte Präsident des BfV. Acht von ihnen kannte ich, unter fünf von ihnen habe ich gearbeitet. Das goldene Zeitalter der Spionageabwehr war angebrochen, als Dr. Meier Präsident und Hellenbroich Abteilungsleiter waren. Aber es waren weniger Meiers Entscheidungen, die zu diesem Aufbruch führten, als vielmehr der unerschütterliche Mut und die teilweise faszinierende Entscheidungsfreude Hellenbroichs, der sich im Ernstfall allerdings an Dr. Meier hätte klammern können wie an einen Felsen in der Brandung.

Ab August 1975, in den Monaten vor Hellenbroichs Berufung zum Abteilungsleiter, als Albrecht Rausch noch den Posten innehatte, ging der Niedergang der Spionageabwehr unaufhörlich weiter, trotz Meiers Präsidentschaft. Diese Zeit ist nur symbolisch für ein meines Erachtens unumstößliches Faktum, daß nämlich die Erfolge, die Strömung und das Denken in den einzelnen Abteilungen nicht vom Präsidenten geprägt werden, sondern vielmehr von den Leitern der einzelnen Abteilungen. Sie verkörpern den Zeitgeist gegenüber den Mitarbeitern, Aufbruchstimmung oder Frustration, bedingungsloses Erfolgsdenken oder verfassungsrechtliche Skrupelhaftigkeit. Der Einfluß der Präsidenten wird hier häufig überschätzt. Sie sind für den einzelnen Mitarbeiter, zumindest für die zweiundneunzig Prozent von ihnen unterhalb des höheren Dienstes, Personen, die sie häufiger im Fernsehen als am Arbeitsplatz sehen – vom Arbeitsplatz so weit entfernt wie der Innenminister oder der Bundeskanzler.

Fünftes Kapitel
RUSSEN UND SATELLITEN

Im Laufe der Jahre bin ich nacheinander für alle osteuropäischen Nachrichtendienste zuständig gewesen oder, wie es offiziell hieß, für die Nachrichtendienste der kommunistisch regierten Staaten Osteuropas. Dabei änderte sich meine Aufgabe weniger durch Umsetzungen und Versetzungen, vielmehr nahm die Abteilung IV in diesen Jahren wiederholt eine andere Organisationsform an. Ursprünglich war sie aus den alten BfV-Abteilungen II (Auswertung) und III (Beschaffung) hervorgegangen, wo sich ihre Anfänge hinter den Arbeitseinheiten mit den Kürzeln II-G und III-G verbargen. Ebenso wie die politischen Abteilungen war sie in zwei Referatsgruppen, A wie Auswertung und B wie Beschaffung, untergliedert.

In der zweiten Hälfte der sechziger Jahre veränderte sich die Organisationsstruktur der Abteilung IV von funktionellen Differenzierungen zugunsten gegnerbezogener Referate und Referatsgruppen; aber es dauerte noch bis in die siebziger Jahre, ehe sich drei Referatsgruppen herausgebildet hatten, die ihre Bezeichnungen nun nicht mehr von der Aufgabenstellung ableiteten. Die Referatsgruppe IV A war zuständig für allgemeine und zentrale Aufgaben der Abteilung, wie das Berichtswesen, die zentrale Werbungs- und Auftragserfassung, die Anfänge einer zentralen methodischen Auswertung, den Observations- und den Ermittlungsbereich. Die Referatsgruppe IV B bearbeitete die Dienste der DDR und die Referatsgruppe IV C die der Sowjetunion und der Satellitendienste.

Als mich Dr. Meier im Jahre 1967 zum Beschaffer gemacht hatte, war ich zunächst für die unmittelbare operative Bearbeitung aller Dienste außer denen der DDR zuständig. Operativ hieß in erster Linie, die Führung eigener Operationen und Verdachtsfälle, die unmittelbare Beschaffung aller durch eigene

Tätigkeit beschaffbaren Erkenntnisse, alles, wohlgemerkt, innerhalb der Zuständigkeitsgrenzen des BfV. Es hieß aber auch die Auswertung aller von den LfV geführten Operationen gegen diese Dienste, es hieß aber auch, und das erschien mir besonders bedeutsam, die Befreiung von allem Schriftverkehr in Routineangelegenheiten und in Verdachtsfällen der Landesämter, von denen allenfalls ein Prozent die Hoffnung auf einen positiven Abschluß rechtfertigte.

Aus dem sowjetischen Bereich fielen mir ferner all die Operationen zu, die nicht gegen legale Residenturen, sondern unmittelbar gegen eine Führungsstelle jenseits des Eisernen Vorhangs gerichtet waren. Dies war in aller Regel die KGB-Außenstelle in Berlin-Karlshorst, aber auch – seltener – die Zentrale in Moskau selbst. 1969 behielt ich »nur noch« die Zuständigkeit für Polen und Rumänien, allerdings umfassend, das hieß, auch für das, was bisher die Auswertung bearbeitet hatte. Dafür erhielt Manfred Schönert die genauso umfassende Zuständigkeit für die tschechoslowakischen und die bulgarischen Nachrichtendienste. Alles und jedes, was auch nur entfernt die Nachrichtendienste Polens und Rumäniens betraf, landete auf meinem Schreibtisch. Und zu meiner Überraschung stellte ich fest, daß die Schreibtischarbeit zwar zunahm, mein Bild der von mir bearbeiteten Dienste aber plastischer und griffiger wurde. 1971 wechselte ich dann auf den Stuhl des Referatsleiters für sowjetische Dienste, mit gleicher umfassender Zuständigkeit, den ich 1976 aus mehreren Gründen, aber entscheidend auch wegen meiner Sandalen bei der Beförderung, räumen mußte.

Trotz aller Umorganisationen war meine Aufgabe immer zweigeteilt. Zum einen hatte ich mich um nachrichtendienstliche Angriffe aus den von mir »betreuten« Ländern unmittelbar, zum anderen um die »legalen Residenturen« dieser Staaten zu kümmern. Über den Begriff der legalen Residentur und ihr Erscheinungsbild ist im BfV ständig debattiert und philosophiert worden. Ich selbst habe mich später mit einer sechzigseitigen Monographie an dieser Diskussion beteiligt – alles ohne praktischen Nutzen, alles l'art pour l'art. Für den Leser reicht es zu wissen, daß man unter dem Begriff der legalen Residentur diejenigen Mitarbeiter einer »legalen«, das heißt offiziellen Vertretung eines anderen Staates zusammenfaßt, die nicht der vorgegebenen diplomatischen, konsularischen oder handelspolitischen, sondern einer nachrichtendienstlichen Aufgabe nachgehen.

Diese schwarzen Schafe aus dem großen Kreis der Mitarbeiter einer Botschaft, eines Konsulates oder einer Handelsvertretung herauszufinden, zu identifizieren, ist eine schwierige Aufgabe, sie der aktuellen nachrichtendienstlichen Tätigkeit zu überführen, eine noch viel schwierigere. Die Angehörigen einer legalen Residentur stehen – für alles gibt es Begriffe – unter der Leitung eines legalen Residenten. Das soll nach Überlieferungen älterer, erfahrener Kollegen früher schon mal ein besonders raffiniert als Kraftfahrer getarnter Geheimdienstgeneral gewesen sein, zu meiner Zeit bekleidete in aller Regel ein Nachrichtendienstoffizier in der Tarnfunktion eines Botschaftsrates diese Position.

Ich hatte bald Gelegenheit, die Praxis dieser legalen Residenturen näher kennenzulernen. Zusammen mit dem Amt für Sicherheit der Bundeswehr, dem ASBw, bearbeiteten wir den Fall »Jagdhüter« gegen die damals junge rumänische Botschaft am Oberländer Ufer in Köln. Als Doppelagent fungierte ein Oberstleutnant aus dem damaligen Truppenamt, dem jetzigen Heeresamt in Köln, tätig im Materialerprobungsamt der Bundeswehr. Der Kontakt zwischen dem Offizier und den rumänischen Botschaftsangehörigen war zufällig in einem Münchner Bierlokal entstanden und von ihm nach Rückkehr ordnungsgemäß gemeldet worden. Zum Schein und unter Abdeckung von MAD und BfV ging er auf weitere Kontaktbemühungen seiner neuen rumänischen Bekannten ein, wobei sich alsbald herausstellte, daß diese ganz heiß auf seine Zugänge waren und ihn im Laufe von etwa drei Jahren für seine – natürlich insgeheim genehmigten – Lieferungen mit einem Mercedes-Pkw und einigen feudalen Treffen in Luxusrestaurants bezahlten.

Eine besondere operative Finesse der deutschen Abwehrdienste ist mir aus diesem Fall noch in Erinnerung. Das ASBw hatte zur Weitergabe an die Rumänen eine etwa sechzigseitige,

VS-NfD-eingestufte Studie über die Erprobung einer von einem ausländischen Produzenten für den Einsatz bei der Bundeswehr angebotenen Wassermine freigegeben. VS-NfD ist die Abkürzung des niedrigsten Verschlußsachengrades »Verschlußsache – nur für den Dienstgebrauch«. Um das Interesse der Rumänen wachzuhalten, wurde er pro forma auf »Geheim« hochgestuft und um seine letzte Seite verkürzt. Während die von dem Offizier den Rumänen übergebenen Seiten eine detaillierte Beschreibung der mit der Mine vorgenommenen Tests enthielt, hatten die Prüfungsingenieure ihre vernichtende Kritik an ihr auf der letzten, nicht übergebenen Seite geäußert, die in der Erklärung gipfelte, die Wasserminen im Ersten Weltkrieg seien effektiver gewesen. Gleichwohl hat der Bericht, vor allem seine »Geheim«-Einstufung, bei den Rumänen helle Freude ausgelöst.

Der letzte Treff, und deswegen erzähle ich die ganze Geschichte, war zumindest für die Rumänen weniger erfreulich. Auf einer Straße im rheinischen Langenfeld wurden der zweite Botschaftssekretär Succiu, der dritte Sekretär Oprea und der Kraftfahrer Ene – man verzeihe mir, daß mir die Vornamen der Herren entfallen sind – von einem Kommando des BKA in dem Moment »polizeilich angesprochen«, als Succiu gerade den Oberstleutnant begrüßte. Einsatzleiter war der damalige Kriminaloberkommissar Erich Dibbern, der später zum Abteilungsleiter aufstieg und 1983 als Direktor beim BKA in den Ruhestand ging.

Dieses Vorgehen war unter der damaligen Großen Koalition noch Ausfluß der alten CDU-Politik. Jeder von uns und vom BKA wußte bei der Vorbereitung der Maßnahme ebenso wie das Innenministerium, daß die Treffpartner Diplomaten sein werden und durch Zücken des roten Ausweises auf ihre Exterritorialität, also auf die Befreiung von der deutschen Gerichtsbarkeit nach dem Wiener Übereinkommen, hinweisen werden. Was sie dann auch taten.

Aber Präsenz sollte dokumentiert werden. Schließlich unterstanden das BKA und das BfV beide dem Bundesinnenministerium und das war fest in Händen der CDU. Man wollte den Rumänen rechtzeitig zeigen, wo »Barthel den Most holt«, hieß es damals. Zehn Jahre später, in den Jahren der sozialliberalen Koalition, taktierte man völlig anders. Rücksichtnahme war angesagt. Da verhinderte man Publikationen über den Übertritt des Funkers der rumänischen Botschaft in der Bundesrepublik, um ausgerechnet den Besuch des damaligen rumänischen Staats- und Parteichefs Nicolae Ceaucescu nicht zu gefährden, der weitere zehn Jahre später von seinem eigenen Militär hingerichtet werden sollte. Ceaucescu war damals, vor der Ära Gorbatschow, wegen seines distanzierten Verhältnisses zu Moskau für einen Ostblockpolitiker persona grata in Bonn.

Mit diesen Problemen der hohen Politik hatte ich mich nicht herumzuschlagen. Ich hatte Fälle zu produzieren, ähnlich wie »Jagdhüter« – über die Art und Weise ihrer Beendigung entschieden andere, Höhergestellte. Meine Aufgabe war überaus schwierig, unterhielten doch nur die Sowjetunion und, durch das Engagement Willy Brandts als Außenminister der Großen Koalition, Rumänien in der Bundesrepublik eine Botschaft. Alle anderen sozialistischen Staaten waren nur mit Handelsvertretungen repräsentiert, weil die Aufnahme diplomatischer Beziehungen an den Nachwehen der Hallstein-Doktrin scheiterte. An ihr – benannt nach dem früheren Staatssekretär im Auswärtigen Amt, dem Adenauer-Intimus Prof. Dr. Walter Hallstein – lag es, daß die Bundesrepublik in aller Regel den Staaten diplomatische Beziehungen verweigerte, die ihrerseits die DDR als zweiten deutschen Staat anerkannt hatten. Es bedurfte der Bundestagswahlen von 1969 und der Bildung der sozialliberalen Koalition unter Willy Brandt und Walter Scheel, um dieses selbstgebaute Hemmnis eines angemaßten Alleinvertretungsanspruchs zu beseitigen.

Handelsvertretungen, wie es sie damals gab, schützten ihre Mitarbeiter nur »bei Ausübung ihrer Dienstgeschäfte« vor der deutschen Gerichtsbarkeit. Spionage mochte zwar aus der Sicht des Heimatlandes zu den Dienstgeschäften zählen. Aus der Sicht der Bundesrepublik war dies verständlicherweise nicht der Fall. Deshalb verlagerten die Staaten, die über keine Botschaft verfügten, ihre nachrichtendienstlichen Aktivitäten gegenüber der Bundesrepublik in Botschaften, die sie in anderen, benachbarten Ländern unterhielten. Diese Entwicklung ist unter der Bezeichnung »Drittlandarbeit« in die Spionagegeschichte eingegangen. So arbeiteten die Nachrichtendienste Polens überwiegend aus den Niederlanden und aus Belgien, die Ungarn und Tschechen bevorzugten das vertraute Österreich als Ausgangspunkt. Für mich als den zuständigen Referenten brachte diese Konstellation die ersten Auslandskontakte mit sich.

Eines Tages holte ich einen mir bis dahin unbekannten belgischen Kollegen am Bahnhof ab, Herrn Jean van Gorp, den späteren belgischen Abwehrchef. Ich brachte ihn zu unserem neuen Quartier in der Merlostraße 10 neben dem Justizgebäude des Oberlandesgerichts. Van Gorp stieg aus, blickte auf den roten, vieretagigen Klinkerbau, schaute sich um, als ob er sich orientiere und fing an zu lachen. Ich blickte ihn verdutzt an.

»Wissen Sie, wann ich hier das erste Mal drin war?« fragte er mich.

Ich schüttelte den Kopf.

»Kurz nach dem Krieg. Ich war damals junger Besatzungsoffizier in Köln. Und in diesem Haus saß damals die Kriminalpolizei. Aber, wissen Sie«, fügte er nachdenklich hinzu, »wer vor 1945 hier drin war?«

Ich schüttelte abermals den Kopf.

»Die Gestapo«, klärte er mich auf.

Ich war peinlich berührt. Es war sicherlich keine richtige, schon gar keine gute Entscheidung, Teile des Verfassungsschutzes in einem solchen Haus, auch wenn es Bundesvermögen war, unterzubringen. Aber in diesem Haus in der Merlostraße war mir schon kurz vor unserem Einzug jene dunkle Zeit deutscher Geschichte begegnet, zugleich aber auch ein Stück Verfassungsschutzgeschichte. Bei der ersten Begehung des Objektes, gemeinsam mit Rausch und Eltzberg, hatte ich dort beim Luftschutzverband, der als Vorgängerorganisation des Katastrophenschutzes das Haus nutzte, zwei ehemalige Angehörige des BfV kennengelernt, die jetzt hier arbeiteten: Heinrich Gerch und Erich Wenger.

Gerch war bis zu seiner Pensionierung Amtmann oder Amtsrat in der Verwaltungsabteilung des BfV gewesen und anschließend zum Luftschutzverband gegangen, um sich hier ein Zubrot zu verdienen, aber auch, um seiner unstillbaren Leidenschaft zu frönen, in der Verwaltung einer Behörde tätig zu sein. Ältere Kollegen kannten Gerch noch aus seiner Zeit im BfV und schilderten ihn als einen Mann, dessen Weltbild sich aus Befehl und Gehorsam zusammensetzte. Sie erzählten auch, in der Bibliothek des BfV sei in einem neuen Buch über das Dritte Reich eine Bildseite herausgerissen gewesen. Ein Vergleich mit einem unbeschädigten Buch ergab, daß das Bild einen strahlenden Gerch in der Uniform eines Unteroffiziers zeigte, der Hermann Göring bei irgendeinem Bonzenschießen devot das Gewehr reicht. Einer der ersten Entleiher war Gerch gewesen, der immer von seiner Offizierszeit an der Front erzählt hatte. Für den alten Mann war das vielleicht verständlich, für das Bundesamt für Verfassungsschutz aber doch beschämend. Aber viel schlimmer war der Fall Erich Wenger.

Wenger war vor Albrecht Rausch Leiter der Beschaffung in der Abteilung Spionageabwehr. Noch früher, vor 1945, war Wenger unter anderem im Range eines SS-Hauptsturmführers – das entsprach einem Wehrmachtshauptmann – Chef der Gestapo an der Deutschen Botschaft in Paris. Er hatte sich, wie mir mein späterer Mitarbeiter Heinz Liesinger erzählte, in den ersten Jahren seiner Tätigkeit im BfV immer versteckt gehalten, wenn alliierte Verbindungsoffiziere das BfV aufsuchten – sicherlich nicht ohne Grund. Wenger mußte das BfV gemeinsam mit seinem Abteilungsleiter Richard Gerken 1962 im Zusammenhang mit der Telefonaffäre verlassen; Gerken ging in den Ruhestand, Wenger blieb Regierungsrat und ging zum Luftschutzverband. Beide sind inzwischen schon viele Jahre tot.

Es ist gar nicht möglich, von meinen Anfängen im BfV zu berichten, ohne auf die Durchsetzung des Amtes mit lupenreinen Nazis zumindest in den ersten Jahren zu sprechen zu kommen. Einige hatten nicht die Gesinnung, wohl aber das Erscheinungsbild geändert, andere nicht einmal das. Als ich das Beschaffungsreferat 1967 übernahm, fiel mir auch die Operation »Grachten« zu, die seit einigen Jahren gegen den tschechischen Dienst geführt wurde. Der Doppelagent in dieser Operation, der den Decknamen »Arlette« trug, war von Eltzbergs Mitarbeiter Nagrotzki angesprochen worden, hatte seinen Kontakt nach Prag offenbart und war zur Mitarbeit verpflichtet worden. Als Nagrotzki ihn darauf ansprach, warum er die Verbindung nicht längst offenbart habe, als er einige Jahre zuvor, um 1960 herum, schon einmal von einem anderen Kollegen befragt worden sei, soll »Arlette« aufbrausend geantwortet haben: »Also hören Sie, solche Kerle wie diesen Stahlmann, mit schwarzem Ledermantel bis zu den Knöcheln, die habe ich gefressen, seit ihrem Einmarsch 1938 ins Sudetenland. Der hätte mich aufs Rad flechten können, dem hätte ich kein Wort gesagt!«

Daß »Herr Stahlmann« mit Klarnamen Johannes Strübing hieß und sich in der Gestapo um die Aufdeckung der »Roten Kapelle« 1943 soviel Verdienste erworben hatte, daß seine Rolle hierbei in dem Mehrteiler im Fernsehen Anfang der siebziger Jahre sogar mit einem Schauspieler besetzt wurde, das alles ahnte und wußte »Arlette« zum Glück nicht im entferntesten. Strübing hatte lange vor 1967 das BfV als einer der ersten NS-Belasteten verlassen müssen, der Reiter-SS-Mann Paul Gleichfeld als einer der letzten. Mit Gleichfeld ging »Karlchen« Neumann, Referatsleiter in der Beschaffung der Abteilung Linksradikalismus. Er war irgendwo Ortsgruppenleiter der NSDAP gewesen und wurde deshalb als einer der letzten ins Bundesverwaltungsamt umgesetzt.

Doch zurück zu Herrn van Gorp. Nicht nur ihn lernte ich von der belgischen sureté de l'etat kennen, sondern auch Madame Corniel, anläßlich eines Besuchs im dritten Stock des alten Hauses in der rue du lènes, der leinestraat, in der Nähe des Brüsseler Justizpalastes. Die leider viel zu früh verstorbene Madame Corniel, eine Art Gruppenleiterin im belgischen Dienst, war damals etwa fünfzig, eine emanzipierte, gleichwohl charmante Dame. Nach unserer Besprechung lud sie mich in ein Feinschmeckerlokal in den ersten Stock eines Hauses in der rue Henri IV ein, in der Nähe des Boulevard de Waterloo. Auf ihr Drängen ließ ich mir einen halben Hummer, ein Seezungenfilet »Valewska« und als Nachtisch eine dame blanche schmecken, die in Brüssel coup Danmark heißt. Ein Mokka und ein Courvoisier rundeten das Essen ab. Vielleicht klingt dies für viele Leute heutzutage gar nicht mehr so verlockend, aber für einen jungen Beamten der späten sechziger Jahre war ein solches Menü in einem Brüsseler Feinschmeckerlokal wie ein Blick ins Paradies. Als Madame Corniel bezahlen wollte, bat ich sie, mich als Zahlenden auftreten zu lassen. In meinen Augen war es für eine Dame ihres Alters peinlich, zumindest mißverständlich, mich als Dreißigjährigen zu einem so üppigen Essen einzuladen.

»Ach, lassen Sie nur, Monsieur Tiedge«, winkte sie lächelnd ab, »ich bin Verdächtigungen gewohnt, wie Sie sie befürchten. Haben Sie aber trotzdem herzlichen Dank. Im übrigen«, sie legte ihre Hand auf meinen Arm, »Sie können sich beruhigen. Hier bin ich bekannt.«

Ein anderer ausländischer Kollege, mit dem ich damals viel zusammenarbeitete, war Barend Booy vom holländischen BVD. Seine Dienststelle lag in der President-Kennedy-Laan in Den Haag, in der Nähe des berühmten »Concertgebouw«. Als ich im Frühjahr 1968 das erste Mal nach Den Haag fuhr, fragte ich Eltzberg, mit wem ich es dort zu tun haben werde.

»Mit Barend, Barend Booy«, gab Eltzberg zurück, »das ist dort der Referatsleiter für Satelliten, mit dem wirst du klarkommen. Das ist ein Prachtkerl und in deinem Alter ist das kein Problem.«

»Was hat das mit meinem Alter zu tun?«

»Weißt du, Barend ist mit einer Jüdin verheiratet, deren ganze Familie ist im KZ umgekommen!«

Und Wolfgang Eltzberg erzählte, er sei einmal zusammen mit dem Oberstleutnant Rolf Sachs vom ASBw in Holland gewesen, auch beim BVD. Sachs war ein schneidiger bayerischer Offizier, etwa Jahrgang 1920, der aber auch, was man ihm erst auf den zweiten Blick anmerkte, von rechter deutscher Gesinnung war. Ich habe Sachs politisch immer zwischen CSU und NPD angesiedelt. Jedenfalls hatte Barend Booy Eltzberg zur Seite genommen und ernsthaft zu ihm gesagt: »Also, Wolfgang, du bist mir immer willkommen. Aber eine Bitte habe ich, bringe diesen Mann nicht mehr mit, er erinnert mich an ein Deutschland, das ich vergessen habe, weil ich es vergessen wollte.«

Eltzberg ist Jahrgang 1931, er konnte solche Assoziationen nicht auslösen, ich mit Jahrgang 1937 erst recht nicht. Und so verbinde ich mit Barend Booy schöne Erinnerungen, in dienstlicher wie auch in privater Hinsicht. Die Verbindung auf unserem Arbeitsgebiet war teilweise so intensiv, daß ich ihn gelegentlich scherzhaft als Chef des LfV Scheveningen bezeichnete. Er war auch mit dem Herzen Nachrichtendienstler, dieser große Mann, damals um die Fünfzig, mit Schnauzbart, meist gekleidet nach britischem Vorbild in graue Hosen und blauen Blazer mit passender Clubkrawatte, und meist mit lachenden Augen. Wenn er etwas anderes im Leben lieber geworden wäre als Nachrichtenmann, dann Engländer. Seine Anglophilie trieb ihn häufig mit Freunden in der Segeljacht über den Kanal in das Land seiner Träume, zu den britischen Inseln.

Aber er machte Nachrichtendienst zum Anfassen, dieser Barend Booy. Zweimal sprach er Tadeusz Wyszgal von der polnischen Botschaft in Den Haag mit dem Ziel der Überwerbung an, bevor dieser nach Warschau zurückkehrte. Als Wyszgal durch die Bundesrepublik Richtung Polen fuhr, sprach ihn »Herr Dunker« an der Autobahnraststätte Rhynern ein drittes Mal an – Fritz Dörrenberg, der Vater meines Gruppenleiterkollegen Dirk Dörrenberg.

»Du mußt Schwierigkeiten exportieren«, belehrte er mich oft, »diese Leute kommen her und machen uns Schwierigkeiten. Nun, ich gebe ihnen Schwierigkeiten wieder mit nach Hause zurück. Ob so eine Ansprache Erfolg hat, ist gar nicht so wichtig. Aber sie müssen zu Hause etwas erzählen!«

»Schwierigkeiten exportieren« wurde fast ein Schlagwort. Nur bei Wyszgal paßte es nicht. Mitte der siebziger Jahre kam er trotzdem als legaler Resident an die polnische Botschaft in der Bundesrepublik.

Die Entsendung Wyszgals in offizieller Mission in die Bundesrepublik war in doppelter Hinsicht bemerkenswert. Der gute Tadeusz war nicht nur in mehreren G-Operationen des BfV als polnischer Führungsoffizier identifiziert, er war auch, wie geschildert, dreimal angesprochen worden, davon einmal auf deutschem Territorium. Es wirft ein deutliches Licht auf die unglaubliche Frechheit des polnischen Dienstes, diesen restlos verbrannten und kompromittierten Nachrichtenoffizier in das diplomatische Korps der Bundesrepublik einzugliedern. Und es zeigt die Ängstlichkeit der deutschen Politik dieser Jahre, die eine solche Demütigung, wenn auch zähneknirschend, hinnahm, anstatt seine Akkreditierung schlicht abzulehnen. Alles wurde getan damals, um die Flamme der neuen Ostpolitik, die Willy Brandt als Außenminister entzündet und als Bundeskanzler voll entfacht hatte, nicht zum Flackern zu bringen. Daß Wyszgal während seiner Zeit an der Botschaft in Köln-Marienburg nicht besonders auffiel, mag an der vielleicht uneffektiven Arbeit des BfV, es kann aber auch an Wyszgal selbst und den ihm möglicherweise zuteil gewordenen Verhaltensmaßregeln der Warschauer Zentrale gelegen haben.

Kurz bevor Barend Booy in Den Haag zum Abteilungsleiter Spionageabwehr aufstieg, sah man in seiner Nähe immer einen kleinen, jungen Mann mit offensichtlich indonesischen Vorfahren, Ton Kievits, den Vizepräsidenten von 1985. Der Apfel fällt nicht weit vom Stamm.

Nicht nur im Ausland, auch in der Bundesrepublik gab es genug zu tun. Die Abtarnung in einer Handelsvertretung besagte nicht, daß die legale Residentur untätig war. Das LfV Baden-Württemberg zum Beispiel führte einen aus Polen stammenden Ingenieur, einen Mann mit einem flammenden Muttermal am Kopf, in der Operation »Bergsteiger« gegen den polnischen Dienst. Es wurde die mit Abstand dauerhafteste G-Operation. die im gesamten Verfassungsschutz jemals geführt wurde. Als der langjährige Fallführer des LfV Baden-Württemberg, Werner Ammann, 1983/84 in Pension ging und den Fall und die Verbindung an einen jüngeren Kollegen abgab, war »Bergsteiger« etwa zwanzig Jahre alt. »Steiger«, so lautete der Deckname des Ingenieurs, lernte durch alle möglichen urlaubs- und krankheitsbedingten Vertretungen nahezu das halbe LfV und eine ganze Generation polnischer Führungsoffiziere kennen; uns aber gelang es im Laufe der Jahre, eine nicht geringe Anzahl polnischer Nachrichtendienstoffiziere aus der Handelsvertretung und später aus der Botschaft zu identifizieren. Sie reisten in den

Raum Eßlingen, südlich von Stuttgart, um die Toten Briefkästen zu leeren, die »Steiger« mit Material gefüllt hatte. Dabei wurden sie vom Verfassungsschutz beobachtet und zum Teil fotografiert.

In den Jahren, die ich für die »Satelliten«, im BfV-Sprachgebrauch also für alle sozialistischen Staaten außer der Sowjetunion und der DDR, zuständig war, lag auch der »Prager Frühling« 1968. Viele Tschechen kamen damals in die Bundesrepublik, Nachrichtendienstoffiziere aber erst, als er sich seinem Ende zuneigte. Mit Interesse hatten wir bis dahin beobachtet, wie das neue Denken auch den Nachrichtendienst StB ergriff, auffälligerweise aber nur jüngere und rangniedere Offiziere. Das Establishment, das Korps der Stabsoffiziere, klammerte sich an überkommene, stalinistische Werte und verurteilte die Politik Alexander Dubceks unverhohlen und auf das entschiedenste.

Rausch sagte mir damals, als wir über diese Entwicklung sprachen: »Der Nachrichtendienst ist in jedem Staat einer der konservativsten Teile. Die Leute haben weniger Angst davor, ihren Job, als ihr Feindbild zu verlieren.«

Ich mußte mehrfach an Rausch denken, im eigenen Dienst, dem BfV, in der Ära der neuen Ostpolitik, und später in der DDR angesichts der MfS-Kollegen vor dem Zusammenbruch des Systems.

Als dann der »Prager Frühling« beendet wurde, flüchteten, wie nicht anders zu erwarten war, vor allem jüngere, reformfreudige StB-Offiziere vor der zu erwartenden Restauration in den Westen. Aber es waren auch gestandene Geheimdienstler unter ihnen wie Ladislav Bitman, der beim Verfassungsschutz und beim BND den Decknamen »Donnerstag« erhielt, weil er an einem Donnerstag in Wien übertrat. Bitman wurde überwiegend vom BND befragt, zu einer persönlichen Begegnung zwischen ihm und mir kam es nicht. Er hat über seine Tätigkeit beim StB ein Buch geschrieben mit dem Titel »Abteilung D« – was soll ein übergelaufener Geheimdienstler auch schon anderes machen, als ein Buch schreiben.

Gegen einen anderen übergelaufenen Offizier der tschechoslowakischen Aufklärung, der den Decknamen »Sonntag« erhalten hatte, lief beim Generalbundesanwalt ein Ermittlungsverfahren wegen nachrichtendienstlicher Tätigkeit. Um die peinliche Festnahme bei der Einreise aus Österreich, wo er sich aufhielt, zu vermeiden, flog ich nach Wien, um den Sachverhalt durch eine Befragung zu klären. Das Gespräch dauerte eine Stunde, aber es waren zwei schöne Sommertage im Wienerwald, in einem kleinen Gasthof, unterhalb des Schlosses Mayerling, in dem ihn die Österreicher mit seiner Familie untergebracht hatten. Auch ein aus Frankfurt angereister Amerikaner von der CIA, der sich Carr nannte, war anwesend. Dieser Mann war, für einen Amerikaner völlig ungewöhnlich, mit dem Zug nach Wien gereist, weil er Angst davor hatte, das Flugzeug nach Wien könnte aus irgendwelchen Gründen in der CSSR landen. Als ich ihn nach dem Grund seiner Besorgnis fragte, lächelte er hintergründig, gab aber keine Antwort.

Für Reisen wie diese, bei denen das Dienstliche völlig in den Hintergrund tritt, gibt es beim BfV eine treffende Bezeichnung – ND-Tourismus, wobei ND nicht nur die Abkürzung, sondern das Synonym für Nachrichtendienst ist.

Dem Überläufer »Sonntag« verdankt der BND im übrigen einige eigene Fernschreiben an das BfV, die meine Unterschrift tragen. Nachdem das Ermittlungsverfahren des Generalbundesanwalts gegen »Sonntag« aufgrund meiner Befragung in Österreich eingestellt worden war, kam er in die Bundesrepublik und wurde hier vom BND vereinnahmt. Welche Gründe für diese Entscheidung gesprochen hatten, war mir schon damals nicht verständlich. Aber »Sonntag« wurde gerechterweise dem BfV für die erste Befragung zur Verfügung gestellt. Also fuhren Schönert und ich zusammen nach München, um bei ihm relevante Informationen für die Abwehrarbeit abzufragen. Es war im übrigen die bewußte Fahrt, bei der ich Eingemachtes für die Tochter Nollaus im Auto nach München mitnahm.

In der »Befra München«, einer halbgetarnten Dienststelle des BND in der Nähe des Friedensengels, an der Ecke Prinzregenten-/Maria-Theresia-Straße gelegen, wechselten Schönert und ich uns gegenseitig bei der Befragung des Überläufers ab. Schönert war als Leiter des Auswertungs-, ich als Leiter des Beschaffungsreferats für die tschechoslowakischen Dienste zuständig. Das Ergebnis eines jeden Fragepunktes wurde in ein Fernschreiben umgesetzt, von dem Verfasser, Schönert oder mir, unterschrieben und an das BfV abgesandt. So entstanden Fernschreiben »BND an BfV, gez. Tiedge«.

Aber noch etwas anderes ist für mich unlösbar mit diesem für die CSSR so schicksalhaften Jahr verbunden, vor allem mit seinen nachrichtendienstlichen Auswirkungen auf die Bundesrepublik – das »gemischte Doppel« zwischen den Herren Müller und Wagner. Hinter »Herrn Müller« verbarg sich Manfred Schönert, hinter »Herrn Wagner« ein BND-Mitarbeiter mit dem Klarnamen Weicker. Weicker war damals Leiter einer getarnten Außenstelle des BND in der Münchner Neuhauser Straße. Er war an das Referat »Gegenspionage« in der Zentrale angebunden, das viele Jahre unter der Leitung des liebenswürdigen und klugen Herrn »Fleming« stand. Hinter »Fleming« verbarg sich Volker Förtsch, der gegenwärtig die Abteilung V des BND – Sicherheit und Spionageabwehr – leitet und im Frühsommer 1998 selbst in den Verdacht geraten war, ein »Maulwurf« russischer Nachrichtendienste zu sein.

Nun war Schönert auf der linken Seite armamputiert, Weicker hatte das gleiche Schicksal mit seinem rechten Arm erleiden müssen; Schönert sprach ausgeprägtes Sächsisch, Weicker war ein lupenreiner Österreicher, beide waren lebhafte Männer, von ihrer Aufgabenstellung durchdrungen und redeten ununterbrochen aufeinander ein. Wenn die beiden loszogen, zur gemeinsamen Befragung – es war unglaublich! Prothese links, Prothese rechts, beide Männer jenseits der Lebensmitte, beide mit den gesunden Armen wild gestikulierend – nicht wie Laurel und Hardy, nicht wie Pat und Patachon, aber trotzdem unverwechselbar. Ich habe nie verstanden, wie man die zwei zusammen in einem so empfindlichen Metier auftreten lassen konnte, von Dr. Meier bei uns nicht und von Herrn Ackermann nicht, dem für Weicker zuständigen Unterabteilungsleiter beim BND. Ackermann hieß eigentlich Ebrulf Zuber und wählte seinen Decknamen in Anlehnung an Johannes von Tepls »Ackermann aus Böhmen«. Zuber stammte aus Prag.

»Weißt du«, kalauerte Wolfgang Eltzberg, als wir in der Merlostraße einmal »Müller & Wagner« nachsahen, »wenn man das so sieht, möchte man Geheimdienst doch einfach mit Go-home-Service übersetzen.«

1969 kam die sozialliberale Koalition. Aber bevor sich die neue Ostpolitik so weit auswirkte, daß die Handelsvertretungen zu Botschaften aufgewertet wurden, kam der Februar 1971 und mit ihm der Tag, an dem ich nicht nur in meinen Augen befördert wurde. Ich wurde »Sowjetreferent«.

Die Zahl der Referate in der Abteilung Spionageabwehr hat sich von 1966 bis 1985 von zehn auf sechzehn erhöht. Aber immer befand sich der Leiter des Referates, das gegen die Sowjetunion arbeitete, auf einer herausgehobenen Position, als eine Art primus inter pares. Der erste langjährige Leiter des Referates war Heinrich Reginald Weyde, sein Nachfolger Georg Brox, dem ich folgte. Mein Nachfolger war Rainer Walter, ein Hellenbroich-Protegé und ihm folgte Hans-Joachim Fricke; alle wurden später zu Gruppenleitern ernannt, einige gleich im Anschluß, bei anderen – wie bei mir – dauerte es länger. Als Fricke am 1. August 1985 zum Chef aller Observationseinheiten des BfV aufstieg, wurde das mittlerweile auf fast vierzig Mitarbeiter gewachsene Referat geteilt und beide Teile unter dem Gruppenleiter Dirk Dörrenberg jüngeren Kollegen übertragen. Der Grund für die damalige Sonderrolle des Referates liegt auf der Hand. Der Gegner war die Sowjetunion, damals eine Großmacht und die Hegemonialmacht des Warschauer Paktes.

Ich kannte aus meiner bisherigen Tätigkeit den Schlag, der den Sack trifft, aber den Esel meint, im Klartext, die Aufforderung an einen Polen oder Tschechen, die Bundesrepublik zu verlassen, die den ganzen »Ostblock«, in erster Linie die Sowjets treffen sollte. Zwar hat die Bundesrepublik seit ihrem Bestehen, jedenfalls bis 1985, noch keinen Diplomaten formell zur persona non grata, also zur unerwünschten Person, erklärt, aber es gibt auf dem diplomatischen Parkett genügend Nuancen, einen solchen Wunsch in dezentere Worte zu kleiden.

Aber was war demgegenüber das zornige Brummen des russischen Bären, wenn er gereizt wird! Bei jeder von deutschen

Behörden geforderten Abreise eines sowjetischen Diplomaten zitterte das Auswärtige Amt bei der bangen Frage, ob es diesmal wieder eine Revanchemaßnahme gibt, und wenn, wen es diesmal trifft. Denn gelegentlich verhielt sich die Sowjetunion gelassen nach dem Motto »Was schert es den Mond, wenn ihn der Hund anjault«, ein andermal reagierte sie empfindlich und forderte im Gegenzug die Abberufung eines Diplomaten der Bundesrepublik in Moskau. Nach welchen Kriterien sie sich bei der Auswahl des unbeliebt gewordenen Diplomaten leiten ließ, blieb uns unbekannt. Getarnte BND-Mitarbeiter – sofern es überhaupt welche in Moskau gab – waren jedenfalls nicht darunter. Einige der geschaßten kannte ich vor ihrer Abordnung nach Moskau und traf sie nach ihrer Rückkehr wieder, und zwar wieder im Auswärtigen Amt.

Doch solche Probleme berührten meinen Tagesablauf als Leiter des Sowjetreferates, wie man es im BfV kurz nannte, kaum. Bedenken mußte ich sie wohl, bei den Vorlagen, die ich schrieb. Sie wurden eben, anders als in anderen Referaten, nicht nur dem Abteilungsleiter zur Entscheidung vorgelegt, sondern gingen meist bis zum Präsidenten hoch. Der jedoch mußte solche Konsequenzen abwägen, ehe er dem Innenminister die Abberufung eines Diplomaten vorschlug.

Aber noch ließ mich mein altes Sachgebiet nicht los. Mein Nachfolger für Polen und Rumänien, Dirk Dörrenberg, wurde in das Sicherheitsbüro der NATO delegiert und mir die langfristige Leitung des Referates (»Sie kennen sich da ja aus, Herr Tiedge«) zusätzlich übertragen.

In diese Zeit fällt eine meiner nachhaltigsten Erinnerungen an diese Jahre, der Fall Bulla. Er war damals schon betagt, denn er spielte Anfang der fünfziger Jahre, zum Teil noch zu Lebzeiten des SPD-Vorsitzenden Kurt Schumacher. Dessen Stellvertreter im Parteivorstand war ein gewisser Mellies, an dessen Vornamen ich mich beim besten Willen nicht mehr erinnern kann. Und im Vorzimmer dieses Mellies saß Frau Bulla, die Ehefrau des polnischen Agenten Alois Bulla.

Bereits 1953 oder 1954 war ein Ermittlungsverfahren gegen beide beim damaligen Oberbundesanwalt gelaufen, das aus

Gründen, die sich aus der Akte nicht erkennen ließen, eingestellt worden war, obwohl sie Funkschlüssel und dechiffrierte Funksprüche enthielt. Im Laufe der Jahre geriet der Fall trotz seiner bemerkenswerten Bedeutung in Vergessenheit, bis die antisemitische Politik des polnischen KP-Chefs Edward Gierek viele Juden aus dem polnischen Nachrichtendienst und außer Landes, überwiegend nach Israel, trieb. Von ihnen flossen dem BND Informationen über den früheren »Spitzenagenten« Alois Bulla zu, die er an uns weitergab, was, wenn ich mich nicht irre, im Sommer 1972 zu einer getrennten, aber gleichzeitigen Befragung der Eheleute in den Räumen ihres gemeinsamen Arbeitgebers in Troisdorf bei Köln durch den BND und uns führte. Anfangs leugneten beide hartnäckig; als erste »kippte« Frau Bulla, die weinend ihre jahrelange Verratstätigkeit für den polnischen Dienst gestand. Erst als wir die beiden zusammengeführt hatten, konnte Frau Bulla auch ihrem Mann Entscheidungshilfe geben, und dann begann auch er zu erzählen.

»Was hat das für einen Zweck zu leugnen, wenn diese Schweine überlaufen und dich verraten?« hatte sie ihm unter Tränen zugerufen.

Das Geständnis war der Anfang einer mehrwöchigen intensiven Befragung, die die Geschichte eines Agentenlebens in den ersten Jahren der Bundesrepublik zutage förderte. Trotz ihres anfänglichen Verhaltens waren die Eheleute Bulla uns gegenüber vorbehaltlos offen.

Alois Bulla, der aus Schlesien stammte, war in den Nachkriegswirren in Kontakt mit dem polnischen Dienst geraten und hatte seine spätere Ehefrau, wie gesagt Vorzimmerdame des stellvertretenden SPD-Vorsitzenden, kennengelernt, geheiratet und mit ihr zusammen die SPD systematisch ausgespäht. Alles, was zwischen der Regierungskoalition und der Opposition in diesen Jahren besprochen wurde, langfristige Planungen der SPD und Notizen über Berichte der Chefs der Dienste gingen ebenso über den Schreibtisch der Frau Bulla, wie Korrespondenz mit befreundeten sozialdemokratischen und sozialistischen Parteien Westeuropas. Als Gegenleistung erhielten die Bullas lediglich bescheidene finanzielle Zuwendungen.

Sie fotografierte während ihrer Überstunden im Büro, er spielte den Kurier und hielt durch Treffs, überwiegend in Ostberlin, Kontakt zur Warschauer Zentrale. Als er sich einmal weigerte, sich von dem drängenden Moskauer KGB übernehmen zu lassen, erzählte man ihm, daß an jedem Tag, an dem er Material übergebe. eine KGB-Maschine eigens aus Moskau nach Berlin, Prag oder Warschau komme, um eine Kopie seiner Informationen so schnell wie möglich nach Moskau zu bringen.

Ein so wichtiger Agent war Alois Bulla. Aber als ich zum Abschluß der Befragung einen umfassenden Aktenvermerk für den damaligen Präsidenten Dr. Nollau fertigte, erhielt ich ihn ohne Kommentar, einfach abgezeichnet, zurück. Gewiß, strafrechtlich war die Sache verjährt, aber dafür, daß ein derartiger Verratsfall auch zu Zeiten der soziallliberalen Koalition so heruntergespielt wurde, hatte ich schon damals kein Verständnis. Aber ich bin und war ja kein Parteitaktiker.

Mit diesem Paukenschlag verließ ich für immer die Satelliten und begann, mich intensiv mit den sowjetischen Diensten und meiner neuen dienstlichen Umgebung zu befassen. Es war ein gestandenes Referat, dem ich nun vorstand, mit knapp zwanzig Mitarbeitern überdurchschnittlich groß.

Einige von ihnen gingen ihrer gegenwärtigen Funktion schon seit Mitte der fünfziger Jahre nach, wie Heinz Liesinger und Klaus Gerhardt, beide im Zweiten Weltkrieg junge Offiziere an der Ostfront, Gerhardt sogar in Stalingrad. Sie hatten sich ihren Gegner, um nicht zu sagen, ihren Feind, über das Kriegsende erhalten, ja, dieses Feindbild sogar während des kalten Krieges noch kultivieren können.

Oder Carl Sinz aus Scheidegg im Allgäu, jahrelang für die CDU im Stadtrat von Frechen bei Köln, der mit buchhalterischer Akribie über sowjetische Diplomaten in sogenannte Personalbögen eintrug, was immer das Amt über sie erfuhr oder wessen immer es habhaft werden konnte. Mit derart wertfreier Akkuratesse und blindem Pflichtbewußtsein muß die Administration in den Vernichtungslagern des Dritten Reiches betrieben worden sein. Gute Leute waren sie in ihrer Effektivität schon, aber mit einer teilweise pervertierten Leidenschaft auf den Gegner ausgerichtet. Daß alle drei CDU-Wähler waren, Sinz und Gerhardt sogar Mitglieder dieser Partei, ist sicherlich kein Zufall.

Aber auch Schaumschläger waren darunter, etwa Heinz Hülser aus Neufreimersdorf, der als »Herr Bogner« sein Unwesen trieb und den ich bei erstbester Gelegenheit in ein anderes Referat weglobte. Und, horribile dictu, mein Auswerter Mertins, ein Ritter von der traurigen Gestalt, der immer und immer wieder »russische« statt »sowjetische« Botschaft schrieb und der mich einmal in einem Entwurf mit einem furchtbaren Satz erschreckte: »Der aus den zur Zeit unter polnischer Verwaltung stehenden, ehemaligen deutschen Ostgebieten stammende X...« X stammte aus Oppeln, das polnisch Opole heißt. Es war bei Mertins kein »Revanchismus«, der ihn solche Sätze schreiben ließ, es war auch keine Fähigkeit, zwanzig Jahre in die Zukunft zu blicken, es war einfach Dummheit. Aber auf ihm blieb ich sitzen, bis ich am 30. Juni 1976 meinen Stuhl räumen und die Abteilung verlassen mußte.

Wenn man eine neue Aufgabe übernimmt, muß man sich – jedenfalls habe ich das getan – in diese Aufgabe erst einmal einlesen. Zwar hatte bei mir nur der Gegner gewechselt, aber jeder Nachrichtendienst verfügt doch über einige spezielle Besonderheiten, die zu kennen für den Referatsleiter unverzichtbar ist. Bei der Gegenseite ist es genauso. Der schon erwähnte tschechische Überläufer »Sonntag« erzählte mir, wie er in der Spionageschule des StB gelernt habe, einen Angriff der CIA von einem des BND zu unterscheiden.

»Schlampige Führung und viel Geld, das sind die Amerikaner«, hatte der Lehrer erklärt, »stramme Führung, aber wenig Geld, das ist der BND.«

Nun ist das Kauderwelsch der Spionage sicherlich reich an termini technici und ich glaubte, sie weitgehend zu kennen, aber davon, was ich in einem Schreiben des BND las, daß eine bestimmte Person »Tannenbaum-belastet« ist, hatte ich noch nichts gehört. Heinz Liesinger klärte mich auf: »Das ist eine Deckbezeichnung für diesen Felfe; sie werden sich erinnern können, der Sowjetspion, der beim BND gesessen hatte ...«

Natürlich wußte ich. Inzwischen stehen die Lebenserinnerungen des Prof. Dr. Heinz Felfe, mit einer persönlichen Widmung versehen, in meinem Bücherschrank, neben denen seines Präsidenten Reinhard Gehlen und denen meines Präsidenten Günter Nollau. Auch eine handsignierte Ausgabe von Günter Guillaumes »Aussage« steht dort und auch dieses Buch wird dort stehen – Ex-Nachrichtendienstler unter sich!

»Tannenbaum-belastet« hieß also, Felfe kannte diese Person und hatte sein Wissen – davon mußte man ausgehen – weitergegeben. Die Korrespondenz mit dem BND unter dem Begriff »Tannenbaum« floß bereits damals spärlich und versiegte in den folgenden Jahren völlig. Kein Wunder, Felfe wurde 1961 enttarnt und bereits 1969 ausgetauscht. Nur einmal fand ich in meinen Unterlagen eine Quittung für ein Schreiben, unterzeichnet mit »Friesen« – Felfes Deckname beim BND. Felfe war bei meinem Vorvorgänger Weyde ein- und ausgegangen. Dieser hatte ihm, ohne daß es nottat, nur um anzugeben. von dem nachrichtendienstlichen Verdacht gegen einen Angehörigen der sowjetischen Handelsvertretung und dessen geplanter Festnahme erzählt. Felfe erwähnt in seinen Erinnerungen, daß es ihm gelang, den Russen vor der drohenden Verhaftung zu retten, verschweigt aber, woher er sein Wissen um ihn hatte.

Noch einmal kam ich mit der Affäre von damals in Berührung, 1972, als Hubert Schrübbers in Pension ging. Vermutlich räumen alle Behördenchefs ihre Schränke entweder gar nicht oder erst dann wirklich auf, wenn sie für immer ihren Abschied nehmen. So fand sich in Schrübbers Hinterlassenschaft ein Schreiben des BND aus den ersten Novembertagen des Jahres 1961, von Gehlen eigenhändig unterschrieben und »streng geheim« eingestuft. Darin wurde mitgeteilt, daß am 6. November 1961 der BND-Mitarbeiter Heinz Felfe sowie seine Kollegen Clemens und Tiebel unter dem Verdacht der Spionage für die Sowjetunion festgenommen würden. Diese Information, stand dort, »dient ausschließlich zu Ihrer Information und der des Vizepräsidenten Radtke«. Ich habe das Schreiben mit Schmunzeln gelesen, habe es abgeheftet und bin zur Tagesordnung übergegangen.

Auch in diesem Referat überwog beim Posteingang die Routine, ja, in einem Teilbereich meiner Zuständigkeit war sie sogar zum formalisierten Schriftverkehr abgesunken. Der Grund hierfür war die fließbandartige Bearbeitung der neu an die sowjetischen Vertretungen versetzten Mitarbeiter. Die Sowjetunion unterhielt zu meiner Zeit in der Bundesrepublik eine Botschaft mit rund einhundert und eine Handelsvertretung mit rund einhundertvierzig Mitarbeitern, daneben ein Generalkonsulat in Hamburg, Büros von Intourist, von Aeroflot und Repräsentanzen der Medien. Für jeden Mitarbeiter, der an eine dieser Niederlassungen versetzt wurde, lief dieselbe bürokratische Maschinerie ab.

Zunächst wurde, Grundlage jeden Handelns einer deutschen Behörde, ein Vorgang über den Neuankömmling angelegt. Dieser bestand zunächst nur aus einer Kopie des Visumantrages und, wenn das Visum bereits routinemäßig erteilt worden war, aus einer Kopie der Anmeldung beim Auswärtigen Amt. Diese kargen Unterlagen wurden angereichert um einen NADIS-Ausdruck, der gegebenenfalls Hinweise auf bereits vorliegende Erkenntnisse enthielt. Es hätte ja sein können, daß der neue Mann wegen früherer, nicht notwendigerweise nachrichtendienstlicher Verhaltensweisen in der Bundesrepublik aufgefallen war oder daß uns vom Ausland derartige Informationen zugeleitet worden waren. Gleichzeitig wurden durch eine Art Formblattanfrage die »Drei Dienste« und der BND um Auskunft über den Neuankömmling gebeten. Die »Drei Dienste« sind eine Wortschöpfung in Anlehnung an die »Drei Mächte«, die bis zur Wiedervereinigung am 3. Oktober 1990 bei der Problematik um Berlin (West) und in der Diskussion um den Status alliierter NATO-Streitkräfte in der Bundesrepublik noch immer die Siegermächte des Zweiten Weltkrieges repräsentierten und die Grenzen bundesdeutscher Souveränität aufzeigten.

Entsprechend waren es auch die amerikanische CIA, der britische SIS und die französische DGSE, an die die Anfragen gerichtet waren. Diese drei und der BND beobachteten sowjetische Diplomaten weltweit und suchten nach Ansatzpunkten für einen Werbungsversuch bei Wissensträgern und Leuten mit interessanten Zugängen im Heimatland. Dabei ist die Zugehörigkeit der Zielperson zu einem Nachrichtendienst überhaupt nicht entscheidend. Der junge dritte Sekretär der politischen Abteilung einer Botschaft ist für diese Aufklärungsdienste genauso interessant wie der Militärattaché, der kleinste Mann der Wirtschaftsabteilung ebenso wie der Angehörige einer legalen Residentur.

Für jeden von ihnen gibt es in den westlichen Aufklärungsdiensten Spezialeinheiten und Spezialisten. Für die Residenturangehörigen ist wegen ihrer Zugehörigkeit zu einem gegnerischen Dienst der Sektor Gegenspionage zuständig, also die Arbeitseinheit, der im BND Volker Förtsch vorstand. Ihre Aufgabe ist es, anders als die des Verfassungsschutzes, der nur den nachrichtendienstlichen Angriff abzuwehren hat, unabhängig von einem solchen Angriff in die gegnerischen Dienste einzudringen und nach Möglichkeit gegnerische Werbungsvorhaben vor ihrer Verwirklichung zu erkennen. Da östliche Dienste ähnlich organisiert sind, wird das ständige Ringen um den entscheidenden Informationsvorsprung deutlich.

Heinz Felfe, Joachim Krase und Klaus Kuron sind Erfolge der östlichen Arbeit, Oleg Penkowski vom sowjetischen militärischen Aufklärungsdienst GRU steht für westliche Erfolge. Der Name Werner Stiller gehört nur mit Einschränkungen in diese Aufzählung. Herr »Betz« vom BND trug 1979 auf einer G-Tagung als Gast den seinerzeit sensationellen Fall vor. Er schilderte, ehrlich, wie es seine Art war, daß Stiller von sich aus Verbindung zum BND gesucht und auf eine schnelle Ausschleusung aus der DDR gedrängt hatte. Für ihn gab es nach eigener Einschätzung im MfS keine Zukunft mehr, weil er durch seinen Lebenswandel, insbesondere durch seine Frauengeschichten, den amtsinternen Sicherheitsorganen bereits unangenehm aufgefallen war. Daß Stiller letztendlich doch beim Übertritt auf die Hilfe des BND verzichtete, steht auf einem anderen Blatt und ist in Stillers Mißtrauen in die Planungen des BND begründet. Alles in allem war Stiller kein operativer Erfolg der BND-Gegenspionage.

Diese Gegenspionageeinheiten des Aufklärungsdienstes, die des BND ebenso wie die der anderen westlichen Dienste, sind der eigentliche Gesprächspartner der Spionageabwehr des Verfassungsschutzes. Von ihnen erfuhr der Verfassungsschutz nämlich, ob und wann der Neuankömmling bereits im Ausland stationiert war und, wenn der BND Verbindung zu dem Dienst des Stationierungslandes hatte, ob er dort nachrichtendienstlich aufgefallen war. Hatte auch das BfV Verbindung zu diesem Dienst – und das war der Fall bei allen Ländern Westeuropas einschließlich der neutralen Staaten Schweiz, Österreich und Schweden, bei den USA und Kanada, Südafrika, Australien, Japan und zahlreichen arabischen Ländern ebenso wie Israel –, dann fragt das BfV selbst gezielt dort an.

So langsam rundete sich für das Sowjetreferat das Bild des neuen Mannes, das für die gesamte Zeit seines Aufenthaltes in der Bundesrepublik fortgeschrieben wurde durch Informationen aus allen möglichen Quellen. Aus der permanent laufenden Post- und Telefonüberwachung zum Beispiel, die mir einmal beinahe die Konfrontation mit einem aufgehenden politischen Stern verschafft hätte.

In der Post an die Sowjetbotschaft befand sich ein Brief, der ohne Anschreiben einen weißen Bogen enthielt, auf dem unübliche, wenngleich gültige Briefmarken in einem auffälligen Muster aufgeklebt waren. Absender, und erst das machte die Sache interessant, war der FDP-Landesverband Nordrhein-Westfalen. Nun war zu dieser Zeit Willi Weyer Landesvorsitzender der FDP und zugleich Innenminister in Düsseldorf, an dem vorbei Ermittlungen in der Landesgeschäftsstelle seiner Partei – einmal vorsichtig ausgedrückt – nicht empfehlenswert waren. Die Kollegen in Weyers Ministerium eruierten, die Briefmarken seien als Nachzahlung für Visagebühren des Schatzmeisters der Landespartei übersandt worden. Ich bezweifelte den Verwendungszweck und drängte auf eine persönliche Befragung des Schatzmeisters, biß aber bei meinen Düsseldorfer Kollegen Havers und Wassen auf Granit. Der Schatzmeister wurde später bekannt als Bundeswirtschaftsminister, als Steuerhinterzieher und als FDP-Bundesvorsitzender. Er hieß Dr. Otto Graf Lambsdorff.

Wissen floß auch aus bundesweiten Befragungen von Personen zu, die zur Botschaft und ihren Mitarbeitern Kontakt hatten. Auch die mehr oder weniger umfassende Observation war nicht immer ergebnislos. Allein zu diesem Zweck unterhielt die Spionageabwehr 1985 ein Observationsreferat mit über vierzig Observanten unter der Leitung meines alten Freundes Bernd Dybowski. Observiert wurde an den Objekten ebenso wie auf Reisen der Mitarbeiter durch die Bundesrepublik. Seit 1976, seit meinem Ausscheiden aus diesem Arbeitsgebiet, sind allein bis 1985 moderne Kommunikationsmittel hinzugekommen wie Bild- und Tonträger. Funkpeilgeräte zur Feststellung von »shrac« (short range communication – Kommunikation über kurze Distanzen), eine Art Kurzstreckenfunk ohne notwendige menschliche Beteiligung, Scanner und Scannerdetektoren und so weiter und so fort. Nicht, daß es diese Dinge vor 1976 nicht gegeben hätte, aber erst gegen Ende der siebziger Jahre setzte sich im BfV die Erkenntnis durch, daß nachrichtendienstliche Technik mehr ist als ein Fotoapparat und ein Tonbandgerät. Der zunehmende Einsatz der Technik in die Überwachungsarbeit führte aber zu einem immer größer werdenden Informationsfluß, der allerdings zunächst nur in der Quantität zunahm. Die Suche nach Agenten blieb die Suche nach der sprichwörtlichen Nadel im Heuhaufen. Nur daß das BfV sich jetzt statt eines kleinen Heuhaufens mit einer Nadel, einem riesigen Heuhaufen mit vielleicht zwei oder drei Nadeln gegenüber sah.

Allein für die abteilungsinterne Datenverarbeitung im Sektor »legale Residenturen« wurde Anfang 1985 ein eigenes Referat gegründet, das den Informationsfluß verarbeiten und in geordnete Bahnen lenken sollte. Leiter des Referates war Dr. Meister, der zuvor in der Abteilung Terrorismusbekämpfung in ähnlicher Weise gewirkt hatte, allerdings mit sehr umstrittenem Erfolg.

Persönlich war Dr. Meister ein sympathischer Mittvierziger mit etwas abenteuerlichem Lebensweg. Abgebrochene Schulausbildung, acht Jahre Bundeswehr, Abitur nachgeholt, Studium der Betriebswirtschaft, anschließend Promotion und nach kurzem Intermezzo in der Wirtschaft zum Verfassungsschutz. Meister war passionierter Hobbyflieger. In der kurzen Zeit unserer kollegialen Beziehungen nahm er Hans-Gert Nickmann, einen jüngeren Kollegen, und mich einmal zu einem Flug in einer einmotorigen Propellermaschine mit. Es ging von Hangelar bei Bonn, wo die clubeigene Maschine stand über die Eifel, die alte Kaiserstadt Aachen und das rheinische Braunkohlenrevier nach Köln, wo für Meister die Landung auf dem Verkehrsflughafen Köln-Bonn einen Höhepunkt darstellte, Kollege Nickmann fotografierte seine Heimatstadt Aachen aus der Luft mit dem Enthusiasmus eines Fotofreaks, mußte aber hinterher zu seinem Entsetzen feststellen, daß er, wohl durch die Aufregung wegen des Fluges, vergessen hatte, einen Film einzulegen.

Im August 1985 befand sich Dr. Meisters Referat noch im Aufbau, allerdings in der Phase der Konsolidierung. Was bei der Arbeit mit dem PC, mit dem personal computer, eigentlich herauskommen sollte, wußte im Grunde niemand. Optimisten waren voller Hoffnung, Pessimisten winkten – wie meistens – ab. Geburtshelfer dieses Referates war im übrigen Hellenbroich selbst, der 1983 oder 1984 von einer Besuchsreise zu CIA und FBI Erstaunliches mitbrachte.

»In einem Saal«, schwärmte er, »saßen vierzig junge Frauen mit Schlitzaugen, unergründlich lächelnd, alles Amerikanerinnen chinesischer Herkunft, die hörten die chinesische Botschaft live ab. In einem anderen Raum ebensoviel fast vertraute Gesichter – hier wurde die DDR-Botschaft abgehört.«

Aber am meisten hatte ihn der Computer beeindruckt, der, allein mit Material aus der Dauerobservation und der Telefonüberwachung sowie mit Aktenwissen gespeichert, Ort und Zeit eines zukünftigen Treffs zwischen einem Angehörigen der legalen Residentur an der sowjetischen Botschaft und einem Agenten genau vorhergesagt haben soll. Die Frage, ob der Computer auch den Namen und die Adresse des Agenten ausgedruckt habe, verkniff ich mir. Hellenbroich war von seiner eigenen Begeisterung regelrecht mitgerissen. Dr. Meisters Referat war die Folge.

Die fünf Jahre, die ich das Referat leitete, waren gekennzeichnet von der Verlegung des Kanzleigebäudes der Sowjetbotschaft von Rolandseck nach Bad Godesberg. Die alte Botschaft, wenige hundert Meter nördlich der Stadtgrenze von Remagen in Höhe der Rheininsel Nonnenwerth an der Bundesstraße 9 zwischen Bahndamm und Straße gelegen, paßte den Sowjets schon lange nicht mehr. Sie drängten die Bundesregierung, ihnen ein geeignetes Gelände zur Verfügung zu stellen, aber ein Grundstück, das einerseits den Vorstellungen der Russen entsprach, andererseits groß genug war, um mit repräsentativen Gebäuden bebaut zu werden, war schwer zu finden. Der Kauf eines von den Sowjets selbst gefundenen Grundstücks im Metzental ließ sich nicht realisieren, weil der Eigentümer, der Jesuitenorden, wegen der damaligen kirchenfeindlichen Politik der Ära Breshnew einen extrem hohen Quadratmeterpreis forderte. Selbst eine Vorsprache des damaligen sowjetischen Geschäftsträgers gemeinsam mit einem hohen Beamten des Auswärtigen Amtes bei dem Generaloberen des Ordens, Pedro Arrupe, in Rom half nichts.

Und die Sowjets drängten weiter. Die Bundesregierung war in Zugzwang, war ihr doch in Moskau ein geeignetes Grundstück zur Errichtung eines notwendigen eigenen Botschaftsneubaus zur Verfügung gestellt worden. Nur hatte die Sowjetunion die Bebauung von der Gestellung eines passenden Grundstücks im Raum Bonn abhängig gemacht.

So ist es verständlich, daß damals der Staatssekretär im Auswärtigen Amt, Dr. Paul Frank, dem sowjetischen Botschafter Valentin Falin sofort seine Zusage gab, als dieser das Interesse der Sowjetunion an einem von der Bundesbahn als Schulungszentrum genutzten Gelände auf der Viktorshöhe in der Nähe der Ruine der Godesburg bekundete. 1949 hatte das Haus als erster Amtssitz des Bundespräsidenten gedient. Fünfundzwanzig Jahre nach »Papa« Heuß stand ich in seinem Arbeitszimmer und war beeindruckt, mit welchen kleinen Büros sich die ersten Großen der Republik zufrieden gegeben hatten. Heutzutage würde es ein Ministerialrat ablehnen, in einem solchen Zimmer zu arbeiten.

Die Interessen des Verfassungsschutzes waren bei dieser Lösung überhaupt nicht gewahrt worden. Erste Erkundungen wiesen keinen geeigneten Observationspunkt aus. Die Möglichkeit der ständigen Observation des Kommens und Gehens an der sowjetischen Botschaft war in den Augen des Verfassungsschutzes so selbstverständlich wie die Luft zum Atmen. Dr. Nollau brachte bei Staatssekretär Dr. Frank Gegenvorstellungen an – vergeblich, die Entscheidung war gefallen.

»Der Herr Staatssekretär hat dem Herrn Botschafter sein Wort gegeben«, hieß es. In Wirklichkeit hatte das Auswärtige Amt nur die Erfüllung eigener Wünsche in Moskau im Auge. Aber auch der Verfassungsschutz ist fündig geworden; von einer Wohnung in der Waldstraße aus beobachtet er den Eingang zum Botschaftsgelände mit Videokameras. Ich war seinerzeit in der darübergelegenen Wohnung, aber die damalige Mieterin, eine pensionierte Lehrerin, ließ sich selbst durch großzügige Tauschangebote nicht erweichen, die Wohnung zu räumen.

Noch zwei andere Objekte kamen damals in Betracht. Einmal das Gelände gegenüber dem Eingang zur Botschaft, das dem etwas eigenwilligen Bonner Textilfabrikanten Paul Spinat gehörte. Spinat, der sein Geld in den Ausbau der Drachenburg am Hang des Drachenfelses steckte, trieb seine Geldforderungen so hoch, daß der Verfassungsschutz die Gespräche abbrach, obwohl das Innenministerium bereits dreihunderttausend Mark für die Errichtung eines Hauses auf Spinatschem Grund und Boden bereitgestellt hatte. Sogar mit dem Eigentumserwerb des Grundeigentümers Spinat hatte es sich abgefunden. Die Million, die Spinat forderte, stand außerhalb jeder Diskussion.

»Ich werde Ihre Forderung weiterleiten«, erklärte ich ihm in einer Besprechung im Winter in der völlig ungeheizten Drachenburg, «aber mehr als ein Lachen wird man dafür nicht übrig haben.«

Aber dann gab es noch ein Haus, etwas abseits zwischen dem jetzigen Beobachtungspunkt und dem Botschaftsgelände gelegen, die Stirnwand dessen Eingang zugewandt. Wenn überhaupt, konnte allenfalls ein Blick aus dem Giebelfenster geeignete Sicht gewähren. Aber wie konnte man aus dem Giebelfenster blicken? Man konnte doch nicht klingeln und sagen: »Guten Tag, ich möchte einmal aus Ihrem Giebelfenster sehen.«

Aber genau das tat ich.

Ich klingelte, wies mich als »Tappert, Bundesinnenministerium« aus und erzählte dem Sohn des Hauses, der geöffnet hatte, die Sowjets forderten aus Sicherheitsgründen die Errichtung einer von den bereits stehenden Häusern aus nicht zu überblickende Mauer um das Botschaftsgelände. Nur durch einen Blick aus dem Giebelfenster dieses Hauses könnte ich mir Vorstellungen über die Höhe der zu errichtenden Mauer machen. Entsetzt stimmte der junge Mann zu, waren doch er und, wie er erzählte, auch seine Eltern über die neuen Nachbarn ohnehin nicht sonderlich glücklich. Ein Blick aus dem Fenster ergab, daß ein Dutzend Obstbäume jede Sicht nahmen, die aber auch ohne die Bäume nicht den Bedürfnissen des BfV entsprochen hätte. Uns war daran gelegen, Personen in den Pkws zu identifizieren, die auf das Botschaftsgelände fuhren oder es verließen, auf jeden Fall aber deren Kennzeichen festzustellen.

»Also, die Mauer wird viel zu hoch«, beruhigte ich den jungen Mann, »das müssen wir zu verhindern suchen. Das fehlte gerade noch, hier in dieser schönen Villengegend über dem Rhein eine zweite Kremlmauer zu errichten.«

»Tun Sie, was Sie können, Herr Tappert«, bat er mich bei der Verabschiedung. Ich versprach es. Herr Tappert hat Wort gehalten. Die Mauer steht bis heute noch nicht.

»Frechheit siegt«, grinste Klaus Gerhardt, der mich begleitet hatte, als wir ins Auto stiegen.

Als schon bald das Schicksal des BfV besiegelt erschien, nahezu als einziger westlicher Sicherheitsdienst über keinen Beobachtungspunkt an der Sowjetbotschaft zu verfügen, verfiel ich auf die schon erwähnte Idee mit den falschen Grenzschützern, die mich in etwas näheren Kontakt mit Dr. Köhler vom Bundesinnenministerium brachte. Es war aus meiner Sicht der letzte Versuch, uns vor peinlicher Blindheit in diesem wichtigen Arbeitsgebiet zu schützen. Aber Dr. Köhlers Umsetzung beendete alle Hoffnungen und meine eigene kurze Zeit später entließ mich aus der Verantwortung. Meinem Nachfolger Rainer Walter war mehr Glück beschieden. Ihm gelang es, den vielleicht jetzt noch genutzten Beobachtungspunkt zu finden, der zwar den Anforderungen des BfV nicht völlig entsprach, aber auch der nachrichtendienstliche Teufel frißt in der Not Fliegen.

So schön wie in Rolandseck würde es der Verfassungsschutz ohnehin nicht wieder haben, das stand für uns schon damals fest. Hatte uns doch Altkanzler Konrad Adenauer selbst vier Observanten beschafft, die nicht einmal aus dem Säckel des BfV bezahlt werden mußten. Aus Verärgerung darüber, daß die Sowjets vor die deutsche Botschaft in Moskau einen Milizposten aufziehen ließen, drängte Adenauer den rheinland-pfälzischen Ministerpräsidenten Peter Altmaier – Rolandseck ist der nördlichste Zipfel von Rheinland-Pfalz –, auch die Botschaft am Rhein »bewachen« zu lassen. Also zogen vier Polizisten der Kreispolizeibehörde Ahrweiler vor der Botschaft auf und bewachten sie im Schichtdienst.

Zu bewachen gab es nicht viel und so verdiente sich die Wachmannschaft gern ein Zubrot beim Verfassungsschutz. Ihnen war vom Dienstherren ein Schäferkarren für nasse und kalte Tage wie ein fahrbares Schilderhäuschen vor die Botschaft gestellt worden. Aus diesem Karren heraus kamen sie ihrer Nebenaufgabe nach, die im Grunde ihre Hauptfaufgabe war: Sie führten Buch, wann die einzelnen Botschaftsangehörigen ihr Büro betraten und wann sie es wieder verließen, registrierten das Kennzeichen eines jeden Pkw, der vor dem Botschaftsgebäude hielt, und fotografierten jeden, der das Gebäude aufsuchte. Die Sowjets wußten das und nahmen es hin, vielleicht weil sie es selbst nicht anders kannten, vielleicht weil sie wußten, daß ihres Bleibens in Rolandseck nicht ewig sein wird. Als sie dann auszogen, kaufte einer der Polizisten den Schäferkarren und nahm ihn als Laube in seinen Garten mit. An eine Fortsetzung der Bewachung in Bad Godesberg, in Nordrhein-Westfalen, war gar nicht zu denken. Der Verfassungsschutz mußte, wie geschildert, Neuland betreten.

Am Tage nach der Rückgabe des alten Botschaftsgebäudes haben wir es aufgesucht. Wir, das waren Eltzberg und ich vom BfV, eine Gruppe amerikanischer Techniker aus Frankfurt und mehrere BND-Bedienstete, unter ihnen ein Diplomingenieur mit dem Decknamen »Thalheim«, in Wahrheit Christoph Gehlen, der Sohn des Gründungspräsidenten. Die Ausbeute war bescheiden. Zwar stimmte einen die als Makulatur geklebte »Prawda« aus dem Jahre 1956 fast wehmütig, im übrigen fanden wir einige Räume übersät mit Löchern in den Wänden, offensichtlich der Rest einer Abhörschutzvorrichtung, sonst nichts. Ich stand auch in dem Zimmer des früheren legalen Residenten, den wir wegen seines Schnurrbartes »Schnäuzew« genannt hatten Was hätte ich damals dafür gegeben zu erfahren, was in diesem Zimmer gesprochen worden war. Mit dem letzten Blick auf den Stuckpalast aus dem vorigen Jahrhundert zogen wir von dannen. Was wir eigentlich zu finden gehofft hatten, ja, wonach wir überhaupt hätten suchen sollen, ich vermag es heute noch nicht zu sagen.

Aber nicht hinzugehen hätte ich als Dienstversäumnis aufgefaßt.

Auch das andere vom BfV unmittelbar bearbeitete Objekt der Sowjets brachte Probleme. Ebenso wie die Botschaft hatte auch die Handelsvertretung in Köln ein neues Gebäude bezogen und mit der fast familiären Situation an der Aachener Straße zwischen Oskar-Jäger-Straße und Ehrenfeldgürtel war es vorüber. Dort bewohnte das Ehepaar Plingen eine Wohnung auf der gegenüberliegenden Straßenseite, er Verwaltungsangestellter im BfV, sie freie Mitarbeiterin auf Honorarbasis. Wie die Polizisten in Rolandseck, so hielten die Plingens alles fest, was sich vor der SHV, wie die sowjetische Handelsvertretung im BfV-Sprachgebrauch heißt, abspielte. Und soweit sie durch die Fenster in die Räume hineinsehen konnten, schrieben sie auch auf, was dort geschah.

Eine solch vorzügliche Beobachtungsmöglichkeit gab es am Neubau in der Friedrich-Engels-Straße, am Stadtrand zwischen Luxemburger und Berrenrather Straße, keineswegs. Lediglich das Hochhaus in der Luxemburger Straße kurz vor der Militärringstraße bot eine Lösung. Zwar war der Blick aus diesem Haus mit dem aus der Plingenschen Wohnung in der Aachener Straße auch nicht entfernt zu vergleichen – rein dienstlich natürlich – aber mit bescheidener Technik, mit einem Fernglas und einem starken Teleobjektiv zum Fotografieren schien der Mangel zum Teil behebbar. Die störenden Bäume mußten wir ohnehin akzeptieren.

Ermittlungen ergaben, daß das Haus einer eingetragenen Genossenschaft gehörte, die die Wohnungen nur an eigene Genossen vergab. Es bedurfte aller Überredungskunst meiner Mitarbeiter Liesinger und Gerhard, bis sie den schon älteren Geschäftsführer der Genossenschaft so weit hatten, daß er einen weiteren Mitarbeiter von mir, Hermann Dell, als neuen Genossen und Benutzer einer Wohnung im dritten Stock hinnahm. Nun sollte man glauben, der Hauptsekretär Dell wäre glücklich gewesen, mietfrei auf Kosten des BfV sein Einzimmer-Appartement bewohnen zu können und nur gelegentlich, bei gezielten Observationsmaßnahmen oder sonstigen konkreten Anlässen aus dem Fenster schauen zu müssen.

Aber weit gefehlt.

Dell, der aus Homberg stammte, kehrte den dickschädeligen Saarländer heraus und reagierte, einige Zeit nachdem er die Wohnung bezogen hatte, auf die ihm erteilten Aufträge ausgesprochen hartleibig. Er war über das BfV verärgert, das ihn, den begeisterten Observanten, nicht nur nach einer Alkoholaffäre zu mir in den Innendienst versetzt hatte, sondern ihn sogar, nachdem er erneut mit 3,2 Promille am Steuer erwischt worden war, in eine andere Abteilung gesteckt hatte. Er weigerte sich, Aufgaben zu erfüllen, die außerhalb der Dienstzeit lagen oder die, wie er betonte, mit seinen eigentlichen Dienstpflichten kollidierten. Dem Amt waren die Hände gebunden. Dell war als Genosse erfaßt hatte einen nicht unerheblichen Beitrag – natürlich aus der Kasse des BfV – entrichtet und gegen keine Vorschrift der Genossenschaftssatzung verstoßen. Zudem war der alte Geschäftsführer verstorben, so daß dem BfV nur ein dekonspirierender Klageweg geblieben wäre, Dell zum Verlassen der Wohnung zu bewegen. Als das BfV die Mietzahlungen einstellte, trug Dell die nicht allzu hohen Kosten selbst und war zu gar nichts mehr zu bewegen.

Aber auch am Schreibtisch führte die Befassung mit den Sowjets zu interessanten Berührungspunkten. Einige westliche Dienste maßen den Satellitendiensten, also den Diensten der kommunistisch regierten Staaten neben der Sowjetunion, nur eine geringe Bedeutung zu. Anders war es bei den Nachrichtendiensten der Sowjetunion. Trotzdem kennzeichnete weniger der Kontakt zu befreundeten Diensten im übrigen Westeuropa als der nahezu ständige Umgang mit den Repräsentanten der »Drei Mächte« in der Bundesrepublik den Alltag. Der Wunsch war immer der gleiche: Sie wollten Informationen über sowjetische Diplomaten. Sie waren immer auf der Suche nach Möglichkeiten einer nachrichtendienstlichen Kontaktierung. DGSE war damals durch den grazilen Elsässer Marcel Dellenbach vertreten, mit dem ich allerdings mehr gemeinsame Mittagessen im »maison française« in Bad Godesberg als tiefschürfende Sachdiskussionen in Erinnerung habe.

Großbritanniens Secret Intelligence Service hatte Mr. Ludzies an den Rhein entsandt, dessen Gedanken in erster Linie um seinen kurz bevorstehenden Ruhestand kreisten, den er, der Brite mit den litauischen Vorfahren, in der Sonne Spaniens zu verbringen gedachte. Mr. Ludzies wirkte wie einem Roman von Charles Dickens entsprungen, ein großer schlanker Mann, mit einem scharfgeschnittenen Schädel, dessen markantester Teil eine übergroße spitze Nase war. Die weißgrauen, langen Haare, vor allem aber der fast weiße Backenbart, ein feiner Kontrast zu dem stark durchbluteten, geröteten Gesicht, vollendeten den Eindruck.

Und OCA, das Office of Coordinating and Advising, wie sich die Abteilung Nachrichtendienst an allen westlichen Botschaften der USA nennt, stellte in seinem Hauptbestandteil CIA Gesprächspartner für alle Ebenen des BfV. Auf mich entfiel Galon Peary, ein angenehmer Mann aus dem Staate Maine, für einen Amerikaner außergewöhnlich kultiviert und in seinen Forderungen in dienstlicher Hinsicht weitgehend zurückhaltend. Als Mann fürs Grobe hatte CIA Jack Falcon; meine Erlebnisse mit diesem Vertreter eines angeblich befreundeten Dienstes werde ich an anderer Stelle schildern.

Peary zeigte sich dankbar für die ihm erbrachte Unterstützung und spielte jedes Jahr den Weihnachtsmann. Er erschien jeweils Anfang Dezember mit Whiskyflaschen für die Herren, Parfümzerstäubern für die Damen und dem Angebot, dem Referat einen amerikanischen Truthahn zur Verfügung zu stellen.

Diese »fried turkeys« sind in der Regel doppelt so groß wie ihre europäischen Artgenossen und wiegen nicht selten fünfzehn und mehr Kilo. Diesen Vogel erhielt jedes Jahr ein anderer Kollege, und jedes Jahr berichtete der »Glückliche«, das Riesenvieh nicht gar bekommen zu haben. Das liegt sicherlich nicht an den keineswegs minderwertigen Vögeln, sondern eher an der fehlenden Eignung mitteleuropäischer Herde für die Zubereitung derartiger Exoten. Aber jedes Jahr war trotzdem ein anderer Empfänger glücklich, denn wann bekommt ein deutscher Beamter des gehobenen Dienstes von einem amerikanischen Diplomaten einen Puter zu Weihnachten? Vaters Ansehen zu Hause stieg, konnte er doch das Geschenk als Anerkennung seiner persönlichen Leistung verkaufen. Die Amtsleitung des BfV knurrte zwar gelegentlich und sprach von unerlaubter Vorteilsnahme, ließ es aber durchgehen. Schließlich ist eine Pute, auch eine amerikanische, kein Mercedes.

Aber beim Whisky machten die Amerikaner Unterschiede. Ich freute mich über eine Flasche »Jim Beam – drei Jahre alt«, bis ich bei Eltzberg, dem Gruppenleiter, eine fünf Jahre alte Flasche stehen sah.

»Beruhige dich«, lachte Eltzberg, »beim Abteilungsleiter steht eine, die ist acht Jahre alt!«

Was mochte der Präsident bekommen haben?

Aber auch für CIA gingen die schönen Tage zu Ende. Offensichtlich unter dem Eindruck des Debakels in Vietnam wurden Mitte der siebziger Jahre für CIA die Mittel, zumindest vorübergehend, drastisch gekürzt, so daß sich die Weihnachtsgeschenke auf eine Flasche Whisky für den Referatsleiter beschränkten. Es war sichtlich peinlich, statt des reichen Onkels aus Amerika nun die Rolle des armen Jakob spielen zu müssen. Aber nicht einer in meinem Referat zeigte sich enttäuscht; zu sehr war man in einer deutschen Behörde an regelmäßig wiederkehrende finanzielle Einschränkungen gewöhnt.

Und das Ergebnis all dieser Arbeit? Nach fünf Jahren, die niemand im Amt als erfolglos bezeichnet hatte, konnte ich als Erfolg verbuchen: Einen einzigen Diplomaten, meinen Saunafreund vom Növerhof, der die Bundesrepublik verlassen mußte, eine laufende Operation gegen die Handelsvertretung, die in meiner Zeit begonnen hatte und für die mein Nachfolger nach ihrem exekutiven Abschluß hohes Lob einheimste und – sonst nichts.

Einige Papiererfolge in Gestalt von Identifizierungen als Nachrichtendienstoffiziere kamen hinzu, wenn auch ohne praktischen Nutzen. Die Statistik stimmte. »Der Anteil der erkannten und verdächtigen Nachrichtendienstoffiziere im Personal der sowjetischen Vertretungen hat sich erneut erhöht«, konnte man im nächsten Jahrbuch schreiben. Welch ein Aufwand steckte dahinter! Hunderttausende von Kilometern mit den Observationsautos, Hunderttausende von Mark für die »live«-Schaltung der Abhöranlagen von Bonn nach Köln. die Gehälter der tätig gewordenen Beamten gar nicht gerechnet. Und dem stand ein Botschaftssekretär gegenüber, der einem Medizinstudenten aus Euskirchen Fragen gestellt hatte, die an Brisanz kaum ein Interview mit einem Schlagersternchen übertrafen!

Ein überaus mageres Ergebnis eigentlich. Und das bemerkenswerteste an dieser ganzen Arbeit ist: Es gibt nicht einen, ich wiederhole: nicht einen einzigen Fall, den der Verfassungsschutz vor mir, mit mir oder bis 1985 nach mir auf dem Gebiet der legalen Residenturen »gelöst« hat, der auf eigene Arbeit allein zurückzuführen ist. Immer hat er sich auf die Angaben eines Überläufers stützen, sich auf die Angaben eines Doppelagenten berufen können, eines Mannes, der die nachrichtendienstliche Ansprache beizeiten gemeldet hat. Wenn die Ansprache aber »sitzt« und der Verpflichtete schweigt gegenüber deutschen Behörden, dann war der Erfolg der Sowjetunion und der ihrer Partnerländer nahezu sicher. Da beißt kein Observant einen Faden ab.

Aber das Referat hatte noch einen anderen Teil, der sich, ähnlich wie bei den Satelliten, mit Fällen sowjetischer Spionage befaßte, in die keine Botschaften oder Handelsvertretungen verwickelt waren. Merkwürdig überstrahlt hier ein Fall alle anderen, der für den Verfassungsschutz eigentlich blamabel verlaufen ist. Gleichwohl führte er zu einer Verurteilung der in Verdacht geratenen Person und endete mit einer faustdicken Überraschung, Ich meine den Fall »Mutz«, den ich zusammen mit dem Schweizer Dienst Anfang der siebziger Jahre bearbeitet habe und bei dessen Erwähnung ältere Observanten noch Jahre später glänzende Augen bekamen. Ihnen ging es wie einem Sprintmeister aus der Provinz, der gegen den Weltmeister seiner Zeit laufen und sein ganzes Leben erzählen darf: »Eine Chance hatte ich nie, aber gegen ihn gelaufen bin ich!«

Im Mittelpunkt des Falles »Mutz« stand Igor Mürner. Er war damals Ende Dreißig und um 1970 herum mit seiner Frau aus der Ukraine in die Schweiz gekommen. Er gab an, der letzte Sproß einer im ausgehenden achtzehnten Jahrhundert nach Rußland ausgewanderten Schweizer Familie zu sein, und beantragte einen Schweizer Paß. Da sich in den Unterlagen des Heimatkantons Hinweise auf eine derartige Auswanderung fanden und Mürner durch eine Fülle von Geburts-, Heirats- und Sterbeurkunden seine Schweizer Volkszugehörigkeit und seine Abstammung von jenem der Heimat überdrüssigen Ur-Mürner nachwies, wurde dem Antrag entsprochen. Mürner war nun Schweizer Bürger und eröffnete in Bern ein kleines Geschäft. Nur die Bundespolizei blieb mißtrauisch, nicht was den russischen Zweig der Familie Mürner, sondern was die Identität dieses Mannes mit ihrem jüngsten Sproß anging. Sie beobachtete das Ehepaar Mürner, das ein stilles, zurückgezogenes und unauffälliges Leben führte, bis sie feststellte, daß Mürner in gewissen Abständen die Schweiz in Richtung Bundesrepublik verließ.

Unmittelbar nach seiner Rückkehr machte er, entgegen seiner sonstigen Gewohnheit, mit seiner Frau einen ausgedehnten Spaziergang, häufig über zwei Stunden, bei dem er frequentierte Gegenden mied und nahezu ununterbrochen auf seine Frau einredete. Nun war der Verdacht geweckt. Die Schweizer, die bei der Anwendung nachrichtendienstlicher Mittel noch weniger zimperlich sind als der Verfassungsschutz, bauten in der Wohnung der Mürners Wanzen ein und machten eine erstaunliche Feststellung: Weder vor noch nach der nächsten Reise Mürners in die Bundesrepublik Deutschland war im Gespräch der Eheleute auch nur ein Wort über die Reise selbst, über Reisepläne oder notwendige Vorbereitungen gefallen. Nur nach seiner

Rückkehr, da zog er kaum den Mantel aus, sondern machte gleich mit seiner Frau den großen Spaziergang, diesmal sogar im strömenden Regen.

So war die Situation, als ich gebeten wurde, zu einer Besprechung nach Bern zu kommen. Wir beschlossen Mürners Observation bei seiner nächsten Deutschlandreise. Als es soweit war, kaufte Mürner eine Fahrkarte von Bern nach München via Karlsruhe. Die BfV-Observanten, denen ich Klaus Gerhardt als Sachbearbeiter, der den Fall gut kannte, mitgab, erwarteten ihn in Freiburg im Breisgau und »brachten ihn«, wie es im Fachchinesisch hieß, nach Karlsruhe. Hier bestieg er zum Befremden der Observanten einen Eilzug nach München. Drei von ihnen fuhren mit dem Zug mit, die anderen waren schon mit den Autos Richtung München abgefahren, wo sie sich mit den Kollegen vom bayerischen Landesamt trafen und am Hauptbahnhof auf das Eintreffen des Zuges aus Richtung Stuttgart warteten.

Den Observanten im Zug wurde erst kurz vor München klar, warum Mürner den Eil- und nicht den schnelleren D-Zug genommen hatte. Er stieg schon eine Station vor München-Hauptbahnhof, in München-Pasing, aus und erging sich in den immer ruhiger werdenden Straßen des Vororts. Die drei Observanten mußten, wollten sie nicht alles kaputtmachen, ihre Beobachtung abbrechen. Als Mürner nach Bern zurückkehrte, ging er wieder mit seiner Frau spazieren ...

Aber Mürner kam noch einmal nach München, diesmal auf der direkten Strecke über St. Gallen und Lindau. An einem schmutzigen, naßkalten Novembersonntag, an dem man keinen Hund vor die Tür jagt, begann Mürner seine Wanderung am Hauptbahnhof in München, ging durch die ganze Innenstadt bis hinunter zur Isar, dort über die Brücke, auf der rechten Isarseite zum Teil an Häusern entlang, zum Teil durch die Flußauen bis zur Montgelasstraße in Bogenhausen, dort wieder über den Fluß und quer durch den um diese Jahreszeit wie ausgestorben wirkenden Englischen Garten zur Universität. Als ehemaliger Student in München kann ich diese Strecke ermessen, sie ist auch für einen geübten Spaziergänger ein beachtliches Stück Wegs. Wenn man dann noch bedenkt, daß kaum ein Mensch auf der Straße war. Mürner immer wieder stehenblieb und sich umdrehte, dann kann man ermessen, was hier von den Observanten verlangt wurde. Von der Universität fuhr Mürner mit der Straßenbahn auf die andere Seite der Innenstadt, zum Goetheplatz und suchte ein Lokal auf, in dem er auf jemanden zu warten schien. Nach einer Stunde begab er sich wieder zum Bahnhof und fuhr nach Bern zurück. Und wieder ging er nach der Rückkehr spazieren ...

Ob die Observation in München »aufgeplatzt« ist, ob Mürner also gemerkt hat, daß er beobachtet wurde, hat sich für mich nie geklärt. Ich war wie die Schweizer auf das angewiesen, was im Observationsbericht der Münchner Kollegen stand, aber das war – wie in allen Observationsberichten – nur die halbe Wahrheit. Den Verdacht jedenfalls sind wir nie ganz losgeworden.

Aber das BfV sollte noch eine letzte Chance bekommen. Eines Vormittags erreichte mich ein Anruf. Herr Hofer aus Bern war am Apparat, der dortige Abwehrchef mit dem schönen altfränkisch klingenden Dienstgrad »Adjunkt«. Aufgeregt teilte er mir mit, »Mutz« sitze im Zug nach Köln; der Zug müsse in diesen Minuten die Grenze bei Basel passieren. Sein Mitarbeiter Naef sitze mit im Zug. Ich kannte Herrn Naef, bei der etwas verzwickten Organisation der Schweizer Bundespolizei war er für sowjetische Dienste sowie für die Schweizer Urkantone Uri, Schwyz und Nidwalden zuständig. Viel Zeit blieb uns nicht mehr. Ich versprach, mit einer Observationsgruppe den Zug in Mainz zu besteigen.

Es gelang mir tatsächlich, auf die schnelle einen Observationstrupp loszueisen und unter Leitung des Truppführers Peter Schmitz nach Mainz in Marsch zu setzen. Der Observationsleiter Peter Weck, ein Namensvetter des großen Wiener Theatermannes, holte mich im Büro ab und wir fuhren nach Hangelar bei Bonn. Von hier flogen wir mit einem Hubschrauber des Bundesgrenzschutzes nach Mainz. Das Gesicht von Peter Schmitz, der mit seinen Leuten nach einer abenteuerlichen Jagd über die Autobahn in Mainz auf dem Bahnhof Weck und mich gelangweilt wartend vorfand, sprach Bände. Er wußte nicht, er konnte nicht wissen, daß wir geflogen waren.

Der Zug lief in Mainz pünktlich ein und wir stiegen zu. Im Zug war kein Naef, kein »Mutz«, kein niemand. Für uns gab es nur eine Lösung: Unterwegs, in Freiburg oder Mannheim, ist »Mutz« ausgestiegen. Aber es kam alles ganz anders.

Als wir in Köln ankamen, fuhr ich sofort ins Büro. Es war zwar schon Feierabend, aber ein Anruf in Bern brachte die Wahrheit an den Tag. »Mutz« hatte nicht im Zug nach Köln, sondern in dem nach Hannover gesessen. Der Übermittlungsfehler hatte bei Herrn Hofer gelegen, und nicht wenige Kollegen sahen den Grund der Panne ausschließlich in der Beteiligung höher gestellter Beamter. Und der Einzelkämpfer Naef hätte vor Wut platzen können, daß auf der Strecke bis Hannover kein Verfassungsschützer zustieg. Er sah Mürner in Hannover noch mit dem Taxi in Richtung Eilenriede davonfahren, dann war er ganz allein.

Kurz danach wurden Mürner und seine Frau festgenommen. Die Bundespolizei hatte aus ihrem Verhalten auf einen baldigen, plötzlichen Aufbruch geschlossen. Die Anklage lautete – so etwas gibt es auch nur in der Alpenrepublik – auf Erschleichen der schweizerischen Staatsangehörigkeit. Mürner wurde, wenn ich mich recht erinnere, zu eineinhalb oder zwei Jahren Gefängnis verurteilt. Der Verbindungsreferent des Schweizer Dienstes, Herr Kommissär Eichenberger, rief mich an, um mich über das Urteil zu unterrichten.

»Und wie ist es mit den Spionagevorwürfen?« fragte ich nach. Die Antwort hallte lange in mir nach.

»Nein, das konnte man nicht nachweisen, aber es hat sich im Strafmaß niedergeschlagen.«

Kein rechtsstaatlicher Zweifel klang da mit, allenfalls schweizerische Selbstgerechtigkeit.

Die Überraschung kam später. Als Mürner entlassen wurde, brachte ihn ein Botschaftsangehöriger zum Flughafen nach Zürich-Kloten und flog mit ihm außer Landes. Kein Angehöriger der Sowjetbotschaft, wie die getürkte Herkunft aus der Ukraine hätte vermuten lassen, sondern der Konsul der Botschaft der DDR.

Sechstes Kapitel
ERFOLGE DES VERFASSUNGSSCHUTZES

Das Buch Josua, das in der Bibel, im Alten Testament, die Abenteuer des Mose-Nachfolgers als Führer der Israeliten schildert, dient Geschichtsschreibern verschiedener Fachrichtungen als Fundstelle für eine frühe Erwähnung ihres Sujets in den Kindertagen der modernen Menschheit. Musikhistoriker etwa berufen sich auf Josua 6, 20, wo geschrieben steht: »Denn als das Volk den Hall der Posaunen hörte, machte es ein großes Feldgeschrei und die Mauern fielen um.«

Sie sehen in diesem Bibelzitat einen Beweis dafür, daß verwüstete Konzerthallen und ramponierte Stadien nach Auftritten von Bill Haley und Elvis Presley und nach Konzerten der Beatles und der Rolling Stones ihre fast prähistorischen Vorläufer haben.

Aber auch wer sich, weniger musisch, mit der Entwicklung der Spionage beschäftigt, wird bei Josua im selben Zusammenhang fündig, nämlich bei der Schilderung der Eroberung Jerichos. Vor Jericho, nach Meyers Enzyklopädischem Lexikon von 1975 eine »der ältesten bekannten, stadtartig befestigten Siedlungen der Erde«, scheint auch einer der ältesten Spionageaufträge der Welt erteilt worden zu sein (Jos. 2, 1): »Josua aber, der Sohn Nuns, hatte zwei Kundschafter heimlich ausgesandt von Sittim und ihnen gesagt; Gehet hin, beseht das Land und Jericho.«

Aus dem Folgesatz, »Die beiden gingen hin und kamen in das Haus einer Hure, die hieß Rahab, und kehrten bei ihr ein«, ergibt sich die feinsinnige Schlußfolgerung, daß, wenn Rahab ihrem »ältesten Gewerbe der Welt« schon nachging, Josuas frisch gebackene Kundschafter immerhin noch als Gründungsväter des damit zweitältesten Gewerbes der Welt in Betracht kommen, der Spionage.

Natürlich halten derartige Bibelexegesen einer ernsthaften hierographischen Überprüfung nicht stand. Aber das Bemühen der Völker, einander Geheimnisse zu entreißen – was immer sie auch als Geheimnisse ansahen und ansehen –, geht in der Tat bis in die Zeiten jener prähistorischen Stadt im Jordangraben zurück. Dabei hat sich in den seither vergangenen Jahrtausenden das Entreißen und das Verteidigen dieser Geheimnisse den Gepflogenheiten, den Gesetzen, aber auch den Terminologien ihrer Zeit angepaßt. Aber erst in unserem 20. Jahrhundert, in dem zumindest in den Demokratien westlicher Prägung jedwedes staatliche Handeln eines von der jeweiligen Mehrheit beschlossenen Gesetzes mit exakten Definitionen bedarf, ist daraus das institutionalisierte Neben- und Gegeneinander von Aufklärungs- und Abwehrdiensten geworden.

Dieses Ringen der Aufklärung der jeweils einen mit der Abwehr der jeweils anderen Seite fand seinen letzten geopolitischen Höhepunkt in dem 1990 zu Ende gegangenen vierzigjährigen Kalten Krieg. Je nach Standort wurden die Bemühungen unterschiedlich interpretiert. Der Westen rühmte sich, den geheimen Kampf im Interesse der Freiheit des Menschen gegen den sozialistischen Ungeist des Totalitarismus und gegen die Kräfte der Finsternis zu führen. Der Osten verstand ihn als Kampf an der unsichtbaren Front im Kampf um Frieden und Befreiung der Arbeiterklasse vom Joch des Kapitals und der Kartelle.

Aber welche noch so hehren Parolen in die Fahnen der Aufklärungsdienste gestickt waren, geblieben ist bis zum Schluß die alte Kontroverse: Die Aufklärungsdienste bemühten sich, in die Zuständigkeitssphäre der Gegner einzudringen und nach tatsächlichen oder vermeintlichen Geheimnissen zu forschen. Die Abwehrdienste wiederum waren bemüht, nach Möglichkeit bereits das Eindringen, auf jeden Fall aber das Enttarnen oder gar das Entreißen der Geheimnisse zu verhindern. Dabei sind die angewandten Methoden, die Listen, die Tricks, ja selbst die Routinemaßnahmen im Laufe der Zeit feiner und subtiler geworden.

Dabei ist es gar nicht so einfach, Erfolge der Dienste als Erfolge des Staates oder der ihn tragenden Ideologie zu interpretieren. Gerade im Spionagegeschäft ist der Erfolg ein unbeständiger, ja unzuverlässiger Kollege. Er schwankt hin und her, wobei allenfalls Abwehrerfolge offenkundig werden. Erfolge der Aufklärung werden in der Regel nur der Seite bekannt, die sie erzielt.

So zitterte 1962, bei der Kuba-Krise die gesamte westliche Welt vor einem drohenden Dritten Weltkrieg, zugleich bewunderte sie die konsequente Haltung des jungen amerikanischen Präsidenten John F. Kennedy. Dabei konnte dieser, gestützt auf seinen Geheimdienst CIA, getrost den starken Mann spielen, hatte doch die beste aller CIA-Quellen, der GRU-Oberst Oleg Wladimirowitsch Penkowskij, überzeugend dargelegt, daß Nikita Chruschtschow eine Konfrontation nicht werde eskalieren lassen. Erst nach Penkowskijs Enttarnung und Hinrichtung 1962/63 wurden die Zusammenhänge nach und nach, wenn auch zunächst nur in Fachkreisen bekannt.

Die Vereinigten Staaten hatten noch 1960 auf demselben nachrichtendienstlichen Schlachtfeld eine empfindliche Niederlage einstecken müssen, als der U-2-Pilot Gary Powers bei einem Aufklärungsflug über der Sowjetunion abgeschossen wurde. Heutzutage umkreisen östliche und westliche Spionagesatelliten einträchtig nebeneinander den Erdball und fotografieren das jeweils gegnerische Territorium so genau, daß die einzelne Kuh auf der Weide zu identifizieren ist, ja, mit Hilfe von Infrarotstrahlen kann man sogar feststellen, wo sich Truppenverbände befunden haben, die inzwischen ganz woanders sind.

Auf der Erde hingegen ist »human intelligence« nach wie vor in Mode, die nachrichtendienstliche Aktivität unter Einsatz des Menschen, die vor allem seinen Einfallsreichtum, seine Fähigkeit, Vertrauen zu schaffen, und seine Verstellungskunst nutzt. Auch hierbei wechseln Erfolge und Fehlschläge einander ab. Ende der sechziger Jahre gelang es zum Beispiel den Sicherheitsorganen der DDR nahezu wöchentlich, vom LfV Schleswig-Holstein gegengesteuerte Agenten festzunehmen und dadurch die Arbeit der von Verwaltungsdirektor Brand geleiteten Spionageabwehr zwischen Nord- und Ostsee zu paralysieren. Der am stärksten betroffene, an den Verlustfällen aber keineswegs schuldlose Fallführer des Landesamtes, der damalige Amtsrat Frischkorn, drehte so stark durch, daß er auf einer Urlaubsreise nach Österreich mit seiner Holzpantine auf einen ihn überholenden einheimischen Wagen, ausgerechnet auch noch einen kleinen Fiat 500, einschlug. Für die österreichische Presse war dies seinerzeit ein gefundenes Fressen, über die rabiaten »Piefkes« vom Leder zu ziehen.

Fast zehn Jahre später, im Jahre 1976, schlug die Stunde des Verfassungsschutzes, ausgelöst durch eine schwerwiegende Entscheidung des neuen Präsidenten Dr. Richard Meier, der damit seinen Ruf als effektiver Behördenchef bei den seriösen Zeitungen ebenso begründete wie den des unerbittlichen Agentenjägers bei der Boulevardpresse. Dabei hatte Dr. Meier nur die Aktion »Anmeldung«, die erste systematische Suchoperation des Verfassungsschutzes seit den fünfziger Jahren, durch einen exekutiven Zugriff bisher nicht bekannten Ausmaßes gekrönt.

Aber wie in der Landwirtschaft, wo man nicht den feiert, der sät, sondern den, der erntet, wurden Dr. Meier und sein Adlatus, der damals ganz neue Abteilungsleiter Hellenbroich, für Verdienste gepriesen die ihnen persönlich gar nicht zustanden. Hellenbroich erzählte mir später einmal mit selbstgefälligem Unterton, wie ihn der Leiter der Abteilung Landesverrat beim Generalbundesanwalt in Karlsruhe angesehen habe. Skeptisch soll der Blick von Bundesanwalt Kaul, einem sachlichen und nüchternen Westfalen, gewesen sein. Sehr skeptisch, als Hellenbroich im Beisein Dr. Meiers, der ihm das Wort überlassen hatte, rheinisch temperamentvoll darlegte, über Informationen zu verfügen, nach denen etwa vierzig östliche Agenten gleichzeitig in der Bundesrepublik festgenommen werden könnten. Aber Hellenbroichs Angaben trafen zu.

Meier und Hellenbroich hatten, als sie 1975 in ihren neuen Funktionen antraten, die Fälle vorgefunden, von denen Hellenbroich in Karlsruhe berichtete, dazu den Schlüssel für eine noch unbekannte Zahl weiterer Fälle. Hellenbroichs Vorgänger Albrecht Rausch hatte auf »Halde« arbeiten lassen und immer dann, wenn seitens des Innenministeriums oder seitens der Presse Abwehrerfolge angemahnt wurden, tröpfchenweise einzelne Fälle exekutiv beenden lassen, ausgelöst, wie wir im BfV sagten. Er hielt die Methode der Enttarnung bedeckt, erzielte dafür auch keine spektakulären Erfolge.

Der neue Präsident hielt, anders als sein Vorgänger Dr. Nollau, diesen Weg nicht für den richtigen. Er drängte darauf, »Flagge zu zeigen«, einen Abwehrerfolg als das zu realisieren, was er war. Und als der Newcomer Hellenbroich den Routinier Rausch zum Jahreswechsel 1975/76 ablöste, gab es für Meier keinen Widerstand mehr. Hellenbroich folgte bereitwillig den Ideen des »Meisters« und fuhr mit ihm nach Karlsruhe. Diese Aktion erwies sich als einer der größten Erfolge der Spionageabwehr, nicht nur, wenn man die Zahl der Festnahmen, sondern auch wenn man die Folgewirkungen berücksichtigt. Etwa fünfzig weitere Agenten setzten sich im Laufe weniger Monate in den Osten ab, die der Verfassungsschutz noch gar nicht enttarnt hatte, aber hätte enttarnen können.

Die Anfänge der Aktion »Anmeldung« reichen bis in die Zeit Ende der sechziger Jahre zurück. Zu dieser Zeit fiel in zwei Arbeitseinheiten der Abteilung IV des BfV eine neue Art von Agenten auf, die in mehreren, voneinander völlig unabhängigen Fällen in nachrichtendienstlichen Verdacht gerieten. Sie waren jenseits des »Eisernen Vorhangs« geboren, aber schon in den fünfziger Jahren in die Bundesrepublik gekommen und einige Zeit später von hier in andere Länder ausgewandert. Dies waren teilweise nur Österreich oder die Schweiz, aber auch Länder wie die USA, Kanada, Südafrika und Australien. Jetzt, in der zweiten Hälfte der sechziger Jahre kehrten sie reumütig auf die deutsche Scholle zurück. Als ihre Festnahme anstand, waren sie wieder im Nebel ferner Länder verschwunden, aus dem sie gekommen waren. Auch als sich einige nachweislich in die DDR abgesetzt hatten, wurde darin zunächst nichts anderes als eine geglückte Flucht vor der Strafverfolgung gesehen. Erst als es in einem oder zwei Fällen gelang, sie vor ihrer Flucht festzunehmen, wurde der Verfassungsschutz hellhörig.

Die Reisepässe, mit denen sie sich legitimierten und die von der Auslandsvertretung der Bundesrepublik in ihrem bisherigen, angeblichen Gastland ausgestellt waren, erwiesen sich nämlich überraschenderweise als gefälscht. Die Betroffenen räumten zusätzlich ein, in Wahrheit Bürger der DDR mit ganz anderer Identität zu sein. Diese gaben sie auch an, verweigerten aber jede Aussage zur Sache. Aus dieser, hier komprimiert dargestellten Ausgangssituation zogen beide Bereiche des BfV unterschiedliche Konsequenzen.

Der eine Bereich war das Referat »DDR-Dienste – Auswertung«, das damals Werner Müller leitete, der spätere vorübergehende Abteilungsleiter IV. Müller hatte gemeinsam mit seinem Mitarbeiter Sörensen das System der Einschleusung und die hypothetischen Möglichkeiten der Enttarnung erkannt. Er fertigte hierüber einen Aktenvermerk und legte diesen, wie es die Art des deutschen Beamten ist, seinem Vorgesetzten, zu diesem Zeitpunkt Heinz Kappenschneider, vor, der ihn kommentarlos abzeichnete und zurückgab.

Der zurückhaltende, aber umsichtige Müller hat sich darauf beschränkt, das Aktenzeichen des Vorganges zu notieren und von Jahr zu Jahr auf seinen neuen Kalender zu übertragen. Er tat dies mit einer ebenfalls von Jahr zu Jahr wachsenden Resignation, mußte er doch miterleben, wie Heinrich Marx, dessen Ansehen im In- und Ausland zusehends wuchs, mit dem Pfunde der gleichen Entdeckung wucherte. Müller wurde trotzdem in verhältnismäßig jungen Jahren Gruppenleiter und Marx ihm als gerade ernannter Referatsleiter unterstellt. Nicht ein einziges Mal hat Müller auch nur darauf hingewiesen, eine Art Miterfinder der Aktion »Anmeldung« zu sein.

Ich bin einer der wenigen, denen Müller – etwa 1984 – seine sorgfältig aufbewahrten Jahreskalender und den bewußten Aktenvermerk gezeigt hat. Für mich bestand kein Zweifel, daß Müller und Sörensen bereits 1968 oder 1969 die Chance erkannt hatten, in ein gegnerisches Einschleusungssystem einzubrechen. Wie Marx hatten sie erkannt, daß zwischen dem Auswanderer der fünfziger Jahre und dem Rückkehrer der sechziger Jahre nur eine dokumentierte, aber keine tatsächliche Identität bestand, daß vielmehr der »Rückkehrer« in Wahrheit im Auftrag eines östlichen Nachrichtendienstes unter Verwendung einer falschen Identität aus der DDR oder einem anderen Land des kommunistischen Machtbereiches in die Bundesrepublik einreiste. Ermittlungsansätze boten die Einwohnermeldeämter, aber Müller und Sörensen hatten vor dem zu erwartenden, damals nicht realisierbar erscheinenden Arbeits- und Personalaufwand kapituliert.

Völlig anders reagierte Heinrich Marx. Er war in den fünfziger Jahren vom Landeskriminalamt Nordrhein-Westfalen ins BfV gekommen, wo er sich im Bereich von Hans Watschounek bei der erfolgreichen Bearbeitung von Funkfällen einen Namen machte. Nach der Entdeckung des gleichen Ermittlungsansatzes, nur eben in einem anderen Referat, löcherte Marx seine Vorgesetzten, vor allem Watschounek und den damals neuen Abteilungsleiter Albrecht Rausch, so lange, bis sie ihm einen Probelauf gestatteten. Ich kann zwar nicht sagen, wo dies geschah, weiß aber, daß dieser Probelauf so erfolgreich oder zumindest so erfolgversprechend war, daß der vorsichtige und skeptische Rausch sich entschloß, die Idee weiterzuverfolgen. Unter der Leitung von Marx entstand zunächst eine Arbeitsgruppe und später ein eigenes Referat, das sich, zunächst sogar in der Abteilung IV abgetarnt, ausschließlich mit der Suche nach Illegalen befaßte. In der ersten Hälfte der siebziger Jahre war die Systematisierung dieser Arbeitsmethode so weit fortgeschritten, daß Marx von einer schrittweisen Identifizierung der Illegalen sprechen konnte.

Beim ersten Schritt fiel – in Absprache mit dem zuständigen LfV – ein ganzes Referat, verstärkt um qualifizierte, aber zweckentfremdete Observanten und sogenannte Durchläufer, also Beamte, die im Zuge ihrer Ausbildung gerade Marx' Referat zugewiesen waren, über ein sorgfältig ausgesuchtes Einwohnermeldeamt her. Waren es zunächst die Einwohnermeldeämter in Kleinstädten, die »durchgeforstet« wurden, so machte man bald auch vor Städten mit einem umfangreichen Meldeaufkommen wie Lörrach und Osnabrück, ja sogar Stuttgart und selbst Hamburg nicht Halt. Einsatzzeit war jeweils das Wochenende von Freitag nachmittag bis Montag früh, wenn die Bediensteten sich im mehr oder weniger verdienten Wochenende erholten. Auf diese Weise brauchte lediglich der Dienststellenleiter eingeschaltet zu werden. Man lichtete die Meldekarten von allen Personen ab, die östlich der Grenze der Bundesrepublik geboren waren und einmal im Zuständigkeitsbereich dieses Einwohnermeldeamtes gewohnt hatten. Als taktisch wichtig wurde dabei angesehen, daß man sich nur mit der »toten Kartei«, also mit den im Bereich des Einwohnermeldeamtes ehemals, nicht mehr aktuell Wohnhaften beschäftigte. Die Mitarbeiter der Behörde, die täglich mit der »lebenden Kartei« arbeiten mußten, sollten von der Durchsicht der Unterlagen keine Kenntnis erlangen.

Der zweite Schritt war dann die gründliche Aufbereitung im Büro. Zunächst wurden Personen ausgesondert, die im Zeitpunkt der Anmeldung jünger als zwanzig oder älter als vierzig Jahre alt gewesen oder inzwischen verstorben waren. Diese Feststellungen hätte man natürlich auch schon »vor Ort«, also im Einwohnermeldeamt, treffen können, aber die Arbeit dort stand teilweise unter einem derartigen Zeitdruck, daß man sie auf diese spätere Phase verlegte. Die jüngeren und die älteren glaubte man, mit Rücksicht auf den Durchschnittstyp des erkannten Eingeschleusten, aber auch mit Rücksicht auf die ohnehin anfallende Menge, als nachrichtendienstlich weniger relevant vernachlässigen zu können.

Nun wurden im dritten Schritt die Meldeverhältnisse der übriggebliebenen rückwirkend überprüft. Ließ sich ihre Spur in den Melderegistern der Bundesrepublik bis in ein nachrichtendienstlich irrelevantes Alter zurückverfolgen, wurde die Bearbeitung eingestellt. Anders jedoch, wenn sich irgendwann einmal nach Vollendung des zwanzigsten Lebensjahres ein Zuzug aus dem Ausland herausstellte. Dann glaubte man, den ersten Zipfel für die Parallele zum Vorbild, zum Archetyp dieses Agenten gefunden zu haben.

Nach diesem Muster war bekanntlich ein anderer Mensch in die Bundesrepublik »zurückgekehrt« als der, der sie einst verlassen hatte. Dieser war in dem vorgegebenen Denkmodell gar nicht oder nicht auf Dauer ins Ausland gegangen, sondern war in seine sozialistische Heimat, vor allem die DDR, aber auch nach Polen und in die Sowjetunion zurückgekehrt.

Etliche dieser Menschen, die in den fünfziger Jahren in die Bundesrepublik gekommen waren, hatten hier keinen beruflichen oder menschlichen Anschluß gefunden oder wurden, häufig sehr junge Leute, von Heimweh geplagt und kehrten zu ihren Familien zurück. Andere unternahmen, bevor sie endgültig in den Osten zurückkehrten in anderen Ländern einen erneuten Startversuch, der in den meisten Fällen aber ebenfalls scheiterte. Später wurden Heimkehrer von der HVA in die Bundesrepublik zurückgeschickt, um sich in ein westliches Land abzumelden, dann aber für immer in die DDR zu kommen.

Hierbei nutzten die HVA und andere östliche Nachrichtendienste zwei Umstände aus, in denen das deutsche und das internationale Meldewesen ihren Absichten entgegenkamen. Zum einen bedarf es beim Wegzug aus der Bundesrepublik ins Ausland keiner präzisen Angabe der neuen Wohnanschrift. Zum anderen erfolgt international keine Rückmeldung, das heißt, es erfolgt keine Benachrichtigung des Einwohnermeldeamtes des bisherigen Wohnsitzes durch die ausländische neue Meldebehörde. Dies wäre bei einem Umzug in die USA, die ein Meldewesen traditionell nicht kennen, auch gar nicht machbar. Derartige Rückmeldungen sind demgegenüber bei Umzügen innerhalb der Bundesrepublik vorgeschrieben.

Selbstverständlich stellte sich häufig aber auch heraus, daß der Rückkehrer in die Bundesrepublik diesem Muster nicht entsprach, daß es sich bei ihm wirklich nur um einen Abenteurer gehandelt hatte, der in jungen Jahren aufgebrochen war, um in der großen, weiten Welt sein Glück zu machen und der nunmehr reumütig zurückkehrte. In allen Fällen aber wurden befreundete Dienste eingeschaltet und der Aufenthalt im Ausland überprüft. Oft genug stellte sich heraus, daß die Spur des Mannes, der da angeblich von Holland oder Österreich, aus Kanada oder aus Australien »heimgekommen« sein wollte, in diesen Ländern nicht gefunden werden konnte. Dann wurde über das Auswärtige Amt und die Auslandsvertretung der Reisepaß überprüft, den der Ankömmling bei der Anmeldung vorgelegt hatte. War unter der Paßnummer ein anderer Name registriert oder war dieses Paßformular gar nicht dieser Auslandsvertretung zugeteilt worden, dann war das BfV fündig geworden, dann glaubte man, einen eingeschleusten, einen sogenannten Illegalen, gefunden zu haben.

Dann wurde im vierten und letzten Schritt der weitere Verbleib des »Rückkehrers« bis zu seiner aktuellen Wohnung ermittelt. Zugleich versuchte man, Anhaltspunkte über den wirklichen Namensträger, in der Sprache des Verfassungsschutzes den Legendenspender, zu finden. Hier griff der Verfassungsschutz auf den Aktenbestand des Notaufnahmelagers Gießen zurück, in dem die Akten, die wohl immer noch »Notaufnahmeakten« heißen, von nahezu allen Personen gesammelt sind, die seit der Teilung Deutschlands bis zu seiner Wiedervereinigung aus der damaligen DDR in die alte Bundesrepublik gekommen sind.

Aber nicht alle fanden sich, wie gesagt, in der für sie neuen, ja fremden Welt zurecht; etliche kehrten zurück und setzten das Leben fort, das sie einst im Osten begonnen hatten, ohne eine Ahnung davon zu haben, daß es sie Jahre später im Westen wieder »gab«. Denn in ihre Fußstapfen traten Männer und Frauen, die im Sprachgebrauch der DDR »Kundschafter des Friedens«, in dem der Bundesrepublik »Eingeschleuste« oder »Illegale« hießen. Sie gaben das seinerzeitige Verschwinden des Legenden-Spenders als ihren eigenen Aufbruch ins Ausland aus, als Auswanderung in eine neue Welt, aus der sie jetzt zurückkehrten.

Warum aber, so wird sich vielleicht der eine oder andere fragen, schlugen die Nachrichtendienste der kommunistisch regierten Staaten einen derart komplizierten Weg ein, um ihre Agenten in die Bundesrepublik zu bringen. Hätte man sie denn nicht einfach als angeblich systemkritische DDR-Bürger in die Bundesrepublik ausreisen lassen können? Gewiß hätte man das und die Dienste haben es in vielen Fällen auch getan. Schließlich ist niemand geringeres als der »Kanzleramtsspion« Günter Guillaume mit Frau und Schwiegermutter auf diese Weise in die Bundesrepublik gekommen. Aber durch die Einschleusung wird der Agent an den Befragungssystemen der Notaufnahmelager vorbeigeschleust, die in den Augen des MfS effektiver waren als dies in Wirklichkeit zutraf. Ein weiterer wesentlicher Vorteil bestand in der Befreiung von dem »Makel«, erst kürzlich aus dem Osten zugewandert zu sein. Zwar stammte auch der Legendenspender aus dem damaligen kommunistischen Machtbereich, aber seine Zuwanderung lag eben schon mehr als zehn, mitunter mehr als zwanzig Jahre zurück und er war zu einem integrierten Bundesbürger »herangereift«, auch wenn er angeblich lange Zeit im Ausland gelebt hatte. Es war das westliche Ausland und ein langer Aufenthalt dort war allenfalls Anlaß für einen Hauch von Abenteuer und Weltläufigkeit, auf keinen Fall aber Anlaß für einen nachrichtendienstlichen Verdacht.

Doch zurück zu den Notaufnahmeakten in Gießen. Auch verwandtschaftliche Beziehungen des früheren Zuwanderers waren dort festgehalten worden und oft genug stellte sich bei der Befragung dieser Verwandten heraus, daß der angeblich jetzt aus Kanada zurückgekehrte und in München wohnhafte Neffe in Wahrheit seit vielen Jahren wieder in der DDR lebte und als Buchhalter einer LPG im Bezirk Schwerin arbeitete. In anderen Fällen bekundeten die Befragten, ihr Verwandter lebe nach wie vor im Westen Kanadas, oder aber, er sei – hier denke ich an den Fall eines unter dem Aliasnamen »Rosenkranz« Eingeschleusten – vor Jahren in Australien bei einem Reitunfall tödlich verletzt worden.

Somit stand fest, daß unter ein und derselben Identität – Name, Vorname, Geburtsdatum und -ort, Name der Eltern und bis zu einem bestimmten Zeitpunkt die Wohnsitze stimmten überein – zwei Personen existierten. Es versteht sich von selbst, daß der neu begründete Wohnsitz des Eingeschleusten in nicht unerheblicher Entfernung zu dem des Legendenspenders lag, um zufällige Enttarnungen zu vermeiden. Dies war der Zeitpunkt, zu dem im Marxschen Referat ein Vermerk erstellt wurde, in dem der Lebensweg der echten Person dem der »angeblichen« Person gegenübergestellt wurde. Während sich die Spur der echten im Ausland oder in der DDR verlor, war die meldeamtliche Position der angeblichen Person bis in die Gegenwart dokumentiert. Die Polizei brauchte, nach Unterrichtung des Generalbundesanwalts, nur zuzugreifen.

Es gab viele Fälle, die nach diesem Muster gestrickt waren,

obwohl Marx und seinen Mitarbeitern bei längerer Beschäftigung mit dieser Materie immer neue Schleusungspraktiken auffielen. »Nahtlosschleusungen« wurden entdeckt, Spuren von Illegalen gefunden, die selbst in Einwohnermeldeämtern gearbeitet und hier den Grundstock für weitere falsche Identitäten gelegt hatten. Es würde viel zu weit führen, alle Arbeitsmethoden aufzudröseln, die einerseits bei der Einschleusung von Agenten Anwendung fanden und andererseits bei ihrer Enttarnung zu Gebote standen. Das ausführlich geschilderte Beispiel des Grundtyps der Aktion »Anmeldung« mag hierfür genügen.

Mein Gruppenleiterkollege Rainer Walter, dem zuletzt das Referat »Illegale« unterstanden hatte, schilderte dem Präsidenten Dr. Pfahls 1985 bei dessen bereits geschilderten Antrittsbesuch in der Abteilung IV sechs verschiedene Fallgruppen, die das BfV bei der Enttarnung von Eingeschleusten glaubte erkannt zu haben. Das BfV hatte bis 1983 oder 1984, als Marx ein Resümee seiner Arbeit zog, über zweihundert Falschidentitäten erkannt, viele davon allerdings, vor allem in jüngerer Zeit, erst im nachhinein, im Rahmen des Nachkartens. Meist hatten die Betroffenen die Bundesrepublik ebenso klammheimlich wieder verlassen, wie sie sie einst betreten hatten; unklar blieb, ob ihnen ihre Situation zu gefährlich wurde oder ob sie im Rahmen des damals größer werdenden Aufklärungsgebietes der HVA neuen Aufgaben im Ausland zugeführt wurden. Nach ihnen wurde in der gesamten westlichen Welt unter der Deckbezeichnung »Aktion Diana« durch ein breit gestreutes Bilderbuch gefahndet, ein Bilderbuch mit Konterfeis der Gesuchten und Angaben zur vermeintlichen Person. Die Bilder wurden bei den Paßbehörden beschafft. Die Eingeschleusten waren meistens bemüht, sich alsbald in den Besitz echter, wenn auch inhaltlich falscher Dokumente zu bringen. Kurz nach ihrer Ankunft in der Bundesrepublik beantragten sie unter Vorlage des gefälschten Reisepasses einen Bundespersonalausweis und zum frühestmöglichen Zeitpunkt auch die Ausstellung eines neuen Reisepasses. Beide Dokumente hielten dann jeder Überprüfung stand, sofern sie nicht unter den Kriterien der Aktion »Anmeldung« erfolgte. Häufig wurden die Sicherheitsbehörden erst durch das Verschwinden des Eingeschleusten auf nachrichtendienstliche Zusammenhänge aufmerksam.

Ein Fall ist hierfür kennzeichnend, obwohl ich die Namen, um die es hierbei geht, ausnahmslos vergessen habe. Jedenfalls war im Sommer 1974 ein Bundeswehroffizier oder -unteroffizier verschwunden und nicht auffindbar. Ein Blick in seine Personalakte zeigte, daß seine einzige Verwandte in der Bundesrepublik eine Tante im Raum Stuttgart war. Als die Feldjäger frühmorgens bei ihr klingelten, um sich nach dem Verschwundenen zu erkundigen, erklärte die Frau verwundert, ihr Neffe schlafe zur Zeit im Gästezimmer. Sie könne sich allerdings nicht erklären, was die Bundeswehr von ihm als südafrikanischem Staatsangehörigen wolle. Das Rätsel löste sich schnell.

In den frühen sechziger Jahren war ein Junge mit seinen Eltern nach Namibia in die Gegend von Windhoek ausgewandert. Dort lernte er um 1970 herum einen etwa gleichaltrigen deutschen Touristen kennen, den er für einige Tage in das Haus seiner Eltern einlud. Der »Tourist«, der die Bekanntschaft gezielt gesucht hatte, reiste, nachdem er sich Einblick in die Lebensgewohnheiten und Lebensverhältnisse seines Gastgebers verschafft hatte, unter dem Namen des jungen Mannes aus Namibia in die Bundesrepublik ein. Er gab sich als rückkehrender Auswanderer aus und trat in die Bundeswehr ein, wo er für seine östlichen Auftraggeber tätig wurde. Als der Legendenspender eine preiswerte Möglichkeit fand, anläßlich der Fußballweltmeisterschaft im Jahre 1974 in der Bundesrepublik die alte Heimat wieder einmal zu besuchen, war seinem Doppelgänger der Boden zu heiß geworden. Er setzte sich in den Osten ab, was die geschilderten Ermittlungen auslöste. Unklar blieb, wie der östliche Geheimdienst von den Reiseplänen des jungen Mannes in Afrika erfahren hatte.

Meine erste persönliche Beziehung mit der Aktion »Anmeldung« lag vor diesem Fall, der eigentlich in die Zuständigkeit des MAD fiel und mich damals im BfV auch nichts anging. Anders war es im Fall Heinz-Dieter Pichottka, der eigentlich Karl-Heinz Stöver hieß. Ich war Sowjetreferent, und Pichottka wurde als Botschaftsbesucher identifiziert, den sein Beruf als

Kaufmann in einem Unternehmen der Schwerindustrie dorthin geführt hatte. Es war nichts zu unternehmen, aber den Klärungsbericht der Verfassungsschutzbehörde Nordrhein-Westfalen habe ich mit Interesse und Verwunderung gelesen, ja, mit Staunen und einem gewissen Anflug von Neid, wie abenteuerlich mancher Lebensweg verläuft. Pichottka war etwa mein Jahrgang und, wie der Name vermuten ließ, in Oberschlesien geboren, hatte sich aber die letzten zehn Jahre in Schweden und Finnland herumgetrieben. Jedenfalls stammten seine Ausweise und die Verlängerungsstempel alle von deutschen Auslandsvertretungen im Ostseeraum. Von den Anmeldungs-Kriterien wußte ich damals noch nichts, und selbst als sich Marx die Akte Pichottka holen ließ, ahnte ich nichts. Erst später, als mir die Akte noch einmal in die Hände fiel, habe ich sie erneut, diesmal als Kundiger gelesen. Wie Schuppen fiel es mir von den Augen – der Musterlebenslauf eines Eingeschleusten nach der ursprünglichen, grob gestrickten Art. Pichottka, recte Stöver, wurde bestraft und kehrte anschließend in die DDR zurück.

Die Sicherheitsbehörden haben nicht erfahren, welche nachrichtendienstlichen Aufgaben Pichottka im einzelnen in der Bundesrepublik erledigt hat. Sie erfuhren dies nur in den wenigsten Fällen, meist nur dort, wo die Eingeschleusten in der Bundesrepublik angeworbene Quellen zu führen und zu betreuen hatten. Dies galt in erster Linie bei den »Sekretärinnenfällen«, so genannt, weil viele Illegale die Bekanntschaft, die Liebe von Sekretärinnen gesucht und gefunden hatten. Die Presse gab ihnen dafür die Bezeichnung »Romeo«. In einigen Fällen entstand zwischen der Sekretärin und ihrem »Romeo« aus der ursprünglich nachrichtendienstlichen Beziehung echte, gegenseitige Liebe. Sie heirateten und fanden ihre Zukunft im Osten, bevor sie enttarnt wurden. Christel Broszey im Vorzimmer von CDU-Generalsekretär Kurt Biedenkopf, Inge Goliath in gleicher Funktion bei dem CDU-MdB Werner Marx und Ursel Lorenzen bei der NATO in Brüssel seien hier nur erwähnt. Andere wurden festgenommen und verurteilt wie Ingrid Garbe, Gerda Schröter, geborene Oostenrieder, die ich später einmal in Madrid befragte, und Dagmar Kahlig-Scheffler.

1985 klang die Aktion »Anmeldung« langsam aus. Als Suchansatz hatte sie für den Verfassungsschutz ihre Schuldigkeit getan. Zugleich aber hat sie bei jüngeren Mitarbeitern Erwartungshaltungen geweckt, denen das BfV nicht gerecht werden konnte. Viele Landesbehörden für Verfassungsschutz, allen voran Schleswig-Holstein und Hessen, sahen im BfV einen personalstarken Ideenproduzenten, einen Braintrust in Sachen Spionageabwehr. Ausarbeitungen, Analysen, zusammenfassende Darstellungen hießen 1985 die vermeintlichen Zauberformeln, mit deren Hilfe angeblich die Ansatzpunkte zur Identifizierung von Agenten auf den Tisch gelegt werden sollten.

Diese Forderung war sicherlich berechtigt und wies auf unleugbare Versäumnisse der Auswertungszentrale in der Vergangenheit hin. Andererseits übersehen die Kritiker, daß fußkranke Briefträger, wasserscheue Straßenpolizisten und all die Leute, die in den vergangenen Zeiten der Vollbeschäftigung im Rahmen der Berufsförderung zum BfV kamen, aber auch in den Innendienst strafversetzte Observanten, kaum geeignet sind, einen herzeigbaren Braintrust des Verfassungsschutzes zu bilden. Ein Dienst, in dem eine Tätigkeit auszuüben für die allerwenigsten eine Auszeichnung darstellt, bei dem freie Stellen erst im Zuge der Arbeitslosigkeit besetzt werden konnten, braucht Jahre, um sehr gut zu sein, und Jahrzehnte, um Wunder zu vollbringen – zaubern wird er nie können.

Mich selbst will ich bei dieser Betrachtung gar nicht ausnehmen. Mit meinem »ausreichend« im Assessorexamen hätte ich nach 1975 Mühe gehabt, eine für einen Juristen angemessene Stelle zu finden. Der öffentliche Dienst wäre mir in jeder Form verschlossen geblieben. Mußte das BfV Mitarbeiter früher mit der Leimrute einfangen, so wurde es um 1980 herum von ernsthaften Stellenbewerbern nahezu heimgesucht. Aus einem Jahr, ich meine 1982, sind mir noch die Zahlen in Erinnerung: Auf zwölf freie Stellen für die Ausbildung im gehobenen Dienst, also die Inspektorenlaufbahn, für die das Abitur Einstellungsvoraussetzung ist, bewarben sich sage und schreibe über eintausendvierhundert junge Leute.

Aber der Verfassungsschutz hat nicht nur mit qualitativen

Mängeln des eigenen Personals zu kämpfen, auch das rechtliche Umfeld hat sich in den zwei Jahrzehnten, die ich überblicken kann, völlig und grundlegend geändert. Vor allem durch das immer stärker werdende Datenschutzbewußtsein der Bürger und der Funktionsträger außerhalb des Verfassungsschutzes hat sich ein Wall des Widerstands gegen das systematische Durchforsten von Datenbeständen aufgetürmt. Bereits als 1984 die Einwohnermeldeämter von Bergheim und Kerpen, beide im sozialdemokratisch regierten Erftkreis gelegen, »durchkämmt« werden sollten, scheiterte das Vorhaben des BfV, als der Oberkreisdirektor trotz des Plazets aus Düsseldorf seine Zustimmung verweigerte.

Einen der wohl letzten, wenn auch mittelbaren Erfolge der Aktion »Anmeldung« konnte die Spionageabwehr des Verfassungsschutzes am 24. August 1985 mit der Festnahme der Sekretärin im Bundespräsidialamt Margarethe Höke feiern. Ich will nicht verhehlen, daß ich bereits am Abend meines Übertritts am 19. August 1985 auf die aktuelle Bearbeitung von Frau Höke durch das BfV und ihre durch meinen Schritt drohende Festnahme hingewiesen habe. Während das Ehepaar Willner – er tätig bei der Friedrich-Naumann-Stiftung der FDP, sie Vorzimmerdame eines Abteilungsleiters im Kanzleramt – »gerettet« werden konnte, blieb ein solcher Erfolg im Fall Höke versagt. Ob keine Warnung erfolgte oder ob Frau Höke die Warnung nicht ernst genug nahm, vermag ich nicht zu beurteilen.

Erst dreimal in seiner vierzigjährigen Geschichte ist es dem Verfassungsschutz gelungen, tragfähige Suchansätze nach unbekannten Agenten zu erarbeiten. Dies war neben der Entwicklung der Aktion »Anmeldung« einmal die Entschlüsselung der gegnerischen Funksprüche und zum anderen die Ansätze der Reisewegsuchmaßnahmen. Die Aktion »Anmeldung« habe ich geschildert; die Funkfälle sind Geschichte, ihr letztes und zugleich prominentestes Opfer war 1974 Günter Guillaume.

Den Reisewegsuchmaßnahmen werde ich mich noch widmen.

Was dem BfV blieb, war das ständige Warten auf den »Kommissar Zufall«. Dieser erschien gelegentlich in Gestalt eines

Überläufers, gelegentlich in der eines qualifizierten Hinweisgebers, und wenn es die religiös indoktrinierte Ehefrau ist, die ihren Mann ans Messer liefert. So konnte es die Frau des Oberregierungsrates im Bundesgrenzschutz, Franz Roski, mit ihrem Gewissen nicht vereinbaren, einerseits »mit der Lüge leben zu müssen« und sich andererseits von den Zeugen Jehovas taufen zu lassen. Sie offenbarte sich der Staatsanwaltschaft in Frankfurt am Main. Die Polizei nahm Roski daraufhin in Emden fest, wo er sich zu einer Tagung unter Beteiligung des Verfassungsschutzes aufhielt. Zwei Teilnehmer – Mitarbeiter des BfV in der Abteilung Sicherheitsüberprüfungen – berichteten nach Rückkehr in Köln, die Polizei habe den Sitzungssaal regelrecht gestürmt und Roski filmreif wie einen bis an die Zähne bewaffneten Schwerverbrecher festgenommen.

Das Drängen der Landesämter nach »neuen Rastern« wurde immer intensiver. Einige Abwehrchefs der Länder – G-Leiter oder G-Referenten war damals ihre verfassungsschutzinterne Bezeichnung, von G wie Gegen – schienen sogar eine Art Suchschablone zu fordern, die sie gleichsam wie ein Tuch über ihr Zuständigkeitsgebiet hätten legen können, auf dem sich die tätigen Agenten wie rote Punkte abzeichneten. Unbestreitbar war es zu Versäumnissen auf Seiten des BfV gekommen, das sich auf den Meriten der Aktion »Anmeldung« ausgeruht und nicht an die Zeit danach gedacht hatte.

Im Februar 1982 kam es zu einer Bund-Länder-Tagung auf Amtsleiterebene, die als Klausurtagung stattfand, das heißt ohne Beteiligung des Bundesinnenministeriums. Lediglich einige ausgesuchte G-Leiter waren eingeladen. Es sollte über diese Versäumnisse beraten werden, und zugleich wollte man das Anforderungsprofil an die Abteilung IV erarbeiten, wie das moderne Schlagwort hieß. Gemeint war damit, das Gremium wollte und sollte die Erwartungen artikulieren, die die Landesbehörden an die zentrale Auswertung der Abteilung IV des BfV hatten. Auf den Punkt gebracht war dies die uralte Frage, anhand welcher Kriterien man einen richtigen Agenten von einem harmlosen Bürger unterscheiden kann.

Der Verlauf und das Ergebnis der Tagung waren verheerend,

jedenfalls für die Abteilung IV und insbesondere ihren damaligen Leiter Werner Müller, der im Sommer 1981 zunächst mit der Wahrnehmung der Aufgaben eines Abteilungsleiters beauftragt worden war, zum Zeitpunkt der Tagung aber kurz vor seiner endgültigen Ernennung stand. Dr. Meier, der Präsident, hielt nicht etwa seine starke Hand schützend über seinen geplagten Mitarbeiter, sondern reihte sich in die Phalanx der Kritiker ein. Mit ätzendem Spott wies er auf Müller hin, der mit leeren Händen und ohne Konzept wie ein armer Sünder dastehe.

Am nächsten Tag bat ihn Müller, von seinen Pflichten als Abteilungsleiter entbunden zu werden, und trat ins Glied zurück. Eine respektheischende, für einen Beamten ungewöhnliche Reaktion. Immerhin, seine Ernennungsurkunde war schon gedruckt. Dr. Meier hätte die Ernennung nur schwerlich gegen Müllers Willen verhindern können. Er hatte aber den Landesämtern gegenüber ein Bauernopfer gebracht und die Wogen glätteten sich. Aber auch die Nachfolger taten, jedenfalls bis 1985 nichts – zumindest nichts, was nennenswerte Erfolge zeitigte.

Das BfV hatte, so als sei das im administrativen Bereich ein Nachweis der Existenzberechtigung, einen frustrierten Beamten mehr. Müller war weiß wie die Wand, als er seinen Schritt den Referats- und Gruppenleitern mitteilte. Er glich einem qualifizierten Alpinisten, der abgestürzt war, als er die Hand schon auf den Gipfelstein gelegt hatte. Aus ihm wurde, um im Bild zu bleiben, ein fußkranker Spaziergänger, der sich im Kurpark erging.

Aber auch Werner Müller hatte seine Erfolge und seine Mißerfolge. Auf einen Erfolg, der in seine Zeit als Abteilungsleiter fiel, war er besonders stolz, obwohl dieser gar nicht in den Zuständigkeitskatalog des BfV paßte, die Rückführung des Agenten Fülle in die Bundesrepublik. Reiner Paul Fülle, der viele Jahre für den »Sektor Wissenschaft und Technik« (SWT) der HVA gearbeitet hatte, war es nach dem Übertritt des MfS-Oberleutnants Werner Stiller am 18. Januar 1979 in den Westen gelungen, sich in die DDR abzusetzen. Etliche Agenten des MfS konnten durch eine beherzte, unkonventionelle Arbeitsweise der Sicherheitsbehörden der Bundesrepublik festgenommen werden, darunter zunächst auch Fülle; anderen gelang es, rechtzeitig gewarnt, sich mit ihren Familien jenseits der Grenzen in Sicherheit zu bringen.

Aber der in der Kernforschungsanlage in Leopoldshafen bei Karlsruhe als Betriebsbuchhalter tätige Fülle war an seinem Arbeitsplatz festgenommen worden und sollte ins Gerichtsgefängnis in Karlsruhe zur Untersuchungshaft eingeliefert werden. Er konnte aber seinen Bewachern entkommen, als der BKA-Beamte Möller auf dem Glatteis vor dem Gefängnistor ausrutschte. Über den Vorfall hatten die Medien seinerzeit berichtet und dafür gesorgt, daß Fülle als der »Glatteis-Spion« in die Kriminalgeschichte einging. Dieser gelangte damals mit Hilfe der sowjetischen Militärmission in Baden-Baden auf den rettenden Boden der DDR. Hier wurde er mit einem Haus im Berliner Villenvorort Kleinmachnow bei Potsdam für seine langjährigen Dienste entlohnt. Er fuhr zwei Autos, einen Lada sowjetischer Produktion und einen italienischen Fiat Mirafiori, auf den Potsdamer Seen lag sein Motorboot, kurz, Fülle genoß den Sozialismus von seiner schönsten Seite. Seine Frau hatte in Berlin (West) eine Stellung angenommen, um regelmäßig ihren Mann in Kleinmachnow besuchen zu können, seine augenkranke Tochter studierte Medizin an der Freien Universität in Berlin.

Das war mein Wissensstand um diesen aus westlicher Sicht reichlich mißlungenen Fall, als ich an einem Tag im Sommer 1981, kurz nach unserem Umzug in die Neußer Straße, zum Abteilungsleiter Müller gerufen wurde, bei dem sich der Berliner Kollege Horst Freimark befand. Ich hatte Freimark und seinen Mitarbeiter Wolfgang Czapiewski in den vergangenen Wochen häufiger als üblich im BfV gesehen, mir darüber aber keine Gedanken gemacht. Nun entwickelte mir Müller die Aktion »Veronika«, die geplante Rückführung Fülles in die Bundesrepublik.

Freimark hatte in Berlin (West) Verbindung mit dessen Ehefrau aufgenommen und von ihr zu seiner Überraschung von Fülles Rückkehrinteressen erfahren. Das BfV war grundsätzlich zur Hilfeleistung bereit, aber nur mit der Maßgabe, daß Fülle sich nach seiner Rückkehr unverzüglich den Strafverfolgungsbehörden stellen muß. Darüber hinaus stand außerhalb jeder Diskussion, daß eine Verbringung Fülles über die grüne Grenze, also durch den eisernen Vorhang, nicht in Betracht kam. Man konnte nur an einen Paß denken, der mit einem Lichtbild Fülles, das bei seiner Ehefrau beschafft werden konnte, versehen war und auf einen anderen Namen lautete. Die Beschaffung eines solchen Passes war für das BfV wegen seiner zahlreichen Kontakte zu allen möglichen Paßbehörden kein Problem. Anders sah es mit dem Hineinfälschen eines Besuchervisums für ein sozialistisches Land aus, das Fülle zur Ausreise in den Westen nutzen konnte. Dieses Problem wiederum war für den Verfassungsschutz allein nicht lösbar, da er sich auf Grund seiner Inlandszuständigkeit derartiger Täuschungstechniken in aller Regel nicht zu bedienen brauchte.

Wen aber konnte, wen aber sollte man einschalten? Zunächst war natürlich an den BND zu denken, immerhin ein deutscher Dienst, mit dem das BfV darüber hinaus auch in empfindlichen Bereichen im großen und ganzen gut zusammenarbeitete. Für den BND sprach auch, daß er seine Fälschungsarbeiten offensichtlich auf hohem Niveau durchführen konnte und sich dabei auch auf eine umfangreiche Dokumentensammlung, vor allem aus den sozialistischen Ländern, stützte. Gegen ihn aber sprach seine Neigung, sich derartige Ausschleusungshilfen mit überhöhten Vorleistungsforderungen an die Ausreisewilligen honorieren zu lassen.

Also fiel nach längerer Diskussion die Wahl auf die CIA, ein zwar rüder und rücksichtsloser Dienst, allerdings mit einer ebenfalls guten Fälscherwerkstatt ausgestattet. Nachdem Hellenbroich als Vizepräsident den Plan abgesegnet hatte, nahmen Müller und ich Verbindung zum damaligen Leiter des nachrichtendienstlichen Verbindungsstabes an der amerikanischen Botschaft, John McCoy, auf, mit dem nach einigem Hin und Her folgende Vereinbarung getroffen wurde: Das BfV stellt der CIA einen echten bundesdeutschen Reisepaß, ausgestellt auf einen Aliasnamen und ausgestattet mit einem Lichtbild Fülles zur Verfügung, in den die CIA ein ungarisches Einreisevisum hineinfälscht. Ein DDR-Visum in den Paß zu fälschen erschien der CIA zu riskant, da die farbliche Abstufung des DDR-Einreisestempels in unregelmäßigen, aber kurzen Abständen von wenigen Tagen wechselte und der Tag von Fülles Ausreise so genau nicht vorhergesagt werden konnte. Das BfV ist ferner für die Verbringung des Passes in die DDR zuständig, wobei die CIA einen Container, also einen Gegenstand mit eingebautem Versteck, zur Verfügung stellt. Fülle nutzt einen ohnehin geplanten Urlaubsaufenthalt in Bulgarien, um von dort mit seinen echten DDR-Papieren nach Ungarn zu gelangen, und reist von dort mit dem Falsifikat als rückreisender bundesdeutscher Urlauber nach Österreich aus. CIA erhält den Reisepaß unmittelbar nach Fülles Eintreffen in Wien aus den Händen des BfV zurück.

Bei der ganzen Angelegenheit erwies sich nur der Container als unbrauchbar. CIA hatte in den Deckel eines unförmigen Buches mit religiösem Inhalt ein allerdings gut getarntes Versteck eingebaut, in dem der Paß auch über die Grenze hätte gebracht werden können. Allerdings hätte das Buch die volle Aufmerksamkeit auf sich gezogen und wäre unter Umständen durch die DDR-Grenzorgane von der Einfuhr in die DDR ausgeschlossen worden. Also klebte sich Frau Fülle, die als einzige für die Verbringung des Passes zu ihrem Mann in Betracht kam, das Dokument mit Hilfe ihrer Tochter unter den Verschluß ihres Büstenhalters auf den Rücken und brachte ihn zu ihrem Mann.

Fülle reagierte, wie nur ein Mann seines Charakters und seines Naturells reagieren kann. Statt sich an die ihm deutlich übermittelten Weisungen zu halten, fuhr er am Tage seines ursprünglich geplanten Abfluges nach Bulgarien mit seinem Fiat über die CSSR nach Ungarn und von dort mit dem Zug nach Wien. Seinen Wagen ließ er in Budapest in unmittelbarer Nähe des Bahnhofs stehen, obwohl er allein durch die gelöste Seitenverkleidung und das teilweise auseinandergebaute Armaturenbrett die Aufmerksamkeit der Polizei auf sich ziehen mußte. Fülle war in Zinnwald beim Grenzübertritt in die CSSR von DDR-Zöllnern eingehend »gefilzt« worden, ohne daß diese seinen Falschpaß fanden, den er zwischen seinem Autoradio und der Wand der Radioaussparung im Armaturenbrett versteckt hatte.

Seine Frau hatte uns eine derartige Sofortreaktion ihres Mannes vorausgesagt, und so hatten wir uns, Freimark, Czapiewski und ich, als Empfangskomitee nach Österreich begeben. Ich selbst hatte die Fahrt dorthin aus dem Urlaub angetreten, den ich mit meiner Familie wieder gemeinsam in meinem geliebten Wüstensachsen verbrachte.

Ich fuhr mit dem Wagen nach Wien, einem alten, hellblauen Opel-Karavan aus der Fahrbereitschaft des BfV den man mir an meinen Urlaubsort gebracht hatte. Meinen eigenen, dunkelgrünen Audi 100 GL, mit dem ich üblicherweise Dienstreisen machte, wollte ich nicht einsetzen. Im Ausland durfte man keine Tarnkennzeichen einsetzen, und mein eigenes Kennzeichen, das natürlich auf meine eigenen Personalien zugelassen war, wollte ich bei einem derartigen Einsatz nicht ohne Not »verbrennen«, also unter Umständen der Gegenseite preisgeben; kindliche Vorstellungen über den Wissensstand des MfS vom Personal des BfV. Hinterher ärgerte ich mich, als ich erfuhr, ich hätte auch auf einen Mercedes oder einen großen BMW aus der Observation zurückgreifen können.

Bereits zwei Tage vor seinem ursprünglich geplanten Eintreffen am frühestmöglichen Termin seit Erhalt seiner Papiere, reiste Fülle nach Österreich ein, Freimark und Czapiewski waren ihm bis Bruck entgegengefahren, auf gut Glück natürlich, und fanden ihn im Frühzug aus Budapest. Am Wiener Ostbahnhof warteten der CIA-Offizier James Thibeault und ich auf das Einlaufen des Zuges, Thibeault mehr auf den Reisepaß, ich mehr auf den Heimkehrer Fülle. Während der Amerikaner auf dem Luftwege mit dem nun nicht mehr erforderlichen Paß nach Deutschland zurückkehrte, fuhren wir anderen mit dem Opel-Karavan über St. Pölten, Salzburg und München nach Karlsruhe, wo wir Fülle gegen Mitternacht dem Bundesanwalt Dr. Müller übergaben.

»Ja, Herr Fülle«, sagte Dr. Müller freundlich, »auch wenn Sie freiwillig gekommen sind, mehr als eine Zelle kann ich Ihnen nicht anbieten.«

»Ich denke gar nicht daran, mit einer Zelle vorlieb zu nehmen!« erwiderte Freimark lachend, als er merkte, daß Dr. Müller ihn für Fülle hielt. »Im Gegenteil, Herr Bundesanwalt, ich möchte Sie bitten, mir ein bequemes Hotelbett nach der langen

Fahrt zu vermitteln.« Fülle hatte mit Czapiewski im Wagen gewartet; für uns war die Aktion erfolgreich geendet.

Acht Tage später waren wir schon wieder in Wien, Freimark, Czapiewski, diesmal auch Werner Müller und ich. Zwei Observationsfahrzeuge, davon keines unter zweieinhalb Liter Hubraum, begleiteten uns. Wir konnten nicht ausschließen, daß Oberst Christian Streubel bereit war, in den Westen überzulaufen. Der Leiter der Abteilung XIII, der Stiller angehört hatte und von der Fülle geführt und zuletzt betreut worden war, schien durch dessen Flucht kompromittiert zu sein. Eine entsprechende Andeutung hatte er zumindest Freimark gegenüber gemacht, der ihn unter seinem Arbeitsnamen »Holm« angerufen hatte. Eigentlich wollte Freimark nur die geglückte Flucht Fülles durch einige hämische Bemerkungen Streubel gegenüber krönen, aber aus dem Telefongespräch zwischen beiden ergab sich plötzlich die Verabredung für Sonntag früh um zehn Uhr in Wien. Bei allen Zweifeln, die wir an der Ernsthaftigkeit des Angebots hatten, gab es für uns doch keine andere Alternative als uns auf einen Übertritt Streubels vorzubereiten.

Sämtliche Sicherheitsbehörden der Bundesrepublik wurden in Alarmbereitschaft versetzt, was allerdings durch die Weigerung des BfV erschwert wurde, auch nur andeutungsweise den Grund des Alarms zu nennen. An der deutsch-österreichischen Grenze, in der Nähe des Autobahnübergangs Salzburg, wartete ab Sonntag mittag ein Hubschrauber des Bundesgrenzschutzes, um den Flüchtling, falls er kommen sollte, sicher und schnell nach Köln zu bringen.

Pünktlich um zehn Uhr waren wir am vereinbarten Treffplatz im Westen der Stadt. Streubel sahen wir nicht, dafür aber einen Radfahrer, der in unsere Richtung fotografierte, und einen Diplomatenwagen der DDR-Botschaft in Wien, der den Treffort in schneller Fahrt passierte. Beides waren deutliche Anzeichen dafür, daß Streubel und die gesamte HVA uns an der Nase herumgeführt hatten und sich jetzt genüßlich anschauten, welche Maßnahmen der Verfassungsschutz ergriffen hatte. Überrascht waren wir nicht, aber doch etwas enttäuscht, ja sogar peinlich berührt, weil wir nun alle umfangreichen Vorbereitungen als blinden Alarm abblasen mußten. Wortkarg machten wir uns auf den Heimweg.

Nur Freimark schien erleichtert. Je näher der Trefftermin gerückt war, desto mehr hatte den sonst so schneidigen Berliner der Mut verlassen. Noch am Vortage war er nahe daran gewesen, seine Teilnahme an dem Treff abzusagen. Alte Entführungsgeschichten, ja sogar die fast unverständliche Angst davor, aus einem vorbeifahrenden Auto heraus erschossen zu werden, ließen ihn blaß und fahrig erscheinen. Wie ein Psychiater redete Müller auf einem langen Spaziergang auf ihn ein und richtete Freimarks gequälte Seele mühsam wieder auf.

»Ich verstehe gar nicht«, frotzelte der Observationsleiter Norbert Jacobsen, den alle wegen seines Bauches »Cannon« nannten, in Anspielung an die alte Fernsehserie mit William Conrad, »warum Freimark sich in einer Lederjacke treffen will. Wo man Leder doch so schlecht stopfen kann.«

Zum Glück hatte Freimark davon nichts gehört. »Cannon« und ich, der ihm an Leibesfülle um nichts nachstand, folgten beide im Abstand von etwa fünfzig Metern.

»Hören Sie bloß mit ihren faulen Witzen auf!« wies ich ihn zurecht, mußte aber über Jacobsens Sarkasmus lachen.

Lachen konnte Dr. Meier nicht über das Ergebnis unseres »Ausfluges«. Bei der niedrigen Erwartungshaltung brauchte man hier nicht von einem Mißerfolg zu sprechen, aber es war halt, und das ärgerte Dr. Meier, kein Erfolg.

»Da seht euch einmal den Herrn Müller an«, höhnte er, als dieser tags darauf zur Berichterstattung beim Präsidenten erschien, »versprochen hat er mir einen hohen Offizier des MfS, und womit kommt er? Mit einer Aktentasche.« Aber auch sein Vize Hellenbroich bekam sein Fett weg, zwar nicht von Dr. Meier, sondern von seinem österreichischen Kollegen Dr. Armin Herrmann. Dieser hatte ihn nach Wien einbestellt und ohne jeden Wiener Charme angeschnauzt: »Merken Sie sich, Herr Hellenbroich, die Zeiten der Ostmark sind endgültig vorbei! Wenn Sie noch einmal Ihre Streitkräfte ohne meine persönliche Zustimmung nach Österreich in Marsch setzen, läuft zwischen Ihrem und meinem Haus gar nichts mehr, verstanden?«

Selbst an Streubel ging der Vorfall nicht spurlos vorüber.

Obwohl er doch für den Telefonanruf Freimarks nun wirklich nichts konnte, wurde er als Abteilungsleiter abgelöst. Die Sicherheitsorgane der HVA mußten die Gespräche, wenn auch nicht als Anbahnung, so doch als nachrichtendienstliche Kontaktierung werten. Streubel wurde aus der Schußlinie gezogen und in das Verbindungsbüro des MfS zum KGB versetzt, das in der Moskauer Botschaft der DDR integriert war.

Aber noch ein weiteres Mal beschäftigte mich der Fall Fülle, im Jahre 1984. Der Rückkehrer, der aus der Untersuchungshaft entlassen worden war und jetzt in München wohnte, machte Schlagzeilen als Angeklagter vor dem Oberlandesgericht Stuttgart. Als dabei in der Öffentlichkeit bekannt wurde, daß die bei einer Münchner Bank tätige Frau Fülle die Ehefrau des »Glatteisspions« war, sah sich die Bank genötigt, sich von ihrer Mitarbeiterin zu trennen.

»Wir haben natürlich gar nichts gegen Sie, Frau Fülle«, eierte der Personalchef herum, »aber unsere Kunden, Sie müssen verstehen.«

Also mußte mit der Zentrale in Frankfurt gesprochen werden, eine Aufgabe für mich.

»Sie haben in Sachen Fülle zwei Lustreisen nach Wien unternommen, also kümmern Sie sich darum«, hieß es.

Ich hatte Erfolg. Der Personalchef der Bank im sechzehnten Stock eines Büroturmes an der Bockenheimer Landstraße versprach mir, Frau Fülle weiterzubeschäftigen, obwohl die Kündigung auf ihn persönlich zurückging. Mein Erfolg beruhte aber nicht auf meinen, wie ich bis heute glaube, guten Argumenten, in denen von Sippenhaft die Rede war, von guten Ehefrauen, die mit ihren Männern durch Dick und Dünn gehen, und von Problemen, denen arbeitslose Frauen von Strafgefangenen ausgesetzt sind. Auch mein Hinweis auf staatliche Interessen half nichts, aber das war auch wirklich schwierig zu verstehen.

Ich hatte Erfolg, weil der Personaldirektor und ich beide in Frankfurt auf das Heinrich-von-Gagern-Gymnasium gegangen sind und dort Abitur gemacht haben, er ein paar Jahre vor mir. Wir kamen zufällig darauf. Ich hatte aus seinem Fenster auf das patinierte Dach der alten Bundesbank in der Taunusanlage geblickt und erwähnt, daß dort einmal mein Vater gearbeitet habe. Der Personaldirektor und ich, wir kannten einander aus der Schule nicht, aber wir hatten dieselben Lehrer, und einem alten Schulkameraden schlägt man doch eine solche Bitte nicht ab.

Titel: der Schulfreund, Untertitel: Ein deutsches Trauerspiel.

Die letzten Jahre meiner Tätigkeit im BfV – insbesondere die Zeit seit meiner Rückkehr in die Spionageabwehr im Jahre 1979 – waren gekennzeichnet von dem dritten systematischen Erfolg der Spionageabwehr, von den Reisewegsuchmaßnahmen. Dabei erzielten die Ämter für Verfassungsschutz, das BfV in einer vorbildlichen Kooperation mit den Landesbehörden, teilweise bemerkenswerte Erfolge. Häufig allerdings beschränkten sie sich mehr auf die Rolle des interessierten Zuschauers als daß sie in die des aktiven Beteiligten drängten. So sind viele Fälle nur unter den Aliasnamen der Reisekader in die Geschichte der Spionageabwehr eingegangen, weil es nicht gelang, aber auch weil man darauf verzichtete, sie festzunehmen und auf diese Weise ihre wahre Identität festzustellen. Die Namen, die sie trugen, waren falsch, das heißt, die Namen gab es, nur die Personen, die sie benutzten, gehörten nicht dazu, weder Walkowiak noch Mayer-Weterling, weder Jennrich noch Dr. Frank. Aber was wußte der Verfassungsschutz von ihnen, wie war er überhaupt auf ihre Spur gekommen?

Als Vater der Reiseüberwachung ließ sich nicht ohne Grund ein Mann feiern, der jetzt, wie ich hoffe, noch immer, in Kiel seine Pension als Kapitän zur See a.D. verzehrt: Günter Krause, der langjährige Leiter der Abteilung Spionageabwehr im ASBw, dem Amt für Sicherheit der Bundeswehr, seit der Kiesling-Wörner-Affäre umbenannt in MAD-Amt. Von Ende der sechziger bis Mitte der siebziger Jahre war er in vergleichbarer Position auf regionaler Ebene als Dezernent III bei der MAD-Gruppe in Kiel tätig, zuständig für die Spionageabwehr innerhalb der Bundeswehr in den Bundesländern Schleswig-Holstein und Hamburg.

In den Verfassungsschutzbehörden dieser Länder saßen damals neue G-Leiter oder, wie man heute sagen würde, neue Abwehrchefs. Robert Wilkens, der sich gerne »Bob« nennen ließ, hatte in Hamburg den biederen Oberamtsrat Hugo Ayasse abgelöst, in Kiel war Ruhlich, dessen Vorname mir entfallen ist, Nachfolger des in den letzten Jahren glücklosen Verwaltungsdirektors Brand geworden. Diese drei, Günter Krause, »Bob« Wilkens und Ruhlich, kümmerten sich einen Schmarren um örtliche und sachliche Zuständigkeit, sondern »gingen auf Agentenjagd«, wobei der Durchtriebenste von ihnen, Krause, sich mit der Rolle des Drahtziehers im Hintergrund zufriedengab.

Aber es war seine Idee, Beobachtungen aus vielen, wenn nicht den meisten Spionagefällen in ein Suchprogramm umzusetzen. Spionagetreffs, das lehrten diese Fälle, fanden überwiegend am Wochenende im Ostteil des geteilten Berlin statt, und die Treffpartner aus der Bundesrepublik, die Agenten, reisten häufig mit dem Flugzeug an, und zwar allein, waren meist zwischen fünfundzwanzig und vierzig Jahre alt und hielten sich in der Regel nur eine, allenfalls zwei Nächte in Berlin auf.

Auf diese Erfahrungswerte bauten Krause und Co. ihr, allerdings kostenintensives, Suchprogramm auf. Ihre Observanten verfolgten jüngere alleinreisende Wochenendflieger mit leichtem Gepäck von Hamburg-Fuhlsbüttel nach Berlin-Tegel, versuchten, in Berlin einen Übertritt in den Ostteil der Stadt festzustellen, sie beim Rückflug wieder aufzunehmen und nach ihrer Rückkehr in Norddeutschland zu identifizieren. Erfolge blieben nicht aus, so daß das BfV gezwungen war, sich gemeinsam mit einigen anderen Bundesländern an dieser Aktion zu beteiligen. Gern tat das BfV dies zu Anfang nicht.

Zum einen war ihm die Beteiligung des MAD »auf gut Glück« nicht geheuer, denn dieser war nur zuständig, wenn sich der Berlinflieger als Soldat oder als Zivilbediensteter des Verteidigungsministeriums oder seines Geschäftsbereichs entpuppte. Die Wahrscheinlichkeit hierfür war gering, aber Krause fing Vorbehalte aus dem BfV mit der ihm eigenen Wendigkeit auf – er bot seine Mitarbeiter dem Verfassungsschutz bei dessen auch von Krause eingeräumter uneingeschränkter sachlicher Zuständigkeit einfach als »Observationshilfe« an. So behielt der MAD einen Fuß in der Tür und dem Verfassungsschutz, vor allem den LfV, war bei dem ständigen personellen Engpaß in der Observation geholfen. Als Krause später, inzwischen zum Abteilungsleiter III des ASBw, zum militärischen Abwehrchef aufgestiegen, aus dieser Beteiligung ein Recht herzuleiten versuchte, sich in die Aktionsplanung einzuschalten, verzichtete das BfV, wenn auch schweren Herzens, auf die Observationshilfe der Bundeswehr.

Zum anderen sah das BfV skeptisch auf das fortbestehende norddeutsche Zweckbündnis, in dem es ein Gebilde sah, das sich seiner Koordinationsfunktion entzog und ein Eigenleben zu entwickeln drohte. Dies galt um so mehr, als sich ihm auch noch die Verfassungsschutzbehörde Niedersachsen anschloß. Dort saß mit Manfred Dreyer ein Mann auf dem Stuhl des G-Leiters, der, quirlig und intelligent, zuvor unter dem Namen »Spreng« mit »Fleming«/Förtsch beim Bundesnachrichtendienst um die Leitung des Bereiches Gegenspionage gerungen und verloren hatte. Dreyer entwickelte sich zum unbestrittenen Star unter den G-Leitern und wußte jede Tagung, an der er sich beteiligte, durch sinnvolle Vorschläge und konstruktive Beiträge zu bereichern.

Die ersten koordinierten gemeinsamen Maßnahmen des Verfassungsschutzes bei Reisewegsuchmaßnahmen – das Wort erklärt sich als behördliche Bezeichnung von Maßnahmen zur Suche (von Agenten) auf den Reisewegen (zum Treff) – waren etwa 1976/77 die Aktionen »Wirbelsturm« und »Passat«. Das prominenteste Opfer dieser Aktionen war der damalige Vorsitzende des Bundes deutscher Kriminalbeamter, Robert Grunert, den das Hanseatische Oberlandesgericht in Hamburg 1978 zu einer, wenn ich mich recht entsinne, zweijährigen Gefängnisstrafe verurteilte. 1986 ging Grunert in die damalige DDR.

Heute mag man darüber diskutieren, wie hoch der Anteil des Günter Krause an der Reiseüberwachung insgesamt war, die Initialzündung damals aber ging eindeutig von ihm aus. Nun hat bekanntlich der Erfolg viele Väter und nur der Mißerfolg ist ein Findelkind. So nimmt es nicht wunder, daß sich viele der Vaterschaft dieser erfolgreichen Maßnahme rühmen, und auch ich stehe nicht an, darauf hinzuweisen, daß ich ebenfalls gewisse

Modifikationen herbeigeführt habe. Aber es würde zu weit führen und jedermann langweilen, wollte ich versuchen, die sich über mehr als zehn Jahre hinziehende Maßnahme des Verfassungsschutzes in allen Phasen wiederzugeben. Abgesehen davon wäre ich auch dazu gar nicht in der Lage. So möchte ich ähnlich verfahren, wie ich es bei der Aktion »Anmeldung« getan habe, und nur die Reisewegsuchmaßnahmen der letzten Phase meiner Beobachtung schildern, Mitte der achtziger Jahre.

Eine wesentliche Veränderung der Ausgangssituation zu dieser Zeit war gegenüber den Anfängen die Verlegung des Arbeitsbeginns, des »Tippens«, also das Bestimmen eines Observationskandidaten, vom Flughafen in der ehemaligen alten Bundesrepublik an den Flughafen Berlin-Tegel. Hierbei eingesetzte Mitarbeiter des BfV und verschiedener LfV hatten im Laufe der Zeit festgestellt, daß man drei Typen von Reisenden durch Observationseinsätze in Berlin identifizieren konnte: Den zum Treff im damaligen Berlin (Ost) anreisenden Agenten auf der einen und den vom dortigen Treff zurückkehrenden Agenten auf der anderen Seite. Zum dritten zeichnete sich aber auch die Möglichkeit ab, den aus der DDR in die Bundesrepublik fahrenden Reisekader zu erkennen. Unter einem nachrichtendienstlichen oder operativen Reisekader versteht man den inoffiziellen Mitarbeiter (IM) eines gegnerischen Dienstes, der, selbst im Osten wohnhaft, in das Operationsgebiet Bundesrepublik einreist, um persönlich die Verbindung zu einem hier tätigen, meist hochrangigen Agenten zu halten. Er soll Wünsche und Aufträge der Führungsstelle an ihn weiterleiten, andererseits seine Meldungen und Berichte entgegennehmen, sich aber auch Klagen und Beschwerden des »Kämpfers an der unsichtbaren Front« geduldig anhören und an die Führungsstelle weiterleiten.

So haben sich zwei voneinander im Ansatzort in Berlin und im Schwierigkeitsgrad völlig verschiedene Suchmaßnahmen entwickelt. Auch die Deckbezeichnungen änderten sich. Sie wurden weniger windig wie »Wirbelsturm« und »Passat«, dafür mehr blumig wie »Wacholder« und »Krokus«. Eigentlich sollten die Deckbezeichnungen jährlich wechseln, wobei Ende der siebziger Jahre vereinbart worden war, sich dabei auf Blumennamen zu konzentrieren. Entgegen dieser Absprache haben sich die Bezeichnungen »Wacholder« und »Krokus« aus der Blumenserie so eingebürgert, daß sie bleibende Bezeichnungen wurden.

»Wacholder« war die Deckbezeichnung für den Suchansatz am Flughafen Berlin-Tegel, gerichtet auf Personen, die aus dem damaligen Bundesgebiet nach Berlin flogen und auf die die Kriterien aus früheren Aktionen zutrafen.

Aber um harmlose Berlintouristen zu Menschen zu machen, gegen die ein nachrichtendienstlicher Verdacht bestand oder zumindest geäußert werden konnte, mußte ein weiteres Kriterium erfüllt sein, das über das äußere Erscheinungsbild hinausging und das beim besten Willen am Flughafen Tegel nicht erkennbar war – der Übertritt nach Ostberlin. Doch dieses Ziel ließ sich nur durch Observation erreichen.

Und so splitterte sich die wartende Gruppe der Observanten am Flughafen Tegel langsam auf. Da für Verfassungsschützer damals nach Berlin der teure Luftweg vorgeschrieben war, wurde diese Gruppe trotz aller Erfolgsaussichten aus Kostengründen immer klein gehalten. So konnten sich immer nur zwei, allenfalls drei Observanten an die Fersen einer »getippten« Person heften, der in der Bundesrepublik ein ganzer Trupp, also sechs bis acht Mann, in drei bis vier Fahrzeugen gefolgt wären. Aber auch die PS-starken Limousinen mußten zu Hause bleiben, und man half sich in Berlin, soweit die Fahrzeuge der dortigen Observation nicht zur Verfügung standen, mit herkömmlichen Leihwagen und mobilen Funkgeräten. Die »Zielperson« wurde so lange »unter Kontrolle gehalten«, bis sich der Aufenthalt in Berlin eindeutig als nicht nachrichtendienstlich bedingt erwies oder aber, im günstigsten Fall für den Verfassungsschutz, bis sie die Grenze in den Ostteil der Stadt überschritt.

Es gab bemerkenswerte Erfolge im Rahmen der Aktion »Anmeldung«. Vor allem an den damaligen Rechtsreferendar und jetzigen Rechtsanwalt Wolfgang Opitz ist zu denken, der dadurch seine ersten Erfahrungen mit der deutschen Justiz ausgerechnet als Angeklagter machen mußte. Er war den Observanten aufgefallen, als er das Flughafengebäude verließ und mit einem Taxi stadteinwärts fuhr. Als sie ihm folgten, sahen sie, daß er später vom Taxi an der Station Kochstraße in die U-Bahn wechselte und mit ihr in Richtung Bahnhof Friedrichstraße ausreiste. Später stellte sich heraus, daß Opitz von der Abteilung IX der HVA, der Abteilung für Gegenspionage, in den Bundesnachrichtendienst eingeschleust werden sollte. Opitz wurde vom OLG Düsseldorf zu einer zweijährigen Gefängnisstrafe mit Bewährung verurteilt.

Viele Personen wurden dabei observiert, wie sie vom damaligen Berlin (West) aus in den Ostteil der Stadt wechselten. Agenten waren natürlich darunter, die in der Regel auch verurteilt wurden, aber auch eine ganze Reihe von Menschen, die einen rein persönlichen Anlaß für eine solche Reise hatten. Das Treffen mit Verwandten aus der DDR, die Regelung von Nachlaßfragen, der Besuch von Gräbern naher Angehöriger, all das waren nachprüfbare Gründe, die für eine derartige, zunächst belastende Reise bei Befragungen genannt wurden. Das Wochenende hatten zahlreiche Reisende aus zwei naheliegenden Gründen gewählt: Zum einen brauchten sie keinen Urlaubstag zu opfern und zum anderen sind Flüge am Wochenende deutlich billiger.

Natürlich gerieten auch Personen unter Observation, die weder in den Ostteil wechselten noch ein sonstiges verdachtsbegründendes Verhalten an den Tag legten. Obwohl dies in der Mehrzahl der Fälle zutraf, verhielt sich der Verfassungsschutz gleichwohl hartnäckig. So wurde sogar das unverzügliche Aufsuchen eines Hotels in Berlin (West) durch den Ankömmling verdachtssteigend interpretiert, weil dem Verfassungsschutz Agenten bekannt waren, die vor dem Treff in Ostberlin auf Weisung ihrer dortigen Führungsstelle im Westteil der Stadt übernachteten. Derartige Reisende wurden daher gelegentlich am Abend der Ankunft und am folgenden Tag »unter Kontrolle gehalten«, um sicher beurteilen zu können, ob sie nach Ostberlin fuhren oder nicht.

Aber auch Zufallserfolge wurden verzeichnet. So wurde im Rahmen der Aktion »Wacholder« ein Werner Wendt bekannt, der unmittelbar nach seiner Ankunft den Ostteil der Stadt aufgesucht hatte. Anschließende Ermittlungen wiesen auf Kriterien der Aktion »Anmeldung« hin. Als Wendt festgenommen wurde, gab er an, in Wahrheit Gerhard Beier zu heißen und im Auftrag des MfS gegen die Bundeswehr zu arbeiten. Der Erfolg des Verfassungsschutz basierte insofern auf Zufall, als »Beier/Wendt« aus privaten und keineswegs nachrichtendienstlichen Gründen nach Berlin geflogen war. Er wollte in der DDR private Probleme des Gerhard Beier regeln.

Wann immer ein Übertritt nach Ostberlin festgestellt werden konnte, warteten Observanten, bis der Reisende zum Rückflug wieder am Flughafen eintraf. Alle Erfahrungen sprachen dafür, daß er von Berlin aus wieder an seinen Ausgangsflughafen zurückkehrt. Da man wußte, über welchen Flugsteig er seine Maschine bei der Ankunft verlassen hatte, somit auch, aus welcher Stadt er angereist war, brauchten sich die Observanten nur um Passagiere der Flugzeuge zu kümmern, die in diese Stadt flogen.

Seinerzeit konnte man auch Berlin (West) nur verlassen, wenn man sich durch Vorlage eines Reisepasses oder eines Personalausweises legitimierte. Für einen Teil der Observanten war es nun ein leichtes, sich im Datenraum des Flughafengebäudes von der Identität des Gesuchten zu überzeugen. Alle Ausweise wurden am Abfertigungsschalter abgelichtet, die Bilder in den zentralen Datenraum übertragen und dort, zumindest vorübergehend, gespeichert. Gleichwohl schloß sich am Heimatflughafen eine weitere Observation an, um die wahre Identität festzustellen, die mit der zum Flug benutzten nicht übereinstimmen mußte. Nachrichtendienste neigen dazu, ihre Agenten mit Falschausweisen auszustatten, um ihre wahren Personalien bei allen Arten von Grenzüberwachungen zu verbergen.

Insgesamt war die Aktion »Wacholder« trotz unbestreitbar guter Erfolge doch mit so viel Unwägbarkeiten verbunden, daß der Verfassungsschutz – Ehre, wem Ehre gebührt – auch seinen internen Sprachgebrauch diesen Erkenntnissen anpaßte. Er sprach daher auch bei festgestelltem Grenzübertritt nicht mehr – wie anfangs – von einem »Positivfall«, sondern ab 1984 allenfalls noch von einem »Fall mit Auffälligkeiten«. Gleichwohl galt die Feststellung eines Grenzübertritts am Wochenende immer noch als »Erfolg«. Denn von den neun oder zehn Personen, die der Verfassungsschutz bei jedem Einsatz, also an jedem Wochenende, »aufnahm«, machte allenfalls einer den entscheidenden Schritt in die andere Welt.

Demgegenüber war die Aktion »Krokus« ursprünglich ein Nebenprodukt von »Wacholder« und aus der Langeweile der Observanten in Berlin entstanden. Ab Samstag mittag war mit der Anreise möglicher Agenten aus der Bundesrepublik nach dem vorgegebenen Denkmodell nicht mehr zu rechnen; die Observanten hingegen hatten ihre Rückflüge alle für Sonntag abend oder gar Montag früh gebucht. Sie konnten nie wissen, ob eine »getippte«, von ihnen observierte Person in den Ostteil der Stadt fuhr und sie daher zur Identifizierung auf deren Rückkehr warten mußten. Da aber ein derartiger Erfolg in Berlin (West) nicht die Regel war, hatten die Observanten mitunter eineinhalb bis zwei Tage Leerlauf.

Um diese Zeit zu überbrücken, hatten Mitarbeiter des LfV Schleswig-Holstein versucht, die Aktion »Wacholder« auf den Kopf zu stellen und nicht nach anreisenden, sondern nach rückkehrenden Agenten Ausschau zu halten. Hierzu bot die S-Bahn-Station Lehrter Bahnhof eine hervorragende Ausgangsposition. Er war die erste Station der S-Bahnverbindung vom Ostberliner Bahnhof Friedrichstraße zum Westberliner Bahnhof Zoo und befand sich bereits auf westlichem Territorium. Wer also bereits in einem S-Bahnzug aus östlicher Richtung saß, mußte am Bahnhof Friedrichstraße, der Drehscheibe des touristischen und nachrichtendienstlichen Ost-West-Reiseverkehrs, zugestiegen sein. Unter Anlegung der gleichen Kriterien wie bei »Wacholder« versuchten die Observanten, vermutliche oder besser, von ihnen vermutete Agenten zu »tippen« und ihre Abreise in die Bundesrepublik festzustellen.

Bald verloren sich die Bemühungen in einer fast unüberschaubaren Kasuistik. Nach den ersten Festnahmen aus dieser Aktion im norddeutschen Raum stieg die Beteiligung anderer Verfassungsschutzbehörden, und die Basis in Berlin wurde verbreitert. Neben den S-Bahnverbindungen von Ost nach West wurden auch verschiedene U-Bahnverbindungen beobachtet. Am Bahnhof Zoo wurden S-Bahnreisende aus Richtung Bahnhof Friedrichstraße, die in die Fernbahn, der Berliner Name der Bundesbahn, wechselten, ebenso observiert wie Reisende, die sich, aus Ostberlin kommend, am Bahnhof Zoo eine Fahrkarte kauften und anschließend nach Ostberlin zurückkehrten. Schließlich stellte man auch noch fest, daß das MfS die Linienbusverbindungen von Berlin (West) in alle Teile des Bundesgebietes intensiv nutzte.

Dadurch wurde ein von Anfang an erkanntes Problem immer deutlicher. Die Transitreisen von Berlin (West) ins Bundesgebiet bargen immer gewisse Risiken in sich, weil Observationen durch die DDR nicht möglich waren. Daher mußten Telefongespräche über zum Teil ungeschützte Leitungen wegen der weiteren Observation im Bundesgebiet geführt werden. Man versuchte sogar, wenn auch mit wechselndem Erfolg, den Reisenden erst am bundesdeutschen Grenzbahnhof nach Verlassen der DDR zu tippen. Erfolge wurden in Hessen, vor allem im Raum Frankfurt, verzeichnet. Aber auch die LfV Niedersachsen (Aktion »Hausfreund«) und Schleswig-Holstein konnten nach Tips in den Bahnhöfen Hannover und Lübeck Festnahmen verzeichnen. Schleswig-Holstein bemühte sich darüber hinaus, in seiner Aktion »Aktenmappe« alleinreisende Hotelgäste aus Berlin während ihres Aufenthalts in Lübeck zu überprüfen.

Es würde viel zu weit führen und auch mit meiner zuvor geäußerten Absicht in Widerspruch stehen, wollte ich versuchen, alle Möglichkeiten darzustellen, die sich dem Verfassungsschutz aus dem Ansatz »Krokus« heraus boten. Da aber »Krokus«, anders als »Wacholder«, ohne festen Bezugs- oder Ausgangspunkt im Bundesgebiet auskommen mußte, war die Bereitstellung eines oder mehrerer Observationstrupps beim Eintreffen des benutzten Verkehrsmittels – Flugzeug, Eisenbahn oder Bus – im Bundesgebiet das größte und mit Abstand schwierigste Problem, gefolgt von der Notwendigkeit, die benutzte Identität des Reisenden zu überprüfen. Als ich die Bundesrepublik verließ, 1985, befand sich eine »Melde- und Verbindungsstelle« (abgekürzt »MuV«) unter meiner geplanten Federführung im Entstehen, die diese Aufgaben koordinieren sollte. Ich nehme an, daß sich weitere Bemühungen nach meinem Übertritt erübrigt haben.

Das Überraschendste an der Aktion »Krokus« war jedoch, daß dem Verfassungsschutz weniger rückreisende Agenten als erwartet ins Netz gingen, dafür war er wiederholt bei Reisekadern fündig geworden, die zum Treff in die Bundesrepublik aufbrachen. Diese Feststellung wurde zunächst begrüßt, galt doch der Reisekader wegen des von ihm aufgesuchten, höherwertigen Agenten als der größere Treffer. Zugleich aber löste sie einen handfesten Streit zwischen dem BfV und einigen LfV aus, in dem es einmal um die Zuständigkeit für den vermuteten Reisekader ging, der sich bei seiner Fahrt durch die Bundesrepublik in aller Regel in mehreren Bundesländern aufhielt. Zum anderen entstand eine Meinungsverschiedenheit darüber, wie mit diesem Reisekader zu verfahren sei. Mehrere Landesämter redeten seiner bedingungslosen Festnahme das Wort, das BfV und einige andere LfV sprachen sich für eine operative Haltung aus, die sogar seine unbeschadete Rückreise in Kenntnis des nachrichtendienstlichen Hintergrundes der Fahrt nicht ausschloß.

Wie um ein Beispiel zu setzen, ließ das BfV den Reisekader, der unter der Identität eines »Walkowiak« aus dem Ruhrgebiet nach Köln gekommen war, sehenden Auges wieder in die DDR ausreisen, obwohl nicht einmal auszuschließen war, daß er die Observation bemerkt hatte. Aufgefallen war »Walkowiak« den Kollegen des LfV Schleswig-Holstein, als er, mit dem Zug aus Berlin kommend, auffällig lange die Auslagen eines Feinkostgeschäftes in Bahnhofsnähe musterte. Als er anschließend eine Telefonnummer in Bonn anrief, wurde das BfV eingeschaltet. »Walkowiak« fuhr mit dem Zug nach Köln, wo er an zwei Tagen insgesamt sechsmal mit einem immer welker werdenden Blumenstrauß in der Innenstadt, in der Nähe der Kölschkneipe »Früh am Dom«, auf eine offensichtlich verhinderte Treffpartnerin wartete. Schließlich fuhr er mit einer Taxe nach Bonn, wo er durch sein Verhalten Hinweise zu deren Identifizierung gab. Wie sich später herausstellte, war »Walkowiak« zu einem Treff mit einer beim Bund der Vertriebenen tätigen Agentin eingereist, die unter dem Aliasnamen »Ursula Richter« in Bonn lebte.

Aber nicht alle Reisekader konnten sich ihrer weiteren Freiheit wegen des Großmutes des BfV erfreuen. Der unter der Identität eines Lübecker Bankkaufmannes mit dem Namen Mayer-Weterling eingereiste IM des MfS setzte sich in der Kölner Innenstadt unter den Augen der Observanten ab. Wie ich später erfuhr, gelang es ihm, über Belgien unbeschadet in die DDR zurückzukehren. Ein anderer Reisekader verließ einen Zug, in dem sechs Observanten saßen, an einer kleinen Station hinter Düsseldorf, während seine »Begleiter« eine Weiterfahrt bis Köln als sicher unterstellt und im Nachbarwagen abgewartet hatten.

Vielleicht wird sich mancher Leser wundern, wieso das MfS über so viele Unterlagen über die dokumentierten Falschidentitäten verfügte. Wer jemals aus der Bundesrepublik die DDR besucht hat, weiß, daß sein Reisepaß an der Grenze vorübergehend seinen Blicken entzogen war. Alle Dokumente wurden abgelichtet und boten, obwohl die Ablichtung nicht nur zu diesem Zwecke erfolgte, einen denkbar guten Fundus für neue Identitäten, die in Lebensalter und Körpergröße auf die Person zutrafen, für die sie gefälscht werden sollten. Hinzu kam, daß die DDR über die Rezeptur des bundesdeutschen Ausweispapiers verfügte. Die Zählkarte und der Visumantrag boten neben der Wohnanschrift weitere wichtige Hinweise, die es dem »neuen« Paßinhaber erlaubten, eine Routinekontrolle zu überstehen. Ereignisse, die nach der Ablichtung des Reisepasses eintraten, konnte das MfS mangels Kenntnis freilich nicht in allen Fällen berücksichtigen.

So schickte es einmal einen Reisekader unter einer Identität zu einem Treff nach Salzburg, deren wahrer Inhaber zwischenzeitlich einen Mord begangen hatte und polizeilich gesucht wurde. Gegen seinen Protest und gegen seinen Hinweis, in Wahrheit DDR-Bürger zu sein, wurde er den deutschen Behörden überstellt, nachdem er seinen Treff mit einem Agenten, der als Arzt in die Bundeswehr eingeschleust worden war, nicht hatte wahrnehmen können. Der Agent saß nämlich zum Zeitpunkt des Treffs bereits in Untersuchungshaft. Die deutschen

Behörden, so die österreichische Begründung, sollten sich um seine Identifizierung kümmern. Der Reisekader wurde in der Bundesrepublik wegen Spionage zu einer Gefängnisstrafe verurteilt.

Ich habe ohnehin nie so richtig verstanden, weshalb das MfS mit aller Macht bemüht war, jeden DDR-Bürger, der in seinem Auftrag in den Westen fuhr, in die Maske eines Bundesbürgers zu zwängen. Viel einfacher wäre es doch gewesen, ihn als DDR-Bürger, der sich aus dienstlichen Gründen in der Bundesrepublik aufhält, abzutarnen. Bei dem Identitätstausch wurde selbst auf die heimatliche Mundart des angeblichen Bundesbürgers keine Rücksicht genommen. So wurde 1980 in Mainz das Ehepaar Peter und Marion Magdeburg festgenommen, das sich trotz des vorgeblichen Geburtsorts im Ruhrgebiet und trotz des lebenslangen Wohnsitzes in Gelsenkirchen in breitestem Sächsisch unterhielt. Aber auch in manch anderer Hinsicht fielen die vermeintliche Herkunft und das an den Tag gelegte Verhalten deutlich auseinander.

Am ersten Pornoshop in Bahnhofsnähe des Zielortes verrieten sie ihre Herkunft aus den nach außen hin prüden Ländern hinter dem Eisernen Vorhang. Man muß sie gesehen haben, wie sie in den Auslagen wühlten, die mitgeführten Devisen überschlugen, auf ein Mittagessen verzichteten und für das Geld lieber ein Heftchen mit nackten Frauen oder kopulierenden Paaren erwarben. Immer wieder wurde im BfV gelacht über einen in Hamburg festgenommenen Reisekader, der über die Angabe seines richtigen Namens hinaus zwar jede Aussage zur Sache verweigerte, aber nicht müde wurde, den Besitz des mitgeführten Pornoheftes als Mißgriff zu bezeichnen. Er habe sich geirrt, so etwas interessiere ihn nicht. Nicht sein Desinteresse für Porno wollte er damit bekunden, aber er hatte ein Bilderbuch für Homosexuelle erwischt.

Aber das Kapitel »Erfolge des Verfassungsschutzes« soll nicht damit zu Ende gehen, daß die insgesamt erfolgreiche Aktion »Krokus« geschildert wird. Vielmehr soll die Schilderung eines konkreten Falles den Schlußpunkt setzen, der dem Verfassungsschutz wenigstens vorübergehend ein Erfolgserlebnis bescherte und der darüber hinaus den Sinn der »Krokus«-Bemühungen verdeutlicht.

Im Juli 1983 hatte der Verfassungsschutz, diesmal das BfV selbst, in Berlin einen weiteren Reisekader ausfindig gemacht. Die beiden Hauptsachbearbeiter für den Komplex Suchmaßnahmen, Wilhelm Wnuck und Klaus Howe, hatten sich selbst an die Front begeben, teils um der Reise nach Berlin (West) wegen, teils, um die abstrakte Fallbearbeitung am Schreibtisch mit dem konkreten Einsatz vergleichen zu können. Ihrem geschulten Auge fiel am U-Bahnhof Hallesches Tor ein Mann auf, um die Fünfzig, eigentlich nach den vorgegebenen Charakteristika zu alt, aber alleinreisend mit leichtem Gepäck, kurz ein Mann, der Aufmerksamkeit verdiente.

Soweit die Darstellung von Wnuck und Howe im Dienst. Die Wahrheit war völlig anders. Es war völlig unmöglich, im Trubel des größten innerstädtischen Umsteigebahnhofs, am Halleschen Tor, die Reisenden der Linie 6 aus Richtung Reinickendorf über den Bahnhof Friedrichstraße von Reisenden aus anderen Richtungen zu unterscheiden. Zu schnell vermischten sich Ankommende und Abfahrende, Umsteigende und Schaulustige.

Die Wahrheit hieß Baas. Das ist der Name eines Verfassungsschützers aus Schleswig-Holstein, der auf der U-Bahnstrecke durch den »Ostsektor« fuhr, von der Reinickendorfer Straße über den Bahnhof Friedrichstraße wieder zur Kochstraße und zum Halleschen Tor im Westen der Stadt. Dieser Baas hatte den Mann am Bahnhof Friedrichstraße einsteigen sehen, ihn »getippt«, das heißt für beobachtungswert gehalten, und ihn am Halleschen Tor nicht an Wnuck und Howe, sondern an die wartenden Observanten »übergeben«. Baas verstieß mit dieser Fahrt durch den alten Berliner Stadtbezirk Mitte unter der berühmten Friedrichstraße zwar gegen nicht allzu bindende Verbote seines Amtsleiters Alfred Kuhn, folgte aber auch, das muß man der Fairneß halber sagen, keiner entsprechenden Weisung. Durch derartig mutiges Verhalten zeichneten sich in erster Linie die Kollegen aus den norddeutschen Landesämtern aus, ohne eine solche Fahrt auch nur ein einziges Mal aktenkundig zu machen.

»Wie fühlt man sich denn so in der Höhle des Löwen?« wollte ich einmal von Bob Wilkens aus Hamburg wissen.

»Ach, weißt du«, war die Antwort, »zwei Dinge steigen, der Pulsschlag und der Adrenalinspiegel.«

Jedenfalls »brachten« die Observanten an jenem Sommertag die Zielperson in ein Hotel nach Berlin (West), wo diese sich als Geschäftsreisender mit dem Namen Jennrich aus Altena, in der Nähe von Hagen, in das Gästebuch eintrug. Wnuck und Howe gaben die beim Schreiben mitgelesenen Personaldaten nach Köln durch, wo ein anderer Kollege unter Legende zur Überprüfung der Identität in Altena anrief. Die Überraschung war nicht allzu groß, als sich herausstellte, daß der Angerufene zu Hause bei seiner Familie war und gar nicht daran dachte, sich in Berlin aufzuhalten. Also war der Tip heiß! Der Reisende war in Wirklichkeit vermutlich ein getarnter DDR-Bürger, ein Reisekader!

Am nächsten Morgen fuhr »Jennrich« vom Bahnhof Zoo in Richtung Köln. Die Leitstelle des Verfassungsschutzes für diesen Einsatz in Hannover wurde telefonisch – konspirativ natürlich, der Feind hört mit! – über den Ankömmling unterrichtet. Durch das Zugpersonal ließ man feststellen, daß der Reisende mit einer Fahrkarte nach Hagen unterwegs war, wo man nach Altena, dem Wohnsitz des echten Jennrich, umsteigen mußte.

Andere Observanten, die in Helmstedt zugestiegen waren, stellten fest, daß die Zielperson tatsächlich den Zug in Hagen verließ, die Bahnhofshalle aufsuchte, wo sie sich eine weitere Fahrkarte nach Köln, nicht etwa nach Altena, kaufte und die Fahrt in die rheinische Metropole mit dem nächsten Zug fortsetzte. Hier angekommen, begab er sich zunächst auf einen ausgiebigen Stadtbummel, der, wie die Observanten übereinstimmend bekundeten, eine solide Ortskenntnis der Kölner Innenstadt vermuten ließ. Durch drei Verhaltensweisen aber offenbarte er seine Herkunft aus einem Land der beschränkten Möglichkeiten: durch sein überdurchschnittliches Interesse an Unterhaltungselektronik, an Kücheneinrichtungen und an Pornoshops.

Anschließend fuhr er mit einem Eilzug weiter nach Andernach, nördlich von Koblenz, wo er ein Haus in der Nähe des Rheins betrat, dessen Tür er zur Überraschung der Observanten mit dem Schlüssel öffnete. Im BfV wurden daraufhin Zweifel geäußert, ob es sich bei »Jennrich« wirklich um einen Reisekader oder nicht doch um einen vom Treff zurückkehrenden Agenten handelte, der in diesem Haus wohnte. Mittlerweile war es Abend geworden und man konnte an den Fenstern erkennen, in welcher Wohnung er Licht anmachte.

Zu diesem Zeitpunkt wurde ich über den Fall telefonisch unterrichtet. Ich ordnete an, die Observation für heute in etwa zwei Stunden abzubrechen und am nächsten Morgen fortzusetzen, vorausgesetzt, die Situation bliebe, wie sie war. Der Reisende hatte nach langer Fahrt eine ihm vertraute Wohnung aufgesucht und dabei die Tür mit dem Schlüssel geöffnet. Für diesen Abend war, sofern nicht innerhalb der nächsten zwei Stunden etwas geschah, nichts nachrichtendienstlich Relevantes mehr zu erwarten.

Zwei Tage wartete der Verfassungsschutz vom nächsten Morgen an vor dem Haus in Andernach. Dann fiel die Entscheidung: Zugriff unter Einschaltung des BKA. Inzwischen hatten wir auch ermittelt, daß die Wohnung, kombiniert als Büro und Privatbereich, Eigentum eines Mannes namens Adolf Kanter war, eines typischen Bonner Lobbyisten. Kanter war groß geworden in der Nachkriegs-CDU und deren gesamtdeutschem Engagement, war anschließend einer der führenden Repräsentanten der Friedrich Krupp AG in der Bonner Szene, ehe er sich auf eigene Beine stellte und seine Geschäfte von seinem Bonner und diesem Andernacher Büro aus betrieb. Privat wohnte er in Koblenz, wenn er sich nicht gerade auf Einladung der CDU zu Vortragsreisen irgendwo in der Bundesrepublik aufhielt. Immerhin war Kanter noch mächtig und einflußreich genug, daß weder der Verfassungsschutz noch das BKA sich später trauten, ihn als Zeugen, geschweige denn als Beschuldigten zu vernehmen. Als das BKA an der Wohnungstür in Andernach klingelte, öffnete keiner – der Gast war verschwunden.

Nun war, wie man so schön sagt, einiges am dampfen. Der Wohnungseigentümer Kanter, »informatorisch gehört«, gab dem BKA Erstaunliches zu Protokoll. Er kenne den Gast, um den es gehe, seit über zehn Jahren, und zwar als Schweizer Journalisten Dr. Frank mit Wohnsitz in Basel. Er habe ihn zwar niemals dort angerufen oder angeschrieben – »Herr Dr. Frank war viel auf Reisen, Sie verstehen das …« –, ihm aber nach so langer Zeit doch dermaßen vertraut, daß er ihm die Schlüssel für die Wohnung und das Büro, im übrigen nur ein Nebenbüro seiner eigentlichen Niederlassung mitten im Regierungsviertel, überlassen habe. Dr. Frank habe ihn am späten Abend des Ankunftstages zu Hause angerufen und mitgeteilt, seine Mutter in Basel sei, wie er soeben telefonisch erfahren habe, plötzlich lebensgefährlich erkrankt. Er müsse daher unverzüglich heimkehren. Darauf habe er, Kanter, seinen Gast sofort zum Hauptbahnhof nach Koblenz gefahren, wo er alsbald nach Basel habe abfahren können.

Sicherlich ist der Leser nicht überrascht zu erfahren, daß die Auskunft des Schweizer Dienstes auf eine Anfrage des Verfassungsschutzes negativ war. Der dortige Kollege Schaub hatte in seinem Kanton Basel-Stadt ebensowenig wie sein Kollege Derungs im Kanton Basel-Landschaft eine Spur von Dr. Frank und seiner kranken Mutter gefunden. Und der Verfassungsschutz – er sah nicht gut aus in dieser Geschichte. Der Hase war entwischt, obwohl er schon im Ziel war. Woran es gelegen hat, ob Verrat im Spiel war, ob »Jennrich«/«Dr. Frank« die Observation gemerkt hat oder ob das MfS den Anruf von Wnuck und Howe mitbekommen hat, konnte, zumindest bis zum Sommer 1985, nicht geklärt werden.

Dem Verfassungsschutz war ein Reisekader entkommen, ärgerlich zwar, aber nicht weiter schlimm. Der Verfassungsschutz machte sich über etwas anderes Sorgen. Kanter war früher bei der Friedrich Krupp AG Verbindungsmann, Repräsentant in Bonn. Als der Fall lief, 1983, waren die steuerlichen Vergehen der Herren von Brauchitsch, Lambsdorff und Friderichs in aller Munde, ebenso wie die Frage, wieviel hat denn nun wer von wem wofür bekommen. Kanter hätte diese Frage, zumindest bezogen auf Krupp, mit Sicherheit beantworten können. Und hätte er mit »Dr. Frank« – natürlich rein hypothetisch

– gemeinsame Sache gemacht, dann hätte auch die andere Seite in vollem Umfang Bescheid gewußt. Wäre dann die halbe Bundesregierung erpreßbar gewesen? Und wäre ... und hätte ... und könnte ...

Da war es schon besser, die ganze Sache einschlafen zu lassen. Aber auch in der CDU dachte man nach. Der damalige Kanzleramtsminister Wolfgang Schäuble ließ sich von Präsident Hellenbroich beraten, wie man den alten Parteifreund Kanter zukünftig »am unauffälligsten« von Vorträgen, wie sie in der Vergangenheit üblich waren, entbindet.

Vor vierzig Jahren schrieb Gabor von Vascary einen entzückenden Roman. Sein Titel: »Wenn man Freunde hat.«

Jahre später las ich – schon in Rußland –, daß Kanter wegen nachrichtendienstlicher Beziehungen zu einer zweijährigen Gefängnisstrafe, allerdings auf Bewährung, verurteilt wurde. Nähere Angaben zu den Gründen des Urteils habe ich nie erfahren, aber ich kann sie mir denken.

Siebentes Kapitel
SPIONAGEABWEHR IM SCHATTEN

Eine Person oder eine Institution nur an den Erfolgen oder an den guten Taten zu messen, mag bei feuilletonistischen Betrachtungen anläßlich eines runden Geburtstages oder sonstigen Jubiläums angehen. Dies gilt um so mehr, wenn der Autor das Objekt seiner Huldigung nur flüchtig oder nur anhand der Werke und Taten kennt, die den Ruhm begründet haben. Aber für jemanden wie mich, der sich anschickt, fast zwanzig Jahre Tätigkeit in einer Behörde wie dem BfV objektiv und ehrlich zu schildern, ist das Anlegen eines solchen Maßstabes fragwürdig, ja unzulässig. Zu oft ist das Amt im Laufe seiner fast vierzigjährigen Geschichte in Mißkredit geraten und ins Gerede gekommen. Wieviel, wird der Außenseiter fragen, mag darüber hinaus unter den Teppich gekehrt oder vertuscht worden sein und wieviel wird unter dem schützenden Mantel der Geheimhaltung verborgen, von dem die Öffentlichkeit nichts erfährt.

Wenn ich dieses Kapitel meiner Erinnerungen den Fragwürdigkeiten im nachrichtendienstlichen Handeln des BfV widme, geschieht dies keineswegs, um Unrat auf meine frühere Behörde zu schütten oder ihre Mitarbeiter gar als systematische Gesetzesverletzer darzustellen. Nichts liegt mir ferner, immerhin habe ich mich während meiner neunzehnjährigen Zugehörigkeit mit ihr identifiziert, so daß derartige Vorwürfe mich genauso träfen, wie dies bei meinen früheren Vorgesetzten und Kollegen der Fall ist. Meine Absicht ist es vielmehr, den Leser mit der Art zu denken vertraut zu machen, die im BfV herrscht. Ich will versuchen, deutlich zu machen, daß es nicht Gleichgültigkeit, schon gar nicht Hochmut gegenüber dem Gesetz ist, die das BfV zu gelegentlich rechtswidrigem Handeln verleitet. Es ist vielmehr die durch nichts und niemanden verbindlich geregelte, allein aus eigener Machtvollkommenheit heraus vorgenommene Interpretation der lapidaren gesetzlichen Ermächtigung, nachrichtendienstliche Hilfsmittel anzuwenden. Hier entstehen mitunter eindeutige Schieflagen und rechtlich mehr als fragwürdige Wertungen. Auf diese will ich hinweisen, auf sonst gar nichts.

Doch sei mir gestattet, zu Beginn an die großen, pressewirksamen Affären zu erinnern, durch die das BfV teilweise erschüttert wurde, in denen es sich teilweise aber auch als der eigentlich Betroffene, nämlich als der Geschädigte verstand. In erster Linie waren dies in den Augen der Öffentlichkeit Affären und Pannen, deren Ausmaß jene Toleranzgrenze für Fehler und Verfehlungen überschritt, die man jeder Behörde ebenso wie jedem Menschen zubilligen muß, getreu dem Grundsatz »wo gehobelt wird, da fallen Späne«. Alle diese Affären sind mit Namen verbunden, mit Namen von Amtsangehörigen, von BfV-Bediensteten.

Dr. Otto John, der von den Briten eingesetzte erste Präsident des BfV, löste mit seinem Übertritt in der Nacht vom 20. zum 21. Juli 1954 in die DDR den ersten großen Eklat aus; zugleich begann mit ihm die unselige Tradition, daß kein Präsident des BfV außer dem spät berufenen Gerhard Boeden den Ruhestand in Ehren erreichte. Lediglich Dr. Frisch, Jahrgang 1935, hat Aussichten, seine Amtszeit wegen des Erreichens der Altersgrenze und nicht wegen einer Affäre zu beenden.

Die Telefonaffäre, jenes berüchtigte, unumschränkte Überwachen des Post- und Telefonverkehrs der Bundesbürger mit Hilfe der Alliierten nach den Vorschriften des Besatzungsrechts, brachte der BfV-Mitarbeiter Werner Pätsch 1963 ans Licht. Karl Dirnhofer war der Hintermann, auf den der Journalist Hans-Georg Faust seine Publikation über den Lauschangriff gegen den Atomphysiker Klaus Traube stützte.

Die bisher letzte große Affäre des BfV, sieht man einmal von dem Fall Klaus Kuron ab, ist mit meinem Namen verbunden. Zu ihr möchte ich mich, zumindest in diesem Zusammenhang, jeden Kommentars enthalten. Der Verratsfall Klaus Kuron betraf einen durch mich bereits nachhaltig geschädigten Bereich des BfV und war daher nicht mehr geeignet, in den Medien den

Sturm auszulösen, der ihm eigentlich gebührt hätte. Auch im BfV haben Mitarbeiter die genannten und ähnliche Ereignisse, die zeitlich vor meinem Übertritt lagen, als Skandal, die Verwicklung des als Schutzschild der Demokratie verstandenen Verfassungsschutzes als Affäre angesehen. Viele aber sahen die Dinge anders. Ihr Vorwurf richtete sich nicht gegen das Ereignis schlechthin, sie sahen vielmehr allein in seinem Bekanntwerden einen Skandal, der allerdings für sie mehr den Charakter einer Panne hatte. In ihren Augen waren nicht jene Verfassungsschützer die Übeltäter, die unter Verletzung des verfassungsmäßig garantierten Rechts am eigenen, privat gesprochenen Wort Bundesbürger belauschten, unter Umgehung der Gesetze abhörten und in ihre Wohnungen eindrangen. Für sie trugen die Bösen, die Verräter andere Namen: Sie hießen Werner Pätsch und Karl Dirnhofer, deren »Verbrechen« es war, den Normen der Verfassung einen höheren Rang einzuräumen als dem unheilvollen Streben nach permanentem Erfolg.

Es liegt mir fern, Pätsch und Dirnhofer als Heroen zu preisen, in deren Augen die Verletzung der Verfassung und der Rechtsordnung ein Sakrileg ist. Die Motivlage für die Publizierung ihres Wissens ist zumindest mehrschichtig. Pätsch habe ich nicht gekannt. Aber Dirnhofer, der mit seiner ewigen Unzufriedenheit und mit einem offen zur Schau getragenen, gleichwohl unverständlichen Zorn auf das BfV ein ausgesprochen unsympathischer Zeitgenosse war, hat in erster Linie eigensüchtig gehandelt.

Gleichwohl ging ein Sturm der Entrüstung durch das BfV, als Dirnhofer, bis dahin Amtsrat im BfV, für sich eine der wenigen, heiß begehrten Beförderungsstellen zum Oberamtsrat in seine neue Dienststelle, das Bundesamt für die Anerkennung ausländischer Flüchtlinge in Zirndorf bei Nürnberg mitnahm. Dabei waren Pätsch und Dirnhofer Verfassungsschützer »mit Stallgeruch«, leidlich arrivierte Mitarbeiter alle beide, Pätsch in der Spionageabwehr, Dirnhofer im Bereich Linksradikalismus. Daß solche Leute sich als Nestbeschmutzer hervorheben, das war mit dem Weltbild vieler älterer nicht in Einklang zu bringen. Sie sehen sich in einer Tradition verwurzelt, an deren Beginn für sie

Admiral Wilhelm Canaris steht, nicht der historische, anfänglich glühende Verehrer Hitlers, sondern ein Canaris, wie ihn O. E. Hasse im Film dargestellt hat, zweifelnd, in wachsender Gegnerschaft zum »Führer«, durch seine Ermordung 1945 in Flossenbürg posthum geadelt.

Ich habe Mitarbeiter dieser Generation in meiner Gegenwart bedauern gehört, daß sie sich dem Bürger gegenüber als Angehörige eines zivilen Bundesamtes für Verfassungsschutz ausweisen müßten, statt, die Hacken zusammenschlagend und militärisch schneidig, sich mit »Deutsche Abwehr« legitimieren zu können. Und viele Jüngere, sehr viele Jüngere sogar, denken ähnlich. Sie berufen sich nicht mehr auf Canaris, dessen Name den meisten nichts mehr sagt. Aber sie denken wie ihre älteren Kollegen, die in zum Teil Legende gewordenen Abwehrfällen tätig waren und deswegen als Vorbilder gelten.

Traditionen brauchen Personen, die zum Vorbild taugen, brauchen die Weitergabe vom Vater an den Sohn. Das gilt gerade für den deutschen Sicherheitsdienst, der sich mit Vorbildern, vor allem vor 1945, so außerordentlich schwertut. Wer Bundesnachrichtendienst sagt, denkt wenigstens, bei allen Vorbehalten, an Reinhard Gehlen, dessen Namen der Dienst zu Beginn seiner Tätigkeit als »Org.«, als Organisation, trug. Aber das BfV? An wen soll man denken, an John, den Verräter, oder an Schrübbers, den Verwaltungsbeamten?

Aber nicht die Ereignisse, die den Affären zugrunde lagen, sind das eigentlich Schlimme, auch nicht die vielleicht unqualifizierte Bewertung durch die Masse der Mitarbeiter. Wirklich schlimm ist der Umstand, daß der Verfassungsschutz, repräsentiert durch seine leitenden Beamten, aus all diesen Fällen nichts gelernt hat. Auch ich habe, in den Alltagsbetrieb eingebunden, manches anders gesehen als ich es heute sehe. Aber schon damals war ich mitunter Entscheidungen ausgesetzt, über deren Rechtmäßigkeit ich lange nachgedacht habe. Es gibt genügend Beispiele dafür, daß auch und gerade Führungspersonen verfassungsschutzinternen Werten Vorrang einräumen gegenüber gesetzlich normierten Rechtsquellen. Nicht, daß es die Regel wäre, aber auf Widerstand oder gar Ablehnung stößt eine derartige Argumentation im BfV auch nicht. Die Unterordnung des geltenden Rechts unter nachrichtendienstliche, überwiegend selbst verordnete Sachzwänge wurde für mich am deutlichsten bei der Vorbereitung auf meinen Auftritt als Sachverständiger etwa 1982/83 im Fall des DDR-Bürgers Günter Börnichen. Börnichen war in Goslar beim Besteigen des Busses nach Berlin (West) von Beamten des BKA unter dem Verdacht der geheimdienstlichen Agententätigkeit festgenommen worden. Der Einsatzleiter, Kriminaldirektor Ewald Kuhn, und seine Mitarbeiter fanden bei Börnichen, der sich zunächst mit einem total gefälschten Ausweis als Bundesbürger ausgewiesen und erst später seine Identität als DDR-Bürger eingeräumt hatte, unter anderem einen Zettel mit handschriftlichen Notizen. In der Anklageschrift und entsprechend im Eröffnungsbeschluß des Oberlandesgerichtes Celle stand, daß die Notizen auf dem Zettel zwar nicht gedeutet werden könnten, aber mit Sicherheit einen nachrichtendienstlichen Hintergrund hätten. Als Sachverständiger sollte ich dem Gericht Interpretationshilfe geben.

Ich kannte den Text, der da notiert war, zumindest den Inhalt, schon bevor er in die Hände der Polizei fiel. Börnichen hatte diese Notizen auf Grund von Angaben gemacht, die er tags zuvor von einem Agenten erhalten hatte. Dieser Mann, ein gewisser Kirchner, wenn ich mich nicht irre, war zwei Jahre zuvor mit nachrichtendienstlichen Aufträgen des MfS aus der DDR in die Bundesrepublik gekommen. Hier war er von der CIA angeheuert worden, verschwieg ihr allerdings seine Verpflichtung für den Gegner. Für die CIA erledigte er eine Reihe von Aufträgen, unter anderem bezog er in ihrem Auftrag und auf ihre Kosten im Raum Bonn die Wohnung unter der eines sowjetischen Diplomaten, den die CIA für den stellvertretenden Residenten eines der beiden Dienste seines Heimatlandes hielt. In diese Wohnung baute sie Abhöranlagen ein, um jedes Wort aufzufangen, das in der Wohnung des Diplomaten gesprochen wurde. Wegen der absoluten Erfolglosigkeit der Bemühungen wurde CIA mit der Zeit aber mißtrauisch und forderte Kirchner schließlich auf, sich einer Befragung auf dem von den Amerikanern nach wie vor hoch geschätzten Lügendetektor zu unterziehen. Daraufhin fiel Kirchner um, offenbarte seinen Kontakt zum MfS und beichtete, über den Auftrag gegen den Diplomaten in Ostberlin berichtet zu haben.

Der amerikanische Verbindungsoffizier, John McCoy, wand sich wie ein Wurm, als er diesen Sachverhalt Werner Müller und mir schilderte und um weitere Bearbeitung durch das BfV bat. Sein Verhalten war verständlich, gab doch die CIA in dieser Angelegenheit als der Gelackmeierte kein gutes Bild ab. Müller und ich sicherten McCoy zu, amerikanische Belange in jeder Hinsicht aus der Sache herauszuhalten, notfalls auf eine an sich angestrebte exekutive Beendigung völlig zu verzichten.

In einer Befragung durch meinen Mitarbeiter Karl-Heinz Schulz wiederholte und präzisierte Kirchner seine schon CIA gegenüber gemachten Angaben. Einige Tage später signalisierte er, eine Aufforderung zu einem Treff in Köln mit einem Abgesandten des MfS erhalten zu haben. Diesen Treff observierte das BfV unter persönlicher Teilnahme des schon erwähnten Kriminaldirektors Kuhn vom BKA und »begleitete« den Treffpartner von hier bis Goslar, wo er übernachtete, ehe dann am nächsten Morgen »der Zugriff erfolgte«, wie es im Polizeideutsch heißt.

Das BfV stand nun vor folgendem Dilemma: Würde es die nachrichtlichen Verbindungen Kirchners offenlegen, die Börnichen veranlaßt hatten, in die Bundesrepublik einzureisen, käme sein gesamtes, auch das für die CIA peinliche Verhalten zur Sprache und das BfV könnte sein gegenüber McCoy gegebenes Versprechen nicht halten; aber auch gegenüber Kirchner würde es wortbrüchig werden, der nur unter der Bedingung bereit gewesen war, Angaben über den geplanten Treff zu machen, daß er aus dem Verfahren herausgehalten würde. Wenn man hingegen die Zusammenhänge verschwieg, käme der Sachverständige, und das war ich, in die Bredouille, wenn er vor Gericht gefragt würde, ob er wisse, zu welchem Zweck Börnichen in die Bundesrepublik eingereist sei und welche Bewandtnis es mit dem Zettel habe.

Die Entscheidung, die Rudolf von Hoegen als Abteilungsleiter und Heribert Hellenbroich als Vizepräsident trafen, als sie von mir auf diese Zwangslage angesprochen wurden, war klar und deutlich: Die Interessen des US-Dienstes sind ranghöher als eine ungenaue Aussage vor Gericht, obwohl diese sich allenfalls am Rande der Wahrheit, vermutlich aber jenseits von ihr bewegte. Also lavierte ich mich in der Hauptverhandlung wegen Börnichens Notizen, so gut es ging, mit Vermutungen, Unterstellungen und Andeutungen durch. Ich erklärte aber auch ohne zu zögern, von dem Einreisezweck Börnichens keine Kenntnis zu haben, und ich wußte nach der Verhandlung, daß ich mich strafbar gemacht hatte.

Die Strafprozeßordnung verpflichtet den Sachverständigen ebenso wie den Zeugen zur Wahrheit, das Strafgesetzbuch ahndet Zuwiderhandlungen mit Freiheitsstrafe. Aber als neutraler Sachverständiger taugte ich in diesem Fall ohnehin nicht. Die gesamte operative Bearbeitung von der Befragung Kirchners über den Treff in Köln und Börnichens Observation bis Goslar, bis zu seiner Festnahme, war unter meiner Verantwortung gelaufen. Aber nicht nur den Treff in Köln verschwieg ich, auch den gesamten Aufenthalt Börnichens in dieser Gegend, um eine mögliche Neugier des Gerichts wegen der Nähe zu Bonn gar nicht erst zu wecken. Wir alle waren sogar froh, daß der Ort der Festnahme so weit vom Köln-Bonner Raum entfernt lag. Insgesamt ließ ich Börnichen als erstes Opfer einer neuen Reisewegsuchmaßnahme des Verfassungsschutzes erscheinen.

Mancher Leser mag diesen Fall und die aufgezeigte Problematik als nicht sonderlich aufregend ansehen. Aber man darf nicht vergessen, daß hier vom BfV dem Gericht gegenüber, immerhin dem Senat eines Oberlandesgerichts, wesentliche, entscheidungserhebliche Tatsachen verschwiegen und ein Sachverständiger von demselben BfV aufgefordert wurde, die Kenntnis dieser entscheidungserheblichen Tatsachen wahrheitswidrig zu leugnen. Nun gut, daß sich der Sachverständige hat auffordern lassen, trifft zwar zu, steht aber auf einem anderen Blatt. Worauf ich hinweisen will, ist der Umstand, daß das BfV häufig von einer allgemeinen Gültigkeit des Opportunitätsprinzips ausgeht. Dieses Prinzip, das den Verfassungsschutz, anders als es das Legalitätsprinzip mit Polizei und Staatsanwaltschaft tut, nicht zwingt, einen Spionagesachverhalt strafprozessual verfolgen zu lassen, gilt aber nur für diese grundsätzliche Entscheidung. Das Gericht über die Staatsanwaltschaft teilweise zu unterrichten und das Vorliegen weiterer Erkenntnisse wahrheitswidrig zu leugnen, ist auch nicht durch das Opportunitätsprinzip gedeckt. Noch weniger ist das Opportunitätsprinzip geeignet, die Falschaussage eines Sachverständigen vor Gericht zu rechtfertigen.

Hier wird, wie ich eingangs sagte, dem operativen Denken ein höherer Rang eingeräumt als dem geltenden Gesetz. Im Fall Börnichen wurde der Konflikt noch verschärft durch den Umstand, daß Bundesanwaltschaft und Bundeskriminalamt, beide dem strafprozessualen Legalitätsprinzip verpflichtet, über die Hintergründe unterrichtet waren, aber gleichwohl schwiegen. In welcher Rolle sich der Senat des Oberlandesgerichtes sieht, der als einziger, ich wiederhole als einziger Verfahrensbeteiligter die Wahrheit nicht kennt, vermag ich mir zwar vorzustellen, enthalte mich aber einer Beurteilung.

Geht der Verfassungsschutz auf diese Weise schon mit den höchsten Justizbehörden der Länder um, so bedarf es wenig Phantasie, um sich auszumalen, wie er agiert, wenn er sich auf seiner eigenen, operativen Spielwiese tummelt. Um es noch einmal zu wiederholen, es liegt mir fern, in ein bekanntes Horn zu blasen und den Verfassungsschutz als eine Ansammlung von Rechtsbrechern, Gesetzesübertretern und gewissenlosem Gesindel abzuqualifizieren. Im Gegenteil, in vielen Diskussionen auf unterschiedlichen Ebenen des Amtes über dessen Befugnisse wurde mit rechtsstaatlichen Argumenten gefochten, die auch einem engherzigen Staatsrechtler Tränen der Rührung in die Augen getrieben hätten. Auf der anderen Seite aber schießt der Verfassungsschutz, dem mehrere Untersuchungsausschüsse des Deutschen Bundestages den sorgfältigen Umgang mit den Rechten der Bürger ins Stammbuch geschrieben haben, bei der Entscheidung über die Anwendung und die Auswahl der ihm zu Gebote stehenden nachrichtendienstlichen Mittel zwar nicht ständig und systematisch, aber doch gelegentlich weit über das Ziel hinaus.

Das BfV ist im Rahmen der Gewaltenteilung in der Bundesrepublik Bestandteil der exekutiven Gewalt und daher wie alle Verwaltungsbehörden dem Grundsatz der Verhältnismäßigkeit der Mittel unterworfen. Dieser besagt, daß zur Erreichung des Zwecks nur das Mittel in Anwendung kommen darf, das die Rechte des oder der Betroffenen am wenigsten berührt. Das BfV jedoch zieht bevorzugt die schwersten Pfeile aus dem Köcher der nachrichtendienstlichen Mittel – die Telefonüberwachung und die Observation.

Nun will ich keineswegs eine juristische Abhandlung über den rechtsstaatlich unbedenklichen Einsatz nachrichtendienstlicher Mittel zu Papier bringen. Vielmehr ist der Leser Staatsbürger genug, um sich aus einigen Beispielsfällen ein eigenes Urteil bilden zu können. Dabei sind die zu schildernden Fälle zwar symptomatisch, kein Fall jedoch ist konstruiert. Es sind samt und sonders Fälle, die ich noch in Erinnerung habe und die sich im wesentlichen so abspielten, wie ich sie schildere. Wäre die Abteilung IV des BfV noch in der Neußer Straße zwischen Lohse- und Hohlbeinstraße untergebracht und könnte ich mein Zimmer 414 im vierten Stock dieses Hauses noch einmal betreten, ich könnte jeden Fall durch Vorlage der Akten belegen. Aus meiner immer noch recht präzisen Erinnerung mögen für die leichtfertige, in gewisser Weise mißbräuchliche Anwendung des nachrichtendienstlichen Mittels der Telefonüberwachung der Fall Babbel, der Fall der Gebrüder Schmitt und der Fall Hugo Bördgen stehen.

Babbel, dessen Vorname mir entfallen ist, war Rangierarbeiter im westfälischen Hagen. Seinen Fall fand ich vor, als ich 1979 nach dreijähriger Abwesenheit wieder in die Abteilung IV zurückkehrte und eines der Referate übernahm, die sich mit der DDR-Spionage befaßten. Im Rahmen der Reisewegsuchmaßnahmen aus dem Komplex »Krokus« war in Berlin (West) ein Reisender in das Blickfeld der Observanten geraten, der am Bahnhof Zoo, nur mit einem Köfferchen in der Hand, mit der S-Bahn aus Richtung Friedrichstraße ankam und dort den Fernzug in Richtung Dortmund bestieg. Die Observanten der an diesem Tage in Berlin agierenden Verfassungsschutzbehörde Niedersachsen hielten diesen Reisenden auf Grund der üblichen

Kriterien für einen vom Treff zurückkehrenden Agenten und organisierten seine Identifizierung an der Grenze zwischen der DDR und der Bundesrepublik. Dort wurden die Personalien des Reisenden als die eines gewissen Rechenberg aus dem Raum Bochum/Gelsenkirchen festgestellt, bei der weiteren Observation ergab sich aber zweifelsfrei, daß es sich bei dem Reisenden um Babbel gehandelt hatte.

Für die Verfassungsschutzbehörde Niedersachsen, aber auch für das BfV stand fest, Babbel hatte sich als Rechenberg ausgewiesen und die Falschidentität aus nachrichtendienstlichen Gründen benutzt. Also beantragte das BfV beim Innenministerium ebenso routinemäßig wie erfolgreich die Genehmigung, die Telefongespräche Babbels mitzuhören, nur waren diese für das BfV ergreifend unergiebig.

Beim Aktenstudium stellte ich fest, daß nicht nur Babbel, sondern auch der »Legendenspender« Rechenberg Bundesbahnbedienstete waren. Zumindest hatte sich »Rechenberg« dem Schaffner gegenüber als Kollege zu erkennen gegeben. Bisher war das als Indiz für eine in Wahrheit gegebene Identität zwischen beiden gewertet worden. Nun wußte ich – aber das weiß im Grunde genommen jeder –, daß Bundesbahnbedienstete für Pfennigbeträge auch Fernstrecken der Bundesbahn befahren können, mit einem besonderen Fahrschein in Verbindung mit ihrem Dienstausweis. Wenn aber der Bundesbahnbedienstete Babbel sich gegenüber dem Schaffner als der Bundesbahnbedienstete Rechenberg auswies, dann müßte das MfS oder wer immer hinter Babbel stand, diesen Ausweis gefälscht haben.

Nun sind Fälschungen, vor allem von Reisedokumenten, im nachrichtendienstlichen Geschäft an der Tagesordnung. Aber davon, daß einer Dienstfahrschein und Dienstausweise fälscht, um Reisekosten zu sparen, hatte ich noch nie gehört. Also schickte ich meinen Mitarbeiter Herrmann Grosser auf Tour, der zunächst den real existierenden Rechenberg fand und dann Babbel aufsuchte. Kein Identitätswechsel, keine Fälschungen, nichts. Babbel und Rechenberg saßen im gleichen Zug und sind schlicht verwechselt worden. Babbel fuhr, wie er bereitwillig erklärte, in regelmäßigen Abständen nach Berlin, um das Grab seiner Pflegemutter zu besuchen. Für die paar Pfennige, meinte er, sei das für ihn eine Selbstverständlichkeit.

Nun ist durch das Abhören des Anschlusses kein privates, schutzbedürftiges Geheimnis des ordentlichen und soliden Bürgers Babbel bekannt geworden, aber der Fall zeigt doch sehr deutlich, wie schnell das BfV mit dem »Abhörgesetz« zur Hand ist. Eine sorgfältige Analyse des Sachverhaltes und die Anwendung des gesunden Menschenverstandes hätte diesen Fehlgriff verhindern können. Grosser gelang es nur mit Mühe, Babbel dazu zu bringen, die Sache nicht an die große Glocke zu hängen.

Noch rigoroser geht das BfV mit den Telefonanschlüssen seiner Mitarbeiter um. Etwa 1983 erhielt das Sicherheitsreferat durch zwei Brüder namens Schmitt, beide Mitarbeiter des BfV, davon Kenntnis, daß sie vermutlich in das Fadenkreuz eines östlichen Nachrichtendienstes geraten seien. Ein um sechs Ecken verwandter Mann aus Rostock, etwa gleichaltrig mit den Brüdern aus dem BfV, hatte unter seltsamen Umständen Verbindung zu ihnen aufgenommen; bei seinen angeblich beruflich bedingten Aufenthalten in der Bundesrepublik verbrachte er nur die wenigste Zeit mit beiden gemeinsam, vielmehr wechselten sie sich in der Betreuung ihres Gastes ab.

Leiter des Sicherheitsreferates war damals der Regierungsdirektor Hans-Jürgen Kaspereit, ein freundlicher, aber in der Wahl seiner Mittel rücksichtsloser Mann, den Dr. Karkowski Anfang der siebziger Jahre beim Bundesgrenzschutzkommando Mitte in Kassel abgeworben hatte. Kaspereit, der 1984 im Alter von nur zweiundfünfzig Jahren starb, hatte, was seinen Ruf im Amt noch unterstrich, einen durchdringenden Blick, dem einige Spaßvögel »panzerbrechende« Eigenschaften nachsagten.

Dieser Kaspereit befragte nun beide Brüder so lange, und zwar getrennt von einander, bis zwangsläufig Widersprüche auftraten. Einer von beiden mußte in den Augen Kaspereits dadurch zweifelsohne selbst in Verdacht geraten, die Beziehungen zu dem Rostocker Verwandten enger als unvermeidbar zu gestalten. Dieser Verdacht traf nun den, der an empfindlicher Stelle im Referat »nachrichtendienstliche Technik« der Abteilung IV arbeitete, das, konspirativ in der Widdersdorfer Straße im

Kölner Stadtteil Ehrenfeld untergebracht war. Der Verdacht war äußerst vage und stützte sich nur auf widersprüchliche Schilderungen, die Schmitt über seinen Kontakt zu dem Rostocker gegenüber seinem Bruder und gegenüber dem Sicherheitsreferat machte.

Auf intensives Drängen von Kaspereit trug Hellenbroich den Sachverhalt dem Bundesinnenminister Dr. Friedrich Zimmermann vor und erhielt eine Anordnung gegen alle Anschlüsse dieser Außenstelle. Damit wurden auch alle von Amts wegen geduldeten privaten Stadtgespräche der etwa dreißig Mitarbeiter dieses Referates mitgeschnitten. Der Verfassungsschutz hat sich somit wissentlich selbst abgehört. Die Überwachung von Telefonanschlüssen deutscher Firmen auf Grund eines nachrichtendienstlichen Verdachtes, und sei er noch so gravierend, gegen einen ihrer Mitarbeiter stößt hingegen wegen der vielen Telefonierenden, gegen die kein Verdacht besteht, auf ganz erhebliche Schwierigkeiten. Daher ist man geneigt, hier von einem Mißbrauch zu sprechen, zumal – und darauf hat die Abteilung IV, was ich zu ihrer Ehrenrettung sagen muß, wiederholt hingewiesen – der Verdacht von Anfang an unbegründet war. Ob in Wahrheit Klaus Kuron den nachrichtendienstlichen Angriff des MfS, und um einen solchen handelte es sich, verraten hat, kann ich aus meiner heutigen Position natürlich nicht sagen, er war allerdings der Sachbearbeiter in der Abteilung IV und hatte nicht nur Kenntnis von dem, was geschehen war, sondern auch von dem, was das BfV beabsichtigte, um den Verdacht zu konkretisieren. Nur die Gebrüder Schmitt haben sich völlig korrekt verhalten, gegen sie war ein nachrichtendienstlicher Verdacht zu keinem Zeitpunkt begründet.

Ähnlich verhielt es sich mit dem Fall Bördgen. Hugo Bördgen, etwa Jahrgang 1920, stammte aus Hückeswagen im Bergischen Land. Nach dem Abitur hatte er in Holland ein Studium der Theologie begonnen, dies aber abgebrochen, nachdem er erkannt hatte, daß seine Neigung zu gewissen diesseitigen Freuden des Lebens in erkennbarer Disharmonie zu einer beruflichen Beschäftigung mit jenseitigen Dingen stand. Geblieben ist Bördgen aber eine nahezu leidenschaftliche Zuneigung zu einer vorgeblich christliche Wertvorstellungen verfolgenden weltlichen Politik, was sich naheliegend in einem außergewöhnlichen Engagement für die CDU artikulierte. Zugleich war Bördgen ein typischer Rheinländer, ein Mitteldìng zwischen einem Hans Dampf in allen Gassen und einem Bruder Leichtfuß, gut Freund mit jedermann, aber ohne den eigenen Vorteil je aus dem Auge zu verlieren. So verwundert es nicht, daß Bördgen, bei aller liebenswerten Extrovertiertheit, unverkennbare Züge eines Intriganten hatte, der dem nach dem Munde redete, von dem er sich den größten Nutzen versprach.

Dieser Hugo Bördgen nun geriet aus Gründen, die ich nie durchschaut habe, Ende der siebziger Jahre in Spionageverdacht. Um es kurz zu machen, auch dieser Verdacht erwies sich als unbegründet. Aber auch Bördgens Telefon war überwacht worden, sowohl das private als auch das dienstliche. Bördgen war damals Leiter des Referates »Observation, Ermittlungen und Technik« der Abteilung IV und war konspirativ im Hause Kaiser-Wilhelm-Ring 18 in Köln untergebracht. Den Namen seiner als »Büro für Verkehr und Technik« getarnten Dienststelle hatte sein später tödlich verunglückter Mitarbeiter Willi Wurm ausgesucht, weil die Abkürzung ebenso wie die des Mutterhauses BfV lautete.

Die Telefonüberwachung erbrachte, ebenso wie im Fall Schmitt, im Sinne des Verdachtes gar nichts. Hingegen fielen bei der Maßnahme Erkenntnisse etwas delikaterer Art an. Man stellte fest, daß Bördgen, was bei seiner politischen Ausrichtung eigentlich gar nicht überraschen konnte, häufig mit dem Fraktionsbüro der CDU/CSU im Bundestag telefonierte. Sein Gesprächspartner war dort der damalige Mitarbeiter des CSU-Landesgruppenchefs Dr. Friedrich Zimmermann und frühere Mitarbeiter des BfV, Dr. Engelbert Rombach. Dieser hatte der Abteilung IV des BfV von 1968 bis 1972 angehört, war dann ins BMI abgeordnet, dort für die Tätigkeit in der CDU/CSU-Fraktion freigestellt und schließlich in die Verwaltung des Deutschen Bundestages versetzt worden. Nun gilt Rombach als der geborene Intrigant und Falschmünzer, nur paaren sich diese Eigenschaften bei ihm – völlig anders als bei Hugo Bördgen – mit Hinterlist und mit Verschlagenheit. Bördgen und Rombach kungelten bei ihren zahlreichen Gesprächen gemeinsam gegen einen Mann, der beiden eigentlich nichts getan hatte, den damaligen Vizepräsidenten des BfV, Hans Bardenhewer.

Bardenhewer ist eine tragische Figur des Bundesamtes für Verfassungsschutz. Persönlich war er ein umgänglicher, freundlicher, etwas geschwätziger Mann mit einem, wie mir der langjährige Leiter des Stabsreferates im BfV, Brenner, versichert hatte, ausgeprägten Gefahrenbewußtsein. Trotz seiner achtjährigen Zugehörigkeit zum BfV blieb ihm der Verfassungsschutz im Grunde fremd. Noch 1980, als versucht wurde, ihm bei der Diskussion eines Falles operative Gedankengänge zu verdeutlichen, hatte er geringschätzig abgewunken: »Ach, ihr vom Verfassungsschutz ...«

Doch zurück zu Bördgen und Rombach. Letzterer benutzte Bördgen offensichtlich als Quelle im BfV und Bördgen kam diesem an ihn herangetragenen Wunsch mit Freuden nach. Alles, aber auch alles, was an Flurfunk, an kolportierten und erfundenen Geschichten und Geschichtchen über Bardenhewer im Haus die Runde machte, fand über Bördgen den Weg zu Rombach, der sein Wissen an geeigneter Stelle weitergab, jedenfalls versicherte er Bördgen wiederholt, so zu verfahren.

Die Auswirkungen erzählte mir einmal Wolfgang Eltzberg, seinerzeit Gruppenleiter in der Abteilung Sicherheitsüberprüfungen. Er hatte im Rahmen einer solchen Überprüfung mit dem früheren Bundesarbeitsminister und Ziehvater von Norbert Blüm, dem Kölner CDU-Politiker Hans Katzer gesprochen, der ihn am Ende des Gesprächs fragte: »Sagen Sie mal, Herr Eltzberg, wer ist eigentlich unser Mann in ihrem Laden?«

»Nun«, gab Eltzberg zurück, »zunächst einmal der Vizepräsident Hans Bardenhewer.«

»Was?« zeigte sich Katzer überrascht, »der?!«

Der frühere Verwaltungsrichter und Leiter eines Personalreferates im BMI, dessen Verhältnis zu Dr. Nollau, der ihn seinerzeit aus dem BMI mitgebracht hatte, sich zunehmend verschlechtert hatte, wurde dann während dessen letzter Arbeitswochen zu einem Heimarbeiter. Das BMI hatte ihm gestattet, zu Hause zu arbeiten, weil er nur so glaubte, den tagtäglichen hämischen Anwürfen Dr. Nollaus entgehen zu können, der ihm sogar die Mitbenutzung der Präsidialtoilette im Amt untersagt hatte. Als Dr. Meier die Amtsgeschäfte übernahm, dachte jedermann im BfV, er werde mit seinem Stellvertreter kurzen Prozeß machen. Wider Erwarten ertrug er ihn aber fast sechs Jahre, ehe es auf einer Geburtstagsfeier vehement aus ihm herausbrach. »Sie sind eine Null, Herr Bardenhewer, ich wiederhole, eine Null«, soll er ihn im Beisein aller Abteilungsleiter verhöhnt haben.

1981 verließ der ungeliebte Vizepräsident das von ihm ungeliebte Amt. Der eine Präsident hatte ihn geschurigelt, der andere verhöhnt. Auch in der CDU hatte er, nicht zuletzt dank Rombach und Bördgen, jeden Rückhalt verloren.

Als Rombach 1983 Abteilungsleiter IV im BfV wurde, war Bördgen ebenfalls schon im Ruhestand. Bei verschiedenen halbdienstlichen Anlässen sah man sie trotzdem gemeinsam, Bördgen schon vom Schlaganfall gezeichnet. Immer wenn ich sie sah, mußte ich an ihre Anti-Bardenhewer-Kampagne denken, Bördgen wußte von dem Abhören nichts und ich bezweifle, daß Rombach hiervon Kenntnis erlangt hat. Aber Bardenhewer, der arme Kerl, der mußte täglich die Gesprächsprotokolle aus der Telefonüberwachung lesen, die nichts Nachrichtendienstliches enthielten, nur seine eigene ständige Abqualifizierung. »Pfeife« wurde er genannt oder »Belastung«, »Dummkopf« oder »Schwaadlappe«, das kölsche Synonym für »Quatschkopf«. Machen konnte Bardenhewer nichts, denn das sogenannte Verwertungsverbot, das die Nutzung von Informationen aus dem Abhören untersagt, die nicht mit dem Antragsgrund, im Fall Bördgen mit dessen Spionage, in Zusammenhang stehen, band ihm die Hände.

Aber er hat Bördgen umgesetzt. Aus der zentralen Funktion, eines Technik und Observationsreferenten wurde er Lehrer an der Schule für Verfassungsschutz, damals in der Stuppstraße, in unmittelbarer Nähe des Amtes. Die Schule hatte sich bis zu ihrem Umzug nach Heimerzheim im Jahre 1980 als Sackbahnhof für gestoppte oder unterbrochene Karrieren bewährt. Und

Bördgen, der die Zusammenhänge nicht kannte, überspielte den Ärger wegen seiner Versetzung und sagte jedem, der es hören wollte oder nicht: »Ich danke Gott und dem Präsidenten, daß beide mir den Übergang vom aktiven Leben zum Ruhestand durch die Versetzung an die Schule so angenehm gestaltet haben.« Zwei Jahre später war Bördgen Rentner.

Aber nicht immer ist das BfV mit seinem Drang zu anderer Leute Telefon durchgekommen. In dem Bericht des 2. Untersuchungsausschusses des X. Deutschen Bundestages sind zutreffend die Verdachtsfälle gegen die Eheleute Herbert und Hertha-Astrid Willner sowie Margarethe Höke dargestellt worden. In beiden Fällen war der Verdacht begründet. Trotzdem war das Innenministerium zu einer Abhöranordnung nicht oder lange nicht zu bewegen. Überwog bei den Regierungsparteien die Angst vor dem Skandal die Sorge vor der Ausspähung? Immerhin saß Frau Willner – ich habe es schon erwähnt – im Vorzimmer eines Abteilungsleiters im Kanzleramt. Frau Höke arbeitete in vergleichbarer Stelle im Bundespräsidialamt und Herbert Willner war in der Friedrich-Naumann-Stiftung der FDP tätig. Es ist schon schwierig, im Sicherheitsbereich die richtigen Entscheidungen zu treffen.

Ebenso leichtfertig wie mit dem Post- und Fernmeldegeheimnis geht das BfV aber auch mit Freiheitsrechten der Bürger um, die durch eine Beobachtung, eine Observation, tangiert werden. Auch in diesem Zusammenhang will ich drei Fälle darstellen, für die das gleiche wie bei den schon geschilderten gilt, die Fälle von Alten, Kortmann und »ZP 18«.

Zunächst scheinen mir aber einige Vorbemerkungen angezeigt. Die Observation, das heimliche Beobachten, gilt als das nachrichtendienstliche Mittel schlechthin. Denn anders als bei der Telefonüberwachung, anders als bei der nachrichtendienstlichen Ermittlung und anders als bei der Arbeit mit sogenannten »Nahbeobachtern«, geheimen Mitarbeitern, die der Verfassungsschutz im Umfeld zu der Verdachtsperson angeworben hat, ist beim Einsatz der Observation keine Kontaktaufnahme zu Außenstehenden erforderlich. Diesem fachlich unbestreitbaren Vorteil stehen aber ebenso klare Nachteile gegenüber.

Zum einen ist die Observation ein verhältnismäßig teueres nachrichtendienstliches Hilfsmittel. Ein O-Trupp, wie man im Fachjargon sagt, also ein Observationstrupp, besteht aus sechs bis acht Mitarbeitern und drei bis vier Pkw der unteren bis gehobenen Mittelklasse. Rechnet man nur die Benzin-, die Übernachtungs- und Reisekosten zusammen, kommt man schnell, ohne die jeweiligen Ablösungskräfte zu berücksichtigen, auf eine nicht unerhebliche Summe. Die 700 000,- Mark, die das BfV für die letztendlich ergebnislose Bearbeitung des Generalmajors a. D. Horst Krüger ausgab, wurden nahezu ausschließlich von der Observation verbraucht. Allerdings machten sich bei der sechsmonatigen Observation bei wöchentlichem Observations- und Fahrzeugwechsel die fünfhundert Kilometer Entfernung zwischen Köln und Krügers Wohnort Badenweiler kostensteigernd bemerkbar.

Zum anderen setzt eine erfolgreiche Observation ein sogenanntes agententypisches Verhalten der Observierten voraus, also eine Verhaltensweise, die bei Bürgern ohne nachrichtendienstliche Anbindung nicht oder nur äußerst selten zu beobachten ist. Hierunter fällt das Zusammentreffen mit anderen Personen unter konspirativen Bedingungen, das Ausspähen nachrichtendienstlich interessanter Objekte, das Beschicken von Toten Briefkästen und ähnliches, für den Durchschnittsbürger Atypisches. Trotzdem ist die Observation keine Wunderwaffe, sie birgt vielmehr eine Fülle von Risiken in sich.

Einmal besteht die permanente Gefahr des »Aufplatzens«, des Entdecktwerdens durch den Observierten, was diesen in aller Regel veranlaßt, alles in seinem Besitz befindliche belastende Material zu vernichten und damit eine erfolgreiche Beendigung des Verdachtsfalles zu vereiteln, zumindest aber wesentlich zu erschweren. Aber auch wo die Observation nicht entdeckt wird, ist bei hochqualifizierten Agenten ihr Erfolg nicht gewährleistet.

So wurden 1973/74 das Ehepaar Günther und Christel Guillaume und zehn Jahre später der MBB-Ingenieur Manfred Rotsch etwa ein Jahr lang observiert, ohne daß die teueren Observationen ein Jota für die Beweislage erbracht hätten.

Zum dritten – und das ist der gravierendste, zugleich aber am wenigsten berücksichtigte Nachteil – stellt die Observation einen schweren Eingriff in die schutzbedürftige und schützenswerte Privatsphäre des einzelnen Bürgers dar. Durch sie werden Verhaltensweisen bekannt, die der Observierte mitunter sogar, ohne nachrichtendienstlichen Hintergrund, seinem engsten privaten Kreis gegenüber verschleiern will, seien sie sexueller oder anderweitig höchst persönlicher Art. Aus diesem Grunde gilt die Observation auch in der Theorie des Verfassungsschutzes als ranghohe Maßnahme, die erst nach Anwendung anderer, im konkreten Fall aber als untauglich erwiesener Mittel in Betracht zu ziehen ist.

Die Praxis sieht anders aus.

»Erst einmal observieren«, heißt die Devise, »mal sehen, was herauskommt.« In vielen Fällen wird die Observation als einfaches präsentes Mittel des Nachrichtendienstes angewandt, obwohl gleichwertige, vielleicht etwas mühsamere andere Mittel ebenso zur Verfügung stehen. So wurden 1982 bei der Bearbeitung der Spuren, die der Reisekader »Walkowiak« gelegt hatte, die Bewohnerinnen mehrerer Häuser in der Theodor-Litt-Straße in Bonn zu dem ausschließlichen Zweck observiert, die Arbeitsstelle zu ermitteln. Grund waren Anhaltspunkte aus dem Verhalten »Walkowiaks«, daß in dieser Straße eine Agentin zwischen vierzig und fünfzig Jahren wohnt. Denn er hatte, ohne auszusteigen, sich mit dem Taxi in diese Straße fahren lassen. Zuvor hatte er, selbst ein Mann in der zweiten Hälfte der Fünfziger, wie geschildert, in Köln mit einem Blumenstrauß gewartet, offensichtlich also auf eine Frau. Das bekannte Bemühen des MfS, bei der Auswahl des Kuriers oder Instrukteurs nach Möglichkeit persönliche Gegebenheiten des Agenten zu berücksichtigen, ließ daher auch Rückschlüsse auf die unbekannte Agentin zu. Die Gesuchte, die später als »Ursula Richter« identifiziert wurde, erfüllte dann auch die vorgegebenen Kriterien in vollem Umfang. Doch zurück zu den Fällen.

Als Dr. Meier 1975 Präsident des BfV geworden war, überreichte ihm der damalige stellvertretende »station chief« der CIA in der Bundesrepublik, Warren Frank, eine Art Begrüßungspräsent. Es handelte sich um einen Zettel, der vier Namen enthielt, angeblich die von Agenten. Die Herkunft der Namen verlor sich im Nebel der Geheimdienste, aber einiges sprach dafür, daß sie von einer Quelle im polnischen Dienst stammten. Es schienen Angaben über Hilfeleistungen des polnischen Dienstes zugunsten eines anderen östlichen Nachrichtendienstes, vermutlich des MfS, zu sein, ohne daß die Quelle der CIA zu wissen schien, ob die getroffenen Maßnahmen einem eindeutig nachrichtendienstlichen Treff mit dem Bundesbürger, seiner Anwerbung oder auch nur seiner Anbahnung dienen sollten. Allerdings wurde das BfV bereits bei der Bearbeitung des ersten Namens fündig.

Helge Berger, Sekretärin im Auswärtigen Amt und von 1967 bis 1972 an der deutschen Handelsvertretung in Warschau tätig, konnte nach mehrjähriger Spionage 1976 festgenommen werden. Nach Strafverbüßung heiratete sie und war noch Mitte der achtziger Jahre als Sekretärin des Präsidenten einer Industrie- und Handelskammer im Süddeutschen Raum tätig. Mit anderen Namen der Liste hatte das BfV weniger Glück. Der Verdacht gegen Edith Stark, auch sie Mitarbeiterin des Außenamtes, erwies sich – trotz intensiver Bearbeitung unter der Deckbezeichnung »Fall Wachsfarbe II« – als unlösbar. Eine dubiose Bekanntschaft Frau Starks zu einem Mann, den sie als Herrn Bergmann in Warschau kannte oder kennen sollte, ließ sich nicht verifizieren. Hier brachten auch Observationen und G-10-Maßnahmen das Bundesamt für Verfassungsschutz nicht weiter.

Ähnlich verhielt es sich mit dem Namen Jürgen von Alten. Dieser hatte nach der juristischen Ausbildung eine steile Laufbahn im Auswärtigen Dienst begonnen, war dann aber in die Zentrale des Bundesnachrichtendienstes gegangen, wo er die Leitung der Abteilung III, die der Auswertung übernahm. Nun ist die Erregung, die den kleinen Kreis der Eingeweihten angesichts des Verdachts gegen einen Exponenten des bundesdeutschen Aufklärungsdienstes ergreift, sicherlich nachzuvollziehen. Eine operative Bearbeitung des Verdachtsfalles durch den BND gegen einen seiner Abteilungsleiter verbot sich aus naheliegenden Gründen, so daß das BfV entsprechend einer Absprache auf Chefebene im Rahmen der Amtshilfe tätig wurde. In erster Linie war an Observationshilfe durch den Verfassungsschutz gedacht worden. Diese wurde erbracht, zeitigte aber, trotz intensiven Einsatzes von Observanten, nichts außer von Altens Vorliebe für ein bestimmtes Münchner Luxusbordell. Die Frequenz seiner Besuche wurde in den Observationsberichten ebenso festgehalten wie seine jeweilige Verweildauer. Das Ganze endete wie das Hornberger Schießen – nur nicht für von Alten. Er wurde suspendiert und damit zu quälender Untätigkeit verurteilt.

Etwa zwei Jahre später wurde über seine Wiedereinstellung in den diplomatischen Dienst diskutiert, nachdem der BND eine Beschäftigung in seinem Bereich wegen des einmal entstandenen Verdachtes rundweg abgelehnt hatte. Voraussetzung für eine positive Entscheidung des Auswärtigen Amtes sollte ein entsprechendes positives Sicherheitsvotum des BfV sein. Bei dessen Erstellung kam es zwischen meinem Abteilungsleiter, Dr. Rudolf von Hoegen, und mir, beide seinerzeit in der Abteilung Sicherheitsüberprüfungen tätig, zu erregten Debatten. Nicht der in den Augen des BfV ausgeräumte nachrichtendienstliche Verdacht war der Streitpunkt, vielmehr ging es um die Frage, ob das Sexualverhalten des Herrn von Alten Anlaß für Sicherheitsbedenken sein könnte. Schließlich, so argumentierte von Hoegen, könnte von Alten erpreßbar sein. Zum Schluß ließ er sich aber überzeugen, und von Alten konnte wieder in leitender Position, diesmal bei der EG-Vertretung in Brüssel, anfangen.

Sexuelles Fehlverhalten bei Anlegung eines moralischen Maßstabes war auch die einzige Feststellung, die bei der Observation von Bernd-Dieter Kortmann getroffen werden konnte. »Feststellung« klingt dabei noch etwas vollmundig, »Hinweise darauf« würde den Observationserfolg besser und genauer charakterisieren.

Kortmann war Referatsleiter in der Abteilung IV des BfV, zuständig für die damalige CSSR. Er war Ende der sechziger, Anfang der siebziger Jahre vom Bundesamt für den Zivildienst, wo er für Nordrhein-Westfalen zuständig gewesen war, ins BfV gekommen und hatte seine Laufbahn in der Abteilung II, zuständig für Rechtsradikalismus, begonnen, von der er später zur Schule wechselte. Dort überwarf er sich mit dem Schulleiter Peter Semmt, einem Protegé des damaligen Vizepräsidenten Bardenhewer, dem er – meines Erachtens zu Recht – ein gerüttelt Maß an Faulheit und Drückebergerei vorwarf. Nachdem Dr. Meier die Wogen geglättet hatte, kam Kortmann zur Abteilung IV. Er galt als eigenwilliger Kollege, der sich abkapselte und seiner eigenen Wege ging, offensichtlich ohne innere Einstellung zur Arbeit.

Etwa 1982 wurde im BfV im Rahmen einer Operation bekannt, daß sich die HVA des MfS gezielt für Kortmann und seine Geschwister interessiere, die im Raum Köln und in Westfalen wohnten. Die Information besagte allerdings auch eindeutig, daß ein Werbungsversuch oder gar eine erfolgreiche Werbung noch nicht stattgefunden hatten. Kortmann konnte also von diesem Interesse an seiner Person gar nichts wissen und damit dem Amt auch nichts verschwiegen haben. Das zwangsläufig eingeschaltete Sicherheitsreferat mochte jedoch nicht ausschließen, daß der gegnerische Dienst zu Kortmann auch im Rahmen einer Dienstreise Verbindung aufnahm. Da eine solche Verbindungsaufnahme unter Legende zu erwarten war, Kortmann aber aus ihr nicht auf ein nachrichtendienstliches Interesse an seiner Person schließen mußte, drängte das Sicherheitsreferat bei der Amtsleitung – auch im Interesse des »Betroffenen« (!) – auf seine umgehende und umfassende Observation.

Kurz danach trat Kortmann mit dem Wagen eine Dienstreise nach München und Nürnberg an, von der das Sicherheitsreferat besondere Vorkommnisse erwartete. Enttäuscht konnten die Observanten als »Erfolg« lediglich melden, daß Kortmann die im Reiseantrag angegebene Dienststelle des BfV in Nürnberg nicht aufgesucht hatte. Ansonsten erbrachte seine Observation in Köln, abgesehen von Routinefeststellungen, vor allem Treffen mit einer rothaarigen, attraktiven Frau aus seiner Nachbarschaft in Bergisch-Gladbach. Eine dieser Zusammenkünfte fand – was Werner Müller als amtierenden Abteilungsleiter besonders wurmte – während der Dienstzeit im »Golde Kappes« statt, einer Kölschkneipe nicht allzu weit von der Dienststelle entfernt.

Kortmann, der sehr vertraut mit der Frau zu sein schien, wurde ein andermal beobachtet, wie er mit ihr in einen Wald fuhr, wobei über den Zweck dieser Fahrt nur Vermutungen intimer Art angestellt werden konnten, Nicht ihr ausgeprägtes Taktgefühl hatte die Observanten des Sicherheitsreferats abgehalten, den beiden nachzufahren, sondern die objektive Unmöglichkeit, dies unauffällig zu tun. Als Kortmann auf eigenen Wunsch als Leiter der Außenstelle der Abteilung Sicherheitsüberprüfungen in die Winzerer Straße in München umgesetzt wurde, erlahmte das Interesse des Gegners, und die Bearbeitung wurde eingestellt.

Einen Markstein in der Geschichte der Observation stellte der Fall »ZP 18« dar und zwar in mehrfacher Hinsicht. Ausgangspunkt war wiederum ein dem BfV durch eine Operation bekanntgewordener Hinweis, im Umfeld des damaligen schleswig-holsteinischen Ministerpräsidenten Gerhard Stoltenberg sei eine Agentin der HVA des MfS mit wichtigen Zugängen beschäftigt. Stoltenberg hatte in seiner Vergangenheit als Bundesforschungsminister vor 1969 schon einmal mit Irene Schulz eine Agentin in seinem Vorzimmer beschäftigt. Da der Hinweis darüber hinaus aus einer absolut seriösen Quelle stammte, verwendete die Verfassungsschutzbehörde Schleswig-Holstein, allen voran der damalige Amtsleiter Alfred Kuhn, viel Mühe, um den Fall zu klären. Er ließ zunächst eine Liste aller in Betracht kommenden Sekretärinnen und anderer Mitarbeiterinnen aus der näheren Umgebung Stoltenbergs, eine Liste der sogenannten Zielpersonen (ZP) erstellen. Anschließend konzentrierte sich Kuhn, nachdem er alle Namen hatte eingehend abklären und dabei auch routinemäßig das Liebesleben hatte einbeziehen lassen, auf die Dame mit der laufenden Nummer 18 auf dieser Liste. Daher stammt die Deckbezeichnung »ZP 18«. Die unausweichliche Observation mußte das BfV übernehmen.

Diese erwies sich von Anfang an als schwierig. »ZP 18«, eine gepflegte, junge Dame aus gutem Hause, gab sich nicht, wie viele ihresgleichen, mit einer »Ente« oder einem kleinen Renault zufrieden. Sie steuerte bei ihren häufigen Wochenendfahrten von Kiel ins gesamte Bundesgebiet einen starken Porsche, wobei ich nicht mit Sicherheit mehr sagen kann, um welchen Typ aus der damaligen Zuffenhausener Produktpalette es sich bei ihrem Wagen handelte. Jedenfalls mußten die Observanten bei der von ihr vorgelegten Stundengeschwindigkeit von 200 »Sachen« ihre Bemühungen abbrechen und vermerkten in ihren Observationsberichten dann süffisant, sie hätten ihrer Aufgabe wegen »Untermotorisierung der Observationsfahrzeuge« nicht nachkommen können. Gelang ihnen aber die Observation, etwa weil »ZP 18« ihren Wagen verkehrsbedingt nicht ausfahren konnte, war diese völlig ergebnislos. »ZP 18« besuchte Freunde und Bekannte, wie sie alles Angehörige einer »jeunesse doree«. Etwas Besonderes zeichnete sich ab, als »ZP 18« eine Urlaubsreise in die Karibik buchte.

Kuhn wies auf die Nähe des Urlaubsortes zu Kuba hin, den östlichen Pfeil im Fleische Amerikas, als Stützpunkt für alle Nachrichtendienste Osteuropas prädestiniert, und drängte auf Überwachung. Die Wahl fiel nicht auf einen der enttäuschten Observanten, sondern wieder auf meinen Mitarbeiter Herrmann Grosser, der schon den Fall Babbel erfreulich lautlos abgewickelt hatte. So kam das Ehepaar Grosser – Frau Grosser, eine außerhalb des Verfassungsschutzes beschäftigte Büroangestellte, wurde schnell zur Gewährsperson gemacht und durfte aus Tarnungsgründen mitfahren – zu einem kostenlosen Traumurlaub in der Karibik. Zwei Wochen Jamaika, eine Woche Haiti. Den Kontakt zu »ZP 18« stellte Frau Grosser schon am Flughafen Frankfurt am Main her, und von diesem Augenblick an verbrachte man den Urlaub zu dritt. Einmal rief mich Grosser aus der Nähe von Port-au-Prince an.

»Alles in Ordnung, Chef«, berichtete er trocken, »keine besonderen Vorkommnisse.«

Natürlich war das Ergebnis der transatlantischen Observation gleich Null. Nur zu Hause, in Köln-Merheim, im Kratzweg 33, und im Büro, außerhalb des Kreises der Eingeweihten, da mußte Grosser, der auffällig gebräunt zurückgekehrt war, erzählen, »nur« in Fuerteventura auf den Kanarischen Inseln gewesen zu sein.

Kuhns Interesse an dem Fall erlosch in dem Augenblick, in

dem Stoltenberg Bundesfinanzminister wurde und damit in die Zuständigkeit des Bundesamtes für Verfassungsschutz fiel.

So addierten sich in der operativen Tätigkeit des Verfassungsschutzes unbestreitbare Erfolge mit Mißerfolgen und »falschen« Erfolgen zu einem mixtum compositum eigener Art. Verteidiger und Kritiker eines derart umfassenden Gebrauchs der Befugnisse, die der Gesetzgeber dem Amt zwar eingeräumt, aber unter das Gebot der Verhältnismäßigkeit gestellt hat, sahen denn im Fazit auch Unterschiedliches: Den intensiven Schutz der Verfassung die einen, ihre permanente Verletzung durch die zu ihrem Schutz aufgerufene staatliche Einrichtung die anderen. Gemeinsam war beiden Lagern nur die fehlende Konsequenz, mit der sie ihre Theorien zu diesem Aspekt der Sicherheitspolitik vertraten.

Die Repräsentanten der »harten« Linie, die einer umfassenden Aktivität des Verfassungsschutzes das Wort redeten, vertraten ihre Ansicht häufig nach dem St. Florians-Prinzip: »St. Florian. Du geh voran, zünd anderer Leute Häuser an!« Ihr Ruf nach konsequenter Verfolgung auch kleinster nachrichtendienstlicher Hinweise war oft gepaart mit völliger Verständnislosigkeit für eventuelle Aktivitäten des Verfassungsschutzes in ihrem persönlichen oder dem von ihnen repräsentierten politischen Umfeld. Immer wieder bekam das BfV Briefe, auch von Abgeordneten des Deutschen Bundestages an die Amtsleitung adressiert, die in der Biertischformulierung gipfelten: »Statt langjährige Agenten aufzuspüren, interessiert sich Ihr Amt für verfassungstreue Bürger, die ich seit Jahren kenne ...«

Die Behandlung des Falles Simon Goldenberg durch die CSU war ein Musterbeispiel für diese nachrichtendienstliche Ambivalenz.

Goldenberg, ein Jude mit schillernder Vergangenheit, hatte in der DDR vor der Blüte des KoKo-Imperiums Alexander Schalck-Golodkowskis teils gemeinsam, teils in Konkurrenz mit den DDR-»Kaufleuten« Hersch Libermann und Günther Forbger einen lukrativen Ost/West-Handel betrieben. Um 1980 herum war er in die Bundesrepublik gekommen und hatte in Rosenheim bei der Fleischgroßhandelsfirma März Quartier bezogen. Das BfV hielt Goldenberg keineswegs für einen Agenten, jedenfalls für keinen Agenten im klassischen Sinne, war aber dennoch an seiner eingehenden Befragung interessiert, um sich Hintergrundwissen für die Bearbeitung des illegalen Technologietransfers in die DDR zu verschaffen. Nun war der Fleischgroßhändler März, wie inzwischen durch Schalck-Golodkowski pressebekannt ist, ein persönlicher Freund des damaligen bayerischen Ministerpräsidenten und CSU-Vorsitzenden Franz-Josef Strauß. Mit aller Macht durchkreuzte das bayerische LfV, sonst ein Vorreiter in der Bearbeitung nachrichtendienstlicher Spuren, die Befragungsabsichten des BfV. Man handele weisungsgemäß, wurde hinter vorgehaltener Hand erklärt. Meinem Kollegen Dirk Dörrenberg gelang es lediglich und auch nur mit Mühe, Goldenberg »informatorisch« hören zu können, was dem gesetzten Ziel aber auch nicht annähernd gerecht wurde.

Völlig anders geartet war die Inkonsequenz des anderen Lagers, das bei jeder Aktion des Verfassungsschutzes eine eklatante Verletzung aller in Betracht kommenden Grundrechte erblickte. Hohn und Spott wurden über dem BfV abgeladen, wenn irgendein bedeutungsloser Mißerfolg bekannt wurde oder sich gar ein geäußerter Verdacht als unbegründet erwies. Mit der gleichen Intensität wurden dem Verfassungsschutz aber Versäumnisse und Nachlässigkeit vorgeworfen, wenn ein begründeter Spionageverdacht nicht, zu langsam oder zu spät bearbeitet wurde. Dann wurde dem Verfassungsschutz mit aller Akribie vorgerechnet, mit welchen Mitteln er den Erfolg schon Jahre früher hätte erzielen können. Wendete der Verfassungsschutz diese gleichen Mittel aber ein halbes Jahr später in einem anderen Fall an, wurden gegen ihn, ohne zu zögern, wieder die alten Vorwürfe der Verfassungsverletzung erhoben.

Kritik gibt es genug am Verfassungsschutz, vor allem berechtigte Kritik. Nur werden Fälle, wie ich sie schildere, in aller Regel nicht publik und entziehen sich somit der öffentlichen Auseinandersetzung. Auch »Wacholder« und »Krokus« waren mit Problemen belastet, die der Verfassungsschutz nicht sah oder, auf den Erfolg ausgerichtet, nicht sehen wollte. Allerdings wurde er, und dies einhellig, von beiden Lagern mit Vorwürfen überhäuft, die nach meiner unmaßgeblichen Meinung im wesentlichen unbegründet waren und es vielleicht heute noch sind. Ich meine das Gebiet der Datenverarbeitung, Auch hier, wie allgemein üblich, war die Schärfe der Kritik umgekehrt proportional zur Kenntnis des Kritikers. will sagen, je weniger der Kritiker vom Objekt seiner Kritik versteht oder je ungenauer er es kennt, desto massiver und grobschlächtiger fällt sie aus. So ist gerade über den Umgang mit Daten durch den Verfassungsschutz – man verzeihe mir – soviel Unsinn und soviel dummes Zeug geschrieben worden, daß ich dem Leser erst einmal vor Augen führen möchte, wie die Datenerfassung im BfV bis 1985 überhaupt funktionierte.

Dr. Nollau hat in seinen Memoiren »Das Amt« davon berichtet, jeder Sachbearbeiter habe im Rahmen der entwickelten Datenverarbeitung einen Terminal neben seinem Arbeitsplatz stehen, der ihm in Blitzesschnelle die gewünschten Informationen ausspuckt. Dieses Bild eines computerisierten Verfassungsschutzes mag der Vision entsprechen, die einst den Datenpapst des BfV, Hans-Joachim Postel, heimgesucht und sich bei Dr. Nollau festgesetzt hat. Noch zehn Jahre nach seinem Ausscheiden, 1985, sind zwei Fakten an seiner Schilderung schlicht falsch. Zum einen sind zwar seit Einführung der EDV immer mehr Büros in EDV-Räume umgewandelt worden und die Zahl der Terminals hat gewaltig zugenommen, aber von einer Bestückung des Arbeitsplatzes mit einem Computerterminal war der Verfassungsschutz 1985 noch weit entfernt. Vielleicht ist es in Chorweiler im Neubau so, aber dessen Fertigstellung habe ich nicht mehr im Dienst erlebt. Und zum anderen bedienen, das heißt »füttern« und befragen ganz andere Leute diese Terminals als Dr Nollaus Sachbearbeiter.

Bevor ich jedoch mein Wissen über NADIS niederlege, möchte ich darauf hinweisen, daß ich dieses System nur aus der Anwendung kenne. Nicht einmal aus der eigenen Anwendung, denn einen Terminal zu bedienen war ich weder befugt noch in der Lage, aber ich habe den Leuten, die diese Arbeit gemacht haben, vielleicht häufiger über die Schulter geschaut als andere Kollegen meines Dienstgrades. Meist war es eine Art Jagdfieber, der von einer enormen Spannung getragene Wunsch, möglichst ohne jeglichen Zeitverlust zu erfahren, ob Erkenntnisse über die angefragte Person vorliegen, die mich so handeln ließ; mitunter diente sie allein der Befriedigung meiner eigenen simplen, persönlichen Neugier.

Um das Funktionieren von NADIS zu verstehen, fehlten mir die technischen Kenntnisse und das Verständnis für elektrische und elektronische Vorgänge. Ähnlich wie ein Steinzeitmensch beim Betrachten einer Armbanduhr nicht durch die Genauigkeit oder die Vielzahl der Anzeigen beeindruckt wäre, sondern durch das für ihn unverständliche und geheimnisvolle Ticken, so faszinierte mich insbesondere die Fähigkeit des Schreibkopfes am Drucker, nicht nur auf dem Weg nach rechts, sondern auch auf dem Weg nach links systematisch geordnet und leicht lesbar Personalien, Anschriften, Aktenzeichen und ähnliches »rückwärts« zu Papier zu bringen.

Ich bin auch nur ein einziges Mal im »Allerheiligsten« der EDV im ersten Stock des Erweiterungsbaus an der Inneren Kanalstraße gewesen. Zum einen ist dies eine Art BfV-internes Sperrgebiet, zum anderen stand ich vor den Apparaturen mit den sich nach rechts und links ruckartig drehenden Bändern wie ein Neandertaler im Raumschiff »Enterprise«, auch ich ohne jeden Hauch von Begreifen. Was mich in der täglichen Arbeit interessiert hat, waren nur zwei Fragen: Was kann NADIS, und was kann NADIS nicht?

Bei der Beantwortung der ersten Frage, also der, was NADIS kann, muß zunächst betrachtet werden, was NADIS können soll, oder noch genauer, was NADIS bei der Konzeption können sollte. NADIS, das »Nachrichtendienstliche Informationssystem«, wird von berufenen und selbsternannten Kritikern häufig als eine Art Golem der modernen Menschenüberwachung, als die Inkarnation des »Big brother is watching you« aus George Orwells »1984« geschildert und interpretiert. In Wahrheit ist NADIS als eine Art automatisiertes Fundstellenverzeichnis entstanden, und viel weiter war es auch 1985 noch nicht.

Das Herzstück von NADIS ist die PZD, die »Personenzentraldatei«, wenn sie auch im Laufe der Jahre immer mehr Zusatzfächer enthielt, die der Aufnahme weiterer Informationen dienten. Gemessen an der Gewichtigkeit der Namensinformation spielten sie aber nur die Rolle einfacher Nebeninformationen, die nicht oder nur unter großen Schwierigkeiten geeignet waren, als selbständige Suchkriterien für eine neuerliche Suchoperation des Verfassungsschutzes zu fungieren. Auch im Sprachgebrauch des BfV wird die PZD fälschlicherweise gleichgesetzt mit NADIS, doch NADIS ist nichts anderes als die korrekte Bezeichnung für das System der Elektronischen Datenverarbeitung des Verfassungsschutzes. NADIS gliederte sich, sieht man einmal von seiner besonderen Nutzung für personalwirtschaftliche Maßnahmen durch die Verwaltungsabteilung des BfV ab, je nach Suchansatz im wesentlichen in die genannte PZD, die OZD (Objektzentraldatei) und in das OZR, das Objektzentralregister. Ob aber eine Person in der PZD als erkannter oder überführter Agent, als Zielperson oder als Verdachtsperson, als Hinweisgeber für einen nachrichtendienstlichen Fall, als Angehöriger oder als Bekannter einer Verdachtsperson, als ihr Arbeitgeber, Ver- oder Untermieter, als Zeuge, als Verteidiger, als Arbeitskollege oder als irgendwie geartete Randfigur erfaßt ist, das ergibt nur der Blick in die Akte.

Diese Feststellung mußte auch Hans-Dietrich Genscher machen, als er etwa 1970 dem BfV als Innenminister einen Besuch machte. Stolz führte ihm Schrübbers als Präsident das damals noch junge NADIS vor.

»Wollen wir doch mal schauen«, meinte Genscher leutselig, »was das BfV an Informationen über mich gespeichert hat.«

»Aber, Herr Minister«, wehrten Schrübbers und seine Begleiter ab, »wie sollten Sie denn überhaupt erfaßt sein?« Genschers Personalien wurden eingegeben. Alles blickte lächelnd und ohne Spannung auf den Bildschirm. Die Antwort kam – Genscher war mit einem Aktenzeichen der Abteilung IV verkartet. Unwilligkeit auf Seiten des Ministers, Betretenheit bei den BfV-Bediensteten.

»Wir werden uns sofort darum kümmern, Herr Minister«, ereiferte sich Schrübbers, »sofort!« Als Ergebnis stellte sich heraus, daß Genscher vor Jahren als Zielperson eines Nachrichtendienstes der DDR erfaßt worden war. Folgender Sachverhalt lag der ministeriellen Verkartung zugrunde.

Ein Bonner Bürger war Mitte der sechziger Jahre bei einer Reise in die DDR von einem MfS-Offizier angesprochen worden. Er versicherte wahrheitsgemäß, in Bonn einfacher Handwerker zu sein und keineswegs Verbindungen mit der großen Politik zu haben.

»Na, wen kennen Sie denn so?« wollte der Offizier wissen.

»Der einzige, den ich kenne, das ist der Geschäftsführer oder ähnliches der Bundestagsfraktion der FDP. Hans-Dietrich Genscher heißt der, und der wohnt bei uns im Nebenhaus.«

»Na, schau'n Sie dann mal, ob Sie über den was in Erfahrung bringen. Wenn Sie wieder in die DDR reisen, können Sie uns dann erzählen, was Sie erfahren haben«, beendete der Offizier das Gespräch.

So kam Genscher, den damals nur wenige kannten, in die Hollerith-Kartei des BfV und wurde später in NADIS übernommen. Der Handwerker aus Bonn aber fuhr nicht wieder in die DDR, um weiteren nachrichtendienstlichen Kontakten zu entgehen. Meiner Erinnerung nach wurde die Speicherung Genschers in NADIS widerrufen, also gelöscht – ein Akt des vorauseilenden Gehorsams, wie Rudolf von Hoegen formuliert hätte.

Eigentlich befand sich Genscher in NADIS in guter Gesellschaft. Neben einer Vielzahl von Bundestagsabgeordneten, die sich einer Sicherheitsüberprüfung hatten unterziehen müssen, sind dort unter anderem auch alle Generalbundesanwälte und ihre Mitarbeiter, die Spitzen der Ministerien ebenso wie alle Präsidenten von BKA und BfV erfaßt. Auch alle anderen Bediensteten des BfV sind darin gespeichert, ebenso wie die Angehörigen der Landesbehörden für Verfassungsschutz.

Daher wäre die Erfassung in NADIS eigentlich nicht belastend, ja, mit Rücksicht auf die Mitgesicherten sogar eine »Ehre«, wenn nicht – wieder muß ein Begriff aus der Juristensprache herhalten – die normative Kraft des Faktischen wäre. Denn anders als bei den Angehörigen der Sicherheitsbehörden und den Angehörigen der Ministerialbürokratie handelt es sich bei der Mehrzahl der Verkarteten um Personen, die wegen eines tatsächlichen oder vermuteten verfassungsfeindlichen Zusammenhangs in das Blickfeld der Sicherheitsbehörden gerieten und deswegen verkartet wurden. Es sind aber nicht nur Agenten und politische Gewalttäter, Kommunisten und Faschisten verkartet worden, sondern eben auch die große Zahl von Bürgern, die alles andere als Verfassungsfeinde sind.

Da sind einmal die schon genannten Personen aus dem Umfeld der echten Verfassungsfeinde, selbst meist anständige und jedem Extremismus abholde Staatsbürger. Was konnten etwa die Eltern und Geschwister für die Straftaten eines Christian Klar, einer Brigitte Mohnhaupt oder eines anderen RAF-Terroristen? Aber für ihre Erfassung in NADIS lassen sich gute Gründe finden, bessere jedenfalls als die Gründe, die dagegen sprechen. Aber es gibt auch die große Gruppe von Personen, die wegen ihres eigenen, für den Verfassungsschutz auffälligen Verhaltens in NADIS geraten sind. Da ist der junge Linke, der schon lange vor Tschernobyl, ja, noch vor der Entstehung der Grünen als politische Kraft einen Aufkleber mit Antiatomkraftparolen am Auto hatte; da ist der politisch interessierte Staatsbürger, der aus Neugier oder aus echtem politischen Interesse eine Wahlveranstaltung einer vom Verfassungsschutz beobachteten Partei besuchte. Da ist der junge Mann, der am Wochenende auf dem Luftweg seine Tante in Ostberlin zu deren fünfzigsten Geburtstag besuchte und das Pech hatte, in Tegel »getippt« worden zu sein. Da ist, da ist und da ist.

Es ist gerade diese Grauzone zwischen beiden Polen, einerseits die besonders Staatstreuen aus den Sicherheitsbereichen und andererseits die überführten und unbestreitbaren Verfassungsfeinde, die ein seit Jahren wachsendes Mißtrauen gegen dieses Datensystem begründete. Genährt wird dieses Mißtrauen auch noch durch den Eiertanz, den der Datenschutz um NADIS aufführt. Einerseits wird das Recht auf informationelle Selbstbestimmung propagiert und andererseits aus verständlichen Gründen der eigene Blick in genau jene Datei verhindert, die vielleicht die bedeutsamste, für den Bürger jedenfalls die interessanteste ist. Der Datenschutzbeauftragte in seiner Alibifunktion ist nicht geeignet, diese Skepsis abzubauen.

Dabei darf natürlich, nicht übersehen werden, daß sich ein nicht unerheblicher Teil des Datenbestandes zu einer Zeit gebildet hat, in der das Wort Datenschutz noch ein Fremdwort war. Auch spricht für die vordergründige Harmlosigkeit der Erfassung in NADIS, daß das BfV, jedenfalls bis 1985, nicht einmal daran gedacht hat, den Datenbestand irgendwie zu kanalisieren. Vielmehr beließ es den Staatssekretär im Bundesinnenministerium und den Spion im Kanzleramt im gleichen Erfassungssystem.

Aber die Sorge des Bürgers hatte einen konkreten Anlaß. Aus der allgemeinen, gleichwohl unbegründeten Angst, keiner der immer knapper werdenden qualifizierten Arbeitsplätze in der Bundesrepublik würde ohne Anfrage beim Verfassungsschutz vergeben, entstand das immer stärker werdende Bedürfnis des Bürgers, erst gar nicht in NADIS gespeichert zu sein.

Symptomatisch hierfür ist der Fall eines Rechtsreferendars aus Hamburg, der etwa 1980 von der Verwaltung Aufklärung, dem militärischen Dienst der DDR, im Rahmen der Briefanbahnung kontaktiert worden war.

Die »Militäraufklärung«, wie das MfS die Kollegen aus der Oberspreestraße im Berliner Stadtteil Spindlersfeld immer etwas verächtlich abtat, schrieb um diese Zeit viele Bundesbürger an und bot unter der Legende eines Presseunternehmens oder eines Meinungsforschungsinstituts eine »interessante und gutbezahlte Nebentätigkeit« an. Das BfV ließ den Postverkehr aus der Bundesrepublik an die bekannt gewordenen Antwortadressen in Ostberlin überwachen und war auf diese Weise an den Rechtsreferendar geraten.

Als er vom LfV Hamburg befragt wurde, erklärte der Referendar glaubhaft, den nachrichtendienstlichen Hintergrund des Briefes klar erkannt und niemals die Absicht gehabt zu haben, sich auf Spionage einzulassen.

»Aber warum«, wollte der Befrager wissen, »haben Sie als Jurist und Beamter auf Probe, der Sie als Referendar ja sind, den Fall denn nicht den zuständigen Behörden gemeldet?«

»Schließlich will ich nach meinem Assessorexamen versuchen, in den öffentlichen Dienst zu kommen«, war seine entwaffnende Antwort, »und, da hatte ich natürlich kein Interesse, im Computer des Verfassungsschutzes erfaßt zu werden.«

Aber er wurde natürlich erfaßt. Ob diese Erfassung sich bei einer späteren möglichen Einstellung in den öffentlichen Dienst nachteilig auswirkte, kann ich nicht sagen, aber natürlich auch nicht ausschließen.

Wenn auch eine Verkartung in NADIS, für sich allein gesehen, nichts Nachteiliges ist, zeigte das Verhalten des BfV gegenüber einer Personengruppe doch, daß man in ihr durchaus etwas Ehrenrühriges erblicken kann. Insofern lag der Hamburger Referendar mit seiner Sicht der Dinge gar nicht so falsch. Nur bezog sich das Verhalten des BfV nicht auf Rechtsreferendare, sondern auf die Abgeordneten des Deutschen Bundestages. Karl-Franz Schmidt-Wittmack (CDU), der 1954 in die DDR ging, und Alfred Frenzel (SPD), der tschechische Agent und Vorsitzende des Verteidigungsausschusses, wurden so selbstverständlich verkartet wie Lieschen Müller.

Auch der von dem rumänischen Überläufer Ion Pacepa zu unrecht benannte Uwe Holtz gehörte unter dem Aktensachgebiet »120« (»rumänische Nachrichtendienste«) in den NADIS-Bestand. In der zweiten Hälfte der siebziger Jahre wurde man dann aber sensibler.

Die entsprechenden Aktensachgebiete ließen zwar keine Rückschlüsse, wohl aber Vermutungen über den Hintergrund der Erfassung zu. Daher wurden eine Zeitlang alle Abgeordneten – ohne Rücksicht darauf, ob über sie Erkenntnisse vorlagen oder nicht – unter einem unverfänglichen Aktensachgebiet des präsidialen Stabsreferats I G 1 verkartet und alle anderen Aktenzeichen im NADIS gelöscht. Nur bei I G 1 konnte jetzt anhand einer »Umschaltliste« die anderweitige, fachbezogene Erfassung ermittelt werden. Zugleich war eine zentrale Feststellung möglich, welcher Bereich des BfV aus welchem Grunde sich mit dem Abgeordneten befaßte. Als die Landesbehörden auf eine Gleichbehandlung ihrer Landtagsabgeordneten drängten, wurde das Prinzip wieder aufgegeben und auf eine restriktive Erfassung von Bundestagsabgeordneten geachtet.

Ähnlich war die Situation, wenn nicht Bundestagsabgeordnete verkartet werden sollten, sondern wenn Verkartete Abgeordnete wurden. Der Grund für ihre Verkartung vor ihrer politischen Karriere war unterschiedlich. Zum Teil hatten sie ihr noch ungestümes, außenpolitisches Engagement übertrieben und waren dem Verfassungsschutz als junge Parteistrategen durch allzu enge Kontakte zu Ostblockvertretungen aufgefallen. Zum Teil waren sie aber auch Opfer parteiinterner Intrigen, wie mir aus einem Fall des LfV Rheinland-Pfalz in deutlicher Erinnerung ist. Dieser Fall gewinnt noch einen gewissen Reiz aus der persönlichen Datenpflege des Betroffenen.

Ein junger Mann, dessen Name mir nicht mehr erinnerlich ist, hatte sich Anfang der siebziger Jahre in einer Stadt an der Mosel im dortigen Ortsverband der CDU engagiert. Aus irgendwelchen Gründen wurde er von einem parteiinternen Rivalen anonym der nachrichtendienstlichen Tätigkeit bezichtigt. Der Verdacht erwies sich als haltlos, aber der junge Mann wurde im BfV verkartet, um bei einem erneuten Hinweis auf die bereits geführten Ermittlungen zurückgreifen zu können.

Jahre später wurde der seinerzeit Verleumdete in den rheinland-pfälzischen Landtag gewählt und war nun bemüht, seine Löschung in NADIS zu erreichen – gegen meinen erbitterten Widerstand. Ich habe die Ansicht vertreten, da von den damaligen Ermittlungen mehrere Leute Kenntnis erlangt hatten, sei jederzeit eine anonyme Verdächtigung möglich dahingehend, mit dem Abgeordneten könne etwas nicht stimmen, denn mit ihm habe sich einmal der Verfassungsschutz beschäftigt. Da sei es für ihn doch günstiger, auf die ergebnislose Verdachtsfallbearbeitung verweisen zu können, als mit der ewig angezweifelten Auskunft des BfV leben zu müssen, über ihn sei in NADIS kein Hinweis enthalten. Als das zuständige LfV Rheinland-Pfalz in einem zweiseitigen, vom stellvertretenden Amtsleiter unterzeichneten Schreiben auf die Löschung drängte, habe ich dem Wunsch entsprochen und den Namen löschen lassen.

Einerseits bestanden Bedenken grundsätzlicher Art gegen eine datenmäßige Sonderbehandlung der Abgeordneten, da zumindest in der Theorie vor dem Gesetz alle Bürger gleich sind, andererseits war ihre restriktive Erfassung von Anfang an auf dem Papier ein von der Amtsleitung verbindlich angeordnetes Gebot. Nicht nur die Voraussetzungen für die Verkartung von Bundestagsabgeordneten waren geregelt, der gesamte Umgang mit NADIS von der Anfrage über die Speicherung bis zur Löschung war in einem ständig wachsenden Regelwerk geordnet. Aber ohne eine sinnvolle, eine effektive Kontrolle geht jede Regelung ins Leere, um so schneller, je komplizierter sie ist.

Da das BfV, wie geschildert, in erster Linie die Auswertungszentrale der deutschen Verfassungsschutzbehörden ist, kommt wenigstens im Bereich Spionagebekämpfung den für die Auswertung zuständigen Sachbearbeitern, im internen BfV-Sprachgebrauch den »Auswertern«, eine zentrale Bedeutung zu. Der Auswerter »zeichnet die Vorgänge aus«, das heißt, er »verfügt«, welche im Eingangsschreiben oder im Vermerk des BfV-Beschaffers genannten Personen zu speichern, welche nur in NADIS abzufragen und welche überhaupt nicht zu beachten sind. Diese Sachbearbeiter sind Beamte des gehobenen Dienstes mit den Dienstrángen Regierungsinspektor bis Oberamtsrat. Ihnen entsprechen bei der Kriminalpolizei die Kommissarsdienstränge und bei der Bundeswehr die Offiziersdienstgrade Leutnant bis Hauptmann »in besonderer Verwendung«.

Diese »Sachbearbeiterverfügungen« werden wiederum von sogenannten Bürosachbearbeitern umgesetzt, die früher anschaulicher und plastischer »Verkarter« hießen. Diese Mitarbeiter sind Beamte des mittleren Dienstes mit den Diensträngen Regierungsassistent bis Amtsinspektor, vergleichbar den Kriminalmeistern, -ober- und -hauptmeistern sowie den Feldwebeldienstgraden bei der Bundeswehr. Sie waren, zumindest bis 1985, die einzigen Angehörigen einer sogenannten Fachabteilung des BfV, die den unmittelbaren Zugang zum Computer haben. Sie haben entsprechende Lehrgänge besucht und sind mit einer persönlichen Identifizierungskarte ausgestattet, die ihnen, ähnlich wie es die Scheckkarte am Geldautomaten tut, den Zugang zur Software gestattet.

Die Sachbearbeiter und die Angehörigen des höheren Dienstes, vom jüngsten Referatsleiter bis hinauf zum Präsidenten, hatten weder solche Lehrgänge besucht noch waren sie im Besitz einer derartigen Berechtigungskarte. Wann immer ich eine Auskunft benötigte, mußte ich einen Bürosachbearbeiter bitten, für mich den Computer zu befragen.

Allein mir unterstanden in meiner Referatsgruppe etwa dreißig Auswerter und etwa genausoviel Bürosachbearbeiter, so daß es – umgerechnet auf das gesamte BfV – schon der großen Zahl wegen unverzichtbar war, die Bedienung des NADIS-Computers zu reglementieren. Dies geschah durch sogenannte Verkartungspläne und Löschungsrichtlinien.

Es würde viel zu weit führen, diese schon beim Lesen schwer verständlichen Vorschriften dem Leser nahebringen zu wollen. Es sind gut gemeinte Regeln, die geeignet sind, bei Außenstehenden das BfV als einen Hort des Datenschutzes erscheinen zu lassen. Und bei Insidern? Niemand, kein Referatsleiter, kein Gruppenleiter und kein Abteilungsleiter überprüfte, ja, konnte überhaupt in der Abteilung IV die Beachtung der Verkartungs- und Löschungslinien überprüfen. Und zwar deshalb nicht, weil niemand von ihnen, und ich nehme mich für meine Zeit nicht aus, zu einer solchen Kontrolle überhaupt in der Lage war. Ergänzungen zum Verkartungsplan der Abteilung IV oder eine eventuelle Neufassung habe ich, wie die meisten meiner Kollegen, gar nicht gelesen und durchgearbeitet, sondern allenfalls überflogen, abgezeichnet und nach unten weitergereicht.

Erfaßt wird daher in NADIS grundsätzlich nicht, was die Amtsleitung oder der Abteilungsleiter für speicherungswürdig hält, sondern was der Sachbearbeiter, der Auswerter hierfür im Einzelfall als geeignet erachtet. Und dies ist reine Temperamentssache oder eine Frage des Engagements.

Einige Beschaffer schreiben über eine Befragung einen Bericht von dreißig Seiten, andere geben sich bei einem gleichgelagerten Sachverhalt mit drei Seiten zufrieden und lassen alles weg, was ihnen nicht wichtig erscheint. Ein Repräsentant des ersten Typs war Ludwig Fischer, der frühere Sachgebietsleiter DDR im bayerischen Landesamt für Verfassungsschutz, oder der ebenfalls schon längst pensionierte Kollege Dallinger, der im LfV Saarland die sowjetischen Dienste bearbeitete. Dallinger beschrieb einmal, sicherlich auch glücklich darüber, endlich etwas

Berichtenswertes aus dem nachrichtendienstlichen Entwicklungsgebiet Saarland gefunden zu haben, allein zwei Seiten lang das Gesicht einer von ihm befragten jungen Frau. Meinen Entwurf eines Antwortschreibens, in dem ich das Interesse des BfV an der Beschreibung weiterer Körperteile der Befragten zum Ausdruck brachte, mochte mein damaliger Gruppenleiter Albrecht Rausch nicht unterschreiben. Der zweite Typ wurde durch Siegfried Dreßler vertreten, der unter dem Arbeitsnamen »Dieckmann« den Journalisten Peter Felten als CM »Lese« geführt hatte.

Ähnlich hielten es die Auswerter beim Verkarten. Einige Sachbearbeiter wie weiland Christian Adams fragten nur die Betreffspersonen ab, um sich die Arbeit zu erleichtern. Andere wie der Oberamtsrat Günther Schmalbruch, Sachgebietsleiter »militärische Aufklärung der DDR«, verkartete alle anfallenden Personen.

»Für alle Fälle«, pflegten Schmalbruch und Kollegen ihre Maßnahmen zu rechtfertigen und verwiesen gern auf den Fall Guillaume. Denn hätten die früheren Sachbearbeiter Günter Guillaume nicht in den Exekutivfällen Siberg, Gersdorf und Gronau als Zeugen verkartet, obwohl er selbst über jeden Verdacht erhaben war, hätten am 23. Februar 1973 Heinrich Schoregge und Helmut Bergmann, der »laufende Meter«, nicht bei einer Tasse Kaffee in der Kantine des BfV über den in drei Verfahren verwickelten Angehörigen des Kanzleramts fachsimpeln können. Das war aber bekanntlich die Keimzelle der Enttarnung des »Kanzleramtsspions«.

Nicht in einem einzigen mir bekannten Fall hat ein Referats- oder Gruppenleiter mit einem seiner Sachbearbeiter einen konkreten Vorgang dahingehend durchgearbeitet, ob dem Verkartungsplan in jeder Hinsicht Genüge getan worden ist. Eine rühmliche Ausnahme bildete lediglich mein Kollege Werner Müller, der sich wenigstens im Stichprobenverfahren von dem Erfordernis aller Verkartungen in einem Vorgang zu überzeugen versuchte. Mir war immer mehr am Ergebnis des Einzelfalls als an seiner buchhalterischen Handhabung gelegen, für mich war die Enttarnung eines Agenten oder die Entlastung eines Verdächtigen wichtig, nicht die Frage, ob die Großnichte seines Stiefbruders verkartet werden darf. Auch kannte ich kaum die Regeln, welche Personen verkartet und welche nur angefragt werden durften, jedenfalls nicht gut genug, um eine Kontrolle ausüben zu können.

Ich kannte, wie alle meine Kollegen oder – sagen wir es vorsichtiger – wie die meisten meiner Kollegen nur den Grundsatz des Verkartungswesens, der in etwa lautet: »Verkartet werden dürfen nur Personen, die in einer objektiven Beziehung zum verdachtsbegründenden Geschehen stehen. Erweist sich der Verdacht als unbegründet, sind die Personen zu löschen.«

Das klingt gut, das klingt rechtsstaatlich, das klingt verantwortbar. Aber wann eine objektive Beziehung im Einzelfall gegeben ist – und Vorschriften müssen mit solchen unbestimmten Rechtsbegriffen arbeiten –, das ist eine Frage der persönlichen Beurteilung. Es liegt also wieder beim Sachbearbeiter.

Nicht ohne Grund nennt man die Oberamtsräte das Rückgrat der Ministerialbürokratie. Im BfV ist es nicht anders. Hier wiegt eine im Kollegenkreis gegebene Erklärung von Günther Schmalbruch oder Karl-Heinz Reuter oder eines anderen angesehenen Beamten dieses Dienstgrades über den Sinn und Zweck der Verkartung schwerer als eine blutleere Dienstanweisung, auch wenn sie der Präsident unterschrieben hat. Da steht der junge Referatsleiter, aus der Sicht seiner Mitarbeiter ohnehin mit dem Makel des Akademikers behaftet, häufig mit ein, zwei Dienstjahren den Oberamtsräten mit zwanzig und zum Teil mehr Jahren Berufserfahrung gegenüber auf verlorenem Posten. Auch das ist und schafft Tradition im Verfassungsschutz.

Es kann vorkommen, daß in einem Verdachtsfall, der sich zum Schluß als unbegründet erweist, ein emsiger Beschaffer und ein ebenso emsiger Auswerter gearbeitet haben. Durch ihre Arbeit ist eine Unzahl von Personen in die unersättlichen Erfassungsbänder von NADIS gewandert. Werden sie denn, mag der Leser fragen, nicht gelöscht, wie es Vorschrift ist, wenn der Verdacht sich als unbegründet erweist, Nein, lautet die Antwort klar und deutlich, nein, nein und abermals nein.

Grund hierfür ist keineswegs eine Güterabwägung, die etwa

im Fall des rheinland-pfälzischen CDU-Abgeordneten für einen Fortbestand der Speicherung sprach. Mit seiner »zdA«-Verfügung, der Verfügung »zu den Akten«, trennt sich der Sachbearbeiter für immer von dem Vorgang, der ohne Anstoß von außen nie wieder auf einen Tisch kommt. Nicht einmal eine Umverkartung erfolgt, etwa in eine Zeiterfassung für zwei, drei oder fünf Jahre mit automatischer Löschung, wenn keine zusätzlichen Informationen anfallen. Die Verkartung bleibt bestehen und mit ihr die Akte, der Vorgang über den unbegründeten Verdacht. Er wird an seinem vorbestimmten Platz in der Aktenverwaltung abgestellt, nach Ablauf einer bestimmten Zeit ins Archiv umgelagert und später vernichtet. Aber nicht, ohne vorher verfilmt zu werden.

Stellt schon das de facto ungeregelte, da unregelbare Speichern des Bürgers in NADIS ein Problem dar, so ist die Beseitigung, und zwar die rest- und spurenlose Beseitigung einer solchen Speicherung ein noch viel größeres. Ich will gar nicht auf die innere Abneigung des Verfassungsschützers gegen derartige Löschungen eingehen, gegen die Beseitigung, zumindest die normale Unauffindbarmachung angeblich wertvoller Informationen. Ich will nur zwei Aspekte erwähnen, die altersbedingte Löschung aller Siebzigjährigen und die Unzulänglichkeit und Halbherzigkeit der tatsächlich erfolgten Löschungen.

Seit etwa 1982 mußten alle Personen in NADIS gelöscht werden, die das siebzigste Lebensjahr vollendet hatten, es sei denn, ihre Erfassung ist aus fachlichen Gesichtspunkten weiterhin geboten. Zu diesem Zweck erhielt ich als Gruppenleiter eine Liste aller Personen entsprechenden Alters, die unter Aktensachgebieten meiner Referatsgruppe erfaßt waren.

Erschien mir die erste Liste noch überraschend umfangreich, so glaubte ich den Grund für ihren Umfang doch in der Tatsache sehen zu können, daß sie alle über Siebzigjährigen enthielt, also die Jahrgänge 1911 und älter. Aber auch in den folgenden Jahren nahmen die Listen an Umfang kaum ab – eine Folge früherer Verkartungswut. Ein Jahrgang umfaßte etwa siebenhundert Blatt Endlospapier, wie es bei Computern üblich ist, eng bedruckt mit Namen und Aktenzeichen, allein aus meiner Referatsgruppe IV B. Nein, es ist kein Druckfehler, wirklich, etwa siebenhundert Blatt.

Nun hätte man sich die Arbeit leicht machen, einfach »löschen« verfügen können, aber dann wäre Erich Mielke, der frühere DDR-Minister für Staatssicherheit, mit Jahrgang 1907 gleich beim ersten Mal gelöscht worden, und Markus Wolf, der jahrzehntelang Chef der Hauptverwaltung Aufklärung war, wäre ihm 1993 gefolgt. Wir stellten uns damals, 1982, als von der Wende in der DDR und von der Wiedervereinigung niemand, nicht einmal politische Träumer sprachen, eine fiktive, aber sicherlich nicht allzu abwegige Situation vor. Wir dachten an einen langjährigen Spitzenagenten, der durch eine neue Suchoperation des Verfassungsschutzes im Jahre 1995 identifiziert worden war und nun von einer Zusammenkunft mit Wolf und Mielke im Jahre 1980 berichtet. Man stelle sich vor, der Auswertungsbericht des BfV beginne mit dem Satz: »Über Mielke und Wolf liegen dem BfV keine Erkenntnisse vor.« Das berechtigte Gelächter in der Öffentlichkeit wäre gar nicht auszudenken!

So wurden Kriterien erarbeitet, nach denen die »Alten«, wenn erforderlich, weiter gespeichert wurden, aber jeder Datensatz mußte auf eine weitere »Speicherwürdigkeit« angesehen werden, was nur anhand der Akte möglich war. Sehr viel Arbeit für die damit Betrauten, die Bürosachbearbeiter. Aber wie diese sich der Arbeit entledigt haben, möchte ich nicht mit Sicherheit beurteilen. Alles ist möglich: Sie hätten alle löschen und alle gespeichert lassen können, sie hätten auf jeder Seite zwei löschen oder auf jeder Seite drei vom Löschen ausnehmen können, sie hätten sich natürlich auch an die Vorgabe halten und jeden Datensatz überprüfen können. Es wird alles gegeben haben. Mir fällt in diesem Zusammenhang ein Wort meines Kollegen Brenner ein, der einmal gesagt hat: »Sie werden sehen, Herr Tiedge, wir werden umorganisieren müssen. Die eine Hälfte der Leute wird sich mit der Speicherung neuer Daten befassen und die andere mit der Löschung der alten.«

Brenner war ein sehr datenbewußter Mann, und er hat diese Apokalypse staatlichen Handelns sicherlich ernstgemeint, deren unwahrscheinliche, aber immerhin mögliche Realisierung beim BfV ich zum Glück nicht mitzuerleben brauche. Was mir selbst immer gespenstisch erschien, war der Umfang der vorhandenen Speicherung – siebenhundert Blatt für einen Jahrgang von Personen allein aus dem Bereich »Nachrichtendienste der DDR«? Jedes Blatt enthielt etwa fünfzig Namen, macht fünfunddreißigtausend Siebzigjährige, fünfunddreißigtausend Neunundsechzigjährige, fünfunddreißigtausend Achtundsechzigjährige und so weiter und so fort. Und das bei jährlich zwanzig bis dreißig Verurteilungen wegen Spionagedelikten in der Mitte der achtziger Jahre.

Im Datenschutzrecht gibt es den Grundsatz, daß mit der Löschung der Speicherung in der EDV auch die Information vernichtet werden muß, die der Speicherung zugrundeliegt. Diese Regelung geht von einer Kartei aus, von der bestimmte Merkmale, zum Beispiel der Name in der EDV gespeichert sind. Wird der Name in der EDV gelöscht, wird auch die Karte, auf die die Speicherung verweist, vernichtet und nichts weist mehr auf die Speicherung oder sonstige Erfassung des Namensträgers hin. Wie soll das bei Akten geschehen, in der Personengruppen bearbeitet und festgehalten werden, also eine Vielzahl von einzeln erwähnten und abgehandelten Individuen? Fragen über Fragen, die gesehen werden, ja, im Verfassungsschutz auch gesehen wurden. Aber jeder, der sich damit befaßte, resignierte bei der Masse der Speicherungen in NADIS.

Man kann zwar die systematische Auffindbarkeit beseitigen, nicht aber das Aufscheinen der Namen in den Akten des Verfassungsschutzes. Wie sollte man den Namen Willy Brandts aus dem Vorgang Guillaumes tilgen? Willy Brandt hätte spätestens 1984 als Siebzigjähriger gelöscht werden müssen. Ich weiß nicht, ob es geschehen ist. Hätte jemand alle fünfundvierzig Aktenordner durchsehen und jede Erwähnung des Namens unlesbar machen müssen? Denn wenn es schon belastend ist, in NADIS gespeichert zu sein, um wieviel mehr ist es dann belastend, in den Akten des Verfassungsschutzes erwähnt zu sein? Und was ist mit der Löschung von Personen, die in verfilmten Akten erwähnt werden? Und was mit solchen, über die mit ausländischen

Diensten korrespondiert wurde, die vielleicht gar keinen Datenschutz kennen?

Und dann ist da noch das NADIS-Protokollband. Jede Speicherung und jede Löschung, ja, jede Berührung jedes gespeicherten Datensatzes wird hier festgehalten. Anhand dieses Protokollbandes wird stichprobenartig der Grund für einzelne Anfragen ermittelt. Mit seiner Hilfe soll das eigens geschaffene Referat »Datensicherheit« Anhaltspunkte für Datenmißbrauch und die Beschäftigung von »Hackern« mit dem Datenbestand des Verfassungsschutzes finden. Und mit diesem Protokollband ließe sich der gesamte Datenbestand, würde er denn gelöscht, rekonstruieren. Wäre Willy Brandt als Siebzigjähriger gelöscht worden, wäre er in der PZD von niemandem mehr zu finden gewesen. Die Referatsgruppe I D (Datenverarbeitung), von Hans-Joachim Postel zu dieser Perfektion aufgebaut, aber hätte anhand des Protokollbandes immer noch, wenn auch zeitaufwendig, rekonstruieren können, wann er 1974 im Vorgang Guillaume – 111-P-170423/74 (?) – erfaßt und wann er 1984 gelöscht wurde. Und das ist bei Lieschen Müller und Emil Meier genauso der Fall.

Das alles kann NADIS, und das ist so viel, daß man die Frage, was das System nicht kann, ziemlich kursorisch beantworten kann. Der übliche Ausdruck des NADIS-Druckers enthält über die angefragte Person bestimmte Angaben, sofern sie gespeichert sind. Das sind im günstigsten Fall neben den vollen Personalien und dem Aktenzeichen frühere Wohnanschriften und Telefonnummern, Postschließfächer, Aliasnamen etc. – Daneben gibt es besondere Dateien (OZD, P 1, P 2) in denen Deckanschriften, konspirative Wohnungen und Objekte, Telefonnummern und dergleichen gespeichert sind. Beide Systeme sind nur beschränkt kompatibel. Um so weniger kompatibel ist NADIS mit Speichersystemen außerhalb des Verfassungsschutzes oder der Sicherheitsdienste. Alle Spekulationen über computergestützte Agentensuche und die »Durchleuchtung« des Bundesbürgers durch Computer, gesteuert von der EDV des Verfassungsschutzes, von NADIS, entspringen der Phantasie der Autoren. Es gibt keine systematischen Erfolge des Verfassungsschutzes, die er dem Computer verdankt. Alles, was der Verfassungsschutz erreicht hat, war die Folge menschlicher Arbeit, wenn auch systematisierter menschlicher Arbeit.

Die siebzigtausend Bonner Bürger, deren Bearbeitung zur erneuten Identifizierung der »Ursula Richter« führte, wurden zwar durch den Computer im Bonner Einwohnermeldeamt aufgelistet, im BfV aber mit menschlicher Arbeitskraft ohne Zuhilfenahme von NADIS »durchgeforstet«. Kurz bevor ich in die DDR ging, hatten wir in NADIS eine nach Städten geordnete Schreibung aller erfaßten konspirativen Wohnungen und Deckadressen in der DDR fertigen lassen. Sie sollte in Gießen in der dortigen Heimatortskartei mit den Wohnsitzen von Zuwanderern vor ihrer Übersiedlung verglichen werden – per Hand.

Achtes Kapitel

G-OPERATIONEN – DIE HOHE SCHULE?

Um neun Uhr kam der Funkspruch, mittwochs, morgens um neun. Der Spruch war für Joachim »Jochen« Moitzheim bestimmt, und in der ersten Planung dieser Erinnerungen wollte ich darlegen, wie und warum Moitzheim, der beim MfS »Wieland« und beim BfV »Keil« hieß, für beide Seiten gearbeitet hat, wie er in der DDR zuletzt von »Karl«, »Bernd« und »Stefan« und in der Bundesrepublik von »Herrn Kluge« und »Herrn Tappert« geführt wurde. Anhand seines Falles wollte ich schildern, wie geschickt der Verfassungsschutz die nachrichtendienstliche Neugier der gegnerischen Aufklärungsdienste ausnutzte, und das MfS und die anderen Dienste des Ostblocks austrickste und überlistete, aus Verratsmaterial eines Agenten »Operativmaterial« eines Doppelagenten, eines CM, machte und dafür aktuelle Informationen zur Infrastruktur und Methodik des Gegners erhielt. Aber die Wahrheit sah, wie so häufig, anders, peinlicher aus.

Unsere Verbindung zu »Keil« war eines der bestgehüteten Geheimnisse der Abteilung IV. Als ich am 19. August 1985 gegenüber »Keils« östlichen Führungsoffizieren das Geheimnis lüftete, war ich überzeugt, meinen neuen Freunden hiermit eine doppelte Überraschung bereitet zu haben: Eine angenehme, weil sie eine vom BfV penetrierte Verbindung zu einem Agenten beenden konnten, und zugleich eine unangenehme, weil sie über fünf Jahre lang – »Keil« war am 29.2.1980 angeworben worden – vom BfV getäuscht worden waren.

In dieser Überzeugung lebte ich noch im Spätherbst 1990, bis ich, inzwischen in der Sowjetunion, von der Festnahme meines langjährigen Mitarbeiters und exzellenten »Fallführers« Klaus Kuron und seiner Tätigkeit für die HVA des MfS erfuhr. Natürlich war ich durch die Nachricht betroffen. Kuron hatte schließlich »Keil« und andere geführt. Aber für das schockartige Entsetzen, mit dem ich noch als aktiver Verfassungsschützer reagiert hätte, war naturgemäß kein Raum mehr. Mich bedrückte seine Festnahme, und mich bedrückte die Verurteilung Kurons zu einer zwölfjährigen Freiheitsstrafe deutlich mehr als sein Verrat.

Dennoch mußte es Sommer 1993 werden, bis ich die ganze traurige Wahrheit erfuhr. Jochen Moitzheim, alias »Wieland«, alias »Keil« hatte, wie ich dem »Spiegel« entnehmen mußte, seine Überwerbung durch Kuron und mich 1980 unverzüglich seinen Auftraggebern in Berlin gemeldet. Er hat von Anfang an nicht, wie wir glaubten, mit dem BfV gegen die HVA des MfS, sondern mit der HVA gegen das BfV gearbeitet. Sein Herz schlug, wie er gesagt haben soll, »links«.

Es hat sicherlich nur ganz wenige Vorgänge gegeben, in denen die Mehrbödigkeit einer Gegenoperation, wenigstens im nachhinein, deutlicher wird als in diesem Fall, dem wir die Bezeichnung »Keilkissen« gegeben hatten. Seit der letztendlich mißglückten Werbung »Keils« durch Kuron und mich hat die HVA zunächst mit Moitzheim gegen das BfV gearbeitet. Nach der Offenbarung Kurons hat sie diese Arbeit fortgesetzt, allerdings in einem doppelten Doppelspiel.

Mit »Wieland« arbeitete sie weiterhin gegen das BfV, vermeintlich repräsentiert durch den Fallführer »Kluge« recte Kuron, von dessen Doppelspiel der je nach Blickwinkel gute oder böse Agent Jochen Moitzheim keine Kenntnis hatte.

Mit Kuron arbeitete sie einerseits gegen das BfV, andererseits vorgeblich gegen »Wieland«, alias »Keil«, von dessen Doppelspiel Kuron wiederum keine Ahnung hatte. Er hielt ihn nach wie vor für einen aus BfV-Sicht zuverlässigen Doppelagenten, dessen Glaubwürdigkeit im Osten nur durch ihn, den gewitzten Fallführer »Kluge«, erschüttert worden war.

Nach meinem Übertritt 1985 war für eine irgendwie geartete Operation naturgemäß kein Raum mehr. Ich muß jedoch im nachhinein meinen späteren Kollegen und Freunden vom MfS Hochachtung zollen, daß es ihnen über immerhin mehr als drei Jahre gelungen ist, Kuron und Moitzheim jeweils die Mitarbeit des anderen zu verheimlichen. Aus dem Fall »Keilkissen«, aber auch aus einem anderen, noch darzustellenden Fall weiß ich, wie schwierig es ist, bei mehreren Beteiligten die Kooperation des jeweils anderen zu verschleiern – dem MfS ist diese Quadratur des Kreises gelungen, beim BfV, bei uns selbst, scheiterte dieser Versuch.

Aber schon mit dem Bekanntwerden von Kurons Doppelspiel war mit einem Male alles anders. Alle Vorzeichen des Falles hatten sich, wie bei einer Multiplikation mit einem negativen Wert, in ihr Gegenteil verkehrt. Und aus mir, der ich in meiner Erinnerung das MfS von 1979 bis 1985 in vielen Operationen, so auch in dieser, getäuscht hatte, war ein vom Getäuschten getäuschter Täuscher geworden. Die Doppelagentenoperation war, wie man zumindest in der nachrichtendienstlichen Theorie sagt, »getripelt worden«. Aber um dem Leser zu verdeutlichen, was ein Eindringen des Gegners in die eigene Fallführung bedeutete, ist erst einmal darzulegen, was der Verfassungsschutz seinerseits mit dem Überwerben gegnerischer Agenten bezweckte.

Bei meinen Ausführungen über die Technik der Auswertung von anfallenden Erkenntnissen habe ich berichtet, daß der Sachbearbeiter die Angaben einer Quelle über Deckadressen, Telefonnummern und andere Dinge, die der Gegner für seine Agenten eingerichtet hatte und unterhielt, mit den in NADIS gespeicherten, gleichartigen Erkenntnissen verglich. Doch woher stammten diese? Schließlich unterrichtet ja kein Aufklärungsdienst die gegnerische Abwehr über die Einrichtung eines konspirativen Telefonanschlusses.

Dem Verfassungsschutz stehen zunächst einmal alle Erkenntnisfälle für die Erfassung und Auswertung zur Verfügung. Das sind alle einschlägigen Exekutivverfahren sowie die Ergebnisse der Befragungen durch die Behörden für Verfassungsschutz. In bescheidenem Umfang kommen noch die Ergebnisse von Befragungen durch andere Dienste, in erster Linie durch den Militärischen Abschirmdienst, den MAD, hinzu. Aber diese Erkenntnisse sind alle, samt und sonders, für den zukünftigen Gebrauch durch den Verfassungsschutz – immer gesehen vom Augenblick der Erfassung – wahrhaftig nicht das Gelbe vom Ei.

Befragungen, die nicht in ein Exekutivverfahren münden, in erster Linie Befragungen durch den Verfassungsschutz, betreffen in aller Regel nachrichtendienstliche Verbindungen mit kurzer Laufzeit, in denen die gegnerischen Dienste ihren neuen Quellen häufig »verbrannte« Verbindungswege aufzeigen, das heißt solche, die der bundesdeutschen Abwehr schon bekannt sind. Offenbart die neue Quelle die Werbung, hält sich der »Verlust«, also das Abfließen relevanter Informationen, in Grenzen. Erst wenn sich der Agent »bewährt« hat, werden ihm Verbindungswege eingeräumt, die aus der Sicht des GND, des gegnerischen Nachrichtendienstes sicher, also der aus seiner Sicht gegnerischen Abwehr – in diesem Fall dem Verfassungsschutz – noch nicht bekannt sind.

Straftäter wiederum, von Polizei und Staatsanwaltschaft vor die Gerichte gebracht, geben häufig nur zu, was ihnen nachgewiesen werden kann. Hinzu kommt, daß Erkenntnisse aus Strafverfahren, bis sie auf dem Tisch des Verfassungsschutzes landen, doch schon etwas betagt sind.

Inhaber von Deckadressen können verstorben, Telefonnummern geändert oder abgeschaltet und konspirative Wohnungen aufgegeben worden sein. Führungsoffiziere aus alten Fällen konnten in den Ruhestand gegangen, verstorben oder umgesetzt, aber auch in Leitungsfunktionen befördert worden sein, und niemand im BfV wußte, ob ein konspiratives Quartier, das vor fünf Jahren erfaßt worden war, überhaupt noch existierte.

Was nutzte die Kenntnis aus dem Strafverfahren gegen den Grenzschützer Franz Roski , daß dieser in der Vergangenheit geschleust wurde, bei der Beantwortung der Frage, ob Agenten auch 1989 noch über die grüne Grenze gebracht wurden, wie vielleicht ein Selbstgesteller berichtete, dessen Angaben aber angezweifelt wurden? Oder konnte aus der Enttarnung von über zweihundert Eingeschleusten im Komplex »Anmeldung« vor allem in den siebziger Jahren darauf geschlossen werden, der Gegner habe diese Methode, weil sie erfolgreich war, bis zum Ende praktiziert?

Um derartige Fragen möglichst genau beantworten zu können, mußte die Spionageabwehr nach Möglichkeit wissen, welcher Methoden, Verbindungswege und Hilfsmittel sich der Gegner aktuell bediente und welche Personen auf welcher »Linie«, das heißt, mit welcher Zielrichtung gegen die Bundesrepublik, arbeiteten. Diese Erkenntnis brachte aber allein die »lebende Verbindung zum Gegner«, die Kontrolle, Gegensteuerung und Führung eines vom Gegner abgeworbenen und für ihn tätigen, vom Verfassungsschutz aber überworbenen und damit in Wahrheit für ihn tätigen Agenten. Diese drei Wörter – Kontrolle, Gegensteuerung und Führung – waren, verbunden mit dem Faktum der Überwerbung, Synonyme für das, was viele als die eigentliche nachrichtendienstliche Arbeit der Spionagearbeit bezeichneten, das Führen von Gegenoperationen gegen die gegnerische Aufklärung, kurz, von G-Operationen.

Diese Operationen versetzten den Verfassungsschutz in die Lage, einem aktiven Agenten bei der Spionage zuschauen zu können, beobachten zu können, wie der Gegner einen Agenten führte, welche Aufträge er ihm erteilte, welche Hilfestellung er ihm bei der Beseitigung bestimmter Schwierigkeiten gab, welche Verbindungswege er ihm eröffnete und welche Personen er zu seiner Steuerung und Betreuung einsetzte. Dabei bestand die eigentliche Schwierigkeit nicht darin, den Agenten zu überwerben und durch seine Tätigkeit in einer G-Operation zum CM (sprich »Zeh-Emm«) zu machen, eine Abkürzung übrigens, die sich aus dem im englischen Sprachgebrauch gar nicht existenten Wort »counterman«, Gegenmann, ableitet.

Die Schwierigkeit lag vielmehr darin, den CM auch und in erster Linie die Interessen des Verfassungsschutzes wahrnehmen zu lassen. So sollte er etwa detailliert über Ereignisse bei »Treffs im kommunistischen Machtbereich« berichten und dabei Personen und Objekte, Kraftfahrzeuge, Haus- und Telefonnummern, Verhaltensweisen der Führungspersonen, ihre Reaktion auf seine Berichterstattung und all dergleichen schildern und beschreiben. Daneben mußte der Verfassungsschutz versuchen, durch geschickte Steuerung die Qualität der Verbindung ständig zu steigern, immer um neue Erkenntnisse zu gewinnen, sei es durch Einrichtung einer nachrichtendienstlichen Kurierverbindung in die Bundesrepublik, durch die Schaffung einer Funkverbindung, nach Möglichkeit durch die Anbindung an einen illegalen Residenten in der Bundesrepublik. Zugleich mußte er darauf achten, daß nicht durch den Abfluß von zu viel oder zu wichtigen Informationen im Rahmen der gegnerischen Auftragserfüllung durch den CM ein Ungleichgewicht im Nehmen und Geben zu Lasten des Verfassungsschutzes und damit zu Lasten der Bundesrepublik entstand.

Und das ganze mußte geschehen, ohne daß der Gegner etwas von der Gegensteuerung merkte. Er mußte seinen Agenten, seine Quelle, seinen Kundschafter für absolut zuverlässig ansehen. Deswegen mußten Entscheidungen der »fallführenden« Dienststelle des Verfassungsschutzes ebenso sorgfältig bedacht sein wie Erklärungen des Verfassungsschützers im Außendienst, des »Führungsoffiziers West«, nur hatte der Verfassungsschutz hier sein eigenes Vokabular. »Fallführer« hießen die Leute beim Verfassungsschutz; manche sagten auch »CM-Führer«, und ihre Arbeit war die »Fallführung«. Wenn man in diesem Geschäft Fehler machte, hatte das böse Folgen, nicht für den Verfassungsschutz, nicht für den Fallführer, aber für den CM. War er gegen die DDR eingesetzt, lautete für selten weniger als acht Jahre seine Postanschrift dann »Postschließfach, Bautzen, DDR«. Dahinter verbarg sich die Strafvollzugseinrichtung (StVE) Bautzen II, die Strafvollzugsanstalt für »Spione imperialistischer Geheimdienste«. Sie lag, organisiert in einer Art Bürogemeinschaft mit der KD, der Kreisdienststelle des MfS in Bautzen, inmitten der alten sorbischen Stadt, im ehemaligen Bezirk Dresden.

Diese Arbeit mit G-Operationen erforderte Mut, gepaart mit Entscheidungsfreude und Verantwortungsbewußtsein, zumindest an verantwortlicher Stelle. Als Albrecht Rausch Ende 1975 die Nachfolge Dr. Meiers als Abteilungsleiter »Beschaffung« beim BND antrat, hinterließ er im BfV ein nahezu brachliegendes operatives Feld. Weniger als zehn G-Operationen führten die Ämter für Verfassungsschutz zu dieser Zeit zusammen gegen die DDR. 1979 – Hellenbroich war vier Jahre Abteilungsleiter – war die Zahl wieder auf etwa neunzig (!) gestiegen, um dann erneut auf etwa dreißig bis vierzig abzusinken. Der Rückgang war die Folge mehrerer Festnahmen von CM in der DDR nach

1979, die zeitlich aber vor Kurons Engagement für die HVA lagen und daher nicht auf ihn zurückgingen. Ursache für diese Erfolge war vermutlich die nachrichtendienstliche Tätigkeit des stellvertretenden MAD-Chefs, Oberst Joachim Krase, für das MfS. Doch dazu später.

Rausch war in seiner Abteilungsleiterzeit von 1970 bis 1975 bei seinen Entscheidungen auf sich allein und seine Verantwortung gestellt, weil weder Dr. Nollau als Präsident noch Bardenhewer als Vizepräsident ihm fachlich den Rücken stärken konnten. Immer hatte er Gründe gefunden, eine operative Bearbeitung abzulehnen. Hatte der präsumptive CM Zugänge, das heißt, konnte er etwa interessante Aufträge im Rahmen seiner beruflichen Möglichkeiten erledigen, die den Gegner interessierten und für deren Erfüllung dieser vermutlich auch etwas zu riskieren bereit war, erklärte Rausch, die Operation nicht durchstehen zu können.

»Wir werden liefern und liefern«, orakelte er, »und nichts dafür bekommen.«

Hatte der CM keine Zugänge, sah er mich oder meine Kollegen unschuldsvoll an: »Was sollen wir denn mit einem solchen Mann? Der hat doch keine Zugänge! So ein Fall hat doch überhaupt keine Perspektive!« Daß der Gegner einen solchen Mann angesprochen hatte, also doch gewisse Erwartungen an ihn knüpfte, das vermochte ihn nicht zu überzeugen.

Nun sind zu diesem Thema im Verfassungsschutz viele Seiten geduldigen Papiers beschrieben worden. Alle Autoren hatten Schwierigkeiten, die Fülle der Fragen und Probleme in eine überschaubare Darstellung zu zwängen. Meinem alten Freund und vorübergehenden Chef Wolfgang Eltzberg war es Mitte der sechziger Jahre beschieden, mit seiner Studie »Führung der G-Operationen« sein fachliches Gesellenstück zu schaffen und einen Leitfaden zu schreiben, der als »Eltzberg-Bibel« in die Annalen der Spionageabwehr einging. Fünfzehn Jahre später war sie Grundlage eines unter meiner Federführung erschienenen, dienstinternen Leitfadens »Handbuch der G-Operation«, eine Gemeinschaftsarbeit aller Ämter für Verfassungsschutz als Reaktion auf die Festnahme mehrerer CM in der DDR.

Die Führung von G-Operationen, die Arbeit mit CM, die Fallführung, das hatte alles, nur nicht die systematische Aufklärung des gegnerischen Apparates und das Bloßlegen eventueller Schwachstellen zum Ziel. Das zu erreichen, war vielmehr Aufgabe der Gegenspionage des Bundesnachrichtendienstes, wenngleich auch der Verfassungsschutz derartige Informationen entgegennahm, sofern sie im Rahmen einer Operation anfielen.

Der Verfassungsschutz bezweckte anderes. Zum einen versuchte er, auf diese Weise an aktuelle Erkenntnisse über die Infrastruktur der gegnerischen Spionageapparates zu gelangen, um sein so gewonnenes Wissen über Personal, Verbindungswege und Methoden im Verdachtsfallbereich zu Vergleichszwecken zur Verfügung zu haben, Auf diese Weise wurde er in die Lage versetzt, die Glaubwürdigkeit neuer Quellen und die Schlüssigkeit der Angaben einer Verdachtsperson qualifiziert beurteilen zu können. Zum anderen ist er bemüht, Kriterien für das Erscheinungsbild eines ganz gewöhnlichen Agenten einer ganz bestimmten Qualitätsstufe zu finden, um im Rahmen der Hochrechnung »agententypische Verhaltensschemata« zu erarbeiten und sie in Suchoperationen umzusetzen. Ein solcher Suchansatz wurde für die Aktion »Wacholder« erfolgreich gefunden.

In diese empfindliche Welt, in dieses Filigranwerk aus Geben und Nehmen, aus Täuschen und Irren, aus Gewinnen und Verlieren stieß nun Kurons Verrat. Zwar sträubt sich mir die Feder, sein Verhalten mit der ausschließlich negativ belegten Vokabel »Verrat« zu beschreiben, aber da ich mein eigenes Verhalten, zumindest für die Bewertung durch den Bundesbürger, ebenso qualifiziere, erscheint mir die Suche nach einem positiven Synonym als Wortklauberei. Die Konfrontation beider Teile Deutschlands hat zwar im Kalten Krieg zu nahezu absurden Tautologien geführt. Agenten setzten immer nur die anderen ein, auf der eigenen Seite waren für den BND nur »Quellen« und »Informanten« am Werk, während das MfS seine Informationen ausschließlich von den wiederholt genannten »Kundschaftern an der unsichtbaren Front« bezog.

Beide Seiten leugneten nicht, daß bei ihrem Informationsgewinn Verrat im Spiel war, aber beide vermieden tunlichst, sich mit etwas derartig Verabscheuungswürdigem wie Verrat zu identifizieren. Zudem betraf der Verrat immer die jeweils andere, nach dem eigenen Weltbild nicht schutzbedürftige, ja, nicht einmal schutzwürdige Seite. Aber was sollen alle Worte. Was ich gemacht habe, ist Verrat, und was Kuron gemacht hat, ist schließlich auch Verrat.

Alle Informationen, die der Verfassungsschutz seit 1982 aus der DDR erhielt. sind durch Kurons Doppelspiel fragwürdig geworden. Mein Schritt im Jahre 1985 hatte zwar den Verfassungsschutz veranlaßt – was blieb ihm auch anderes übrig –, alle G-Operationen, zumindest die gegen die Dienste der DDR, sofort abzubrechen. An der Richtigkeit, zumindest an der Ernsthaftigkeit der bis zu jenem Montag im August gewonnenen Informationen hatte aber niemand Anlaß zu zweifeln. Nach dem Bekanntwerden von Kurons Doppelspiel war die Situation anders. Die CM des Verfassungsschutzes, die Kuron namhaft gemacht oder auf die er identifizierbare Hinweise gegeben hatte, brachten, ohne es zu wissen, dem Verfassungsschutz ausschließlich Informationen, die das MfS vorher gebilligt hatte oder deren Abfluß es nicht verhindern konnte oder wollte.

Wie jeder andere Dienst kann auch der Verfassungsschutz einen Verratsfall weder positiv noch negativ abgrenzen. Das heißt, er kann, über die Angaben des Verräters hinaus, weder die Weitergabe einer Information beweisen noch ihre Weitergabe ausschließen. Auch in meinem Fall ist der Verfassungsschutz – ich kann mich hier natürlich nur auf Presseveröffentlichungen stützen – von der schlechtestmöglichen Lösung ausgegangen, nämlich der, daß ich alles, was ich wußte, dem MfS preisgegeben habe. Ähnlich sieht die Situation im Fall Kuron aus. Es ist eine Situation, vergleichbar der, in der sich der BND nach der Enttarnung Felfes befand – die Fälle waren »Tannenbaum«-belastet.

Den Fall »Keilkissen«, die Operation, in der Moitzheim als CM »Keil« wirkte, werde ich aber so schildern, wie ich sie in Erinnerung habe, obwohl Kuron der Fallführer war und obwohl »Keil« das beabsichtigte Doppelspiel des BfV unverzüglich dem MfS mitgeteilt hatte. Dabei will ich die Gedankengänge des BfV schildern, die zu bestimmten Entscheidungen geführt haben. Bei diesen Entscheidungen muß berücksichtigt werden, daß niemand im BfV »Keils« Offenbarung der Überwerbung gegenüber der HVA für wahrscheinlich, ja für möglich hielt. Dafür erschien der Ausweg, den das BfV dem überführten und geständigen langjährigen Agenten Jochen Moitzheim durch seine operative Einbindung aufgezeigt hatte, zu verlockend. Auch hielt es jeder der wenigen Beteiligten für ausgeschlossen, daß Moitzheim, der allein, isoliert und ohne berufliches Einkommen in Köln lebte, die ihm vom BfV neben seinen MfS-Bezügen gewährte monatliche Prämie von DM 1.600,- aufs Spiel setzen würde.

Ebenso zog niemand außer Kuron auch nur abstrakt in Erwägung, daß gerade dieser Fall verraten war. Daher handelte das BfV wie in anderen Fällen auch – in der festen Überzeugung, Herr des gesamten Geschehens zu sein. Auf Kurons Verrat will ich nur dort ganz knapp verweisen, wo es mir angezeigt erscheint. Ich kann dies allerdings auch nur aus einer hypothetischen Betrachtung heraus tun, weil mir über die Art seiner Informationen und die Reaktion der HVA darauf keinerlei Einzelheiten bekannt sind. Es bedarf eigentlich keiner besonderen Erwähnung, daß mir weder Harri Schütt noch Karl Großmann, weder Bernd Trögel noch Dr. Stefan Engelmann und wie sie alle hießen, die mich vom MfS »betreuten«, bei den vielen Gesprächen, die wir in Berlin gemeinsam hatten, auch nur eine einzige Andeutung über ihre Verbindungen ins BfV oder gar zu Kuron gemacht hatten.

So will ich doch wieder zu dem alternden Jochen Moitzheim zurückkehren, der am Mittwoch morgen, als der Funkspruch kam, auf der Couch seiner Einzimmerwohnung in der Kremenzstraße in Köln-Lindenthal seinen Rausch ausschlief Als er gegen zehn Uhr wach geworden war, sich leidlich frisch gemacht und in seiner ungemütlichen Souterrainwohnung ein karges Frühstück verzehrt hatte – weniger aus Hunger, vielmehr, um die Folgen der Trinkereien vom Vortage niederzukämpfen – führte er ein Telefongespräch.

Beide Nummern, die er kannte, waren konspirative Anschlüsse in der Abteilung Spionageabwehr des Bundesamtes für Verfassungsschutz. Auf der einen Leitung konnte er Kuron erreichen, den er als »Kluge« kannte, oder, wenn dieser verhindert war, den Auswerter der G-Operation »Keilkissen«, Karl-Heinz Reuter, der sich ihm gegenüber »Wagner« nannte. Der andere Anschluß mit der Rufnummer 72 02 37 verband ihn mit mir. »Keil« kannte mich als »Tappert«, aber es wird eines der letzten Geheimnisse des Verfassungsschutzes für mich bleiben, ob Moitzheim wußte, vermutete oder nur ahnte, daß sich hinter »Tappert« in Wahrheit der Regierungsdirektor Hansjoachim Tiedge verbarg. Wen immer er erreichte, den Wortlaut des in meiner Arbeitseinheit mitgehörten Funkspruches sagte ihm keiner, nur, ob ein umgehender Treff erforderlich war oder ob es Zeit hatte, bis »Kluge« sich routinemäßig mit ihm in Verbindung setzte. Den Wortlaut erfuhr er dann bei diesem Treff.

Was hier geschah, verstieß nicht nur gegen das große, das verstieß schon gegen das kleine Einmaleins der Fallführung. In dem schon erwähnten »Handbuch zur G-Operation« ist ein solches Verhalten sogar als Fehler einer sorgfältigen Fallführung ausdrücklich erwähnt. Aber in diesen Fall gab es soviel Ungewöhnliches, soviel Einmaliges, daß es auf solche, wenn auch elementaren Verstöße gegen die Sicherheit des CM schon gar nicht mehr ankam. An sich gilt es als eisernes Gesetz, daß jeder Agent seine Funksprüche selbst am Radio hört.

Ebenso ungewöhnlich ist, daß Funksprüche ausschließlich in der fallführenden Stelle des Verfassungsschutzes mitgehört wurden. Üblicherweise werden Sendetermine und -frequenzen einer »kontrollierten« Verbindung dem für diese Aufgaben technisch hervorragend ausgestatteten FB-(Funk-Beobachtungs-) Dienst des Bundesgrenzschutzes in Heimerzheim, zuvor in Hangelar, beides in der Nähe von Bonn, mitgeteilt. Aber bei »Keil« galten andere Regeln. Schon die Art, wie wir auf ihn gekommen waren, ist ungewöhnlich.

Angefangen hatte alles im Sommer 1978. Den Urlaub in diesem Jahr verbrachte das Ehepaar Carolus aus Köln-Ehrenfeld auf Mallorca. Heinz Carolus, damals Ende Fünfzig, war Amtsinspektor und trug die etwas üppig klingende Funktionsbezeichnung »stellvertretender Leiter der Geschäftsstelle«; seine Frau, einige Jahre jünger als er, war mit der aktenmäßigen Verwaltung abgeschlossener Vorgänge beschäftigt.

Beide waren in der Abteilung V, zuständig für Sicherheitsüberprüfungen, beschäftigt und führten privat ein zurückgezogenes kleines Leben, das in breiten, ausgetretenen Bahnen ablief. Heinz Carolus' Gedanken drehten sich um Alkohol, die seiner Frau um Stoffpuppen, mit denen sie, glaubt man den Angaben ihres Mannes, nicht nur das Schlafzimmer, sondern die ganze Wohnung schmückte.

Als ich im April 1979 zur Abteilung IV zurückkehrte und Hellenbroich mir den Fall schilderte, war ich zunächst über Carolus' Einbindung in einen operativ genutzten Sachverhalt sprachlos. Er war zwar ein persönlich ganz netter, körperlich und geistig aber abgeschlaffter und ausgebluteter Zeitgenosse, der bei seinen Kollegen im Ruf stand, nach Abschluß dienstinterner Feiern nochmals die Räumlichkeiten aufzusuchen und die Neigen in den nicht ausgetrunkenen Gläsern in sich hineinzukippen.

Carolus und Frau bekamen auf der Baleareninsel überraschenden Besuch von Jochen Moitzheim, dessen Bekanntschaft sie wenige Wochen zuvor bei einem verlängerten Wochenende im Westerwald gemacht hatten. Moitzheim war nach eigenen Bekundungen gegenüber Carolus Journalist und für die NATO, die CIA oder irgendeine andere amerikanische oder supranationale Einrichtung in Brüssel tätig und überwachte im Auftrag seines Arbeitgebers die Bündnistreue der Bundesrepublik. Er sei froh, hatte er noch bei einem Treffen in Köln schwadroniert, die Bekanntschaft eines wichtigen, an zentraler Stelle tätigen Beamten wie Carolus gemacht zu haben, und gehe doch wohl nicht fehl in der Annahme, daß dieser ihm mit gewissen Informationen bei seiner schwierigen Arbeit helfe. Hier, in Mallorca aber, wo er sich aus ganz anderen Gründen aufhalte, wollte Moitzheim von seinem Beruf und seinen Problemen gar nichts wissen, sondern feierte laut lachend und kumpelhaft Wiedersehen mit seinen neuen Bekannten, nicht ohne Carolus zum Abschied »als kleine Entschädigung für erwiesene Gefälligkeiten« einen Betrag von fünftausend Mark über den Tisch zu schieben.

Anschließend verabschiedete er sich und verschwand. Man sehe sich ja bald in Köln wieder.

Acht Tage lang ging Carolus nach Rückkehr aus dem Urlaub mit dem Gelde schwanger, dann siegte doch das »Gute« in ihm. Er offenbarte sich seinem Abteilungsleiter von Hoegen, der zunächst den Leiter des Sicherheitsreferates, Hans-Jürgen Kaspereit, und dann seinen Abteilungsleiterkollegen Heribert Hellenbroich, den Chef der Spionageabwehr, ins Vertrauen zog. Man plante eine G-Operation, mit Carolus als CM. Es bestanden zwar Bedenken wegen dessen Neigung zum Alkohol, andererseits waren Reisen von Carolus in den »kommunistischen Machtbereich«, falls dieser überhaupt tangiert war, auf keinen Fall zu erwarten. Und nur dort hätte ihm wirklich Gefahr gedroht.

Ziel der nur für kurze Zeit geplanten Operation sollte es sein, den ominösen Joachim Moitzheim, der sich regelmäßig etwa alle vierzehn Tage mit Carolus in Ehrenfelder Kneipen traf, zu durchleuchten, um die hinter ihm stehende Macht oder Organisation zu identifizieren. So wurde Heinz Carolus zum CM »Fäller« in der Operation »Holzfäller«. Mit der Bearbeitung des Falles wurde das Referat beauftragt, das damals Heinrich Schoregge leitete, der einst über die Verbindungen des Kanzlerreferenten Guillaume gestutzt hatte.

Zum Fallführer wurde Klaus Kuron bestimmt, der wegen seines umsichtigen und einfühlsamen Verhaltens in einem anderen Fall das Wohlwollen seines Abteilungsleiters genoß. Auswertungssachbearbeiter wurde Karl-Heinz Reuter, Schoregges bester Mann. Beide wetteten, ob sich hinter der Geschichte überhaupt ein Nachrichtendienst – so Reuter – oder nur ein irgendwie geartetes Presseinteresse – so Schoregge – verbarg. Schoregge hat die Klärung der Frage nicht mehr erlebt, er starb Anfang April 1979 während eines Faustballspiels am Herzinfarkt,

Sein Nachfolger wurde ich. Kurz nach meinem Dienstantritt klärte sich auch die Ungewißheit. Moitzheim ließ Carolus gegenüber die Katze aus dem Sack: Seine Auftraggeber säßen nicht in Brüssel, berichtete er, sondern weiter östlich, in Berlin-Lichtenberg, seine Dienststelle sei das Ministerium für Staatssicherheit der DDR, das MfS. Carolus werde doch wohl oder übel mitmachen, schließlich habe er im letzten Sommer die fünftausend Mark angenommen, aber er werde in Zukunft noch sehr viel mehr verdienen können. Als Carolus, von Kuron auf eine derartige Entwicklung vorbereitet, zögernd zustimmte, versprach Moitzheim ihm ein Auto für den Fall, daß Carolus als Beweis für seine echte Zusammenarbeit ihm ein internes Telefonverzeichnis des BfV übergebe.

Plötzlich waren das Bundesamt für Verfassungsschutz und wir als Führungsstelle mitten in einer dicken Sache. Ein massiver Angriff der Abteilung IX der Hauptverwaltung Aufklärung des MfS, der Abteilung Gegenspionage, von deren Existenz erst im Januar dieses Jahres 1979 der MfS-Überläufer Werner Stiller berichtet hatte. Und ein Auto für ein Telefonbuch! Da könnten stärkere Gemüter schwach werden als Carolus eines war. Einerseits bindet die Erfüllung eines solchen Auftrags ungeheuer, da es für den Agenten danach keinen Weg zurück mehr gibt. Andererseits ist nicht damit zu rechnen, daß ein Dienst ein »VS-Vertraulich« eingestuftes, namentliches Verzeichnis aller Mitarbeiter mit Zimmer und Telefonnummer, was weitgehend ihre organisatorische Zuordnung gestattet, im Rahmen einer G-Operation freigibt. Und so war es denn auch.

Hellenbroich, damals noch Abteilungsleiter, hätte notfalls noch zugestimmt, aber Dr. Meier und vor allem Kaspereit hielten aus Leibeskräften dagegen. Und so lieferte Carolus zettelweise Abschriften des Telefonbuches bis einschließlich Buchstabe »B«, da er sich nicht traute, so erklärte er auftragsgemäß Moitzheim, das ganze Buch außer Hauses zu bringen. Riskant wäre das allerdings auch nicht gewesen, da Taschenkontrollen im BfV so gut wie nie stattfanden. Aber schließlich genügte es Moitzheim oder besser seinen Auftraggebern in Berlin doch. Der Auftrag »Telefonbuch« wurde zurückgezogen. Das MfS war von der Angst seines »Unteragenten« Carolus überzeugt und verzichtete aus eigenen Stücken auf eine weitere Lieferung. So jedenfalls sah es das BfV damals. Erst die spätere Kenntnis der wahren Zusammenhänge läßt andere Deutungen zu.

Zum einen hatte Moitzheim nach seiner Anbindung Anfang

1980 an das BfV seinem Fallführer Kuron von dem Telefonbuchauftrag berichtet. Kuron hatte ihm daraufhin deutlich gemacht, daß mit einer Zustimmung des BfV, das Telefonbuch an das MfS weiterzuleiten, falls er es überhaupt von Carolus erhalte, nicht zu rechnen sei. Er, Moitzheim, sei also gut beraten, schon jetzt die Erwartungen der gegnerischen Führungsstelle zu dämpfen. Das mag Moitzheim dem MfS berichtet haben.

Es gibt aber auch noch die Möglichkeit, daß das MfS von seinem neu geworbenen Agenten Kuron davon unterrichtet wurde, daß ein weiteres Beharren auf dem Telefonbuch zu nichts anderem führen würde als zu einer Beendigung der Operation und einer Verhaftung Moitzheims. Das aber setzt voraus, daß der Verzicht des MfS auf das Telefonbuch nach 1982, also nach Kurons Verpflichtung, erfolgte, eine Frage, die ich heute nicht mehr beantworten kann. Die Zuführung Moitzheims an die Exekutive stand auch 1982 nicht außerhalb aller Wahrscheinlichkeit, denn schließlich hatte »Wieland« zwanzig Jahre ohne Abdeckung des Verfassungsschutzes für das MfS gearbeitet.

Wie dem aber auch sei, der »gute Wille« des Amtsinspektors im BfV, Heinz Carolus, wurde belohnt und er erhielt seinen neuen Opel-Kadett aus der Operativkasse des MfS: Etwa dreizehntausend Mark Devisen hatte Markus Wolf für einen Kundschafter »Schmitz« bewilligt, Carolus' Deckname bei der HVA. Gelegentlich habe ich angesichts des im BfV-Hof geparkten Wagens daran gedacht, was für ein Aufruhr unter den Bediensteten des Hauses entstehen würde, wenn sie erführen, daß ein versoffener, letztlich nutzloser Mitarbeiter mit Zustimmung der Amtsleitung ein Auto, wenn auch ein kleines, dafür bekam, daß er – wiederum mit Zustimmung der Amtsleitung – dem Gegner einige Namen von Mitarbeitern des BfV mitgeteilt hatte. Besonders geärgert hätte es die Kollegen, daß sie selbst vom BfV angehalten wurden, ihren Verwandten und Bekannten gegenüber ihre Zugehörigkeit zum Amt zu verschleiern, und nun von eben diesem Amt dem Gegner gemeldet wurden. Aber nicht jeder hat eben das Glück, von einem gegnerischen Nachrichtendienst verstrickt zu werden.

Noch ganz andere Dinge hat Carolus mit Zustimmung des

BfV über Moitzheim dem gegnerischen Dienst zukommen lassen. Zu seinen dienstlichen Aufgaben gehörte die Bearbeitung ausgefüllter Formulare, die Behörden und Betriebe, überwiegend solche der Rüstungsindustrie, an das BfV übersandten. Sie enthielten die Personalien derjenigen Mitarbeiter, deren geheimschutzmäßige Überprüfung und anschließende Beschäftigung im sicherheitsempfindlichen Bereich beabsichtigt war oder die sogar zum Zugang zu Verschlußsachen ermächtigt werden sollten. Die Bundespost reichte hier ihr G-10-Personal ein, also Mitarbeiter, die Verwendung finden sollten bei der Post- und Telefonüberwachung von Spionen, Terroristen und anderen Staatsfeinden. Alle Bundesministerien ließen hier alle ihre Mitarbeiter, nicht nur die in besonders sensiblen, nachrichtendienstlichen Angriffen in besonderem Maße ausgesetzten Arbeitseinheiten, überprüfen. Ähnlich verfuhren Rüstungskonzerne von MBB bis MTU und von Dornier bis MAK.

Die Entscheidung der Amtsleitung, Teile dieses Personalbestandes durch Carolus in Abschrift dem MfS zuzuleiten, war Teil eines hohen und riskanten Pokers. Die Informationen wurden von Carolus noch angereichert durch das Ergebnis der jeweiligen NADIS-Anfrage, weil er auftragsgemäß nicht nur die Namen der Überprüfungskandidaten auf kleine Zettel übertrug, sondern noch eventuelle Fundstellen beim BfV oder bei den LfV hinzufügte. Auf diese Weise erhielt der Gegner die vollen Personalien von Leuten, die sich im Kreise ihrer vielen Mitarbeiter und Kollegen durch besondere, nachrichtendienstlich zweifellos interessante Zugänge unterschieden und abhoben.

Noch eine weitere Problematik steckte in der Freigabe des Materials durch das BfV: Die Ämter und Unternehmen, die die Überprüfung ihrer Mitarbeiter beim BfV beantragten, taten dies unter anderem, um feststellen zu lassen, ob diese Mitarbeiter nach menschlichem Ermessen gegen nachrichtendienstliche Anbahnungen und Ansprachen gefeit waren – und dasselbe BfV machte den gegnerischen Dienst auf diese Mitarbeiter gezielt aufmerksam, sogar ohne vorher die über sie vorliegenden Erkenntnisse zu überprüfen. Denn welche Informationen sich hinter den von Carolus mitgeteilten Aktenzeichen verbargen, wußte er nicht, und das interessierte ihn auch nicht. Und wir als Führungsstelle sahen uns auch außerstande, die Erkenntnis beizuziehen. Denn es wäre mit der Zeit aufgefallen, wenn die Abteilung IV regelmäßig Akten anforderte, aus denen kurz danach der Abteilung V im Rahmen der Sicherheitsüberprüfung eine Auskunft zu erteilen war. Somit war das Ganze für das BfV in gewisser Hinsicht ein riskantes Vabanquespiel, aber trotzdem haben weder Dr. Meier noch Hellenbroich als Präsident auch nur daran gedacht, sich das Verfahren vom politisch verantwortlichen Innenministerium absegnen zu lassen. Ich hätte mich seinerzeit auch energisch dagegen ausgesprochen, weil das den Fall »Holzfäller« unerträglich belastet und über kurz oder lang sein Ende bedeutet hätte.

So durfte Carolus liefern, je Treff mit »Keil« etwa zwanzig bis fünfundzwanzig Namen; insgesamt addierte es sich auf annähernd eintausend Personalien, jeweils bestehend aus Name und Vorname, Geburtsdatum und Wohnanschrift. Und das Ganze wurde angereichert durch Angaben über den Arbeitgeber beziehungsweise die Dienststelle, für die die Überprüfung erfolgte, sowie die Aktenzeichen, unter denen Erkenntnisse über den Gemeldeten gespeichert waren, wobei die Aktensachgebiete zumindest den Charakter der Erfassung erkennen ließen.

Darüber hinaus lieferte Carolus – immer mit Zustimmung des Amtes – Informationen über seine dienstliche Umgebung. Er skizzierte die »Geschäftsstelle« der Abteilung »Sicherheitsüberprüfungen«, eine Arbeitseinheit von etwa zwanzig Mitarbeitern, zur Hälfte Frauen, beschrieb die einzelnen Kolleginnen und Kollegen mit ihren Stärken und Schwächen, berichtete auch über Verfehlungen und Gerüchte, die über sie im Umlauf waren, wobei auch sexuelle Fehltritte und ähnliche Dinge den ihnen gebührenden Platz einnahmen.

Wir als Führungsstelle konnten hier nicht korrigierend eingreifen, denn niemand konnte wissen, ob dem Gegner nicht schon Erkenntnisse vorlagen, die ihm unkontrolliert vom BfV zugeflossen waren. Wenn Carolus dann einen »Feger« als lammfromme, zurückhaltende Ehefrau, treu wie Gold, beschrieben hätte, konnten Zweifel an seiner »Nachrichtenehrlichkeit« aufkommen, insbesondere bei einer betont mißtrauischen Arbeitseinheit wie der Gegenspionage.

Auch vor seinen Vorgesetzten machte Carolus nicht halt. Wolfgang Eltzberg, seinen Gruppenleiter seit 1982, beschrieb er als Faulpelz, der, einem Buddha ähnlich, zwischen Abteilungs- und Referatsleitern throne und selbst keinen Finger krumm mache. Seinen vorübergehenden Referatsleiter Jürgen Lipinski, einen wahrhaft arg- und harmlosen Verwaltungsjuristen, qualifizierte er mit Worten ab, gegen deren Wiederholung sich meine Finger sträuben.

Ich war zu Hellenbroich – damals schon Präsident – gegangen, um seine persönliche Freigabe für diese Verbalinjurien einzuholen, Vorsichtshalber äußerte ich Bedenken, nicht zuletzt wegen meiner freundschaftlichen Beziehungen zu Eltzberg. Aber Hellenbroich grinste: »Ach, wissen Sie, Herr Tiedge, der Mann hat ja in beiden Fällen nicht unrecht. Die Wahrheit kann man ohnehin nicht aufhalten.«

Carolus fragte auch gezielt Personen im NADIS ab, die ihm von Moitzheim genannt worden waren. Unter anderem einen Iraner, den das MfS versucht hatte zu werben. Er hatte früher im Büro der SAVAK, des Geheimdienstes des Schah, in der iranischen Botschaft in Köln unter General Datsedan gearbeitet und verdiente jetzt sein Geld bei der GEZ, der Einzugsstelle für Rundfunk- und Fernsehgebühren. In der DDR festgenommene CM und BND-Agenten waren darunter, aber auch harmlose Zuwanderer, Schiffsbesatzungen, sogar Fiktivpersonen. Besonders beeindruckt waren wir, als wir im nachhinein feststellten, daß sogar eine Falschidentität Moitzheims, unter der ihm das MfS später einen Reisepaß ausstellte, zuvor auf die Unbedenklichkeit überprüft worden war. Lange und oft grübelten wir allerdings auch über die Frage, warum die HVA nicht überprüfen ließ, welche tätigen Agenten schon im BfV – etwa im Rahmen der Verdachtsfallbearbeitung oder sogar als überworbene Doppelagenten – erfaßt waren. Nach unserem Dafürhalten gab es keine Hinweise auf Zweifel des MfS an Carolus. Nur zwei Menschen hätten uns, unabhängig voneinander, den Grund nennen können – aber Moitzheim schwieg, und Kuron auch.

Nur Dr. Josef Karkowski wußte von allem nichts, Carolus' Abteilungsleiter seit 1980 und Hellenbroichs alter Intimfeind, der ihn mit Informationen ohnehin überdurchschnittlich kurzhielt. Karkowski betrieb im Frühjahr 1985 die um etwa ein Jahr vorgezogene zwangsweise Pensionierung des Alkoholikers Carolus.

»Verraten kann so ein Mann in dieser Verfassung nichts mehr, den spricht kein Dienst mehr an«, ereiferte sich Karkowski in einer Abteilungsleiterbesprechung, »den spricht nur noch der Alkohol an, aber er blockiert eine Beförderungsstelle.«

Rombach und ich haben herzhaft über den ahnungslosen Karkowski gelacht.

Schon lange vorher, eigentlich seit der Offenbarung Moitzheims gegenüber Carolus im Jahre 1979, hatten wir uns Gedanken über die weitere Perspektive des Falles gemacht. Carolus konnte uns nichts mehr bringen, er kannte Moitzheim, eine Art illegalen Residenten des MfS, aber bei diesem Man war sein Informationsweg am Ende. Wir hätten Moitzheim, wie ursprünglich geplant, festnehmen lassen und im Strafverfahren das MfS an den Pranger stellen können, wie es sich plump und ohne Erfolgsaussicht an das BfV herangemacht habe. Aber um wieviel verlockender war der andere, der operative Weg! Er würde das BfV in die Lage versetzen; eine Operation auf zwei Ebenen zu führen: Unten mit Carolus alias »Fäller« eine bis auf das Zielobjekt BfV herkömmliche G-Operation und darüber mit Moitzheim eine Operation mit dem Führungsmann. Eine doppelte Operation führte das BfV bereits, auch sie mit den handelnden Personen Kuron, Reuter und Tiedge. Und da wir wußten, welches außerordentliche Vergnügen solche Paralleloperationen bereiten, ließen Kuron und ich uns einen Anwerbungsversuch Moitzheims absegnen und erwarteten ihn, als er am Abend des 29. Februar 1980 mit trockener Kehle seiner Stammkneipe entgegenging. Es waren natürlich nicht nur solche vordergründigen Motive, die diese Entscheidung nahelegten. Moitzheim war in unseren Augen, und das sicherlich nicht zu Unrecht, ein illegaler Resident, der über eine Fülle nachrichtendienstlichen Wissens verfügen mußte, und es war fraglich, ob es gelingen würde, dies im Rahmen eines Strafverfahrens in Erfahrung zu bringen.

Es wurde Mitternacht, bis Jochen Moitzheim, noch immer ohne Bier, in einem Zimmer des Kölner Crest-Hotels zugab, den Kontakt zu Carolus in nachrichtendienstlichem Auftrag zu unterhalten. Es hatte einer harten Drohung bedurft, die für den Fall des Mißerfolges wartenden Beamten des BKA rufen zu wollen. Aber dann fiel Moitzheim doch um und erzählte von seiner Verpflichtung für das MfS im Jahre 1959 und einer zwanzigjährigen nachrichtendienstlichen Tätigkeit, in deren Verlauf der Kölner Kripobeamte Rosselnbruck im Mittelpunkt gestanden habe, der aber vor einigen Jahren verstorben sei. Erst die Verbindung zu Carolus habe ihm wieder eine »berufliche« Perspektive gegeben. Moitzheim lebte in der Tat von den knapp eintausend Mark, die die HVA ihm monatlich zahlte, ohne einer sonstigen beruflichen Tätigkeit nachzugehen. Er war der einzige »Berufsagent«, den ich während meiner Jahre im BfV kennengelernt habe.

Als Kuron und ich ihn in der Nacht nach Hause fuhren, übergab er uns eine Vielzahl von Zetteln mit Namen, die Carolus ihm übergeben hatte. Eine spätere Kontrolle ergab, daß nur die wenigsten von uns freigegeben worden waren. Aber er übergab uns auch seine Gerätschaften, die das BfV als sogenannte »Ruchert-Technik« kannte. Sie waren bei Frank Gerstner gefunden worden, dem Residenten im »Lutze-Wiegel«-Komplex aus dem Bundesverteidigungsministerium, der unter dem Namen Wolfgang Ruchert in Koblenz gewohnt hatte. Bei Moitzheim, der von Stund an im BfV nur noch »Keil« hieß, konnte das BfV erstmals Zeuge bei der praktischen Anwendung sein, da Ruchert jede Aussage zur Sache und damit auch zu den Geräten verweigert hatte.

Es handelte sich um die nachrichtendienstlich genutzte Kombination aus handelsüblichem kleinen Computer und Kassettenrecorder. »Keil« verschlüsselte die von »Fäller«, also von Carolus erhaltenen Informationen auf herkömmliche Weise, speiste die so entstandenen Fünfergruppen in den Computer und übertrug sie von diesem auf das Tonband. Wie das Ganze funktionierte, habe ich nie begriffen, aber es funktionierte. »Keil« brauchte jetzt nur noch eine bestimmte Telefonnummer in der DDR anzurufen und das Tonband in der Nähe der Sprechmuschel ablaufen zu lassen. Wenn überhaupt, war in dem Gespräch nur ein sekundenlanges Rauschen zu hören, das wie eine Störung klang, wie sie immer vorkommt. Das MfS aber verfügte über technische Einrichtungen, dieses Rauschen in klar verständliche Fünfergruppen zurückzuentwickeln. Ein narrensicheres System, dessen Besitz keineswegs kompromittierend und dessen Benutzung absolut abhörsicher war.

Was Kuron und mich am meisten beeindruckte, war die Sorglosigkeit, mit der »Keil« sein nachrichtendienstliches Material aufbewahrte. Die »Ruchert-Technik« lag offen in einem Regal, die Zettel von Carolus, vermischt mit den Ver- und Entschlüsselungsblättchen befanden sich in einer Blechdose in der Schublade des Tisches.

»Wenn man so lange arbeitet wie ich«, lächelte »Keil« müde, als er unsere Reaktion bemerkte, »hört man mit der albernen Versteckerei auf.«

Und was hat »Keil« noch gebracht? Namen von Führungsoffizieren des Gegners, wenn auch nur Vornamen, aber etwas besser und etwas genauere Personenbeschreibungen als viele andere CM. Auch im Range waren sie etwas höher, kein Wunder. Wer wie »Keil« insgesamt fünfundzwanzig Jahre für einen Dienst arbeitet, hat schon wohlwollende und respektvolle Behandlung verdient.

Ansonsten erfuhren wir von ihm die Beschreibung zweier Objekte – eines am langen Grund in Wandlitz und eines am Mooskopfring in Berlin-Rauchfangswerder –, einige ältere konspirative Wohnungen, Telefonnummern und Deckadressen sowie die traurige Erkenntnis, daß unser Suchansatz »Wacholder« dem Gegner bekannt war.

»Du kannst getrost fahren«, hatte ihm sein Führungsoffizier »Bernd« gesagt, als »Keil« nach den Risiken fragte, denen er sich beim Gebrauch von Falschpapieren aussetze, »du mit Ende fünfzig fällst ja in kein Raster!«

Ansonsten brachte die doppelte Verbindung vor allem Aufschluß über die beschränkte Glaubwürdigkeit des Menschen. Da wir vor Carolus unsere Verbindung zu Moitzheim ebenso geheimhielten wie vor Moitzheim die zu Carolus, konnten wir immer wieder beobachten, wie wir an der Nase herumgeführt werden sollten. Moitzheim übergab uns auch weiterhin Zettel, die wir Carolus nicht freigegeben hatten, und Carolus nannte uns geringere Geldbeträge, als er sie tatsächlich von Moitzheim erhalten hatte. Aber wir machten nichts. Wo gehobelt wird, da fallen Späne.

Ich möchte aber meine Schilderung des Fallkomplexes »Keilkissen«/»Holzfäller« nicht abschließen, ohne zu erwähnen, wie sehr man bei der Führung einer G-Operation auf zwei Ebenen auf der Hut sein muß. Eines Tages traf ich Carolus am Kantinenschalter, wo er gerade seine Vormittagsration erworben hatte – einen »Flachmann« mit Weinbrand und zwei Flaschen Bier.

»Na, Herr Carolus«, sprach ich ihn an, »Durst?«

»Nein«, krächzte er mit heiserer Stimme und sah mich mit wäßrigen Augen aus seinem ziegenbärtigen Totenschädel an, »nein, Appetit.«

Carolus lachte meckernd und verschwand. Zwei Tage später saß ich mit Moitzheim im Restaurant »Unkelbach« auf der Luxemburger Straße an der Grenze zwischen den Kölner Stadtteilen Sülz und Klettenberg. »Keil« hatte gerade, ohne in die Karte zu schauen, »das Teuerste« bestellt. Ich nahm ihm das nicht übel, ich kannte seine Art. Beiläufig erwähnte ich mein Zusammentreffen mit Carolus und schilderte den schlechten, heruntergekommenen Eindruck, den er auf mich gemacht hatte. Zwar wußte Moitzheim angeblich nichts von unserer Bindung an ihn, aber ein so alter nachrichtendienstlicher Fuhrmann konnte sich bestimmt seinen Teil denken. Moitzheim grinste mich an: »So ein Zufall, Herr Tappert, gestern war ich ja mit Carolus zusammen. Und da erzählte er mir, daß er den Tiedge getroffen hat, auch am Kantinenschalter. Das muß ja ein furchtbar fetter Kerl sein. Aber« – er klopfte auf seinen mächtigen Bauch und lachte dröhnend – »zu uns beiden würde dieser Tiedge passen, Herr Tappert!«

So unbeschwert konnte ich in sein Lachen nicht einstimmen. Aber, dachte ich bei mir, einen Fehler hättest du auch nicht machen dürfen, Moitzheim. Hättest du dem Carolus in Mallorca zehn- statt fünftausend Mark gegeben, hätte er sich nicht offenbart, dann säßen wir jetzt nicht zusammen, es gäbe keinen CM »Keil« und keinen CM »Fäller«, da wärst du immer noch nur »Wieland« und sonst gar nichts. Und Carolus wäre nur, wie ihn das MfS nannte, »Schmitz«, dä Schmitz us Kölle.

Aber einen Agenten Kuron hätte es trotzdem gegeben. Denn Kuron war auch noch – ich habe es schon angedeutet – Fallführer in einem zweiten Fallkomplex, in den Augen des MfS vermutlich noch wichtiger und richtungsweisender als die zweifellos schon bedeutsame Verbindung zu Moitzheim und Carolus. Führungsstelle war hier die Abteilung VI der HVA, die, unabhängig von der Auftragsrichtung, für die Vorbereitung und technische Durchführung von nachrichtendienstlichen Übersiedlungen zuständig war, in erster Linie die Plazierung von Illegalen im Operationsgebiet.

Im Jahre 1977 suchte ein in der DDR wohnhafter inoffizieller Mitarbeiter des MfS Verbindung zum LfV Berlin. Die Geschichte, die er erzählte, machte dem LfV unverzüglich klar, daß seine örtliche, aber auch seine sachliche Kompetenz für die Bearbeitung eines solchen Falles nicht ausreichte. Der Offenbarer teilte mit, seit Jahren für das MfS, zunächst für die Bezirksverwaltung (BV) Cottbus, aber seit einiger Zeit für die Zentrale in Berlin-Lichtenberg tätig zu sein. Seine gegenwärtige Aufgabe bestehe darin, operativen Kontakt zu einem in London unter falscher Identität lebenden jungen Mann aus Zwickau zu unterhalten. Dieser lebe dort als deutschstämmiger britischer Staatsangehöriger und bereite sich auf seinen späteren Einsatz in der Bundesrepublik Deutschland vor. Als Motiv für sein Selbstangebot gab er an, Kreisschulrat in Calau und stellvertretender Bezirksschulrat in Cottbus zu sein. Das MfS hintertreibe seine mögliche Ernennung zum Bezirksschulrat, da er dann, so das MfS, auf Grund seiner herausgehobenen Position für die Wahrnehmung nachrichtendienstlicher Aufgaben nicht mehr zur Verfügung stehen könne. Dies sei für ihn als engagierten

Schulpolitiker eine derartige Zerstörung seiner beruflichen Ziele, daß er sich nur so an seinen Auftraggebern in Ostberlin rächen könne.

Das LfV Berlin bedankte sich bei dem Selbstgesteller und bot die Verbindung unverzüglich dem BfV in Köln an. Hellenbroich als Abteilungsleiter griff sofort zu, hatte das BfV doch bisher noch niemals eine operative Verbindung zu einem Instrukteur oder Kurier des MfS unterhalten. In der Abteilung stand als Fallführer jedoch nur Siegfried Dreßler zur Verfügung, ein trockener und wenig einfühlsamer Ostpreuße, den Hellenbroich aber zu Recht als nicht geeignet für eine derartig sensible Verbindung ansah. So griff er auf einen Beamten zurück, der in der Vergangenheit schon einmal der Abteilung IV angehört hatte, im Augenblick aber seinen guten Namen in der Abteilung III, zuständig für die Bearbeitung linksextremistischer Bestrebungen, weiter ausbaute. Dr. Meier entsprach dem Wunsch Hellenbroichs und so kam Klaus Kuron in das damals noch von Schoregge geleitete Referat IV B 2. Er übernahm die Führung des illegalen Reisekaders, wobei der Sachverhalt die Deckbezeichnung »Schneiderwerkstatt«, die Quelle selbst den Namen »Schneider« erhielt. Der Klarname des Mannes, Horst Garau, sollte im Jahre 1990 im Zusammenhang mit meinem Übertritt 1985 noch Schlagzeilen machen.

Zu einem ersten Zusammentreffen Kurons mit »Schneider« kam es dann, als dieser sich erneut beim LfV Berlin meldete und der dort mit der Sache befaßte Kollege Kahl ihn an Kuron übergab. »Schneider« teilte mit, auf der Reise zu einem Treff mit dem jungen Mann zu sein, der mit Klarnamen Rothe hieße, aber unter der Identität eines Herzberg in London lebe. »Herzberg« besuche dort noch Sprachkurse, nach deren Beendigung er nach Deutschland umziehen werde, um sich ein nachrichtendienstliches Betätigungsfeld zu suchen. Darüber hinaus machte »Schneider« umfassende Angaben über die BV Cottbus, für die er viele Jahre als IM tätig war, und über seine neuen Führungsoffiziere in Berlin. Ferner beschrieb er die konspirativen Wohnungen, in denen er in Ostberlin auf seine Westeinsätze vorbereitet worden sei.

In der Folgezeit kam es zu weiteren Treffs mit »Schneider«, überwiegend in Kopenhagen. An einem dieser Treffen nahm Hellenbroich teil, der mit einem Paß auf seinen Arbeitsnamen »Hagedorn« in die dänische Hauptstadt gereist war. Hellenbroich war von dem alerten, intelligenten CM so angetan, daß er ihn seither als seinen CM betrachtete und verlangte, über jeden Schritt und jede Maßnahme hinsichtlich »Schneider« persönlich unterrichtet zu werden. Noch als er Präsident war, traf er ihn nahezu regelmäßig, was das Selbstwertgefühl »Schneiders« naturgemäß steigerte.

Inzwischen hatten die Erfolge bundesdeutscher Sicherheitsbehörden im Kampf gegen die Eingeschleusten die Planung des MfS mit »Herzberg« durchkreuzt. Zu »Schneiders« Überraschung erhielt »Herzberg« den Auftrag, sich zum nachrichtendienstlichen Einsatz nach Argentinien zu begeben. Er kam diesem Auftrag seines »Führungsorgans« im Frühjahr 1978 nach und ging nach Buenos Aires, wo er als deutschstämmiger britischer Staatsangehöriger bemüht war, sich eine bürgerliche Existenz aufzubauen.

Nach einem halben Jahr gab »Herzberg« auf. Die Probleme schienen in dem fremden Land unüberwindlich, der Kontakt zu dem neuen Führungsmann von der DDR-Botschaft in Argentinien gestaltete sich als schwierig, alte Komplexe gegenüber dem anderen Geschlecht erhöhten noch seine Einsamkeit. So flog »Herzberg« im Herbst 1978 nach Deutschland und meldete sich im Notaufnahmelager Gießen. Die dortige Befragungsstelle des BfV leitete damals kommissarisch der stellvertretende Leiter der Hamburger Außenstelle Künast, ein alter Nachrichtenmann namens Werner Musal, der sofort die herausragende Bedeutung der Schilderung »Herzbergs« erkannte und telefonisch seinen Gruppenleiter Georg Brox unterrichtete, bei dem der Name »Herzberg« alle Glocken klingen ließ.

Brox und Kuron gelang es, wenn auch mit Mühen, »Herzberg« zur Rückkehr nach Argentinien zu bewegen, um seine dort begonnenen nachrichtendienstlichen Aufträge weiter zu bearbeiten. Zuvor erhielt er den Decknamen »Martin« und sein Fall den Namen »Martinszug«.

Einige Monate später besuchte ihn Kuron in Buenos Aires, um sich ein Bild von seinen Lebensbedingungen machen zu können. »Martin« hatte im Auftrag Ostberlins begonnen, in der argentinischen Hauptstadt Gräber von Deutschen ausfindig zu machen, die nach Möglichkeit im Kindesalter in Argentinien verstorben waren. Dahinter verbarg sich der Versuch des MfS, die durch die Aktion »Anmeldung« des BfV kompromittierte Art der Einschleusung von Agenten durch neue Einschleusungsvarianten zu ersetzen. Aus »Martins« Bemühungen, aber auch aus den wenigen Äußerungen seiner Führungsleute ihm gegenüber folgerte das BfV, daß hier der Schleusungsweg der Zukunft gezimmert wurde. Unter der Legende, Nachkommen deutscher Einwanderer in Südamerika zu sein, sollten Agenten in der Identität der Verstorbenen in die Bundesrepublik eingeschleust werden.

Diese Vermutung wurde durch drei weitere Feststellungen gestützt. Der Leiter der Abteilung VI der HVA nahm persönlich einen Treff mit »Martin« in Buenos Aires wahr, was ein gesteigertes Interesse der »Einschleusungsabteilung« an seiner Arbeit erkennen ließ. Darüber hinaus wurden Kontakte mit möglicherweise nachrichtendienstlichem Hintergrund bekannt, die die DDR-Botschaft zu einer Deutsch-Argentinierin unterhielt oder aufnehmen wollte, die im Auftrag der dortigen bundesdeutschen Botschaft einheimische Personaldokumente vom Spanischen ins Deutsche übersetzte. Und schließlich führte das LfV Hamburg eine G-Operation gegen die Abteilung VI der HVA, mit einem Mitarbeiter des Hamburger Ausländeramtes als CM, über den die HVA die bürokratische Bearbeitung von Rückkehrern oder deren Abkömmlingen aus Südamerika zu klären bemüht war.

So in etwa war die Situation, als ich nach Schoregges Tod im Frühjahr 1979 das Referat übernahm. Der Kontakt zu »Schneider« war durch »Martins« Versetzung nach Argentinien abgebrochen, »Martin« selbst saß Tausende von Kilometern entfernt in dem damals von einer Militärdiktatur gequälten Argentinien. Arbeit machten die Fälle nicht. Von »Schneider« hörten wir nichts, nur von »Martin« erhielten wir hin und wieder Post, die aus Tarnungsgründen an meinen Schwiegervater adressiert war, der in zweiter Ehe in Neunkirchen im Saarland verheiratet war. Um den latenten Text auf der Rückseite der Briefe lesbar zu machen, mußte das BfV die Laborhilfe des BND in Anspruch nehmen. Wie schon bei dem Visum für Fülle zeigte sich auch hier wieder die bescheidene technische Ausstattung eines Abwehrdienstes. Als dann 1982 der Falklandkrieg ausbrach, war »Martin« als britischer Staatsbürger in Argentinien nicht länger zu halten, und so kehrte er über die USA nach London zurück. Auch seine Verbindung zu »Schneider« lebte wieder auf.

Als »Martin« dann, wohl 1983, in die Bundesrepublik nach Köln kam, fand das MfS, wie es aussah, für ihn keine sinnvolle Einsatzmöglichkeit, was wir in erster Linie mit der Verunsicherung der HVA bei der Führung von Eingeschleusten seines Typs begründeten. »Martins« Legendenspender war während des Krieges als Sohn deutscher Kommunisten in Großbritannien geboren und hatte nach dem dort geltenden ius soli die britische Staatsangehörigkeit erworben. Nach dem Krieg war er mit seinen Eltern nach Deutschland, natürlich in die DDR, zurückgekehrt.

Als er, noch vor 1961, mit einer FDJ-Delegation in die Bundesrepublik kam, fiel er der Verfassungsschutzbehörde Nordrhein-Westfalen auf, die ihn verkartete. Da die Datenerfassung Herzbergs jedem NADIS-Teilnehmer, in erster Linie jedem LfV, zugänglich war, erschien es dem BfV angezeigt, ihren Doppelagenten Rothe-»Martin«-Herzberg von dieser als Belastung empfundenen Speicherung freizustellen. Personen aus G-Operationen wurden nämlich »gesperrt« verkartet, das heißt, nur die Abteilung IV erhielt einen Hinweis auf eine vorliegende Erfassung, alle anderen Anfragenden erhielten als Antwort von NADIS: »nicht in Datei«. Die geplante Lösung erschien auch deshalb angezeigt, weil das BfV davon ausgehen konnte, daß dem MfS die Erfassung des Legendenspenders Herzberg im Datensystem des BfV unbekannt war.

Die Verfassungsschutzbehörde Nordrhein-Westfalen, die von alledem natürlich nichts wußte, war nun nicht mehr in der Lage, über NADIS ihre eigene Akte »Herzberg« zu finden. Die ganze Aktion war für uns nicht einfach – ich selbst war einer der Initiatoren der Maßnahme –, aber mit Hilfe des damaligen Vizepräsidenten Hellenbroich war es zu bewerkstelligen. Ich habe zugesehen, wie mein Bürosachbearbeiter Lauer die nordrhein-westfälische Speicherung Herzbergs löschte.

Der Fall »Martinszug« schleppte sich ohne besondere Vorkommnisse bis zu meinem Übertritt 1985 dahin. Einmal habe ich »Martin« getroffen, um sein Ansprechpartner bei Kurons urlaubsbedingter Abwesenheit zu sein, und habe ihn als einen freundlichen, unauffälligen, etwas weich wirkenden jungen Mann in Erinnerung.

Anders »Schneider«. Auch mit ihm traf ich zusammen und erheiterte ihn allein durch meinen Anblick.

»Sagen Sie mal, Herr Tappert«, fragte er unbekümmert, »werden bei Ihnen nur Extremtypen beschäftigt? Erst die halbe Portion und jetzt ein Koloß wie Sie?«

Die »halbe Portion« war der zierlich wirkende Bernd Dybowski, mein Nachfolger als Referatsleiter, der ihn einige Zeit zuvor kennengelernt hatte. »Schneider« erwies sich als ein drahtiger, energischer Mann, geringfügig jünger als ich, gewandt im Auftreten und modisch gekleidet. Er entsprach so gar nicht dem Bild, das sich der Bundesbürger, und ich damals auch, von einem Bewohner der DDR machte. Auch ihn belastete die fehlende Perspektive für »Martin«, den er uns gegenüber immer als den »Kleinen« bezeichnete. Gemeinsam malten wir uns »Schneiders« Zukunft aus, denn das MfS hatte ihm angedeutet, seine Übersiedlung als Resident zusammen mit seiner Ehefrau in die Bundesrepublik zu erwägen.

Aber aus der Übersiedlung wurde nichts. Statt dessen unterhielt »Schneider« weiterhin Verbindung zu »Martin«, aber eigentlich nur am Rande. Seine Hauptaufgabe wurde die neugeschaffene Verbindung zu einer Agentin, die schon einmal im Blickpunkt des BfV gestanden hatte – zu »Ursula Richter« aus der Theodor-Litt-Straße in Bonn. Bis dahin war sie eine von mehreren als Agentin in Betracht kommenden Frauen gewesen, die infolge der Observation »Walkowiaks« in Verdacht geraten waren. Und »Ursula Richter« lieferte an den IM »Günter«, als den sie »Schneider« kannte, auf belichteten, aber unentwickelten Filmen Verratsmaterial aus ihrer Arbeitsstelle, dem Bund der Vertriebenen in Bonn. Das BfV konnte das Material nicht einsehen, ohne Spuren zu hinterlassen, und ließ es passieren in der selbst eingeredeten Überzeugung, so wichtig werde es schon nicht sein.

Eigentlich hätte diese Situation Anlaß sein können, vielleicht auch sein müssen, mißtrauisch, zumindest nachdenklich zu werden. Der früher hochrangige CM »Martin«, der in Südamerika mit an der Zukunft der HVA gebastelt hatte, lebte in der Bundesrepublik plötzlich ohne jede nachrichtendienstliche Perspektive, und CM »Schneider« wurde zusätzlich die Führung einer weiteren Agentin übertragen. Aber ausgerechnet die einer Frau, die durch eine vermutlich durch den Instrukteur »Walkowiak« bemerkte Observation entdeckt worden war. Aber wir kannten, und das gilt bis hinauf zu Hellenbroich, alle Fälle nahezu auswendig und niemand, natürlich außer Kuron, kam auf den Gedanken, gegengesteuert zu werden. Die wenigen, die den Fall kannten, vertrauten einander so blind und ohne jeden Zweifel, daß der Gedanke an Verrat auch nicht im intimsten Dienstgespräch aufkam. Wir waren alle der Ansicht, dies sei die nachrichtendienstliche Realität. »Schneider« war, wie ich schon sagte, der erste und einzige kontrollierte Reisekader, und so war die gleichzeitige Führung zweier Agenten natürlich ungewöhnlich, aber keineswegs verdachterregend.

Zwischen MfS und BfV war aus der Sicht von heute eine Art Zustand des labilen Gleichgewichts entstanden. Das MfS konnte »Schneider« nicht festnehmen, ohne die »Richter« zu gefährden, und das BfV konnte die »Richter« nicht festnehmen, ohne »Schneider« zu gefährden. Im übrigen verboten sich Maßnahmen des MfS aus beiden Fallkomplexen – »Schneiderwerkstatt«/»Martinszug« und »Keilkissen«/»Holzfäller« – mit Rücksicht auf den Spitzenagenten Kuron. Mein Übertritt muß für das MfS eine Erlösung gewesen sein, bedeutete es doch die Trennung von allen kompromittierten Fällen, die Möglichkeit exekutiver Maßnahmen gegen »Schneider« und die nunmehr unbelastete Führung Kurons.

»Ursula Richter« gelang wenige Tage vor meinem Übertritt die Rückkehr in die DDR. Aber nicht ich habe einen Tip gegeben, sondern, wie mir Oberst Karl Großmann in der DDR erzählte, die Ermittler aus Hillemanns Referat »Illegale« haben sich selbst um den Erfolg gebracht. Sie hatten als einen der letzten Identifizierungsschritte am Bodensee mit der Tante der »echten« Ursula Richter gesprochen und von ihr erfahren, daß diese schon seit vielen Jahren wieder in der DDR lebe. Davon berichtete die Tante in einem Brief ihrer Nichte, der durch die Postkontrolle in die Hände des MfS fiel. Dadurch war klar, daß man dem »Double« auf den Fersen war. Das Ganze kann natürlich auch eine von »Karl« erfundene Legende sein, denn auch Kuron wußte von der Identifizierung der »Richter« als Illegale. Der zeitliche Zusammenhang mit meinem Schritt war Zufall. Am Samstag, dem 17. August 1985 hatte mich Kuron noch telefonisch in meiner Stammkneipe von ihrem Verschwinden unterrichtet. Es war mir zwar völlig neu, aber an diesem Tag auch schon völlig gleichgültig.

Nun bewegen sich natürlich bei weitem die wenigsten G-Operationen auf einem derartigen Niveau wie die geschilderten Fälle, sowohl was die Auftragsrichtung als auch die Auftragsintensität angeht, vom nachrichtendienstlichen Rang der Beteiligten ganz zu schweigen. Aber auch nicht jeder Verdachtsfall und jeder Exekutivfall macht Schlagzeilen wie die Fälle Frenzel, Felfe oder Guillaume. Die Masse der G-Operationen spielt sich viel weniger spektakulär ab. In der Regel muß sich der Verfassungsschutz mit der an der Zugangslage des CM orientierten Auftragserteilung zufrieden geben, wobei sich etwa Fälle, in denen das Interesse der gegnerischen Dienste an den neuen, damals noch geplanten »fälschungssicheren« Personalausweisen zum Ausdruck kam, schon deutlich abhoben.

Entsprechend waren auch die Ergebnisse. Ein Führungsoffizier, einsachtzig groß, blond, Mitte Dreißig, eine Deckadresse, wenn es hochkommt, noch eine »KW«, das Kürzel für Konspirative Wohnung, und aus. Demgegenüber waren immer die Fälle von besonderem Reiz, bei denen, ähnlich wie im Fall »Holzfäller«, das Verhältnis von erhofftem Gewinn und schmerzlichem Verlust nicht offen auf der Hand lag. Dabei gab es Diskussionen, in denen aber weniger das auf Fakten gestützte Argument als die Beredsamkeit und letztlich die Entscheidungskompetenz des einzelnen den Ausschlag gaben.

Bei Hellenbroichs leidenschaftlicher Neigung zu operativem Denken und Handeln fielen, wenn Probleme in seiner Präsidentenzeit bis in seine Ebene getragen wurden, aber auch getragen werden mußten, häufig Entscheidungen, die nur ein Nachrichtendienstler verstehen und nachvollziehen kann. Selbst in Fällen, in denen operative Möglichkeiten nicht mehr gegeben waren, lagen den getroffenen Maßnahmen operative Überlegungen zugrunde.

Eines Tages im Jahre 1983 erreichte mich der Anruf eines Wirtschaftsanwalts aus der Kölner Innenstadt in der Nähe des Friedensplatzes. Er bat mich zu einem Gespräch in sein Büro, wo er mir die Offenbarung eines Agentenpärchens anbot, vorausgesetzt, das BfV sichere zu, von einer Benachrichtigung der Strafverfolgungsbehörden abzusehen. Der Anwalt berief sich dabei auf das öffentliche Angebot Hellenbroichs an alle Agenten, ihnen im Falle ihrer Lossagung vom Gegner nach Möglichkeit den stillen Weg, vorbei an den Schranken der Gerichte, in ein ruhiges Leben aufzuzeigen. Als der Anwalt noch hinzufügte, die Zielrichtung im hier zur Debatte stehenden Fall sei ausschließlich gegen wirtschaftliche Interessen gerichtet, gab ich meinem Herzen einen Stoß und dem Anwalt die gewünschte Erklärung. Ich vereinbarte mit ihm ein Gespräch zwischen den Selbstgestellern und zwei meiner Mitarbeiter, Bernd Dybowski und Karl-Heinz Schulz, das am folgenden Wochenende in einem kleinen Landgasthaus im Hunsrück in der Nähe von Simmern stattfinden sollte.

Am Sonntagmorgen fuhr ich selbst nach Simmern, einerseits um mich wegen des ungewöhnlichen Vorlaufs vom Stand der Befragung zu unterrichten, andererseits um mir ein persönliches Bild von den Selbstgestellen zu machen. Vor Ort traf ich einen etwas aufgeregten Dybowski an, der mich mit folgendem Sachverhalt konfrontierte. Die beiden Offenbarer oder Selbstgesteller hatten sich beim Studium der Betriebswirtschaft kennengelernt und, von den Möglichkeiten und der Faszination des freien Unternehmertums gefangengenommen, noch vor ihrem Examen eine Betriebsberatungsfirma gegründet. Wider Erwarten ließ sich das Unternehmen gut an und zeigte eine steil nach oben gerichtete Auftragslage, so daß die Jungunternehmer nicht nur im Gelde schwammen und sich Wochenendausflüge nach New York per Concorde leisten konnten, sondern auch Einblick in Betriebsgeheimnisse renommierter Industriefirmen erwarben.

Zugleich hatte ihr etwas verquastes, unausgegoren linkes Weltbild in ihnen die Entscheidung reifen lassen, zu einem ausgeglichenerem Verhältnis beim technischen Know-how zwischen Ost und West beizutragen. Diesen politischen Wunsch realisierten sie, indem sie sich der HVA des MfS freiwillig zur Mitarbeit anboten. Sie lieferten Informationen aus allen von ihnen beratenen Unternehmen und krönten ihre nachrichtendienstliche Laufbahn mit der Lieferung der Konstruktionspläne und Legierungsrezepte eines kompletten Stahlwerks, wie es der damalige, später gescheiterte und inzwischen verstorbene Stahltycoon Korf in alle Welt lieferte. Ein derartiges Stahlwerk ist zumindest nach der Übergabe der Pläne noch in der arabischen Welt gebaut worden, aber nicht von Korf, sondern von der DDR. Beide genossen bei den von ihnen beratenen Firmen ein derartiges Vertrauen, daß man ihnen nicht nur bei der Fertigung der Ablichtungen der Pläne für das MfS half, der Werkschutz war ihnen sogar behilflich, die Ablichtungen ins Auto zu tragen – wie sie uns nicht ohne Stolz berichteten.

Hellenbroich sah sich an mein Wort gebunden, vor allem aber an sein eigenes, vielleicht etwas vollmundiges Wort von der vertrauensvollen Zusammenarbeit und der verschwiegenen Behandlung der Angaben, das er mit seinem Aufruf, dem Vorbild seines Vorgängers folgend, in die Welt gesetzt hatte. Operative Möglichkeiten bestanden nicht. Dafür gab es ein himmelschreiendes Mißverhältnis zwischen den abgeflossenen Informationen einerseits und den gewonnenen Angaben über die gegnerische Infrastruktur andererseits. Man konnte das Opportunitätsprinzip in seiner rechtsstaatlichen Verankerung ächzen hören angesichts der vielen kleinen Feld-, Wald- und Wiesenagenten, deren Verhalten mit teils empfindlichen Strafen kriminalisiert wurde, während hier zwei dicke Fische ungeschoren – oder vielleicht sollte man besser sagen, ungeschuppt – davonkamen, die darüber hinaus ihren über einhunderttausend Mark hohen Agentenlohn auch noch behalten durften.

Sogar in der Hauptabteilung II des BKA in Meckenheim ist »Helena«, wie die Selbstgestellerin bei uns hieß, befragt, nicht etwa vernommen worden. Sie hatte Kenntnis von einem möglicherweise erfolgreichen Angriff auf das polizeiinterne Datensystem INPOL und stand deshalb den Experten dieser Behörde Rede und Antwort. Aber man muß die Kollegen vom BKA in Schutz nehmen, vom Stahlwerk wußten sie nichts.

Gelegentlich war die Situation auch anders herum, vor allem in richtigen, echten G-Operationen. Dann war der Verfassungsschutz der gewinnende Teil. Etwa wenn der Gegner dem CM nur unbedeutende »Bindungsaufträge« wie die Erstellung politischer Stimmungsbilder erteilte. Dies war kennzeichnend bei Agenten deren nachrichtendienstlicher Wert sich erst in der Zukunft, in erster Linie nach Abschluß einer qualifizierten Ausbildung erweisen sollte. Der Dienst, der sich seiner zukünftigen Mitarbeit versichert hatte, hat in der Regel alles unterlassen, was zu einer Gefährdung des Mannes oder der Frau hätte führen können. Der Verfassungsschutz spricht in solchen Fällen von Perspektivagenten.

Einer, bei dem sich dieser Wechsel der HVA auf die Zukunft bezahlt gemacht hatte, war Franz Roski vom Bundesgrenzschutz. Er war als junger Student geworben worden und hatte die jahrelange Geduld seiner Führungsstelle durch hervorragende Informationen, zuletzt aus der Grenzschutzdirektion in Koblenz, belohnen können. Einer, der sich von Anfang an für die westlichen Werte und den Verfassungsschutz entschieden hatte, war Joachim Stuckmann, der CM »Bambi« im Fall »Filmpreis«.

»Bambi« war – das habe ich schon erzählt – vom Innenministerium Nordrhein-Westfalen an das Bundesamt übergeben worden, weil er als Beamter nach einer alten Düsseldorfer Regelung nicht mehr CM-tauglich war.

»Die Aufgaben und Pflichten eines CM, insbesondere seine

Bereitschaft, sich, wenn auch nur zum Schein, gegen die Verfassung und gegen die freiheitlich-demokratische Grundordnung zu stellen«, hatte zu Willy Weyers Zeiten als Innenminister sein Staatssekretär entschieden, »sind mit den Aufgaben eines Beamten ebensowenig in Einklang zu bringen wie mit seinen Pflichten.«

»Bambi« war das gleichgültig, für ihn wechselte nur sein Fallführer. Anstelle des Kriminalbezirkskommissars Heinrich Schaper aus Düsseldorf, eines rundlichen. ehemaligen Polizisten aus Recklinghausen mit Glatze und Haarkranz, wurde der Ostpreuße Siegfried Dreßler zuständig, der sich auch »Bambi« gegenüber »Dieckmann« nannte. Zu tun gab es ohnehin nicht viel, hatte man doch auf Seiten der gegnerischen Führungsstelle, der Bezirksverwaltung Halle des MfS, Großes mit ihm vor. »Bambi« sollte sich nach seinem Assessorexamen eine Position mit interessanten Zugängen suchen, was aber Ende der siebziger Jahre, als »Bambi« diesen wichtigen Schritt in seinem Leben hinter sich hatte, leichter gesagt als getan war.

Nachdem sich die militärische Zielrichtung im Laufe der Zeit immer stärker herauskristallisiert hatte, war »Bambi« nach Bonn gefahren, um sich im Verteidigungsministerium, bei dem er sich beworben hatte, vorzustellen. Daneben hatte er, insofern sind viele Lebensläufe von Juristen identisch, bei einem Anwalt im Ruhrgebiet angefangen zu jobben. Er hinterließ als sympathischer Reserveoffizier in Bonn einen guten Eindruck, seiner Einstellung stand aber seine Examensnote entgegen. Trotz »ausreichend« kann man zwar ein hervorragender Jurist mit glänzenden praktischen Leistungen sein, eine Beschäftigung bei »Vater Staat« damit zu bekommen, war 1966 noch möglich gewesen, 1979 fast ausgeschlossen, zumindest aber sehr schwierig. Also mußte das BfV helfen.

Zuständiger Beamter für Zivilbeschäftigte aller Funktionen und Dienstgrade war im Verteidigungsministerium damals ein Ministerialdirigent Hildebrandt, ein freundlicher, entgegenkommender Mann, zu dem wir durch die Vermittlung des Oberstleutnants Richard Wilczek von der MAD-Gruppe »S« in Bonn Verbindung aufgenommen hatten. Hildebrandt sah keine

Möglichkeit, dem Wunsch des BfV nach vorübergehender pro-forma-Beschäftigung »Bambis« zu entsprechen. Überraschenderweise erklärte er sich aber dem BfV gegenüber bereit, »Bambi« trotz dessen mäßigen Examenserfolges fest und auf Dauer mit dem Ziel der Verbeamtung auf Lebenszeit in seinen Geschäftsbereich einzustellen.

Bei dieser Art der Hilfeleistung hatte sich das BfV nicht von dem Wunsch leiten lassen, verallgemeinerungsfähige Informationen über die Führungsmethodik qualifizierter Agenten zu sammeln. Hier war sein Interesse kurzfristiger und präziser. Der Gegner hatte »Bambi« schon Jahre vor seiner Bewerbung im Verteidigungsministerium auch private Reisen in sozialistische Länder untersagt, um seine Weste für eine solche Bewerbung und die damit verbundene Sicherheitsüberprüfung »sauber« zu halten. Statt dessen hatte er seine Führung und Betreuung durch Treffs in Wien aufrechterhalten. Würde, so die Kalkulation des Verfassungsschutzes, das lange Warten des Gegners durch interessante Zugänge »Bambis« belohnt, wäre nicht zu erwarten, daß man ihn dann zur Berichterstattung und Materialübergabe in die DDR oder das sozialistische Ausland bestellte. Vielmehr war mit seiner Anbindung an einen illegalen Residenten zu rechnen, an einen Eingeschleusten oder an einen Mann wie »Keil«. Das BfV plante, den Unbekannten festnehmen zu lassen. Seine Überwerbung und Führung wäre wegen der Beteiligung des Verteidigungsministeriums und der daraus folgenden Zuständigkeit des MAD auf Schwierigkeiten gestoßen.

»Bambi« sah die Aktivitäten des BfV mit Freuden. Schien ihm doch die Freiheit des Anwaltsberufs mit wesentlich mehr Arbeitsstunden gegenüber seinen im Staatsdienst untergekommenen Kommilitonen teuer erkauft, auf Stundenlohn umgerechnet, sogar schlechter bezahlt. Auch Hildebrandt freute sich.

»Aber, meine Herren«, erklärte er Dreßler und mir. »ich muß natürlich den Staatssekretär Dr. Hiehle unterrichten. Das brauche ich zwar jetzt nicht, einstellen kann ich, wen ich will, aber Hiehle muß in drei Jahren, wenn ›Bambi‹ sich bewährt, die Ernennungsurkunde zum Beamten auf Lebenszeit unterschreiben. Und wenn ich ihn erst dann mit der Vorgeschichte konfrontiere ...« Drei Jahre später war Hiehle gar nicht mehr Staatssekretär. Durch die Wende in Bonn war eine andere Regierung an die Macht gekommen und Verteidigungsminister war Manfred Wörner. Wie dieser oder sein Staatssekretär entschieden hätten, ist ungewiß, aber auch unerheblich.

Ich jedenfalls brachte damals, 1980, den ganzen Fall zu Papier, ließ Hellenbroich als Abteilungsleiter unterschreiben und brachte den Brief selbst zu dem stellvertretenden MAD-Kommandeur, den ich seit langen Jahren kannte, zu dem 1988 verstorbenen Obersten Joachim Krase. Es kam zu einer Besprechung bei Staatssekretär Dr. Hiehle, bei der nicht das BfV, offensichtlich eine lausige Zivilbehörde, sondern General Gerd-Helmut Komossa vortrug, der damalige MAD-Kommandeur, gestützt auf mein Papier. Hiehle lehnte die »wissentliche Beschäftigung eines DDR-Agenten« rundweg ab.

»Bambi« wurde kurze Zeit später zu einem Gespräch mit seinem Führungsoffizier nach Berlin bestellt, eine nach der Vorgeschichte überraschende Entwicklung, zu der der Verfassungsschutz seine Zustimmung versagen mußte. Niemand war damals in der Lage gewesen, den Grund anzugeben, der zu einem solchen Stimmungsumschwung beim Gegner geführt hatte. Nur für Hellenbroich war die Sache damals schon klar. Mit der Unterrichtung des MAD, so seine verärgerte Reaktion, hatte das BfV nahezu unmittelbar dem nachrichtendienstlichen Gegner zugearbeitet. Nur dort konnte die undichte Stelle sein, denn daß Verrat im Spiel war, stand für Hellenbroich fest. Zu lange und zu gut war die G-Operation »Filmpreis« gelaufen, aber dann hatte der MAD Kenntnis ...

Wie dicht Hellenbroich an der Wahrheit war, zeigte sich erst 1990, als zusammen mit den Fällen Dr. Gabriele Gast vom BND und Kuron vom BfV auch die nachrichtendienstliche Verstrickung des allerdings schon verstorbenen Obersten Joachim Krase bekannt wurde. Kuron scheidet im Fall »Filmpreis« als Quelle des MfS aus, seine Tätigkeit für die Gegenseite begann erst 1982, als der Fall schon« tot« war. Aber Krase, ausgerechnet ihm hatte ich das »Geheim« eingestufte Schreiben höchstpersönlich, verbunden mit einer Unzahl mündlicher Sicherheitskautelen, übergeben. Nun bin ich sicherlich der letzte, der sich über anderer Leute Verrat erregen sollte, aber damals hat es mich doch mächtig gewurmt. Als ich Krase bei anderer Gelegenheit auf die Möglichkeit einer Quelle der HVA im MAD ansprach und vorsichtig anregte, alle Personen namhaft zu machen, die von meinem Vermerk Kenntnis hatten, wies er den Gedanken brüsk zurück und garantierte für die Zuverlässigkeit seiner Mitarbeiter. Auch gegen ihn selbst richtete sich mein Verdacht, der aber durch nichts anderes als die Entwicklung des Falles »Filmpreis« begründet war und alle anderen Mitwisser ebenso betraf. Das konnte ich ihm natürlich genausowenig sagen wie eine offizielle Demarche des BfV anregen. Aber ein gewisser Verdacht gegen den MAD blieb.

»Keine Fallführung mehr bei Kenntnis des MAD«, hatte Hellenbroich dann 1982, inzwischen mit dem Rotstift des Vizepräsidenten, auf einer »Analyse« verfügt, die sich mit den von den Sicherheitsorganen der DDR festgenommenen CM befaßte. Kurt Pillath, ein älterer, verdienstvoller Mitarbeiter, hatte als eine der wenigen Gemeinsamkeiten in allen »Verlustfällen« die Kenntnis des MAD herausgearbeitet.

Wenn nur die wenigsten G-Operationen das Niveau der hier kurz dargestellten erreichten, dann waren hierfür im wesentlichen zwei Gründe maßgebend. Der erste Grund klingt auf den ersten Blick erschreckend banal: Man sah einem Fall nicht an, wie er sich entwickeln würde. Aber nachdenklich mußte es den Verfassungsschutz schon stimmen, daß in zwanzig Jahren, die ich überblicken kann, nahezu keine Operation zu einer aktiven, zweiseitigen Funkverbindung geführt hat, der CM also mit einem nachrichtendienstlichen Funkgerät ausgestattet wurde. Natürlich gab es sogenannte Funkoperationen, aber das Funkgerät hatten die CM in aller Regel schon, als die Verbindung zum Verfassungsschutz zustande kam, so wie »Keil« die »Ruchert-Technik« hatte. Einige dieser qualifizierten G-Operationen mußten wieder abgebrochen werden, weil der Gegner mißtrauisch geworden war, vielleicht aber auch nur, weil der gelegentlich übervorsichtige Verfassungsschutz ein solches Mißtrauen nicht ausschließen konnte.

Ein gegengesteuerter Fall mußte sich also doch in wichtigen Nuancen von einer nicht gegengesteuerten nachrichtendienstlichen Verbindung unterschieden haben. Ich habe in Diskussionen und Vorträgen immer hervorgehoben, daß es in meinen Augen einen wesentlichen Unterschied zwischen einem Agenten und einem CM gab, der im Rahmen einer G-Operation geführt wurde.

Der Agent, der nicht durch den Verfassungsschutz abgedeckt war, hatte bei seinen Reisen in sozialistische Länder Pause von der Spannung, in der er in der Bundesrepublik lebte. Und er hatte in seinem Führungsoffizier den einzigen Menschen, mit dem er über seine nachrichtendienstlichen Probleme sprechen konnte.

Der CM hingegen war just bei diesen Treffreisen im Einsatz und war dabei verständlicherweise erregt. Er lebte dafür, anders als der Agent, sorglos in der Bundesrepublik, wo er anstehende Probleme mit einem Fallführer bereden konnte. CM, die in der Bundesrepublik nicht richtig auf den »Feindtreff« vorbereitet wurden oder die sich dabei nicht sorgfältig an die von den Fallführern erteilten Verhaltensmaßregeln hielten, liefen große Gefahr, enttarnt, verhaftet und zu langjährigen Freiheitsstrafen verurteilt zu werden.

Der andere Grund war die jahrelange Überbewertung der Fallführung in der operativen Tätigkeit der Behörden für Verfassungsschutz. Die Führung und die Auswertung von G-Operationen war lange Zeit ein für die Vergütung und Besoldung relevantes Tätigkeitsmerkmal. Erst unter dem wachsenden Einfluß von Werner Müller wurde ihre Bearbeitung zwar nach wie vor als wichtige, aber nicht mehr als die herausragende Tätigkeit im Verfassungsschutz angesehen, sondern ranggleich mit der Bearbeitung von Verdachtsfällen und legalen Residenturen. Gleichwohl bemaß sich noch 1985 die Effektivität einer Landesbehörde nach ihrer Aktivität im operativen Bereich, nach der Zahl der von ihr geführten G-Operationen. Diese Betrachtungsweise wirkte sich zugunsten der LfV Hamburg und Baden-Württemberg aus, ging aber zu Lasten der Ämter, bei denen infolge personeller Unterbesetzung wie in Nordrhein-Westfalen oder wegen Fehlens eines gegnerischen Aufklärungsinteresses wie im Saarland die operative Arbeit brachlag. Und so rissen sich manche Ämter die abgedroschensten und perspektivlosesten Sachverhalte unter den Nagel, stimmten aber jedes Mal in das allgemeine Wehgeschrei über jeden Verlustfall ein, der den Verfassungsschutz traf.

Denn Verlustfälle sind die Kehrseite, aber auch der Preis operativer Ergebnisse. Mit einem beachtlichen Maß an Unlogik pries der Verfassungsschutz eigene Abwehrerfolge als Beweis für die Wehrhaftigkeit demokratischer Republiken westlicher Prägung und verteufelte die gleichen Maßnahmen der Sicherheitsorgane osteuropäischer Volksdemokratien als Ausdruck menschenverachtender Unterdrückung, die das System kennzeichneten. Ähnlich war die Einstellung gegenüber den Justizorganen. Landauf, landab beklagten Leiter der Verfassungsschutzbehörden die Milde der Gerichte gegenüber Agenten, obwohl in diesem Metier Freiheitsstrafen für geringfügige Bagatellaufträge an der Tagesordnung waren, die in anderen Bereichen der Strafjustiz nicht einmal gegen Berufsverbrecher verhängt wurden. Andererseits wurden Urteile in osteuropäischen Staaten gegen Bundesbürger, die der Spionage überführt waren, als rechtsstaatswidrige Gewaltmaßnahmen verunglimpft.

Dieses Messen mit zweierlei Maß, dieses nahezu bigotte Kokettieren mit der freiheitlich-demokratischen Grundordnung dort, wo es Vorteile bringt, ist heute einer der Gründe für die tiefe Resignation, mit der viele Bürger der neuen Bundesländer auf die neuen Kolonialherren blicken. Bei dem Geschrei um die Verurteilung ihrer CM übersahen die Klageführenden geflissentlich, daß die Verurteilten nur einen geringen Teil ihrer nominellen Strafe zu verbüßen brauchten. Peter Felten etwa mußte von seiner zwölfjährigen Strafe nur knapp zwei, Hans-Jürgen Köhler von seinen fünfzehn Jahren nur weniger als drei hinter Gefängnismauern verbringen. Und für den dicken Ottomar Ebert, der von seiner lebenslänglichen Strafe dreizehn Jahre in Bautzen verbrachte, kann Lothar Lutze als Gegenbeispiel dienen – ein erstbestrafter Mann, der von zwölf Jahren Strafe elf verbüßen mußte! Aber wie dem auch sei, bei der Führung von

G-Operationen mußte alles getan werden, um den GAU, die Festnahme und Verurteilung zu vermeiden. Mir ist auch kein einziger Fall bekannt, in dem der Verfassungsschutz eine solche Verhaftung bewußt riskiert hätte. Trotzdem verliefen einige Fälle tragisch, zumindest für die Betroffenen und ihre Familien.

Ich weiß, wovon ich rede. Ich kannte sie alle persönlich. Ebert, Felten, Köhler und die meisten der anderen CM, die vom »Feindtreff« erst Jahre später zurückkehrten. Sie waren angeblich einst ausgezogen im Glauben, die freie Welt gegen den permanent angreifenden Kommunismus verteidigen zu müssen. Als Ebert dann nach dreizehn Jahren zurückkam, wurde er nicht, um 1980 herum, wie seine Austauschpartner von der Gegenseite, von einem Repräsentanten »seines« Dienstes, der CIA oder dem BfV bereits an der Grenze in die Arme geschlossen. Sein Fallführer »Fritze« Barton alias »Anders« konnte ihn erst tags darauf im Hause einer mit ihm Freigelassenen begrüßen. Hier lag die Schuld aber nicht beim Verfassungsschutz, sondern bei der ministeriellen Hybris der bundesdeutschen Verhandlungsdelegation, die eine Benachrichtigung des BfV über den Termin des Austausches nicht für erforderlich hielt. Für sie war ein administrativer Sachverhalt erledigt, die menschliche Seite interessierte sie nicht. Aber vielleicht lag es auch daran, daß das BfV den Fall »Ebert«, den es nur ganz kurz vor dessen Festnahme gemeinsam mit der CIA geführt hatte, in der Zuständigkeit der Amerikaner gesehen hatte, mit denen Ebert Jahre kooperiert hatte.

Anders war es bei Felten und Köhler, mit deren Schicksalen ich unmittelbar nach ihrer Verhaftung in der DDR 1979 konfrontiert wurde. Beide Fälle waren zwar unmittelbar vom BfV, aber nicht von meinem Referat geführt worden. Felten von Dreßler (»Dieckmann«), Köhler von Schulz (»Scholl«). Der zuständige Referatsleiter, Christian Fuchs, ein junger Kollege, der mit lieb und nett abschließend beschrieben ist, war überfordert, so daß der Gruppenleiter Georg Brox mir die Abwicklung zuwies.

In beiden Fällen stellte sich heraus, daß die Aktenlage des Verfassungsschutzes nur ungefähre Ähnlichkeit mit der Realität hatte. Jedenfalls, was die persönliche Situation der CM anging, Zu stark hatten die Fallführer, aber mit ihnen das ganze Amt, das Gewicht nur auf den rein nachrichtendienstlichen Erkenntnisgewinn gelegt. So meldeten die erwartete, aber nicht erfolgte Rückkehr in beiden Fällen Personen, die nach den Akten des BfV überhaupt keine Kenntnis von den Bindungen des CM an irgendwelche Nachrichtendienste hatten. Im Fall Felten war dies eine nicht einmal aktenbekannte Lebensgefährtin, im Fall Köhler wußte seine Ehefrau nicht nur den Namen des Fallführers und seine konspirative Telefonnummer, sondern auch den Decknamen »Rock«, den ihr Mann beim Verfassungsschutz im Rahmen der G- Operation »Festival« führte.

Meine Beschäftigung mit beiden Fällen und die Verbindungsaufnahme zu den Familien bestätigte meine Ansicht, daß in jedem menschlichen Leben Bruchstellen entstehen, von gesellschaftlich wirksamer Firnis notdürftig überdeckt, aber doch zu tief, um bei größeren Belastungen nicht aufzubrechen und offen dazuliegen. In einem Fall stimmte finanziell alles, aber die private Sphäre war durch den Bruch zweier Ehen und ein beginnendes Konkubinat in einem kleinen Eifeldorf belastet, im anderen Fall stimmte finanziell gar nichts, auch die Ehe war brüchig geworden und hat die Trennung nicht lange überstanden. Heilen konnte der Verfassungsschutz diese Wunden nicht, aber geholfen hat er dort, wo Geld helfen konnte, getreu der Devise Hellenbroichs: »Geld spielt keine Rolle!«

Durch die Beschäftigung mit den Fällen Felten und Köhler in den Jahren 1979 bis 1981/82 wurde ich unversehens so eine Art »Pannensachverständiger« des Verfassungsschutzes. Meine Erfahrungen, so bescheiden sie anfangs vielleicht auch waren, galten als wertvolle Hilfe bei Verlustfällen, die nach und nach die LfV in Hamburg und Hannover, Düsseldorf und München, Stuttgart und Berlin (West) betrafen. Ich kannte die arbeitsrechtlichen, versicherungsrechtlichen, rentenrechtlichen und wirtschaftlichen Konsequenzen und Notwendigkeiten, die sich aus dem plötzlichen Ausfall des Familienernährers ergeben. Zum Glück lagen diese Fälle in einer Zeit, in der Hellenbroichs Wort von der status-quo-Erhaltung Gültigkeit hatte, eine Maxime, nach der der zurückkehrende CM in die gleiche Situation eintreten sollte, die er verlassen hatte, eher in eine bessere.

Die menschlich für mich stärksten Eindrücke, die mit dieser Tätigkeit verbunden waren, konnte ich an der Grenze sammeln, beim Agentenaustausch Quote West gegen Quote Ost. In der Vereinshütte des örtlichen Angelclubs in Herleshausen, an der Werra gelegen, deren anderes Ufer vom Gitterzaun der Grenze gesäumt war, warteten zunächst die Gefangenen aus der Bundesrepublik darauf, in Fahrzeugen des Ministeriums für Innerdeutsche Beziehungen in das nahe gelegene Wartha in der DDR gebracht zu werden. Auf der Rückfahrt brachten die Wagen dann die Gefangenen aus Bautzen mit, die ihre letzten Minuten auf DDR-Territorium in einer Garage verbracht hatten. Angesichts der blassen, fahlen Gestalten, die alle in »ihre« Freiheit gingen, die jeweils in einer anderen Republik lag, habe ich gelegentlich über die Frage nachgedacht, ob das überhaupt ein verantwortbarer Beruf ist, den man da ausübt. Christel Guillaume und Siegfried Gäbler waren dabei, der sich in der Bundesrepublik Höfs genannt hatte, die Eheleute Magdeburg, die die Korrespondenz des Verfassungsschutzes aus Postschließfächern geholt und abgelichtet hatten, aber neben CM des Verfassungsschutzes auch Lebenslängliche, die für den BND oder die CIA tätig gewesen waren.

Sie alle hatten eines gemeinsam: Sie alle waren in ihrem Staat ordentliche und angesehene Bürger, sie alle waren nicht für das Gefängnis gemacht, und sie alle litten viel stärker unter dem Freiheitsentzug als irgendwelche Kriminellen. Meine Zweifel an meinem Beruf wurden noch stärker bei der etwa halbstündigen Fahrt von Herleshausen nach Bad Herzfeld, wo im »Café Wenzel« die Übergabe an die Fallführer erfolgte. Erwachsene Männer heulten in meinem Auto wie kleine Kinder, vor Freude und Erleichterung, aber auch wegen der überstandenen Sorgen und der Angst vor der Zukunft.

Teilweise begannen die Schwierigkeiten aber erst jetzt. Studienabläufe waren nachhaltig unterbrochen, geplante Arbeitsplatzwechsel hatten sich zerschlagen oder die eigene Firma war ins Schlingern geraten.

Dies war der Fall bei Ludwig Bechtold aus Weißenburg in Franken, von dem später eine für den Verfassungsschutz nachteilige Wirkung ausging. Er gründete den sogenannten »Weißenburger Kreis«, der sich als eine Art Häftlingsgewerkschaft verstand. In ihm schlossen sich einige der zurückgekehrten CM zusammen und koordinierten ihre Forderungen gegen den Verfassungsschutz und den BND. Am schlimmsten trieb es dabei Harald Kleinert, ein früherer CM des LfV Hamburg. Er machte sogar den entgangenen Kursgewinn an der Börse geltend, den er durch Spekulation mit dem Mehr an Gehalt erzielt hätte, das er bei einem anderen Arbeitgeber erhalten, aber für den Lebensunterhalt nicht benötigt hätte. Das LfV Hamburg konnte leicht verhandeln – Hellenbroich hatte, der ständigen Diskussionen mit dem inzwischen verstorbenen dortigen Amtsleiter Christian Lochte überdrüssig, die Übernahme der Entschädigung durch das BfV zugesagt.

Aber Hellenbroich machte auch etwas anderes. Er setzte sich mit Nachdruck für die Verwirklichung einer Idee ein, die – ohne mein Zutun – in meiner Referatsgruppe geboren worden war, für jeden verhafteten und nun zurückgekehrten CM ein Bundesverdienstkreuz zu beantragen. Ich persönlich stand der Sache skeptisch gegenüber, habe ich doch ein von Grund auf gestörtes Verhältnis zu Orden und Ehrenzeichen. Die einzigen Orden, über die ich mich in meinem Leben gefreut habe – auch die einzigen, die ich je bekommen habe –, und die noch in Berlin an der Wand in der Bar meines Hauses hingen, hinter Glas, auf grünem Tuch, waren Karnevalsorden.

Das Bundesinnenministerium hatte erst nach langem Zögern und nach vielen Rückfragen beim Bundespräsidialamt die Auszeichnungen beantragt. Aber als ich bei der Verleihung in die Gesichter der Ausgezeichneten blickte, merkte ich, daß nicht alle Menschen die Dinge so sahen wie ich. Aber hatten sie sich wirklich in einem auszeichnungswürdigen Maße für den Staat eingesetzt? Haben sie wirklich die Interessen der Bundesrepublik bei ihren Reisen in die DDR oder andere sozialistische Länder im Sinn gehabt? Hatte das BMI mit seiner Befürchtung gar nicht so unrecht, hier werde die Verfolgung privater Interessen mit öffentlichem Lorbeer bekränzt? Log sich der Verfassungsschutz im Interesse seiner früheren CM selbst in die Tasche?

Natürlich kalkulierte Hellenbroich auch eine Signalwirkung auf zukünftige operative Mitarbeiter, aber das war sein gutes Recht. Sorgfältig sah ich mir die neuen Ordensritter an, Ottomar Ebert hatte des Geldes wegen für die CIA gearbeitet, Hans-Jürgen Köhler war aus Abenteuerlust und wegen des Kontaktes zu seinen Verwandten hineingeschlittert, damals noch als Stabsfeldwebel bei der Bundeswehr. An Peter Felten mußte ich denken, den Redakteur der Kölnischen Rundschau. Er, den journalistische Neugier zum Nachrichtendienst gebracht hatte, war an diesem Tage verhindert und erhielt den Orden vierzehn Tage später. Der alte Mann aus Hannover, der siebzehn Jahre CM gewesen war, der habgierige Harald Kleinert aus Hamburg, sie alle hatten private Ziele verfolgt, dabei ein Spiel gespielt und verloren. Aber an diesem Tage im Crest-Hotel in Köln, wo einst der Fall »Keilkissen« begonnen hatte, im Jahre 1984, waren sie alle Gewinner, und alle hatten sie Tränen der Rührung in den Augen, als Hellenbroich mit warmen und freundlichen Worten ihre Verdienste und ihren persönlichen Mut hervorhob.

Aber so behutsam und so staatstragend ging es gemeinhin gar nicht zu bei G-Operationen. Man muß auch schon einmal mit den Schattenseiten dieses Geschäftes befaßt gewesen sein, um beurteilen zu können, welche Risiken man einem CM aufbürdete, ohne ihn überhaupt voll über die Gefahren aufzuklären. Natürlich wurden die Fallführer von den CM gefragt, was ihnen passieren kann und wie groß die Wahrscheinlichkeit ist, daß ihnen etwas passiert. Man würde den Fallführern Unrecht tun, würde man erklären, sie hätten jedes Risiko geleugnet, aber ich habe oft genug miterlebt, daß sie den CM nahelegten, nur alle Weisungen und Ratschläge zu beachten, die sie, die Herren Fallführer, geben, dann könnte schon nichts passieren. Und wenn dann doch etwas passieren sollte, ja, dann griff der eine oder andere Fallführer schon einmal daneben und erklärte schneidig, dann werde man den CM notfalls sogar hinter dem Ural wieder herausholen. Und der CM, der das hörte, glaubte es und war zufrieden.

Der Bundesbürger hält zwar nicht allzu viel von seinen Diensten, wenn er aber selber mit ihnen in Berührung kommt, zumindest, wenn er sich ihnen anvertraut, dann erwachen bei dem bisher eher skeptischen Bürger Reminiszenzen, die angesiedelt sind zwischen Gottvater und James Bond, zwischen Allwissenheit und Allmacht, zwischen Verletzungsbereitschaft und eigener Unverletzlichkeit. Und welcher Fallführer war bereit, diesen Nimbus, der dem eigenen Ego doch so schmeichelt, zu zerstören?

Aber nicht immer ging es so ernst zu bei G-Operationen, nicht immer ging es um Freiheit und Verhaftung, Gelegentlich, wenn auch selten, bewies der Gegner Humor, der doch in diesem Metier so hochgestochen daherkam mit seinen »Kundschaftern an der unsichtbaren Front« und der für ein westliches Gehirn nicht nachvollziehbaren Unterscheidung zwischen friedliebender sozialistischer Kundschaftertätigkeit und niederträchtiger imperialistischer Spionageaktivität. Aus westlicher Sicht standen sich, nicht minder unverständlich, verbrecherische kommunistische Unterwanderung und Informationsbeschaffung im Namen der Freiheit gegenüber. Doch das waren die Parolen des Kalten Krieges, mit denen die Dienste wie mit Dreschflegeln aufeinander einschlugen. Doch dahinter zeigte sich gelegentlich auch ein menschliches, mitunter sogar lustiges Gesicht.

Mit einem Beispiel für den eigentümlichen Humor des MfS will ich meine Bemerkungen über die G-Operationen schließen. Das Beispiel stammt aus der Mitte der sechziger Jahre, ist aber sogar heute noch reizvoll, nachdem das MfS selbst im Zuge der friedlichen Revolution in der DDR untergegangen ist. Ich kann nicht einmal mehr die Fallbezeichnung, den Deck- oder den Klarnamen des CM angeben. Ich weiß nur noch, daß es sich um eine G-Operation eben gegen das MfS gehandelt hat und daß der CM in diesem Fall ein Kölner Gastronom war, ein richtiger Kneipier mit einer »Weetschaff«, einer Gastwirtschaft, aus dem Kölner Stadtteil Mülheim, aus dem »Veedel« um die Frankfurter Straße. »Veedel« ist das kölsche Wort für Kiez.

Die Operation mußte abgebrochen werden, weil der CM aus nicht mehr erinnerlichen Gründen als »verbrannt«, also als enttarnt angesehen werden mußte. Für das BfV war der Fall erledigt, bis eines Tages der Gastwirt aufgeregt erschien, und die Mahnung eines Kölner Kaufhauses vorzeigte, in der er aufgefordert wurde, seinen Verpflichtungen aus einem Ratenkaufvertrag in Höhe von vierzehntausend Mark nachzukommen. Ermittlungen ergaben, daß der Gastwirt dort gar nichts gekauft hatte. Vielmehr war ein Unbekannter erschienen, hatte sich mit einem Personalausweis als eben dieser Gastwirt ausgewiesen und für den fraglichen Betrag langlebige Konsumgüter gekauft und gleich mitgenommen.

Vierzehntausend Mark hatte das MfS im Laufe der G-Operation in etwa in den Kneipier investiert. Das BfV knirschte mit den Zähnen und zahlte diese Summe. Der Ex-CM hat nie wieder etwas aus der DDR gehört.

Schadensregulierungen nennen bundesdeutsche Versicherungen so etwas.

Neuntes Kapitel
BEFREUNDETE DIENSTE – EIN KAPITEL FÜR SICH

Meine Einstellung zu dem komplizierten Thema des Umgangs mit befreundeten Diensten war bis zum Ende geprägt von einem Erlebnis, das ich mit Dr. Meier gehabt hatte. Es war zu Beginn meiner Tätigkeit im Amt gewesen, wohl Ende 1966, jedenfalls in der Phase, als ich mit jedem Entwurf eines Schreibens zum Abteilungsleiter mußte. Der kanadische oder der australische Dienst, jedenfalls der Sicherheitsdienst eines klassischen Einwanderungslandes hatte beim BfV wegen eines Bundesbürgers angefragt, der dort die Staatsbürgerschaft beantragt hatte.

Gegen seinen Protest hatte ich meinen Mitarbeiter Alfred Wittmann angewiesen, den nachrichtendienstlichen Verdacht, der in der Vergangenheit gegen den Auswanderer einmal bestanden hatte, haargenau darzulegen, um den Empfänger der Information in die Lage zu versetzen, über den Einbürgerungsantrag sachgerecht und unter Abwägung aller vorhandenen Erkenntnisse entscheiden zu können. Als ich Dr. Meier den Entwurf vorlegte, sah er mich an wie ein Vater auf seinen Sohn blickt, der das erste Mal Fußball gespielt hat und nun verschwitzt und dreckig, aber auch stolz und glücklich vor ihm steht. Aus seinen Augen sprach Verständnis für das ungebremste Engagement des Jüngeren und eine Abgeklärtheit, wie sie nur Erfahrung mit sich bringt.

»Herr Tiedge«, dozierte er weich und mild, ein gefährlicher, wenn auch sympathischer Zug an ihm, gefährlich für den, der sich darauf verließ, denn sofort konnte seine Stimme in Härte und Zynismus umschlagen, aber nicht so in diesem Gespräch. »Dieser Mann will doch weg. Mit dem haben wir nichts mehr zu tun. De mortuis nil nisi bene. Sie hatten ja Latein in der Schule, über Tote nur Gutes.«

Mit seinem violetten Abteilungsleiterstift strich er meinen

schönen Entwurf durch und gab mir die Akte zurück: »Schreiben Sie einfach, über den Mann liegen keine nachteiligen Erkenntnisse vor.«

Als ich zaghaft protestierte und auf die Gefahr hinwies, der Empfänger unseres Schreibens könnte von anderer Seite auf den Verdacht hingewiesen werden, kam Unwillen in Dr. Meiers Stimme: »Wir befinden uns nicht im Zivilrecht, Herr Kollege, unsere Arbeit wird nicht von Gewährleistungsansprüchen bestimmt!«

Wittmann grinste, als ich zurückkam, aber was ich in diesem Dialog gelernt hatte, habe ich mit Erfolg fast zwanzig Jahre lang praktiziert. Dr. Meier hatte mir deutlich vor Augen geführt, daß sich der Erkenntnisaustausch mit befreundeten ausländischen Diensten nach völlig anderen Regeln vollzieht, als das im Umgang mit den Landesbehörden für Verfassungsschutz der Fall ist. Diese haben gegen das BfV als Auswertungszentrale einen legitimen, unbezweifelbaren Anspruch auf Mitteilung aller einschlägigen Informationen und Erkenntnisse, die für die Bearbeitung und die Beurteilung ihres konkreten Falles bedeutsam sind.

Völlig anders war die Situation bei der Weitergabe von Informationen an befreundete Dienste, die in jedem einzelnen Fall von dem Gedanken des »Cui bono« geregelt ist, dem Gedanken, wem diese Information nützt. Die Interessenlage rangiert eindeutig vor der Pflicht zur Vollständigkeit und zur Wahrheit. Wie alles war auch der Verkehr mit befreundeten Diensten im Ausland durch eine Dienstvorschrift des BMI geregelt, die allerdings, wie üblich bei derartigen Vorschriften, nur eine begrenzte Beachtung fand. So wurde mancher Sachverhalt, dessen schriftliche Mitteilung mit der Dienstvorschrift unvereinbar war, bei nächster sich bietender Gelegenheit mit dem befreundeten Dienst mündlich erörtert. Ebenso wurde aber auch, ohne zu zögern, dem befreundeten Dienst gegenüber wahrheitswidrig das Vorliegen von Erkenntnissen geleugnet. Mitunter war ich schon recht froh, daß sich die Beziehungen der Dienste untereinander, um Dr. Meier noch einmal zu zitieren, außerhalb der Gewährleistungsansprüche bewegten. Das war etwa bei einer

Entscheidung Hellenbroichs der Fall, die allerdings keinen ausländischen Dienst, sondern den MAD betraf und die sich auch völlig mit meiner Auffassung deckte, nur meine Entscheidungsbefugnis überschritt.

Ich habe schon berichtet, daß CM »Schneider«, der Reisekader der Abteilung VI der HVA und verhinderte Cottbusser Bezirksschulrat Horst Garau, etwa 1985 Instrukteur der eingeschleusten Agentin »Ursula Richter« geworden war. Obwohl der Fall, bedingt durch Kurons Verrat, zu diesem Zeitpunkt bereits vom MfS gegengesteuert wurde, bestand an Frau »Richters« eigener jahrelanger nachrichtendienstlicher Tätigkeit ebensowenig ein Zweifel wie an den Angaben über ihr nachrichtendienstliches Umfeld. So war ihr Lebensgefährte Lorenz Betzing, den sie selbst zwanzig Jahre zuvor für den Dienst der DDR geworben hatte, als Bote in der Datenverarbeitung des Bundeswehrverwaltungsamtes eingesetzt. Er wurde aber nicht mit ihr gemeinsam durch »Schneider«, sondern von einem eigenen, dem BfV unbekannten Kurier oder Instrukteur, vermutlich der HVA-Abteilung IV bedient. Als ich diesen Sachverhalt durch die Angaben »Schneiders« auf den Tisch bekam, sah ich mich in einer Zwickmühle. Auf der einen Seite gab es die »Streng geheim« eingestufte, jede denkbare Sicherheit genießende G-Operation »Schneiderwerkstatt«, auf der anderen Seite stand der identifizierte Agent Lorenz Betzing, der aufgrund seiner Arbeitsstelle eindeutig in die Zuständigkeit des MAD fiel. Dem MAD nichts zu sagen, erschien mir aus Fairneßgründen bedenklich, ganz abgesehen davon, daß eine solche Unterrichtung durch die Zusammenarbeitsrichtlinien ohne Einschränkung geboten war. Den MAD jedoch zu unterrichten, erschien mir wiederum mit Rücksicht auf die Sicherheit »Schneiders« fragwürdig. Eine Festnahme Betzings mußte unweigerlich den Verdacht auf »Schneider« lenken. Hellenbroichs Entscheidung folgte auch in dieser Frage operativen Geboten. Eine Unterrichtung des MAD habe mit Rücksicht auf die hochrangige G-Operation »bis auf weiteres« zu unterbleiben. Als sich »Ursula Richter« 1985 in die damalige DDR absetzte, wurde sie von dem bis dahin unbehelligten Lorenz Betzing begleitet.

Mußte man in diesem Fall noch die Entscheidung des Präsidenten herbeiführen, so wurde die Auswahl der mitzuteilenden Erkenntnisse bei ausländischen Adressaten nicht erst auf der Leitungs-, sondern schon auf der Arbeitsebene getroffen. Trotzdem liefen gleichsam als Kontrollinstanz, alle Schreiben an ausländische Dienste über den Schreibtisch des Abteilungsleiters I, dem unter anderem die organisatorische Ausgestaltung des Verkehrs mit diesen Diensten unterstand. Sein Hauptaugenmerk lag dabei eindeutig auf der Einhaltung bestimmter Gebote, die die »Dienstanweisung über den Verkehr mit ausländischen Diensten« vorschrieb.

Da gab es das Verbot, über deutsche Staatsbürger ohne zwingende Notwendigkeit nachteilige Erkenntnisse mitzuteilen. Auch war es untersagt, Unterlagen im Original oder in Ablichtung zu übersenden, die nicht unmittelbar vom Verfassungsschutz stammten. Letztendlich sollte die Fiktion gewahrt bleiben, daß in den Akten des Empfängerdienstes das BfV nicht als Absender des Schreibens erkennbar war. Daher erfolgte die Korrespondenz mit anderen als den »Drei Diensten« auch auf Bögen weißen, neutralen Papiers ohne Briefkopf, auf die in der Abteilung I als eine Art Aktenzeichen ein mit dem Empfänger vereinbartes Kenn- oder Codewort sowie eine fortlaufende Numerierung hinzugefügt wurde. Im Verkehr mit dem Schweizer Dienst, der dortigen Bundespolizei, waren dies die Namen »Tell« für die Kollegen in Bern und »Arminius« für das BfV.

Natürlich war auch zwingend vorgeschrieben, gegenüber den ausländischen Diensten den Quellenschutz zu wahren, wenn gleich sich dies bei routinemäßigen, in erster Linie technischen Quellen auf das Verbot reduzierte, sie beim Namen zu nennen. So gab es international übliche, nur von Diensten gebräuchliche Terminologien, die dem Insider mehr über die Herkunft und die Art einer Information aussagen, als ein Laie dem geschriebenen Text hätte entnehmen können. »Aus einer empfindlichen, absolut zuverlässigen Quelle wurde bekannt« heißt bei allen Diensten der westlichen und hieß vermutlich auch bei allen Diensten der östlichen Welt, daß die nun folgende Information durch das rechtmäßige oder auch rechtswidrige Mittel der Post- und Telefonkontrolle gewonnen wurde. Eine weitere Einschränkung war die sogenannte »Drittlandklausel«, die es verbot, Informationen, die von einem ausländischen Dienst stammten, ohne dessen ausdrückliche Zustimmung an einen anderen ausländischen Dienst weiterzugeben. Hier half man sich aus der Klemme, indem man dem anfragenden Dienst empfahl, selbst bei dem Dienst anzufragen, der über die Information verfügte. Hin und wieder wurde durch dieses Verfahren auch etwas über das Verhältnis anderer Dienste untereinander deutlich. So war das Verhältnis zwischen der österreichischen Bundespolizei und dem BND vorübergehend wegen dessen selbstherrlichen Auftretens in Österreich sichtbar gespannt. In mehreren Schreiben baten uns die österreichischen Kollegen expressis verbis, von einer Weitergabe der mitgeteilten Informationen an den BND abzusehen.

Aber ohne diese Klauseln und ohne diese Einschränkungen wäre die weltweite Verbindung der Nachrichten- und Sicherheitsdienste untereinander gar nicht denkbar. Die Beziehungen der Dienste untereinander unterliegen den gleichen politischen Geboten und Maximen wie die Beziehungen der Staaten zueinander, denen sie dienen. Folgen die Staaten unterschiedlichen oder sogar kontrastierenden politischen Idealen, ist auch für die Beziehungen der Dienste untereinander kein Raum. Dies wurde für den Verfassungsschutz deutlich, als 1978/79 die Mullahs im Iran dem Schah die Macht entrissen und ihn stürzten. Mit dem Schah stürzte sein Sicherheitsdienst, die SAVAK, und mit ihr die Beziehungen des BfV zum iranischen Dienst. Gleichwohl gibt es Zweckbündnisse der Dienste untereinander. So unterhält. das BfV, trotz der klaren und kompromißlosen Parteinahme aller Bundesregierungen in der politischen Nahostdebatte für Israel, Beziehungen mannigfacher Art in die arabische Welt, meist zu politischen, in der Vergangenheit aber teilweise auch militärischen Gegnern des Judenstaates.

Für die Spionageabwehr spielten diese Verbindungen allerdings überhaupt keine Rolle. Sie wurden nur geschaffen, um für den Verfassungsschutz Ansprechpartner im Kampf gegen den internationalen Terrorismus zu finden, wobei allerdings die offizielle Position einiger arabischer Länder zum Terrorismus zumindest schwankend war. Im Sachgebietskatalog der Abteilung IV des BfV gab es demgegenüber mit »125« ein eigenes Aktensachgebiet für »Nachrichtendienste arabischer Staaten« und mit »126« sogar eines für deren legale Residenturen. Ich vermag allerdings nicht einmal zu sagen, ob unter diesen Aktensachgebieten überhaupt Schriftverkehr abgewickelt wurde.

Um wieviel einfacher war demgegenüber die Zusammenarbeit mit dem BND. Auch er zählt zu den befreundeten Diensten, obwohl er wie das Bundesamt für Verfassungsschutz der Bundesregierung, expressis verbis aber dem Bundeskanzleramt untersteht. Auch im Verkehr zwischen BND und BfV gelten einige sonst nur international übliche Sicherheitskautelen, wie die Abtarnung von Quellen und das Verschweigen bestimmter operativer Methoden. Trotzdem ist die Zusammenarbeit zwischen den Ämtern auf der Ebene kooperierender Arbeitseinheiten doch erheblich enger als mit den meisten ausländischen Partnerdiensten. Sie wird in der Intensität eigentlich nur von der Kooperation mit dem militärischen Abschirmdienst übertroffen. Grund hierfür ist einmal die identische Auftragslage bei BfV und MAD-Amt, dem früheren ASBw, zum anderen der Umstand, daß sich die Zentralen beider Dienste in Köln befinden, was einen engen persönlichen Kontakt einzelner Mitarbeiter untereinander zur Folge hatte.

Meine erste nachhaltige, ja, fast bleibende Erinnerung an den BND geht auf die erste Hälfte des Jahres 1967 zurück. Ich war damals Grundsatzreferent der Abteilung IV und mir oblag unter anderem die Erstellung aller damals noch üblichen Periodika aus der Spionageabwehr. Auf der Suche nach interessanten, von der Norm abweichenden Ereignissen bot die Ernennung Jurij W. Andropows zum Vorsitzenden des KGB als Nachfolger Wladimir J. Semitschastnys einen akzeptablen Beitrag für den Monatsbericht. Die dünne, erst vor kurzem angelegte Akte des BfV über Andropow enthielt neben Pressepublikationen auch Korrespondenz mit befreundeten Diensten, darunter dem BND über die Personalien. Bei der Lektüre der als »Geheim« eingestuften ND-Meldung stolperte ich über einige Formulierungen, die mir bekannt vorkamen. Beim Rückblättern in der Akte fand ich die gleiche Meldung mit absolut demselben Wortlaut als Pressebeitrag eines Moskauer Korrespondenten einer deutschen Tageszeitung. Ich kann mich heute weder an den Journalisten noch an die Zeitung erinnern, in der der Beitrag erschienen war. Aber niemand kann mir verdenken, daß eine ständige Skepsis gegenüber Quellenmeldungen des BND geblieben ist.

Der BND bringt in die persönliche Zusammenarbeit durch die Abtarnung der einzelnen Mitarbeiter eine zusätzliche konspirative Komponente ein. Jeder BND-Angehörige führt im dienstlichen Bereich und dort, wo er als Mitarbeiter seines Dienstes auftritt, einen Arbeitsnamen, unter dem allein er im dienstlichen Umfeld bekannt sein sollte. Diese einstmals starre Regel befand sich, zumindest vom Unterabteilungsleiter an aufwärts, seit Ende der siebziger Jahre in Auflösung. Hieß Reinhard Gehlen noch »Dr. Schneider« und Richard Meier als BND-Abteilungsleiter noch »Dr. Manthei«, so führte Meiers Nachfolger Albrecht Rausch keinen Decknamen mehr und »Herr Mank«, der Abteilungsleiter V, Sicherheit im BND, bis zur Wende 1982, trat im BfV unter seinem Klarnamen Ludwig Merz auf.

Merz war nicht der einzige, der im Zusammenhang mit dem von CDU/CSU-Politikern als geistig-moralische Wende mißinterpretierten Regierungswechsels die Funktion abgab. Als Leiter der Abteilung Sicherheit, der sowohl Zugang zu den Sicherheitsakten aller BND-Bediensteten hatte als auch von allen Pannen und allen Mißerfolgen seines Hauses Kenntnis erlangte, hatte es Merz zu einer beachtlichen, im BND gelegentlich gefürchteten »grauen Eminenz« gebracht. Aber trotz seines rabenschwarzen, christlich-sozialen Weltbildes mußte er seinen Stuhl räumen. Er wurde Inspekteur des BND – eine zwar mit schönen Reisen rund um die Welt verbundene, ansonsten aber aller Machtkriterien entkleidete Funktion. Sein Nachfolger wurde ein anderer, jüngerer CSU-Protegé, Dr. Paul Münstermann, Deckname »Dr. Heidecker«, der wenige Jahre später zum Vizepräsidenten des Dienstes aufstieg.

Seine schnelle und überraschende Karriere verdankte Dr. Münstermann nicht nur einer strammen CSU-Protektion, sondern auch einem tragischen Umstand, nämlich dem Tod seines angesehenen, intellektuell gelegentlich bravourösen Vorgängers Norbert Klusak, der am 27. Februar 1986 einem Herzinfarkt erlegen war. Klusak, geringfügig jünger als ich, kam Mitte der siebziger Jahre aus dem Innenministerium ins BfV, wo ihm die Leitung der Abteilung I – fachliche Grundsatzfragen, Dateiwesen und Durchführung des Gesetzes zu Artikel 10 GG – übertragen wurde, bis er 1980 den Sessel des stellvertretenden Chefs in Pullach übernahm.

Während seiner Tätigkeit im BfV reiste Klusak täglich gemeinsam mit Dr. Rudolf von Hoegen, seinerzeit Leiter der BfV-Abteilung V, mit dem Zug von Bonn nach Köln an. Da beide im Winter ihre Köpfe mit karierten Schirmmützen gegen Schnee und Regen schützten, verspottete sie Präsident Dr. Meier wohlwollend, wenn auch süffisant als »die Fahrschüler aus Bonn«.

Ähnlich wie Merz war es auch Albrecht Rausch ergangen. Ihm wurde 1982, nach der Übernahme der Macht durch die Union, bekundet, wer in seinem Alter – Rausch ist Jahrgang 1930 – noch nicht in der »richtigen« Partei sei, verdiene es nicht, die herausragende Tätigkeit eines Beschaffungsleiters des BND zu bekleiden. Nun war Rausch beileibe kein Roter, eher ein liberaler Konservativer. Aber er wurde umgesetzt, so wie er selbst Jahre lang Leute umgesetzt hatte, und war fortan Leiter der Schule des BND als Nachfolger seines affärenbelasteten Kollegen Kurt Weiß alias »Winterstein«.

Bis zu seiner Pensionierung, spätestens im Jahre 1995, brauchte allerdings auch Rausch auf dem ungeliebten Stuhl des Schulleiters nicht auszuharren. Bei einem Besuch, etwa 1983 beim BfV-Abteilungsleiter IV, Dr. von Hoegen, bemühte sich Rausch zwar auf meine Frage hin, seine damalige Position als »überraschend vielseitig und interessant« zu bewerten, machte aber keinen Hehl daraus, daß es in seinen Augen ein erhebliches Minus an Arbeitsfreude bedeute, diesen Posten nach dem des Beschaffungsleiters zu bekleiden. Nach Dr. Münstermanns Aufstieg wurde dessen Stuhl des Abteilungsleiters V für Rausch frei. Es wird seine letzte Verwendung im BfV gewesen sein. Sein Nachfolger wurde mein alter Bekannter Förtsch/»Fleming«.

Neuer Beschaffungsleiter als Nachfolger Rauschs wurde 1982 ein Herr »Kempe«, bis dahin Regierungsdirektor im Polenbereich der Osteuropaabteilung. Böse Zungen behaupteten, seine Beförderung habe ihren Grund in erster Linie darin, daß »Kempe« unter seinem Klarnamen Rudolf Werner mit Horst Teltschik, dem früheren außenpolitischen Berater des Bundeskanzlers Helmut Kohl, gemeinsam die Schulbank gedrückt habe. Später wurde Volker Förtsch, im übrigen ein Neffe des ersten Generalinspekteurs der Bundeswehr, General Friedrich Förtsch, Werners Nachfolger. Aber auch sein Stuhl wackelte, als er ohne Beteiligung der Amtsspitze militärisches Gerät der früheren NVA, als Landmaschinen getarnt, nach Israel verschiffen wollte. Noch später wurde er – wie gesagt – Leiter der Abteilung V.

Nun möchte ich mich wahrlich nicht in die Personalpolitik des BND verlieren, steht mir doch ein Urteil hierzu gar nicht zu. Dennoch möchte ich mit Herrn »Betz« einen BND-Mitarbeiter nicht unerwähnt lassen, mit dem ich viele Jahre eng, gut und, fast möchte ich sagen, offen zusammengearbeitet habe. »Betz« ist ein Mann der ersten Stunde des BND, etwa 1922 geboren, der, nach Rückkehr aus dem Krieg, als Wachmann bei der Organisation Gehlen angefangen haben soll und der inzwischen, vermutlich 1987, als Leitender Regierungsdirektor in den verdienten Ruhestand gegangen sein dürfte. Ich vermute, daß er identisch ist mit einem »Beetz« genannten BND-Mann, der seinen verurteilten und inhaftierten Ex-Kollegen Heinz Felfe gemeinsam mit Amerikanern in der Haft aufsuchte. Einzelheiten sind bei Felfe, der »Beetz« allerdings betont negativ skizziert, auf Seite 326 seiner Memoiren »Im Dienst des Gegners« nachzulesen.

Mein Gesprächspartner »Betz«, der den Namen auch wie »Beetz« aussprach, war ein freundlicher, gebildeter und fachlich ungemein beschlagener Mann, der, als ich ihn kennenlernte, Stellvertretender Leiter des Referates Gegenspionage war. Seit dessen Aufwertung zur Unterabteilung bekleidete er die Funktion des Leiters des Referates »Gegenspionage/Auswertung«. Er liebte noch den alten Gehlenschen BND mit der Konsequenz, daß er aus Gründen der Konspiration gelegentlich Dinge leugnete, die die Spatzen von den Dächern pfiffen. Entsprechend sprachlos war er, als ich ihn eines Tages in München unter seinem Privatanschluß anrief und, als sich eine Frauenstimme mit Binder meldete, nach »Herrn Betz« fragte. Werner Binder alias »Betz« war zu Hause. Er konnte sich meine Kenntnis seiner Klaridentität nicht erklären.

»Betz« – bleiben wir bei dem mir vertrauteren Namen – ist der Kollege, dem die meisten meiner Besuche beim BND galten. Besuche in Pullach gab es für Angehörige der Arbeitsebene erst ab etwa 1970, bis dahin lief der gesamte Kontakt über das Bonner Verbindungsbüro des BND, das damals ein General leitete, der sich »Eschenburg« oder ähnlich nannte. Sein Vertreter und Nachfolger, Oberst Dr. Heinz Raffoth, nahm dann nach dem Tod des Generals eher die Aufgaben eines Briefträgers wahr, zugleich aber die eines Partylöwen, da er als Repräsentant seines Dienstes zu jedem Empfang eingeladen wurde. Dr. Raffoth hieß zwar BND-intern »Dr. Raster«, verzichtete aber auf einen Decknamen, da er nach eigenen Worten in Bonn zu viele persönliche Bekannte hatte, die für den Gebrauch eines anderen Namens kein Verständnis gehabt hätten. 1985 war – Dr. Raffoth befand sich inzwischen im Ruhestand – Oberst Gerhard Schulz Leiter der Verbindungsstelle, ein parketterfahrener Offizier, von dem ich aber noch nicht einmal sagen kann, ob Schulz sein Klarname oder sein raffiniert ausgedachter Deckname war. So locker war die Verbindung zur Bonner Repräsentanz geworden.

Die Zentrale des BND lag und liegt in einem Gelände an der Heilmannstraße in Pullach bei München, einem der nobelsten und reizvollsten Vororte der bayerischen Metropole, oberhalb der Isar gelegen, gegenüber dem Schickeriastadtteil Grünwald. Nach Norden grenzt das Gelände an das großbürgerliche Großhesselohe, im Osten bilden die Isar und im Westen die S-Bahn nach Wolfratshausen natürliche Grenzen, die von der fast völlig umlaufenden Mauer nur noch zusätzlich verstärkt wurden. Die Geländeteile beiderseits der Heilmannstraße sind durch eine von außen nicht zu erkennende Unterführung miteinander verbunden. Das Gelände, städtebaulich gesprochen locker bebaut, nimmt erst im neueren Teil an der Oberkante des Isarhanges mit sechsgeschossigen Bürohäusern den Charakter einer oberen Bundesbehörde an, obwohl die diensteigenen Tennisplätze und das diensteigene Schwimmbad unter hohen Bäumen eher wie eine elegante Hotelanlage anmuten. Daß alle Mitarbeiter dieser Behörde sich mit Händen und Füßen gewehrt haben, ins Rheinland und dann auch noch in die Voreifel nach Euskirchen umzuziehen, was Mitte der siebziger Jahre allen Ernstes zur Diskussion stand, dafür hatte ich bei jedem Besuch immer wieder vollstes Verständnis.

Bevor ein Besuch unmittelbar in den Büros der BND-Mitarbeiter gestattet war, wurden Besprechungen in einem gesonderten Bereich durchgeführt, neben dem Präsidialbau gelegen und in reizvolle Salons untergliedert, die die Aufgabe von Besprechungszimmern hatten. Hier erneuerte ich im »Roten Salon«, so benannt nach der Farbe der Sessel, schmerzhaft die Bekanntschaft mit den Gepflogenheiten der Dienste untereinander.

Durch unseren, damals in Buenos Aires lebenden CM »Martin« hatten wir – wie geschildert – etwa 1980/81 von einer Deutschargentinierin erfahren, die für die bundesdeutsche Botschaft in Argentinien tätig war. Wegen des MfS-Interesses an ihr und »Martins« nachrichtendienstlicher Beschäftigung mit jung verstorbenen Deutschargentiniern kamen wir zu der ebenfalls schon geschilderten Überzeugung, das Entstehen einer neuen Schleusungsmethode mitzuerleben. Daher war bei uns der Wunsch entstanden, mit dieser Frau anläßlich ihres zwar geplanten, zeitlich und örtlich aber noch nicht näher eingrenzbaren Besuches in der Bundesrepublik ein Gespräch zu führen.

Weil das BfV aber zu dem argentinischen Sicherheitsdienst wegen der im Lande herrschenden Militärdiktatur aus politischen Gründen keine Verbindung aufnehmen konnte, mußte es den BND um Hilfeleistung bitten. Dieser war, was ich allerdings nicht mehr genau weiß, in Argentinien entweder mit einem eigenen Residenten präsent oder hielt die Verbindung dorthin über eine Hauptresidentur in Brasilia.

In der Besprechung im »Roten Salon« sagte der Südamerikareferent des BND, ein freundlicher, unverbindlicher Herr, der unter dem Arbeitsnamen »Kriebele« auftrat, die erbetene Hilfe zwar vollmundig zu, wollte später aber offensichtlich das

Süppchen selbst kochen. Natürlich haben wir von »Martin« und seiner Anbindung an die »Übersiedlungsabteilung« der HVA, der Abteilung VI, nichts erzählt, aber Andeutungen über unsere Vermutung, einer neuen Einschleusungsmethodik auf der Spur zu sein, mußten wir schon machen, um den außergewöhnlichen Wunsch des BfV zu begründen, mit einer Frau ausgerechnet aus Argentinien sprechen zu wollen. Aber mit Personen aus Argentinien zu sprechen war nun einmal eher die Sache des BND als die des BfV. Immer wieder wurden wir vertröstet und, sogar als die Frau, vom BfV unbemerkt, die Bundesrepublik besucht hatte, immer noch mit wachsweichen Ausreden hingehalten.

Natürlich hat es uns in den Fingern gejuckt, Klaus Kuron mit der Kontaktaufnahme in Argentinien zu beauftragen. Er hatte »Martin« dort zweimal aufgesucht und mit ihm dabei einmal einen Urlaub in Punta del Este in Uruguay verbracht. Kuron hätte ohne weiteres ein Gespräch mit dieser Frau führen können, aber an die Konsequenzen ihrer Meldung an die deutsche Botschaft, von einem Angehörigen eines deutschen Dienstes angesprochen worden zu sein, mochten wir gar nicht denken. So blieb es bei den immer schwächer werdenden Erinnerungen an den BND, ohne daß es jemals zu dem gewünschten Gespräch gekommen wäre.

In den letzten Jahren meiner Tätigkeit im BfV hatte die BND-Zentrale, selbst für Außenstehende erkennbar, ihr Gesicht verändert. Der Eingang war von der Westseite der Heilmannstraße auf die Ostseite verlegt worden. An die Stelle der alten Zufahrt an der langen Umgrenzungsmauer, die in dem in München üblichen Residenzgelb gestrichen war und mit dem grauen Schiebetor die Gemütlichkeit und Beschaulichkeit des gesamten Geländes noch unterstrich, war ein modernes, mit wechselseitig zu schaltenden Ampeln ausgestattetes Sicherheitstor getreten. Dieses war zwar nicht ganz so futuristisch wie das am Gelände des Bundesgerichtshofes und des Generalbundesanwalts in Karlsruhe, aber es verbreitete nichts als das Gefühl der Betriebsamkeit und der seelenlosen Zweckmäßigkeit.

Zudem kam man jetzt unmittelbar in den neueren Teil des

Areals, zwar mit Schwimmbad und Tennisplätzen, aber halt gekennzeichnet von den modernen Bürogebäuden. Die alten Einfamilienhäuser der einstigen »Bormannn-Siedlung« aus der Nazizeit und späteren Keimzelle des BND sah man nicht mehr, allenfalls wenn man zum Essen in die ungemütliche BND-Kantine mitgenommen wurde, sofern man nicht ein Essen im nahe gelegenen »Rabenwirt« in Alt- Pullach vorzog.

Galten meine ersten Besuche im BND noch dem allgemeinen Erkenntnisaustausch über das Personal legaler Residenturen, so brachte meine Beschäftigung mit der DDR ab 1979 die Erörterung anderer Themen mit sich. In erster Linie ging es um methodische Beurteilungen von Verhaltensweisen des MfS oder des militärischen Dienstes der DDR, der Verwaltung Aufklärung, die wir im Rahmen von G-Operationen festgestellt hatten oder die für die Beurteilung von Exekutiv- und Verdachtsfällen von Bedeutung waren. Immer wieder baten wir den BND, dem von ihm betreuten Werner Stiller entsprechende Fragen vorzulegen. Aber auch die Quelle Stiller versiegte eines Tages plötzlich, und daran war niemand anderes schuld als Stiller selbst.

Der MfS-Überläufer war etwa 1981 in Begleitung seines BND-Betreuers zu einem Urlaub an den Gardasee gefahren und hatte dort intime Beziehungen zu einer Einheimischen aufgenommen. In einem Anfall von Renommiersucht hatte er ihr am nächsten Morgen erklärt, sie habe die Nacht nicht mit dem harmlosen Bundesbürger verbracht, als den sie ihn kennengelernt habe, vielmehr sei er in Wahrheit der MfS-Oberleutnant Werner Stiller, über den vor einiger Zeit so viel in der Zeitung gestanden habe. Als die Italienerin am gleicher Tag Stillers »Freund« kopfschüttelnd von dessen »blöden Angebereien« erzählte, brach dieser den Urlaub ab und beide fuhren nach München zurück. Der damalige BND-Präsident Dr. Klaus Kinkel vereinbarte noch am gleichen Tage mit der CIA Stillers unverzügliche Übernahme in die Vereinigten Staaten. Angeblich konnte der BND bei einem derartigen Verhalten Stillers für seine Sicherheit in Deutschland nicht mehr garantieren. Angesichts des inzwischen in der DDR ergangenen Todesurteils gegen Stiller war dieses Argument nicht von der Hand zu weisen

– zumal das MfS für die Vollstreckung des Urteils eine erhebliche Summe ausgelobt hatte. Aber mit ein Grund für die Entscheidung das BND war auch, daß der inzwischen »leergefragte« Stiller begann, eine Belastung zu werden.

Selten, aber hin und wieder doch kam es auch zu einer gemeinsamen Fallerörterung mit dem BND. Dann waren entweder beim BfV Informationen angefallen, die die Sicherheit des BND betrafen, oder aber der BND ersuchte das BfV um Hilfestellung bei dem Bemühen, seiner Aufklärungspflicht nachzukommen. Für beide Varianten sei je ein Fall erwähnt, von denen der Abwehrfall in München, der Aufklärungsfall hingegen in Bonn spielten.

Der BND überprüfte 1979 einen Rechtsreferendar namens Wolfgang Opitz, dessen Einstellung in den Dienst ihm aus Kreisen des Militärs empfohlen worden war. Anders als das BfV stellte der BND keine Selbstbewerber ein, sondern rekrutierte seinen Nachwuchs über ein breit gestreutes Netz von Tippern und Hinweisgebern. So war der Wehrpflichtige und Reserveoffizier Wolfgang Opitz dem damaligen militärischen Vorgesetzten für eine hauptamtliche Tätigkeit im BND geeignet erschienen. Jetzt, wo sich Opitz' Ausbildungszeit dem Ende näherte, entstand Handlungsbedarf.

Da ebendieser Opitz aber, wie geschildert, dem Verfassungsschutz im Rahmen der »Wacholder«-Maßnahmen aufgefallen war, kam es in München zu einer Erörterung zwischen dem BND und mir, nachdem unsere Aufmerksamkeit durch eine Routineanfrage des BND geweckt worden war, aus der hervorging, daß Opitz oder eine andere im Fernschreiben genannte Person beim BND beschäftigt werden sollte. Mein Gesprächspartner, der sich »Ilmenau« nannte und zu der von Ludwig Merz geleiteten BND-Abteilung V zählte, erklärte mir, Opitz habe die vom Verfassungsschutz beobachtete Reise nach Berlin nicht in seiner Sicherheitserklärung angegeben. So vereinbarten wir eine scheinbare Routinebehandlung des Falles, nur daß bei dem für die Einstellung obligatorischen, noch unverbindlichen Sicherheitsgespräch ein BND-Beamter von einem Verfassungsschützer gespielt werden sollte. Dies Rolle übernahm der Kriminalhauptkommissar Karl Mundt von der nordrhein-westfälischen Verfassungsschutzbehörde.

Opitz, äußerlich dem früheren Kölner Fußballidol Wolfgang Overath wie aus dem Gesicht geschnitten, verwickelte sich in dem Gespräch in erhebliche Widersprüche zu den vom BfV inzwischen getroffenen Feststellungen. Der Verfassungsschutz schloß daher eine aus seiner Sicht erfolgreiche Verdachtsfallbearbeitung an, die den BND allerdings kaum noch tangierte. Seine Interessen waren durch die Abwehr des nachrichtendienstlichen Angriffs auf sein Haus gewahrt.

Opitz war, wie sich herausstellte, schon als Jugendlicher in das Blickfeld der HVA geraten. Gemeinsam mit seinem Freund Schulz-Gräfe hatte er schon als Schüler in der DDR dessen geschiedenen Vater besucht, der im Bezirk Frankfurt an der Oder als Verwalter eines Erholungsheimes arbeitete und nebenher Inoffizieller Mitarbeiter der dortigen Bezirksverwaltung des MfS war. Als Student war er dann als Perspektivagent verpflichtet worden, wobei sich seine nachrichtendienstliche Tätigkeit auf die Erfüllung von Bindungsaufträgen beschränkte. Als Opitz seine Gesprächspartner in der DDR von dem Angebot des BND unterrichtete, schaltete sich die Abteilung IX der HVA in Berlin ein und versuchte, Opitz durch finanzielle Abgebote zu bewegen, das Angebot anzunehmen. Dazu war er jedoch nur widerstrebend bereit und betrieb seine Bewerbung beim BND mit halbem Herzen, da er seinen heimatlichen Wohnbereich Köln nicht verlassen wollte.

In der Hauptverhandlung vor dem Oberlandesgericht Düsseldorf, in der das Tätigwerden des Verfassungsschutzes in der Maske des BND nicht zur Sprache kam, machte der Leitende Regierungsdirektor Steingrub vom BND, ein als Sachverständiger vernommener Referatsleiter aus dem Bereich Gegenspionage, eine interessante Aussage. Er sollte sich zu der Frage äußern, ob Opitz, seine Einstellung unterstellt, beim BND zwangsläufig mit Staatsgeheimnissen in Berührung gekommen wäre, was seine Verurteilung wegen versuchten Landesverrates hätte zur Folge haben können. Steingrub verneinte die Frage und erklärte zur Überraschung aller Anwesenden, der BND unterhalte unter anderem eine Arbeitseinheit, in der ausschließlich offene, allgemein zugängliche Informationen bearbeitet werden. Hier seien alle die Mitarbeiter und Mitarbeiterinnen beschäftigt, die wegen eines verschuldeten, aber auch wegen eines nicht verschuldeten Sicherheitsrisikos keinen Zugang zu Verschlußsachen mehr haben dürften. Ergänzend erklärte mir Steingrub in einem anschließenden Gespräch, damit vermeide der BND harte, den einzelnen unter Umständen zu Kurzschlußhandlungen veranlassende Personalentscheidungen.

Der andere Fall mit Schauplatz Bonn ist wesentlich makabrer und für den BND sogar überaus peinlich. Hauptakteur ist ein BND-Mitarbeiter, damals vermutlich im Range eines Oberregierungsrates und etwa in meinem Alter, der unter dem Namen »Fellheim« auftrat. »Fellheim«, vom Scheitel bis zur Sohle ein gutaussehender, eleganter Dandy mit scharf geschnittenem Gesicht, umrahmt von dunklem, mittellangem, leicht gelocktem Haar, gut einsachtzig groß, den schlanken Körper in einen dunkelblauen Nadelstreifenanzug und einen hellen, fast weißen Trenchcoat gehüllt, über dem Arm einen sorgfältig eingerollten Stockschirm, kam in der ersten Jahreshälfte 1973 nach Köln. Er hatte den Auftrag, einen Angehörigen der sowjetischen Botschaft in Bonn, den das BfV in einer G-Operation gerade der nachrichtendienstlichen Tätigkeit überführt hatte, zur Spionagetätigkeit für seine Organisation zu gewinnen. Nachrichtendienstlich ansprechen nennt man das in vornehmer, zurückhaltender Umschreibung. »Fellheim« wollte zu diesem Zwecke die Bekanntschaft einer Frau aus Bonn machen, die nach Wissen des BfV einen näher nicht bekannten Kontakt zu diesem sowjetischen Diplomaten hatte. Sein Ziel war es, über diese Frau seinerseits unmittelbaren Kontakt zu ihm zu bekommen.

Nun macht der BND auch Selbstverständlichkeiten konspirativ. Jedenfalls tat er dies damals, und so brauchte »Fellheim« eine Legende, um die Bekanntschaft der Frau zu machen. Am Nachmittag rief er mich aus Bonn in meinem Büro an und teilte mir freudig erregt mit, er habe Kontakt zu ihr aufgenommen und gehe schon heute abend mit ihr aus. Morgen früh, gleich um acht, wolle er in mein Büro kommen und berichten. Ich war von seinem schnellen Erfolg beeindruckt, wartete am nächsten Morgen allerdings vergeblich auf »Fellheim«. Gegen Mittag kam er, völlig zerknittert und grau im Gesicht, mit eingefallenen Wangen und hohlen Augen.

»Es war furchtbar«, urteilte er und ließ sich auf einen Besucherstuhl fallen. Dann erzählte er, die Frau kenne den Russen überhaupt nicht, habe ihn aber, völlig unweiblich, animiert, das in Bonn verbreitete Clemens-August-Pils und etliche Korn zu trinken. Aus München sei er aber nur den Genuß des alkoholärmeren bayerischen Vollbiers gewohnt. So sei er in die Knie gegangen und zum Schluß am Tisch eingeschlafen. Noch am Abend flog »Fellheim« nach München zurück, ohne daß von ihm zu erfahren war, wie er zu dieser Frau in Kontakt gekommen sei.

Nach der Abreise des Diplomaten suchten mein Mitarbeiter Heinz Liesinger und ich die Frau auf, um Klarheit in ihre Beziehungen zu Angehörigen der sowjetischen Botschaft zu bringen. Sie entpuppte sich als eine nicht unattraktive junge Dame, die den »Fellheim« interessierenden Russen aber wirklich nicht kannte.

»Aber Herr Stiller«, sagte sie zu Liesinger, der die beiden Decknamen »Stiller« und »Lingel« führte, »da ist in diesem Zusammenhang noch eine seltsame Geschichte.«

Sie berichtete, Anfang 1973 auf merkwürdige Art und Weise die Bekanntschaft eines Münchner Geschäftsmannes gemacht zu haben. Sie habe in ihrem Büro am Fenster gestanden und auf die Straße geschaut. Da sei ihr ein gut angezogener, elegant wirkender Herr aufgefallen, der trotz strahlenden Sonnenscheins einen Regenschirm getragen habe. Der sei an ihr Auto herangetreten, habe sich vorsichtig nach allen Seiten umgeschaut und dann mit dem Schirm heftig an der Autotür gekratzt. Gerade habe sie das Fenster öffnen und hinausrufen wollen, da sei der Mann mit raschen Schritten auf das Haus zugelaufen, in dem sich ihr Büro befindet, und habe sich nach dem Halter des Wagens erkundigt, den er infolge einer Ungeschicklichkeit soeben beschädigt habe. Nur um herauszubekommen, was dieser Mann von ihr wollte, habe sie nicht nur seine Entschuldigung, sondern auch seine Einladung für denselben Abend angenommen. Ihr als Frau habe sein Interesse aber wohl nicht gegolten, denn ihr seltsamer neuer Bekannter sei nach einigen Schnäpsen am Tisch eingeschlafen, nachdem er etwas von einem Russen gemurmelt habe. Es habe sich um denselben Namen gehandelt, nach dem wir, die Herren »Lingel« und »Tappert«, sie gerade gefragt hätten. Sie habe später, auch mit Hilfe eines Bundestagsabgeordneten versucht, hinter das Geheimnis des Schirmträgers zu kommen, aber ohne Erfolg.

Ich habe »Fellheims« Geheimnis damals nicht preisgegeben. Niemand wird mir aber verargen können, daß ich immer, wenn der BND von »operationellen Maßnahmen« sprach, an »Fellheim« und seinen Regenschirm denken mußte. »Fellheim« selbst habe ich nie wiedergesehen. Erst im Frühjahr 1995 stieß ich bei der Lektüre des »SPIEGEL« auf den Namen eines Mathias von der Wenge Graf Lambsdorff. Dieser war seit 1986 für den Milliarden-Pleitier Dr. Jürgen Schneider im Nahen Osten als Generalbevollmächtigter einer seiner Firmen tätig gewesen. Der »SPIEGEL« bezeichnete den Geschäftsmann als »Ex-Oberstleutnant des BND und Neffen des einstigen FDP-Vorsitzenden«. »Fellheim« hieß mit Klarnamen von Lambsdorff und war Gerüchten zufolge mit dem ehemaligen Bundeswirtschaftsminister verwandt. Eine späte Spur meines alten Freundes?

Es gab aber auch Fälle, in denen der BND den Verfassungsschutz, meist das BfV, zum Erfüllungsgehilfen eigener Verpflichtungen degradierte. Ich denke hier vor allem an ein förmliches Ersuchen des BND an unser Haus, in dem er um Observationshilfe bat. Ein südafrikanischer Staatsbürger deutscher Herkunft, so berichtete er, beabsichtige, zusammen mit seiner Frau die alte Heimat zu besuchen. Dieses Ehepaar werde von den Kollegen in Johannesburg der Zusammenarbeit mit einem nicht näher bekannten östlichen Nachrichtendienst, vermutlich dem MfS, verdächtigt. Man nehme an, daß der Aufenthalt in der Bundesrepublik zu einem Treff mit Abgesandten dieses Dienstes genutzt werde, da bekanntlich kommunistisch regierte Staaten in dem Land am Kap seinerzeit keine Niederlassungen unterhielten. Auf unsere Bitte nach Substantiierung des Verdachtes verwies der BND lediglich darauf, daß der südafrikanische Dienst derartige Informationen grundsätzlich nicht preisgebe, aber er, der BND in Gestalt von Herrn »Beetz«, lege für die qualifizierte Verdachtslage die Hand ins Feuer. Als ich mich hartleibig zeigte, weil außer dem Ort und der Zeit des Eintreffens in Deutschland kein Anhaltspunkt für ein genaueres Reiseziel gemacht werden konnte und die Aufenthaltsdauer mit gut drei Wochen angegeben war, hob der BND die Angelegenheit auf eine höhere Ebene.

Schließlich wies mich Hellenbroich, meiner Erinnerung nach schon als Vizepräsident, an, dem Wunsch des BND zu entsprechen, da dieser sich auch ihm gegenüber für die Begründetheit des Verdachtes verbürgt habe. Die Observation führte die Observanten durch die ganze Bundesrepublik und brachte zwei stereotype Verhaltensweisen, die sich nur durch andere örtliche Gegebenheiten unterschieden: die Ehefrau suchte sämtliche Warenhäuser, Geschäfte und Boutiquen in den einzelnen Städten auf, während der Ehemann mit der gleichen Intensität die Sexshops frequentierte, um sich anschließend in einer Kneipe von den Strapazen seiner Besichtigungen zu erholen, bis ihn nach fünf oder sechs Stunden sein Hotelbett mit magischer Kraft anzog.

Als die beiden nach gut vierzehn Tagen bei Salzburg die Grenze nach Österreich überschritten, waren meine sonst so einsatzfreudigen Kollegen um Heinz Jakobus ebenso erleichtert wie verbittert. Erst ein Jahr später deutete »Betz« mir gegenüber an, die Observation sei die Folge eines vollmundigen Versprechens gewesen, das der BND-Resident in Südafrika dem dortigen Dienst gegeben habe. Der nachrichtendienstliche Verdacht sei so vage gewesen wie in Tausenden von Fällen in der Bundesrepublik auch. Aber – und jetzt kam die große Einschränkung – man sei dem südafrikanischen Dienst gegenüber verpflichtet.

In den Jahren, in denen das Apartheidregime in der Welt isoliert war, hatte der BND den stramm kommunismusfeindlichen Gesinnungsgenossen die Treue gehalten, was mit außergewöhnlichem Entgegenkommen und nahezu einmaliger Unterstützung bei eigenen operativen Aktionen des BND von Südafrika aus vergolten worden sei. Und, ich müsse das verstehen, eine Hand wasche die andere. Ihm, »Betz«, tue das alles schrecklich leid und ich möge ihm glauben, er habe nicht ahnen können, daß es sich nicht um einen qualifizierten Verdachtsfall, sondern um einen lächerlichen Feld-, Wald- und Wiesenfall gehandelt habe.

Als ich »Betz« fragte, warum denn um alles in der Welt der BND nicht selbst observiert habe, versicherte er mir – und seine Augen strahlten vor Unschuld –, das sei eine unglückliche Phase gewesen, in welcher der BND »observationsmäßig« voll ausgelastet gewesen sei, da er gleichzeitig mehrere Eisen im Feuer gehabt habe. Dafür hätte ich doch gewiß Verständnis. Was sollte ich machen? Aber seither hatte uns der BND wenigstens mit südafrikanischen Problemen in Ruhe gelassen.

Obwohl das BfV über die mißbräuchliche Ausnutzung verärgert war, hielten sich die Konsequenzen gegenüber dem BND in Grenzen. Schließlich waren BfV und BND beides deutsche Dienste, man war aufeinander angewiesen und letztendlich war, wie wir uns selbst eingestehen mußten, auch nicht alles nachrichtendienstliche Reinkultur, womit wir den BND belästigten. So war die Angelegenheit bald vergessen und man ging zur Tagesordnung über.

Anders war die Reaktion im Ausland auf das übertriebene Herauskehren eigener Interessen durch den BND. So waren seine Beziehungen ausgerechnet zum deutschsprachigen Nachbarn Österreich häufig gespannt bis gestört. Dr. Anton Schulz, der langjährige Spionageabwehrchef und spätere stellvertretende Leiter der österreichischen Staatspolizei hat mir wiederholt sein Leid über das arrogante und selbstgerechte Auftreten des BND in Österreich geklagt. Nach seinen Worten wirke der »Anschluß Österreichs ans Reich« in den Gehirnen vieler leitender BND-Angehöriger fort, die sich schlechthin weigerten, die Eigenstaatlichkeit und die Souveränität Österreichs zu verinnerlichen.

Als ich Dr. Schulz das letzte Mal sah, in der ersten Hälfte des Jahres 1985, stand seine Ernennung zum stellvertretenden Sektionschef schon fest. Freudig erklärte er mir, eine seiner ersten

Amtshandlungen in der neuen Funktion werde es sein, dem BfV den Einsatz von Funkgeräten bei Observationen auf österreichischem Territorium zu gestatten. Eine derartige Bitte hatte Dr. Armin Hermann, der bisherige Amtsinhaber, in der Vergangenheit regelmäßig abgelehnt.

»Aber, im Vertrauen, Herr Tiedge«, fügte Dr. Schulz in fast verschwörerischem Ton hinzu, »das gilt nur für das BfV. Dem BND werde auch ich eine solche Zusage niemals machen.«

Worüber sich die Norweger beim BND geärgert hatten, vermag ich nicht zu sagen. Jedenfalls haben sie mir gegenüber bei den Vorbesprechungen in Oslo im Fall der Ehefrau des DDR-Botschafters Krause – ich habe den Fall in anderem Zusammenhang erwähnt – hervorgehoben, den offensichtlich zu erwartenden Erfolg dem BND aus Gründen, die »nichts zur Sache tun«, einfach nicht zu gönnen. Einige Zeit später ließen es die Norweger zum Eklat kommen.

Die norwegische Reichspolizei, im BfV-Sprachgebrauch der norwegische Dienst, stand in operativer Verbindung zu einem in der Nähe von Oslo lebenden Absolventen der Greifswalder Fakultät für Skandinavistik, dem sie den Decknamen »Nils« gegeben hatten. »Nils« hatte dem befreundeten Dienst umfangreiche Informationen über die Durchsetzung des Lehrkörpers an der Greifswalder Universität mit MfS-Kadern und deren Einflußnahme auf die Studenten mitgeteilt. Diese Informationen waren nicht nur für die Norweger wichtig, da DDR-Bürger, die in Skandinavien Dienst taten oder tun sollten, in ihrem Heimatland die notwendigen Sprachkenntnisse ausschließlich in Greifswald erwerben konnten. Das BfV hatte mit Zustimmung des norwegischen Dienstes »Nils« ebenfalls befragt, ohne daß mir relevante Ergebnisse für die bundesdeutsche Abwehrarbeit in Erinnerung sind.

Eines Tages meldete »Nils« – etwa 1982 – seinem norwegischen Ansprechpartner die telefonische Kontaktierung durch zwei Deutsche, eine Frau und einen Mann, die ihren Besuch für den kommenden Tag angekündigt hätten. Es gelang dem Dienst, die Namen der Besucher festzustellen und das BfV über ihre Identität und den Rückreisetermin nach Frankfurt am Main zu unterrichten. In ihrer Information deutete die Reichspolizei an, nicht ausschließen zu können, daß es sich um Abgesandte des MfS handele, die sich vom Fortbestehen des sozialistischen Weltbildes bei »Nils« überzeugen wollten.

Auf Betreiben des BfV wurden die Reisenden am Rhein-Main-Flughafen vom Bundesgrenzschutz angehalten. Sie wiesen sich mit Reisepässen der Bundesrepublik aus, die sich zwar nicht als Falsifikate, aber immerhin als Tarnpapiere des BND erwiesen. Beide mußten daraufhin den dienstlichen Charakter ihrer Reise im Auftrag und im Interesse des BND offenbaren, konnten ansonsten aber ihren Flug nach München fortsetzen. Es bedurfte einer Reise des BND-Vizepräsidenten Klusak einige Monate später nach Oslo, um die Beziehungen zum »Partnerdienst« wieder ins Lot zu bringen. Später erzählten die Norweger bei anderer Gelegenheit, Klusak eine fast erniedrigende Entschuldigung für das Verhalten seines Dienstes und seiner Mitarbeiter nicht erspart zu haben. Auch ließen sie durchblicken, daß ihnen von Anfang an die Identität der Besucher als BND-Bedienstete bekannt war.

Soviel zum BND. Es gab aber auch deutsche nachrichtendienstliche Dienststellen in der Bundesrepublik, bei denen nicht zu befürchten war, daß sie einen in derart scheinheiliger Form auflaufen ließen, wie es der BND mit dem BfV im Fall des Südafrikaners getan hatte.

Wie ich schon eingangs dieses Kapitels gesagt habe, war der Kontakt zum ASBw und später zum MAD-Amt besonders eng und freundschaftlich. Zudem war in den letzten Jahren Kapitän zur See Günter Krause, der dortige Abteilungsleiter Spionageabwehr, ein so sympathischer Kollege und aufmerksamer Gastgeber, daß man eigentlich jeden Anlaß nutzte, ihn in seinem Büro im ersten Stock des Hauses IV aufzusuchen.

Daß mir in seinem Vorgänger und späteren Vorgesetzten Joachim Krase das MfS leibhaftig gegenübergesessen hatte, das ahnte ich natürlich genauso wenig wie all die anderen, die wie ich Krase wegen seiner ruhigen, bedächtigen, norddeutschen Art schätzten. Nur eines nehme ich Krase noch heute übel, nämlich daß ausgerechnet er nach meinem Übertritt 1985 im »SPIE-

GEL« Betrachtungen über charakterliche Anforderungen an Geheimnisträger anstellte, noch dazu, ohne unsere jahrelange gute Zusammenarbeit auch nur zu erwähnen. Wer selbst im Glashaus sitzt, sollte besser nicht mit Steinen werfen.

Mit Krauses Nachfolger ab 1984/85, Gerhard Feuerstein, von seinen Freunden Fred Flint genannt, begann sich nach einigen gemeinsamen Abenden im Club Astoria ebenfalls ein vertrauliches Verhältnis zu entwickeln. Ich kannte Feuerstein seit 1974. Damals hatte er mir den Unwillen seiner Behörde über das Verhalten des BfV, in erster Linie mein eigenes, mitgeteilt. Ich hatte seinerzeit den Fernsehjournalisten Gerhard Konzelmann bei seinen Bemühungen unterstützt, unter dem Titel »Die Russen am Rhein« einen Film über das nachrichtendienstliche Engagement der Repräsentanten sowjetischer Institutionen in der Bundesrepublik zu drehen.

Dabei hatte ich ihm unter anderen den Kontakt zu dem zwischenzeitlich promovierten Arzt vermittelt, der zwei Jahre zuvor unter Kontrolle des Verfassungsschutzes als Medizinstudent den nachrichtendienstlichen Kontakt zu dem sowjetischen Diplomaten unterhalten hatte, den ich aus der Sauna kannte. Allerdings hatte ich meine Schritte nicht mit dem MAD abgestimmt.

Mit Befremden, ja mit Empörung mußten die Offiziere des ASBw nun im Fernsehen von Aufträgen erfahren, die sie sicher in den »geheim« eingestuften MAD-Unterlagen wähnten. Es waren Aufträge, die der CM gegen die Bundeswehr erhalten und mit Zustimmung des MAD erfüllt hatte.

Unter den ausländischen Diensten bestand die intensivste Beziehung zu den Amerikanern. Aber ihre Allgegenwärtigkeit, ihre nicht zu befriedigende Neugier, vor allem ihre an Unübersichtlichkeit grenzende Organisationsform nachrichtendienstlichen Handelns haben mich veranlaßt, dem »ganz großen Bruder«, wie wir gelegentlich zur Unterscheidung vom »großen Bruder«, dem BND, formulierten, ein eigenes Kapitel zu widmen. Ich bin auch der Ansicht, damit der eindeutigen Führungsrolle der USA gerecht zu werden, die sie auch im internationalen nachrichtendienstlichen Geschehen spielen und auf die sie gern mit gelegentlich an Arroganz grenzender Selbstgerechtigkeit hinweisen.

Auch viele andere ausländische Dienste unterhielten Verbindungsbüros in den Bonner Botschaften ihrer Länder. Einige von ihnen waren aus der Sicht der Abteilung Spionageabwehr exotische Dienste wie die entsprechenden Einrichtungen Südafrikas und Japans, der Türkei oder Marokkos. Auch Israel unterhält an seiner Botschaft ein Verbindungsbüro, das der Europazentrale in Paris untersteht. Der seinerzeitige Leiter dieses Büros, Herr Bar-le-vav, saß bis 1985 gelegentlich in meinem Zimmer und drängte mit Nachdruck auf die Erfüllung seiner Wünsche. Ich persönlich kann mich über ihn nicht beklagen, aber Kollegen, die enger mit ihm zusammenarbeiteten als ich mit meiner für Israel nicht allzu wichtigen DDR-Spionage, schilderten ihn als einen Mann, in dessen Augen ein Deutscher nicht befugt ist, einem Juden einen Wunsch abzuschlagen.

Ich kannte zwar alle offiziellen Residenten persönlich, die es in der Bundesrepublik gab, allerdings waren meine Kontakte zu vielen von ihnen spärlich bis sporadisch und beschränkten sich auf Zusammentreffen bei irgendwelchen Cocktailpartys oder sonstigen Empfängen. Es kam auch vor, daß ich sie bei Vorträgen vor ihren Landsleuten, meist in der Schule des BfV, als Dolmetscher traf, wo man zu deren angeblicher Fortbildung aus dem Bereich der eigenen Tätigkeit berichtete.

Unvergeßlich sind mir hierfür meine Vorträge, die ich über sowjetische legale Residenturen vor jeweils etwa dreißig türkischen Sicherheitsoffizieren gehalten habe, die mich mit schwarzen Augen und unbeweglichen Gesichtern ansahen, dunkelhäutig und schnauzbärtig, aus denen eine grenzenlose Langeweile sprach. Das lag sicherlich nicht an meinem Vortragsstil, ich konnte, ohne anzugeben, mein Publikum schon einigermaßen fesseln. Das hatte seinen Grund eindeutig in ihrem Desinteresse an der Darstellung rechtsstaatlichen Handelns oder dessen, was das BfV darunter verstand. Nun konnte ich natürlich nicht beurteilen, ob der Dolmetscher, eben der türkische Resident in Bonn, meine Worte übersetzte oder seinen Landsleuten erklärte, sie brauchten dem dekadenten rechtsstaatlichen Gefasel keine Aufmerksamkeit zu schenken. Ich beobachtete immer wieder, daß sich ihre Neugier um eine einzige Frage drehte: Verschafft sich der Verfassungsschutz mittels Nachschlüssels oder unter Zuhilfenahme von Quellen im Objekt Zugang zu den Kanzleiräumen der Sowjetbotschaft? Wenn ich ihnen, im übrigen wahrheitsgemäß, versicherte, der Verfassungsschutz präferiere keine der genannten Methoden, sondern erachte den Gebrauch von Nachschlüsseln nicht nur als außerhalb seiner Zuständigkeit, sondern auch als schlicht rechtswidrig, verfielen sie wieder in ihr dumpfes Brüten.

Da waren die Kontakte zu den britischen und französischen Diensten doch wesentlich unproblematischer und persönlicher, herzlicher. Frankreich war mit seinem Auslandsaufklärungsdienst DGSE (Direction Géneral de la Sécurité Exterieure) repräsentiert, der Kontakt zu dem Sicherheitsdienst DST (Direction de la Surveillance du Territoire) wurde zwischen den Zentralen in Paris und Köln abgewickelt, wobei ich gestehen muß, in fast zwanzig Jahren nicht ein einziges Mal Gelegenheit gefunden zu haben, meine Kollegen an der Seine aufzusuchen.

Dagegen bin ich 1984 bei DGSE gewesen, bei Colonel Jean Moreau, dem Leiter der Abteilung Gegenspionage der mir neben hochinteressanten Fachgesprächen, wenn auch ohne aktuellen Bezug, zwei herrliche Tage in Paris geboten hat. In diesem Tourismusprogramm war der Besuch eines Bierlokals am Boulevard St. Germain zweifellos ein Höhepunkt, in dem zweihundertfünfzig Biersorten, darunter zwanzig vom Faß, angeboten wurden. Selbst Radeberger Pils aus der DDR war dabei.

Als wir abends am Montparnasse in einem Lokal dinierten, wobei eine unterhaltsame Bühnenschau attraktive Kurzweil bot und die Konversation in einem Mischmasch aus Deutsch, Englisch und etwas Französisch überflüssig machte, mußte ich an meinen Kollegen Heinrich Marx denken, dem in Paris Furchtbares widerfahren war. Er war von DST-Angehörigen betreut worden, die in der Vergangenheit in französischen Kolonien in Afrika Dienst getan hatten und war von ihnen zu einem afrikanischen Essen in einem Spezialitätenlokal überredet worden. Als das Essen kam, wurde ein kompletter Affe, gefüllt und gebraten, serviert, der, folgte man Marx' ekelgeschüttelter Erzählung, wirkte wie ein halbverkohlter Säugling.

Vermittelt hatte meine Reise der Verbindungsoffizier von DGSE in Bonn, Oberst Marc Weyders, ein Bonvivant und Lebenskünstler, ein Protagonist der französischen Lebensphilosophie des »savoir vivre«. Der kurzatmige, übergewichtige Weyders mit seinem stark geröteten Gesicht, knapp zehn Jahre älter als ich, hätte in jedem medizinischen Vortrag als Beispiel eines am Genuß orientierten und daher infarktgefährdeten Menschen herhalten müssen, aber statt dessen beförderte ihn sein Dienst zum General und schickte ihn im Frühsommer 1985 als Verbindungsoffizier zur CIA nach Washington.

Als er ging und den bei solchen Anlässen unvermeidlichen Abschiedsempfang gab, traf ich einen alten Bekannten, den ich nie geglaubt hatte, hier zu treffen – Paul Limbach, den Bonner Korrespondenten der »Quick«. Ich kannte Limbach seit Jahren und er mich als »Tappert« und Tiedge. Ich war verblüfft: ein Journalist, der alle und jeden in Bonn kennt, der, wie ich noch schildern werde, den Präsidenten des BfV lächerlich gemacht hatte, der sich aber auch nach jedem Brosamen bückte, den man ihm hinwarf, im Kreis der *intelligence community*?

Offensichtlich hatte ihn Erich Dibbern mitgebracht, zuletzt Leiter der Abteilung Sicherungsgruppe im BKA, etwa seit 1983 in Ruhestand. Er hatte einst das Kommando gegen Succiu und Co. von der rumänischen Botschaft im Fall »Jagdhüter« geleitet, und unter seiner Einsatzleitung war 1970 auch Pieterwas am holländisch-deutschen Grenzübergang Elten-Autobahn festgenommen worden.

Überwiegend angenehme Gesprächspartner und unterhaltsame Gesellschafter waren auch die Vertreter der britischen Dienste, wenngleich mir trotz meines nach wie vor nicht schlechten Gedächtnisses die meisten Namen entfallen sind. Peter Domeisen und Michael Stokes sind in meinen Augen die herausragenden Gestalten. Domeisen war lange Jahre Repräsentant von BSSO (British Security Services Organisation), einer Art MAD der Rheinarmee. Damit war er zugleich Resident des Sicherheitsdienstes SS (Security Service), des früheren MI 5 in

Köln. Er hatte neben einer profunden, gediegenen Sachkenntnis perfekte deutsche Sprachkenntnisse, die er sich in seinem jahrzehntelangen Aufenthalt in deutschsprachigen Ländern angeeignet hatte. Ich erwischte mich gelegentlich dabei, überrascht zu sein, wie gut Domeisen englisch sprach, so sehr war er in meinen Augen im Heer der deutschen Kollegen eingegliedert. Er wird mir böse sein, sollte er dies lesen, war er doch im gesamten Erscheinungsbild und seiner in den letzten Jahren stärker werdenden charmanten Verkalktheit ein unverkennbarer Sohn der britischen Insel.

Anders Michael Stokes, dessen dienstliche Heimat ursprünglich der MI 6, der jetzige britische Aufklärungsdienst SIS (Secret Intelligence Service) war und der die letzten Jahre seiner aktiven Zeit in der Joint Section verbrachte, einer koordinierten Stelle beider Dienste, die sich international mit Angehörigen von Auslandsvertretungen der sozialistischen Staaten befaßte. Als ich Stokes das letzte Mal sah, etwa 1975, wirkte er betont jugendlich, obwohl er die Fünfzig schon deutlich überschritten hatte.

Aber nicht nur in persönlicher Hinsicht hoben sich die britischen Verbindungsoffiziere wohltuend von den Repräsentanten anderer Dienste ab; auch die von ihnen vertretenen Dienste selbst strahlten, soweit Nachrichtendienste dazu überhaupt in der Lage sind, ein erhebliches Maß an Gediegenheit aus. SIS, der Aufklärungsdienst, bebte in den ersten Jahren meiner Tätigkeit noch von den Erschütterungen der Kim-Philby-Affäre nach, gleichwohl war er in meinen Augen immer noch der Dienst, dem ich mich, hätte es denn sein müssen, noch am ehesten anvertraut hätte. Ich stand mit dieser Ansicht nicht allein. Die Abgewogenheit der Anfragen, die SIS an uns richtete, aber auch die Qualität der Antworten, vor allem aber das völlige Fehlen jedweden Hoppla-jetzt-komm-ich-Gehabes machte die Kooperation mit den britischen Diensten allgemein zu einer angenehmen Aufgabe.

London habe ich dienstlich zweimal besucht, beide Male galt mein Besuch der Außenstelle des Security Service am Euston Square. Unser schon erwähnter CM »Martin« lebte – wie geschildert – unter dem Namen »Herzberg« in Buenos Aires als angeblicher britischer Staatsangehöriger, bis er im Rahmen des Falklandkonflikts 1982 zwischen Großbritannien und Argentinien sein Gastland fluchtartig verlassen mußte. Etwa um die gleiche Zeit hatte sein Legendenspender, der seit Jahren in der DDR lebende »echte« Herzberg, bei der britischen Botschaft in Ostberlin einen Reisepaß beantragt. Er war bekanntlich wegen des in Großbritannien geltenden *ius soli*, nach dem sich die Staatsangehörigkeit nach dem Geburtsort richtet, britischer Bürger geworden. Als wir durch eine Routineanfrage von BSSO davon erfuhren, machten von Hoegen und ich einen Besuch in London zur Klärung der Konsequenzen, bei dem wir Gäste des dortigen Vizepräsidenten Sir Cecil Shipp waren. Sir Cecil, als gestandener Brite nur des heimatlichen Idioms mächtig, tat sich verständlicherweise schwer, die Lebenswege des echten Herzberg und seines nachrichtendienstlichen Doppelgängers auseinanderzuhalten, erwies sich aber, nachdem er den gordischen Knoten durchschlagen hatte, als außerordentlich hilfsbereiter und entgegenkommender Gesprächspartner.

Wir haben in dieser Angelegenheit, von dem Paßantrag abgesehen, nichts wieder gehört und seinerzeit vermutet, das MfS habe von dieser Angelegenheit Wind bekommen und Herzberg mit Rücksicht auf den in der Bundesrepublik lebenden Doppelgänger irgendwie davon abgebracht, die Sache weiter zu verfolgen. Aus der Sicht von heute erscheint es mir plausibel, daß das MfS, von Kuron über das Doppelspiel des falschen »Herzberg« unterrichtet, von sich aus den Antrag gestellt hat, natürlich ohne Beteiligung des echten Herzberg. Es könnte damit bezweckt haben, unauffällig Sand ins Getriebe zu werfen oder das Verhalten des BfV zu testen. Wie dem auch sei, der kompromittierten Verbindung zusätzlich geschadet hat der Paßantrag jedenfalls nicht.

An jenem Tag in London aber lud uns Sir Cecil nach Abschluß der Besprechung zum Mittagessen in seinen Club ein, meiner Erinnerung nach in den Army and Navy Club in der Nähe des Regent Parks, wo er uns – zu von Hoegens und meinem Befremden – Seezunge mit Rosenkohl servieren ließ. Die Seezunge war gut, auch der Rosenkohl schmeckte, aber die Kombination war doch ungewöhnlich und wurde nur von der Pfefferminzsoße des Nachtischs überboten. An diese Seezunge mußte ich denken, als ich im gleichen Jahr – wieder mit von Hoegen – Herrn van Gorp in Brüssel aufgesucht habe, jenen Jan van Gorp, der mir einst die Geschichte des Hauses in der Kölner Merlostraße und seine frühere Nutzung durch die Gestapo erzählt hatte.

Van Gorp, Sproß einer belgischen Bierbrauerfamilie, war inzwischen dritter Mann im belgischen Sicherheitsdienst geworden. Mit ihm waren wir in einem entzückenden Lokal in der Altstadt von Brüssel und dort offenbarte uns eine nach flämischen Rezepten zubereitete Seezunge neue bisher ungeahnte Möglichkeiten des Fischgenusses. Brüssel – das Mekka der Gourmets. Aber diese Geschichte erzähle ich aus einem anderen Grund. Ich hatte mich mit von Hoegen morgens am Hauptbahnhof in Köln getroffen und war mit ihm in meinem Wagen über die Autobahn nach Brüssel gefahren. Als wir ankamen, waren wir für unser Gespräch mit van Gorp eineinhalb Stunden zu früh. Zum Spazierengehen war es zu kalt, also suchten wir ein Café auf, um die Zeit zu überbrücken. Als ich meinen Körper, damals immerhin einhundertsechsunddreißig Kilogramm schwer, in den Sessel fallen ließ, wurde ich durch ein unverkennbares, scharfes Geräusch und das befremdliche Gefühl wieder hochgeschreckt, frische Luft am rechten Oberschenkel zu spüren. Meine Befürchtung bestätigte sich – die Naht an meinem rechten Hosenbein war vom Schritt bis unter das Knie geplatzt.

Nun kann man mit einer derartig pikant geplatzten Hose alles mögliche machen, nur an einer Besprechung mit ausländischen Gesprächspartnern sollte man in dieser Aufmachung besser nicht teilnehmen, aber gerade daran war von Hoegen gelegen, hatte ich doch den Fall, den wir besprechen wollten, im Gegensatz zu ihm in allen Details im Kopf.

So sind wir dann losgezogen, für mich bis zum Besprechungsbeginn eine Hose zu kaufen. Zum Glück spricht von Hoegen, der mit einer charmanten Frau aus Den Haag verheiratet ist, fließend holländisch, das im zweisprachigen Brüssel wegen seiner engen Verwandtschaft zum Flämischen leicht verstanden wird. Wir klapperten eine Reihe Geschäfte ab, nicht um eine einfache Hose, sondern um eine Hose in meiner Größe zu erstehen. Teils ernteten wir Heiterkeit, teils bedauerndes Kopfschütteln, aber mit von Hoegens Dolmetscherhilfe bekamen wir schließlich eine zwar immer noch enge, über meinem Bauch aber wenigstens zu schließende, gar nicht so schlechte graublaue Hose. Nur setzen mochte ich mich mit ihr nicht. Jedenfalls nicht in van Gorps Büro. Ich lehnte während der Besprechung an einem hochgeleierten Sekretärinnenstuhl, mehr stehend als sitzend, den fetten Leib in ein enges Höschen gezwängt. Die anderen Herren saßen in der schweren Couchgarnitur um den Besprechungstisch und machten ihre Witze über mich.

Ich war damals über mein Erscheinungsbild so abgebrüht, daß mich der Spott kaum berührte, aber beim Mittagessen, bei der Seezunge auf flämische Art, da habe ich mich ohne Rücksicht auf Verluste hingesetzt. Die neuen Nähte hielten. Aber die Geschichte machte die Runde. Jedem Besucher, der mich kannte, erzählte van Gorp die Erlebnisse eines dicken Herrn aus Köln mit seiner Hose. Ich glaube, ich hätte es an seiner Stelle auch getan.

Von diesen Besuchen bei befreundeten Diensten und von deren Besuchen im BfV abgesehen, gab es in Köln eine regelrechte Drehscheibe der nachrichtendienstlichen Kontakte untereinander, den belgischen Club. Der »Club Astoria«, wie er richtig heißt, liegt am Adenauerweiher im Kölner Stadtwald auf der Rückseite des Müngersdorfer Stadions und ist mit das exklusivste, was die an leuchtenden Sternen nicht arme Kölner Gastronomie zu bieten hat. Exklusiv in doppelter Hinsicht. Sowohl das kulinarische Angebot als auch das Niveau der Mitglieder, wenn auch ausgerichtet auf einen bestimmten Personenkreis, suchten ihresgleichen. Der Oberbefehlshaber der belgischen Streitkräfte in Deutschland behielt sich persönlich die Entscheidung über die Aufnahme vor.

Er geht mit den Mitgliedskarten zurückhaltend um. Fünfzehn Jahre habe ich mich um eine Mitgliedschaft bemüht, endlich,

1984, hatte ich Erfolg. Aber auch nur, weil sich das BfV für meine Aufnahme eingesetzt hatte, nachdem Hugo Bördgen als Rentner aus dem Kreis der Mitglieder ausgeschieden war. Ich durfte, wann immer ich wollte, mit bis zu fünf Gästen dort essen, nein, dinieren gehen. Ein Landhaus im Walde mit holzgetäfelter Bar, einem langen gestreckten Speisesaal mit Blick auf den See, in gediegener, gemütlicher Atmosphäre und einem Salon mit schweren brauen Ledersesseln, so behaglich, daß man nach dem zweiten Drambuie oder Rémy Martin gar nicht mehr aufstehen wollte. Aber nicht nur strenge Aufnahmebedingungen, auch strenge Kleidervorschriften herrschten hier. Hellenbroich hat man einmal nicht hineingelassen, weil er im Hochsommer keine Krawatte trug. Der verärgerte Vizepräsident hat damals seine Mitgliedskarte zurückgegeben.

Das BfV hatte sich natürlich nicht um meiner braunen Augen wegen um eine Aufnahme bemüht, es ließ sich vielmehr von fiskalischen Überlegungen leiten. Jeder deutsche, aber auch jeder ausländische Gast fühlte sich wohl im »Club Astoria«, weil die Atmosphäre auch den verwöhntesten Gast anheimelt. So war es für den Fiskus günstiger, sich an meinem Jahresmitgliedsbeitrag von DM 330 zu beteiligen und dafür geringere Betreuungskosten übernehmen zu müssen. Eine Hummersuppe etwa kostete drei, ein Entrecôte acht und eine dame blanche zwei Mark, dazu eine Flasche Chablis acht und eine Flasche Bordeaux fünfzehn Mark. Und alles vom Feinsten. Die Küche ist gekennzeichnet von jener unnachahmlichen Mischung aus feiner französischer und derber flämischer Küche, weshalb viele Gourmets auch in Brüssel das Mekka der Feinschmecker sehen. Selten überstiegen die Rechnungen dreißig, eigentlich nie fünfzig Mark pro Person.

Mit Vertretern aller nur denkbaren ausländischen Dienste bin ich hier gewesen, teils als Gastgeber, teils als Gast.

Mit dem CIA-Mann John McCoy, der einst zusammen mit Michael Stokes vom britischen SIS den sowjetischen GRU-Oberst Oleg Penkowski geführt hatte. Mit Oberst Jean Moreau vom französischen Aufklärungsdienst DGSE, mit den Herren Berghuis und Mazereeuw vom holländischen BVD, mit Spaniern, Dänen, Schweizern, mit Dr. Anton Schulz von der österreichischen Bundespolizei und natürlich mit Herrn von Teufenbach. Er ist in Oberösterreich geboren, mit einer Allgäuerin verheiratet, war in München wohnhaft, niemand vermutete in ihm einen Offizier des italienischen Sicherheitsdienstes SISMI. Viele Verbindungsoffiziere geben hier ihren Einstand und werden hier verabschiedet. Hier verkehrt die »intelligence community«, jene Gruppe arrivierter Nachrichtendienstler, zu denen ich mich auch zählte, die ihrem Gewerbe auch auf Partys und Empfängen nachgehen und dabei – wie es der frühere deutsche UNO-Botschafter Rüdiger von Wechmar formulierte – dem Vaterland Magen und Leber zur Verfügung stellen.

Auch die Bundeswehr sah man im belgischen Club, allerdings überwogen bei den Uniformträgern die goldenen Schulterstücke der Generäle. An anderen Tischen saßen hohe Verbandsfunktionäre und Politiker von lokaler und regionaler Bedeutung und selbstverständlich der Kern des Klubs, belgische Offiziere mit ihren Frauen und Kindern. Natürlich bin auch ich im privaten Kreise im belgischen Club gewesen, mit meinen Kindern und meinen Freunden. Nur meine Frau, die sich auf und über jeden Empfang im belgischen Club gefreut hatte, war leider schon tot, als ich Mitglied wurde.

Doch noch ein Wort zur »intelligence community«, von manchen auch »intelligence family« genannt. In bestimmten Verwendungen und ab einer bestimmten Stellung in einem Dienst wird man von selbst Mitglied in dieser Clique, deren Rituale und Gebräuche gelegentlich an Werbespots für Luxusartikel aus dem Fernsehen erinnern. Als Referent für sowjetische Dienste gehörte ich recht früh zu diesem Kreis, was sich fast ausschließlich in Einladungen zu Empfängen aus allen möglichen Anlässen im Raum Köln/Bonn niederschlug.

Natürlich ergab sich der Kreis der Gäste aus dem Rang des Einladenden. Der jährliche Höhepunkt ist auf diesem Parkett der Empfang des Kommandeurs der MAD-Gruppe in Kiel, anläßlich der Kieler Woche, verbunden mit einer feuchtfröhlichen Schiffsfahrt auf einem Schnellboot der Bundesmarine auf der Förde. Hier haben neben den station chiefs der großen ausländischen Dienste nur Amtsleiter und Präsidenten sowie ausgesuchte Abteilungsleiter des BfV und hochrangige Repräsentanten einiger weniger anderer Bundesbehörden Zutritt, so daß mir – leider, wie ich gern einräume – eigene Erfahrungswerte fehlen.

Aber auch für meine Ebene gab es reizvolle Veranstaltungen. So hatten in der ersten Hälfte der siebziger Jahre unter anderem die Vertreter von RCMP zu einem in lukullischer Hinsicht exzellenten Empfang in den amerikanischen Botschaftsclub nach Bonn-Plittersdorf geladen. Die Royal Canadian Mounted Police, die sich hinter dieser Abkürzung verbirgt, wurde von der Übersetzungsstelle des BfV einmal zur »Königlich Kanadischen Bergpolizei« gemacht. Hinter der korrekten Übersetzung »Königlich Canadische Berittene Polizei« verbirgt sich der traditionelle Name der kanadischen Bundespolizei.

Es gab Lachs und Hummer, amerikanische Putenbrust und an sonstigen Leckereien, was das Herz begehrte. Wir saßen an Zwölfertischen, an unserem ein walisisches, ein australisches, ein US-amerikanisches und ein gastgebendes kanadisches Ehepaar, alle Repräsentanten ihrer Dienste, sowie die Eheleute Hellenbroich, meine Frau und ich. Hellenbroich war damals – Nollau war Präsident – Leiter des präsidialen Stabsreferats. Wir kabbelten uns humorvoll über mögliche Vorzüge der alten Welt gegenüber der neuen, mit Rücksicht auf die ausländischen Gäste in englisch. In einer Gesprächspause wies Frau Hellenbroich aus dem Fenster auf die ihrer Ansicht nach nasse Fahrbahn der vorbeiführenden Straße, auf der sich im Dunkeln alle möglichen Lichter spiegelten.

»Sorry, ma'am«, widersprach ihr Mann und versuchte, den Tonfall überseeischer Touristen nachzuahmen, »this is the famous river Rhine.«

Es war der Rhein, der am Botschaftsclub vorbei führte. Es wurde ein netter Abend.

Zehntes Kapitel

DIE AMERIKANER

Den Witz von dem CIA-Agenten kennt inzwischen fast jeder. Er handelt von jenem unglückseligen Amerikaner, der in der Maske eines Sowjetbürgers mitten im Kalten Krieg im russischen Hinterland abgesetzt wird, dort Wodka trinkt »wie ein Russe«, Lenins Werke besser kennt »als jeder Russe« und so gut Balalaika spielt wie »kein anderer Russe« – und der trotzdem am ersten Tag aufplatzt.

»Weißt du«, sagt man ihm, »in der Sowjetunion gibt es keine Neger.«

Als ich diese Geschichte Anfang der achtziger Jahre das erste mal hörte, habe ich mich halb kaputtgelacht und keine Gelegenheit ausgelassen, sie meinen amerikanischen Gesprächspartnern zu erzählen. Meine Freude an der Wiedergabe wurde bei jedem Erzählen gesteigert durch das süßsäuerliche Lächeln, das allein der Höflichkeit geschuldet war, mit der die Kollegen darauf reagierten. Nur John McCoy, der alte Fuhrmann der CIA und Leiter des Verbindungsbüros an der amerikanischen Botschaft in Bonn-Mehlem zu den bundesdeutschen Nachrichtendiensten, reagierte anders – er lachte überhaupt nicht, nein, er lächelte nicht einmal.

Dabei ist die Geschichte ausgesprochen gut. Natürlich hat die CIA keine Farbigen zum illegalen Einsatz in die Sowjetunion geschickt. Aber der Witz macht einen Grundpfeiler amerikanischen Selbstverständnisses deutlich, der im nachrichtendienstlichen Geschehen, also bei der unverhohlensten Wahrnehmung nationaler Interessen, überdeutlich zutage tritt. Es ist dies die felsenfeste Überzeugung, man brauche nur die amerikanische Denkweise und den »american way of life« überall zu etablieren, nur die ideologischen Ziele Amerikas überall zur Staatsmaxime zu erheben, um das Böse aus der Welt zu schaffen.

Deswegen werden widersprechende Wertvorstellungen anderer Nationen, auch die befreundeter Staaten, als Beleg einer früheren, von den Vereinigten Staaten längst überwundenen kulturellen Entwicklungsstufe angesehen. Amerika kämpfe, so wird und so wurde argumentiert, für die Freiheit in der Welt und wer es dabei behindere, der wende sich gegen die Freiheit und der verdiene keinen Schutz, keine Hilfe, vor allem nicht die Freundschaft der Amerikaner.

Diese Einstellung zu den Dingen in der Welt, diese aufgrund wirtschaftlicher und militärischer Potenz selbst angemaßte, von vielen Staaten aber akzeptierte und begrüßte Führungsrolle hat Amerika immer wieder in Schwierigkeiten gebracht. Unter anderem aus dieser Grundeinstellung heraus beteiligten sich die USA an beiden Weltkriegen, schlitterten in das Vietnamabenteuer und spielten jahrzehntelang den Weltpolizisten Nr. 1. Seit dem Golfkrieg haben sich die Vereinigten Staaten in zunehmendem Maße um den Posten eines Sheriffs bemüht. Nur liegt ihr County nicht irgendwo in Wyoming oder New Mexiko, sondern erstreckt sich über den gesamten Erdball und das Gremium, das sie beauftragt, ist nicht die besorgte Bürgerschaft einer Kleinstadt, sondern der Sicherheitsrat der Vereinten Nationen.

Nun mögen das starke Worte sein angesichts der Fälle, mit denen ich diese These untermauere. Aber man darf nicht auf amerikanische Reaktionen wie im Golfkrieg oder in Vietnam schielen, wenn es um amerikanische Interessen geht, die nur durch nachrichtendienstliche Alltäglichkeiten berührt werden. Aber die erwähnte Überzeugung, daß amerikanische Interessen absolutes Vorrecht genießen und ihnen gegenüber die Interessen anderer Staaten, und seien es Verbündete, zurückstehen müssen, wird auch bei der Schilderung des folgenden Sachverhaltes deutlich.

Etwa 1983 wurden wir von einem deutschen Mitarbeiter einer amerikanischen Elektrofirma im Raum Köln davon in Kenntnis gesetzt, daß der Leiter des Unternehmens technisches Know-how, das auf der berühmt-berüchtigten COCOM-Liste stand, an die DDR verkauft habe. Die Übergabe dieser Pläne und

Bauteile sei im Hotel »Kempinski« in Berlin (West) erfolgt. Da sich offensichtlich ein amerikanisches Unternehmen mit nicht allzu viel deutschen Beschäftigten am Rande der Legalität bewegte und überdies der amerikanische Geschäftsführer selbst belastet wurde, sahen wir nach einem Blick ins Handelsregister keine andere Möglichkeit, als uns über die Produktionsbreite der Mutterfirma, die ihren Sitz in Santa Monica in Kalifornien hatte, mit dem Verbindungssoffizier der CIA, John McCoy, zu unterhalten. Außerdem war die COCOM-Liste, ein Verzeichnis der High-Tech-Produkte und kriegstauglichen Industrieerzeugnisse, die nicht in Länder des Warschauer Paktes verkauft werden durften, auf amerikanische Initiative entstanden. McCoy sicherte uns umgehende Erledigung unserer Anfrage in den Vereinigten Staaten zu und wir legten unsere Akte auf Wiedervorlage. Nun war der illegale Vertrieb von technischem Know-how, auch von embargogeschütztem Know-how, für die Spionageabwehr des BfV allenfalls dann von besonderem Interesse, wenn eine legale Residentur verwickelt oder die Sowjetunion unmittelbar der Abnehmer war. Beides aber war nicht der Fall. Was uns unsere Quelle jedoch in der allernächsten Folgezeit berichtete, ließ nicht nur bei mir, sondern auch bei Hellenbroich, die Zornesadern auf der Stirn schwellen. Der beschuldigte Geschäftsführer kehrte von einer Dienstreise in die Vereinigten Staaten nicht in die Bundesrepublik zurück; aus ihrer Niederlassung in Rotterdam erschien bei dem Unternehmen statt dessen eine amerikanische Wirtschaftsprüfungsgesellschaft, und wenige Wochen später wurde die Firma »aus Straffungsüberlegungen der amerikanischen Zentrale« geschlossen.

Die deutschen Arbeitnehmer einschließlich unserer Quelle saßen auf der Straße, aber McCoy sprach uns gegenüber immer noch von schwierigen Kontakten in Santa Monica. Er leugnete, auch Hellenbroich gegenüber, die Beteiligung seines Dienstes an diesen Manipulationen und wusch, wie einst Pontius Pilatus, seine Hände in Unschuld. Unsere Quelle berichtete von eigenartigen Maßnahmen amerikanischer Dienststellen in den Niederlanden und in Belgien, aber McCoy wußte von nichts. Auch seine Ermittlungen in dieser Richtung hätten nichts erbracht, beteuerte er ein über das andere Mal. Als ich meinem Schreibtisch den Rücken kehrte, war Hellenbroich nicht mehr da, und auch McCoy war in die USA zurückgekehrt. Nun, die Sache wird sich erledigt haben.

Die Amerikaner hatten in dieser Sache ohne Zweifel keine fundamentalen nationalen Rechte der Bundesrepublik verletzt, aber die Selbstachtung und der Stolz des Sicherheitsdienstes im Land des amerikanischen Musterschülers waren getroffen. Schließlich war es ein amerikanischer Geschäftsführer einer amerikanischen Firma, der amerikanisches Know-how verscherbelt hatte. Und auch John McCoy war nicht Herr aller Entscheidungen. So war die Sache doch zu verschmerzen, obwohl sich das Geschehen in Deutschland abgespielt hatte. Aber was uns im BfV kränkte, war die überhebliche Art der Amerikaner, die versuchten, uns wie dumme Jungens im Regen stehenzulassen.

Nicht immer war die Durchsetzung amerikanischer Interessen gegen deutsches Selbstverständnis so offenkundig wie in diesem Fall. Man konnte eher sagen, daß dieses Kolonialherrengehabe vor allem, wenn nicht ausschließlich bei der CIA auffällig ausgeprägt war. Nahezu keine Probleme dieser Art gab es mit dem FBI, dem Federal Bureau of Investigation, das in Deutschland zum Schluß von einem jüngeren Offizier namens Fanning repräsentiert wurde. Das FBI ist nicht nur eine Art Bundeskriminalamt der Vereinigten Staaten, sondern zugleich der nationale Sicherheitsdienst der USA. Da die Zentrale in Amerika dem Justizministerium untersteht, war Fannings Verbindungsbüro in der Bonner Botschaft folgerichtig nicht in die Nachrichtendienstabteilung OCA (Office of Coordinating and Advising), sondern in die Rechtsabteilung integriert.

Mit dem FBI haben wir unter anderem einen, nicht vom nachrichtendienstlichen Inhalt her, aber wegen der Begleiterscheinungen interessanten Fall bearbeitet, der mich, was amerikanische Zuständigkeiten, vor allem bei Beteiligung der amerikanischen Streitkräfte, angeht, in heillose Verwirrung stürzte. Der Fall Ernst-Ludwig Forbrich war im Grunde genommen ein Allerweltsfall, nachrichtendienstliche Kleinkriminalität, angesiedelt im Bodensatz sozialer Schichten an der Grenze zur Asozialität. Der Fall nahm aber in Amerika seinen Anfang und nahm auch dort sein Ende, und daher war die Beteiligung von FBI geboten.

Forbrich war ein gesellschaftlicher Außenseiter mit den Lebensbedürfnissen eines Clochards, allerdings mit einer Ausnahme – er liebte Autos. Je größer, desto besser. Vermutlich, um dieses Hobby – neben blutjungen Mädchen das einzige des Mittvierzigers – bezahlen zu können, hatte er in Florida die Frau eines Offiziers der US-Armee, die er aus der Bundesrepublik kannte, auf die Lieferung nachrichtendienstlicher Unterlagen aus ihrem eigenen militärischen Zugangsbereich angesprochen. Seitdem lebte Forbrich wieder in Göppingen bei Stuttgart und wurde, weil die Amerikaner unentwegt drängten, unter ständiger, wochenlanger, ja, monatelanger Observation gehalten. Dies war arbeits-, personal- und kostenintensiv, erbrachte aber immerhin eine Reise Forbrichs in beide Teile Berlins, wenn auch ohne konkrete Ergebnisse. Die Krönung aber waren die Besprechungen mit den Amerikanern.

Neben einem, auch vom BfV für unverzichtbar gehaltenen FBI-Vertreter, eben Mr. Fanning, erschienen bis zu sechzehn Militärs aus Stäben in Heidelberg, München, Stuttgart, Frankfurt und Kaiserslautern, natürlich in Begleitung der offiziellen Verbindungsoffiziere an der Botschaft in Bonn. Einmal befanden sich sogar offensichtliche Abkömmlinge maorischer Insulaner unter ihnen, vermutlich Hawaiianer, die kein Wort der in deutsch geführten Besprechung verstanden. Besonderes Interesse zeigten die Militärs, als vorübergehend ein General der US-Armee in Verdacht geriet, Forbrich mit geschützten Informationen zu versorgen.

Der zuständige Sachbearbeiter des LfV Baden-Württemberg, der Amtsrat Heinz Mechtersheimer, hatte den Fall mit solcher Hingabe bearbeitet, daß er nach Florida fliegen durfte, als Forbrich dort im Frühjahr 1984 in der Stadt Tampa am Golf von Mexiko festgenommen wurde. Dessen Bekannte hatte ihm zwar keine – wie von ihm gewünscht – klassifizierten Unterlagen beschafft, dafür aber den Kontakt zu einem angeblich verschuldeten Offizierskollegen ihres Mannes hergestellt. Dieser entpuppte sich am Ende als Undercoveragent des FBI und nahm Forbrich fest. Die Bilder gingen um die Welt. Immerhin war Forbrich der erste in den USA festgenommene Agent, der nicht von einer legalen Residentur geführt worden war. Dafür wurde er zu einer erschreckend hohen Gefängnisstrafe von zehn Jahren verurteilt.

Ein Jahr später sprach ich mit Kriminaldirektor Werner Voss vom Bundeskriminalamt über den Fall. Er hatte Forbrich in Tampa/Florida im Gefängnis wegen einiger Spuren vernommen, die in die Bundesrepublik wiesen.

»Also, wissen Sie«, zeigte sich Voss noch immer erschüttert, »das hat der Mann nun auch nicht verdient. Der sitzt in einer Art Zelle, wie in einem Käfig aus Eisenstangen, wie wir sie aus Westernfilmen kennen, zusammen mit fünfzehn Negern, die auch noch fast alle schwul sind. Sie können sich vorstellen, was der Mann zu essen bekommt und wie ihm zumute ist.« Strafvollzug im Land der unbegrenzten Möglichkeiten.

Die Erfahrung, unter anderem auch aus diesem Fall, lehrt, daß »die Amerikaner«, wie auch die Überschrift dieses Kapitels lautet, eine in der nachrichtendienstlichen Terminologie unzulässige Verallgemeinerung darstellt, weil sie der unglaublichen Vielfalt US-amerikanischer Nachrichtendienste und Sicherheitseinrichtungen keine Rechnung trägt. Ich habe zwei Vorträge über das amerikanische Nachrichtenwesen gehört, einen in Langley/Virginia in der Zentrale der CIA und einen, den der CIA-Verbindungsoffizier Gary Hahn in Köln gehalten hat.

Glaubte ich zuvor, in der Organisation amerikanischer Dienste zu Hause zu sein, so war ich seither nicht mehr in der Lage, über den Informationsfluß zwischen National Security Council und National Security Board, zwischen DIA, MI, NSA, CIA, OSI, FBI und wie sie alle hießen, eine auch nur einigermaßen sinnvolle Erklärung abgeben zu können. Allein die graphische Darstellung der Dienste einschließlich ihrer vorgesetzten und nachgeordneten Dienststellen erinnerte mich an die »Schaltskizzen«, wie sie mein früherer Kollege, der verstorbene Karl-Heinz »Charly« Kleineberg, anfertigte und die sich nur ihm erschlossen. Aber vielleicht ist ein anderer Vergleich für den geneigten Leser etwas transparenter: Sie erinnerte an den Versuch, die Beteiligungen dar Deutschen Bank auf einem DIN-A4-Blatt graphisch wiederzugeben.

Zum Glück waren nicht alle Dienste in der Bundesrepublik präsent oder, formulieren wir es vorsichtiger, hatten nicht alle Dienste Verbindungsoffiziere zum Verfassungsschutz. Allein die Militärs waren in der Bundesrepublik durch mehrere Dienste vertreten: USAREUR, das US-Oberkommando in Heidelberg, verfügte in der amerikanischen Botschaft über eigene Verbindungsoffiziere zu den deutschen Diensten; auch die Truppenteile Heer, Luft- und Seestreitkräfte verfügten über jeweils eigene, USAREUR nachgeordnete, gleichwohl selbständige Dienste, Military Intelligence (MI), der Nachfolger des berühmt-berüchtigten CIC (Counterintelligence Corps), war Repräsentant der Südeuropazentrale der 66th Army Group in der Münchner McGraw-Kaserne und hatte als Dienst des Heeres ebenso Verbindungsoffiziere wie OSI (Office of Special Investigations), der Dienst der Luftwaffe, OSI nahm zugleich die Interessen von NI (Naval Intelligence) wahr, dem Dienst der Marine, dessen Europazentrale sich in London befand.

Über allem schwebte die Defence Intelligence Agency, der Nachrichtendienst des Pentagons, des amerikanischen Verteidigungsministeriums.

Bei diesem Zuständigkeitswirrwarr ist es sicherlich verständlich, daß sich der einzelne Verfassungsschützer vertrauensvoll an den Verbindungsoffizier der CIA wandte, zumal dieser sich im Ausland einer Allzuständigkeit für amerikanische Interessen berühmte. Dies wurde allerdings in aller Regel von dem FBI-Repräsentanten vehement bestritten, der seine Zuständigkeit für alle Fragen des Verfassungsschutzes als gegeben ansah, die durch Ermittlungen auf amerikanischem Territorium zu beantworten waren. Dennoch, trotz dieses Kompetenzkonfliktes, waren das FBI und die CIA, letztere unter der Anschrift »Head, Liaison Office, OCA, American Embassy, Deichmanns Aue, 5300 Bonn«, im Zweifel die angeschriebenen Verbindungsbüros, wenn die Initiative vom Verfassungsschutz ausging.

Für die sachliche Zuständigkeit amerikanischer Dienste in der Bundesrepublik galt im Kern folgendes: Die Amerikaner durften vom Boden der Bundesrepublik aus gegen die Staaten des Warschauer Vertrages und andere kommunistische Staaten arbeiten. Jedoch nicht, um, was wohl auch nicht beabsichtigt war, irgendwelche Freischärler in Mittelamerika zu unterstützen, die sich die Verwirklichung amerikanischer Parolen in die Fahnen geschrieben hatten. Sie durften sich bei ihrem Kampf gegen den Kommunismus auch der Kooperation deutscher Staatsbürger bedienen, wenn – und jetzt kam der große Pferdefuß – diese in einem besonderen Rechtsverhältnis zu ihnen standen. Unbestreitbar stand den Amerikanern die nachrichtendienstliche Oberhoheit über die deutschen Angehörigen des labour service zu, eine Art Hausarbeitertruppe der Militärverwaltung.

Wie aber war es bei den deutschen Mitarbeitern amerikanischer Firmen in Deutschland? Bei wieviel Prozent des Stammkapitals in amerikanischer Hand handelt es sich um eine amerikanische Firma? Auf diese Fragen war, so überraschend das klingt, eine verbindliche Antwort nicht zu erhalten. Aber auch wenn eine Beziehung der CIA zu einem Deutschen bekannt wurde, in aller Regel bei dessen Festnahme in einem osteuropäischen Land, war schnell eine Verbindung konstruiert, die den Betroffenen in dem geforderten besonderen Rechtsverhältnis zu amerikanischen Einrichtungen zeigte.

Bei der geographischen Lage der alten Bundesrepublik als Frontstaat des westlichen Bündnisses überrascht es nicht, daß nahezu alle amerikanischen Dienste durch Verbindungsoffiziere repräsentiert waren. Es waren überwiegend nette Kerle, verbindlich im Umgang mit ihren deutschen Kollegen, charmant gegenüber deren Ehefrauen, aber ausnahmslos, was man nie vergessen durfte, amerikanischen, nicht deutschen Interessen verpflichtet.

Persönlich kannte ich alle Verbindungsoffiziere der CIA und die der anderen Dienste, wie den gebürtigen Hamburger Jürgen Stuhr, der den Luftwaffendienst OSI repräsentierte; oder Harry H. Kaupp, der aus persönlichen Gründen von CIA Bonn nach

München zum MI wechselte. Kaupp hatte in der Fuchsstraße in Köln-Ehrenfeld seine Kindheit verbracht und dort, wo später das alte BfV stand, als Junge Fußball gespielt, bevor er nach Amerika auswanderte. Auch Earl G. Gernand zählte dazu, inzwischen seit fast zwanzig Jahren im Ruhestand, davor ein halbes Leben Repräsentant von USAREUR. Er war in Europa zum Europäer geworden und verbringt seinen Lebensabend am Rhein. Aber auch der schreckliche Gordon C. Mortensen zählte zu diesem Kreis, ein aufdringlicher, penetranter Mormone, der im Tausch mit Kaupp vom MI zu CIA gekommen war. Mortensen legte auch bei seinem neuen Dienstherren das Gehabe eines obrigkeitliche Macht demonstrierenden Besatzungsoffizier an den Tag. Man mußte ihm gelegentlich einen zwischen die Hörner geben, um ihm die Grenzen seiner Macht und eines Einflusses aufzuzeigen.

Sie und all die anderen repräsentierten ihre Dienste und nahmen deren Interessen wahr, sie kamen und gingen, nahmen andere Posten an anderen Stationen ihres Dienstes ein oder kamen von dort in die Bundesrepublik. Der weltweite Einsatz war schon faszinierend. Da war Dieter Horst Heinze, ein ebenfalls in Hamburg geborener OSI-Captain, der von Bonn aus ins San Fernando Valley in die Nähe der kalifornischen Küste versetzt wurde, oder John McCoy, der als einer der letzten Amerikaner am Ende des schmutzigen Krieges in Vietnam das aufgegebene Saigon im Hubschrauber verlassen hatte. Wenn man diesen alten nachrichtendienstlichen Fahrensleuten zuhörte, wenn sie von ihren Erlebnissen rund um den Erdball erzählten, dann konnte man getrost eine ganze Menge unter Seemannsgarn abbuchen. Es blieb aber immer noch genug übrig, um Gefahr zu laufen, die eigene Tätigkeit in den letzten Jahren, die Abwehrarbeit gegen das scheinbar allmächtige und allgegenwärtige Ministerium für Staatssicherheit der DDR als unbedeutenden mitteleuropäischen Bruderzwist abzutun.

Aber natürlich durfte man sich von dieser Lagerfeuerromantik nicht einschläfern lassen. Man mußte sich immer bewußt sein, daß man es mit Vertretern eines ausländischen Nachrichtendienstes zu tun hatte, dessen Interessen mit denen des eigenen Hauses nicht unbedingt deckungsgleich waren. Doch auch hier muß man differenzieren.

Zum einen ist die Interessenlage eines Aufklärungsdienstes grundsätzlich von der eines Sicherheitsdienstes verschieden. Ich habe schon bei der Darlegung der Arbeit gegen legale Residenturen versucht, dies deutlich zu machen. Natürlich waren die CIA-Vertreter auch an wirtschaftlichen und militärischen Informationen über die »Feindstaaten« interessiert, aber sie wußten sehr wohl, daß es nicht im Aufgabenkatalog des Verfassungsschutzes steht, derartiges zu sammeln.

Aber dafür hängten sie sich dort an den Verfassungsschutz, wo derartige Erkenntnisse zu erwarten waren. In den Notaufnahmelagern für Flüchtlinge und Übersiedler aus Osteuropa beschränkte sich der Verfassungsschutz im Rahmen seiner Zuständigkeit im wesentlichen auf Informationen über nachrichtendienstliche Sachverhalte und überließ die Befragung zu militärischen, politischen und wirtschaftlichen Themen den Aufklärungsdiensten. Nach meiner Beobachtung – und mir unterstanden im Laufe der Jahre alle diese Befragungsstellen –, war die Aufteilung zwischen BND und den in allen Lagern präsenten Amerikanern dergestalt, daß der militärische Bereich eine Domäne der US-Dienste, in erster Linie eine von Military Intelligence war.

Aber es gab auch schärfere Kontraste in der Interessenlage. Sie wurden, zumindest aus amerikanischer Sicht, dort deutlich, wo das BfV nicht bereit war, den Wissensdurst der Amerikaner zu stillen, sondern eigene operative oder administrative Ziele verfolgte. Daß die CIA bereit war, auch diese Hürde aus dem Weg zu räumen, habe ich etwa 1974/75 am eigenen Leibe erfahren.

Es war die Zeit, in der ich Sowjetreferent war, erwartungsvoll meiner Beförderung zum Regierungsdirektor entgegensah und, ohne mich loben zu wollen, vor operativen Ideen sprühte.

Eines Tages brachte Galon Peary, Mitarbeiter von CIA bei OCA, dessen Verbindungsstab damals entweder noch Gary Hahn oder schon Robert Velte als leitender Verbindungsoffizier repräsentierte, den dann John McCoy ablöste, einen Kollegen mit, den er als Jack Falcon vorstellte. Falcon stamme, so erläuterte Peary, vom operativen Teil der CIA in Deutschland, der seinen Sitz in Frankfurt am Main in der Hansaallee habe, und wolle sich um die Angehörigen der sowjetischen Botschaft kümmern. Um sich ungestört mit mir unterhalten zu können, luden Peary und Falcon mich zu einem Mittagessen in ein renommiertes Lokal ein, bei dem Falcon und ich uns zunächst gegenseitig berochen. Beim Auseinandergehen verabschiedete sich Falcon mit dem Hinweis, wir würden uns in Kürze wiedersehen.

Überraschend machte er sein Versprechen bereits einige Tage später wahr und wieder lud er mich zum Essen ein, diesmal in ein argentinisches Steakhaus, in dem schon damals ein Mittagessen nicht unter fünfunddreißig Mark zu haben war. An Sowjets schien mein neuer Kollege kein großes Interesse zu haben. Vielmehr erkundigte er sich nach meinen persönlichen Verhältnissen, nach meinen Neigungen, Hobbys, Reisen und ähnlichem. Bereitwillig erzählte er, ursprünglich Johannes Falkenstein zu heißen und aus dem Raum Aue im Vogtland zu stammen. 1933 sei er als Kind mit seinen jüdischen Eltern nach Amerika geflüchtet, wo er seinen Namen anglisiert habe. Beim Auseinandergehen trafen wir eine erneute Verabredung für die folgende Woche.

Am nächsten Tag unterrichtete ich meinen Gruppenleiter Wolfgang Eltzberg über meinen neuen Gönner. Eltzberg hatte zunächst aber nichts an Treffen von BfV-Referenten und von OCA eingeführten CIA-Offizieren auszusetzen. Seine Meinung änderte sich allerdings, als diese Einladungsfrequenz anhielt, für die es keine Parallele im Hause gab. Er warnte mich, obwohl er wohl genauso wenig wußte wie ich, wovor er mich warnte. Aber, so wird er sich gedacht haben, eine Warnung kann nichts schaden. Zudem zeugt sie, wenn sich Nachteiliges herausstellt, von Skepsis- und Menschenkenntnis, und die stehen beide einem Verfassungsschützer gut zu Gesicht.

Nach einem luxuriösen Dinner in einem japanischen Lokal in der Düsseldorfer Immermannstraße, wohin mich Falcon eigens bestellt hatte, lud er mich diesmal gemeinsam mit meiner Frau zu einem gemeinsamen Essen in die Wohnung der Eheleute Falcon nach Bonn-Bad Godesberg ein. Ich fühlte mich geschmeichelt, sind doch derartige tête-a-têtes die absolute Ausnahme im gesellschaftlichen Verkehr mit befreundeten Diensten. Zugleich verstand ich nicht, weshalb Falcon jedem Versuch von mir aus dem Wege ging, mich mit ihm über Sowjets zu unterhalten.

Als ich mit meiner Frau das Haus erreichte, in dem Falcons wohnten oder angeblich wohnten, fand ich zu meiner grenzenlosen Verblüffung als weiteren Gast Warren Frank vor, ein Junggeselle, der nach der Kleiderordnung überhaupt nicht zu mir paßte. Als stellvertretender Chef der CIA in Deutschland, als Deputy station chief, war er der Gesprächspartner der Amtsleitung im BfV, allenfalls noch der Abteilungsleiter, aber für einen kleinen Referenten, auch wenn er die Sowjets bearbeitete, doch eine überraschend große Nummer. An diesem Abend wurde kräftig getrunken; ich habe allerdings noch heute jede Phase deutlich vor Augen und meine Frau, die Trunkenheitssymptome bei mir deutlich registrierte, versicherte mir am nächsten Morgen, außer einer etwas schweren Zunge sei mir nichts anzumerken gewesen.

So gegen zehn Uhr ließ Falcon dann den Ballon platzen. Er sprach von unserer guten Zusammenarbeit und persönlichen Harmonie, von den gemeinsamen Mittagessen, die wir »doch beide genossen haben«, und fuhr dann fort: »Sie dürfen mich nicht falsch verstehen, wenn ich auch meinerseits einmal eine Bitte an Sie habe.«

»Aber Mr. Falcon«, gab ich zurück, bewußt etwas großmütig und gönnerhaft, »wenn Sie eine Bitte oder eine Frage haben, die ich erfüllen oder beantworten kann, sprechen Sie sie aus.«

»Na ja, da hätte ich schon etwas, das mir auf der Seele liegt und das mich interessieren würde. Der Weg über unsere Botschaft ist so groß und so bürokratisch. Und mir liegt häufig daran, bestimmte Informationen schneller zu bekommen. Man muß das Eisen schmieden, solange es heiß ist, so sagt man doch in Deutschland, nicht wahr?« fügte er lachend hinzu.

»Nun, Mr Falcon, wenn die Wege in Ihrer Botschaft so verschlungen sind, dann müßte vielleicht dort etwas verbessert werden. Wir geben Ihrem Dienst die Informationen, die Sie benötigen und die wir als für Sie geeignet ansehen. Wenn Sie daran etwas ändern wollen, müßte der Leiter des Liaison office oder Mr. Peary das Problem an unseren Abteilungsleiter herantragen.«

Falcon lachte erneut. Er hob sein Whiskyglas, stieß wohl zum zehnten Mal an diesem Abend mit mir an und fuhr fort: »Ach, Herr Tiedge, das sind doch alles Bürokraten. Sehen Sie einmal, Sie arbeiten operativ und ich arbeite operativ, Sie wollen Spione von Deutschland fernhalten und ich will Spione für Amerika gewinnen. Wir haben ganz unterschiedliche Ziele, aber«, er erhob erneut sein Whiskyglas, »wir haben einen gemeinsamen Feind, die Sowjetunion und hier in Deutschland die sowjetische Botschaft. Wir, Herr Tiedge, wir Operativleute müssen uns kurzschließen. Diese Bürohengste wie Hahn und Peary können Sie doch vergessen.« Irgendwo in meinem Hinterkopf begann ein Glöckchen zu klingeln. Ich blickte zu meiner Frau hinüber, die sich angeregt mit Mrs. Falcon und Warren Frank unterhielt und sich nicht um unser Gespräch kümmerte.

»An was für Informationen haben Sie denn gedacht?« fragte ich vorsichtig.

»An Informationen über Sowjets natürlich, an sonst gar nichts.«

»Aber die bekommen Sie doch über OCA«, gab ich zurück, wohl wissend, daß ich mich wiederholte.

Wieder lachte Falcon. »Aber. Herr Tiedge, ich sagte doch schon, das dauert unendlich lange. Und diese Informationen sind auch zu sehr gefiltert. Vieles davon ist für uns durch diese Filterung unbrauchbar geworden und kann nicht mehr in Aktionen umgesetzt werden. Und wenn Rückfragen entstehen, dann ist jede Spur eiskalt, bis wir da eine Antwort bekommen. Nein, nein, wir müssen das anders machen. Ich denke mir, wenn Sie mir Ihre Informationen geben, direkt, nicht über das Liaison office, und ich Rückfragen direkt an Sie richten kann, dann ist schon viel gewonnen. Sehen Sie, wir beide verstehen uns doch gut, und deswegen sage ich Ihnen auch: Wir sind an allem interessiert, auch an Dingen, die Ihnen unbeachtlich erscheinen, die Sie uns schriftlich niemals mitteilen würden, vielleicht auch gar nicht dürften. Aber ich wiederhole noch einmal, es geht um unser gemeinsames Interesse an der Sache und um die Intensivierung der Arbeit gegen den gemeinsamen Feind.«

Jetzt war die Sache klar, die Bombe war geplatzt. Dennoch fragte ich, nur um mir die letzte Sicherheit zu verschaffen: »Also an OCA und dem Verbindungsbüro vorbei ...«

Falcon nickte.

»... aber auch vorbei an meinen Vorgesetzten?«

»Genau so, Herr Tiedge, genau so!« Innerlich nahm ich Haltung an. Meine Stimme klang vermutlich förmlicher als beabsichtigt, als ich sein Ansinnen zurückwies.

»Nein, Mr. Falcon, das möchte ich nicht, nein. Bitte, wenn CIA offiziell an das BfV herantritt, bin ich gern bereit, auch neue Wege der Zusammenarbeit zu beschreiten. Aber so, auf Grund einer Absprache bei Alkohol – nein.«

»Ihr letztes Wort, Herr Tiedge?«

»Mein letztes Wort.«

»Na gut. Forget it.« Wieder lachte Falcon, der sich jetzt an alle Anwesenden wandte.

»Wo waren Sie eigentlich in diesem Jahr in Urlaub«, fragte er meine Frau. Eine halbe Stunde später saßen wir im Auto und fuhren nach Hause.

Die Gewißheit, Opfer eines gezielten Werbungsversuches eines angeblich befreundeten Dienstes geworden zu sein, erhielt ich erst in den nächsten Tagen, als ich immer wieder vergeblich versuchte, Falcon telefonisch zu erreichen, um mich bei ihm für den ansonsten netten Abend zu bedanken. Auch Peary und andere OCA-Vertreter antworteten ausweichend.

Wolfgang Eltzberg hatte ebenfalls nur ein leicht schadenfrohes Lachen für mich übrig. Einen Anlaß, bei OCA gegen den Werbungsversuch zu protestieren, sah er allerdings genauso wenig wie der Abteilungsleiter. Rausch zog nur bedächtig an seiner Pfeife, als ich mein Erlebnis schilderte und eine Reaktion des BfV anregte.

»Da kommt nichts bei raus. Die Leute sind nicht in Urlaub oder als Briefträger hier, sondern die betreiben Spionage. Ob sie einen Russen oder einen BfV-Beamten einspannen, ist ihnen zunächst einmal gleichgültig. – Aber trösten Sie sich, Sie haben sich vollkommen korrekt verhalten.« Damit war die Sache für das BfV erledigt. Aber auch ansonsten verlief sie im Sande. Jedenfalls habe ich Falcon nie wiedergesehen. Warren Frank, den ich bei einer Party einmal auf den Abend bei Falcons ansprach, entschuldigte sich, er sei derart mit den Damen ins Gespräch vertieft gewesen, daß er sich dem Gespräch von Falcon und mir nicht als Zuhörer habe widmen können. Vermutlich habe ich da irgend etwas falsch verstanden. Und Falcon, ja, der mache jetzt etwas anderes, er sei nicht mehr in Bonn.

Wenn man wissen wollte, wie die CIA oder die Amerikaner allgemein vorgehen, wenn sie nicht nur vertraglich garantiertes Gastrecht genossen, sondern im Rahmen der »Schutzmachtfunktion« Besatzungsrecht anwandten, dann mußte man sich mit den Kollegen vom LfV Berlin (West) unterhalten. Gut, es hat nach 1945 zwingende Gründe gegeben, Berlin (West) als Territorium anzusehen, das den Alliierten unmittelbar unterstand und in dem ihnen das originäre Hoheitsrecht zustand. Man denke nur an die Berlinblockade der Jahre 1948/49.

Aber ob die Fiktionen, die sich um die Begriffe »Berlin als Ganzes«, »Viermächteverantwortung« oder »Westberlin« rankten, diesen Status bis zum 3.10.1990 rechtfertigten, sei dahingestellt. Es war so und darüber soll nicht gerichtet werden.

Aber bis zum Ende oder, wenn ich aus eigenem Erleben und nicht aus eigenen Mutmaßungen berichten will, zumindest bis zum Sommer 1985, traten die Alliierten, allen voran die Amerikaner, den Berliner Behörden gegenüber als Besatzungsmacht auf. So war für das LfV jede Maßnahme mit politischer Außenwirkung erst nach Billigung durch die Militäradministration der »Schutzmacht« zulässig, deren Sektor Westberlins betroffen war. Fast alle vom LfV bearbeiteten Niederlassungen osteuropäischer Staaten – Konsulate, Militärmissionen u. ä. – lagen im attraktiven Süden, in Dahlem und Lichterfelde, und damit im amerikanischen Sektor der Stadt. Bei der nachrichtendienstlichen Bearbeitung dieser Objekte, in etwa nach den Kriterien der Bearbeitung legaler Residenturen durch das BfV, war das LfV auf die Brosamen angewiesen, die sie von den Amerikanern erhielten. Die bundesdeutschen Dienste BfV und BND überließen der CIA eine gewissermaßen akustische Kopie der bei der Telefonüberwachung osteuropäischer Vertretungen anfallenden Tonbänder, wenn auch mit bestimmten Bearbeitungskautelen. Das LfV in Berlin (West) erhielt hingegen lediglich Kopien der sogenannten »Theo«-Meldungen, von den Amerikanern gefertigte Niederschriften der Gespräche. Eine Möglichkeit, die Vollständigkeit zu kontrollieren, hatte das LfV nicht, aber Rosinen waren in dem Kuchen natürlich nicht zu finden.

Aber selbst für die Eingriffe deutscher Behörden in die Rechte deutscher Bürger waren die Alliierten zuständig. Wollte das LfV den Anschluß eines verdächtigen Westberliner Bürgers überwachen, mußte, wie auch beim BfV, ein Antrag gestellt werden. Dieser wurde aber nicht an den nach Bundesvorstellungen zuständigen Innensenator gerichtet, sondern von dem Innensenator dem jeweiligen militärischen Oberbefehlshaber vorgelegt, der dann nicht auf Grund eines Gesetzes, sondern auf Grund seiner persönlichen Meinung entschied. Umgekehrt waren die Amerikaner, wie auch die Briten und die Franzosen, die sich beide aber wesentlich moderater verhielten, dem LfV keine Rechenschaft schuldig, welche Telefonanschlüsse der Stadt sie überwachten und wessen Post sie mitlasen.

Der frühere, für Spionageabwehr und Sicherheit zuständige Unterabteilungsleiter IV (4) der Verfassungsschutzbehörde Berlin, der Leitende Senatsrat Heinrich Schmidt-Westhausen, pflegte auf G-Tagungen zu erklären, er gehe von einer totalen Telefonüberwachung seines Dienstes aus. Seine Gespräche nach »Westdeutschland« und die seiner Mitarbeiter höre das MfS mit und alle Gespräche, gleich ob Fern- oder Stadtgespräche, die Amerikaner. Wie total die Telefonüberwachung, zumindest seitens des MfS in Wirklichkeit war, wurde erst nach der Wende offenkundig.

Mein Berliner Kollege Horst Freimark, der mit seinem Vorgesetzten Schmidt-Westhausen in einer Art Dauerfehde lag, gab ihm in diesem Falle allerdings ausnahmsweise recht. Zugleich beklagte er die nicht enden wollende Bevormundung durch die amerikanischen »Verbindungsoffiziere«. Er hätte selbst einmal zu Beginn der siebziger, vielleicht auch schon Ende der sechziger Jahre, erheblichen Ärger mit der CIA gehabt, weil er ohne ihre Zustimmung einen Diplomaten aus der polnischen Botschaft in Ostberlin nachrichtendienstlich angesprochen hatte. Es war eine Aktion aus dem Stand, ein Schuß aus der Hüfte, was Freimark unternommen hatte. Er selbst war fast mit wehenden Rockschößen gerade noch rechtzeitig zu einem solchen Gespräch eingetroffen. Die Ansprache mißlang, wie nicht anders zu erwarten war, ein Grund mehr für die CIA, Vorwürfe zu erheben.

Trotzdem wurde Freimarks Loyalität gegenüber den Alliierten nur noch durch seine »Bundestreue« überboten. Schließlich war er es, der am 18. Januar 1979 Werner Stiller nach dessen eigenmächtigem Grenzübertritt den Weg zu den BND-Repräsentanten in Berlin gewiesen hatte. Der hilflos am Flughafen Tegel umherirrende Stiller hatte sich in seiner Not an die Polizei gewandt, die darauf den ihnen bekannten Freimark unterrichtete. Und Freimark, dem gegenüber Stiller seine Identität und seine Anbindung an den BND preisgegeben hatte, tat dies, ohne dem Überläufer auch nur eine einzige Frage zu stellen. Dabei war der leidenschaftliche Nachrichtenmann Freimark Referatsleiter IV (4) D, »DDR-Dienste, operativ«.

Jedesmal, wenn ich vom LfV Berlin (West) nach Köln zurückflog, war ich froh, nur »meinen« Ärger mit der CIA zu haben. Zu stark befremdete mich in Berlin die Abhängigkeit der Kollegen von ausländischen Nachrichtendiensten. Dabei war trotz allem die Zusammenarbeit des BfV mit den Amerikanern, auch mit der CIA, nicht schlecht. Die schon wiederholt erwähnte unterschiedliche Interessenlage beider Dienste stand einer systematischen, auf Dauer angelegten, gemeinsamen Zielverpflichtung im Wege. Die Zusammenarbeit beschränkte sich auf konkrete Hilfeleistung und Unterstützung im Einzelfall, wobei ich mich bemüht habe, die »Highlights« zu schildern. Die Hilfe der CIA bei der Ausschleusung Fülles, die Übernahme Kirchners, die zur Festnahme Börnichens in Goslar führte, dies alles waren Einzelfälle, die der Pflicht zur Zusammenarbeit nach dem erwähnten NATO-Zusatzabkommen geschuldet war.

Selbst die Bearbeitung legaler Residenturen, auch der sowjetischen, brachten zwar intensive Kontakte, aber keine gemeinsame Fallbearbeitung mit sich. Ich kenne keinen Fall mit oder ohne meine Beteiligung, in dem der eine Dienst dem anderen Observationshilfe erbracht hätte, in dem eine gemeinsame Ansprache erfolgt wäre, ja, nicht einmal Fälle, in denen geringere operative Maßnahmen zur Erreichung eines gemeinsamen Zieles ergriffen worden wären.

Ich kann nur vermuten, daß die Zusammenarbeit der CIA mit dem BND intensiver und systematischer war. Aber nach dem »need-to-know«-Prinzip werden Fragen in dieser Hinsicht grundsätzlich nicht beantwortet, und aus diesem Grunde ist es ein selbstverständlicher Akt der Höflichkeit, sie überhaupt nicht erst zu stellen.

Aber es gab noch einen schmerzhaften und unangenehmen Bereich, in dem das BfV mit der CIA korrespondierte – den Austausch im Ostblock festgenommener Agenten. Dabei habe ich die Feststellung machen müssen, daß sich die CIA durch eine Art »vornehmer« Zurückhaltung gelegentlich Menschen gegenüber aus der Verantwortung stahl, die auf sie fixiert, ja, von ihr abhängig waren.

So hatte mir ein haftentlassener CM neben der Schilderung eigener Erlebnisse berichtet, in der Strafvollzugseinrichtung Bautzen II die Bekanntschaft eines gewissen Frohn aus der Bundesrepublik gemacht zu haben, der sich von »seinem« Dienst vergessen fühlte. Frohn habe im Auftrag eines westlichen, nicht näher bekannten Dienstes einen in der DDR wohnhaften Verwandten angebahnt, der über interessante, wissenschaftlich-technische Zugänge verfügt habe. Der Fall sei von den Sicherheitsorganen der DDR aufgedeckt und der Bundesbürger zu einer langjährigen Freiheitsstrafe verurteilt worden. Er fühlte sich nun von aller Welt verlassen, zumindest sah er kein Anzeichen, daß sich »sein« Dienst überhaupt noch um ihn kümmere.

Im BfV lag über Frohn nur eine dünne Akte vor, die im wesentlichen eine einige Jahre alte Korrespondenz mit der CIA enthielt, aber ohne daß deren operatives Interesse erkennbar geworden wäre. Auch in der Austauschliste beim Abteilungsleiter I, ein Verzeichnis aller »in die besonderen Bemühungen der Bundesregierung« einbezogener Quellen aus der Bundesrepublik war er weder namentlich noch, wie häufig üblich, mit seinen Initialen aufgeführt. Ich bat also Edward A. Ely, einen späteren Nachfolger Pearys, zu mir und schilderte ihm das Problem. Kurz danach teilte mir Ely etwas verlegen mit, in der Tat habe zu Frohn eine Verbindung mit der vom CM zutreffend geschilderten Zielrichtung bestanden.

Eigentliche Zielperson sei nämlich Wolf-Georg Frohn gewesen, ein Vetter des gleichnamigen Bundesbürgers. Er sei als wissenschaftlicher Mitarbeiter bei den Carl-Zeiss-Werken in Jena mit Forschungen an optischen Präzisionsgeräten beschäftigt gewesen, an deren Ergebnissen seitens der Amerikaner ein großes Interesse bestanden habe. Leider sei die Verbindung aufgeplatzt und beide Frohns verurteilt worden, der Bundesbürger zu einer langjährigen, der DDR-Bürger gar zu einer lebenslangen Freiheitsstrafe.

Als ich Ely gegenüber meine Verwunderung zum Ausdruck brachte, wieso die CIA noch keine Bemühungen unternommen habe, die Freilassung ihrer Agenten zu erreichen – immerhin waren seit der Verurteilung über zwei Jahre vergangen –, nahm dessen Verlegenheit noch zu. Leider sei der Fall, räumte er ein, in seiner Dienststelle »in Vergessenheit« geraten. Ein gutes Jahr später, etwa 1983 oder 1984, war der Bundesbürger Frohn wieder zu Hause, ausgetauscht gegen irgendwelche östlichen Spione. Sein Verwandter aus der DDR mußte sich noch bis zum 11. Februar 1986 gedulden, ehe er im Rahmen eines internationalen Agententausches wieder in Freiheit kam. Zu diesem Zeitpunkt war ich allerdings schon ein halbes Jahr in der DDR.

Es war und es ist mir persönlich unverständlich, wie man einen Menschen vergessen kann, der nur deswegen hinter Gitter gekommen ist, weil er sich für mich und die von mir propagierten Ideale eingesetzt und engagiert hat, selbst wenn er es nur um des Geldes willen getan haben sollte. Aber auch das BfV konnte sich da nicht freizeichnen; Ottomar Ebert mußte nur deswegen dreizehn Jahre in Bautzen einsitzen, weil Hans Watschounek, in dessen Bereich er, wenn auch nur kurz, geführt worden war, ihn ebenfalls vergessen hatte. Aber seine Freilassung wurde auch von CIA nicht betrieben, mit der Ebert über Jahre kooperiert hatte. Im BfV war dies ein peinlicher Einzelfall, während wir bei CIA derartige Feststellungen wiederholt machen mußten. In mir entstand der Eindruck, der Dienst vernichte die Akte, wenn die Quelle in Schwierigkeiten gerate oder aus anderen Gründen an der Lieferung von Informationen gehindert sei.

Aber auch wider besseren Wissens hat sich CIA gelegentlich ihren Verpflichtungen entzogen, die nach Auffassung des BfV unbestritten gegeben waren. Dies wurde mir deutlich, als ich bei einem Austausch, wieder in Herleshausen an der hessisch-thüringischen Grenze, einen gewissen Cornelius kennenlernte. Cornelius war nach vierjähriger Strafhaft entlassen worden und kam auf Initiative des Bundesministeriums für Innerdeutsche Beziehungen im Rahmen eines Agentenaustausches zurück in die Bundesrepublik, ohne daß ihn ein Vertreter eines Dienstes abgeholt hätte.

So nahm ich ihn, nachdem ich einen haftentlassenen CM, einen jungen Angestellten eines Hamburger Meldeamtes, der vom dortigen LfV geführt worden war, in Bad Hersfeld seinem Fallführer übergeben hatte, mit in den Raum Frankfurt, wo er mit seiner Familie in Oberursel wohnte. Es lag auf meiner Strecke, am nächsten Tag war ich in Wiesbaden verabredet.

Unterwegs erzählte mir Cornelius, er habe früher König geheißen und sei Sicherheitsoffizier der SED-Bezirksleitung Dresden gewesen. Vor 1961 habe er sich in Berlin (West) bei den dortigen Behörden gemeldet und sei für etwa ein Jahr von den Amerikanern im Camp King in Oberursel befragt worden. Anschließend sei sein Name in Cornelius geändert und er selbst in eine berufliche Position vermittelt worden, die ihm in den vergangenen zwanzig Jahren einen bemerkenswerten Aufstieg ermöglicht habe. Seine Fahrt von Berlin (West), wo er sich geschäftlich aufgehalten habe, in den Ostteil der Stadt sei purer Leichtsinn gewesen und allein seiner Neugier entsprungen, die »Hauptstadt der DDR« in ihrer derzeitigen Gestalt wiederzusehen. Aus den fünfziger Jahren habe er sich mehr an Trümmerberge als an etwas anderes erinnert. Aber die Fahrt sei halt schiefgegangen, meinte er fatalistisch, man habe ihn wegen seines damaligen Verrates verurteilt und eingesperrt. Mit seiner Bitte und meiner Zusage, den US-Dienst zu unterrichten, verabschiedeten wir uns, nachdem ich einmal mehr Zeuge tränenreicher Wiedersehensfreude werden mußte.

CIA wurde damals auf der Peary/Ely-Ebene von einer jungen energischen Frau repräsentiert, deren Name mir leider entfallen ist. Diese lehnte eine Kontaktaufnahme zu Cornelius ab, da dieser nicht im Zusammenhang mit einer nachrichtendienstlichen Kooperation in der DDR festgenommen worden sei. Eine formell sicherlich vertretbare, vom menschlichen Standpunkt eine allerdings unverständliche Entscheidung. Wenn das die Arbeitsweise der CIA war, Engagement nur gegen Informationen zu entfalten, dann sagte ich mir, konnten einem die Überläufer seit Anatolij Golyzin und Jewgenij Runge, die in Amerika glaubten, ihre Zukunft zu finden, leid tun.

Nun will ich aber CIA weiß Gott nicht als verlotterten, verantwortungslosen Haufen abtun. Es wäre unaufrichtig, nicht zu erwähnen, daß ich auch angenehme Erinnerungen an die Zusammenarbeit habe. Die meisten Verbindungsoffiziere waren für amerikanische Verhältnisse gebildete und kultivierte Leute, wenngleich sie als Kinder der Neuen Welt alle ein gebrochenes Verhältnis zur Geschichte hatten. In ihren Augen ist die älteste, historisch relevante Jahreszahl 1776, das Jahr der Unabhängigkeitserklärung der Vereinigten Staaten. Was vor 1492 liegt, dem Entdeckungsjahr ihres Kontinents, ist ancient time, Altertum.

Sie staunten meist verständnislos, wenn ich ihnen im Parkhaus am Dom in Köln original römische Brunnen aus dem ersten nachchristlichen Jahrhundert zeigte oder die alte Stadtmauer in der Komödienstraße, deren Kern seit nahezu zweitausend Jahren an dieser Stelle steht. Unbegreiflich für ein Volk, das alles, was älter als fünfzig Jahre ist, mit dem Zusatz »Memorial« versieht.

Diesen Eindruck gewann ich vor allem in Washington, DC, wohin ich, als rangniedrigster Verfassungsschützer, im Jahre 1971 eine Good-Will-Reise machte, eine im Grunde reine Vergnügungsreise, die der hessische G-Leiter Karl-Heinz Engelke über seinen alten Freund Peary eingefädelt hatte. Eigentlich sollte auch Eltzberg dabeisein, dessen Teilnahme aber Rausch wegen einer gleichzeitig in London stattfindenden Besprechung absagte. So war neben Engelke, Peary und mir »Fritze« Michel der vierte im Bunde, damals Gruppenleiter in der Abteilung IV, den seine Jugendjahre als Offizier im Krieg nachhaltig geprägt hatten. Er wäre beinahe, so wurde er nicht müde zu erzählen, mit siebenundzwanzig Jahren Oberst geworden.

Nun war eine USA-Reise im Jahre 1971 noch etwas anderes als heute, wo man für weniger Geld nach New York fliegen kann, als ich noch 1985 für einen Flug nach Stockholm bezahlt habe. Der Dollar stand damals noch, unglaublich für die heutige Zeit, bei DM 3,66. New York war überwältigend, das World Trade Center, damals das höchste Gebäude der Welt, stand kurz vor seiner Vollendung, die Landschaft im Monat Mai faszinierend, vor allem bei der Autofahrt über den Pennsylvania Turnpike, durch das Amish County und die Parklandschaft Marylands, Washington selbst geruhsam und ansehnlich, die Great Falls, die Wasserfälle des Potomac River oberhalb der Hauptstadt, eindrucksvoll. Als dienstliche Alibiveranstaltung stand während unserer vier Tage in Washington täglich ein »Briefing«, ein Vortrag bei jeweils einem anderen Dienst auf dem Programm. Die Vortragenden, nachrichtendienstliche Touristen aus aller Welt gewohnt, faßten sich kurz, so daß genug Zeit für Besichtigungen und Stadtbummel übrigblieb.

Als ich von Dulles International Airport bei Washington mit einer Maschine der Bundesluftwaffe zurückflog, war ich sicher, dieses Land, an dessen Ostküste ich nur gekratzt hatte, einmal wiederzusehen. Ich wollte mit meiner Frau zusammen hierher fahren, deren Jugendtraum es war, einmal auf dem Broadway spazierengehen zu können. Aber alles kam anders. Heute komme ich leichter nach Wladiwostok oder an den Baikalsee als nach New York – hin in und zurück natürlich!

Das Kapitel wäre aber unvollständig, würde ich ein Erlebnis verschweigen, in dem ich mich nach meinen Vorstellungen bis auf die Knochen blamiert habe. Es steht im Zusammenhang mit einem dienstlichem Besuch aus Kanada, und ich glaube, die Erwähnung dieses zweitgrößten Landes der Erde im Kapitel über »die Amerikaner« ist zwar nicht zwingend geboten, aber zumindest aus geografischen Gesichtspunkten vertretbar.

Ich holte Mitte der siebziger Jahre zwei Kollegen der RCMP, der Royal Canadian Mounted Police, am Flughafen Köln / Bonn ab und brach mit ihnen zu einer Fahrt nach Hamburg auf, wo sie mit der Künast, die mir damals unterstand, über nachrichtendienstliche Aspekte der Schiffahrt sprechen wollten. Um ihnen während ihres Aufenthaltes in Deutschland auch etwas von dessen Schönheiten zu zeigen, unterbrach ich die Fahrt in Celle.

Für sie war die Stadt eine Art Disneyland, und nur allmählich begriffen sie, daß die Jahreszahlen aus dem sechzehnten Jahrhundert an den schmucken Häusern tatsächlich das Jahr der Erbauung angaben und keine Folge nostalgischer Bemalung waren. Als ich sie in den Ratskeller führte und ihnen, wenn auch mit Mühe, die Speisekarte übersetzte, kamen sie aus dem Staunen nicht heraus, dort Wildschweinbraten angeboten zu bekommen.

»Oh! Wild living pigs!« rief einer von ihnen, »fabulous old Europe!« Auf der Weiterfahrt nach Hamburg bereitete ich sie dann auf die Besprechung mit der Künast vor, deren Schwerpunkt damals noch die Schiffahrt war, die »Abwehr des nachrichtendienstlichen Angriffs von See her«. Ich führte aus, daß die Künast vor dem Problem stehe, Gebiete mit unterschiedlichen Schiffahrtsbedingungen unter Kontrolle halten zu müssen und begann, den Kümoverkehr der Ostsee mit dem weltweiten Güterverkehr der Nordsee zu vergleichen und einander gegenüberzustellen.

»Yes, I see«, unterbrach mich einer der Kanadier, »we have two coasts, too.«

Kanada hat auch zwei Küsten. Ich hätte in die Erde versinken mögen.

Elftes Kapitel
DREI JAHRE BEI ABTEILUNG V

Wenn ich mich an meine Zeit im Verfassungsschutz zurückerinnere, dann waren die Jahre bis 1976 die schönsten. Sie waren gekennzeichnet von tiefer Befriedigung und uneingeschränkter Identifizierung mit der Aufgabe und wurden eingerahmt von einem privaten Leben ohne wirkliche Sorgen und Probleme. Ihnen aber folgten drei Jahre, die ich damals als die bittersten und dunkelsten empfunden habe, als die Zeit des Exils und der ungerechtfertigten Verbannung. Es ist die Zeit, die ich in der Abteilung V des BfV, der Abteilung Sicherheitsüberprüfungen, habe verbringen müssen, vom 1. Juli 1976 bis Ende April 1979. Daß es zu diesem »Archipel Gulag« in meinem Leben kam, daß sich der blaue Himmel über mir und meinem Stuhl als Leiter des Sowjetreferats verdunkelte, daran trug ich sicherlich einen Teil mit bei. Entscheidend aber waren die veränderten personellen Strukturen im BfV.

Ich selbst war hochmütig geworden in den Jahren meines Aufstiegs. Aus den beruflichen Anfängen war ich über das Berichtereferat und die Satelliten im Februar 1971 bei den Sowjets angekommen. Mein Wort galt etwas in Fachkreisen, ich hatte Mitarbeiter, die, sieht man von wenigen Ausnahmen ab, überdurchschnittlich qualifiziert waren, genoß Ansehen bei meinen Vorgesetzten und meinen Kollegen, mein Privatleben bot ausschließlich Anlaß zur Freude, eine liebe Frau, drei gesunde Kinder, keine finanziellen Probleme – kurz, wie in Schillers Ballade der König Polykrates hätte ich ausrufen mögen: Gestehe, daß ich glücklich bin!

Zugleich aber sah ich dieses Glück als meinen Verdienst an, als Entgelt für erbrachte Leistungen, die in meinen Augen deswegen so beachtlich waren, weil ich die der anderen, der Kollegen nicht kannte. Auch wuchs in meinen Augen die eigene Leistung an der Bedeutung des Gegners; gegen den sie erbracht wurde. Und was waren die anderen Dienste schon gegen den Dienst der damaligen Weltmacht Sowjetunion? Kinderkram, Nebensächlichkeiten. Und so steigerte ich mich in die Überzeugung, daß bestimmte Gesetze, ohne die eine Behörde, ja jede menschliche Gesellschaft, nicht funktioniert, für mich keine Gültigkeit haben, für mich, den selbsternannten George Smiley des BfV!

Damals wäre ein ernstes Wort des von mir doch so geschätzten neuen Präsidenten Dr. Richard Meier im Gespräch unter vier Augen, für mich eine deutliche Warnung, ein Schuß vor den Bug gewesen. Ein solches Gespräch hätte mich sicherlich auf den Boden der Realitäten heruntergeholt. Nun, Dr. Meier führte ein solches Gespräch nicht, und ich habe keinerlei Veranlassung, ihm hieraus einen irgendwie gearteten Vorwurf zu machen. Statt dessen gab der veränderte Apparat lediglich versteckte Signale ab, Zeichen der Warnung, die ich in meiner Verblendung überhörte und erst später als solche deutete.

Ja, der Apparat, das Amt hatte sich verändert, wenn auch auf den ersten Blick nicht nachteilig für mich. Dr. Meier war Mitte 1975 dem letztlich glücklosen Dr. Nollau als Präsident gefolgt, ebenso wie Hellenbroich Abteilungsleiter Spionageabwehr geworden war, als Rausch Ende desselben Jahres nach München ging. Auch auf dem Stuhl meines unmittelbaren Vorgesetzten hatte es einen Wechsel gegeben. Wolfgang Eltzberg, seit fünf Jahren mein Gruppenleiter, war ebenfalls Ende 1975 zur Abteilung V gegangen. Er wollte dort lieber der Nachfolger als bei der Abteilung IV der Untergebene des sechs Jahre jüngeren Hellenbroich sein, verständlich als Reaktion eines Mittvierzigers.

Sein Nachfolger, Heinrich Reginald Weyde, wurde etwa 1922 in Riga geboren, erlebte das Kriegsende als junger Offizier und fand Anfang der fünfziger Jahre den Weg zum BfV. Nach Ablegung der Laufbahnprüfung für den höheren Dienst, zusammen mit Hans Watschounek und Fritz Michel, übertrug ihm der erste Chef der Abteilung Spionageabwehr, Richard Gerken, wegen seiner russischen Sprachkenntnisse die Leitung des Beschaffungsreferates »Sowjetunion und Satelliten«. Nach dem personellen Neubeginn am 2.1.1964 als Folge der Telefonaffäre wurde er zusätzlich Stellvertreter des neuen Gruppenleiters Rausch. Über diesen zog er bei einer gemeinsamen Autofahrt mit dem ebenfalls neu ernannten Abteilungsleiter Dr. Meier her, ohne zu ahnen, daß dieser dem Gescholtenen alles erzählen werde. Denn Dr. Meier hatte zwar an Weyde einen Narren gefressen, fühlte sich andererseits aber Rausch gegenüber nahezu freundschaftlich verbunden. Weyde verlor seine Funktion als Rauschs Stellvertreter und nach dessen Berufung zum Abteilungsleiter im Mai 1970 auch die als Referatsleiter in der Spionageabwehr. Er wechselte zwangsweise zur Abteilung Ausländerextremismus, bis ihn der inzwischen zum Präsidenten aufgestiegene Dr. Meier nach Eltzbergs Weggang als Gruppenleiter in die Abteilung IV zurückholte.

Weydes offensichtlich angeborene Neigung, sich hinter dem Rücken der Betroffenen negativ über sie zu äußern, schien schon in seinem Erscheinungsbild und seinem Gehabe zum Ausdruck zu kommen.

Er war von überschlankem, nahezu knabenhaftem Wuchs, aber hochgewachsen, und trug ein ständiges grimassenhaftes Grinsen zur Schau, gegen das sich das permanente Lächeln des früheren niedersächsischen Ministerpräsidenten Ernst Albrecht wie ein Ausdruck zutiefst empfundener Zuneigung und Herzlichkeit ausnahm.

Weyde stimmte mit diesem Grinsen, noch um einen Zug der Unterwürfigkeit angereichert, dem jeweils ranghöchsten seiner Gesprächspartner zu, ohne daß diese Zustimmung als Ausdruck der inhaltlichen Übereinstimmung mißdeutet werden durfte. Er war eben ein Mann, der den »überholenden Gehorsam« zum Lebensprinzip erhoben hatte. Mit diesem Bonmot hat von Hoegen später einmal das Verhalten einiger Ministerialbeamter im Umgang mit ihrem jeweiligen Minister gegeißelt. Auch Weyde las seinen Vorgesetzten jeden Wunsch von den Lippen und den Augen ab, und tat bei ihrer Erfüllung aus vordergründiger Ergebenheit, Opferbereitschaft und Freude an der Pflichterfüllung, in Wahrheit aber aus nacktem, speichelleckerischem Karrierestreben des Guten, mitunter auch des Bösen zuviel und verlangte dergleichen von seinen Mitarbeitern. Diese Eigenschaften machten Weyde im dienstlichen Umgang zu einem unangenehmen, geborenen Intriganten. Aber auch privat war er wenig gelitten. Seine Mitbewohner in der Corrensstraße in Köln-Riehl gaben ihm, diesmal hinter seinem Rücken, wegen seiner zartgliedrigen Gestalt den Spitznamen »Ärschchen«, bis Weyde mit Frau und Tochter um 1970 in einen eigenen Bungalow nach Liblar in der Voreifel umzog. Selbst Dirk Dörrenberg, sonst ein Meister in der Taktik des eigenen Verhaltens, der selten zu einer klaren und eindeutigen Meinungsäußerung zu verleiten war, grinste hämisch, als er mir das erzählte. Er war in der Corrensstraße großgeworden, einer der Nachbarn von Weyde.

Ich kam mit »Reggie«, wie er als Referatsleiter von seinen Mitarbeitern genannt worden war, nicht zurecht; zwischen ihm und mir kam es während der Monate unserer »Zusammenarbeit« wiederholt zu lautstarken Auseinandersetzungen über Ziele und Methoden der Spionageabwehr.

Anfang Juni 1976 kam ein erschütterter Manfred Schönert in mein Zimmer. Schönert, bis dahin seit fast zehn Jahren als Referatsleiter zuständig für die tschechoslowakischen Nachrichtendienste, teilte mir fassungslos und mit Tränen in den Augen mit, Hellenbroich habe ihm soeben seine Umsetzung zur Abteilung »Rechtsextremismus« eröffnet. Insgeheim atmete ich auf. Neue Herren fordern meistens Blutzoll, schon um ihre eigenen Protegés auf förderungswürdige Posten zu hieven. Dieser Schierlingsbecher schien also an mir vorübergegangen zu sein.

Doch am nächsten Tage brach die Katastrophe dann über mich herein. Jede Szene, jede Sekunde dieses Ereignisses ist mir gegenwärtig. Ich kam von der Toilette, als mir Hellenbroich und Weyde auf dem Flur begegneten.

»Ach, Herr Tiedge«, sagte Hellenbroich unverfänglich, »gut, daß ich Sie gerade treffe. Kommen Sie doch bitte einmal mit.«

Bereitwillig folgte ich beiden in Hellenbroichs Zimmer am Ende des Präsidentenflures, in der festen Überzeugung, es gäbe irgend etwas Dienstliches zu besprechen.

»Herr Tiedge«, eröffnete mir Hellenbroich, sobald wir Platz

genommen hatten. »Ich habe Ihnen etwas mitzuteilen, was Ihnen sicherlich nicht gefallen wird. Ab nächsten Ersten, also ab 1. Juli, gehören Sie nicht mehr der Abteilung IV, sondern der Abteilung V an. Ihr neuer Abteilungsleiter wird eine neue Verwendung für Sie finden ...«

Fassungslos starrte ich Hellenbroich an. Ungläubig hörte ich, wie er mir mangelhafte Leistungen vorwarf und mir empfahl, es ihm gleichzutun und in juristischen Fachzeitschriften über ausgesuchte Themen zu publizieren, um den konzentrierten Umgang mit einem Problem neu zu erlernen. Mir, dem weder Meier noch Hellenbroich, weder Eltzberg noch Weyde auch nur einmal Vorhaltungen allgemeiner Art gemacht hätten, mir, dessen Vorschläge bei Vorlagen fast immer kommentarlos zugestimmt worden war, mir wurde der Stuhl vor die Tür gesetzt. Wenn ich in etwas einen Trost fand, dann in der verlegenen Röte in Hellenbroichs Gesicht.

Dieser Mann, das sah ich trotz meiner Erregung, sprach nicht aus einer inneren Überzeugung, dieser Mann spielte sich und mir Theater vor. Ein Blick in Weydes Gesicht, nahezu verunstaltet von einem diabolischen Grinsen, bestärkte mich in meiner Vermutung. Die alte Verbindung Meiers zu Weyde fiel mir ein und natürlich Meiers abfälliges Urteil über meine Sandalen zur Beförderung, Wortlos verließ ich den Raum. Mein Nachfolger wurde Rainer Walter, den Hellenbroich von der Abteilung V her kannte und dessen weitere Förderung er für angezeigt hielt.

»Na, Herr Weyde, jetzt haben Sie ja die jungen, unerfahrenen Referenten, die den Unsinn glauben, den Sie ihnen erzählen«, knurrte ich, als ich mich, der Form halber, bei ihm verabschiedete. Weyde gebot jetzt über drei junge Referatsleiter, alle noch Beamte auf Probe. Neben Rainer Walter, der die Sowjets, und dem 1974 ins Amt gekommenen Hans-Jürgen Richter, der die Polen und die Rumänen bearbeitete, auch über einen gewissen Reinders, der an die Stelle Schönerts getreten und für die tschechoslowakischen Dienste zuständig war. Zwei Jahre später schob Hellenbroich ihn in eine andere Abteilung ab, nachdem dieser wiederholt Weisungen des Abteilungsleiters vorsätzlich mißachtet hatte. Zum Glück war in diesem Trio Hans-Jürgen Richter, der bei weitem talentierteste von ihnen, auch der »dienstälteste« Referatsleiter in der von Weyde geleiteten Gruppe IV C. Ich hatte dem Berufsanfänger Richter zwei Jahre zuvor die ersten Schritte in der Spionageabwehr beigebracht. Jetzt, nach gut zwei Jahren, war Richter durchaus in der Lage, selbst zu laufen, ja, er war seinem Chef an persönlicher Lauterkeit ohnehin, aber auch an Überzeugungskraft und Einfallsreichtum haushoch überlegen. Allerdings kam sich Hans-Jürgen Richter als Beamter auf Probe in der Rolle des stellvertretenden Gruppenleiters selbst eigenartig vor.

Für mich aber war die Welt schlagartig öde und grau geworden. Ich fühlte mich wie ein leidenschaftlicher Organist, dem man die Orgel weggenommen hatte und dem man zum Trost eine Blockflöte reicht, wie ein Formel-1-Pilot, den man als Baggerfahrer einsetzt. Es ist mit Worten schwer auszudrücken, was man empfindet, wenn man eines so wichtigen, essentiellen Teils seines Lebens beraubt wird. Ich war ja nicht mit Leidenschaft Verfassungsschützer schlechthin, der bereit ist, jede Tätigkeit, die dieser Sicherheitsdienst in seinem breiten Spektrum bietet, mit der gleichen Intensität zu bearbeiten. Ich hatte mich in diesen zehn Jahren ausgerichtet auf die Spionagebekämpfung, wo Reaktionsvermögen und Einfallsreichtum, Listigkeit und Menschenkenntnis die entscheidenden, gestaltenden Faktoren waren. Wie sollte ich mich an einen gebetsmühlenartig ablaufenden Behördentrott gewöhnen können, den die Abteilung Sicherheitsüberprüfungen schon aus der Ferne bot?

Ich fühlte mich dem System geopfert, das im BfV herrschte, einem System, in dem die Mitarbeiter wie Steine in einem großen Spiel nach Belieben hin und her geschoben werden konnten. Niemand hält es für nötig, die Betroffenen zu fragen, ob sie mit ihrer Umsetzung einverstanden waren. Niemand nahm Rücksicht auf ihre persönlichen Neigungen, Interessen, ja selbst Qualifikationen. Natürlich wirkt es schmerzlindernd, mit ansehen zu können, daß auch »gekrönte Häupter« des Bundesamtes für Verfassungsschutz, Präsidenten und Vizepräsidenten von einem ähnlichen, vermutlich noch härteren

Schicksal ereilt werden, hießen sie nun Dr. Meier oder später Hellenbroich, Dr. Nollau oder Bardenhewer. Das »Hosianna« mag ihnen noch in den Ohren geklungen haben, als das »Kreuziget ihn« schon in die Tat umgesetzt wurde. Den Schmerz anderer kann man rational nachvollziehen, den eigenen Schmerz aber, den muß man erleiden. Und deshalb ist der Schmerz anderer auch kein Trost, jedenfalls nicht auf Dauer.

Da hatte einem mein Schuhwerk nicht gefallen, einem anderen war mein Bauch zu dick, dem dritten war ich überhaupt im Wege, und so wurden Nägel mit Köpfen gemacht und der unliebsame Beamte umgesetzt.

Aber es gab noch etwas, was Meiers Entscheidung beeinflußt hatte, mich aus der Spionageabwehr, seiner eigenen alten Abteilung, zu entfernen. Einige Tage nach dem Gespräch bei Hellenbroich traf ich Hugo Bördgen. Ich fragte auch ihn, den alten Skat-Kumpel und letztlich liebenswerten Kollegen, ob er vielleicht Näheres über die Hintergründe meiner Abberufung kenne.

»Wissen Sie«, antwortete Bördgen vorsichtig, »angeblich soll der Meier gesagt haben, der Tiedge trinke zu viel Kölsch. Aber«, schränkte er sofort ein, »Genaues weiß ich natürlich nicht.«

Auf gut deutsch hieß das, nach Meiers Ansicht säuft der Tiedge. Aber zu einer derartigen Erklärung hätte sich der Taktiker Bördgen niemals hinreißen lassen. Gleichwohl hielt ich den Verdacht für ungeheuerlich. Natürlich habe ich auch schon damals gern Bier getrunken, auch einige Schnäpse dazu, aber abends mit meiner Frau zusammen in meiner damaligen Stammkneipe »Em ahle Kohberg« in Köln-Merheim, und damals auch noch nicht regelmäßig. Allerdings habe ich im Dienst hin und wieder einmal eine Besprechung mit meinen Beschaffern Heinz Liesinger, Klaus-Dieter Gerhardt, Logwin Gabriel und Wolfgang Schenuit durch eine Runde Kölsch aufgelockert, wohlgemerkt, eine Flasche Bier pro Mann. Schenuit pflegte das Bier in einer grünen Plastiktasche aus der Kantine zu holen, weshalb wir von der »Aktion grüne Tasche« sprachen, wenn wir eine Dienstbesprechung bei einer Flasche Bier meinten. Aber es wäre viel, wenn sich diese Aktion öfter als zehnmal in meinen fünf Jahren als Sowjetreferent wiederholt hätte.

Aber in den Ruf, Alkoholiker zu sein, kommt man schnell. Schrübbers hat Zängler für einen gehalten, weil er, der Franke, sich nach jedem Mittagessen in der Kantine eine kleine Drittelliterflasche Pils genehmigte. Und auch Schrübbers hat Zängler umgesetzt ...

Nach meiner Meinung hat mich Dr. Meier damals aber gar nicht wegen dieses Bierkonsums umgesetzt. Er muß, wie ich an anderer Stelle geschildert habe, bei meiner Beförderung von mir einen verheerenden Eindruck gegenüber dem gewonnen haben, den er in Erinnerung hatte. So wurde er empfänglich für Informationen, die mich in düsteren Farben schilderten, und es gibt keinen Zweifel, daß Weyde mächtig Öl auf diese Flamme goß. Als dann vermutlich noch die Information hinzukam, daß ich »im Dienst Alkohol trinke«, mag für ihn das Faß voll gewesen sein, Hellenbroich wird nicht dagegengehalten haben, bot sich doch für seinen Protegé Rainer Walter eine exzellente Einsatzmöglichkeit.

Rechtlich sollte mir ja auch kein Leid geschehen. Ich war Referatsleiter, und ich sollte Referatsleiter bleiben. Anspruch darauf, eine liebgewordene Tätigkeit auch weiterhin auszuüben, hat der Beamte ebensowenig wie sonst ein Arbeitnehmer. Selbst der wegen seiner Unabhängigkeit vielbeschworene Richter nicht, den nichts und niemand davor schützt, den Stuhl des Strafrichters mit dem des Grundbuchrichters oder umgekehrt tauschen zu müssen. Aber trotz dieser Einsicht schmerzte die Umsetzung ungeheuerlich, nicht einmal die Umsetzung allein, sondern die Kaltschnäuzigkeit, mit der sie praktiziert wurde, das Schießen aus der Hüfte mit scharfer Munition ohne Vorwarnung.

Natürlich war meine Reaktion und meine zur Schau getragene Verletzung seinerzeit grenzenlos überzogen. Schließlich hatte diese, wenn auch unfeine Maßnahme des Amtes mich weder in meinen Beamtenrechten noch in meiner finanziellen Situation im entferntesten berührt. Ich war umgesetzt worden, etwas, was monatlich Tausenden Beamten passiert und was ich

ich selbst in meinem dienstlichen Umfeld ständig beobachten konnte. Gewiß, einige Annehmlichkeiten des Dienstes, schöne Dienstreisen, zum Teil mit Schiffstouren und Hubschrauberflügen, die Teilnahme an Empfängen bei befreundeten Diensten, verschwanden aus meinem Leben, dafür gewann ich Zeit, mich mehr um meine Familie zu kümmern, die bei mir immer erst an zweiter Stelle gekommen war.

Aber so sah ich es nicht. Mein Stolz war verletzt, im Grunde nicht einmal mein Stolz, sondern mein überzogenes Selbstwertgefühl, die feste Überzeugung, auf dem Stuhl des Sowjetreferenten wie auf einem Erbhof zu sitzen und ihn nach Gutdünken verwalten zu können. Daß ich als Beamter jederzeit versetzbar war, zumindest nach den Buchstaben des Gesetzes, das wußte ich wohl. Aber in meiner Vorstellungswelt gab es vom Stuhl des Sowjetreferenten nur eine Bewegungsrichtung – nach oben, auf den Stuhl des Gruppenleiters, vielleicht noch nicht jetzt, aber doch in absehbarer Zeit. Daß der selbstherrliche Sowjetreferent aber hinabsteigen müsse in die Niederungen der Sicherheitsüberprüfung, das erschien mir zutiefst ungerecht. Ich fühlte mich wie ein vom ererbten Hof verjagter Heimatvertriebener.

Heute, über zwanzig Jahre später und um ebenso viele Jahre älter, sehe ich die Dinge gelassener. Mein Leben, erst recht mein berufliches Leben als »Abwehrmann«, hat zwischenzeitlich eine noch viel stärkere Zäsur erfahren, ein abruptes Ende, das ich aber selbst herbeigeführt habe, was die Beurteilung mildert. Auch die zehn Jahre Erfahrung, die ich im BfV noch habe sammeln können, haben meinen zuvor gewonnenen Eindruck verstärkt und lassen das, was mit mir damals geschah, als ganz und gar nichts so Untypisches für diese Behörde erscheinen. Nur muß der Betroffene nicht abgeklärt und Jahre später, sondern unter dem frischen Eindruck der Ereignisse befragt werden. Was wirklich von Übel ist, das ist die Verlogenheit und die Feigheit, mit der solche Entscheidungen verkauft werden, die durchsichtige Unwahrhaftigkeit, mit der sie begründet wurden.

Hugo Zängler setzte man 1975 von der Abteilung IV in die Abteilung II (Rechtsextremismus) um, angeblich, weil man ihm nicht zumuten wollte, unter dem bald zwanzig Jahre jüngeren Abteilungsleiter Hellenbroich zu dienen. In Wahrheit sollte Hellenbroich freie Bahn haben und Dr. Meier räumte ihm mit Hugo Zängler einen Mann und leitenden Mitarbeiter aus dem Weg, der nicht nur ein überzeugter Anhänger der Rausch'schen Arbeitspolitik war, sondern sich selber Hoffnungen auf seine Nachfolge gemacht hatte.

Durch Zufall traf ich mit Zängler zusammen, als er mit federnden Schritten zum Präsidenten ging und als er mit schleppenden Schritten in sein Zimmer zurückschlich. Er hatte erwartet, als er gerufen wurde, von Dr. Meier die Leitung der Abteilung übertragen zu erhalten. Aber statt dessen schob ihn der Präsident auf den »Elefantenfriedhof« ab, von dem es in aller Regel kein Zurück gab. Im nachhinein erwies sich diese Maßnahme allerdings als richtig, denn Zängler hätte sich gegenüber Hellenbroichs risikofreudigem Engagement wie in der Vergangenheit als eifriger »Bremser« hervorgetan.

Als von Hoegen am 1.4.1982 nach Müllers Rücktritt erneut Abteilungsleiter IV geworden war, sah er sich für die drei Referatsgruppen seiner Abteilung vier Gruppenleitern gegenüber, denen Hellenbroich allen in Einzelgesprächen versichert hatte, sie werden auf ihren Posten bleiben: Müller, Dörrenberg, Eltzberg und mir. Das Problem schien unlösbar, denn erst zur Jahreswende 1982/83 wurde eine vierte Referatsgruppe gebildet, deren Leitung aber Rainer Walter, meinem Nachfolger im Jahre 1976, übertragen wurde. Einem Gruppenleiter gegenüber mußte das Amt wortbrüchig werden. Schließlich mußte Wolfgang Eltzberg gehen, obwohl er erst im Herbst 1978 in die Abteilung IV zurückgekehrt war. Von Hoegen gaukelte Eltzberg vor, seine Fachkenntnisse seien für den vorbeugenden Geheimschutz, den beide ja aus jahrelanger Tätigkeit kennen würden, unverzichtbar und seine Eignung sei durch keinen der anderen Kandidaten zu ersetzen. Dort, bei »der V«, werde er auch ständiger Vertreter des Abteilungsleiters Dr. Karkowski sein. In Wahrheit schob von Hoegen, wie er mir einmal bei einer Dienstreise nach Den Haag erzählte, Eltzberg ab, weil er ihn für einen pomadigen Faulpelz hielt, von dem Innovationen nicht mehr zu erwarten seien. Eigenartig, daß Heinz Carolus alias »Fäller« etwa zwei Jahre später ähnlich urteilte, obwohl er von diesen Intrigen natürlich nichts wußte.

Ein drittes Beispiel für die verlogene Personalpolitik des BfV bot mein letzter Abteilungsleiter, Dr. Engelbert Rombach. Er schickte 1984 meinen Nachfolger als Referatsleiter, Bernd Dybowski, wieder in die Observation, angeblich, um das von ihm geleitete wichtige Referat adäquat mit einem arrivierten Referatsleiter wie Hanswilli Fetten besetzen zu können. Derselbe Rombach ersetzte aber Fetten, als dieser Anfang 1985 zum Gruppenleiter in einer anderen Abteilung aufstieg, mit einem Mann, den das Innenministerium als zu unerfahren bezeichnet hatte, Sicherheitsreferent des BfV zu werden. Rolf Warbende, ein knochentrockener Norddeutscher aus Itzehoe, war noch nicht einmal Lebenszeitbeamter und hatte in der Spionageabwehr überhaupt keine Erfahrung, als er Nachfolger des qualifizierten Rheinländers Fetten wurde. Ich lief gegen diese Art unlogischer Personalpolitik Sturm, aber vergeblich.

Damals aber, am 30. Juni 1976, verließ ich die Abteilung IV voll Zorn und mit blutendem Herzen. In meinen Augen lag die schönste Zeit meines Lebens hinter mir. Ich war knapp vierzig. Vor mir lag noch ein langer Berufsweg. Und alles bei Abteilung V? Was mich dort erwartete, umschrieb der damalige Abteilungsleiter, Roderich Fabian, mit selbstkritischen, für mich aber unvergeßlichen Worten, als ich mich am 1. Juli 1976 bei ihm zum Dienstantritt meldete. Fabian war im Aufbruch, das FDP-Mitglied war zum Leiter der Verfassungsschutzbehörde Hessen als Nachfolger seines an Herzinfarkt verstorbenen Parteifreundes Heede ernannt worden.

»Guten Tag, Herr Tiedge«, begrüßte er mich herzlich und in aller Offenheit; wir kannten uns seit Jahren. »Sie kommen also von der Bockjagd zum Tontaubenschießen.«

Fabian konnte ermessen, wie mir zumute war, und er ließ mich sein Mitgefühl spüren. Er war, bevor er Leiter der Abteilung Sicherheitsüberprüfungen wurde, Beschaffungsleiter im Bereich Linksextremismus gewesen. Er kannte den Reiz operativer Tätigkeit, die für mich untergegangen zu sein schien. Er versuchte gar nicht, mir meine künftigen Aufgaben als besonders reizvoll und verlockend darzustellen, kam mir aber insofern entgegen, als er mir das in seinen Augen interessanteste Referat innerhalb der für mich vorgesehenen Referatsgruppe anbot.

»Im übrigen«, tröstete er mich, »seien Sie froh, daß Sie ›nur‹ Regierungsdirektor sind. Sehen Sie sich die Leitenden an wie Christian Hoffmann oder Heinz Froebel, die hat Meier ganz über die Klinge springen lassen. Die sind jetzt im einstweiligen Ruhestand.« Bei Leitenden Regierungsdirektoren im BfV geht das, die sind politische Beamte. So wird man als Einäugiger König unter Blinden.

Also stürzte ich mich in meine neue Aufgabe, die in der abschließenden Bearbeitung von Sicherheitsüberprüfungen für bestimmte Ressorts der Bundesverwaltung bestand, unter anderem für das Auswärtige Amt, das Bundesjustiz- und das Bundespostministerium. Ich lernte den Unterschied zwischen KÜ und KÜmS kennen, also den Unterschied zwischen Karteiüberprüfungen und Karteiüberprüfungen mit Sicherheitsermittlungen, und die Arbeitsgrundlage der Abteilung V, die »Richtlinien für die Sicherheitsüberprüfungen von Bundesbediensteten« vom 15. Februar 1971.

»Fangen Sie ruhig an, danach zu arbeiten«, erläuterte mir mein neuer Gruppenleiter Dr. Hans Otto die Rechtslage, »die neuen Richtlinien treten zwar in Kürze in Kraft. aber noch gelten die alten.«

Als die neuen Richtlinien dann endlich zwölf Jahre später, am 1. Mai 1988, in Kraft traten, war Dr. Otto im Ruhestand und vom Schlaganfall getroffen, ich selbst war in der DDR. So lange, wenn auch letztlich vergeblich, hatten sich die Bundesminister, die aus der DDR stammten, gegen ihre Behandlung und die ihrer Landsleute als »Menschen zweiter Klasse« gewehrt. Sie hatten es für alle Zuwanderer als diskriminierend angesehen, unabhängig vom Zeitraum ihres Aufenthaltes in der Bundesrepublik einer schärferen Überprüfung unterzogen zu werden, als dies bei geborenen Bundesbürgern der Fall sein sollte.

Das Thema war 1976 in aktueller, heißer Diskussion, auch dies eine Folge des Falles Guillaume. Der neue Bundeskanzler Helmut Schmidt hatte als Konsequenz aus diesem Fall in einem sogenannten »Kanzlererlaß«, die Überprüfung aller Bundesbediensteten angeordnet, die, unabhängig von ihrem tatsächlichen Zugang zu Verschlußsachen, in sogenannten Schlüsselpositionen beschäftigt waren, die jedes Ressort für sich festzulegen hatte. Und so wurden damals Tausende von Bundesbediensteten auf die gleiche Weise überprüft. die schon den nachrichtendienstlichen Erfolg von Günter Guillaume nicht hatte verhindern können.

Dem »Kanzlererlaß« verdankte die Abteilung auch ihre 1976 gültige Organisation. Die Gruppe V/B, der ich angehörte, befaßte sich mit den aktenmäßigen Sicherheitsüberprüfungen für Behörden. Daneben gab es die nun von Wolfgang Eltzberg geleitete Referatsgruppe V/W und die Referatsgruppe V/M, die sich unter der Leitung eines Regierungsdirektors mit dem Namen Bautz mit Fragen des materiellen Geheimschutzes befaßte. Die Gruppe V/W führte in zwei Referaten Überprüfungen für die Wirtschaft, in weiteren vier aber für beide Gruppen – V/B (Behörden) und V/W (Wirtschaft) – die Sicherheitsermittlungen durch.

»Wir arbeiten«, hatte Dr. Rudolf von Hoegen, Fabians Nachfolger als Abteilungsleiter V, einmal zynisch in einer Besprechung ausgeführt, »nach dem Prinzip der chemischen Reinigung. Wir garantieren nicht die Beseitigung der Flecken, wir garantieren nur die gleichartige Behandlung aller Fälle.«

Und diese »Fälle«, diese Überprüfungen, wurden alle mit einem Sicherheitsbescheid ohne Durchsetzungskraft, mit einer schlichten Empfehlung an die beantragende Dienststelle abgeschlossen. Niemand konnte beurteilen, wie oft die Überprüfungen den Menschen haben deutlich werden lassen, dem sie galten. In vielen Fällen war dies nicht der Fall. Wie gesagt, Mitte 1976 habe ich mit dieser Tätigkeit begonnen und zu dieser Zeit befand sich die Aktion »Anmeldung« auf ihrem Höhepunkt. Immer wenn wir bei Abteilung V von der Festnahme einer Sekretärin erfuhren, holten wir uns den Überprüfungsvorgang von

Frau Carolus aus dem Keller. Wir wollten feststellen, ob wir Hinweise auf die Verratstätigkeit übersehen oder die Möglichkeiten der Sicherheitsüberprüfung nicht ausgeschöpft hatten. In allen Fällen konnten wir die Akte beruhigt wieder weglegen, ein Vorwurf war niemandem zu machen.

Zwei Fälle sind mir aus diesem Bereich noch deutlich in Erinnerung, der Fall Helge Berger und der Fall Ingrid Garbe. Den Fall Berger kannte ich noch von der Abteilung IV her, von dem bewußten Zettel, den Warren Frank Dr. Meier als Morgengabe überreicht hatte. Hans-Jürgen Richter hat ihn bearbeitet und mit ihm seinen Ruf bei Hellenbroich begründet. Angehöriger einer neuen Generation der »Agentenjäger« zu sein. Als Anerkennung wurde er von Hellenbroich mit der Leitung des Observationsreferates der Abteilung IV belohnt.

Helge Berger galt als uneingeschränkt aussagefreudig und so ließ ich sie mir nach ihrer Verurteilung durch das BKA mit Zustimmung meiner Vorgesetzten »zuführen«, wie es im Behördendeutsch hieß. Ich traf mich mit ihr im »Pumpernickel«, dort, wo ich auf der Dürener Straße Hellenbroich das erste Mal gesehen hatte. Sie genoß offensichtlich diesen Tag außerhalb der Gefängnismauern. Helge Berger war keine Schönheit, sie wirkte etwas derb wie ein gesundes Bauernmädchen. Dieser Eindruck verstärkte sich in den Jahren, in denen ich sie, wenn auch nur flüchtig, kannte. Ich habe sie zwei- oder dreimal nach ihrer Haftentlassung aufgesucht, weil ich mir von ihr bei der Bearbeitung anderer Fälle, in erster Linie dem ihrer früheren Kollegin Edith Stark, Hilfe versprach. Aber Helge Berger war überaus charmant, eine liebenswerte, nette Frau, mit der ich an diesem Tag zwei angenehme Stunden in dem Restaurant verbrachte. Ich wollte von ihr im wesentlichen nur wissen, was in ihr, der Agentin, vorgegangen war, als sie während ihrer Tätigkeit im Auswärtigen Amt und an der deutschen Handelsvertretung in Warschau insgesamt dreimal, zuletzt im Rahmen des Kanzlererlasses, sicherheitsmäßig überprüft wurde.

»Ach, wissen Sie«, strahlte sie mich an, »im Grunde genommen gar nichts. Das habe ich über mich ergehen lassen und mir gedacht, die finden doch nichts.« Mich überraschte diese Auskunft nicht, nur von Hoegen wehrte sich gegen die Vorstellung, Leiter einer selbst bei Betroffenen völlig uneffektiven Arbeitseinheit zu sein.

Der Fall Garbe gab Helge Berger recht. Frau Garbe hatte an der NATO-Vertretung der Bundesrepublik in Brüssel gearbeitet und war im Auftrag des Auswärtigen Amtes wiederholt überprüft worden. Ein Blick in die Akte zeigte, daß ich ihre Freigabe für den Umgang mit Verschlußsachen erst wenige Wochen vor ihrer Festnahme unterschrieben hatte. Das mag überraschen, ist aber eine normale Folge der Abschottung innerhalb des BfV. Das Referat, das den Verdachtsfall bearbeitet hatte, in diesem Fall das von Heinrich Marx, hatte die Abteilung Sicherheitsüberprüfungen machen lassen, was sie für richtig hielt, ohne etwas von dem Verdacht verlauten zu lassen. Lediglich der Geheimschutzbeauftragte des Auswärtigen Amtes war vertraulich unterrichtet worden. Eine andere Verfahrensweise hätte die Zahl der Mitwisser ohne Not erhöht.

Vielleicht stellt sich der Leser auch unter einer solchen Freigabe »für den Umgang und den Zugang für Verschlußsachen bis streng geheim« einen sich in die Erinnerung eingrabenden Vorgang vor. Das genaue Gegenteil ist der Fall. Damals wurden jährlich etwa dreißigtausend Personen sicherheitsüberprüft, zugegeben, für Behörden und die Wirtschaft, mit und ohne Sicherheitsüberprüfungen, aufgeteilt auf mehrere Referate. Aber dreißigtausend Überprüfungen bedeuten dreißigtausend Sicherheitsempfehlungen. Der Abschluß einer Überprüfung ohne Besonderheiten, von denen ich als Referatsleiter täglich etwa zwanzig unterschrieb, ist so wenig eindrucksvoll wie für einen Strafrichter das Unterschreiben eines Strafbefehls oder, mehr im handwerklichen Bereich, für einen Schreiner das Einschlagen eines Nagels – reine Routine.

Nach Ingrid Garbes Festnahme ergab ein Blick in ihre Überprüfungsakte, daß sie nach dem Ergebnis der Sicherheitsermittlungen offensichtlich ein sexuelles Neutrum war. Befragte Personen aus ihrem dienstlichen, aber auch aus ihrem persönlichen Umfeld hatten ihr übereinstimmend ein eher ablehnendes Verhältnis zu Männern bescheinigt.

»Das einzige. was sie liebt, ist ihre Arbeit«, wußte eine der befragten Frauen anzugeben, die Ingrid Garbe gut kannte. Andere Befragte, auch sie überwiegend Frauen, antworteten ähnlich. Niemand wußte etwas von Beziehungen der Ingrid Garbe zu Männern. Und diese Frau soll Opfer eines »Romeo« geworden sein, wie die Presse die Illegalen nannte, die die Bekanntschaft alleinstehender Sekretärinnen suchten?

Ingrid Garbe hatte, wie sich später herausstellte, ihren Freund schon gekannt. als sie in Brüssel anfing. Ja, sie hatte sich in seinem Auftrag dort beworben. Er nannte sich »Hans-Joachim Heisinger« und änderte später seinen Namen mit einer wachsweichen Legende in »Klaus Scheller«. Als sie von ihm schwanger wurde, ließ sie sogar in London eine Abtreibung vornehmen. Als »Heisinger«/»Scheller« 1975 angeblich nach Kanada verschwand, folgte ihm als nachrichtendienstlicher Kontaktmann »Christoph Willer«, mit dem Ingrid Garbe ebenfalls intime Beziehungen aufnahm. Und alle Leumundszeugen, in der Sprache der Sicherheitsüberprüfungen alle Referenz- und Auskunftspersonen, kannten ihn. Aber niemand, wirklich niemand hat ihn bei der Überprüfung erwähnt. Von Hoegen hatte schon recht, wir behandeln alle Fälle gleich. Flecken beseitigten wir nicht.

Die aus der Sicht der Bundesrepublik unangenehmen Erfahrungen mit Fällen wie Helge Berger und Ingrid Garbe lösten bei der Aktenbearbeitung durch die Abteilung Sicherheitsüberprüfungen nun keineswegs erhöhte Wachsamkeit beim Aktenstudium oder gar den Ehrgeiz aus, die Abteilung IV an Einfallsreichtum zu überbieten. Im Gegenteil, ein rein bürokratischer Takt wurde eingebunden in die ohnehin von routineorientierten Arbeitsgängen bestimmte Karteiüberprüfung. Diese bestand in erster Linie aus einer von Dr. Otto kasuistisch erschöpfend vorgezeichneten Anfrage bei allen in Betracht kommenden Speichersystemen.

Neben NADIS wurden die für die Wohnsitze der letzten zehn Jahre zuständigen LfV angefragt, die ihrerseits unter bestimmten, genau umrissenen Voraussetzungen bei den jeweiligen Polizeibehörden nachfragten, in deren Zuständigkeit der Wohnsitz lag. Anfragen beim BND, bei Wehrpflichtigen und sonstigen früheren Angehörigen der Bundeswehr auch beim MAD, bei Auslandsaufenthalten ab einer bestimmten Dauer und bei außergewöhnlich vielen Reisen in bestimmte Länder bei den dortigen Diensten rundeten diese Anfragepraxis ab, sieht man von Anfragen beim Bundeszentralregister und bei den Registern ab, die Auskunft über das Verhalten der Überprüften im Dritten Reich geben konnten. Der natürliche Alterungsprozeß hatte Ende der achtziger Jahre die meisten der für eine derartige Erfassung in Betracht kommenden Männer und Frauen aus dem aktiven Dienst ausscheiden lassen.

Nachdem Heinrich Marx vor den Angehörigen der Abteilung Sicherheitsüberprüfungen die »Anmeldungs«-Kriterien offengelegt hatte, war bei unverheirateten weiblichen Überprüften das Kriterium »Sprachstudium im Ausland« hinzugekommen. Eine besondere Bedeutung hatte hierbei die in Paris ansässige Sprachenschule »Alliance Française« gewonnen. Denn hier waren mehrere spätere Sekretärinnen des Auswärtigen Amtes, unter ihnen Gerda Schröter, von Agenten des MfS, die eigens dorthin geschickt worden waren, nachrichtendienstlich kontaktiert und verpflichtet worden. War ein solcher Aufenthalt im tabellarischen Lebenslauf angegeben, mußte einerseits beim französischen Sicherheitsdienst DST angefragt und sodann die Akte der Abteilung IV zur Kenntnis gegeben werden.

Dieses Zuleiten war ein Akt des praktizierten Alibismus. Er machte das eigene Nachdenken entbehrlich, hatten doch die »Experten« der Spionageabwehr die Akte selbst in der Hand gehabt. Lagen alle Auskünfte vor, und waren alle durch Dr. Ottos dienstliche Regelungen vorgeschriebenen Stellen beteiligt, wurde die Karteiüberprüfung abgeschlossen. Dies geschah durch eine Sicherheitsempfehlung gegenüber der beantragenden Behörde, bei Überprüfungen für die Wirtschaft, wie gesagt, gegenüber dem Bundeswirtschaftsministerium. Eine solche Sicherheitsempfehlung lautete entweder, daß gegen die vorgesehene Beschäftigung keine Bedenken bestehen, andernfalls, daß Bedenken bestehen, wobei die entscheidenden Gründe angeführt werden mußten. Eine Freigabe aufgrund einer solchen Karteiüberprüfung reichte aus, den Überprüften im sicherheitsempfindlichen Bereich zu beschäftigen oder ihm Zugang zu Verschlußsachen der Stufe »VS-Vertraulich« oder gelegentlich der Stufe »Geheim« zu gewähren.

War hingegen eine Verwendung als »Schlüsselpersonal«, also in einer Tätigkeit, die funktionsbedingt interessante, wenn auch nicht zwangsläufig klassifizierte Zugänge bot, oder eine regelmäßige Beschäftigung mit »Geheim« vorgesehen, mußte eine Karteiüberprüfung mit Sicherheitsermittlungen beantragt werden. Das gleiche galt, wenn dem Überprüften die national und supranational höchsten Verschlußsachengrade zugänglich gemacht werden sollten – »Streng geheim« und »Cosmic – Top secret«. Abgesehen vom Geschäftsbereich des Bundesverteidigungsministeriums, der durch das MAD-Amt, und den BND, dessen Personal durch das eigene Sicherheitsreferat überprüft werden, unterliegen alle in Betracht kommenden Bundesbediensteten der Überprüfung durch das BfV. Wie alles, was bei Abteilung V geschah, wurden auch Sicherheitsermittlungen per Formular eingeleitet.

Jetzt schlug die Stunde von Wolfgang Eltzberg und seinen Mitarbeitern. Der Überprüfte, in der Sprache der Abteilung V grammatikalisch richtig in der Gerundivform »der zu Überprüfende« genannt, hatte in einer von ihm zur Einleitung der Überprüfung abzugebenden »Erklärung« drei Referenzpersonen aus dem privaten und beruflichen Umfeld anzugeben. Durch Befragung von ihnen und von selbst gesuchten Auskunftspersonen sollte versucht werden, ein Bild des Betroffenen zu zeichnen, bei dem allerdings nicht die fachliche Qualifikation im Mittelpunkt stand. Diese festzustellen war Sache der jeweiligen Personalabteilung. Die Abteilung V sollte neben der Frage der Verschwiegenheit auch die Gretchenfrage nach dem Weltbild des Überprüfungskandidaten beantworten, nur nicht bezogen auf die Religion, sondern auf seine Einstellung zur freiheitlich-demokratischen Grundordnung, die in der Abteilung V durch den täglichen Umgang zu dem seelenlosen Kürzel »fdGO« verkommen war.

Aber was für Leute waren eingesetzt bei diesem auf den ersten Blick doch diffizilen und verantwortungsvollen Geschäft, das Menschenkenntnis und Urteilskraft, eine gesunde Skepsis, aber auch Vertrauen im richtigen Moment zu erfordern scheint? Ursprünglich bestand die Referatsgruppe V/W, 1974 nach der Guillaumeaffäre gebildet und die ersten eineinhalb Jahre von Hellenbroich geleitet, aus etwa dreißig bis vierzig Außendienstmitarbeitern, die sich von Köln aus über die gesamte Bundesrepublik ergossen und ihre Befragungen durchführten. Im Gegensatz zu den »Beschaffern« in den anderen Abteilungen hießen sie »Ermittler«, traten ausschließlich unter Klarnamen auf und hatten im Grunde mit nachrichtendienstlicher Arbeit nichts zu tun. Wie in allen anderen Bereichen gab es auch hier ausgesprochen gute Leute, aber halt auch ausgesprochene Versager.

Der »Kanzlererlaß« und seine extensive Auslegung durch die einzelnen Ressorts stellten aber das BfV vor ein personelles Problem, das mit eigenen Kräften nicht zu lösen war. Auch eine Personalaufstockung, die in der damaligen Agentenpsychose in der Bundesrepublik alle parlamentarischen Hürden problemlos geschafft hätte, ließ sich in den Jahren der Vollbeschäftigung nicht ohne weiteres realisieren. Also mußten die frisch geschaffenen Lücken mit Menschen gefüllt werden, die einerseits zur Verfügung standen und deren Lebensweg andererseits ein jederzeitiges Einstehen für den Staat gewährleistete.

Einen solchen Personenkreis sah das BfV in ehemaligen Offizieren, die sich für das Altenteil noch zu rüstig und zu unternehmungslustig vorkamen. Durch die Einstellung pensionierter Oberstleutnante und Obersten, die aus Altersgründen mit spätestens sechzig Jahren aus der Bundeswehr hatten ausscheiden müssen, schuf sich das BfV eine als »Rentnerband« und »Kalkgeschwader« bespöttelte Mitarbeitergruppe. Sie kamen ihrer Aufgabe als Regionalermittler durch Befragungen in einem ihnen zugewiesenen, meist am Wohnort orientierten territorialen Bereich nach.

Ihr Auftreten allein sagte mehr über das Fortbestehen einer angeblich untergegangenen Werteordnung aus als lange, staatsphilosophische Ausführungen. Das Lebensalter dieser »Differenzler«, wie sie sich selbst wegen der Berechnung ihres

Gehaltes nach der Differenz zwischen ihrer Pension und ihren Bezügen zur aktiven Zeit nannten, brachte es zwangsläufig mit sich, daß sie alle ihre ersten Offiziersjahre in der großdeutschen Wehrmacht verbracht hatten. Sie gehörten nahezu ausnahmslos den Geburtsjahrgängen 1912 bis 1920 an.

Bei einer der jährlichen Zusammenkünfte der knapp einhundert Offiziere a.D. hatte ich einen Vortrag über die Anforderungen an ihre Arbeit aus der Sicht der »Auswertung« zu halten. Mir fiel die nahezu uniforme Ähnlichkeit auf, die sie untereinander verband. Der gleiche Façonschnitt der Haare, sofern die Natur einen solchen Schnitt noch gestattete, die gleiche Haltung des Kopfes, leicht nach links geneigt, den stechenden Blick scharf auf den Vortragenden gerichtet, den aufrechten, schlanken Körper in ein gedecktes Grau oder ein elegantes Blau gewandet – aus diesen Männern sprach die Erziehung in einer von ihnen allen identisch empfundenen Epoche deutscher Geschichte. Ich möchte keinem meiner Zuhörer von damals zu nahe treten, aber was mich da anblickte, das waren nicht einfach Mitarbeiter des BfV am Ende ihres Berufsweges, das war das personifizierte Offizierskorps der großdeutschen Wehrmacht.

Nun mag man mir entgegenhalten, der Anblick einer derartig homogenen Gruppe etwa gleichaltriger Männer sei für ein solches Urteil doch keine ausreichende Grundlage. Ich müßte diesem Einwand zustimmen, wäre mir damals nicht Tag für Tag das schriftlich fixierte Gedankengut dieser Männer in ihren Befragungsergebnissen auf den Tisch gekommen. Wir Zivilisten haben den Kopf geschüttelt über das unerschütterlich von konservativen, geradezu reaktionären Maximen geprägte Weltbild, das sich da zeigte, ja, mit aller Kraft entlud. Nur Kollegen, die jünger waren als ich, bei der Bundeswehr gedient hatten und als Reserveoffiziere ausgeschieden waren, warben um Verständnis für die Generation ihrer früheren Ausbilder und Vorgesetzten. Einige Stellungnahmen, beileibe keine Einzelfälle, sondern Ausdruck einer allgemeinen Bewertung, sind mir noch heute in Erinnerung.

»Obwohl Angehöriger der SPD«, stand da zu lesen, »dürfte der Überprüfte auf dem Boden des Grundgesetzes stehen.«

»Die Auskunftsperson bietet als Träger hoher militärischer Auszeichnungen, darunter das Ritterkreuz und die Nahkampfspange, Gewähr für ein qualifiziertes, abgewogenes Urteil.«

»Obwohl gewerkschaftlich organisiert, dürfte er den an ihn gestellten Anforderungen gerecht werden.«

Und was unternahmen die Amtsleitung oder der Abteilungsleiter gegen solche gefährliche Doktrinierung? Nicht einer von ihnen wurde abgemahnt, sich wenigstens in den Akten des Verfassungsschutzes weniger intolerant und rechtslastig zu äußern. Auch Dr. Otto, der Parteisoldat der SPD, unternahm nichts, zu groß war sein Respekt vor den Offizieren der Kriegsgeneration. Aber seinen übrigen Mitarbeitern untersagte er wiederholt, sich eine private Blütensammlung dieses gedanklichen Unkrautes anzulegen.

In Dr. Ottos eigener Gruppe, in der ich arbeitete, mußten nun diese Äußerungen in lesbare Abschlußberichte umgeschrieben werden. Zum Glück war dies nur selten wirklich notwendig. Denn das BfV hatte mit einem solchen Abschlußbericht den Zorn eines leibhaftigen Staatssekretärs ausgelöst.

Dr. Otto, von Beruf promovierter Historiker, der erst im dritten Anlauf die höhere Verwaltungsprüfung bestanden hatte, gab sich als »codifex maximus« der Abteilung und schrieb sogar vor, welchen Umfang Abschlußberichte bei welchem Personenkreis haben müßten. So hatte, kurz bevor ich zur Abteilung kam, eines der Referate aus Ermangelung anderer Informationen über den persönlichen Referenten des Staatssekretärs geschrieben, seine geschiedene Frau sei eine gute Tennisspielerin gewesen und er selbst trinke Alkohol im Übermaß nur dann, wenn er mit dem Staatssekretär auf Dienstreise sei. Auf den verständlichen Protest des Staatssekretärs, er erziehe seine Mitarbeiter nicht zu Alkoholikern, wurde das System umgestellt.

Der sogenannte »glatte Abschluß«, die lapidare Mitteilung, gegen die Beschäftigung des Überprüften mit »Verschlußsachen« bis »Streng geheim« bestehen keine Bedenken, erfolgte fortan durch ein Formularschreiben. So wurde meinem Referat, ebenso wie den Parallelreferaten, die Möglichkeit einer sachlichen Gewichtung nahezu völlig genommen und die Tätigkeit auf das Niveau rechtspflegerischer Arbeit am Amtsgericht gedrückt, wo Zahlungsbefehle, die heute vornehm Mahnbescheide heißen, nach einer einfachen Schlüssigkeitsprüfung hinausgeschickt werden.

Es gab aber auch einen Bereich, in dem »glatte Abschlüsse« nahezu am Fließband gefertigt wurden, in denen weder die hauptamtlichen Ermittler noch die pensionierten Regionalermittler tätig geworden waren und wenn, dann allenfalls am Rande. Gemeint ist der Geschäftsbereich des Auswärtigen Amtes. Auch die deutschen Diplomaten und ihre fest angestellten Hilfskräfte, wie alle deutschen »Geheimnisträger« sicherheitsüberprüft, mußten diese Überprüfung alle fünf Jahre wiederholen lassen. Nun wäre es ein feiner Job gewesen, mit einer Tasche voll Befragungsaufträgen in der Welt umherzufliegen und die Referenz- und Auskunftspersonen in den Auslandsvertretungen zu befragen. Das war natürlich allein aus haushaltsrechtlichen Gründen gar nicht machbar. So befragten eben die Sicherheitsreferenten an den großen Botschaften, ansonsten der Kanzler oder zur Not der Botschafter selbst die in Betracht kommenden Kollegen.

Aber bekanntlich hackt eine Krähe der anderen kein Auge aus, und so stapelten sich auf meinem Schreibtisch Befragungsergebnisse, die den Eindruck erweckten, es sei über eine Kanonisierung zu befinden und nicht über die Ermächtigung zum Umgang mit Verschlußsachen. Auch durch diesen extremen Korpsgeist lassen sich Pannen wie Helge Berger und Ingrid Garbe erklären. Andererseits ist mir kein nachrichtendienstlicher Erkenntnisfall in Erinnerung, der seinen Ausgang in einer Sicherheitsüberprüfung genommen hätte, auch wenn es ausschließlich hauptamtliche Ermittler gewesen wären, die tätig wurden.

Den meisten Abteilungsangehörigen gefiel diese permanente Unterforderung. Sie kamen meist von Behörden der allgemeinen inneren Verwaltung und waren durch die von allen Fachabteilungen des BfV erteilten Auskünfte über den Überprüfungskandidaten fasziniert. Für mich war hierbei allenfalls interessant, anhand der Auskünfte festzustellen, wie ausufernd und datenschutzrechtlich unvertretbar vor allem die Abteilung Terrorismus ihre Ermittlungskompetenz ausdehnte. Auskünfte wie »Der Überprüfte ist der Bruder der Gisela B., deren vorübergehender Freund Harro V. ein guter Bekannter des Hannes M. ist, der mit dem zum weiteren Kreis der RAF-Sympathisanten gezählten Karl-Heinz ›Charly‹ F. zusammen nach Belgien fuhr« waren keine Ausnahme. Die Daten des Beispiels sind allerdings fiktiv.

Die meisten Angehörigen der Abteilung kannten keine Arbeit in einer Fachabteilung des BfV, so wenig wie Dr. von Hoegen, der für meine ständige Unzufriedenheit und meine Ausführungen über »diese Karikatur einer sinnvollen Tätigkeit« kein Verständnis aufbringen konnte. Er war, bevor er ins BfV kam, im Haushaltsreferat des BMI Beauftragter für den Haushalt gewesen und sah alles, was sich außerhalb fiskalischer Berechnungen abspielte, als spannend und faszinierend an.

Als er 1980 als Hellenbroichs Nachfolger Abteilungsleiter IV geworden war, sah er vieles anders, und um nichts in der Welt wäre er mit einer Rückversetzung einverstanden gewesen.

»Ach, wissen Sie«, erklärte er mir sogar noch 1985 als Stellvertreter des MAD-Kommandeurs, somit als eine Art Vizepräsident des MAD-Amtes, »das einzige, was an meiner Arbeit wirklich Spaß macht, das ist der Bereich von Herrn Feuerstein.«

Von Hoegen war auch der Faszination erlegen, die von der Spionageabwehr ausgeht, die im MAD damals von dem Oberstleutnant Gerhard Feuerstein geleitet wurde.

Aber gelegentlich konnte man sich auch bei der Abteilung V amüsieren, wenn auch nicht über die Aufgabe schlechthin, eher darüber, wie sie gelegentlich angepackt wurde. Als Dr. Klaus Kinkel 1978 auf Druck von Hans-Dietrich Genscher zum Präsidenten des BND ernannt worden war, beauftragte mich eben dieser von Hoegen, ihm dessen Sicherheitsakte zur Weiterleitung an den Präsidenten des BfV vorzulegen. Kinkel war zuletzt für das Auswärtige Amt überprüft worden, wo er als Ministerialdirigent dem Planungsstab vorstand. Natürlich las ich die Akte, bevor ich sie an von Hoegen weitergab. »Überdurchschnittlich qualifiziert« war das Urteil aller befragten Personen, Kinkels rasche

Auffassungsgabe wurde ebenso wie sein scharfer Verstand von Bekannten aus dem beruflichen und dem privaten Umfeld hervorgehoben. Aber mit welchen Worten hatten die Ermittler die Angaben der Befragten wiedergegeben!

»Kinkel verteidigt die freiheitlich-demokratische Grundordnung mit Zähnen und Klauen«, wurde da einer der Befragten zitiert, eine Äußerung, die einen anderen Bearbeiter veranlaßt hatte, den Satz zu unterstreichen, »Dracula« an den Rand zu schreiben und mit einem Fragezeichen zu versehen. Der Graf von Transsylvanien als BND-Präsident!

Aber selbst solche bescheidenen Lichtblicke waren selten im grauen Alltag der Sicherheitsüberprüfungen. Höhepunkte der Arbeit waren »Ablehnungen«, negative Sicherheitsempfehlungen wegen irgendwelcher persönlicher Verfehlungen und Verstrickungen, die dann zu Inkompatibilitäten hochgespielt wurden. All die Fehler, die bei BfV-Bediensteten anzutreffen waren, reichten häufig aus, eine Ablehnung zu begründen. In der Abteilung hieß es, wenn jemand trinke, Schulden habe und häufig fremdgehe, aber trotzdem mit »Streng geheim« umgehe, dann könne der nur im Verfassungsschutz tätig sein. Damals hätte ich nicht gedacht, daß ich persönlich einmal dieses Bonmot weitgehend würde belegen können.

Aus meiner Zeit bei Abteilung V ist mir aber noch der Mitarbeiter Thiel deutlich in Erinnerung, der in einem Nachbarreferat mit der Abfassung von Sicherheitsbescheiden beschäftigt war. Man muß Thiel gesehen haben, wie er an seinem Schreibtisch saß, in dem eine Selterswasserflasche hochprozentigen Alkohol enthielt. Während er in kurzen Abständen die Flasche zum Hals führte, schrieb er, ohne etwas dabei zu finden, »der gelegentliche Alkoholkonsum des Überprüften, vor allem aber die bekannt gewordenen Exzesse lassen Zweifel an seiner Eignung zum Umgang mit Verschlußsachen aufkommen«. Sein Referatsleiter Hans Keller konnte nichts machen. Der Sicherheitsbescheid war im Sinne der »Richtlinien« nicht zu beanstanden. Und Thiel wurde er nicht mehr los. Er war schon vom Sicherheitsreferat des BfV wegen seiner Trinkerei zu ihm umgesetzt worden. Hin und wieder ließ sich Keller die Autoschlüssel von

Thiel geben, wenn dieser wieder einmal genug hatte. Es half nichts. Thiel fuhr mit dem Ersatzschlüssel nach Hause.

Bei der Beurteilung von Schwachstellen im Charakter der zu Überprüfenden war die soziale Einbindung, die hierarchische Ebene, der er angehörte, häufig von ausschlaggebender Bedeutung. Was bei der Sekretärin »Schwatzhaftigkeit« genannt wurde, hieß beim Ministerialrat »gezieltes Informationsbedürfnis«, und wenn der Kraftfahrer »soff«, dann »genoß der Ministerialdirektor gesellschaftlich bedingt regelmäßig Alkohol«. Jedem Obersekretär wurde eine Liaison mit einer Frau aus dem Osten zum Verhängnis, jedenfalls was seine Beschäftigung im sicherheitsempfindlichen Bereich angeht, zu dem in aller Regel die Ministerien zählen. Aber als der damalige Bundesminister Prof. Dr. Horst Ehmke eine Tschechin heiratete und Klaus Bölling sich aus Potsdam eine Freundin mitbrachte, da war an ihrer weiteren Eignung als Minister oder Staatssekretär kein Zweifel erlaubt. Die Fälle haben damals bei den Betroffenen, vor allem bei denen, die umgesetzt worden waren, für beträchtliche Unruhe gesorgt.

Einige Male wurde auch versucht, es den Kollegen von der Spionageabteilung gleichzutun. Im Rahmen der Sicherheitsüberprüfung sollte das Liebesleben der Sekretärinnen bei Vorliegen bestimmter Anhaltspunkte mit dem Mittel der Observation erforscht werden. Dies, obwohl doch der Abteilung Sicherheitsüberprüfungen dieses nachrichtendienstliche Mittel eigentlich gar nicht zusteht. Die Bemühungen wurden bald wieder eingestellt. In einem Fall entpuppte sich der Geliebte nicht als »Ostspion«, sondern als katholischer Geistlicher, in einem anderen Fall beschwerte sich die Betroffene lautstark beim Personalrat ihrer Behörde, dem Auswärtigen Amt. Aber auch sonst wurde den Empfehlungen des BfV nicht immer entsprochen, weil die Behörden häufig vor arbeitsrechtlichen Konsequenzen zurückschreckten. Denn anders als Bewerber müssen bereits eingestellte oder seit Jahren Tätige umgesetzt werden, wenn sie die Wiederholungsüberprüfung nicht »bestehen«.

Andererseits gibt es auch Beispiele für den Einfluß des BfV, wenn er nur hoch genug aufgehängt ist. So ein Fall war der des

Juristen Eduard Schlipf, des langjährigen persönlichen Referenten des verstorbenen CSU-Abgeordneten und einstmaligen Bundesinnenministers Herrmann Höcherl. Von Hoegen kannte Schlipf noch aus Studentenzeiten, als beide um einflußreiche Posten im RCDS, dem Ring Christlich-Demokratischer Studenten, wetteiferten. Schlipf wurde ein nie völlig geklärter Kontakt zu rumänischen Diplomaten zum Verhängnis. Der nachtragende von Hoegen machte ihm durch ein negatives Sicherheitsvotum eine Karriere bei der Arbeitsverwaltung der Europäischen Gemeinschaft in Brüssel zunichte und verurteilte ihn dadurch zu einer subalternen Tätigkeit am Arbeitsamt in Köln. Was aus Schlipf, der etwa ein Altersgenosse von mir ist, geworden ist, vermag ich nicht zu sagen. Ich habe den Fall seit 1979 aus den Augen verloren.

Die eigentlichen Akzente bei der Arbeit in der Abteilung Sicherheitsüberprüfungen aber setzten Ablehnungen aus politischen Gründen. Über diesen Bereich der Tätigkeit des BfV schwirren sogar innerhalb des Hauses mißverständliche Gerüchte umher. In ihrem vermeintlich gottgewollten, letztlich auch siegreichen Kampf gegen Kommunisten und andere »Kräfte der Finsternis« hatten die CDU/CSU-geführten Bundesländer auf der Ebene der Regierungschefs zu Beginn der siebziger Jahre bei der jungen SPD/FDP-Bundesregierung den sogenannten »Radikalenerlaß« vom 28. Januar 1972 durchgesetzt. Zwar hatte der damalige Bundeskanzler Willy Brandt seine Zustimmung später als Irrtum bezeichnet und sie bedauert, formell aufgehoben wurde er jedoch nie. Doch anders als einige Bundesländer hat die Bundesverwaltung die aus dem Radikalenerlaß abgeleitete Regelanfrage bei allen Bewerbern für den öffentlichen Dienst nie praktiziert.

Die Ablehnungen der Abteilungen V, auch die, an denen ich beteiligt war, sind samt und sonders das Ergebnis von Sicherheitsüberprüfungen aufgrund von Einzelaufträgen der jeweiligen Ressorts. Dem Verfassungsschutz steht ein Kontrollrecht nach der wahren Motivation des Überprüfungsauftrages allerdings nicht zu. Er muß die Antragsbegründungen »Vorgesehene Verwendung im sicherheitsempfindlichen Bereich« oder

»Beschäftigung mit Verschlußsachen« so hinnehmen, wie die beantragende Dienststelle sie formuliert. Er kann auch nicht verhindern, daß die Beschäftigungsbehörde die mitgeteilten Erkenntnisse nicht auch zur Einleitung dienst- oder arbeitsrechtlicher Schritte nutzt. So sind alle Entlassungen von Beamten und alle Kündigungen von Angestellten wegen ihres Engagements für die DKP und die DFU, für die SDAJ und die VDJ (DKP: Deutsche Kommunistische Partei; DFU: Deutsche Friedensunion; SDAJ: Sozialistische Deutsche Arbeiter-Jugend, VDJ: Vereinigung Demokratischer Juristen – kommunistische oder in den Augen des Verfassungsschutzes kommunistisch beeinflußte Organisationen), an denen das BfV beteiligt war, alles Folgen von Sicherheitsüberprüfungen des Bundesamtes für Verfassungsschutz. Wie viele davon »getürkt«, also nur vorgeschoben waren, entzieht sich meiner Beurteilung.

Zwar hatte das BMI sich die Vorlage aller ablehnenden Sicherheitsbescheide und -empfehlungen aus politischen Gründen vor ihrer Versendung an die beantragende Stelle ausbedungen, aber die Bundesinnenminister der damaligen Zeit, Prof. Dr. Werner Maihofer und Gerhart Rudolf Baum waren ebensowenig ein Garant für eine wirklich liberale Behandlung des Problems wie ihr Vertreter, Staatssekretär Dr. Siegfried Fröhlich. Alle konnten sich jederzeit damit herausreden, nicht an sogenannten »Berufsverboten« beteiligt gewesen zu sein, sondern sich nur über die Verwendbarkeit des Beamten in besonders vertrauenswürdigen Bereichen geäußert zu haben. Aber weder Maihofer oder Baum noch Fröhlich sahen sich bis heute veranlaßt, sich herausreden zu müssen.

Die Entlassung von Beamten, Angestellten und Arbeitern wegen ihrer politischen Überzeugung aber ging weiter. Ich kann dies vor allem für den von mir »betreuten« Bereich des Bundespostministeriums bestätigen. Das Ministerium selbst und die Oberpostdirektionen ließen weite Teile des Fernmeldebereichs überprüfen, bei dem eine konkrete Gefährdung in ideologisch begründeten Sabotagehandlungen gegen das Telefonnetz im Spannungsfall gesehen wurde. War der Überprüfte dann aber für den Fernmeldebereich untragbar, weil das BfV Bedenken gegen seine Beschäftigung im »sicherheitsempfindlichen Bereich« geäußert hatte, wollte sich die Bundespost in allen Fällen gleich völlig von ihm trennen.

Der Geheimschutzbeauftragte, im Fachjargon der GSB, postintern der Referatsleiter 17, leitete die Erkenntnisse an die Personalabteilung weiter. Diese erstritt dann vor der Arbeits- oder Verwaltungsgerichtsbarkeit die Entlassung oder die Entfernung des Mitarbeiters aus dem Dienst.

Auch der Verfassungsschutz wusch seine Hände in Unschuld. Er hatte sich nur zu der Frage geäußert, ob dem Überprüften ein erhöhtes Maß an Vertrauen entgegengebracht werden könne. Zu der Frage, ob er überhaupt tauglich ist, bei der Post beschäftigt zu sein, hatte er sich überhaupt nicht geäußert. Diese Konsequenzen fielen in den Verantwortungsbereich der Bundespost. Das BfV war allenfalls durch kontroverse Diskussionen über die Klassifizierung, die VS-Einstufung der mitgeteilten Informationen und damit ihre Gerichtsverwertbarkeit beteiligt.

Und so schrieben wir denn berufliche, vor allem aber politische Werdegänge nieder. Zum Teil handelten sie von lupenreinen Parteikarrieren in der DKP, von der Bewerbung um Mandate und von einer öffentlichen Übernahme politischer Positionen der DDR gegenüber der Bundesrepublik. Hier konnte man noch, ohne sich zu verbiegen, Verständnis für die Einstellung aufbringen, daß jemand, der die elementaren Pfeiler der Bundesrepublik in Frage stellt, keinen Anspruch darauf haben soll, bei dem von ihm bekämpften Staat auch noch in Lohn und Brot zu stehen.

Aber es gab auch die Werdegänge, in denen die Rede war von Protesten gegen den Vietnamkrieg und den Schahbesuch, von der Besetzung leerstehender Häuser und vom Kampf gegen die Grundstücksspekulationen in Frankfurt. Alles waren Proteste und Demonstrationen, mit denen sich inhaltlich große Teile der Bevölkerung identifizierten. Aber gegen all diese Krebsgeschwüre im menschlichen Zusammenleben demonstrierte auch die DKP, teils losgelöst, teils im Verbund mit anderen, mit Gewerkschaften, mit der SPD und mit kirchlichen Kreisen, und so wurden all diese Aktionen »kommunistisch beeinflußte« Demonstrationen. Und wenn sich einer der jungen Leute, die noch nicht an die gesellschaftlichen Zwänge angepaßt waren, dagegen wehrte, von der Polizei verprügelt zu werden, der Ordnungsmacht des Establishments, dann war der Staatsfeind fertig, einer, der nicht Gewähr dafür bot, daß er jederzeit für die freiheitlich-demokratische Grundordnung eintritt, wie sie das Grundgesetz skizziert.

Nun liegt mir nichts ferner, als mich in meinen Memoiren zu Grundfragen der freiheitlich-demokratischen Grundordnung zu äußern. Natürlich ist es unmöglich, die Vorstellungen eines gläubigen CSU-Mitglieds aus Altötting mit denen eines gestandenen Sozialdemokraten aus Castrop-Rauxel in Einklang zu bringen. Bei Abteilung V aber machte sich niemand Gedanken über die staatsphilosophische Bedeutung dieser freiheitlich-demokratischen Grundordnung, des Grundpfeilers westlichen Demokratieverständnisses. Hier war sie – wie ich schon dargestellt habe – zum Kürzel der »fdGO« verkommen, deren Bejahung durch den Überprüften mangels gegenteiliger Erkenntnisse unterstellt und deren Verneinung anhand einiger Kriterien »erkannt« wurde.

Ich selbst war im Laufe der Jahre doch so sehr Verfassungsschützer geworden, daß auch ich jedem, der mit dem politischen Gegner sympathisierte, skeptisch gegenüberstand und für eine regelrechte Verbindung zu ihm überhaupt kein Verständnis aufbringen konnte. In meinen Augen hatte George Bernard Shaw recht, der gesagt hatte, wer mit zwanzig Jahren kein Kommunist ist, hat kein Herz, und wer mit dreißig noch Kommunist ist, hat kein Hirn. Gewiß, ich ließ mich von der allgemeinen Psychose nicht anstecken, nach der in den sozialistischen Ländern eine eisenfressende Kamarilla herrschte, die der geknechteten Bevölkerung kaum Luft zum Atmen ließ. Aber sich deren politische Ideale gleich an die eigene Fahne zu heften, das ging mir denn doch zu weit. So konnte ich meine Zeit im Exil, in der Verbannung der Abteilung V, hinter mich bringen, ohne mein moralisches Rückgrat allzusehr zu strapazieren.

Aber daß ich mich tatsächlich im Exil befand, daß ich als leidenschaftlicher Stürmer auf der Strafbank saß, womöglich für immer, daß wurde mit jeden Tag deutlich. Schon wenn ich meine Akten zur Hand nahm, die sich einander formulorartig glichen, hätte ich meinen Zorn und meinen Ärger in die Welt schreien mögen. Morgens um zehn war ich mit meinem Tagewerk am Ende, und selbst wenn ich Überprüfungsakten mit Sicherheitsermittlungen las, so aufmerksam, wie ich einst Verdachtsfälle gelesen hatte, dann konnte mir das Heulen kommen. Wenn man Auskunfts- und Referenzbefragungen liest, die sich nur in der Wahl der Worte unterscheiden – »verschwiegen und zuverlässig«, »zuverlässig und verschwiegen«, »verschwiegen, aber auch zuverlässig« –, dann fragt man sich, warum man für eine solche Tätigkeit eine Ausbildung bis fast zum dreißigsten Lebensjahr hat hinter sich bringen müssen.

Aber ich hatte Zeit und Muße, mich auch anderen Dingen im Leben zu widmen. Es waren die Jahre, in denen ich mit Aktentasche ins Büro ging, weil ich mich an meinem Schreibtisch mit dem Studium von »Stern« und »Spiegel, von »Kölner Stadtanzeiger« und der »Zeit« beschäftigte, aus Langeweile, weil ich sonst nichts zu tun hatte. Wie andere Kollegen bei Abteilung V ihre Aufgabe angingen, sah ich bei Vertretungen.

So vertrat ich einmal den Kollegen Winfried Haeseler, einen schneidigen Panzeroffizier der Reserve. Sein Mitarbeiter Franz-Josef Krupp, den ich später zu Abteilung IV nachgezogen habe, hatte mir einen Überprüfungsvorgang vorgelegt. Der zu Überprüfende war verstorben, und Krupp hatte den sinnigen Vorschlag gemacht, die Überprüfung einzustellen. Ich hatte ein markiges »Was denn sonst!?« an den Rand geschrieben und Rücksprache verfügt. Krupp erklärte mir, Haeseler wolle jede sachliche Verfügung des Sachbearbeiters absegnen und bestehe auf derartigen Vorlagen.

Oder Hans Keller, der vertrocknete Junggeselle, der Hagestolz aus dem Bilderbuch, der von einigen Dingen wie Israel, deutscher Geschichte und Weinbau alles, von allen anderen Dingen gar nichts wußte, gab wiederholt Anlaß zu allgemeiner, wenn auch respektvoller Heiterkeit. Auf die Auskunft des bayerischen LfV, ein Überprüfter sei nur im Zusammenhang mit seiner Ausreise zu den Drachenflugmeisterschaften in der CSSR erfaßt, hatte Keller allen Ernstes verfügt: »Handelt es sich um das Vergnügen der Kinder im Herbst oder um eine mir nicht bekannte Sportart? Bitte Rücksprache!«

Kellers partielle Weltfremdheit, gepaart mit einem unstillbaren Wissensdurst über »seine« Themen hatte zu allerlei Späßen Anlaß geboten. Als er als Spätberufener mit Mitte Vierzig in den Ehestand trat, wurde gewitzelt, Keller werde nun wohl an der Volkshochschule einen Kurs »Bumsen für Anfänger« belegen.

Aber er hatte Charakter, dieser Hans Keller aus Koblenz. Als ihm von Hoegen eines Tages eröffnete, er habe seinen Mitarbeiter Hannes Baumgart auf Hellenbroichs Drängen an die Abteilung IV abgegeben, erklärte Keller ohne zu zögern: »Ich bitte, mich ebenfalls umzusetzen, denn mit einem Abteilungsleiter, der meinen besten Mitarbeiter umsetzt, ohne mich vorher zu fragen, ist eine vertrauensvolle Zusammenarbeit nicht mehr möglich.« Keller beharrte auf seinem Wunsch so lange, bis ihm, meiner Erinnerung nach Ende 1978, entsprochen wurde. Auch der Regierungsdirektor Keller kam auf den Elefantenfriedhof der Abteilung Rechtsextremismus.

Aber auch andere entflohen der Abteilung V. Zwei meiner sechs Mitarbeiter, deren Arbeit ich in meinem kleinen Referat V/B 4 zu organisieren und zu beaufsichtigen hatte, waren dem Ruf der sogenannten Fachabteilungen gefolgt. Wilhelm Wnuck wechselte zur Abteilung IV, und Wolfhard Rosenthal war den Verlockungen erlegen, die die Abteilung VII, die Abteilung Terrorismusbekämpfung, auf ihn ausübte. Kurze Zeit später wurde er in die »Sympathisantenszene« eingeschleust. Ich erwähne den Fall deshalb etwas ausführlicher, weil er deutlicher als viele andere die Gedankenlosigkeit, ja, die Ahnungslosigkeit und Gleichgültigkeit belegt, mit der im BfV Personalpolitik betrieben wird, zumindest betrieben wurde.

Nun war zunächst die Umsetzung Rosenthals zur Abteilung VII und seine dortige Verwendung als eine Art »under cover agent« schon eine uneingeschränkt zu billigende und gutzuheißende Maßnahme. Selten habe ich einen Menschen in meinem Leben gesehen, bei dem das äußere Erscheinungsbild und die charakterliche Veranlagung weiter auseinander lagen als bei diesem jungen Mann, Jahrgang 1952, aus Oberhausen. Wer Rosenthal damals das erste Mal sah, mußte beim Anblick des Mittzwanzigers mit langen, dunklen, lockigen Haaren und dünnem Schnurrbart, mit kantigem Gesicht und drahtiger Gestalt ohne zu zögern an einen hoffnungsvollen Zuhälternachwuchs aus dem Hamburger Kiez denken. Der Eindruck wurde noch verstärkt durch sein breites Ruhrpöttlerisch und sein wieherndes, fast gemein wirkendes, fettes und Wände durchdringendes Lachen.

Wer aber Rosenthal näher kannte, merkte schnell, daß sich hinter dieser rauhen Schale eine Seele von Mensch verbarg, ungeschliffen zwar, aber ehrlich und zuverlässig, fleißig und für seine Verhältnisse höflich. Er war mit einer Lehrerin verheiratet, wohnte in Merheim im Kratzweg und spielte nicht nur in der Mannschaft des BfV, sondern auch beim damaligen Bezirksligisten Rot-Schwarz Neubrück Fußball, eine Sportart, an der sein Herz hing.

Aufgrund dieser außergewöhnlichen Mischung wurde Rosenthal unter anderer Identität in die Frankfurter »Szene« eingeschleust. Seiner Legende nach kam er aus dem südlichen Baden, hatte aber seine Jugend im Ruhrgebiet verbracht, fuhr einen VW-Golf mit Freiburger Kennzeichen und trat als unverheirateter Erbe eines wohlhabenden Onkels aus dem Breisgau auf. Angeblich war er trotz seiner bürgerlichen Herkunft und seiner zu erwartenden Erbschaft ausgezogen, das ausbeuterische, menschenverachtende Klassensystem des Establishments einzureißen. Er fand schnell Anschluß an seine Zielgruppe und lieferte, wie es später hieß, gute Berichte.

Was gut gedacht und von der Planung auch als erfolgversprechend anzusehen war, erwies sich bei näherem Hinsehen als unqualifizierte Arbeit in einem außergewöhnlichen Maße. Wen die Hauptschuld trifft, Rosenthal selbst oder seine Vorgesetzten, die ihn gewähren ließen, mag dahinstehen. Jedenfalls erinnert das Leben, das Rosenthal in Frankfurt an den Tag legte, mehr an das kindliche Räuber- und Gendarmspiel als an professionelle Arbeit eines Sicherheitsdienstes.

Rosenthal erwies sich auch in Frankfurt als korrekter Beamter. Jedes Wochenende, nach Möglichkeit freitags um sechzehn Uhr, legte er seine Tarnidentität, seine Legende und seine Lebensphilosophie in Frankfurt ab und fuhr – Dienst ist schließlich Dienst und Freizeit ist Freizeit – zurück nach Köln. Dort wartete nicht nur seine hübsche Ehefrau Ute auf ihn, auch Rot-Schwarz Neubrück wollte beim Punktspiel am Wochenende nicht auf die Dienste des talentierten Spielers verzichten. Sein Auto mit dem Freiburger Kennzeichen stand während des gesamten Wochenendes am Kratzweg. Denn der Golf war ein Dienstwagen und durfte für Privatfahrten nicht benutzt werden.

Durch diesen bodenlosen Leichtsinn ging Rosenthals Einsatz in Frankfurt auch prompt daneben. Seine neuen Freunde waren mißtrauisch geworden wegen der in ihren Kreisen unüblichen Regelmäßigkeit der Heimfahrt. Derartige konterrevolutionäre Gewohnheiten waren für sie mit der Mitgliedschaft in einer Gruppe, deren Idole Ulrike Meinhof und Andreas Baader hießen, nicht vereinbar. Rosenthal wurde »observiert« und, da er nicht nach Freiburg, sondern völlig ungeniert nach Köln fuhr, schnell als Angehöriger des BfV identifiziert.

Kurze Zeit später wurde er von einem weiblichen Mitglied seiner Gruppe in eine Wohnung im Frankfurter Nordend bestellt, wo ihn statt des erhofften amourösen Abenteuers eine böse Überraschung erwartete. Vier maskierte junge Männer überwältigten ihn, fesselten ihn auf einen Stuhl und unterzogen ihn einem sechzehnstündigen »Verhör«. Sie drohten glaubhaft, ihn umzubringen, wenn er ihnen nicht lückenlos alles über sich, seinen Auftrag und die Aktionen des Verfassungsschutzes offenlege. Nachdem er die ganze Zeit gefesselt auf dem Stuhl verbracht, nichts zu essen und nichts zu trinken bekommen hatte und nicht einmal die Toilette aufsuchen durfte, wurde er, nachdem man offensichtlich mit seinen Angaben zufrieden war, losgebunden und freigelassen. Zum Abschied wurde ihm nachdrücklich empfohlen, in Zukunft bei Fahrten nach Süddeutschland einen weiten Bogen um Frankfurt am Main zu machen.

Obwohl diese »revolutionäre Aktion« in einem Szeneblättchen veröffentlicht wurde, nahm weder die Presse noch die Öffentlichkeit, ja, nicht einmal die Belegschaft des BfV Anteil an den Erlebnissen des wackeren Verfassungsschützers Wolfhard Rosenthal.

Dieser besuchte mich etwa ein halbes Jahr später, 1984, in meinem Büro, um mir vermeintlich nachrichtendienstlich relevante Unterlagen zu übergeben, die er aus Frankfurt als »Beute« mitgebracht hatte. Bei dieser Gelegenheit schilderte er mir noch einmal seine Abenteuer in der Mainmetropole, an denen ich schon des Tatorts wegen ein besonderes Interesse hatte. Trotz der seither verstrichenen Zeit war deutlich zu erkennen, daß Rosenthal immer noch durch die sechzehn Stunden auf dem »Vernehmungsstuhl« gezeichnet war. Ich war von seinen Schilderungen beeindruckt.

»Da hast du ja einiges mitgemacht«, sagte ich mitfühlend »was machst du denn heute? Bist du immer noch bei der VII?«

»Natürlich«, nickte Rosenthal, »ich bin jetzt als Werber tätig, nach wie vor im Terrorismusbereich.«

Ich glaubte meinen Ohren nicht zu trauen. Da war ein Beamter beim Gegner böse aufgelaufen, vielleicht sogar wirklich gerade noch einmal davongekommen – und dieser Beamte wird weiterhin gegen denselben Gegner losgeschickt. Das war in meinen Augen Terrorismus gegen die eigenen Mitarbeiter. Siegfried Dreßler und Karl-Heinz Schulz hatte man, als die von ihnen geführten CM »Lese« (Peter Felten) und »Rock« (Hans-Jürgen Köhler) in der DDR festgenommen wurden, aus der Fallführung abgezogen. Und Rosenthal ließ man weitermachen,

Für Außenstehende kaum verständlich, daß beides Reaktionen ein und derselben Behörde waren, Aber der Fall Rosenthal ist nur einer unter vielen, die mich zu der Überzeugung haben kommen lassen, daß es nicht nur für den Alltag und die Routine, sondern, von besonderen Akzenten abgesehen, auch in jeder anderen Hinsicht völlig gleichgültig ist, wer an der Spitze des Amtes steht. Die einzelnen Abteilungen werden von ihren Leitern geprägt, nicht von der Präsidentenebene.

Aber an meiner Arbeit war auch von einem engagierten Abteilungsleiter wie von Hoegen nicht viel zu prägen. Sie war von einer fast lähmenden Langeweile gekennzeichnet, aus der ich verzweifelt nach einem Ausweg suchte. Schließlich fand ich ihn

– im Fastelovend, im Karneval. Eltzberg sagte in dieser Zeit einmal resignierend zu mir: »Na, wir haben ja jetzt beide einen Ausgleich für unseren früheren Einsatz bei Abteilung IV gefunden. Du machst Karneval, und ich bin in der CDU.« Eltzberg, der einst Willy Brandts erste Regierungserklärung mit der Aufforderung, »mehr Demokratie zu wagen«, bejubelt hatte, sah später in dessen Ostpolitik den Ausverkauf deutscher Interessen. Er, der gebürtige Balte aus Riga, schlug sich voll Enthusiasmus und Begeisterung auf die Seite der CDU, wo er sich unverzüglich in die Stahlhelmfraktion eingliederte und in jeder Stimme für die SPD einen zwangsläufigen Schritt in den Abgrund sah.

Und ich ging zum Karneval. Ein alter Bekannter, der längst verstorbene Merheimer Steinmetzmeister Gerd Behr, nahm mich eines Tages zu einem Senatsabend der »Großen Karnevalsgesellschaft von 1823« mit, der ich mich ohne zu zögern anschloß. Meine Frau machte bei der vereinsinternen Tanzgruppe »Die Määdcher vun d'r Große« – intern »De Zoppehöhner«, die Suppenhühner genannt – mit.

Auch innerhalb des Amtes machte ich nach wie vor keinen Hehl aus meinem anhaltenden Frust und meiner nicht nachlassenden Verärgerung. Gelegentlich suchte ich frühere Kollegen in ihren Zimmern auf, aber auch das stellte ich allmählich ein. Zum einen erlischt nichts so schnell wie kollegiale Bindungen, aber auch die dienstliche Abschirmung grenzt selbst den früheren Insider aus. So erfuhr ich wenig, schon gar nichts Operatives, nur hin und wieder etwas über atmosphärische Veränderung in der Abteilung.

Hellenbroich hatte Watschounek entmachtet, fast muß man sagen entmystifiziert. Er war dahinter gekommen, daß viele Fälle durch allzu langes Liegen regelrecht verfault waren, sogar noch alte Funkfälle, die in seinem Panzerschrank lagen, den er hütete wie Anfortas den Gral. Einige Kollegen waren gestorben, neue Gesichter waren aufgetaucht, die Aktion »Anmeldung« zeitigte nach wie vor Erfolge. Aber es war immer auch eine schmerzliche Begegnung mit der Vergangenheit, wenn ich die Abteilung IV aufsuchte. Die früheren Kollegen, Hanswilli Fetten, Werner Müller und Hans-Jürgen Richter, hörten sich meine Klagelieder an, die ich ihnen von meinem langweiligen, abwechslungslosen Alltag bei Abteilung V sang, aber ohne innere Anteilnahme. Helfen konnten auch sie nicht.

Monate, Jahre vergingen. Unter von Hoegen als Abteilungsleiter ließ sich leben. Er entpuppte sich als gebildeter, humorvoller Mann, der mit seiner Aufgabe wuchs, der Geschichten aus dem Verfassungsschutz Anekdoten aus dem Haushaltsbereich gegenüberstellte, in denen von Schießhallen die Rede war, die sich als getarnte Kegelbahnen erwiesen, und von Feuerlöschteichen, deren hoher Kostenansatz sich im nachhinein durch ihre Gestaltung als Schwimmbad mit Sprungturm erklärte.

Von Hoegen war vor allem dadurch ein angenehmer Vorgesetzter, weil er wenig davon hielt, seine eigene Meinung als die allein selig machende anzusehen. Er war vielmehr immer bemüht, seine Mitarbeiter von der Richtigkeit seiner Ansicht mit Argumenten zu überzeugen, statt sich auf die ihm eingeräumte Weisungs- und Entscheidungsbefugnis zu berufen und Lösungen »hoheitlich« herbeizuführen. Nun, viel Anlaß zu Meinungsverschiedenheiten gab es bei Abteilung V nicht, sieht man von der Bewertung bestimmter Erkenntnisse im Einzelfall als sicherheiterelevant oder bedeutungslos ab. Bei linksextremistischem Engagement, auch von geringer Intensität, hörte für das CDU-Mitglied von Hoegen der Spaß allerdings auf. Da ließ er nicht mit sich feilschen, aber damit konnte man leben.

Was mich bei ihm zu Beginn mehr irritierte als störte, war seine Neigung, beim Zuhören, vermutlich gedankenverloren, in der Nase zu bohren und das Ergebnis seiner Suche dann überrascht zu betrachten, bevor er es dann anschließend in sein Taschentuch wischte. Nun popelt vermutlich jeder Mann hin und wieder, wenn er sich unbeobachtet glaubt, aber daß es jemand so unverhohlen und offen tut, habe ich bei keinem anderen Menschen mit dem intellektuellen und kulturellen Niveau von Hoegens je gesehen.

Im Laufe der Zeit gewöhnte ich mich an den Trott in der Abteilung V. Auch mein unmittelbarer Vorgesetzter, der Leitende Regierungsdirektor Dr. Hans Otto, behandelte mich mit ausgesuchter Freundlichkeit, fast mit Respekt. Er, der bei jüngeren Kollegen im Ruf stand, ein diktatorischer Giftzwerg zu sein, hatte eine stille, unerwiderte Liebe zur Abteilung IV, die ihn wohl veranlaßte, mich als langjährigen Angehörigen dieser Abteilung anders zu behandeln.

Für den damals etwa sechzigjährigen Otto war die Abteilung IV zeit seines Lebens ein nie erreichtes Ziel geblieben. Für mich war sie zu einer schönen Erinnerung in meinem Berufsleben geworden; ihr angehört zu haben erfüllt mich noch immer mit Befriedigung. Ich begann bereits, mich mit der Abteilung V zu arrangieren, als ein Anruf Werner Müllers im Herbst 1978 alles änderte.

Müller war damals stellvertretender Abteilungsleiter IV und kündigte überraschend seinen Besuch bei mir an. Als er erschien und in meinem kleinen, aber nicht ungemütlichen Zimmer Platz genommen hatte, konfrontierte er mich mit einer für mich völlig überraschenden Situation.

Hans-Jürgen Richter verspürte Abwanderungsgelüste. Der niedersächsische G-Referent Manfred Dreyer hatte dem erfolgversprechenden neuen Mann mit der verbindlichen Zusage der Beförderung zum Regierungsdirektor binnen zweier Jahre einen Umzug an die Leine schmackhaft gemacht. Außer mir, dem einstmals verstoßenen Referenten, so Müller, sei niemand zu sehen, der fachlich, aber auch vom Engagement her, der Aufgabe gewachsen sei.

Er fragte mich – allen Ernstes –, ob ich bereit sei, zur Abteilung IV zurückzukommen und die Observation zu übernehmen. Er fragte mich! Selbstverständlich wollte ich, mit jeder Faser meiner Seele wollte ich zurück zur Spionageabwehr. Ohne zu zögern und ohne meine Erregung zu verbergen, erklärte ich Müller meine Bereitschaft, ihm stehenden Fußes zu folgen. Dieser lehnte ab und goß etwas Wasser in den Wein. Erst müsse Richter das Amt verlassen haben, was nicht vor Frühjahr 1979 der Fall sein werde, und auch Dr. Meier, der von diesen Plänen noch nichts wisse, müsse selbstverständlich einverstanden sein. Er habe erst einmal meine Bereitschaft sondieren wollen; ich solle keinem etwas sagen und die Entwicklung abwarten.

Im Januar 1979 besuchte ich Richter auf Veranlassung Hellenbroichs und mit Zustimmung von Hoegens in seiner Außenstelle. Sie lag in der Marburger Straße, in Sichtweite des Eigelsteintores, und war als Dienststelle der Finanzverwaltung mit der Bezeichnung »Bundesvermögensstelle II« abgetarnt.

Eine Welt mit eigenen Gesetzen tat sich für mich auf! Hier konnte ein kundiger Referatsleiter herrschen wie ein König. Ich kannte viele Observanten, deren Zahl sich um die vierzig bewegte, persönlich; die Truppführer und den »Wasserkopf«, die Büroleitung des Referats mit dem Hauptsachbearbeiter Heinz Jakobus an der Spitze, waren mir ausnahmslos bekannt. Ich freute mich riesig auf meine neue Aufgabe, die ich gedachte, mit Verve und großer Einsatzfreude anzugehen. Aber noch einmal kam alles anders.

An einem Montag im April 1979 hörte ich morgens, als ich zum Dienst kam, daß Heinrich Schoregge am Tag zuvor mitten in einem Faustballspiel tot umgefallen sei. Ich war betroffen. Ich kannte Schoregge, solange ich dem Amt angehört hatte. Er hatte als Mittvierziger den Aufstieg in den höheren Dienst gemacht und diesen beruflichen Erfolg offensichtlich mit dem Leben bezahlen müssen. Auch Heinrich Marx und Helmut Bergmann hatten sich Herzprobleme eingehandelt bei den gleichen, ebenfalls erfolgreichen Bemühungen. Sie alle galten als Spitzen der Sachbearbeiterzunft, und sie alle hatten Angst, beim letzten Schritt auf der Erfolgsleiter, beim Schritt in den höheren Dienst, zu versagen. Denn nach einem solchen Straucheln, nach einem Scheitern beim Aufstieg, wäre der Schritt zurück zum Sachbearbeiter, begleitet von offener Häme der Kollegen, für ehrgeizige Männer wie Schoregge, Bergmann oder Marx entnervend, ja tödlich gewesen. Aber Schoregge hatte es nun trotzdem getroffen.

Aber zugleich wußte ich, daß Schoregges Tod für mich das Ende der Observation bedeutete, bevor sie begonnen hatte. Denn wenn man jemanden wie mich aus der Versenkung holt, mit der Begründung, man brauche mich, dann, und das war mir sofort klar, brauchte man mich auf dem Platz Schoregges nötiger als auf dem von Richter. Der Observation erfolgreich vorstehen konnte eigentlich jeder einsatzfreudige, risikobereite

Mann. Das hatte nicht zuletzt auch Richter selbst bewiesen, der das Amt nach nur dreijähriger Amtsangehörigkeit übernommen und bleibende Akzente gesetzt hat.

Zum Glück gelang es Müller, auch für diesen Referentenstuhl einen mehr als geeigneten Ersatz zu finden. Bei der MAD-Gruppe »S« in Bonn vertrug sich der Chef der dortigen Observationseinheit, Major Bernd Dybowski, nicht mit dem Dezernenten III, zuständig für die Spionageabwehr, Oberstleutnant Richard Wilczek. Dybowski nahm das Angebot an und wechselte zum Bundesamt für Verfassungsschutz. Als ich 1982 Gruppenleiter wurde, war Dybowski mein Nachfolger als Referatsleiter IV B 1.

Schwieriger war die Nachfolge bei einem reinen Operativreferat wie dem von Schoregge. Die Aktivitäten des wichtigsten Gegners im politischen Bereich abzuwehren war in meinen Augen keine Sache für einen Neuling. Mir konnte es nur recht sein. »Politische Spionage, DDR« hieß das seit dem Vortage verwaiste Referat, ein verheißungsvoller Name. Ich begann, mich über diese unerwartete Entwicklung zu freuen, allerdings war das Wort »freuen« angesichts des toten Kollegen Schoregge unangenehm, ja peinlich.

Daß meine Überlegungen zutrafen, eröffnete mir Hellenbroich, der mich einige Tage später zu sich rief. Ich sollte also der neue Referatsleiter für die politische Spionage der DDR werden. Nicht ohne Stolz legte er mir dar, welche Entwicklung die Abteilung IV seit seinem Dienstantritt vor gut drei Jahren genommen habe. Hellenbroich riß kurz die Fälle »Holzfäller«, »Martinszug« und »Schneiderwerkstatt« an und betonte, all diese Fälle würden in dem von mir zu leitenden Referat geführt und ausgewertet. Es sei schon kein alltägliches Referat, aber er sei sicher, ich würde damit fertig werden.

»Sagen Sie, Herr Hellenbroich«, fragte ich, sichtlich beeindruckt von den Fällen, die er mir gerade geschildert hatte, »wieso komme ausgerechnet ich zu der Ehre, dieses Referat übertragen zu erhalten? Als ich Ihnen das letzte Mal in diesem Zimmer gegenübersaß, vor knapp drei Jahren, da haben Sie mich in Grund und Boden verdammt.« Hellenbroich wurde rot. Diese

Verlegenheitsröte, die er erst als Präsident allmählich ablegte und die überdeutlich verriet, wann ihm etwas unangenehm war, machte Hellenbroich sympathisch, zeigte sie doch, daß er noch mit beiden Beinen auf der Erde stand und noch nicht, getragen von der Überzeugung eigener Unfehlbarkeit, über den Wolken schwebte. Er lächelte.

»Ach, wissen Sie, Herr Tiedge, man ist auch nicht immer Herr seiner Entscheidungen.« Ich verließ das Zimmer in der Vorstellung zu fliegen.

Zwölftes Kapitel
DIE LETZTEN JAHRE IN DER ABWEHR

Meine Rückkehr in die Abteilung IV übertraf alle Erwartungen. Sie schien von den meisten Kollegen begrüßt zu werden, die Arbeit faszinierte mich und die ersten Wochen war ich an meinen Schreibtisch gefesselt. Ich mußte mich mit den Problemen und den Möglichkeiten, die die neue Aufgabe für mich brachte, vertraut machen, mich aber auch in die Operationen und Verdachtsfälle hineinlesen, die in Zukunft meiner Obhut anvertraut waren. Dabei nahmen ganz ohne Zweifel von Beginn an die beiden großen Fallkomplexe eine entscheidende Rolle ein. Den Fall »Keilkissen« gab es 1979 noch nicht, dafür die schillernde Figur des Jochen Moitzheim, über dessen nachrichtendienstlichen Hintergrund wir nicht müde wurden, Theorien aufzustellen und wieder zu verwerfen. Zu »Schneider« war die Verbindung abgerissen, »Martin« saß im fernen Argentinien, wo Klaus Kuron, damals noch ein untadliger Beamter des BfV, ihn im Herbst 1978 besucht hatte. So blieb mir der aktuelle Fall »Holzfäller« mit seinen vierzehntäglichen Treffs zwischen »Fäller« und Moitzheim und natürlich die ganze Reihe der Operationen, die das BfV oder die Landesämter führten, die mir aber ebenso zeigten, daß ein frischer, ein neuer Wind in der Spionageabwehr blies.

Das merkte man sogar an einigen abgeschlossenen Fällen. Einem von ihnen verdankt die Welt, zumindest die westliche, das erste Foto von Markus Wolf, dem damals noch geheimnisumwitterten Chef der Hauptverwaltung Aufklärung. Das BfV hatte an dieser Geschichte überhaupt keinen Anteil, sieht man einmal von der guten Idee ab, die Heinrich Schoregge gehabt hat. Aber der Fall ist schön genug, um von Anfang an erzählt zu werden.

Die schwedische Reichspolizei unterhielt einen nachrichtendienstlichen Kontakt zu einer Schwedin, die von der Botschaft der DDR als Reinigungskraft beschäftigt wurde. Diese berichtete ihrem Kontaktmann eines Tages im Sommer 1978, sie habe den Auftrag erhalten, ein von der DDR-Botschaft gemietetes Sommerhaus bei Stockholm »gründlich« sauber zu machen. Der Nachdruck, mit dem ihr der Auftrag erteilt worden war, ließ vermuten, daß ranghoher Besuch erwartet wurde. Gleichwohl konnten die schwedischen Sicherheitsbehörden mit den Namen der Besucher, Dr. Kurt Werner und Dr. Kurt Lenkeit, beide Bürger der DDR, nichts anfangen.

Die Reichspolizei konnte aber einen nachrichtendienstlichen Hintergrund des Besuches nicht ausschließen und ließ deshalb die Gäste der Botschaft während ihres mehrtägigen Aufenthaltes in der schwedischen Hauptstadt observieren. Dabei wurde zum einen ein Kontakt Dr. Werners zu einem deutschen Arzt aus dem unterfränkischen Lengfurt am Main bekannt, zum anderen gelang es, Dr. Werner in Begleitung seiner angeblichen Ehefrau bei einem Spaziergang in einem städtischen Park zu fotografieren.

Die Namen der Besucher, der Name des Treffpartners Dr. Cremer sowie Fotografien von Dr. Werner und Dr. Lenkeit wurden dem BfV zugeleitet, das zunächst nichts anderes tat, als die Unterlagen an das anscheinend zuständige bayerische Landesamt für Verfassungsschutz weiterzuleiten. Als die Münchner Kollegen Dr. Friedrich Cremer als den 59jährigen SPD-Landtagsabgeordneten identifizierten, der zugleich Mitglied des SPD-Parteirates und des Kreisvorstandes seiner Partei war, begann der Fall im BfV Wellen zu schlagen und die Aufmerksamkeit der »Buntstiftberechtigten«, also die des Abteilungsleiters und der Amtsleitung auf sich zu ziehen.

Die entscheidende Wende aber führte Heinrich Schoregge herbei, als er Ende Januar 1979, ein halbes Jahr nach den Ereignissen in Stockholm, einige Tage mit der Befragung des Überläufers Werner Stiller befaßt war. Er legte dem Mann, der bis zum 18. Januar 1979 Oberleutnant im Referat XIII/1 der HVA gewesen war, die Bilder der geheimnisvollen Herren Werner und Lenkeit vor und fragte beiläufig, ob Stiller sie zufällig von seinem Dienst her kenne. Die Reaktion war überraschend. »Mann«, soll Stiller ausgerufen haben, »wo haben Sie die denn her? Das kann doch nicht wahr sein! Wissen Sie, wer das ist? Das ist mein oberster Chef Markus Wolf und sein Stellvertreter Werner Großmann. Das Gesicht von Wolf möchte ich jetzt sehen, aber auch die Schadenfreude im Ministerium.«

Damit war die Bombe geplatzt. Dr. Cremer wurde zu einer Freiheitsstrafe von zweieinhalb Jahren verurteilt, das Foto Wolfs, das ihn beim gemeinsamen Spaziergang mit seiner damaligen Ehefrau Christa, geborene Heinrich, in Stockholm zeigte, ging um die Welt und jeder Neueingang in dieser Angelegenheit mußte dem Präsidenten vorgelegt werden.

Besteht an Wolfs Identifizierung kein Zweifel, so sind an der Werner Großmanns doch Bedenken angezeigt. Wolfs Stellvertreter als Chef der HVA versicherte mir gegenüber bereits 1985 in einem Gespräch, nicht mit jenem »Dr. Kurt Lenkeit« aus Stockholm identisch zu sein. Stiller habe ihn mit einem Abteilungsleiter verwechselt, der Wolf seinerzeit begleitet habe und der ihm zugegebenermaßen ähnlich sehe. Welchen Anlaß sollte Großmann gehabt haben, mir gegenüber die Reise nach Stockholm zu leugnen?

Nicht zu leugnen ist hingegen, daß Wolf und sein Begleiter, ob nun Großmann oder nicht, Opfer eigenen konspirativen Fehlverhaltens geworden sind. Denn hätten sie nicht, wie aus der DDR gewohnt, auf der Nutzung eines »Objekts« bestanden, sondern wären in einem x-beliebigen großen Hotel in der schwedischen Hauptstadt abgestiegen, nichts hätte die Aufmerksamkeit der schwedischen Sicherheitsbehörden geweckt. So aber erfuhren diese, Monate nach ihrem Erfolg, vom BfV, wer im Sommer 1978 vor den Objektiven ihrer Kameras spazierengegangen war.

Aber auch das rein operative Geschehen ließ neue Akzente erkennen. Das LfV Hamburg etwa führte eine G-Operation, in der es um die letzten Feinheiten eines der damaligen nachrichtendienstlichen Knackpunkte ging, um den fälschungssicheren Personalausweis. Es war natürlich nur ein bekannter neben vielen unbekannten Angriffen auf dieses Ziel. Nach der Wende erzählte mir ein Oberst des MfS, bundesdeutsche Fachleute seien tief beeindruckt gewesen vom Informationsstand des MfS auf diesem Gebiet und seiner fast ausgereiften Fälschungskapazität. Wie in vielen anderen Fällen auch hatten wir also dem MfS Informationen vorenthalten, über die es längst verfügte. Und das BfV war nach wie vor stolz darauf, durch seine vermeintlich geschickte Freigabepraxis den Gegner zu verwirren und zu desinformieren.

Das BLfV, das bayerische Landesamt für Verfassungsschutz in der Ludwigstraße in München, führte eine G-Operation mit einem CM, dessen charakterliche Schwächen Rausch vor Jahren veranlaßt hätten, eine operative Verbindung zu ihm rundweg abzulehnen. Der aus Thüringen stammende, homosexuelle, auch von Alkohol und Drogen gefährdete CM war bei dem Versuch, reumütig in das heimatliche Suhl zurückzukehren, vom MfS mit Aufträgen gegen das BLfV wieder nach Bayern geschickt worden, wo er sich offenbarte. Das MfS hatte ihm erklärt, er habe vor Jahren seine Heimat, die DDR, verlassen, nun müsse er sich sein Recht auf Rückkehr erst wieder verdienen.

Bei der Abklärung des BLfV, der Zentrale in der Theatinerstraße ebenso wie seiner teilweise getarnten Außenstellen, trat so viel Peinliches zutage, daß es den Münchner Kollegen, allen voran meinem alten Freund Ludwig Fischer, immer schwerer fiel, die Feststellungen des CM dem BfV mitzuteilen. Schließlich kostete die Operation den Observationschef des BLfV den Posten. Er stammte aus der bayerischen Rhön und war privat in eine andere G-Operation verwickelt, die die Außenstelle Nürnberg des BLfV gegen die HVA-Arbeitsgruppe »Grenze« führte. Daneben war er mit einer Pensionsinhaberin aus München liiert, deren Etablissement »Marie Louise« in der Nähe der Schwanthaler Straße von MfS-Reisekadern und Gästen des BLfV gleichermaßen frequentiert wurde. Ich bedauere eigentlich, dort nicht auch abgestiegen zu sein, aber wenn ich in München war, habe ich in der Regel bei Freunden übernachtet.

Es war schon eine Freude, wieder in der Abteilung IV zu arbeiten, die ihr neuer Leiter Hellenbroich, damals gut drei Jahre im Amt, offensichtlich zu neuem Leben erweckt hatte. Aber hin und wieder boten auch Fälle reizvolle Abwechslung, die unter Rausch begonnen hatten und in der Ära Hellenbroich zu Ende gegangen waren. Ein derartiger Fall war die G-Operation »Siegellack«, die ein besseres Schicksal verdient hätte, als ihr widerfahren ist. Mit ein Grund, wenn auch nicht der einzige, lag darin, daß es der Fallführer Siegfried Dreßler nicht verstanden hat, das für die Behandlung eines derart kapriziösen CM wie »Lack« notwendige Fingerspitzengefühl zu entwickeln. Er behandelte ihn wie jeden Studenten, Journalisten oder mittleren Angestellten, der sich in den Maschen der Nachrichtendienste verfangen hatte. Dabei war »Lack« eine gelungene Mischung aus Geschäftsmann und Künstler, der es mit seiner Chronos-Filmgesellschaft zu internationalem Ansehen gebracht hatte. Bengt von zur Mühlen hatte für das Fernsehen herrliche Filme über Städte in der DDR gedreht. Für die Produktion dieser Filme, aber noch mehr für seine noch ehrgeizigeren Projekte, die später im Kino gezeigt wurden, war er auf Archivmaterial angewiesen, das in der DDR, in erster Linie in Potsdam lagerte.

Durch seine Bemühungen um dieses Material war er mit dem MfS in Berührung gekommen und hatte sich, um den Zugang zu den DDR-Archiven nicht zu verlieren, zur Mitarbeit bereit erklärt. Nach Rückkehr in dic Bundesrepublik suchte er Kontakt zum Verfassungsschutz und willigte mit Freuden ein, als ihm sein Gesprächspartner eine operative Bearbeitung vorschlug. Konnte er doch auf diese Weise seine Kontakte in dic DDR weiterpflegen, ohne sich in der Bundesrepublik einer strafrechtlichen Verfolgung auszusetzen.

Als ich den Fall, etwa 1983, das erste Mal in die Hand bekam, war die operative Phase schon erledigt. Alle hochrangigen Perspektiven, die der Fall bot, hatten sich in nichts aufgelöst. So war der Plan der HVA, unter Bengt von zur Mühlens Leitung eine Stellenvermittlung für Sekretärinnen zu gründen, fallengelassen worden. Auch die Bemühungen, Kontakte in Ministerien zu pflegen und zu intensivieren, die der Filmkaufmann von Berufs wegen unterhielt, hatten nichts Konkretes erbracht.

Nun lag CM »Lack« mit Sicherheit nichts an einer allzu intensiven nachrichtendienstlichen Verstrickung, aber auch Siegfried Dreßler alias »Dieckmann« tat nichts, um den trotz aller schöngeistigen Veranlagung auch cleveren von zur Mühlen zu mehr Initiative zu veranlassen. Er beschränkte sich darauf, den gesellschaftlichen Gewohnheiten »Lacks« dadurch Rechnung zu tragen, daß er mit ihm teure Lokale aufsuchte, ansonsten beschränkte er sich auf Treffberichte von allenfalls zwei bis drei Seiten.

So war der Fall, wie gesagt, schon beendet, als sich von zur Mühlen hilfesuchend an das BfV wandte. Er hatte für einen seiner Filme, meiner Erinnerung nach unter dem Titel »Bomben auf Berlin« oder »Feuer über Berlin«, einen Bundesfilmpreis gewonnen und konnte nun bei der Filmförderungsstelle in Berlin (West), einer dem Bundesinnenministerium nachgeordneten Dienststelle, die Entstehungskosten des Filmes abrechnen. In der Kostenaufstellung hatte er auch DM 200 000 aufgeführt, für die er Filmmaterial aufgekauft habe.

Nun tat die Filmförderungsstelle etwas, womit niemand gerechnet hatte – sie fragte in der DDR bei der Verbindungsstelle der DEFA oder bei der dortigen Archivverwaltung an, ob diese, der Höhe nach glaubhaften Ausgaben bestätigt werden könnten. Überraschenderweise teilte die DDR-Stelle mit, Bargeld habe überhaupt keine Rolle gespielt, vielmehr habe die Verwaltung der Filmarchive in der DDR als Gegenleistung für die von ihr gelieferten Filmdokumente von ihrem Geschäftspartner von zur Mühlen Filmmaterial aus dessen privatem »Chronos«-Archiv erhalten.

Die Filmförderungsstelle gab diesen Sachverhalt weiter und von zur Mühlen sah sich einem drohenden Ermittlungsverfahren wegen versuchten Betruges ausgesetzt. Nachdem er bei dem damaligen Berliner Justizsenator Peter Oxford abgeblitzt war, wandte er sich hilfesuchend an das BfV. Wir sollten, so sein Petitum, der auch für uns vorgesetzten Dienststelle, dem Bundesinnenministerium, mitteilen, er, Bengt von zur Mühlen, sei aus nachrichtendienstlichen Gründen gezwungen gewesen, diese falschen Angaben zu machen. Daher sei der Eindruck, er habe aus Bereicherungsabsicht gehandelt, unzutreffend.

Ich habe den Vorschlag bei einem Treffen auf dem Köln-Bonner Flughafen, zu dem mich Kuron anstelle des inzwischen anderweitig eingesetzten Dreßler begleitet hatte, zurückgewiesen. Bengt von zur Mühlen und ich sind zwar nicht als Freunde, aber auch nicht als Feinde geschieden. Ausgerechnet meinem farblosen Mitarbeiter Christian Fuchs, der weder über operative Erfahrung noch über das notwendige Durchsetzungsvermögen verfügte, gelang es, von zur Mühlen eine Erklärung unterschreiben zu lassen, die das BfV in dieser Hinsicht von allen Verbindlichkeiten freistellte. Aber unser früherer CM »Lack« stand mit dem Rücken so dicht an der Wand, daß er alles unterschrieben hätte.

Hellenbroich, damals meiner Erinnerung nach Vizepräsident, habe ich mündlich über den Fall berichtet und sein Einverständnis für eine solche Erklärung eingeholt. Er stimmte, wie nicht anders zu erwarten, zu.

Über von zur Mühlen habe ich nach 1985 häufig nachgedacht, nachdem mir mein Chefbetreuer »Karl« recte Karl-Christoph Großmann, von dessen weiterhin stattfindenden Einreisen in die DDR berichtete. Vorübergehend malten wir uns aus, welches Gesicht von zur Mühlen machen würde, wenn er von »Karl« und »Tappert« gemeinsam in Ostberlin angesprochen würde. Aber diese Spinnereien standen nie zur ernsthaften Diskussion. Daß aber »Karl« als stellvertretender Abteilungsleiter Gegenspionage von zur Mühlen persönlich kannte, stimmte mich nachdenklich. Sollte dieser den Kontakt zum BfV wiederum dem MfS berichtet haben und dadurch das Interesse der Abteilung IX der HVA geweckt haben?

Aber ich war aus dem Geschäft ausgeschieden und führte die unbeschadeten Einreisen des Filmkaufmannes auf seine Kontakte zum Großen Bruder Ost zurück. Von zur Mühlen stand damals in ernsthaften Gesprächen mit der Moskauer Filmakademie über die gemeinschaftliche Produktion eines Fernsehmehrteilers über ein geschichtliches Thema. Ich habe die Sache später aus dem Auge verloren.

Davon ahnten aber damals weder Hellenbroich noch ich etwas. Hellenbroich jedenfalls erwies sich von Beginn an als ein angenehmer Vorgesetzter, der bereit war, jedem Vorschlag zu-

zustimmen, nur immer vorausgesetzt, er war durchdacht, erschien praktikabel und die Konsequenzen eines Mißerfolges waren überschaubar. Man mußte gar nicht so weit gehen wie Georg Brox, der behauptete, Hellenbroich gebe, wenn er mit mehreren divergierenden Vorschlägen konfrontiert werde, demjenigen seiner Mitarbeiter recht, der als letzter zu ihm komme. Ich bin oft genug als vorletzter oder sogar als erster bei ihm gewesen und habe meinen Willen durchgesetzt. Insgesamt habe ich an die zweite Phase meiner Zusammenarbeit mit dem Abteilungsleiter Hellenbroich eigentlich nur gute Erinnerungen.

Auch von meinem Erzfeind Weyde hatte er sich wieder getrennt und dafür Eltzberg erneut auf seinen alten Platz in die Abteilung genommen, der die Vorbehalte gegen den Jüngeren inzwischen abgebaut hatte. Er habe, erklärte mir Hellenbroich einmal vertraulich, die »schleimscheißerische« Art Weydes auf Dauer nicht ertragen können. Dieser wurde Beschaffungsleiter in der Abteilung Linksextremismus, ohne sich dort innerlich wirklich wohlzufühlen. Schließlich war auch Weyde, allen charakterlichen Nachteilen zum Trotz, ein überzeugter und leidenschaftlicher Abwehrmann. Etwa 1984 wurde ihm die Leitung der Referatsgruppe »Neue Linke« übertragen, nicht nur in seinen Augen ein weiterer beruflicher Abstieg. Es blieb wohl die letzte Verwendung des damals gut Sechzigjährigen.

Was mich bei Hellenbroich am meisten beeindruckte, war sein Instinkt beim Handeln, seine nicht erlernbare »fortune«. Hellenbroich traf – auch später als Vizepräsident und Präsident – gelegentlich Entscheidungen, bei denen man sich die Haare raufen konnte, aber wenn die Entscheidung dann zum Tragen kam und Folgen zeitigte, erwies sie sich fast immer als die einzig richtige. Es ist die persönliche Tragik Hellenbroichs, daß ihn diese »fortune« ausgerechnet im Falle Tiedge im Stich gelassen hat.

So sind Müller und ich, als er Präsident war, bei ihm Sturm gelaufen, als er im Fall Kurt Siebel die Tonbänder aus der G-10-Überwachung der Ständigen Vertretung der DDR für gerichtsverwertbar erklärte. An diese hatte sich Siebel, ein verschuldeter Observant der BfV-Abteilung Ausländerextremismus, mit der Bitte um Hilfe gewandt und vergeblich seine nachrichtendienstliche Mitarbeit angeboten. Man konnte am Telefon die Seelenqualen des Gesprächspartners in der Ständigen Vertretung regelrecht hören, der dieses verlockende Angebot ablehnen mußte. Er wußte, daß der Verfassungsschutz mithörte.

Trotzdem war diese Freigabe in fachlicher Hinsicht ein Sakrileg. Jeder, und nicht nur die Ständige Vertretung, wußte zwar, daß mitgehört wurde, aber deshalb das Mithören gleich öffentlich einzugestehen? Hellenbroich winkte lachend ab: »Bei allem Respekt für Ihr Engagement, davon nimmt keiner wirklich Notiz, Sie werden sehen.« Er behielt recht. Abgesehen von ein paar zynischen Zeitungsartikeln war keine Reaktion zu spüren. Auch die Grünen, vor deren Reaktion wir gewarnt hatten, schwiegen.

Meine Zusammenarbeit mit Hellenbroich war kollegial und freundlich, ich respektierte in ihm den Abteilungsleiter, obwohl mich die verlegene Röte, die gelegentlich immer noch sein Gesicht überzog, häufig irritierte. Kleinen Kindern sagt man, die Nase wackele, wenn sie lügen. Bei Hellenbroich erkannte man an diesem Erröten, wenn eine Entscheidung, die er verkündete, nicht seiner Überzeugung entsprach, oder die Gründe, die er vorbrachte, nicht die Gründe waren, die zu dieser Entscheidung geführt hatten. Aber es zeigte auch, daß Hellenbroich sich seine Natürlichkeit und auch seine Ehrlichkeit erhalten hatte.

Er kehrte nur ungern den Vorgesetzten heraus, jedenfalls nicht den Mitarbeitern gegenüber, die er kannte, seitdem er dem Amt angehörte. Diese zweifellos sympathische Eigenschaft behielt er auch auf den weiteren Stufen der Karriereleiter bei. So beendete er als Präsident einmal eine lange Diskussion mit mir über die Freigabe bestimmter Dienstinterna, indem er mir lächelnd erklärte: »Also, Herr Tiedge, wir müssen zu einem Ende kommen. Sie werden verstehen, B 9 sticht A 15.«

Ich verstand. B 9 ist die Besoldungsgruppe des Präsidenten, A 15 war meine eigene, die eines Regierungsdirektors. Und Hellenbroich errötete, als er das sagte, so, als habe er etwas Unrechtes gesagt oder getan. Er hatte aber nur eine Entscheidung getroffen, an die ich mich zu halten hatte. Ich hätte anders entschieden, aber ich war auch nicht Präsident.

Sein Bemühen, den Kontakt zur Basis nicht zu verlieren, und seine Abneigung dagegen, ein Leben ausschließlich in präsidialen Sphären zu führen, ließ Hellenbroich aber auch Opfer alberner Streiche werden. Einer der Übeltäter war der schon erwähnte »Quick«-Journalist Paul Limbach, der in der Sandkaule in der Bonner Innenstadt sein Büro unterhielt. Limbach rief eines Tages aufgeregt beim Präsidenten zu Hause an und teilte ihm mit, er liege zur Zeit mit einer Frau im Bett, die ihm unter Tränen ihre Beziehungen zum MfS offenbart habe.

Am nächsten Tage beauftragte mich Hellenbroich mit der Klärung des Sachverhaltes, ohne mich in die etwas außergewöhnlichen Umstände seiner Informationsgewinnung einzuweihen. Für meinen Mitarbeiter Karl-Heinz Schulz war die Aufgabe leicht zu lösen. Die »Agentin« entpuppte sich zwar als eine attraktive, aber nachrichtendienstlich völlig unbelastete junge Frau, die bei dem dandy- und stutzerhaft wirkenden, etwas klein geratenen Limbach ein altes Trauma geweckt hatte. Eine ihrer Vorgängerinnen als seine Freundin hatte in der Tat Aufträge des MfS gegen ihn erhalten, so daß er, der leidenschaftliche Kommunistenhasser, in jeder Frau in seinem Leben eine verkappte Agentin sah, so auch in ihr. Sie sei bei Limbachs, im übrigen alkoholbedingten Anruf zugegen gewesen und man habe hinterher herzhaft über diesen »Streich« gelacht.

Hellenbroich war naturgemäß peinlich berührt, als er die Wahrheit erfuhr, wenn auch nicht von mir, sondern von Limbach selbst. Dieser war am nächsten Tag reumütig zu Hellenbroich ins Büro gekommen und hatte sich für sein unqualifiziertes Verhalten entschuldigt. Aber zu diesem Zeitpunkt war Karl-Heinz Schulz schon bei seiner Freundin.

Aber es gab auch Amtsleiter, die waren da völlig anders. Einer von ihnen war Christian Lochte, der Anfang 1992 leider verstorbene Chef des LfV Hamburg. Zu ihm war ich einbestellt, als BfV und LfV 1980/81 gemeinsam einen massiven nachrichtendienstlichen Angriff des KGB gegen einen Mitarbeiter des Hamburger Amtes bearbeiteten. Ich war für das KGB nicht mehr zuständig, aber das störte mich nicht im geringsten. Müller hatte mir den Fall in Vertretung des Abteilungsleiters zugewiesen, und was um alles in der Welt sollte mich veranlassen, gegen die Bearbeitung eines Falles der Gegenspionage zu opponieren. Es war in meiner Werteskala das höchste, was es in der Spionageabwehr gab – mit nachrichtendienstlichen Mitteln den Angriff eines Nachrichtendienstes gegen einen Nachrichtendienst zu unterlaufen.

Lochte wollte den Fall durch den Einsatz Hamburger Polizisten beenden, ich drängte darauf, der größeren Erfahrung und der höheren Effizienz wegen, den geplanten exekutiven Zugriff durch den Generalbundesanwalt dem Bundeskriminalamt übertragen zu lassen. Ohne größere Diskussion entschied Lochte, der Hamburger polizeiliche Staatsschutz werde die Treffpartner beobachten und den Beauftragten des KGB festnehmen. Als ich mich hartleibig verhielt und argumentierte, die Übertragung der Polizeimaßnahme sei Sache des Generalbundesanwalts und nicht des Verfassungsschutzes, auch nicht eines Amtsleiters, erhob sich Lochte. In der ihm eigenen, an Arroganz grenzenden Selbstgerechtigkeit unterbrach er mich und erklärte mir von oben herab: »Fahren Sie nach Köln und unterbreiten Sie meine Ansicht Ihren Vorgesetzten. Herr Hellenbroich kann mich ja anrufen, wenn er wider Erwarten anderer Ansicht sein sollte. Auf Wiedersehen.«

Ich wäre ihm am liebsten an die Gurgel gegangen wegen dieser hochnäsigen Art, mit der er mich wie einen Boten behandelte. Aber der Zugriff erfolgte durch die Hamburger Polizei, und mit Herbert Polchow ging den deutschen Sicherheitsbehörden ein hochrangiger Kurier des KGB ins Netz. Aber warum sollte ich mich mit Lochte streiten? Zum einen war er trotzdem ein recht netter Kerl, zum anderen war er nicht mein Amtsleiter, und zum dritten wußte ich, daß sich Lochte wegen seines arroganten und blasierten Auftretens auch unter seinen Kollegen, den Amtsleitern, genügend Feinde geschaffen hatte. Also fuhr ich nach Köln und berichtete – wie von Lochte gewünscht – meinen Vorgesetzten.

Am 1. März 1980 wurde Hellenbroich Leiter der Abteilung I des BfV. Mit Dr. Rudolf von Hoegen kam ein Mann auf seinen Stuhl, den ich von der Abteilung V her kannte und mit dem ich auch bei Abteilung IV gut zurechtkam. Er fand sich schnell in die Geheimnisse der Spionageabwehr, aber als er anfing, mit der Materie vertraut zu werden, wurde er selbst Abteilungsleiter I, weil Hellenbroich seinerseits als Nachfolger des geschaßten Bardenhewer im Mai 1981 zum Vizepräsidenten des BfV aufstieg. Nachfolger von Hoegens wurde Werner Müller, der in seiner ihm eigenen, trockenen Art andere Schwerpunkte setzte als von Hoegen und Hellenbroich.

Für Müller, den »gelernten« Auswerter, stand ohne jedes Zweifeln die Funktion des BfV als Auswertungszentrale im Mittelpunkt. Er jagte nicht, wie seine Vorgänger, den spektakulären Erfolgen ohne Rücksicht auf Zuständigkeitsfragen nach, sondern suchte den Ausgleich mit den LfV und ließ sie bearbeiten, was ihnen zustand. Demgegenüber steuerte er einen harten Kurs, was die befreundeten Dienste anging und achtete darauf, jede mit dem BfV nicht abgestimmte Abwehraktion auf deutschem Boden zu unterbinden. Es ist eine Ironie des Schicksals, daß sich Müller trotz seines eindeutigen Engagements für die Auswertung ausgerechnet durch Versäumnisse auf diesem Gebiet Anfang 1982 gezwungen sah, zurückzutreten.

Dennoch war die Zusammenarbeit mit Müller aus meiner Sicht angenehm und ist nahezu durch keine negativen Erlebnisse belastet. Wiederholt suchte ich mit ihm zusammen den Vizepräsidenten auf, dem Dr. Meier bei der Beaufsichtigung und Anleitung der Abteilung IV weitgehend freie Hand ließ. Jedesmal, wenn ich das große, in Braun gehaltene Zimmer mit den dunkelgrün bezogenen Sitzmöbeln betrat, mußte ich mich zwingen, den dort sitzenden Hellenbroich als Vizepräsidenten zu akzeptieren. Zu sehr war man aus der Vergangenheit miteinander verbunden, und auch seine Zeit als Abteilungsleiter hatte an dem Gefühl, aus der gleichen Klasse zu stammen, wenig geändert. Auch Hellenbroich selbst schien es alten Weggefährten wie Müller und Tiedge gegenüber fast peinlich zu sein, auf der Leiter der Hierarchie so weit oben zu sitzen, obwohl es einen ehrgeizigen Mann wie ihn mit tiefer Befriedigung erfüllte.

Er behielt zum Glück seine Art zu entscheiden bei. Spontan,

der Sache dienend, von möglichen positiven Konsequenzen seiner Entscheidung mitunter begeistert wie ein Junge, blieb er für alle, die ihn kannten, weitgehend berechenbar. Es ist eigenartig, aber immer dann, wenn Hellenbroich uns vertröstete und einräumte, die Meinung des Präsidenten Dr. Meier einholen zu wollen oder zu müssen, fiel diese anders aus, als Hellenbroich sie getroffen hätte.

Dies war jedoch alles andere als ein Indiz für eine Neigung Hellenbroichs zu Fehlentscheidungen, im Gegenteil, er erkannte instinktiv, wo seine Ansicht möglicherweise mit höherrangigen Interessen kollidierte. Aber man konnte damit leben, zumal Hellenbroich zu einmal getroffenen Entscheidungen stand und nicht versuchte, sie eventuell neuen Rahmenbedingungen anzupassen.

Zum Jahreswechsel 1981/82 gab es ein Revirement auf Gruppenleiterebene in der Abteilung IV, Hans Watschounek warf das Handtuch und ging in den Ruhestand. Er hatte nach der Entzauberung durch Hellenbroich 1977 die Lust an der Arbeit verloren und schließlich resigniert. Ihm folgte Dirk Dörrenberg, bis dahin mein Vorgesetzter. Müller schlug Hellenbroich und Dr. Meier vor, mir die Leitung der Referatsgruppe IV B – Nachrichtendienste der DDR – zu übertragen. Im Januar 1982 wurde ich mit der Leitung der Referatsgruppe beauftragt, eine Art Probezeit für die höherwertige Funktion des Gruppenleiters.

Eigentlich hätte ich zufrieden sein können. Mit Mitte Vierzig hatte ich die in meinen Augen höchstmögliche Funktion erreicht. Den Abteilungsleiterposten strebte ich nicht an, hierzu fehlte mir zum einen die politische Anbindung, aber auch die richtige politische Überzeugung. Abteilungsleiter wurde man als Mitglied der CDU, den anderen Parteien war je ein Abteilungsleiterposten bewilligt – Christoph Grünig (CSU) war Leiter der Verwaltungsabteilung, Jürgen Göhring (FDP) Leiter der Abteilung Rechtsextremismus, und das SPD-Mitglied Klaus Grünewald spielte als Leiter der Abteilung Ausländerextremismus die undankbare Rolle des Konzessionsschulzen.

Allein für Grünig, dessen administrative Qualitäten außer Frage stehen, hat sich die Bindung an eine staatstragende Partei wirklich gelohnt. Er hatte sich in der ersten Hälfte der achtziger Jahre Hoffnungen gemacht, Präsident des bayerischen Landesamtes für Verfassungsschutz zu werden. Vergeblich, wie sich für ihn und alle, die ihn kannten, herausstellte. Später ist Grünig, wie ich der Presse entnehmen konnte, zum Präsidenten des Bundesverwaltungsamtes (BVA) in Köln aufgestiegen.

Dort gebot er auch über all die Beamten, die er – gemeinsam mit dem Sicherheitsreferat des BfV – in den fünfundzwanzig Jahren, in denen er die Verwaltung des BfV geleitet hat, als untragbar für den Verfassungsschutz angesehen und zum BVA abgeschoben hatte. Diese Liste ist lang. Sie enthält unter anderem den Namen des jungen Referenten der Abteilung III, dessen Ehefrau in den sechziger Jahren mit einer Reisegruppe ohne Vorkommnisse auf dem Landweg nach Berlin gefahren war. Und sie enthält den Namen von Reinhard Liebetanz, den eine enge Freundschaft mit dem homosexuellen DDR-Illegalen »Eberhard Severin« verband. Als er im Herbst 1985 am Neusiedlersee in Österreich von der HVA nachrichtendienstlich angesprochen worden war, ließ sich ein Wechsel des Regierungsdirektors zum Bundesverwaltungsamt nicht vermeiden.

Dieser Parteienproporz auf Abteilungsleiterebene setzte sich sogar in den Zeiten der sozialliberalen Koalition fort. Offensichtlich hatte die SPD in ihrem historisch bedingten gestörten Verhältnis zu nachrichtendienstlicher Tätigkeit die Personalpolitik im BfV der damaligen Opposition überlassen. Immerhin konnte sie auf diese Weise oppositionelle Angriffe der Union wegen einer tatsächlichen oder vermeintlichen Ineffektivität des Amtes mit dem Bemerken abschmettern: »Was wollt ihr denn? Es sind doch eure Leute, die das Sagen haben!«

Aber nicht die fehlende politische Ausrichtung war der Grund, daß ich nicht weiterstrebte, sondern andere, persönliche Gründe. Zum einen bezweifelte ich meine Eignung für diese Position, die es erforderte, als Vordenker der Spionageabwehr Orientierungsmarken zu setzen und eigene, aber auch vom BMI vorgegebene Gedanken und Überlegungen im Gespräch mit den Landesämtern durchzusetzen,

Von Hoegen hatte diese Kunst exzellent beherrscht. So ließ

er auf einer Tagung in Berlin über die Zusammenarbeit mit dem Bundesgrenzschutz die Teilnehmer einen halben Tag lang diskutieren, ehe er unter Hinweis auf die fortgeschrittene Zeit die Debatte beendete und seinen eigenen, gut durchdachten und mit dem Bundesinnenministerium abgesprochenen Vorschlag kompromißlos als einzige mögliche Lösung darlegte, der sich die Länder vorbehaltlos anschlossen. Als sie das eine oder andere Haar in der Suppe entdeckten, war die Sache gelaufen und die Tagung, auf der sie zugestimmt hatten, längst beendet.

Zum anderen – und das war der ganz entscheidende Grund – hatte ich keinen Anlaß, mit dem Erreichten unzufrieden zu sein, denn mein damals schon angeschlagenes Privatleben stand weiteren Karriereabsichten eindeutig im Wege. Ich kam zwar täglich pünktlich zum Dienst, blieb in der Regel auch länger, als die Dienstzeit es erforderte, aber oft genug war ich am Morgen noch gekennzeichnet von den Exzessen des Abends vorher. Kopfschmerzen, Herzbeschwerden, Schweißausbrüche, ein jagender Puls, all das waren häufige Folgen der permanenten gesundheitlichen Überforderung durch Alkoholgenuß. Ich schwemmte auf ein Gewicht von weit über zwei Zentnern auf und werde nie den Tag im Jahre 1984 vergessen, an dem ich vor Dienstantritt einen Routinebesuch bei meinem Hausarzt gemacht hatte. Dieser hatte einen Blutdruck von sage und schreibe 275 zu 140 gemessen und mir dringend geraten, mich unverzüglich zur stationären Behandlung in ein Krankenhaus zu begeben. Aber ich hatte nur gelacht und war ins Büro gefahren, denn außerhalb der Kneipe gab es für mich zu diesem Zeitpunkt nur noch einen Bereich, in dem ich mich wohlfühlte, und das war der Dienst, mein Büro.

Nun war mein Privatleben 1982 noch nicht so chaotisch wie zwei, drei Jahre später, aber mein Lebenswandel grenzte meinen beruflichen Werdegang ein, vielleicht enger, als ich es auf Grund meiner Qualifikation oder dessen, was ich als eine solche ansah, hätte erwarten können. Ich weiß natürlich nicht, ob es auf meiner Karriereleiter noch eine weitere Sprosse gegeben hätte, wenn ich ein völlig anderes Leben geführt hätte, als ich es geführt habe. Um in einer Behörde mit rund zweieinhalbtausend

Beschäftigten einen der acht Direktorenposten mit der Besoldungsgruppe B 3 ins Auge zu fassen, durfte man aber auf keinen Fall meine Figur haben und auch nicht im Rufe stehen, gern und auch viel zu trinken, ohne allerdings den Dienst unter dieser Angewohnheit leiden zu lassen. So war ich denn mit meiner Rolle und mit der Aussicht auf eine Beförderung zum Leitenden Regierungsdirektor zufrieden, die irgendwann kommen mußte.

Die Arbeit selbst befriedigte mich ohne Einschränkung. Was mir im Januar 1982 probeweise übertragen wurde, hatte ich de facto schon seit März 1980 gemacht, seit Georg Brox als Stellvertreter des Abteilungsleiters VI zum Ausländerextremismus gewechselt war. Sein Nachfolger war Helmut Hüppeler, dem Dr. Meier versprochen hatte, ihn für seine jahrelange Tätigkeit als Vorsitzender des Personalrates mit der nächsten frei werdenden Gruppenleiterstelle zu belohnen. Dies war nun zufällig die Stelle, die Brox freigemacht hatte. Dr Meier sah Hüppeler aber nur als Übergangslösung auf diesem Posten an, da Hüppeler für eine Verwendung als Gruppenleiter in der Abteilung V vorgesehen war, aus der er ursprünglich stammte. So untersagte er ihm, sich an meinen Fallkomplexen zu beteiligen, die einen Tag vor Hüppelers Dienstantritt als mein »Chef« um den Fall »Keilkissen« mit Jochen Moitzheim als CM »Keil« angereichert worden waren. Da Hüppeler auch sonst von der Spionageabwehr nichts verstand, oblag es mir als seinem offiziellen Vertreter, die Referatsgruppe de facto zu leiten.

Sein Nachfolger im Frühjahr 1981, Dirk Dörrenberg, war zwar ein ausgewiesener Fachmann, aber durch Verpflichtungen in seiner alten, von Watschounek nur noch lustlos geleiteten Referatsgruppe daran gehindert, seine neue Funktion intensiv auszuüben. So behielt ich meine De-facto-Funktion als Gruppenleiter bei, bis im Januar 1982 die offizielle Beauftragung erfolgte. Im Sommer 1982 wurde mir die Leitung der Referatsgruppe endgültig übertragen, aber dann starb meine Frau.

Mit ihr hat mich schließlich auch das Glück im BfV verlassen. Als mir im Oktober 1982 vom Sicherheitsreferat des BfV der Erklärungsbogen für die Wiederholungsüberprüfung mit der Aufforderung übersandt worden war, ihn unverzüglich auszufüllen und zurückzusenden, wußte ich, daß ich Schwierigkeiten im Amt bekommen würde. Nicht wegen meines Alkoholkonsums, den hielt ich zwar für zweifellos überdurchschnittlich, aber nicht für sicherheitsrelevant. Eher glaubte ich, meine finanzielle Situation werde Anlaß zu Stirnrunzeln und Kopfschütteln sein, zumal sie Thema eines gesonderten Sicherheitsgesprächs war. Aber das Gespräch, das Hans-Jürgen Kaspereit dann im August 1983 mit mir führte, jagte mir doch einen gewaltigen Schrecken in die Glieder.

Er hatte mich, ohne mir einen Grund zu nennen, zu einem Gespräch in sein Büro gebeten. Dies war keineswegs überraschend, da Kaspereit ein überaus sicherheitsbewußter Mann war und daher Sachverhalte, die ihn beschäftigten, grundsätzlich nicht am Telefon erörterte, ja, nicht einmal erwähnte. Als ich sein Büro im zweiten Stock des »Neubaus« im damaligen Sprachgebrauch betrat, saß Kaspereit wie immer am Schreibtisch, eingehüllt in Zigarettenrauch, mit einer Tasse Kaffee auf dem Tisch. Er begrüßte mich freundlich, bot mir eine Tasse Kaffee an und erzählte mir kollegial von sicherheitsmäßigen Problemen und Gegebenheiten im Zusammenhang mit dem Neubau in Chorweiler. Luftaufnahmen der Baustelle hingen überall an den Wänden seines Zimmers. Wir plauderten über den Bau, Kaspereit hob die Vorteile hervor, ich wies auf die Nachteile hin, lag das Objekt doch rund fünfunddreißig Kilometer von meinem Haus und dem vieler Kollegen in der Adenauersiedlung entfernt.

Plötzlich unterbrach Kaspereit das Gespräch und sah mich mit seinem durchdringenden, »panzerbrechenden« Blick intensiv an.

»Sagen Sie mal, Herr Tiedge, wie stellen Sie sich eigentlich Ihre berufliche Zukunft vor«, fragte er mich völlig unvorbereitet. Ich sah ihn überrascht an.

»Was meinen Sie mit beruflicher Zukunft?« fragte ich zurück und ahnte, worauf er hinauswollte.

»Also, wissen Sie, um es kurz zu machen, nach dem Ergebnis Ihrer Sicherheitsüberprüfung kann es für Sie eigentlich keine weitere Beschäftigung im BfV geben. Sie waren doch selbst drei Jahre bei Abteilung V, glauben Sie, Sie hätten jemandem mit Ihrem Hintergrund die Freigabe für ›Streng geheim‹ erteilt?«

»Was ist denn mit meinem Hintergrund?« fragte ich scheinheilig. Zwar schämte ich mich meiner gespielten Begriffsstutzigkeit, aber ich wollte eigentlich nur wissen, was die Sicherheitsüberprüfung zutage gebracht hatte und was verborgen geblieben war. Zugleich war ich durch seine Andeutungen, für mich gebe es keine Zukunft im BfV, zutiefst verunsichert, klammerte mich aber an das unüberhörbar benutzte Wort »eigentlich«.

Kaspereits Stimme klang energisch, aber freundlich wie immer, als er mir meine Schulden vorhielt, meinen Alkoholkonsum, meine beginnenden Probleme mit den Töchtern, das gestörte Verhältnis zu meiner Tante, die mich enterbt habe und das geschwundene Ansehen, das ich in der Nachbarschaft genoß oder nicht mehr genoß. Alles war durch die Sicherheitsüberprüfung bekannt geworden, vom rein fachlichen Standpunkt eine ordentliche, erschöpfende Arbeit. Mein ganzes liederliches Leben lag vor dem Kollegen Kaspereit ausgebreitet da, keine Nische war zu erkennen, in der ich mich hätte verstecken können. Er bat mich in allen Punkten um meine Stellungnahme und hörte aufmerksam zu, was ich im einzelnen zu sagen hatte.

Ich wiegelte ab. beschönigte und besänftigte, spielte die Probleme herunter und wies auf böswillige Betrachtungen durch meine Nachbarn hin, äußerte Vermutungen, aus welcher Ecke die »eindeutigen Übertreibungen« kämen, und deutete meine Überzeugung an, über den Nachlaß meiner Tante sei das letzte Wort noch nicht gesprochen. Kaspereit widersprach mir nicht, er diskutierte nicht, er hörte zu. Die Unterhaltung, in der ich eindeutig der Angeklagte war, dauerte etwa eine Stunde, dann beendete sie Kaspereit, der sich die Gesprächsführung nicht eine Sekunde hatte aus der Hand nehmen lassen, indem er aufstand. Etwas Traurigkeit lag in seinen Augen, als er mir sagte: »Ich muß es Ihnen sagen und kann nur hoffen, daß Sie es mir nicht persönlich übelnehmen. Ich habe dem Präsidenten vorgeschlagen, Ihre VS-Ermächtigung zu widerrufen. Aber er hat abgelehnt. Er will mit Ihnen sprechen. Lassen Sie sich einen Termin geben.«

Ich verließ das Zimmer mit schleppenden Schritten. Wie ein Blitz hatte mich Kaspereits Erwähnung getroffen, meine VS-Ermächtigung zu widerrufen, die Ermächtigung zum Umgang mit Verschlußsachen. Ein solcher Widerruf würde bedeuten, daß ich im BfV nicht mehr verwendbar war, würde meine Versetzung zum Bundesverwaltungsamt oder eine andere Bundesdienststelle zur Folge haben. Neben dem erneuten, diesmal aber wohl endgültigen Verlust meiner geliebten Abwehrarbeit hätte dies auch zur Folge, daß mein Monatsgehalt um die Sicherheitszulage gekürzt würde, die ich beim BfV erhielt, damals immerhin 450 DM brutto. Aber Hellenbroich hatte ja abgelehnt. Eine letzte Galgenfrist wurde mir wohl noch eingeräumt. Voll innerer Erregung rief ich im Vorzimmer an und bat um einen Gesprächstermin.

Drei Tage später saß ich Hellenbroich gegenüber. Ich war viele Male bei ihm gewesen, seit er die letzte Sprosse der Karriereleiter, den Schritt zum Präsidenten erreicht hatte, wenngleich er immer noch auf seine offizielle Bestallung wartete. Es war das Zimmer, in dem ich seinen Vorgängern Dr. Nollau und Dr. Meier gegenübergesessen hatte. Aber es war das erste Mal, daß ich das Zimmer mit gesenktem Kopf betrat, nicht wie sonst mit klaren Vorstellungen, wie die zur Diskussion stehenden Probleme gelöst werden können. Diesmal war ich selbst das Problem, ein Beamter, der zu straucheln begonnen hatte und mehr oder weniger auf die Gnade seines Behördenchefs angewiesen war. Aber bald konnte ich aufatmen. Hellenbroich wollte mir keineswegs den Kopf abreißen.

Der Ton, den er anschlug, war kollegial und eindringlich, fast beschwörend. Er verzichtete ein weiteres Mal darauf, den Vorgesetzten herauszukehren, er war ganz einfach ein Mann, der seinem außer Tritt geratenen Kollegen ins Gewissen redete. Er wies auf die gemeinsamen Jahre im BfV und auf das außerordentliche Vertrauen hin, daß man mir gegenüber bewiesen habe, als man mich in die Abteilung IV zurückholte. Er fragte mich eindringlich, ob ich allen Ernstes bereit sei, dieses Vertrauen zu enttäuschen.

Hellenbroich hob meine nach wie vor guten dienstlichen Leistungen hervor und betonte den Gegensatz, den hierzu mein privates Umfeld biete. Nachdrücklich legte er mir das Schicksal »Schneiders« ans Herz, unseres CM aus Cottbus in der DDR, dessen Sicherheit nur dadurch zu gewährleisten sei, daß seine Kontaktpersonen im Westen sich keine Blöße gäben. Was weder Hellenbroich noch ich zu diesem Zeitpunkt wußten, war die Tatsache, daß »Schneiders« Zusammenarbeit mit dem BfV zu diesem Zeitpunkt bereits durch Kuron dem MfS bekannt geworden war. Das ändert natürlich nichts an der subjektiven Richtigkeit von Hellenbroichs Worten.

Zum Schluß versuchte er, mich moralisch aufzurüsten und bat mich, den Verlust, den der Tod meiner Frau für mich bedeutete, zu überwinden und mich mehr um meine Kinder zu kümmern, deren Zukunft allein in meiner Hand liege. Zum Schluß machte Hellenbroich aber kein Hehl daraus, daß er einer nochmaligen Bitte Kaspereits, meine VS-Ermächtigung zu widerrufen, entsprechen werde.

»Es liegt an Ihnen, wie es weitergeht, ausschließlich bei Ihnen«, hallte mir noch in den Ohren nach, als ich über den Flur zum Fahrstuhl ging. Ich glaube, an diesem Tage tauchte zum ersten Mal der Gedanke auf, diesem Leben, das mir auf der privaten Seite keine, aber auch gar keine Freude auf Dauer bot, zu entfliehen, jetzt, wo der letzte Halt, mein Berufsleben, zu wackeln begann.

Aber ich verwarf den Gedanken sofort wieder. Zum Selbstmord, das stand für mich von vornherein fest, fehlte mir der Mut, für einen solchen Schritt war ich zu feige. Und die andere Möglichkeit, nämlich überzulaufen, würde bedeuten, Verrat zu üben, alles das preiszugeben, was man mir anvertraut hatte oder was ich wegen dieses Vertrauens habe erfahren können. Selbstmord oder Verrat, das ist des Teufels Alternative. Ich war mir völlig im klaren darüber, daß Hellenbroich ein zweites Mal nicht würde Milde walten lassen. Wenn ich mein Leben nicht radikal änderte, würde es zur Katastrophe kommen, zum unehrenhaften Ausscheiden aus dem BfV und zu einer Verminderung meines Nettoeinkommens um rund dreihundert Mark – gleichbedeutend mit dem Untergang.

Aber ich habe mein Leben nicht geändert. Immer tiefer wurde der Sumpf, in dem ich mich bewegte, und der Verlust des Führerscheins machte 1984 alles noch schlimmer. Verständnislos sah mich Hellenbroich an, als ich ihm zwei Tage später davon berichtete. Er muß das Wissen verdrängt haben, anders ist seine gegenteilige Aussage vor dem Untersuchungsausschuß nicht zu verstehen.

Zwei Wochen später mußte ich meinen Dienstwagen zurückgeben. Der zuständige Referatsleiter Erhard Möller hatte mich angerufen und etwas hintenherum gefragt, ob ich denn den Dienstwagen, einen Audi 80, noch benötige. Was man mir aber ließ, ohne daß ich dafür Verständnis hatte, war mein Tarnführerschein, der auf den Namen »Heinz Tappert, Neuß, Zufuhrstraße 4« lautete. Ich habe aber nicht ein einziges Mal von ihm Gebrauch gemacht.

Die letzten Schläge, die mein dienstliches Leben erschütterten, waren in dem Verhalten meines Nachbarn, des Oberst a.D. Hans Trömner, begründet. Dieser hatte sich im August 1984, kurz nach dem Verlust meines Führerscheins, telefonisch an das BfV gewandt, um auf das Treiben seines Nachbarn Tiedge und seiner Töchter hinzuweisen. Ob Trömner dabei aus echter staatsbürgerlicher Sorge gehandelt hat oder nur, von seiner Frau angestachelt, einen mißliebig gewordenen Nachbarn anschwärzen wollte, wird nur er beantworten können. Jedenfalls führte der Anruf zu meiner Konfrontation mit dem Vizepräsidenten des BfV, Dr. Stefan Pelny.

»Sehen Sie doch mal«, hielt dieser mir vor Augen, »nehmen wir doch nur einmal an, der Mann schreibt ans BMI und wir müssen Ihre Sicherheitsakte vorlegen. Wissen Sie, was das BMI macht? Um die Ohren haut es uns Ihre Sicherheitsakte, wenn die da lesen, was wir bei Ihnen alles durchgehen lassen!« Er war ein harter Hund, dieser Stefan Pelny, ein Jahr jünger als Hellenbroich, von Hoegen und ich, Angehöriger des Jahrgangs 1938. Bei Helmut Schmidt war er Planungschef im Kanzleramt gewesen, im Range eines Ministerialdirigenten; Schmidts Nachfolger Kohl hatte ihn in den einstweiligen Ruhestand versetzt.

Er war die Verkörperung des alten Juristengrundsatzes »suaviter in modo, fortiter in re« – sanft in der Ausdrucksweise, hart in der Sache. Pelny akzeptierte Hellenbroichs Dominanz in operativen Dingen und ordnete sich ihr bei aller Kollegialität in der Amtsführung unter. Mit einer wachen Intelligenz unter der grauen Mähne stellte er aber gelegentlich entwaffnend einfache Fragen, immer getarnt durch die Maske des »Berufsanfängers«.

»Was ist das eigentlich, operativ?« fragte er mich einmal scheinheilig, als ich in einer Diskussion in Hellenbroichs Amtszimmer kein anderes Argument als »operative Überlegungen« zur Hand hatte. Ich kam mir vor wie ein katholischer Geistlicher, den man fragt, was eigentlich »heilig« bedeutet. Aber Pelny, das merkte ich bald, waren leere Stereotypen zuwider.

Von diesem zierlich gebauten Pfeifenraucher, der in seiner Garderobe die Farben Braun und Grün bevorzugte, ging unbestreitbar die größere Gefahr für mich aus. Das spürte ich jedesmal, wenn ich ihm gegenübersaß oder er zu Diskussionen bei Hellenbroich hinzugezogen wurde. Er akzeptierte mich fachlich, das spürte ich, aber es gab keine nostalgischen Ressentiments wie vielleicht bei Hellenbroich. Dieser Mann hatte die Sache im Auge, ein gewisser Tiedge war da nebensächlich.

Das wurde auch in diesem Gespräch im August 1984 deutlich, in dem er mir rücksichtslose Konsequenzen für den Fall androhte, daß noch irgendeine negative Information aus meinem privaten Leben an das Amt herangetragen werde. Aber er drohte mir nur, auch er zog keine Konsequenzen, obwohl mir Hellenbroich solche bei unserem Gespräch vor einem guten halben Jahr angekündigt hatte. Die Lage war ernst, das wußte ich, aber wohl noch nicht hoffnungslos. Und mit der irrationalen, fast perversen Freude, das Falsche zu tun, setzte ich mein Leben fort.

Immer wieder tauchte die Idee auf, in der DDR meine Zukunft zu finden. Mein dienstliches Wissen, das wußte ich, würde sich in der DDR vermarkten lassen. Interessenten für diese delikate Ware gab es, ich hatte seit April 1979 beruflich mit ihnen zu tun. Ich versetzte mich in die Rolle der Überläufer, die ich kennengelernt hatte. Sie hatten mit ihren Worten von Freiheit und Menschenwürde, mit ihrer Verdammung des kommunistischen Systems und der kommunistischen Weltordnung zwar die Herzen, aber nicht die Kassen westlicher Dienste zum Überlaufen gebracht.

Ich kannte – wie gesagt – eine ganze Reihe von ihnen persönlich, das Schicksal anderer war mir aus Akten bekannt. Ihr Leben hatte – aber das war nicht überraschend – durch ihren Schritt einen Knacks erfahren, und nicht alle hatten wieder festen Boden unter die Füße bekommen. Da gab es Erfolgreiche wie Max Heim, aber auch Versager wie den KGB-Oberleutnant aus Bad Freienwalde, Gewinner wie Gotthold Krauss und Verlierer wie Ion Pacepa. Heim und Krauss haben es im Westen zu Wohlstand und Ansehen gebracht.

Krauss, der Abteilungsleiter im Ostberliner Institut für Wirtschaftswissenschaftliche Forschung (IWF), einer Vorläuferorganisation der Hauptverwaltung Aufklärung des MfS der DDR, trat 1953 über. Er löste die »Vulkan«-Affäre aus, in deren Verfolg bundesdeutsche Sicherheitsbehörden Millionenbeträge als Entschädigungen an deutsche Firmen zahlen mußten, die im Interzonenhandel tätig waren. Anschließend ging er nach Amerika und machte dort seinen Weg. 1981 lernte ich ihn kennen, als ich mich bei der Bundesversicherungsanstalt für Angestellte in Berlin für eine Rentenzahlung an ihn einsetzte.

Max Heim, der Nestor der HVA-Überläufer, war dort für die Aufklärung der CDU/CSU zuständig. Er brachte 1956 eine Unmenge von Material aus Ostberlin mit in den Westen. Die gesamte spätere Führungsebene der Union war bereits seinerzeit in das Blickfeld der HVA geraten und von ihr bearbeitet worden, obwohl die späteren Minister damals noch allenfalls Trittbrettfahrer auf dem Weg nach oben waren. Heim ließ sich in Düsseldorf unter neuem Namen als Immobilienmakler nieder und hatte solchen Erfolg, daß er sich Ende der siebziger Jahre mit dem Gedanken trug, in der Rheinmetropole das Amt des Karnevalsprinzen anzupeilen. Sein BfV-Betreuer Gustav Krapp hatte alle Mühe, ihm diese Idee wegen seiner Vergangenheit wieder auszureden.

Aber weiß Gott nicht alle Überläufer fielen im angeblich goldenen Westen so weich wie Krauss und Heim. Ein Gegenbeispiel stellte der Oberleunant aus der Dritten Verwaltung (Direktorat) des KGB dar, der etwa 1975 übertrat. Der Dritten Verwaltung oblag die Sicherheit der sowjetischen Truppen, sie ist daher der Hauptverwaltung I des MfS oder – cum grano salis – dem MAD vergleichbar. Der Mann hatte eine Reihe sowjetischer Offiziere von seinem Stationierungsort Bad Freienwalde nach Berlin (West) zur Besichtigung des Charlottenburger Schlosses begleitet und den Aufenthalt dort zur Flucht zu den Briten genutzt. Von diesen wurde er uns und von uns dem BND übergeben, bei dem sich alle Hoffnungen des Überläufers in Luft auflösten. Der deutsche Aufklärungsdienst bewilligte ihm für ein Jahr das übliche »Eingliederungsgeld« in Höhe des doppelten Sozialhilfesatzes und sicherte ihm für die Folgezeit berufliche Förderung in seinem erlernten Beruf als Schreiner zu. Davon aber wollte der Ex-Offizier nichts wissen und drängte auf eine qualifiziertere berufliche Verwendung.

Als der BND sich außerstande erklärte, diesem Wunsche zu entsprechen, drohte der Überläufer nach Ablauf des Jahres und nach Einstellung der Zahlungen durch den BND, seine Freundin zu ermorden, wenn er vom BND nicht eine Million Mark erhalte. Der Coup platzte und der Überläufer wurde zu einer zweijährigen Haftstrafe verurteilt. Ich habe nie wieder etwas von ihm gehört.

Auch Ion Pacepa, dem rumänischen Geheimdienstgeneral, fiel es schwer, den Wechsel aus den Höhen der Nomenklatura in die Niederungen des amerikanischen Alltagslebens intellektuell zu verkraften. Solange sich die CIA intensiv um ihn kümmerte und den »Herrn General« hofierte, genoß er das Leben in der Neuen Welt in vollen Zügen. Danach aber, in der Anonymität als abgetarnter Einwanderer, soll er mit erheblichen Identifikationsproblemen zu tun gehabt haben.

Krauss und Heim sind von Deutschland nach Deutschland gegangen und haben ihre »Heimat«, die DDR, nur wenige Jahre nach ihrer Gründung verlassen. In ihren Köpfen und in ihren Herzen war die Erinnerung an ein gemeinsames Deutschland, wenn auch ein fehlgeleitetes, zum Untergang verurteiltes »Großdeutschland« noch so stark vorhanden, daß ihr Übertritt sich mehr als geographische Verlagerung des Lebensmittelpunktes denn als Änderung des sozialen, ideologischen, ja, kosmopolitischen Standortes darstellte. Wer aber aus anderen, gewachsenen Ländern Osteuropas mit eigener nationaler, kultureller und ethnologischer Identität in den Westen kam, für den waren die Einschnitte schärfer, das Zurechtfinden in der neuen Umgebung schwieriger und gelegentlich nicht zu meistern.

Ich habe das private Schicksal der prominenten Überläufer, vor allem aus der Sowjetunion, nicht verfolgen können. Sie landeten meist in den Vereinigten Staaten wie Anatolij Golizyn, Jurij Nossenko, Jewgenij Runge und Oleg Lyalin. Von dort erfuhr man wohl etwas über ihre Angaben in nachrichtendienstlicher Hinsicht, über ihr menschliches Schicksal aber nichts, jedenfalls nichts Genaues. Wohl klangen Andeutungen durch, meist auf Empfängen mit hochrangiger CIA-Beteiligung, die Alkoholprobleme der Überläufer betrafen.

Verwunderlich war das nicht. Wie beim BND, so war auch die Betreuung durch die CIA und andere westliche Dienste darauf gerichtet, den Überläufer nach der Abschöpfphase in das Berufsleben einzugliedern. Daß das mit Schwierigkeiten verbunden war, die mit dem Dienstgrad wuchsen, den der Überläufer bei seinem östlichen Dienst bekleidet hatte, lag auf der Hand. Welche wirklich befriedigende Tätigkeit sollte einem befehlsgewohnten Oberst oder General in einer Welt angeboten werden, in der das Leben unter umgekehrten Vorzeichen ablief? Blieb da nicht eine unerfüllte, im Grunde unerfüllbare Sehnsucht, die sich schließlich notgedrungen in einem großen Vergessen erfüllte? Und die Droge zum großen Vergessen heißt nun einmal in erster Linie Alkohol.

Und wie stand es mit mir? Für mich blieb nur der Weg in die entgegengesetzte Richtung, in den aus westlicher Sicht dunklen Osten. Viele Namen kannte ich von Flüchtlingen und Ausgetauschten, die sich dort nicht akklimatisieren konnten und die zurückkehrten, wobei sie sogar die Bestrafung im Westen in Kauf nahmen, nur um nicht im Osten, vor allem in meinem möglichen Zielland DDR, bleiben zu müssen. Bei der Rückkehr Reiner Fülles hatte ich sogar aktiv mit Hand angelegt.

Vor allem, welche Motive sollte ich angeben, falls ich überlief? Sollte ich die Wahrheit sagen und mich als das bezeichnen, was ich in Wirklichkeit war, als jemanden, der trotz aller beruflichen Erfolge mit den Lebensanforderungen im Westen nicht zurande gekommen ist? Oder sollte ich mich als heimlichen Verehrer der sozialistischen Staatsphilosophie darstellen, die ich fast zwanzig Jahre bekämpft hatte? Und, vor allem, was würden sie mit mir machen, die Unmenschen vom MfS? Als solche wurden die Offiziere der HVA in Publikationen des Verfassungsschutzes dargestellt, und nach Ansicht vieler Kollegen entsprach dieses Bild auch der Wahrheit.

Nun war ich von Haus aus Jurist, und der Jurist verliert in aller Regel an der Grenze seinen Wert, an der das Recht, das er gelernt hat, seine Gültigkeit verliert. Was also sollte ich tun in der DDR? Das Verlockendste für mich war ein Leben in Ruhe frei von Schulden. Ob ich auch frei vom Alkohol würde leben können, wußte ich natürlich nicht. Aber wovon sollte ich auf Dauer leben? Vor meinem geistigen Auge sah ich mich als Buchhalter in einem VEB, einem volkseigenen Betrieb, ein kleines Rädchen im großen Getriebe der sozialistischen Wirtschaftsordnung mit Günter Mittag an der Spitze, der damals auch in der Bundesrepublik noch großes Ansehen genoß.

Wenn ich dann an meinem Schreibtisch saß und meine Akten studierte, Entscheidungen traf oder vorbereitete, die Kollegen aus dem In- und Ausland anriefen, dann stand für mich wieder außer Frage, daß ich dieses Amt, daß ich diesen Beruf niemals würde verraten können. Und wenn ich an meine Kinder dachte, die nun seit zwei, drei Jahren ohne Mutter heranwuchsen, schalt ich mich einen verantwortungslosen Lumpen, daß ich überhaupt an einen Übertritt denken konnte. Aber nachts im Bett, wenn mich das Bier vom Abend auf die Toilette getrieben hatte, dann wälzte ich das Problem wieder hin und her – und fand keinen Ausweg.

Wegen der Liebe zu den Kindern, wegen der Verantwortung für sie und wegen meiner Freude am Beruf mußte ich in Köln bleiben, aber wovon sollte ich das Leben bezahlen? Wieviel Freude machten mir die Kinder zu diesem Zeitpunkt, aber wer hat schuld an ihrem Verhalten? Wie lange hält der Beruf noch als

Stütze für mein Leben? Wird man mich nicht umsetzen? Und in diese Gedanken drang aus dem Badezimmer das Geräusch tropfenden Wassers, das durch die Decke lief. Geld für eine Reparatur hatte ich nicht. Entnervt holte ich mir häufig nachts eine Flasche Bier aus dem Kühlschrank, mitunter auch zwei, seltener einen Schnaps, und fiel, nachdem ich sie getrunken hatte, wieder in einen unruhigen, häufig von Alpträumen gequälten Schlaf, bis der Wecker klingelte und ich, ohne zu frühstücken, das Haus verließ. An der Ecke wartete ich auf meinen Kollegen Dr. Richard Huber.

Huber, ein netter, rundlicher Bayer aus der Oberpfalz, nahm mich, seit ich meinen Führerschein verloren hatte, morgens mit ins Büro und setzte mich nach Dienstschluß vor meiner Stammkneipe, dem »Merheimer Hof« ab. Er tat dies täglich, ohne eine einzige Bemerkung über meine befremdliche Gewohnheit zu machen. Aber wenn ich morgens am Schreibtisch saß, begannen die Qualen von neuem – hierbleiben, abhauen, mich aufhängen, abwarten, hoffen, verzweifeln. Dazwischen Anrufe wegen meiner Töchter, wegen meiner Schulden, wegen der Rückzahlung fälliger Vorschüsse aus Gerd Knoblauchs Handvorschußkasse. Dann wieder dienstliche Neueingänge, die faszinierende Perspektiven boten, aber zugleich die quälende Frage auslösten, ob ich die Realisierung der Perspektive überhaupt noch »erleben« werde, ja, ob ich sie nicht durch mein eigenes Verhalten verhindern werde.

Dann kam im Februar 1985 mit dem Brief meines Nachbarn Trömner an Hellenbroich im Grunde der Knock out für mein Leben. Ein letztes Mal saß ich dem Präsidenten in einem Gespräch gegenüber, in dem es um meine Person ging. Alle Kollegialität, alle Freundlichkeit war aus seiner Stimme gewichen, auch keine verräterische Röte überzog sein Gesicht, als er mir erklärte, mein Schicksal hänge am seidenen Faden, und hinzufügte, indem er seine rechte Hand öffnete und sie mir vor das Gesicht hielt: »Herr Tiedge, noch ein Hinweis, ein einziger, und aus dieser Hand, dieser helfenden Hand, wird eine strafende Hand.«

Ich wußte, das war für mich das Aus. Ein Zurück in die Geborgenheit eines bürgerlichen Lebens gab es für mich nicht mehr. Meine desolate Situation bot keinen Ausweg, wie ich beim letzten verzweifelten Versuch, Ordnung in meinen Schuldenberg zu bringen, feststellen mußte. Als Geschäftsmann hätte ich Konkurs anmelden müssen, sowohl wegen Überschuldung als auch wegen Zahlungsunfähigkeit. Als dann Anfang März 1985 meine Tante starb, ohne mir einen Pfennig Geld zu hinterlassen, erlosch der letzte Funke Hoffnung. Für mich gab es keinen Ausweg mehr.

Würde ich meine finanzielle Situation, die sich seit der Sicherheitsüberprüfung vor zwei Jahren rapide verschlechtert hatte, dem Dienst offenbaren, hätte dies nur eine Konsequenz, meine sofortige Umsetzung, die für mich, egal, wohin es mich verschlagen würde, keine Besserung bedeutet hätte. Also blieb nur Selbstmord oder Überlaufen. Zum Selbstmord fehlte mir nach wie vor der Mut – mir blieb nur der Übertritt. Aber, dachte ich trotzig, erst wenn der Wagen meines Schicksals im Dreck steckengeblieben ist, keinen Tag eher.

Im August 1985 war es dann soweit. Die letzten Geldquellen waren versiegt. Auch meine Schulden im Amt konnte ich nicht mehr bezahlen. Mittwoch, der 14. August 1985, war mein letzter Tag im Büro. Ich bearbeitete die Ein- und Ausgänge wie alle Tage, aber innerlich war ich von einer außerordentlichen Unruhe erfüllt, die jede Konzentration verhinderte. In Gedanken ging ich noch einmal meinen dienstlichen Bereich durch, die Vorgesetzten, die Kollegen, die Mitarbeiter, sie alle würden entsetzt sein, wenn sie erführen, welchen unvorstellbaren Schritt ich gemacht hatte …

Unter den Referenten meiner Gruppe hatte es in diesem Jahr nur einen Wechsel gegeben. Hanswilli Fetten war Gruppenleiter für den materiellen Geheimschutz in der Abteilung V geworden. Auf meinem alten Stuhl als Referatsleiter saß jetzt mit Rolf Warbende, dem früheren Stellvertretenden und seit Kaspereits Tod amtierenden Sicherheitsreferenten ein für die Spionageabwehr völlig neuer Mann. Ich hatte ihm vom Tage seines Dienstantritts an insgeheim mißtraut und in ihm einen »Nahbeobachter« gesehen, den mir Hellenbroich in den Pelz gesetzt hatte. Warbende kannte aus seiner früheren Tätigkeit meine Sicherheitsprobleme wie kein zweiter, er wußte, daß ich trank, daß ich Schulden hatte und aus dem Gleis geraten war. Aber er hat nicht eine einzige Bemerkung zu mir gemacht, weder im Büro noch auf gemeinsamen Dienstreisen. Warbende war ein absolut korrekter und loyaler Mitarbeiter.

Auch auf dem Stuhl des Abteilungsleiters hatte es einen Wechsel gegeben. Nach Müllers Demission 1982 war von Hoegen wieder Abteilungsleiter geworden. Er begrüßte meinen Aufstieg zum Gruppenleiter, und auch seine zweite Zeit als Leiter IV habe ich als durchweg angenehm in Erinnerung. Als er am 30.11.1983 ausschied, um als Nachfolger Gerhard Boedens Chef der BKA-Außenstelle Meckenheim zu werden, folgte ihm mit Dr. Engelbert Rombach ein Mann nach, dem ich jeden hochbezahlten Posten gegönnt hätte, nur nicht den meines Vorgesetzten. Er war von allen Abteilungsleitern, unter denen ich gedient habe, mit Abstand der farbloseste, der einfallsloseste und der hinterhältigste. Aber auch Hellenbroich war über Rombachs Berufung alles andere als glücklich.

Gut, die beiden mochten sich nicht, Hellenbroich hatte gegen Rombachs Berufung opponiert und sogar dessen Verhalten im Fall Bardenhewer dem Innenministerium gegenüber zur Sprache gebracht. Sein Kandidat war Egon Bauer gewesen, der in der Spionage zwar unerfahrene, aber charakterlich integre Gruppenleiter in der Abteilung Terrorismusbekämpfung. Als der dortige Abteilungsleiter Friedrich Walter Anfang 1985 in den Ruhestand trat, konnte Bauer dort nachrücken. Sicherlich war Hellenbroich über die Nichtbeachtung seiner personellen Vorstellungen verärgert, aber in seiner öffentlichen Disqualifizierung Rombachs als »Abwehrnull« kann ich ihm im nachhinein nur recht geben. Ich weiß, damit ist niemandem geholfen, aber diese Aussage zu machen ist mir ein Bedürfnis.

An der Spitze des Amtes war Dr. Ludwig-Holger Pfahls der Nachfolger Heribert Hellenbroichs geworden, ein Ereignis, das nicht den geringsten Einfluß auf meine Entscheidung hatte, überzulaufen. Ich war am Ende, ich hatte kein Geld mehr, ich lag psychisch und physisch am Boden. Hellenbroich hätte bleiben, jeder andere hätte Präsident werden können, selbst mein alter Freund Wolfgang Eltzberg, ich wäre der öffentlichen Bloßstellung, der spürbaren Verachtung ebenso entflohen. Denn nach der persönlichen Demontage, die unvermeidlich gewesen wäre, hätte für mich das Chaos gestanden, in dem es für mich keinen Schutz und keine Hilfe, aus dem es schon gar keine Rettung gegeben hätte. Dann schon lieber ein Ende mit Schrecken als ein Schrecken ohne Ende.

So nahm ich denn nach Dienstschluß am 14. August 1985 meine Tarnpapiere aus dem Panzerschrank, die einzigen Dokumente, die ich bereit war, aus dem BfV mitzunehmen. Ich war im Grunde niemand Rechenschaft schuldig, wann ich sie bei mir führte, so daß mir selbst eine unwahrscheinliche Personenkontrolle am Ausgang des Hauses in der Neußer Straße nicht hätte gefährlich werden können. Mit leicht wehmütigem Blick nahm ich Abschied vom Inhalt meines Panzerschrankes. Da lagen die Akten über Operationen und Verdachtsfälle, die gerade in Bearbeitung waren, und jener kleine Stoß mit Vorgängen, die ich vor mir hergeschoben und auf einen geeigneten Zeitpunkt gewartet hatte, sie zu bearbeiten.

All die Akten würden in wenigen Tagen gegenstandslos sein, jede abgetötet auf dem Stand ihrer Entwicklung, abrupt beendet durch meinen Verrat. Da standen auch zwei Exemplare des »Handbuchs zur G-Operation«, des von mir redigierten Abrisses über das operative Handeln des Verfassungsschutzes. Mir juckte es in den Fingern, eines der dunkelgrünen Ringbücher mitzunehmen, aber ich beherrschte mich, schloß die Schranktür und verwarf das Zahlenschloß.

Beim Verlassen des Hauses traf ich auf Dirk Dörrenberg, der, als er mich sah, einen sichtlich pikierten Eindruck machte. Er nahm zwei Anläufe, ehe er mir, schon auf der Straße, sagte, was ihn bedrückte.

»Hören Sie, das ist ja unglaublich, was man sich über Sie erzählt. Sie sollen Trinker sein und sogar Schulden haben. Herr Tiedge, solche Leute können wir bei uns eigentlich gar nicht gebrauchen. Na, Sie werden schon wissen, was Sie tun.«

Damit wandte er sich ab und ging zu seinem Wagen.

Wenn Dörrenberg wüßte, wie es um mich stand, würde er keine Ruhe geben, bis mir die Schlinge, die ich schon um den Hals hatte, völlig die Luft abschnitt. Erst vor einer halben Stunde hatte mich Wolfgang Deckenbrock, der neue Sicherheitsreferent, angerufen, mir von zwei weiteren Pfändungs- und Überweisungsbeschlüssen berichtet und mich zur Stellungnahme aufgefordert. Ich hatte ihn auf Montag, den 19. August, vertröstet. Denn für die beiden folgenden Tage, den Donnerstag und den Freitag, hatte ich ganz normalen Urlaub eingereicht, am Wochenende wollte ich überlaufen und am Montag schon in der DDR sein – dann hatte ich alles überstanden. Jetzt blickte ich Dörrenberg nach. Ja, dachte ich, ich weiß, was ich mache.

Am Donnerstag, dem 15. August, mußte ich private Probleme mit meinen Töchtern lösen, und den 16. verbrachte ich im wesentlichen in der Kneipe. Am Samstag, dem 17. August, fuhr ich morgens, von zu Hause, zum Grab meiner Frau, um Abschied zu nehmen von dem Menschen, mit dem ich die glücklichsten Jahre meines Lebens verbracht habe, und zugleich, um sie um Verzeihung zu bitten für das, was ich tat. Ich wollte bei meinem letzten Besuch an ihrem Grabe nüchtern sein, deswegen fuhr ich morgens dorthin und nicht nach dem Kneipenbesuch, schon auf dem Weg zum Bahnhof. Das Grab meiner Frau war ein stummer Zeuge meines finanziellen Desasters. Kein Stein, keine Einfassung: nur das schlichte, kleine Holzkreuz, das bei jeder Beisetzung mitgeliefert wird, schon halb verwittert, stand auf dem Grab. Ich weinte.

Anschließend, im »Merheimer Hof«, erreichte mich die Nachricht meiner Kinder, daß Kuron mich sprechen müsse. Ich rief Kuron zwar an, aber ohne innere Beteiligung, innerlich begann ich bereits, mich vom BfV und allem, was dazugehörte, zu lösen. Am späten Nachmittag fuhr ich, obwohl deutlich angetrunken, mit der Straßenbahn zum Bahnhof. Ein Blick auf den Fahrplan sagte mir, daß ich meinen Übertritt um einen Tag würde verschieben müssen. Die nach Hannover gehenden Züge erreichten ihr Ziel so spät, daß es fraglich war, ob ich dort Anschluß haben werde, um weiter, in Richtung Berlin, zu kommen.

Daß ich überhaupt an den Zug dachte, um mein Vorhaben in

die Tat umzusetzen, lag an der Reisekostenstelle des BfV. Jeder Amtsangehörige, der wie ich häufig Dienstreisen machte, erhielt ein Heftchen mit zehn Blankofahrscheinen, die nach Bedarf ausgefüllt und hinterher vom Amt mit der Bundesbahn abgerechnet wurden. Erst einige Tage zuvor war mir ein neues Heftchen, wie gesagt, mit zehn Fahrscheinen, ausgehändigt worden.

Am Sonntag, dem 18. August, spielte ich vormittags wie immer Skat im »Merheimer Hof«. Ich hatte den Wirt, Hans Lorenz, dazu bewegen können, mir nochmals zweihundert Mark zu leihen, wohl wissend, daß er das Geld nie wiedersehen wird. Wie im Protokoll des Untersuchungsausschusses festgehalten, ließ ich mich um 16.41 Uhr mit der Taxe vom »Merheimer Hof« zur Straßenbahnhaltestelle Köln-Merheim fahren.

Von dort fuhr ich, wieder mit der Straßenbahn, zum Kölner Hauptbahnhof. Ich erreichte noch den Zug, den ich mir am Vortage ausgesucht hatte und traf kurz nach neun Uhr am Abend in Hannover ein. Dem hier aushängenden Fahrplan konnte ich entnehmen, daß es noch eine Verbindung nach Berlin gab, gegen Mitternacht. Es war der Zug, der über Berlin hinaus bis Warschau und Moskau fuhr. Ich trank einige Bier in der erdrückenden Atmosphäre des Hauptbahnhofs, ehe ich rechtzeitig zur Abfahrt des Zuges wieder auf dem Bahnsteig stand.

Als der Zug kam, verließ mich der Mut. Die dreckigen, ungewohnten Wagen, die fremdsprachige Beschriftung, vor allem aber meine Sorge, die Passagiere dieses Zuges würden in Helmstedt einer genauen Kontrolle unterzogen, ließen mich von meinem Vorhaben Abstand nehmen, noch heute nach Berlin oder wenigstens in Richtung Berlin weiterzufahren. Als der Zug aber den Bahnsteig verließ und damit meine letzte Möglichkeit für diesen Tag verschwand, mich in Richtung DDR zu bewegen, faßte ich einen verzweifelten Entschluß.

Wenn es nur um das nackte Überleben geht, wenn ich schon alles aufgegeben habe, was den Dienst angeht, wenn ich schon halb zum Verräter geworden bin, dann kann ein Leben auch ohne Dienst im BfV, ohne alles, was mir etwas bedeutet hat, aber mit dem letzten Rest meiner Ehre auch in der Bundesrepublik noch möglich sein. Ich beschloß, nach Köln zurückzukehren und im Amt meine gegenwärtige Situation vorbehaltlos aufzuklären. Also fuhr ich in der Nacht mit dem nächsten Zug wieder zurück nach Köln. Mittlerweile war Montag, der 19. August 1985.

Hinter Düsseldorf suche ich die Toilette auf, um mich etwas frisch zu machen. Das Gesicht, das mich aus dem Spiegel ansah, war das eines heruntergekommenen, übernächtigten Alkoholikers. Ein Blick auf meine Garderobe unterstrich diesen Eindruck. Schlips und Oberhemd bekleckert, der Sakko verdreckt, die Hose zerknittert. Ich kam mir vor wie der letzte Penner, und sicherlich mußte jeder, der mich sah, den gleichen Eindruck gewinnen. So konnte ich nicht ins Büro fahren.

Zweifel stiegen in mir auf, ob die Umkehr in Hannover richtig war. Was sollte ich im Büro? Eine Reihe von Erniedrigungen durch jüngere Kollegen erwartete mich, Wege zum Präsidenten und ins Sicherheitsreferat, in die Personalabteilung und zu Rombach, meinem Chef. Es würde ein Spießrutenlaufen sein. Eine Peinlichkeit würde die nächste jagen, und am Ende würde nichts anderes herauskommen als meine Umsetzung mit einem kleineren Gehalt. Aber der Schuldensumpf würde mich verschlingen, ich würde in den Trümmern meines eigenen Lebens ersticken. Aber dann wäre der Weg nach Osten versperrt, dann würde man mich mit Sicherheit observieren, Dann müßte ich nach Holland und von Schippol nach Schönefeld fliegen. Aber das kostete wieder Geld. Nein, ich mußte jetzt, umgehend verschwinden.

Als der Zug, kurz nach halb acht, in Köln einlief, rief ich vom Bahnsteig aus meine Sekretärin, Eva Schüler-Terpstra, an und erklärte, ich sei krank. Mit Schmunzeln las ich später, meine Stimme habe heiser und belegt geklungen. Offensichtlich hatte sich mein Inneres dem äußeren Erscheinungsbild angepaßt. Mit dem nächsten Zug fuhr ich wenige Minuten später wieder nach Hannover und von dort mit dem Hoek-van-Holland-Expreß weiter bis Helmstedt. Ich traute mich nicht, diesen Zug, der über Potsdam nach Görlitz fuhr, zur Einreise in die DDR zu benutzen. Ich hatte zwar sechs Jahre die DDR-Dienste bearbeitet, aber welche Kontrollen der Bundesgrenzschutz bei »Interzonenzügen« vornimmt, vermochte ich nicht zu sagen.

In Helmstedt stellte ich fest. daß der nächste Zug nach Berlin wenige Minuten nach zwei, also in knapp zwei Stunden abfuhr. Ich verließ den Bahnhof, der mir wegen der vielen Grenzschutzbeamten unheimlich war, und ging in die Stadt. In der Toilette einer Kneipe »rüstete ich mich um«, das heißt, ich verwandelte mich in Heinz Tappert aus Neuß. Die Gefahr, daß mich ein Grenzschutzbeamter kennt, war zwar gegeben, ich hielt sie aber für gering. Die Gefahr, daß jemand den Namen Tiedge aus Köln kennt, war in meinen Augen größer, und dieser Tiedge aus Köln durfte nicht »auf dem Landwege« nach Berlin reisen. Ich füllte einen weiteren Fahrschein für die Strecke Helmstedt-Berlin aus und ging zum Bahnhof zurück.

Eine zunehmende Erregung ergriff mich. Meine letzten Minuten auf dem Boden der Bundesrepublik brachen an. Als ich den Bahnhof betrat, waren zwei Grenzschutzbeamte zu sehen, die zu meiner Erleichterung aber keine Kontrollen vornahmen. Um 14.02 Uhr lief der Zug ein. Mein Herz jagte, als ich einen der Wagen bestieg. Was passiert, wenn jetzt ein Grenzschützer kommt, der mich kennt? Wie viele Vorträge hatte ich vor Grenzschutzeinheiten gehalten, zu wie vielen Besprechungen war ich an die Grenze gefahren? Warum sollte nicht ein Grenzschützer kommen, der mich kennt oder den ich kannte? Ich zwang mich zur Ruhe.

Der Zug setzte sich in Bewegung, beschleunigte, aber immer noch keine Kontrolle. Wird auf westlicher Seite denn gar nicht kontrolliert? Oder nur gelegentlich? Aber natürlich wird kontrolliert – ich erinnerte mich an die Vielzahl von Meldungen über Ausreisen aus dem Bundesgebiet. Aber dieser Zug wurde nicht kontrolliert, vielleicht weil er nach Berlin (West) fuhr, aber selbst wenn, ich hieß ja Tappert, den Namen kannte keiner vom BGS.

Rechts hinter einem großen Feld erstreckte sich ein offensichtlich metallisches Gebilde, das hinter einer kleinen Bodenwelle verschwand – der Zaun, der »eiserne Vorhang«, die Grenze zur anderen Welt. Wenn ich hinter dem Zaun bin, ist alles vorbei, sagte ich mir. Mühsam zwang ich mich, jetzt nicht in letzter Sekunde aufzuspringen und die Notbremse zu ziehen. Immer näher kam der Zaun, immer größer wurde er, immer höher, immer bedrohlicher. Bruchteile von Sekunden war er auf gleicher Höhe, dann sah man Befestigungen entlang der Gleise, Kraftwagen, Grenzsoldaten – mein Herz raste – ich war in der DDR.

Plötzlich war die Grenze wie ein Spuk verschwunden. Laubbäume begleiteten den Zug. Sie standen dichter an den Gleisen, als man das aus der Bundesrepublik gewohnt war, der Wald wirkte auch uriger oder ungepflegter, wie man will. Plötzlich verlangsamte der Zug seine Geschwindigkeit. Der Wald wich etwas zurück und der Zug hielt vor einem Gebäude, an dem mit altmodischen Buchstaben auf schmutzig-weißem Feld »Marienborn« zu lesen war. Dies war also der östliche Grenzbahnhof des Übergangs Helmstedt/Marienborn. Ich hatte nicht gewußt, daß der Zug hier, bereits weniger als zehn Kilometer hinter Helmstedt, erneut anhielt. Ursprünglich hatte ich vorgehabt, nach Berlin (West) zu fahren und dort am Übergang Bahnhof Friedrichstraße in den Ostsektor zu wechseln. Eine erneute Einreise in den Westen war aber gar nicht mehr nötig! Ich konnte hier aussteigen. Ich war in der DDR, ich hatte die Seiten gewechselt. Hastig verließ ich den Zug.

Etwa fünfzehn Personen, überwiegend ältere Leute, stiegen in Marienborn aus. Ich folgte ihnen über eine Stahltreppe in einen großen Raum, der für größeren Publikumsverkehr gedacht war, als er im Moment herrschte. Die Abfertigung am Schalter des Grenzsoldaten ging zügig voran. Ich wartete bis alle Reisenden den Schalter und damit die Grenze passiert hatten, dann trat ich heran und sah auf das scharf geschnittene Gesicht eines Mannes um die Vierzig, dessen Schulterstücke ihn als Hauptmann auswiesen und der mich abwartend musterte.

»Guten Tag«, sagte ich zu ihm, »ich glaube, Sie werden Ihren Dienststellenleiter benachrichtigen müssen.« Er lächelte schief.

»Warum sollte ich das tun müssen?« fragte er und ich hörte einen ironischen Unterton in seiner Stimme. Statt einer Antwort schob ich ihm wortlos meinen Reisepaß mit dem Namen »Tappert« und meinen BfV-Dienstausweis auf meinen Klarnamen durch das Fenster. Er blickte auf und sah mich an.

»Nehmen Sie bitte dort Platz«, sagte er und wies auf eine Reihe Stühle, die dem Schalter gegenüberstanden. Als ich saß, schloß er das Fenster. Wenige Minuten später kam ein junger Mann und bat mich, ihm in ein Zimmer am Ende des Gangs zu folgen.

Es war klein, kärglich möbliert und hatte vergitterte Fenster. Offensichtlich diente es der Vernehmung von Verdächtigen, möglicherweise solchen, die aus den in Richtung Westen fahrenden Zügen geholt wurden. Ich wartete. Nach etwa zehn Minuten kam ein anderer Hauptmann, setzte sich mir gegenüber und sah mich an. Er hielt meine Ausweise in der Hand.

»Und?« fragte er und sah mich eindringlich an, »was soll das? Was wollen Sie?«

»Was soll ich schon wollen?« brauste ich auf. Meine Nerven waren auf das äußerste gespannt. »Überlaufen will ich, hören Sie, überlaufen.«

»Na, überlaufen, das ist doch schon etwas«, brummte er versöhnlich.

»Ja, tun Sie mir einen Gefallen und machen Sie bitte folgendes. Rufen Sie die Abteilung IX der HVA an, die kennen mich mit Sicherheit. Hören Sie, die Abteilung IX der HVA – Oberst Harri Schütt oder Karl, Bernd oder Stefan, einer wird schon da sein.«

Der Hauptmann sah mich an wie einen Geist, wie jemanden vom anderen Stern und erhob sich. Er wollte etwas sagen, schluckte es aber hinunter und verließ wortlos den Raum. Kurze Zeit später kam ein Major und notierte sich meine Angaben zur Person, zur dienstlichen Funktionsbezeichnung und zu den gewünschten Gesprächspartnern. Er konnte nicht wissen, daß ich die Namen, außer Harri Schütt, den uns Werner Stiller genannt hatte, aus der G-Operation. »Keilkissen« kannte. Es waren die Gesprächspartner von »Keil«, die sich von Berufs wegen mit dem BfV befaßten.

Der Major bot mir Kaffee und Bier an, etwas zu essen, zu rauchen, was ich wollte. Ich nahm ein Bier und wartete. Eine Stunde verging. Aus dem vergitterten Fenster konnte ich auf einen Hof sehen, auf dem alte Autos mir unbekannten Typs standen;

nach einiger Zeit bat ich um ein zweites Bier, das mir sofort gebracht wurde.

Plötzlich wurde die Tür aufgerissen. Herein stürzte der mir schon bekannte Major, gefolgt von einem Leutnant, der einen roten, schon etwas abgenutzten Sessel ins Zimmer wuchtete.

»Machen Sie es sich doch bequem, Herr Tiedge, Sie sitzen hier doch angenehmer als auf dem Stuhl. Dürfen wir Ihnen noch etwas bringen?« Ich lehnte dankend ab. Der Anrufer schien in Berlin den richtigen Mann erwischt zu haben. Anders war dieser plötzliche Gunstbeweis nicht zu verstehen. Ich saß nun im Sessel und wartete, wartete, wartete. Nach insgesamt dreieinhalb Stunden wurde meine Tür, die nicht verschlossen, aber von außen bewacht wurde, wieder geöffnet.

»Herr Tiedge, die Genossen sind da. Sie bringen Sie nach Berlin.«

Zwei Männer in gut geschnittenen Anzügen, weißen Hemden und geschmackvollen Krawatten, einer von ihnen ein betont gutaussehender Mann von etwa vierzig Jahren, begrüßte mich.

»Willkommen in der Deutschen Demokratischen Republik. Wir bringen Sie jetzt zu den Kollegen von der Zentrale in Berlin. Wir werden in etwa zwei Stunden dort sein. Kommen Sie bitte!«

Ich war beim MfS, ich war am Ziel.

Dreizehntes Kapitel
IM OSTEN

Über die DDR ist schon zu ihren Lebzeiten viel, seit ihrem Tode sogar noch mehr geschrieben worden. Nach meiner ganz persönlichen Meinung und Beobachtung ist das Verhältnis zwischen Zutreffendem und Unzutreffendem in diesen Schilderungen ausgeglichen mit leichten Vorteilen für die unzutreffende Hälfte. Aus diesem Grund sehe ich auch davon ab, mit meiner persönlichen Bewertung der Gegebenheiten in diesem – ehemaligen – Lande den Leser zu langweilen. Wie sollte auch ausgerechnet ich dazu befugt sein, der ich zwar fünf Jahre in der DDR gelebt, von den Problemen des DDR-Bürgers, seinen Hoffnungen und seinen Ängsten, aber nie etwas gespürt habe. Mir ist es in der DDR, im Sozialismus, gutgegangen – nicht wegen des Sozialismus, sondern trotz des Sozialismus.

Aber meine Gedanken an diesem späten Nachmittag im August 1985 drehten sich um andere Dinge. Hinter mir lag ein großes, vermutlich das größte abgeschlossene Kapitel meines Lebens. Ich hatte es durch meinen Übertritt der öffentlichen Begutachtung anheimgegeben, und diese Begutachtung würde zu einer vernichtenden Kritik und einer totalen, zum Glück ohnmächtigen Verurteilung desjenigen führen, der es gelebt hat. An meine Kinder mußte ich denken, die inzwischen wohl das Verschwinden ihres Vaters bemerkt hatten. Schließlich war ich seit dreißig Stunden ohne Erklärung von zu Hause fort, für mich ein mehr als ungewöhnliches Verhalten.

Sieht man einmal von Martina ab, der jüngsten, hatten sie mir nicht allzu viel Freude gemacht in den Jahren seit dem Tod meiner Frau. Es waren eigentlich keine wirklich schlimmen Sachen, die sie anstellten, aber doch Dinge, die einen ins Straucheln geratenen Vater, der sich allein um sie zu kümmern hat, schon erheblich belasten. Sie schwänzten die Schule, feierten laute Parties in meinem Haus, wenn ich auf Dienstreise war und hin und wieder fehlte mir ein Hundertmarkschein im Portemonnaie. Inzwischen sind die älteste und die jüngste Tochter – die mittlere verstarb bei einem Besuch in Moskau im Jahre 1993 – seit Jahren verheiratet und haben mir insgesamt fünf Enkel geschenkt. Aber damals habe ich unter ihrem Verhalten gelitten. Sie waren damals achtzehn, siebzehn und fünfzehn Jahre alt. Aber welche Töchter machen Vätern in diesem Alter schon überwiegend Freude? Und welche Freude hatte ich ihnen gemacht in den letzten Jahren? Selbstvorwürfe und die vermeintlich klare Erkenntnis, was ich den Kindern gegenüber falsch gemacht hatte, vor allem, was ich nicht gemacht, was ich versäumt hatte, das alles heizte meine Erregung noch an.

Aber die zentrale, für mich persönlich entscheidende Frage blieb, was mich am Ende dieser abenteuerlichsten und folgenschwersten Dienstreise meines Lebens erwartete. Denn es bestand kein Zweifel daran, daß einzig und allein mein dienstliches Wissen mir die Tür in eine erträgliche Zukunft öffnen konnte, daß dem Privatmann Hansjoachim Tiedge, dem versoffenen Witwer mit drei Töchtern, nicht das geringste Interesse entgegengebracht wurde. Damit würde ich leben können.

Wie um mich abzulenken, begann der gut aussehende Offizier, der sich neben den Fahrer gesetzt hatte, auf der Autobahn mit mir ein Gespräch über die Präsidenten des BfV, freundlich und unverbindlich, ohne eine Tiefe im Gespräch zu suchen. Er wollte nichts anderes als Konversation betreiben und so unterbrach ich das Gespräch, als wir eine Brücke überquerten, und erkundigte mich arglos nach dem Namen des Flusses, über den sie führte. Ich schämte mich, als ich die Antwort hörte.

»Die Elbe«, sagte mein Vordermann nicht ohne Erstaunen und fügte vorsorglich gleich hinzu: »Und die Stadt dort rechts, das ist Magdeburg.«

Nach einigen Kilometern begannen Fichtenwälder. Auffällig waren die etwa dreißig Zentimeter hohen, schräg nach unten zusammenlaufenden Einkerbungen in den Stämmen, wie breite, stilisierte Pfeile ohne Schaft. An den Spitzen der Pfeile hingen Gläser, die aussahen wie kleine Einmachgläser.

»Die Bäume werden geharzt«, erklärte mein Gesprächspartner, »man beginnt damit etwa vier Jahre vor dem Fällen. Kennen Sie das denn nicht?« fügte er überrascht hinzu.

»Nein«, sagte ich und dachte nach, wie die Bundesrepublik ihren Harzbedarf deckte. Vielleicht, beantwortete ich mir die Frage selbst, importierte sie es aus der DDR.

Die Zeit verflog. Plötzlich wurde es ruhiger auf der Autobahn. Soeben waren wir an einem Schild vorbeigefahren, das den Transitverkehr nach Berlin (West) nach rechts ableitete. Die Autos auf unserer Fahrbahn wurden kleiner, die Straße holpriger, nur das friedliche Landschaftsbild blieb. Wir überquerten das Schönefelder Kreuz mit dem für mich neuen Turm der Polizei und bogen am Abzweig Frankfurt/Oder nach Norden ab. Zehn Kilometer weiter hielten wir an der Ausfahrt Erkner im Osten Berlins, wo ein großer BMW der 7er Baureihe und ein bescheideneres Auto, ein Lada 1600, wie ich später erfuhr, auf uns wartete.

Neben den Wagen standen einige Männer. Zwei von ihnen, offensichtlich meine Gesprächspartner, begrüßten mich während des fliegenden Wechsels aus dem Lada, der mich nach Berlin gebracht hatte, in den BMW mit Handschlag.

»Herzlich willkommen, Herr Tiedge«, sagte der Ältere hastig, »kein Wort über dienstliche Dinge während der Fahrt. Warten Sie bitte, bis wir da sind.« Der BMW fuhr los und beschleunigte auf eine Geschwindigkeit, die erheblich über den in der DDR erlaubten 100 Stundenkilometern lag. Das überraschte mich nicht, darf doch sogar der Verfassungsschutz unter bestimmten Voraussetzungen Straßenverkehrsvorschriften verletzen.

Erst als unser Wagen den Autobahnring um Berlin verließ und in Richtung Prenzlau nach Nordosten abbog, fragte ich, mehr neugierig als beunruhigt: »Wo werde ich eigentlich hingebracht? Bleiben wir denn nicht in Berlin?«

»Nein«, lautete die Antwort, »wir fahren etwas nach außerhalb. Warten Sie ab, es wird Ihnen gefallen.« Meine Frage schien mir beantwortet, als ich an der Ausfahrt Bernau lesen konnte, die nächste hieße Wandlitz. Hier wohnte nicht nur die DDR-Prominenz, hier stand auch das »Objekt«, das Haus, in dem CM

»Keil« bei seinen Treffs in der DDR seit einigen Jahren abgefertigt wurde. Er hatte von dem Objekt geschwärmt, von der Lage am See und der eindrucksvollen Lage des Grundstücks.

Ich wollte zeigen, daß ich einiges über das MfS wußte, und deutete daher Vermutungen über das Fahrziel an.

»Ach, das Haus in Wandlitz kennen Sie?« fragte der ältere meiner Begleitung und zog die Augenbrauen hoch. »Interessant, interessant. Aber dort fahren wir nicht hin. Das Haus, zu dem wir fahren, kennen Sie mit Sicherheit nicht.«

Unsere Fahrt führte in der Tat an Wandlitz vorbei und erst an der nächsten Ausfahrt, Lanke, verließen wir die Autobahn. Über eine schmale Landstraße fuhren wir in der beginnenden Dunkelheit durch einen offensichtlich herrlichen Laubwald bis zu einem Dorf, wo wir auch die Landstraße verließen und auf einer Art asphaltiertem Weg in einen Nadelwald hineinfuhren. Nach etwa vierhundert Metern bogen wir in ein Grundstück ein, an dessen Eingang ich Leute erkennen konnte, die hastig das Tor wieder hinter uns schlossen, während der BMW über das parkartige Grundstück auf ein freistehendes, spitzgiebeliges Haus zufuhr. Als wir anhielten, forderten mich meine Begleiter auf, das Haus unverzüglich zu betreten und das Grundstück zu einem späteren Zeitpunkt in Augenschein zu nehmen.

»So, Herr Tiedge, jetzt wollen wir Sie erst einmal begrüßen«, sagte der ältere meiner Begleiter, offensichtlich der Ranghöhere von beiden und ihr Wortführer, als wir uns im Wohnzimmer versammelt hatten. »Also herzlich willkommen in der DDR. Sie sind hier in Sicherheit und brauchen sich keine Sorgen zu machen. Alles wird für Sie geregelt werden. Aber zwei Fragen seien uns gleich am Anfang erlaubt, dafür müssen Sie Verständnis haben. Zum einen, warum sind Sie gekommen, was waren Ihre Motive, und was muß aus Ihrer Sicht sofort geregelt werden, ich meine«, er lächelte, »müssen oder können irgendwelche Leute gerettet werden? Mehr wollen wir heute gar nicht wissen.«

Ich sah meine Gesprächspartner an. Der ältere von ihnen war etwa Mitte Fünfzig, klein, rundlich und mit einem dunkelblonden Haarkranz um den sonst kahlen, sonnengebräunten Schädel, ein quirlig wirkender, Energie ausstrahlender Mann. Seine

Augen glänzten vor Freude und Vergnügen, aber der Blick war hart, es war erkennbar, daß dieser Mann auch unangenehm werden konnte. Aber im Moment strahlte er neben Energie nur Wohlwollen und Zuversicht aus. Sein Begleiter war etwas jünger als ich, etwa einen Meter achtzig groß und schlank. Er hielt sich etwas gebeugt und wirkte überraschend ernst. Der Eindruck mag von seinem Gesicht ausgegangen sein, in das für einen Mann von etwa Mitte Vierzig erstaunlich scharfe Falten eingegraben waren.

»Ich bin«, erklärte ich wahrheitsgemäß, »aus rein persönlichen Gründen gekommen. Mich hat weder der Sozialismus als Idee noch die DDR als Staat fasziniert, ich bin auch nicht vom sogenannten Kapitalismus enttäuscht. Ich bin ganz einfach am Ende.« Ich schilderte meine ausweglose Situation, der ich in der Bundesrepublik ausgesetzt war und wies auch auf den Selbstmord als einzige Alternative zu meinem Übertritt hin.

»Na gut«, sagte wieder der ältere, »wir wissen Ihre Ehrlichkeit und Offenheit zu schätzen. Ich hoffe, Sie werden sich trotzdem in dieses Land eingewöhnen. Und nun zu den Fällen.«

Ich berichtete vorbehaltlos über »Keil«, »Martin« und »Fäller«, über die Eheleute Willner, Margarete Höke und einige andere Fälle, die sich in aktueller Bearbeitung befanden und in denen ich Maßnahmen des MfS für möglich hielt. Ich hatte mir von Anfang an, als mein Entschluß feststand, in die DDR zu gehen, die Frage gestellt, ob ich mein Wissen dem bisherigen Gegner uneingeschränkt zur Verfügung stellen oder gewisse Dinge für mich behalten sollte. Ich dachte in erster Linie an »Schneider«, der als einziger in der DDR wohnte und daher dem Zugriff des MfS ausgesetzt war. Wenn ich ihn verschwieg, könnte ich ihn vielleicht retten, hatte ich mir immer wieder gesagt. All den anderen CM, die im Westen wohnten, verbaute ich Wege zu ihren Freunden und Verwandten in der DDR, ihnen selbst drohte allerdings kein nennenswertes Ungemach, allenfalls der Verlust einer lieb gewordenen Nebeneinnahme. Aber »Schneider« war verloren, das wußte ich.

Mein Wunsch, ein neues Leben aufzubauen, war jedoch stärker als meine Rücksichtnahme auf den mir persönlich sympathischen CM »Schneider«. Ich kannte aus meiner eigenen Dienstzeit die Vorbehalte, die man unaufrichtigen Überläufern entgegenbringt. Sobald man vermutet, sie hielten Teile ihres Wissens, aus welchen Gründen auch immer, zurück, beginnt man, alle ihre Angaben skeptisch zu betrachten. Genau diesen Eindruck aber wollte ich, aus ganz vordergründigen, persönlichen Motiven, in der DDR vermeiden. Und daher erzählte ich auch, daß wir mit dem IM »Günter« des MfS, recte Horst Garau aus Calau im Bezirk Cottbus, seit zehn Jahren eine G-Operation mit der Deckbezeichnung »Schneiderwerkstatt« führten.

Ich bin überzeugt, mein ganzes Leben seit 1985 wäre anders verlaufen, hätte ich damals geschwiegen. Denn das MfS kannte die Doppelrolle Garaus seit 1982, seit sich Klaus Kuron den Kollegen aus der Normannenstraße offenbart hatte. So konnten meine Gesprächspartner die Richtigkeit meiner Angaben am ersten Tage erkennen, dank der Informationen, die ihnen Kuron hatte zukommen lassen – aber auch umgekehrt konnte ich Kurons Angaben bestätigen. Von all dem wußte ich natürlich nichts, aber von Anfang an konnten keine Zweifel daran aufkommen, daß der dicke, übernächtigt wirkende Mann im schmutzigen Hemd und zerknittertem Anzug, es ehrlich meinte, daß er bereit war, eine aufrichtige Zäsur in seinem Leben zu ziehen.

Nach etwa einer halben Stunde erhob sich der ältere meiner Gesprächspartner.

»Herr Tiedge, wir danken Ihnen für Ihre Informationen. Das reicht für heute. Jetzt wollen wir erst einmal gemeinsam anstoßen auf Ihre Gesundheit, um die wir uns kümmern werden, und auf Ihre Zukunft in der Deutschen Demokratischen Republik.« Wir stießen mit Sekt an, meine beiden Gesprächspartner, ein Ehepaar, etwa in meinem Alter, das plötzlich dazugekommen war, und ich. Der Sekt war kalt und schmeckte vorzüglich.

»Wir müssen jetzt zur Frage der Anrede kommen«, fuhr der ältere fort, »ich heiße ...«

»Ich darf Sie unterbrechen«, sagte ich, bemüht, mit meinem Wissen zu glänzen. Ich glaubte, seit einiger Zeit zu wissen, wer meine Gesprächspartner waren. Ich hatte sie zwar noch nie gesehen, aber CM »Keil« oft von ihnen erzählen hören. »Ich vermute daß Sie die MfS-Offiziere Karl« – ich blickte den älteren an – »und Bernd sind. Habe ich recht?«

»Stimmt«, war die enttäuschend wenig überraschte Reaktion. »Von wem wissen Sie das, von Wieland?« Wieland war bekanntlich der Deckname »Keils« in der DDR. Ich bestätigte, und wir stießen erneut an. Seither duzten wir uns, und seit diesem Augenblick hieß ich »Jochen«. Erst später, aber noch lange vor der Wende, erfuhr ich nach und nach, wer meine beiden Gesprächspartner waren. Der ältere hieß tatsächlich Karl, Karl-Christoph Großmann. Er hatte seine Karriere als Leiter der Kreisdienststelle des MfS im sächsischen Hainichen begonnen, war später der jüngste Oberst der DDR und seit Mitte der siebziger Jahre stellvertretender Leiter der Abteilung IX der Hauptverwaltung Aufklärung.

Der jüngere war Bernd Trögel, im Range eines Oberstleutnants Referatsleiter innerhalb der Abteilung IX und zuständig für den Verfassungsschutz. Bernd war zwei Jahre jünger als ich und ebenfalls in erster Ehe verwitwet. In zweiter Ehe war er mit Tatjana Wolf verheiratet, der Tochter von Markus Wolf, dem damaligen HVA-Chef und großen Mann der DDR-Spionage. Auch das Ehepaar wurde mir vorgestellt. Sie hießen Dietrich und Renate, ihnen oblag die Verwaltung des Objektes, in dem ich untergebracht war.

Als auch die zweite Flasche Sekt geleert war, verabschiedete sich Karl und versprach, am nächsten Tage wiederzukommen. Auch das Ehepaar zog sich zurück und Bernd zeigte mir das Gebäude, das bis auf weiteres mein Zuhause sein sollte. Bereits das Wohnzimmer hatte mir hervorragend gefallen. Es war etwa dreißig Quadratmeter groß und mit zwei voneinander getrennten Sitzgruppen möbliert. Die große, auf der wir saßen, bot etwa zehn bis zwölf Personen Platz und war als Eckcouch gestaltet, die den großen, viereckigen, niedrigen Tisch zu zwei Dritteln umschloß. Die andere Sitzgruppe bestand aus vier schweren, hellblauen Sesseln und einem runden Tisch. Eingebaute Schränke und Bücherwände, tischhohe raumteilende Schränke und die übliche Unterhaltungselektronik, vom Fernseher über das Radio bis zu Plattenspieler und Videorecorder, alles westlicher Provenienz, rundeten die Möblierung ab. Der Raum war fast völlig mit Holz verkleidet, ebenso furniert wie die wenigen Möbel, die außer den Sitzgruppen noch im Raum verteilt waren. Gardinen und schwere Vorhänge schmückten die lange Fensterfront auf der Längsachse des Zimmers.

Dem Wohnraum vorgelagert war ein Eßzimmer, zweckmäßig und gediegen eingerichtet, mit einem ausziehbaren, sechseckigen Tisch. Aus diesem Eßzimmer führten, neben dem Durchgang zum Wohnraum, zwei Türen in weitere Räumlichkeiten des Hauses, eine in die Diele, über die wir hereingekommen waren, und die andere in ein kleines Zimmer, das später als mein »Büro« am intensivsten genutzt werden sollte. Ein Badezimmer und eine außerordentlich große Küche rundeten das Erdgeschoß ab.

Im Obergeschoß mit leicht schrägen Wänden befand sich rechts vom schmalen Treppenaufgang ein geräumiges Schlafzimmer mit Doppelbett und einer langen, eingebauten Schrankwand. Auf der anderen Seite waren ein kleines Durchgangszimmer und ein weiteres hübsches kleines Badezimmer mit Dusche, WC und Waschbecken untergebracht.

»Das ist dein Reich für die nächste Zukunft«, erläuterte mir Bernd lächelnd und quittierte meine offen zur Schau getragene Überraschung mit einem selbstgefälligen Grinsen.

»Wir sind gar nicht so schlecht, wie ihr immer geglaubt habt, was?«

Dies also war, wie ich aber auch erst im Laufe der Zeit erfuhr, ein Leitungsobjekt der HVA in Prenden im Kreis Bernau. Es war der Abteilung IX der HVA zur besonderen Nutzung zugewiesen und führte HVA-intern die Deckbezeichnung »Waldhaus«.

Ich habe es deswegen so ausführlich geschildert, weil diese ersten Eindrücke auf dem Boden der DDR in so diametralem Gegensatz zu meinen Erwartungen, aber auch zu meinen eigenen dienstlichen Erfahrungen in der Bundesrepublik standen. Es war immer wieder ein Problem gewesen, für Überläufer, die es zu betreuen galt, geeignete Unterkünfte für die erste Zeit zu finden. Sie mußten zumutbar, sollten sogar gemütlich sein, andererseits aber auch den strengen Augen der Rechnungsprüfer genügen, denn der Verfassungsschutz konnte nur auf die gewerbliche Hotellerie zurückgreifen. Über Objekte und konspirative Wohnungen verfügte er nicht. Auch dem BND ging es offensichtlich nicht anders. Auch er brachte Überläufer in Pensionen und Hotels im Raum München unter. Nur bei Werner Stiller machte er eine Ausnahme – er ließ ihn auf dem BND-Gelände in Pullach wohnen. Vom Standpunkt der Sicherheit Stillers eine vertretbare Lösung, vom Standpunkt der Sicherheit des Bundesnachrichtendienstes ein alles in allem zweifelhaftes Risiko.

Trotz meiner Begeisterung für das »Objekt« hatte ich mir damals nie träumen lassen, daß die von Bernd als »nächste Zukunft« umrissene Zeit bis zum Jahresende 1987 dauern sollte, also fast zweieinhalb Jahre. Doch an diesem Abend ließen wir uns beide erst einmal das reichliche, ja, üppige Abendbrot schmecken, das Renate während unseres Rundganges im Haus aufgetragen hatte. Schon zum Essen tranken wir Bier und als wir uns nach Tisch wieder in den Wohnraum begeben, brachte Dietrich immer neue Flaschen und auch die Schnapsflasche schien auf wundersame Weise wieder gefüllt. Mein Alkoholkonsum an diesem Abend ist nahezu in die Annalen des MfS eingegangen – sechzehn Halbliterflaschen Bier und eineinhalb Flaschen Wodka, Halbliterflaschen versteht sich.

Unsere nach und nach undeutlicher werdenden Gespräche drehten sich um das BfV, um meine Arbeit dort, meine Kol legen, meine Erfolge und Mißerfolge. Wir wollten und sollten uns kennenlernen, beriechen, Kontakt zu einander finden; die eigentlichen Befragungen sollten später beginnen. Als wir weit nach Mitternacht ins Bett schwankten, ich in mein neues Schlafzimmer, Bernd ins »Büro«, wußten wir vor allem eines von einander, nämlich daß wir beide einen ganzen Stiefel vertrugen.

Als ich am nächsten Morgen geduscht und mangels anderer Möglichkeiten meine alte Kleidung, von der Unterwäsche bis zur Krawatte, wieder angezogen hatte, ging ich durch den Wohnraum auf die große Terrasse des Hauses und konnte erst jetzt sehen, wie herrlich das Haus gelegen war. An einem kleinen

Abhang, oberhalb des Bauersees, in dem Fischzucht betrieben wurde, lag es mitten im Wald. Der Blick ging über den See zu dem links gelegenen Dorf Prenden hin, ansonsten sah man in der leicht welligen Landschaft des Barnim Bäume, Bäume und nochmals Bäume. Ein tiefer Frieden umfing mich in der Vormittagssonne des August, ein Maß an Zufriedenheit wie ich es seit Jahren nicht gekannt hatte. Wie einen nassen Mantel hatte ich meine Sorgen abgestreift und fühlte mich wie ein neugeborenes Kind in einer freundlichen Umwelt. Das Bewußtsein, mit meinem Schritt, meinem Übertritt, alle Brücken hinter mir zwar nicht abgerissen, aber unpassierbar gemacht zu haben, machte vorübergehend sogar meine Gedanken an die Kinder problem-, ja bedeutungslos.

Gegen zehn Uhr erschien wie versprochen Karl. Er spielte eine Rolle, die ich in der Folgezeit fast täglich an ihm beobachten konnte, die Rolle des Weihnachtsmannes im Sommer. Er brachte eine Hose, die mir sogar paßte, Oberhemden, Unterwäsche, Strümpfe Krawatten, Taschentücher, einen Schlafanzug und ein Paar Hausschuhe. Ich weiß bis heute nicht, wo er das über Nacht aufgetrieben hatte. Ich bedankte mich aufrichtig, ging nach oben, duschte erneut und zog mich neu an.

»Aus dir mach ich noch einen richtigen DDR-Bürger«, bemerkte Karl, als ich die Treppe wieder herunter kam. Die Sachen waren neu und paßten, daher fühlte ich mich nach über zwei Tagen in den gleichen Sachen wie neu geboren.

Am Nachmittag wurde Bernd von Oberst Gunter Nehls abgelöst, zu dem ich auf Anhieb eine besondere Beziehung fand. Gunter war so alt wie ich, ein ruhiger Mecklenburger, der auf dem Darß großgeworden war. Was uns von Anfang an verband, war eine Reihe von Fällen, an denen wir beide gearbeitet hatten. Jeder auf seiner Seite und jeder mit großer Intensität. So hatte er vor vielen Jahren im damaligen Bezirk Rostock eine Frau angeworben, die später als »Sophia« lange Zeit Quelle des norwegischen Dienstes war. Ich habe nie in Erfahrung gebracht, ob »Sophia« in erster Linie norwegische Interessen oder die der DDR wahrnahm, oder ob sie nicht zu allererst eigene Ziele verfolgte. Auch habe ich die Frau persönlich nie kennengelernt, aber gemeinsam mit den Kollegen in Oslo eine Reihe von Fällen beobachtet und bearbeitet, die auf ihre Informationen zurückgingen.

Mit Gunter begann ein eigenwilliger Rhythmus von Befragungen. Nachdem wir den Tag über intensiv gearbeitet hatten, begannen wir, wie mit Bernd am Vorabend, Bier und Wodka zu trinken und uns formlos über den Verfassungsschutz und die westlichen Dienste zu unterhalten. Immer, wenn mir ein symptomatischer Fall für das einfiel, was ich sagen wollte, bat ich Gunter, sich ein bestimmtes Stichwort aufzuschreiben. Am nächsten Morgen standen auf dem Notizblatt etwa zwanzig Stichworte, von denen die letzten beiden nicht mehr zu entziffern waren und zwei weitere mir nichts mehr sagten – Folgen des intensiven Trinkens am Vorabend. Die bleibenden sechzehn Stichworte aber »arbeiteten wir ab«, wie man im MfS formulierte, bis dann gegen siebzehn Uhr die Ablösung für Gunter kam. Mit diesem Kollegen begann ich nach dem Abendbrot mit Bier und Wodka, aber auch mit Erzählungen und Stichworten. Der Rhythmus erwies sich als so günstig, daß wir ihn die ersten acht bis zehn Wochen beibehielten.

Tagsüber erschienen in loser Folge Beauftragte von Karl, die mich mit Anzügen und Schuhen, Hemden und Krawatten, Strümpfen, Handschuhen, Schals und Wäsche in überreicher Fülle ausstatteten, wie ich es bei einem Nachrichtendienst niemals für möglich gehalten hätte. Noch heute, dreizehn Jahre nach jener Zeit, liegt und hängt in meinen Schränken Kleidung, die ich leicht ironisch als Grundausstattung bezeichne. Zehn Anzüge, zwanzig Oberhemden, fünfundzwanzig Satz Unterwäsche nannte ich nach wenigen Wochen mein eigen, mehr, als ich als Beamter des höheren Dienstes im Verfassungsschutz je gleichzeitig besessen hatte.

Auch Karl selbst erschien häufig, in der ersten Zeit fast täglich, in meinem Domizil. Er brachte mir die neuesten Informationen über die Reaktion der Bundesregierung auf meinen Übertritt und aktuelle Tageszeitungen, kam aber auch, um mich mit seinen Vorgesetzten bekanntzumachen. Ich lernte Harri Schütt kennen, der, damals noch im Range eines Oberst, Leiter der Abteilung IX der HVA war, und in der zweiten Woche besuchte mich Werner Großmann, der stellvertretende Leiter der gesamten Hauptverwaltung. Er richtete mir persönliche Grüße von Markus »Mischa« Wolf aus und erkundigte sich eingehend nach eventuellen noch unerfüllten Wünschen auf meiner Seite. Ich war zunächst ein wenig enttäuscht, Wolf nicht persönlich kennenzulernen, aber später, vor allem nach Wolfs Ausscheiden aus dem aktiven Dienst im Jahre 1987, habe ich es als Glücksfall angesehen, von Anfang an einen persönlichen Kontakt zu seinem Nachfolger gehabt zu haben.

Gelegentlich riß uns Karl regelrecht aus der konzentrierten Befragung. Das war etwa der Fall, als der Staatssekretär im Innerdeutschen Ministerium in Bonn, Ludwig A. Rehlinger, nach Berlin gekommen war und mit mir zu sprechen begehrte. Ich habe für derartige, diplomatische Pflichtübungen nie Verständnis gehabt, schon im Verfassungsschutz nicht, wenn die östlichen Botschaften von der Bundesregierung verlangten, mit den Überläufern sprechen und versuchen zu können, sie zur Rückkehr zu bewegen. Man kann doch nicht erwarten, daß jemand, der sich nach langen, inneren Kämpfen durchgerungen hat, aus welchen Gründen auch immer, sein Land zu verraten und ihm den Rücken zu kehren, allein auf Grund eines Gespräches mit einem Abgesandten dieses Landes, und sei es ein leibhaftiger Staatssekretär, freiwillig zurückkehrt. Klaus-Dieter Rauschenbach, der Oberstleutnant der DDR-Grenztruppen, hat einen solchen doppelten Übertritt hinter sich gebracht, aber er wurde in seiner Heimat nicht mehr glücklich und ist einige Zeit später verstorben.

Also schrieb ich höflich, aber bestimmt, daß ich an einem solchen Gespräch kein Interesse hätte, schließlich hätte ich durch meinen Schritt in die DDR die weitere Richtung meiner Lebensplanung vorgezeichnet. Zugleich bat mich Karl, nun auch an meine Kinder zu schreiben. Er wußte, daß mir dieser Wunsch auf der Seele lag, hatte mich aber die ersten Tage vertröstet. Nun war der Zeitpunkt gekommen, meine Töchter um Verständnis für mein Verhalten zu bitten.

Karl bat mich nur darum, keine Angaben auf meinen konkreten Aufenthaltsort zu machen, überließ den Text des Briefes aber selbstverständlich mir. Ich wußte seit Tagen, was ich schreiben würde, trotzdem wählte ich meine Worte mit Bedacht:

»Berlin, den 5.9.1985

Liebe Andrea, liebe Claudia, liebe Martina,

nicht ohne innere Bewegung schreibe ich diese Zeilen an Euch. Ich habe einen wohlüberlegten Schritt getan, der nicht nur mein Leben von Grund auf verändern wird, sondern auch einen deutlichen Einschnitt in Euer junges Leben darstellt. Hier und heute ist nicht der Ort, sich über das Warum und das Wie auszulassen, aber seid gewiß, daß mir die Entscheidung, so zu handeln, Euretwegen schwerfiel, daß ich aber sicher bin, diesen Schritt nicht bereuen zu müssen. Ich bitte Euch um Verständnis und darum, daß Ihr mich nicht vergeßt.

Ich kann Euch versichern, liebe Kinder, daß es mir hier gut geht. Vera und frühere Kollegen von mir werden Euch erklären, warum ich Euch nicht meinen gegenwärtigen Aufenthaltsort nennen kann. Geht aber bitte davon aus, daß kein Anlaß besteht, sich um mich Sorgen zu machen. Für mich wird hier in jeder Hinsicht, auch in medizinischer, gesorgt.

Ich habe Dich, liebe Andrea, im Fernsehen gesehen. Du hast mir gefallen, aber warum warst Du so zappelig? Na, war wohl auch mächtig aufregend, nicht wahr?

Liebe Kinder, ich verspreche Euch, auch in Zukunft für Euch zu sorgen, und zwar besser als bisher. Ich habe für die Regelung dieser Probleme bewußt Vera Vest-Linke gewählt, die Ihr kennt und der Ihr Vertrauen entgegen bringt. Es wird sich für Euch alles zum Guten regeln.

... Und irgendwann in nicht allzu ferner Zukunft werden wir uns hier sehen. Bitte drängt nicht – ich sehne mich auch danach.

Für heute soll das genügen. Ich habe Euch lieb, drücke Euch in Gedanken an Euch und küsse Euch.

In Liebe Euer

Vati«

Eine Woche später war der Brief, zum Teil sogar als Faksimile, in der bundesdeutschen Presse nachzulesen. Die in dem Brief erwähnte Rechtsanwältin Vera Vest-Linke war eine alte Freundin meiner Familie, die sich in rührender Weise und mit viel menschlichem und juristischem Geschick um die Kinder und meine finanziellen Dinge gekümmert hat. Sie nimmt noch heute meine Interessen wahr und besucht uns regelmäßig in Rußland.

Etwa vierzehn Tage nach meinem Eintreffen in der DDR kam Karl in Begleitung eines jungen Mannes, den er mir als den »Genossen Doktor« vorstellte. Dieser war von meinem gesundheitlichen Zustand rechtschaffen entsetzt und schenkte meiner Zusage wenig Glauben, vom kommenden Montag an auf jedweden Alkoholgenuß zu verzichten. Erst als er merkte, daß es mir mit meinem Versprechen ernst war, entwickelte sich zwischen uns eine enge und gute, auch persönliche Beziehung. Er blieb, solange ich in der DDR lebte, mein Hausarzt. Nach Auflösung des MfS im Frühjahr 1990 eröffnete er eine private Arztpraxis und ich suchte ihn in Begleitung meiner Ehefrau als einer der ersten Patienten auf.

Mit Spannung hatte ich von Anfang an im Fernsehen die Reaktionen auf mein Verschwinden, das sich erst Tage später als Übertritt erwies, verfolgt. Nicht ohne Belustigung beobachtete ich den ohnmächtigen Zorn, der in den Worten hoher Sicherheitsbeamter zu hören war, und registrierte mit Neugier die Versuche, je nach politischem Standort meinen Verrat als Gefahr für den Staat Bundesrepublik zu dramatisieren oder als Fehlverhalten eines Alkoholikers zu bagatellisieren. Dies alles berührte mich wenig. Aber die Haltung Hellenbroichs, in der er, den Tränen nahe, am 29. August 1985 das Kanzleramt verließ, ging mir unter die Haut. Ich hatte diese Reaktion der Bundesregierung erwartet, dennoch bedrückte mich der rüde »Rausschmiß« eines erfolgreichen und engagierten Beamten. Vor allem aber fragte ich mich, ob man wirklich einen Schuldigen entlassen oder nur der Öffentlichkeit gegenüber ein Opfer gebracht hatte. Hätte Hellenbroich denn anders entscheiden können, hätte er etwas anderes tun können, als er getan hat?

Natürlich hätte er, als Kaspereit ihm gegenüber am 1. Juli 1983

Sicherheitsbedenken gegen mich geltend machte, anders entscheiden können, als er entschieden hat. Er hätte meine sofortige Versetzung aus dem BfV in eine andere Bundesbehörde veranlassen können und damit zumindest formell seine Entschiedenheit bei der Behandlung von Sicherheitsrisiken unter Beweis stellen können. Aber erreicht hätte er damit gar nichts. Hellenbroich wußte ganz genau, wie ich unter meiner Umsetzung in die Abteilung V des BfV im Jahre 1976 gelitten hatte, und konnte sich daher ausrechnen, daß eine solche Maßnahme zwar vordergründig den Interessen des von ihm geleiteten Amtes dient, die Katastrophe aber fördert, statt sie zu verhindern. Ich bin überzeugt, daß ich bei einer Versetzung etwa zum Bundesverwaltungsamt eher den Schritt in die DDR getan hätte, als ich ihn beim BfV getan habe. Denn wäre zu allen Sorgen und Lasten, die auf mir lagen, noch eine totale Frustration angesichts der Warenhauskompetenz dieser Behörde gekommen, hätte ich sicherlich nicht bis zum absoluten Ende ausgeharrt und von einem Strohhalm zum anderen gegriffen.

So hat Hellenbroich sicherlich nicht leichtfertig, schon gar nicht verurteilungswürdig falsch gehandelt, als er versuchte, mich langsam aus meiner Aufgabe zu lösen. Vielleicht glaubte er als amtierender Präsident wirklich, das Sicherheitsreferat organisiere eine groß angelegte »Hilfsaktion Tiedge« zur Rettung des gestrauchelten Mitarbeiters. Ich selbst habe aber weder von Hellenbroichs Lösungsbemühungen noch von einer Hilfsaktion des Sicherheitsreferates irgend etwas bemerkt. Hellenbroichs Neigung zum operativen Handeln, zum Verfolgen anderer Ziele als sie das Handeln erkennen läßt, macht die von ihm getroffene Entscheidung aus seinem Naturell heraus verständlich, nachgerade zu zwingend.

Wenn man unbedingt einen Schuldigen suchen will, dann ist dieser an anderer Stelle zu finden. Wäre zwischen meinem Eintritt ins BfV und der Einleitung meiner ersten Wiederholungsüberprüfung nicht ein Zeitraum von siebzehn Jahren verstrichen, sondern hätte diese, wie vorgeschrieben, alle fünf Jahre stattgefunden, hätte das BfV eher von meinem Lebensstil erfahren und damit rechtzeitig Konsequenzen, äußerstenfalls sogar die Notbremse ziehen können. Wäre ich beispielsweise 1979 nicht wieder in die Abteilung IV, sondern zum Bundesverwaltungsamt gekommen, wäre mein Leben mit Sicherheit anders verlaufen. Meine Frau lebte damals noch, meine Tante hatte mich noch nicht enterbt – vermutlich hätte ich wieder Boden unter die Füße bekommen. Gewiß, ich hätte meinen Ärger, meinen Frust erst überwinden müssen, aber vermutlich hätte eine solche Versetzung sogar geholfen, wie vielleicht ein Ordnungsruf Dr. Meiers einige Jahre zuvor mich zur Umkehr veranlaßt hätte. Aber derartige Überlegungen in der grammatischen Form des Irrealis sind eigentlich das Papier nicht wert, auf das sie geschrieben werden.

Allmählich änderte sich der Stil der Befragungen. An die Stelle spontan vorgetragener Fälle und Methoden trat eine systematische Erarbeitung der verfassungsschutztypischen Verhaltensweisen. Es war für mich ein gehöriges Stück Arbeit, meinen Gesprächspartnern die wesentlich andere Rolle näherzubringen, die ein Sicherheitsdienst in einer westlichen, freiheitlich organisierten Demokratie gegenüber vergleichbaren Einrichtungen in einem der kommunistischen Ideologie verpflichteten Gemeinwesen spielt.

Anfangs erntete ich nur Unverständnis und Kopfschütteln, wenn ich auf die Frage nach Quellennetzen in Bundesministerien, in Verbänden und Organisationen erklärte, derartiges gäbe es nicht, ja, sie seien nicht einmal vorstellbar. Aber meine Gesprächspartner konnten sich erfreulich schnell in die Gegebenheiten einer real existierenden bürgerlichen Demokratie hineindenken. Sie mußten, obwohl sie sich Jahre, zum Teil Jahrzehnte beruflich mit der Bundesrepublik befaßt hatten, erst lieb gewordene Vorurteile abbauen, aber genauso erging es mir, angesichts der Gegebenheiten in der DDR.

Ich glaube, alles in allem hat das MfS für die letzten drei, vier Jahre seines Bestehens mehr Honig aus meinen Informationen gesaugt, was der Verfassungsschutz alles nicht macht und nicht machen kann, als aus meinen Schilderungen seiner Aktivitäten.

Neben diesen rein dienstlichen, tage-, wochen- und monatelangen Befragungen begann auch ein touristisches Reiseprogramm durch die DDR, das mich in den fünf Jahren dort mehr von dem Land sehen ließ, als mancher gestandene DDR-Bürger in Jahrzehnten zu sehen bekam. Einer unvergeßlichen Fahrt in einer MfS-eigenen Jacht über die Gewässer in Berlin folgte im Herbst 1985 eine Reise über Rheinsberg nach Neubrandenburg und im November eine nach Magdeburg und in den Harz.

Zuvor erteilte mir Karl Verhaltensmaßregeln über das, was ich zu meiner Stellung dem MfS gegenüber zu sagen hätte: »Du mußt allen Mitarbeitern des Ministeriums, gleichgültig, ob sie aus der Zentrale kommen oder aus den Bezirksverwaltungen, erklären, daß du jahrelang als Kundschafter für uns tätig warst! Einzelheiten brauchst du nicht anzugeben, danach wird dich niemand fragen. Der Minister hat in diesem Sinne auch den Generalsekretär unterrichtet.« Als ich Karl etwas zweifelnd ansah, warum der Minister Erich Mielke den Generalsekretär Erich Honecker über den Fall Tiedge unzutreffend unterrichtet haben soll, gab er mir eine entwaffnende Erklärung: »Wenn man so will, hast du selbst daran schuld. Du hast in Marienborn, als du ankamst, unsere Namen genannt. Eigentlich wäre für dich die Abwehr zuständig, aber wir haben uns mit dir befaßt, weil du zu uns wolltest. Und dir gefällt es doch ganz gut bei uns«, fügte er augenzwinkernd hinzu, »oder nicht?«

Meiner Ansicht nach war es für Honecker völlig gleichgültig, ob sich die HVA oder die Hauptabteilung II des MfS, die Abwehr, mit mir befaßte, aber mir sollte es egal sein. War ich halt Agent gewesen oder Kundschafter, meinem Ansehen konnte das nicht schaden. Und entsprechend habe ich mich auch im ersten Entwurf dieser Erinnerungen eingelassen, der ja noch in der DDR entstand. Ich habe Karl zwar in dieser Hinsicht nie geglaubt, aber die Wahrheit erkannte ich erst 1990 nach der Enttarnung Kurons. Vermutlich hatte die HVA durch ihn über BfV-Interna verfügt, deren Herkunft in den Bezirksverwaltungen Rätsel ausgelöst hatten. Durch mich konnte das Geheimnis der Kenntnis »gelüftet« und der Agent Kuron gleichwohl weiter geführt werden.

Wie zutreffend diese Überlegungen waren, stellte sich erst Jahre nach der Wiedervereinigung heraus. In den Unterlagen der

Gauck-Behörde tauchte ein Brief Erich Mielkes aus dem Jahre 1985 auf. Darin berichtet der MfS-Chef seinem KGB-Kollegen Viktor Michailowitsch Tschebrikow von meinem Übertritt und hebt die jahrelange nachrichtendienstliche Zusammenarbeit mit mir hervor, die nunmehr einen erfolgreichen Abschluß gefunden habe. Diese Lüge gegenüber dem KGB zeigt deutlich die Bedeutung, die die Verbindung zu Kuron für das MfS hatte.

Weihnachten 1985 kam es dann zu einem ersten Besuch meiner Töchter in der DDR. Das Treffen, das fast eine Woche dauerte, fand in dem schon erwähnten Objekt in Wandlitz statt und war für mich in gewisser Hinsicht eine Erlösung. Meine Kinder konnten meinen Schritt zwar nicht nachvollziehen, aber sie nahmen ihn mir auch nicht wirklich übel. Die Tage, die wir verbrachten, waren zwar von einer teilweise lächerlichen Vorsicht meiner Betreuer geprägt, verliefen alles in allem aber in angenehmer, familiärer Harmonie.

Das Jahr 1986 war geprägt von größer werdenden Freiräumen. Zwar durfte ich das Gelände des Prendener Objektes bis zu meinem Auszug Weihnachten 1987 nicht allein verlassen, aber das MfS stellte einen Offizier zu meiner Betreuung ab, der sich nicht um mein fachliches Wissen, sondern um meine Zerstreuung und Unterhaltung zu kümmern hatte. Die täglichen Befragungen klangen langsam aus und ich erhielt vorgegebene Fragespiegel zur schriftlichen Ausarbeitung. Daneben war ich in meiner Zeit völlig ungebunden und konnte mit meinem Spezialbetreuer Berlin und Umgebung so erobern, wie ich schon immer gern Städte kennengelernt habe – Kartenstudium, fahren, laufen, Kartenstudium. Zum Schluß kannte ich Berlin so gut, daß sogar hier geborene MfS-Offiziere nach dem besten Weg von unserem Haus in Karolinenhof nach Schwanebeck im Norden der Stadt fragten.

Anfang 1986 hatte ich im MfS-Krankenhaus in Berlin-Buch mein Gewicht auf die Rekordmarke von 99,5 kg gedrückt. Entsprechend wohl fühlte ich mich bei den Unternehmungen des Jahres, unter denen Reisen zu verschiedenen Bezirksverwaltungen die ausgesprochenen Highlights waren. Meine Betreuer fuhren mit mir nach Dresden, Halle, Rostock, Schwerin, auf die

Leipziger Messe und noch einmal nach Neubrandenburg. Ich besichtigte Gedenkstätten und Museen, war in Konzerten und im Theater, stattete Industriebetrieben und Neubauvierteln Besuche ab, kurz, ich wurde herumgeführt wie ein Staatsgast. Dabei übernachtete ich jeweils in den Perlen unter den Objekten, die dem ausschließlichen Belegungsrecht des regionalen BV-Chefs unterlagen.

So wohnte ich in Dresden in dem Objekt oberhalb des Blauen Wunders, das zu meiner Freude in der Nähe der Tiedgestraße lag. Sie führte ihren Namen seit den zwanziger Jahren nach Christoph August Tiedge, dem Bruder eines entfernten Vorfahren. Tiedge, ein Epigone Gleims und Zeitgenosse Goethes, verfaßte neben seinem Hauptwerk, der heute zu Recht vergessenen »Urania«, in erster Linie Gedichte, von denen zwei immerhin von Ludwig van Beethoven vertont wurden. Er stammte aus Gardelegen in der Altmark und hat in späteren Jahren in Dresden verarmte Poeten unterstützt.

In Rostock war ich in einem alten, aber gepflegten und gediegenen Backsteinbau in der Warnemünder Parkstraße untergebracht. Nach der Wende erwarb Alexander Prechtel, der neu ernannte Generalstaatsanwalt in Schwerin, dieses ehemalige Leitungsobjekt der MfS-Bezirksverwaltung Rostock. Als sich die Presse mit dem Fall beschäftigte, wiegelte Prechtel, den ich noch aus Karlsruhe als Staatsanwalt beim Generalbundesanwalt kenne, ab und hob Mängel und Nachteile des Hauses hervor. Prechtel wird seine Gründe haben, ich jedenfalls konnte an der großzügig geschnittenen Villa, auch bei meinem zweiten Besuch zusammen mit meiner Frau im Sommer 1988, nichts Nachteiliges finden.

In Halle wohnte ich in der Suite, in der einst Kubas Staats- und Parteichef Fidel Castro geschlafen hatte. In der Stadt an der Saale unterhielten die Bezirksleitung der SED und die Bezirksverwaltung des MfS ein gemeinsames, teilweise luxuriöses Gästehaus. Im Bezirk Neubrandenburg wiederum war ich von der gesamten Architektur und der Ausstattung des Leitungsobjektes an einem See in der Nähe von Lychen fasziniert.

Wenn ich mir diese Objekte ansah und daran dachte, mit welchen kargen KWs, konspirativen Wohnungen, wir in unseren G-Operationen vorlieb genommen und dabei geglaubt hatten, den Gegner an der Gurgel gepackt zu haben, mußte ich fast wehmütig ob dieses Irrtums lächeln. Selbst der herausragende Fall »Keilkissen« hatte uns »nur« die Objekte in Wandlitz und am Mooskopfring in Rauchfangswerder beschert, die trotz aller Gemütlichkeit und trotz ihrer idyllischen Lage doch deutlich gegen diese Objekte abfielen.

Aber Karl, mein Oberbetreuer und vorübergehend fast ein persönlicher Freund, sorgte auch für anderes. So stellte er einen Kontakt her zwischen einer inoffiziellen Mitarbeiterin und mir, wobei er an dem amourösen Zweck des Kontaktes keinen Zweifel ließ. Aber er war auch bemüht, für mich eine ernsthaftere Partnerin zu finden, mit der ich meine Zukunft in der DDR auf eigene, gemeinsame Beine stellen konnte. Mehrere Versuche, in die zum Teil auch Gunter eingeschaltet war, schlugen fehl; die Damen waren entweder gebunden oder hatten gerade eine schmerzhafte Trennung hinter sich gebracht, zum Teil fehlte es einfach auch an der gleichen Wellenlänge.

Am 26. Februar 1987 war es dann soweit. Ich war mit Karl und einem inoffiziellen Mitarbeiter im Restaurant »Moskau« auf der Berliner Karl-Marx-Allee zum Abendessen verabredet. Plötzlich sprang Karl auf, begrüßte eine Dame, die gerade das Restaurant betreten hatte und brachte sie nach einiger Diskussion an unseren Tisch. Ich war über den Zuwachs nicht sonderlich erbaut, hielt ich Karls Bekannte doch für die Ehefrau eines seiner Kollegen, die ihr Strohwitwendasein in der Geselligkeit des »Moskau« überbrücken wollte. Sie wirkte gepflegt, machte einen ausgesprochen attraktiven Eindruck und erwies sich als charmante Plauderin. Im Laufe des Gesprächs stellte sich heraus, daß sie geschieden war und im Kulturbund in Potsdam die Position eines Bezirkssekretärs für bestimmte Bereiche kultureller Aktivität bekleidete. Sie und Karl kannten sich von der Parteihochschule her, wo beide in den siebziger Jahren studiert hatten. Mein Interesse war geweckt, zumal unser Gast, der sich als Brigitta vorstellte, nicht nur außerordentlich nett war, sondern auch nur geringfügig jünger zu sein schien als ich.

Sie lernte mich unter meiner neuen Identität kennen, unter der ich in der DDR lebte. Karl hatte mir einige Monate zuvor einen Satz Personaldokumente – Personalausweis, Führerschein, Versicherungsausweis pp. – auf den Namen »Prof. Dr. Helmut Jochen Fischer« beschafft, über dessen akademische Verzierungen die bundesdeutschen Medien nach unserer Enttarnung hämische Bemerkungen machten. Dabei ist der Grund hierfür eher trivial und konnte vermutlich nur im Kopf eines Geheimdienstoberst in der DDR entstehen. Karl hatte für mich in Stolzenhagen, Triftstr. 3, ein Grundstück besorgt, dessen bisherige, jahrzehntelangen Eigentümer sich aus Altersgründen von ihrem Besitz trennen wollten. Nun war Stolzenhagen, vom eigentlichen Ortskern abgesehen, eine reine Datschen-, also Wochenendsiedlung, zugänglich fast ausschließlich der gehobenen Funktionärsklasse in Berlin, die sich aus vielerlei Gremien und Zirkeln kennt und jeden Neuling zunächst mißtrauisch begutachtet. Karl suchte nach einem Grund, den ein Mann in arbeitsfähigem Alter angeben kann, wenn man ihn nach seiner, in Wahrheit nicht vorhandenen Arbeitsstelle fragt.

»Weißt du«, hatte Karl gesagt, als das Thema anfing, akut zu werden und ich das Grundstück für 150 000 Mark der DDR von den alten Leuten kaufen sollte, »wir machen dich einfach zum Professor. In der DDR gibt es so viele Wissenschaftler mit dem Professorentitel, die mehr zu Hause als sonstwo sind. Das fällt nicht auf, das glaubt jeder.«

So wurde ich zum Professor. Das Grundstück habe ich auch vor einem Notar in Berlin-Karlshorst unter dem Namen Fischer gekauft, trotzdem wurde nichts aus der ganzen Geschichte. Als Karl im MfS aus persönlichen Gründen in Ungnade fiel und ausscheiden mußte, geriet die Grundstücksangelegenheit ins Stocken. Angeblich bereitete es Schwierigkeiten, eine ausreichend starke elektrische Leitung zu dem Haus zu legen, aber ich vermutete, daß sich die Datschenkolonie in Stolzenhagen, die sich zum großen Teil aus höheren MfS-Offizieren rekrutierte, gegen den Überläufer in ihren Reihen wehrte.

Doch zurück zu meiner neuen, charmanten Bekanntschaft aus dem Restaurant »Moskau«. Einige Zeit später offenbarte ich ihr – mit Karls Einverständnis – meine wahre Identität und als wir uns Ostern 1987 verloben wollten, lud uns Karl zu einem Urlaub in die CSSR ein. Im Hotel »Lux« im slowakischen Banska Bystrica tauschten wir wie junge Leute die Ringe und fuhren von dort für eine Woche ins Hotel »Partizan« nach Tale in der niederen Tatra.

Das ganze Jahr 1987 über zerfielen die Wochen in zwei scharf voneinander getrennte Teile. Die Woche über verbrachte ich bei intensiver Arbeit, nun schon an meiner Promotion, in meinem Objekt in Prenden, die Wochenenden bei meiner Verlobten in Potsdam. Trotz aller Annehmlichkeiten und trotz fürsorglicher, kalorienbewußter Ernährung durch Renate begann ich, mich in Prenden mehr und mehr eingeengt zu fühlen, und litt gelegentlich unter einem regelrechten Lagerkoller. Auf der einen Seite ließ die Intensität der Betreuung, zumindest die Frequenz der Besuche nach, und zum anderen machte ich an den Wochenenden die Erfahrung, daß Privatleben ohne Vorsichtsmaßregeln des MfS auch in der DDR schön war. Nun, ich hatte eigentlich nichts anderes erwartet.

Durch meine Verlobte lernte ich den Bezirk Potsdam näher kennen, häufig fuhren wir am Samstag oder Sonntag, aber ohne Wissen des MfS, nach Berlin, das in diesem Jahr sein 750-jähriges Bestehen feierte. Meine und damit unsere Beweglichkeit verdankte ich einem neuen Golf-Diesel, den mir das MfS im Sommer 1986 zur Verfügung gestellt hatte. In der Pkw-Hierarchie des MfS kamen nach den Trabant- und Wartburg-Fahrern, also den Benutzern inländischer Produkte, die Klasse der Offiziere, denen ein sowjetischer Lada zur ständigen Benutzung überlassen war. Dies betraf zunächst die stellvertretenden Abteilungsleiter, die sich ihrerseits durch den Ladatyp und den personengebundenen Kraftfahrer von den Referatsleitern abhoben, die zwar auch Ladas benutzten, diese aber selbst fahren mußten. Harri Schütt fuhr als Generalmajor einen Fiat-Regata, und so konnte ich mit meiner Einstufung als Fahrer eines Westwagens, wenn auch »nur« eines Golfs, recht zufrieden sein.

Zwischendrin wurde uns wieder einmal ein Haus zugesagt, herrlich gelegen am Waldrand in Hohen Neuendorf an der S-

Bahnstrecke nach Oranienburg. Christel Guillaume und Lothar Lutze wären unsere unmittelbaren Nachbarn gewesen und so waren wir nicht sonderlich unglücklich, als sich auch dieses Projekt zerschlug.

Was mich aber erwartete, als ich im Herbst des Jahres 1987 zum S-Bahnhof Grünau bestellt wurde, hatte ich nicht in meinen kühnsten Träumen gedacht. Harri Schütt und Gunter Nehls führten mich nicht ohne Stolz und Genugtuung durch das uns nun endgültig zugewiesene Haus in Karolinenhof im Stadtbezirk Berlin-Köpenick. Ein solches Haus hatte ich bisher kaum je betreten, geschweige denn, als mein Heim ansehen können. Das Wohnzimmer war sage und schreibe sechzig Quadratmeter groß mit einem mächtigen offenen Kamin und an zwei Seiten durch eine Fensterfront erhellt, die anderen Räume der Wohnetage wie der Wohnraum selbst mit exzellenter Strukturtapete geschmückt. Küche, Bad und WC übertrafen einander in der Ausstattung mit technischen Finessen und innenarchitektonischen Feinheiten. Von allen Einbaugeräten und Armaturen strahlten die Embleme bundesdeutscher Nobelfirmen. Nichts wirkte jedoch neureich und protzig, eher solide und gediegen.

Aus dem marmorgefliesten, holzverkleideten Vorraum führte eine Wendeltreppe – nein, nicht in den Keller, über etwas derart Profanes verfügte das Haus nicht, man betrat über die Treppe die Kellerbar, mit Schränken verkleidet, mit eingebautem Tresen, der über fließend Warm- und Kaltwasser ebenso verfügte wie über einen integrierten, würfelförmigen Kühlschrank. Den etwa fünfundzwanzig Quadratmeter großen Barraum konnte man durch drei Türen verlassen. Die eine führte in die »untere Naßzelle«, die sich in Sauna, Dusche, Badezimmer/WC und Waschküche gliederte; eine zweite Tür führte über einen kleinen Flur in zwei kleinere Fremdenzimmer, in die geheizte und geflieste Garage sowie in einen Raum für die Gasheizung. Die dritte Tür schließlich gestattete den Austritt in den etwa tausenddreihundert Quadratmeter großen Garten, an den sich hinter einem drei Meter hohen Zaun der Wald über vier Kilometer bis nach Grünau erstreckte. Der absolute Clou im Garten aber war ein natürlicher Teich, in dem Frösche quakten und in dem in allen drei Frühjahren, die wir dort verbringen durften, ein Entenpärchen nistete.

Der Gedanke an die Möblierung dieser insgesamt zweihundertvierundneunzig Quadratmeter Wohnfläche machte uns Sorgen. Aber das MfS winkte ab und Harri Schütt erklärte, selbstverständlich werde uns das Haus möbliert zur Verfügung gestellt, möbliert mit unseren eigenen Möbeln. Während der normale DDR-Bürger sich in Möbelgeschäften anhand eines »Beratungsmusters« entscheiden konnte, ob er es bestellt, vielleicht in einem halben Jahr geliefert bekommt oder vom Kauf absieht, konnten wir unser Riesenhaus innerhalb von gut zwei Stunden anhand attraktiver Kataloge einrichten. Etwa achtzigtausend Mark der DDR hat sich das MfS unser Wohnen kosten lassen. Als dann im Februar 1988 alles stand, das Auto in der Garage war und ich meine prall gefüllten Schränke ansah, wurde ich ganz klein bei dem Gedanken, wie wir in der Bundesrepublik beim BfV den Hundertmarkschein umgedreht hatten, ehe wir ihn für einen Überläufer ausgegeben haben. Ich glaube, wenn Markus Wolf selbst gekommen wäre und die gesamte DDR-Spionage an den Pranger gestellt hätte, er wäre, gemessen an meiner Behandlung, mit Almosen abgespeist worden.

Als ich Weihnachten 1987 mein Objekt in Prenden verließ, tat ich dies mit einem lachenden und einem weinenden Auge. Es war mir doch ans Herz gewachsen, dieses hübsche, gepflegte Haus im Walde. Zu viele einschneidende Erinnerungen aus der aufregendsten Zeit meines Lebens hatten sich mit dem »Waldhaus« verbunden, aber die Freude auf ein gemeinsames Leben mit Brigitta in unserem herrlichen Haus am Karolinenhofweg 10 ließ Wehmut gar nicht richtig aufkommen.

Noch zweimal kehrte ich nach Prenden zurück: Am 8. April 1988 heirateten Brigitta und ich in Berlin-Lichtenberg. Nach einem festlichen Essen im Hotel Johannishof, neben dem Friedrichstadtpalast, im Kreise unserer Freunde und Bekannten vom MfS verlegten wir die eigentliche Feier in kleinerem Rahmen in mein altes Objekt. Die Ehefrauen meiner neuen Kollegen kamen hin, und am Nachmittag gab uns auch Werner Großmann die Ehre, inzwischen Generaloberst und Leiter der HVA. Brigitta hat nur bedauert, daß ihre damals zweiundsiebzigjährige Mutter an der Feier nicht teilnehmen konnte. Angeblich standen dem Sicherheitsüberlegungen entgegen.

Den zweiten Besuch habe ich in bedrückenderer Erinnerung. Es war mein zweiundfünfzigster Geburtstag, den wir bei strahlendem Sonnenschein auf der Terrasse des Objektes begingen.

Beiläufig erkundigte ich mich bei Gunter nach dem Befinden von »Schneider«, der, wie ich wußte, zu einer lebenslangen Freiheitsstrafe verurteilt worden war. Gunter druckste herum bis er bekannte, daß »Schneider« verstorben sei.

»Ja, der ist tot«, sagte er und vermied es, mich anzusehen, »der hat Selbstmord begangen.« Ich war wie vor den Kopf geschlagen. Unser CM »Schneider«, der vor Optimismus und Lebensfreude sprühte, hatte seinem Leben ein Ende gesetzt. Schuldgefühle beschlichen mich. Hätte ich damals nicht ... Aber ich verwarf den Gedanken sofort wieder. Es war seine eigene Entscheidung gewesen, Selbstmord zu begehen, allerdings ausgelöst von tiefer Verzweiflung und Hoffnungslosigkeit, in die ich ihn gestürzt hatte.

Seit der Enttarnung Kurons muß ich die Sache anders sehen. Selbst wenn ich unsere Verbindung zu »Schneider« verschwiegen hätte, wäre er trotzdem verhaftet und verurteilt worden. Niemand hätte mir geglaubt, daß ich ihn zu schützen versucht hätte. Seine Festnahme nach meinem Übertritt wäre in der Bundesrepublik als Beweis gewertet worden, daß ich ihn verraten habe. Aber – egal, wie ich es sehe, ich muß mit dem Gedanken leben, für den Tod eines Menschen eine wesentliche Ursache beigetragen zu haben.

Zwei Ereignisse haben mich, noch in der DDR, in schlimmer Weise an den Fall erinnert. Das eine war die reißerische Berichterstattung der »Bunten«, nach der die Witwe Garau glaubte, ihr Mann sei in der Strafvollzugseinrichtung Bautzen II erschlagen worden. Nach einem anderen Bericht soll die Leiche sogar blutüberströmt gewesen sein. Noch beim letzten Besuch sei Garau hingegen optimistisch und gesund gewesen, so daß ein Selbstmord auszuschließen sei. Ich weiß nicht, was Frau Garau den Sicherheitsbehörden gesagt hat, aber daß ihr Mann beim

Besuch gesund und optimistisch war und kurz darauf erschlagen wurde, das glaube ich einfach nicht. Der Strafvollzug der DDR mag kein Hort der Nächstenliebe gewesen sein, aber daß Gefangene fast im Vorübergehen totgeschlagen wurden, das schließe ich aus. Das mag es in den fünfziger Jahren gegeben haben, aber nicht ein Jahr vor dem Ende der DDR.

Das andere Ereignis, an das ich denke, ist eine Information, die mir mein Ostberliner Rechtsanwalt, Prof. Dr. Wolfgang Vogel, hat zukommen lassen. Er erzählte mir, daß die Bundesregierung nicht ein einziges Mal den Austausch Garaus vorgeschlagen habe, was ihn, einen der Väter des Agentenaustausches, deutlich befremdet habe. Gewiß, es ist mehr als fraglich, ob Garau vor seinem Selbstmord schon hätte ausgetauscht werden können, aber als Zeichen des guten Willens hätte es gewertet werden können. Vielleicht hielt man es dort für möglich, daß ich »Schneider« geschützt habe, und wollte ihn durch einen solchen Schritt nicht erst in Gefahr bringen, aber für einen Nachrichtendienst wäre eine solche Argumentation kläglich.

Unser Leben in Karolinenhof ab Anfang 1988 war so normal, so durchschnittlich, daß es darüber nichts zu berichten gibt, es sei denn meine Promotion im Mai 1988 an der Humboldt-Universität zu Berlin. Ich hatte mich, wie in der bundesdeutschen Presse nachzulesen war, über die »Abwehrarbeit der Ämter für Verfassungsschutz in der Bundesrepublik Deutschland« ausgelassen und war dafür mit dem Titel eines Dr. jur. und der Bewertung magna cum laude belohnt worden.

Die Arbeit war sicherlich kein Produkt hochwissenschaftlicher Forschung, aber sie war eine eingehende, systematische Schilderung aller Facetten nachrichtendienstlicher Tätigkeit in der Spionageabwehr der Bundesrepublik. Ich hatte sie in einen allgemeinen, juristischen Teil und in Abhandlungen über die Verdachtsfallbearbeitung, die Suchoperationen und die Arbeit gegen legale Residenturen untergliedert. Auf eine Darstellung des Themas G-Operationen hatte ich bewußt verzichtet, da dieser Bereich einer eigenen Monographie vorbehalten bleiben sollte. Immerhin hat der damalige BfV-Präsident Gerhard Boeden, wie ich 1996 dem »Spiegel-Spezial«-Heft »Geheim – Die

Welt der Agenten« entnehmen konnte, im Jahre 1990 die Arbeit als »äußerst kenntnisreich und fundiert« qualifiziert, ein Urteil, dem ich nichts hinzufügen möchte. Ein vielsagendes Detail möchte ich aber der Vollständigkeit halber erwähnen: Die Reinschrift meiner Dissertation fertigte eine Fachkraft: Herta-Astrid Willner, die einstige Vorzimmerdame aus dem Kanzleramt und von mir »gerettete« Agentin der HVA.

Das Rigorosum, die mündliche Prüfung, fand in einem Saal der ehrwürdigen Humboldt-Universität statt, wobei sich das Prüfungskollegium aus vier Personen zusammensetzte. Neben den beiden akademischen Gutachtern, meinem Doktorvater, Prof. Dr. sc. Ehrenfried Stelzer, und Prof. Dr. sc. H. Schmidt, nahmen als Fachleute der HVA-Sicherheitschef Dr. Fritz Kobbelt und – damals noch kein General – Oberst Harri Schütt teil. Schwierig war die Prüfung nicht, da ich das Thema ohnehin von allen Anwesenden am besten beherrschte und mich auch mein mündlicher Vortrag zu »Föderalismus und Staatsschutz« vor keine unlösbaren Aufgaben stellte. Nach eineinhalb Stunden war die Prüfung vorbei und alle Beteiligten zogen ins Restaurant »Moskau« auf der Karl-Marx-Allee, wo wir den frischen Doktortitel gebührend feierten. Die Rechnung habe ich noch heute. Sie betrug 1384,16 Mark der DDR.

Höhepunkte für mich persönlich waren in diesen Jahren die Begegnungen mit meinen Kindern, die uns, die älteste inzwischen mit Mann und Kind, in regelmäßigen Abständen besuchten. Da sie aus den hinlänglich bekannten konspirativen Gründen weder die Identität Fischer noch unseren Wohnort kennen durften, fanden diese Treffen in Berlin entweder in dem Objekt in Wandlitz oder dem in Rauchfangswerder statt. Da auch mein Auto mit dem Kennzeichen IB 05-12 auf Professor Fischer zugelassen war, mußte ich jedesmal im Wald das Kennzeichen gegen ein anderes austauschen, dessen Papiere offen auf Ministerium für Staatssicherheit lauteten. So bin ich sicherlich einer der wenigen, wenn nicht der einzige, der in beiden Teilen des damals noch geteilten Deutschland im Wald die Kennzeichen getauscht hat und sich im Falle eines Aufplatzens jeweils auf die Obrigkeit hätte berufen können.

Ansonsten führten Brigitta und ich ein ruhiges, zurückgezogenes Leben. Einen großen Bekanntenkreis hatten wir nicht, nicht zuletzt durch das MfS. Brigitta kannte durch ihre langjährige Tätigkeit beim Kulturbund unter der Intelligenz im Bezirk Potsdam Kulturschaffende allgemein wie Literaten im besonderen, die Leiter bedeutender Kultureinrichtungen ebenso wie Politiker und Verwaltungschefs von lokaler und regionaler Bedeutung. Das MfS hatte erhebliche Bedenken gegen die Fortsetzung dieser Kontakte und strich uns auf einer Liste von etwa acht Personen, die Gitta, wie sie allgemein genannt wird, als gewünschten Umgang eingereicht hatte, alle bis auf eine geschiedene Lehrerin an der Bezirksparteischule in Potsdam.

»Jochen, du stehst bei diesen Leuten deine Legende, Professor in der DDR zu sein, keine Stunde durch«, begründete Gunter dieses harsche Verfahren. Das mochte ja sein, aber Brigitta hat der Verlust ihres gesamten Umfeldes doch geschmerzt. Aber sie hatte nun einmal einen »Professor« und keinen Professor geheiratet, einen Überläufer ohne DDR-Vergangenheit, und so biß sie nolens volens in den sauren Apfel.

Unser privater Umgang war in etwa der gleiche wie der »berufliche«. Offiziere der HVA-Abteilung IX mit ihren Frauen besuchten uns, wobei die Gegeneinladungen nicht in deren Privatwohnungen, sondern in Restaurants stattfanden, wenn auch solchen der gehobenen Provenienz. Echten privaten Umgang hatten wir nur mit Brigittas Mutter und der Familie ihres Bruders sowie zu einigen Nachbarn und einem Inoffiziellen Mitarbeiter der HVA, der von Anfang an zum Kreis meiner Betreuer gezählt hatte.

Dennoch kam in meinem Leben keine Langeweile auf, nach Abschluß der Promotion A wollte ich die Promotion B beginnen, die den Dr. sc., den doctor scientiae, den Doktor der Wissenschaft, zum Ziel hatte. Ein Stipendium war mir bewilligt worden, mehrere Besuche in der Deutschen Bücherei in Leipzig hatten stattgefunden, ich begann langsam Boden unter die Füße zu bekommen – da machte die Wende allen akademischen Plänen ein Ende. Soweit ich nicht am Schreibtisch saß, mit Brigitta spazierenging, sei es an den Wassern oder in den riesigen

Wäldern südöstlich Berlins, sei es in der Innenstadt oder mit ihr im Auto umherfuhr, hielt mich mein Garten in Trab.

Die tausenddreihundert Quadratmeter am Wald, jahrelang sich selbst überlassen und zu meinem Einzug lediglich mit herrlichen Sträuchern bepflanzt, schienen die Heimat aller denkbaren Unkrautpflanzen zu sein. Wenn ich vorne links anfing zu jäten und eine Woche später hinten rechts angekommen war, konnte ich vorne links wieder beginnen. Als ich nach zweieinhalb Sommern endlich den Kampf siegreich zu beenden schien, machte auch hier die Wende aller weiteren Freude ein Ende. Lediglich die Journalisten, die sich nach unserer Enttarnung im Frühjahr 1990 die Klinke in die Hand gaben, bestaunten den gepflegten, parkähnlichen Garten mit dem kleinen Teich in der Mitte.

Wie schön gepflegte, große Gärten aussehen konnten, haben wir immer bei unseren Spaziergängen durch das wunderschöne Karolinenhof festgestellt. Es war ein Wohnbezirk des DDR-Establishments, hier wohnten Generäle und Kulturschaffende, wie Künstler und Kulturfunktionäre in der DDR genannt wurden, aber auch Minister wie der Außenhandelsminister Gerhard Beil oder Showgrößen wie der DDR-Conferencier Heinz Quermann oder der TV-Quizmaster Hans-Joachim Wolfram. Und alle in eigenen Häusern mit großen Gärten. In allen Gärten, so gepflegt sie auch waren, machte sich aber das permanente Fehlen geeigneter Düngestoffe in der DDR bemerkbar, deren gerade der magere Sandboden um Berlin so dringend bedarf. Deswegen waren der Gartenflora natürliche Grenzen gesetzt.

So nahm unser Leben in der DDR einen gleichmäßigen, ruhigen Verlauf, bis die Ereignisse des Jahres 1989 das Herannahen einer neuen Zeit erahnen ließen.

Die Wende in der DDR nahm ich als interessierter Staatsbürger zur Kenntnis, ohne anfangs irgendwelche konkreten Konsequenzen für mich zu befürchten. Wie der damalige DDR-Verteidigungsminister, der Pfarrer Rainer Eppelmann, war auch ich der Ansicht, die Wiedervereinigung werde, falls sie überhaupt komme, noch Jahre auf sich warten lassen. Ich erinnere mich noch meines Kopfschüttelns, als sich die Rufe in Leipzig »Wir sind das Volk« in »Wir sind ein Volk« wandelten. Als sich erwies, daß meine politische Prognose so falsch war wie die von Rainer Eppelmann, habe ich erklärt, notfalls bis hinter den Ural zu laufen, um nicht in die Hände der Bundesrepublik zu fallen.

Nachdem uns der ARD-Korrespondent Werner Sonne in Karolinenhof enttarnt hatte, waren die Medien außerordentlich interessiert daran, mit mir ein Interview zu machen. Aber außer dem Spruch mit dem Ural und einigen Erklärungen über mein Wohlergehen haben sie von mir nicht viel erfahren. Aber nicht einmal mit diesem Spruch hatte ich recht.

Ich bin weder gelaufen noch hinter dem Ural gelandet. Am 23. August 1990 sind meine Frau und ich in Begleitung eines KGB-Obersten vom sowjetischen Militärflughafen Sperenberg nach Moskau geflogen, wo wir einige Monate in einem »Objekt« verbrachten, weit vor den Toren der Stadt, in der Stille der russischen Landschaft. Im Winter 1990/91 bezogen wir dann eine schöne Vier-Zimmerwohnung, nicht in Moskau selbst, sondern in einer hübschen Stadt in der Nähe der Metropole – weit genug, um vor dem ständig wachsenden Verkehr und der ebenfalls ständig wachsenden Hektik der Großstadt geschützt zu sein, und nahe genug, um die Metropole immer wieder aufsuchen, insbesondere ihre faszinierende Entwicklung in den letzten Jahren beobachten zu können.

In den acht Jahren, die ich Moskau jetzt kenne, hat die Stadt ihr Gesicht gewandelt. 1990 war es eine Stadt mit breiten, nicht stark befahrenen Straßen, mit überwiegend grauen Häusern, von denen die Farbe abplatzte und die trotz ihrer damals schon exorbitanten Größe von neun Millionen Einwohnern einen irgendwie provinziellen Eindruck hinterließ.

Welch anderen Anblick bietet sie heute! Es sind nach wie vor nicht Glaspaläste, die die City von Moskau prägen, sondern sorgfältig renovierte, restaurierte Häuser aus dem vergangenen und der ersten Hälfte dieses Jahrhunderts, die goldenen Dächer von Klöstern und Kirchen blinken im Sonnenlicht, die wieder erstandene Erlöserkirche prägt die Stadtsilhouette an der Moskwa. Vor allem aber besticht die Sauberkeit der Innenstadt den

Besucher, der die Stadt vor acht Jahren zum ersten Mal sah. Moskau ist wirklich eine Weltstadt geworden.

Manchmal bedauere ich, daß ich an diesem hektischen Leben nicht als Arbeitnehmer oder Selbständiger teilnehmen kann. In den ersten Jahren meines Lebens in Rußland war mitunter mein Rat bei Firmen gefragt, die Geschäftsverbindungen in die Bundesrepublik aufnehmen wollten. Inzwischen unterhalten Kammern und Verbände Büros in Moskau, deren Rat viel aktueller und damit qualifizierter und befriedigender ist, als es der meine je war. So bleibt mir nur, mit meiner Frau wie in Karolinenhof ein ruhiges, zurückgezogenes Leben zu führen, das aber uns als Sechzigjährigen durchaus entgegenkommt.

Wir haben uns einen kleinen Bekanntenkreis geschaffen, der überwiegend aus Rentnern besteht, zudem aus Rentnern, die etwas Deutsch sprechen, denn unsere Kenntnisse der russischen Sprache sind doch noch – trotz der acht Jahre unseres Aufenthaltes hier – recht mangelhaft, fast rudimentär. Ab einem bestimmten Alter erlernt man eben fremde Sprachen nicht mehr so leicht wie als Kind oder auch noch als junger Mensch.

Meine beiden Töchter besuchen uns mit ihren Familien im Abstand von etwa zwei Jahren. Insgesamt konnten wir bei ihren Besuchen fünf Enkel, drei Jungen und zwei Mädchen, in die Arme schließen.

Natürlich verfolgen wir das Weltgeschehen, vor allem die Ereignisse in Deutschland, aufmerksam und mit großem Interesse. Eine »Schüssel« auf dem Dach versorgt uns mit dem Programm der Deutschen Welle in Bild und Ton, die regelmäßige Lektüre des »Spiegel« und die gelegentliche der »Zeit« oder einer Tageszeitung aus Deutschland – in Moskau am Abend des Erscheinungstages erhältlich – runden die Informationen ab. Auch mein Interesse am Sport habe ich erhalten. Das Ausscheiden der deutschen Mannschaft bei der Weltmeisterschaft in Frankreich habe ich zur Kenntnis genommen, der Abstieg des 1. FC Köln aus der ersten Bundesliga hat mich geschmerzt. Kurz, ich bin ein in Rußland lebender Deutscher, dem Paß und dem Herzen nach.

Mein Leben ist somit das eines Frührentners, meine Frau erwartet in diesem Jahr ihre erste Rentenzahlung, und ich habe mit der Niederschrift dieser Erinnerungen, dieser Lebensbeichte, einen endgültigen Schlußstrich unter die nachrichtendienstliche Seite meines Lebens gezogen.

Das Leben in Rußland macht mir Spaß und Vergnügen, ich staune noch immer über die wie selbstverständlich gewährte Gastfreundschaft der Bevölkerung und über ihre grenzenlose Hilfsbereitschaft, ihre Freundlichkeit gegenüber Ausländern und ihre gelegentlich entwaffnende Unkompliziertheit. Das Leben macht mir, wie gesagt, Spaß und Vergnügen, wie es auch in Wüstensachsen und Frankfurt am Main Spaß gemacht hat, in Köln ebenso wie in Berlin.

Wie sagt der Lateiner? Ubi bene, ibi patria – wo es mir gut geht, da bin ich zu Hause.

Vierzehntes Kapitel

DAS ENDE DER SPIONAGE?

Meine Ausführungen waren bisher der Vergangenheit zugewandt und schilderten die Erlebnisse eines hoffnungsvollen, jungen Juristen, dessen Lebensweg ihn zunächst sanft nach oben und dann steil nach unten führte. Ich habe mein Leben geschildert aus der Sicht des Nachrichtenmannes, des Fachmanns in Sachen Spionageabwehr. Das gleiche gilt für meinen Versuch eines Ausblicks auf die Zukunft. Es sind Betrachtungen eines, wie die Russen sagen, »Spezialisten«, nicht die eines Politikers oder Ideologen.

Die Welt hat sich seit meinem Übertritt entscheidend verändert. 1985 war sie noch übersichtlich geteilt in Ost und West, jeweils geführt von den Weltmächten USA und Sowjetunion. Die befreundeten Staaten dieser Großmächte – Verbündete im eigenen, Satelliten im Sprachgebrauch des Gegners – scharten sich um »ihre« Führungsmacht und wurden nicht müde, die Unverbrüchlichkeit der Freundschaft mit ihr und die Identität der Interessen zu beteuern. In der Mitte Europas standen sich die beiden Teile Deutschlands oder die beiden deutschen Staaten hochgerüstet gegenüber – es ist müßig, heute über den status quo ante zu diskutieren. Aber damals schien Europa für Generationen in Blöcke geteilt, deren Maß an Unversöhnlichkeit einziger Ausdruck der Politik auf beiden Seiten war.

Nichts davon ist geblieben. Im Osten ist der Warschauer Vertrag oder, wie man auf der Gegenseite etwas abfällig formulierte, der Warschauer Pakt geplatzt, im Westen stürzte die NATO in die größte Identitätskrise seit ihrer Gründung. Jahrzehntelang wußte man in Europa, wo der Gegner stand, nämlich jenseits des Eisernen Vorhangs, im jeweils anderen Teil der Welt. Und jetzt? Die DDR, als »größtes Konzentrationslager der Welt« ebenso verunglimpft wie als »Land der Brüder und Schwestern«

großmütig bedauert, ist von der Landkarte verschwunden. Die fünf neuen Länder bereiten der Bundesrepublik mehr Sorgen und Probleme als die DDR in über vierzig Jahren.

Die Bundeswehr, seit ihrer Gründung ideologisch auf den Angriff aus dem Osten ausgerichtet, sieht sich als hochgerüstete Armee eines Landes, das von niemandem bedroht wird. Da eine Armee ohne Feind auf Dauer aber ein Paradoxon ist, die Führung darüber hinaus vor die kaum lösbare Aufgabe stellt, dieser Armee ein befriedigendes Selbstverständnis zu vermitteln, wächst das Interesse an Einsätzen unter dem Mandat der Vereinten Nationen. Dort, so glauben viele, stehen wieder die Vereinigten Staaten, die Richtung und Intensität der Aktionen bestimmen. Der Einsatz in Bosnien-Herzegowina, ebenso wie seine Verlängerung 1998 mit breiter Mehrheit des Deutschen Bundestags beschlossen, sind ein Vorgeschmack darauf.

Bei den Staaten im Osten sind die Probleme ungleich größer. Dort gibt es, im Unterschied zu Westeuropa, keine oder keine nennenswerte demokratische Tradition. Zum Teil standen diese Staaten, wie etwa die frühere Sowjetunion, unter dem Joch eines nahezu absolutistischen Zaren, dem ein ebenso absolutistisches, sozialistisches System folgte. Zum Teil war die Politik dieser Staaten ein vorsichtiges Lavieren zwischen den Großmächten, bei dem das möglichst selbständige Überleben selbst bei Gebietsverlusten wichtiger erschien als die Gewinnung oder die Bewahrung der nationalen Identität. Nach dem Zweiten Weltkrieg hat dann die Einbindung in den Warschauer Vertrag eigenstaatliche Interessen weitgehend zweitrangig werden lassen.

Jetzt aber, nach dem Ende der Abhängigkeit von Moskau – und das gilt für die frühere Sowjetunion ebenso wie für die anderen Staaten Osteuropas – brechen nationale Probleme auf. Der Prozeß in diesen Ländern erinnert an die Situation Mitteleuropas nach dem Ende des Ancien Regime Anfang des neunzehnten Jahrhunderts.

Die Tschechen und Slowaken, erst 1918 in einem Staat vereint, haben sich wieder getrennt. In Rumänien und in der slowakischen Republik wird man sich der nationalen Minderheiten bewußt, Kräfte in Moldawien möchte zu Rumänien, die dort lebenden Russen wollen eben dies um jeden Preis verhindern, im Kaukasus mehren sich die Kriege zwischen Völkern, deren Namen in Mitteleuropa nahezu unbekannt sind. Jugoslawien droht nach wie vor die Keimzelle einer Auseinandersetzung zu werden, die den gesamten Balkan erfassen kann. Und viele befürchten, die russische Föderation könne ebenso zerbrechen wie die Sowjetunion zerbrochen ist.

Durch diese ethnologischen und separatistischen Streitigkeiten geraten die politischen Grundhaltungen Osteuropas in deutlichen Gegensatz zum »alten Westen«. Hier bemühen sich Staaten mit tausendjähriger individueller, nationaler Geschichte, ihre Zukunft in einem supranationalen Gebilde zu finden. Aber der Gegensatz hat auch eine ökonomische Komponente.

Die früheren Staaten des Warschauer Vertrages sind ausnahmslos in den Kelleretagen europäischer Prosperität angesiedelt. Das große, einst mächtige Rußland ist zum Kostgänger auch kleinerer westeuropäischer Staaten verkommen. Ohne Hilfe aus dem Westen droht dem Riesenreich Hunger und Elend. Droht Rußland damit der Abstieg in die Dritte Welt, der Weg von der Weltmacht zur Bananenrepublik?

Mit Sicherheit nicht. Rußland hat, und mit ihm die gesamte Sowjetunion, über Jahrzehnte verbissen und unter Mißachtung nationalökonomischer Gebote darum gerungen, mit der amerikanischen Rüstung gleichzuziehen. Es strebte die gleiche, wenn nicht eine größere Kapazität an Kriegsgerät zu Wasser, zu Lande und in der Luft an. Der Kern allen Wettrüstens aber war der Drang nach nuklearer Parität, die zu perversen Waffenbeständen auf beiden Seiten geführt hat. Und sie ist es, die die Beziehungen zwischen Rußland und den USA einschließlich deren Verbündeten auch heute noch, Jahre nach dem Ende des Kalten Krieges, nach wie vor belastet.

Der Handel mit spaltbarem Material und die Weitergabe nuklearen Know-hows an Iran und andere Länder verstärkt in Amerika und bei seinen Verbündeten dieses Mißtrauen. Rußlands vermutlich glaubwürdige Versicherung, die Qualität der Lieferungen bleibe deutlich unter der Stufe militärischer Nutzbarkeit, begegnet in amerikanischen Ohren denselben Zweifeln wie die immer wieder beschworene Friedensliebe der alten Sowjetunion angesichts anhaltender militärischer Hochrüstung.

Aber auch aus westlicher Richtung kommen nicht nur »friedenssichernde« Signale. Die beabsichtigte Einbindung ganz Osteuropas, natürlich ohne Rußland, in die Europäische Gemeinschaft – mittelfristig wenigstens – kann Rußland noch hinnehmen. Anders steht es mit der ebenfalls geplanten NATO-Mitgliedschaft dieser Staaten. Natürlich ist es aus nationalstaatlichen, eigensüchtigen Interessen Polens, Ungarns und Tschechiens verständlich, unter der Verteidigungsgarantie der NATO leben zu wollen. Was helfen bei Wiedererwachen imperialistischer, hegemonialer Bestrebungen in Rußland Zusagen westlicher Politiker, »niemanden allein zu lassen«? Gewähr bietet allein ein sicheres, politisch wie militärisch bewährtes Bündnis.

Rußland sieht jedoch das Eindringen des alten Feindes NATO in seinen ehemaligen »Cordon sanitaire« mit sehr gemischten Gefühlen. Nicht nur Präsident Boris Jelzin, auch weite Teile der Bevölkerung stehen einer solchen Entwicklung mit entschiedener Ablehnung gegenüber. Wie sich Jelzins Erklärung und die seines Außenministers Jewgenij Primakow, eine Mitgliedschaft der baltischen Republiken in der NATO nicht hinzunehmen, mit der erklärten Politik der NATO-Osterweiterung verträgt, vor allem vertragen wird, bleibt abzuwarten.

Aber Rußland hat nicht nur mit außenpolitischen Problemen zu kämpfen. Die Demokratie russischer Prägung ist noch viel zu jung, um als solide und gesichert zu gelten. Zwar hat die sterbende Sowjetunion den Putsch der alten Kräfte vom August 1991 gemeistert, aber das war in der Aufbruchstimmung, verglichen der Stimmung in der DDR zur Zeit der Währungsunion. Als Jelzin 1993 Militär gegen das Parlament aufziehen ließ, als das »weiße Haus« brannte, das russische Parlamentsgebäude an der Moskwa, stand die Bevölkerung nicht mehr mit der gleichen Geschlossenheit hinter ihrem Präsidenten wie zwei Jahre zuvor. Ob auch ein weiterer Putsch scheitert, weil große Teile der »bewaffneten Organe« den Gehorsam gegenüber ihren Oberbefehlshabern verweigern, mag aus der Sicht von heute dahinstehen. Ausschließen kann einen weiteren, diesmal aber erfolgreichen Putsch niemand.

Und deshalb ist der nachrichtendienstliche Kampf noch nicht zu Ende. Amerika hat ein vitales Interesse daran, die Finger am Puls Rußlands zu halten, anhand der Stimmungen und der Reaktionen der Bevölkerung und ihrer Entscheidungsträger aller Ebenen die Entwicklung rechtzeitig zu erkennen.

Amerika und mit ihm seine Verbündeten können und werden nicht auf Spionage gegen das Territorium der früheren Sowjetunion verzichten. Vielleicht werden die Ziele anders sein als zu Zeiten des kalten Krieges, aber Amerika wird es mit der eigenen nationalen Sicherheit für unvereinbar erklären, sich nicht mit nachrichtendienstlichen Mitteln über das Land zwischen Brest und Wladiwostok zu informieren, dessen Potential an Nuklearwaffen noch heute die Erde mehrfach verwüsten, ja, sie zerstören könnte.

Und Rußland? Kann Rußland überhaupt gegen die Staaten des Westens Spionage betreiben, die zu helfen versuchen, das Land vor der Katastrophe zu retten? Es könnte sein, daß Amerika und seine Verbündeten Rußland sogar das Recht absprechen, seinerseits auch weiterhin gegen die früheren Feinde zu arbeiten. Für Rußland besteht das gegenwärtige Hauptproblem, so zumindest das Credo der westlichen Staaten, in der Festigung der Demokratie und in der Stärkung, wenn auch nicht gleich in der Gesundung seiner Wirtschaft. Es ist nicht auszuschließen, nein, es ist sogar wahrscheinlich, daß sie Rußland ein Aufklärungsbedürfnis gegenüber den gewachsenen Demokratien des Westen absprechen. Es würde durchaus amerikanischer Politik entsprechen, in diesem Zusammenhang auf den Einfluß zu verweisen, den die westlichen Industriestaaten auf die Weltbank und den Internationalen Währungsfond haben.

Das käme auf das Ergebnis heraus, daß Rußland zustimmt, sich ausspionieren zu lassen, seinerseits aber dadurch Wohlverhalten bekundet, daß es die eigene Aufklärung, zumindest gegenüber den Staaten des Westens, einstellt. Darauf könnte sich Rußland aber als die frühere östliche Hegemonialmacht nicht einlassen. Es ist nicht allein eine Frage der Selbstachtung und des Stolzes, es ist vielmehr auch eine Frage der eigenen nationalen Zukunftsgestaltung.

Man darf nicht übersehen, daß die Vereinigten Staaten in den über zweihundert Jahren ihres Bestehens von Beginn an eine solide, von der Überzeugung fast der gesamten Bevölkerung getragene Demokratie waren. In Frankreich wurde 1789 mit der französischen Revolution das Signal für eine Demokratisierung Kontinentaleuropas gesetzt. In Großbritannien bestand zu diesem Zeitpunkt schon ein funktionierendes Zweikammernsystem im Rahmen einer konstitutionellen Monarchie. Das tausendjährige Rußland hingegen bricht erst seit Ende der achtziger Jahre unseres Jahrhunderts in eine demokratische Zukunft auf und es ist keineswegs sicher, daß die Mehrheit der Bevölkerung die Demokratie westlicher Prägung als den sicheren Weg ins Glück erachtet.

Steht aber die russische Demokratie noch auf unsicheren Beinen, so ist es ein Gebot der nationalen Sicherheit, den Gegner von gestern und vielleicht auch wieder von morgen nicht aus dem Auge zu lassen. Dies um so mehr dann, wenn dieser sich eigener Aufklärungsrechte berühmt, was mehr an Kolonialherrengehabe als an die immer wieder im Munde geführte Partnerschaft erinnert.

Europa bleibt trotz Ende des Kalten Krieges in ein Geflecht nationaler Hoffnungen und Ängste, politischer Bedrohungen und Befürchtungen eingebunden, das den Nachrichtendiensten auch in der Zukunft ihre Existenzberechtigung geben wird. Wenn die Nachrichtendienste tatsächlich, wie sie zumindest im alten kommunistischen Osten immer behauptet haben, den Frieden in der von Ihnen »betreuten« Welt sichern halfen, dann sei ihnen ein langes Leben gegönnt.

Die Spionage hat seit dem Fall von Jericho alle politischen und gesellschaftlichen, sozialen und kulturellen Veränderungen, alle Revolutionen, Kriege und Friedensbeschlüsse überlebt – es wäre doch gelacht, wenn sie ausgerechnet am Ende des Kalten Krieges zwischen Ost und West sterben sollte. Und ich wäre kein richtiger Abwehrmann, wenn ich mich darüber nicht freuen würde. Denn solange Spionage betrieben wird, solange gibt es auch sie – meine geliebte Spionageabwehr.

Aber Amerika und Rußland dürfen sich nicht verzetteln in ihren Bemühungen, sich gegenseitig in den Suppentopf zu blicken. Der Kampf des 21. Jahrhunderts findet, globale Katastrophen einmal unberücksichtigt, an einer anderen Front statt. Der Kampf, der Amerika und Rußland wie vor fünfzig Jahren wieder zu echten Verbündeten machen könnte, hat in Wahrheit schon begonnen – der Kampf der Armen des Südens gegen die Reichen des Nordens.

Aber ob man diese neue Völkerwanderung wird mit nachrichtendienstlichen Mitteln bekämpfen können, bleibt abzuwarten.

Personenregister

Anlagen

Die Präsidenten des Bundesamtes für Verfassungsschutz

1949	bis	1954	Dr. Otto John
1954			Bundesanwalt Jess als kommissarischer Leiter des Amtes
1955	bis	1972	Hubert Schrübbers
1972	bis	1975	Dr. Günter Nollau
1975	bis	1983	Dr. Richard Meier
1983	bis	1985	Heribert Hellenbroich
1985	bis	1987	Dr. Ludwig Holger Pfahls
1987	bis	1991	Gerhard Boeden
1991	bis	1995	Dr. Eckart Werthebach
1995	bis	1996	Hansjörg Geiger
seit 1996			Dr. Peter Frisch

Die Abteilungsleiter IV (Spionageabwehr)
des Bundesamtes für Verfassungsschutz

	bis	1963	Richard Gerken
1964	bis	1970	Dr. Richard Meier
1970	bis	1975	Albrecht Rausch
1975	bis	1980	Heribert Hellenbroich
1980	bis	1981	Dr. Rudolf von Hoegen
1981	bis	1982	Werner Müller (mit der Wahrnehmung der Geschäfte beauftragt)
1982	bis	1983	Dr. Rudolf von Hoegen
ab 1983			Dr. Engelbert Rombach
zur Zeit			Dirk Dörrenberg

Werdegang des Verfassers im Bundesamt für Verfassungsschutz

15.9.1966	Eintritt ins BfV Referatsgruppe IV zur Einarbeitung zugewiesen
29.9.1966	Ernennung zum Regierungsassessor
17.7.1967	Referent IV B 2 – mit der Wahrnehmung der Geschäfte beauftragt – Satellitendienste
18.7.1969	Ernennung zum Regierungsrat
24.9.1969	Ernennung zum Beamten auf Lebenszeit
1.2.1971	Referent IV B 4 Sowjetische Dienste
19.3.1971	Ernennung zum Oberregierungsrat
1.4.1973	Referent IV C 1 Wie bisher; Organisationsänderung
1.10.1975	Ernennung zum Regierungsdirektor
1.7.1976	Referent V B 2 Sicherheitsüberprüfungen
7.7.1976	Referent V B 4 Sicherheitsüberprüfungen
15.5.1979	Referent IV B 2 Politische Spionage DDR-Dienste
30.3.1981	Referent IV B 6 Überläufer DDR-Dienste zusätzliche Aufgabe
31.3.1981	Referent IV B 1 Wie bisher; Organisationsänderung
28.1.1982	Gruppenleiter IV B – mit der Wahrnehmung der Geschäfte beauftragt – Abwehr Spionage DDR
7.7.1982	Gruppenleiter IV B
19.8.1985	Übertritt in die DDR

Schema der Abteilung IV des Bundesamtes für Verfassungschutz
(Stand 15. September 1966)

L IV
LRD Dr. Richard Meier

IV A
Auswertung
ORR Hugo Zängler

- IV A 1
  Berichtswesen
  Zentrale Auswertung
  ORR Dr. Josef Karkowski

- IV A 2
  Allg. Verdachtsfälle
  VA Karl-Heinz Kleineberg

- IV A 3
  Nachrichtendienste der DDR
  RR Georg Brox

- IV A 4
  Dienste der Sowjetunion
  ORR Heinz Kappenschneider

- IV A 5
  Dienste der Satelliten
  RR Werner Müller

IV B
Beschaffung
ORR Albrecht Rausch

- IV B 1
  G-Operationen
  RR Wolfgang Eltzberg

- IV B 2
  Allg. Verdachtsfälle in eigener Zuständigkeit
  RR Rolf Giesenhagen

- IV B 3
  Agentenfunk
  ORR Hans Watschounek

- IV B 4
  Legale Residenturen
  ORR Heinrich R. Weyde

- IV B 5
  Observation, Ermittlungen, nachrichtendienstliche Technik
  VA Hugo Bördgen

Organisation der Abteilung IV des Bundesamtes für Verfassungsschutz (Stand 19. Juli 1985)

Abteilungsleiter IV
Direktor im BfV
Dr. Engelbert Rombach

- Referatsgruppe IV A
  Grundsatzfragen
  Leiter: RD Rainer Walter
  siehe Seite 468 [IM Ms.]

- Referatsgruppe IV B
  Nachrichtendienste der DDR
  Leiter: RD Hansjoachim Tiedge
  siehe Seite 469 [IM Ms.]

- Referatsgruppe IV C
  Gegnerische Nachrichtendienste außer Sowjetunion und DDR
  Leiter: LRD Werner Müller
  Vertreter des Abteilungsleiters
  siehe Seite 470 [IM Ms.]

- Referatsgruppe IV D
  Sowjetische Nachrichtendienste; Funk
  Leiter: RD Dirk Dörrenberg
  siehe Seite 471 [IM Ms.]

Referatsgruppe IV A im Bundesamt für Verfassungsschutz
(Stand 19.8.1985)

Referatsgruppenleiter IV A
Regierungsdirektor Rainer Walter
Grundsatzfragen

- Referat IV A 1
  Berichtswesen, zentrale Auswertung
  Leiter: ORR Lormann
- Referat IV A 2
  Methodik
  Leiter: ORR Werner Goll
- Referat IV A 3
  Illegale
  Leiter: RR Ulrich Hillemann
- Referat IV A 4
  Ermittlungen
  Leiter: N.N. (vom Gruppenleiter wahrgenommen)
- Referat IV A 5
  Sachverständiger bei Gericht
  ORR Nowak
- Referat IV A 6
  NADIS-Fragen der Abteilung IV
  Leiter: VA Dr. Meister

Referatsgruppe IV B im Bundesamt für Verfassungsschutz
(Stand: 19.8.1985)

Referatsgruppenleiter IV B
Regierungsdirektor
Hansjoachim Tiedge
Nachrichtendienste der DDR

- Referat IV B 1
  Politische Spionage der DDR
  Leiter: ORR Rolf Warbende
- Referat IV B 2
  Militärische, wissenschaftliche und wirtschaftliche Spionage der DDR
  Leiter: ORR Gerd Baldus
- Referat IV B 3
  Zuwanderer aus der DDR
  Leiterin: ORRin Mathilde Koller

  B 1 Berlin
  B 1 Gießen
  Leiter: ORR Wilhelm Kempf
- Referat IV B 4
  Besondere Fälle, Hintergrund
  Leiter: RD Jürgen Schaper

Referatsgruppe IV C im Bundesamt für Verfassungsschutz
(Stand: 19.8.1985)

Referatsgruppenleiter IV C
Leitender Regierungsdirektor
Werner Müller
Gegnerische Nachrichtendienste außer Sowjetunion und DDR

- Referat IV C 1
  Polnische, Bulgarische Nachrichtendienste
  Leiter: RD Hans Keller

  B 1 Friedland
  Leiter: ROAR Wiaterek

- Referat IV C 2
  Tschechoslowakische, jugoslawische Nachrichtendienste
  Leiter: ORR Hansjoachim Theiß

  B 1 Nürnberg
  B 1 Zirndorf
  Leiter: RD Robert Schächer

- Referat IV C 3
  Rumänische, chinesische Nachrichtendienste, »Rest der Welt«
  Leiter: RD Marquardt

Referatsgruppe IV D des Bundesamtes für Verfassungsschutz
(Stand: 19.8.1985)

Referatsgruppenleiter IV D
Regierungsdirektor
Dirk Dörrenberg
Sowjetische Nachrichtendienste; Funk

- Referat IV D 1
  Legale Residenturen
  ORR Cremer

  Außenstellen:
  Künast in
  Hamburg
  Bremen
  Kiel
  Leiter: RD Heinrich Lübke

- Referat IV D 2
  Sonstige Fälle sowjetischer Spionage
  Leiter ORR Petersson

- Referat IV D 3
  Agentenfunk
  Leiter: ORR Klingelhöller

Inhaltsverzeichnis

ISBN 3-360-00863-4

1. Auflage

Rosa-Luxemburg-Str. 16, 10178 Berlin
Umschlagentwurf: Jens Prockat
Gesamtherstellung: Wiener Verlag, Himberg